Betina Hollstein
Soziale Netzwerke nach der Verwitwung

Forschung
Soziologie

Band 141

Betina Hollstein

Soziale Netzwerke nach der Verwitwung

Eine Rekonstruktion
der Veränderungen
informeller Beziehungen

Leske + Budrich, Opladen 2002

Drucklegung mit freundlicher Unterstützung der Berlin-Forschung

Gedruckt auf säurefreiem und alterungsbeständigem Papier.

Die Deutsche Bibliothek – CIP-Einheitsaufnahme

Ein Titeldatensatz für diese Publikation ist bei Der Deutschen Bibliothek erhältlich.

ISBN 3-8100-3260-3

© 2002 Leske + Budrich, Opladen

Einbandgestaltung: disegno, Wuppertal
Druck: Zentrale Universitäts-Druckerei der Freien Universität Berlin
Printed in Germany

Für meine Eltern.

Inhalt

Vorbemerkung

Parallel zu der vorliegenden Studie erscheint, ebenfalls im Verlag Leske + Budrich, der theoretische Band „Grenzen sozialer Integration. Zur Konzeption informeller Beziehungen und Netzwerke". Aus unterschiedlichen Perspektiven – einmal theoretisch-konzeptionell, einmal als empirische Studie – untersuchen beide Arbeiten die Leistungsfähigkeit und Tragfähigkeit von informellen Beziehungen und Netzwerken und wurden 1999 zusammen vom Fachbereich Politik- und Sozialwissenschaften der Freien Universität Berlin als Dissertationsschrift angenommen. Die ursprünglich für die empirische Untersuchung von Beziehungs- und Netzwerkveränderungen entwickelte handlungstheoretische Konzeption ist jedoch – unabhängig von der konkreten Frage der Verwitwung – von allgemeinem Interesse für die Netzwerk- und Beziehungsforschung, wie etwa die Familiensoziologie und die Freundschaftsforschung. Dem Verlag ist zu danken, daß die Veröffentlichung in dieser Form möglich wurde und die beiden Studien als eigenständige Bände vorgelegt werden.

Ohne die Einbindung in die von Martin Kohli geleitete Forschungsgruppe „Altern und Lebenslauf" wäre jedoch keine der beiden Arbeiten entstanden. Den Mitarbeitern und Mitarbeiterinnen dieser Forschungsgruppe, an erster Stelle aber meinem Doktorvater Martin Kohli, der mich zu allen Zeiten unterstützt und gefördert hat, gilt mein tiefster Dank. Martin Kohli war es auch, der mir den Datensatz des DFG-Projekts „Tätigkeitsformen im Ruhestand" zur Verfügung gestellt hat, aus welchem die Stichprobe für die empirische Untersuchung nachgezogen werden konnte.

Dem Forschungsförderungsprogramm „Berlin-Forschung" der Freien Universität danke ich für ihre finanzielle und unbürokratische Förderung im Rahmen eines zweijährigen Forschungsstipendiums. Die „Berlin-Forschung" hat darüber hinaus auch die Drucklegung finanziell unterstützt.

Für ihre Gesprächsbereitschaft, ihre harte, aber immer freundschaftliche und produktive Kritik danke ich insbesondere Monika Wohlrab-Sahr, Claudia Gather, Frieder Lang, Carsten G. Ullrich, William Hungerbühler, Harald Künemund, Hans-Jürgen Freter und in den letzten Monaten Elmar Koenen. Besonderen Dank schulde ich Jürgen Wolf, der wesentliche Teile der Dissertationsschrift in ersten Fassungen mit mir diskutiert hat; dafür, daß er meine Unsicherheiten ertragen hat, neuen und manchmal abwegigen Gedankengängen vorbehaltlos gefolgt ist, mich beizeiten ermuntert, vorschnelle Würfe aber zur rechten Zeit kritisiert hat, mich immer aber angeregt hat.

Als wichtigem Diskussionskontext danke ich dem Kolloquium: Ruth Althoff, Claudia Neusüß, Marianne Sander, Sybille Siebert und besonders Claudia Gather. Für hilfreiche Anregungen danke ich ferner den Dozenten, Stipendiaten und Kollegiaten der ersten Phase des DFG-geförderten Graduiertenkollegs „Gesellschaftsvergleich in historischer, soziologischer und ethnologischer Perspektive", namentlich Wolfgang Zapf, sowie Yvonne Schütze und ihrem Kolloquium, den Leitern und Stipendiaten des GAAC-Sommerinstituts „Family Development, Life Cycle, and Life Styles", Jutta Allmendinger und Tamara K. Hareven.

Für das Erstellen der Abbildungen danke ich Catya de Laczkovich und Jens Weilacher. Virginia Penrose, Erika Herzig, Friedel Wallesch und Andree Fischer danke ich für die sorgfältige Redigierung des Manuskripts der Dissertationsschrift, Virginia Penrose und Markus Verweyst für ihre Unterstützung bei der Endformatierung der Arbeit.

Meinen Eltern und meinen Freunden, insbesondere Jürgen, Justin, Andreas, Siggi, Claudia, Monika und Sabine, danke ich für ihre Liebe und Freundschaft, mit der sie mich auf diesem Weg begleitet haben.

Schließlich danke ich besonders herzlich den Frauen und Männern, die durch ihre Gesprächsbereitschaft die Untersuchung ermöglicht haben.

1. Einleitung

Wo liegen die Spielräume und wo liegen die Grenzen der Gestaltbarkeit und Leistungsfähigkeit von informellen sozialen Beziehungen? Das sind die Fragen, die mich veranlaßt haben, die vorliegende Arbeit zu schreiben. Verstärkt stellen sich diese Fragen in modernen westlichen Industrienationen. Sie sind durch besondere demographische und soziale Veränderungen gekennzeichnet: zum einen die gestiegene Lebenserwartung bei gleichzeitig abnehmender Fertilität, zum anderen die Individualisierung der Lebensführung und Pluralisierung von Lebensformen (u.a. Singularisierung im Alter, räumliche Mobilität und Frauenerwerbstätigkeit). Im Zusammenhang mit modernisierungstheoretischen Diagnosen stellt sich einerseits die Frage, wo in unserer Gesellschaft Potentiale für Formen gemeinschaftlichen Lebens, für soziale Integration im weitesten Sinne liegen; andererseits die Frage, worin die strukturellen und individuellen Voraussetzungen für trag- und leistungsfähige soziale Bindungen bestehen. Zur Beantwortung dieser Fragen möchte die vorliegende Arbeit einen Beitrag leisten.

Gerade im Fall von Krisen, also Belastungssituationen oder Verlustereignissen, wie dem Verlust von wesentlichen sozialen Bindungen oder Einbußen in der körperlichen Leistungsfähigkeit, sind leistungsfähige soziale Beziehungen für die Individuen besonders wichtig. Gleichzeitig wird in solchen Krisen besonders deutlich, was Beziehungen eigentlich zusammenhält. Verluste setzen Selbstverständlichkeiten außer Kraft. Sie zwingen zur Neuorientierung, ggf. zur Veränderung und stellen deshalb ein ideales Beobachtungsfeld dar für die Konstitutionsbedingungen sozialer Beziehungen. Oder, wie Niklas Luhmann es einmal ausgedrückt hat:

> „Vor allem geben [...] Störungen eines normalen Ablaufs häufig Hinweise auf funktionale Äquivalente für die gewohnten Leistungen. Krisen, Ausnahmezustände, plötzliche Revolten und unerwartete Katastrophen sind ein günstiger Anlaß für das Studium nicht nur dieser einmaligen Ereignisse, sondern gerade der normalen, durch sie unterbrochenen Systemzusammenhänge" (Luhmann 1962: 638).

Indem sie zur Veränderung zwingen, legen Krisen den Blick frei für Bedingungen, die Veränderungen steuern, fördern und behindern: für individuelle und strukturelle Ressourcen und Restriktionen.

Konzeptionell war dies für mich der ausschlaggebende Grund, die Bedingungen sozialer Integration empirisch an einem spezifischen Verlustereignis zu untersuchen. Am Fall der Veränderungen informeller sozialer Beziehungen nach der Verwitwung im Alter versuche ich, die strukturellen und individuellen Voraussetzungen von sozialer Integration auszuloten und zu zeigen, wie beide miteinander verschränkt sind. Untersucht werden diese Fragen bei sogenannten „jungen Alten" (Neugarten). Sie sind bereits aus dem Erwerbsleben ausgeschieden, meist aber noch nicht von den gesundheitlichen Einbußen betroffen, wie sie für das hohe und sehr hohe Alter typisch sind: In der Regel können sie ungehindert Aktivitäten ausüben und Beziehungen pflegen.

Die Verwitwung gehört sicherlich zu den Ereignissen im Lebenslauf, die mit dem größten Maß an Diskontinuität verbunden sind. Verwitwung bedeutet den unbeeinflußbaren und häufig unerwarteten Verlust der Hauptbezugsperson. Im Alter ist sie die häufigste Form der Eheauflösung. Mit dem vertrauten Partner hat man lange Jahre, „gute und schlechte" Zeiten gemeinsam gelebt und erlebt, mit ihm hat man gemeinsam soziale Beziehungen gepflegt, etwas unternommen, hat also den Alltag gestaltet, geteilt, mitgeteilt und „konstruiert" (Berger/Kellner 1965). Er ist Teil der Selbstdefinition und vermittelt Stabilität und Geborgenheit. Die Paarbeziehung vereint Aspekte, die sonst zumeist getrennt sind: sowohl emotional-expressive Leistungen wie Zuneigung, Intimität und soziale Gemeinsamkeit, die man auch in Freundschaften findet, als auch Dauerhaftigkeit und Verläßlichkeit, wie sie Verwandtenbeziehungen kennzeichnen. Für die Betroffenen kann der Tod des Partners Diskontinuität in allen diesen Bereichen bedeuten. Deshalb sind Verwitwete m.E. in besonders starkem Maße gezwungen, ihr soziales Netz umzustrukturieren. In einem schlichten Sinne kann man das auch als Individualisierung bezeichnen, zumindest in dem Sinne, daß das Individuum aus einer gewohnten Bindung freigesetzt und auf sich selbst zurückgeworfen wird. An diesem Punkt setzt meine Untersuchung an. Die Frage ist: Werden diese Verluste ausgeglichen und wenn ja, auf welche Weise geschieht das? Dabei interessiert mich insbesondere, welche *strukturellen* als auch *individuellen* Möglichkeiten bestehen, vorhandene Beziehungen weiterzupflegen, zu intensivieren oder neue herzustellen. Eine wichtige Forschungshypothese dieser Untersuchung ist, daß diese Veränderungen individuell nicht nur von Ansprüchen und aktuellen Umständen abhängen, sondern auch von biographischen Erfahrungen und im Laufe des Lebens erworbenen Kompetenzen.

Sich bei der Untersuchung auf die Verwitwung im *„jungen Alter"* zu konzentrieren, erscheint aus verschiedenen Gründen ertragreich. Es handelt sich hierbei um eine Lebensphase, die aufgrund der gestiegenen Überlebensraten ins höhere Alter und dem Trend zum frühen Ruhestand individuell und gesellschaftlich an Bedeutung gewonnen hat (Kohli 1985). Mit dem Übergang in den Ruhestand werden die „jungen Alten" von den Zwängen, aber auch von den Möglichkeiten der *Erwerbstätigkeit* freigesetzt. Insgesamt dürften informelle soziale Beziehungen bei dieser Gruppe für die Alltagsgestaltung besonders wichtig sein (z.B. Carstensen 1991). Einerseits haben sie allein rein zeitlich mehr Möglichkeiten für die Pflege sozialer Kontakte. Andererseits können sie nach der Verrentung nicht mehr auf die selbstverständlichen Vergesellschaftungsleistungen und Gelegenheitsstrukturen der Erwerbstätigkeit zurückgreifen. Beides dürfte nach der Verwitwung den Druck zur (Um-)Gestaltung der sozialen Beziehungen zusätzlich erhöhen. Bei älteren Frauen kommt hier ein weiterer Aspekt hinzu. Wie bekannt ist, haben sie – aufgrund ihrer, verglichen mit Männern, höheren Lebenserwartung, normativer Vorstellungen über Altersunterschiede in Partnerschaften und kriegsbedingter Verluste der Männer dieser Kohorten – allein strukturell kaum Möglichkeiten, wieder eine Partnerschaft einzugehen. Anders ausgedrückt: Nach der Verwitwung im Alter keine neue Partnerschaft aufzunehmen, ist für Frauen der Normalfall. Verglichen mit Männern sind ältere Frauen nach der Verwitwung in weit stärkerem Maße gezwungen, *alternative Integrationsformen* zur Partnerschaft aufzubauen. Individuell könnte genau dieser Druck ein Problem darstellen. Es könnte aber auch genau andersherum sein. Da das Alleinleben in diesem Alter der Normalfall ist, dürfte dies vermutlich normativ weniger sanktioniert sein als in jüngeren Jahren. Individuell könnte dies gerade als Chance angesehen werden.

Die Untersuchung der Lebenssituation der verwitweten Älteren ist daneben auch von sozial- und gesundheitspolitischem Interesse. Verwitwete sind, verglichen mit Ledigen, Verheirateten und Geschiedenen der gleichen Altersgruppe, als Risikogruppe zu betrachten. Insbesondere sind die Leistungen ihrer sozialen Netzwerke deutlich schlechter. So fühlen sich Verwitwete häufig einsamer (z.B. Diewald 1991). Schlechter stehen auch ihre Chancen für die Unterstützung bei möglicherweise eintretender Pflegebedürftigkeit. Mit deutlichem Abstand ist der Partner die wichtigste Pflegeinstanz (Schneekloth/Potthoff 1993). Gerade bei den Verwitweten ist aber auch der Gesundheitszustand schlechter – dies betrifft speziell verwitwete Männer (Helsing/Szklo/Comstock 1981).

Die Risiken sind jedoch zu differenzieren. So wird häufig vernachlässigt, daß verwitwete Ältere nicht in jeder Hinsicht und nicht insgesamt als Risikogruppe anzusehen sind. Finanziell etwa sind – zumindest in Deutschland – Verwitwete durchschnittlich besser gestellt als Verheiratete, Ledige oder Geschiedene derselben Altersgruppe (Motel/Wagner 1993). Bezogen auf die prekäre Leistungsfähigkeit ihrer sozialen Netzwerke muß ferner berücksichtigt werden, daß es sich um Durchschnittswerte handelt. Gerade die sich hinter diesen Durchschnittswerten verbergende Variationsbreite möchte ich in dieser Arbeit genauer ausleuchten. Zumeist wird von der Heterogenität des Alters und den Variationen des Alterns insgesamt gesprochen (z.B. Baltes/Kohli/Sames 1989, Tews 1993). In dieser Studie möchte ich genau diesen Aspekt der Heterogenität und ihrer Bedingungen für eine *Unter*gruppe untersuchen, nämlich für die verwitweten Älteren, die häufig global als Risikogruppe betrachtet werden. Um Risikolagen genauer als bisher identifizieren zu können, sollen Restriktionen *und* Ressourcen für eine subjektiv zufriedenstellende soziale Integration nach der Verwitwung untersucht werden. Nicht zuletzt können damit auch gezielt(er) Ansatzpunkte für mögliche Interventionen kenntlich gemacht werden.

Um die *sozialen* Folgen der Verwitwung untersuchen zu können, ist es sinnvoll, sich auf die *längerfristigen* Entwicklungen der sozialen Beziehungen zu konzentrieren. Die ersten Jahre nach dem Tod des Partners sind in der Regel von der psychischen Bewältigung des Partnerverlustes geprägt (Stroebe/Stroebe/Hansson 1993). Die psychologischen Konsequenzen der Verwitwung sind in der Forschung breit dokumentiert. Gut belegt ist auch, daß direkt nach der Verwitwung eine stärkere Hinwendung zur Familie zu konstatieren ist. Die längerfristigen sozialen Folgen der Verwitwung auf die Veränderungen der informellen sozialen Beziehungen sind hingegen bislang „weitgehend ungeklärt" (Schütze/Wagner 1991). Beispielsweise weiß man nicht, ob die soziale Partizipation längerfristig abnimmt, oder der Verlust des Partners im Gegenteil durch eine höhere Partizipation kompensiert wird (Ferraro 1984, 1989). Unklar ist ebenfalls, auf welche Weise sich Merkmale sozialer Differenzierung (wie z.B. Geschlecht oder Schicht) in den verwitwungsbedingten Veränderungen der sozialen Beziehungen durchsetzen oder auf welche Weise biographische Orientierungen diese Veränderungen steuern. Diese Unklarheit ist vor allem methodischen Gründen geschuldet. Grundsätzlich gibt es kaum *Längsschnittstudien*, in denen Veränderungen auf der Individualebene erfaßt werden. Vor allem aber gibt es kaum *qualitative* Untersuchungen. Qualitative Methoden eignen sich nicht nur besonders gut für die Erhebung von subjektiven Orientierungen und individuellen Relevanzen. Nur mit qualitativen Verfahren ist es möglich, die sinnlogischen Regeln der Veränderung sozialer Beziehungen zu untersuchen.

Schließlich mag sich eine genauere Differenzierung der Gruppe der verwitweten Älteren – unabhängig von der allgemeinen Frage nach Vergemeinschaftungspotentialen – auch für die neuere *Individualisierungsdiskussion* als fruchtbar erweisen. Dort lassen sich zwei Diskussionsstränge identifizieren, für die die vorliegende Untersuchung einen Beitrag leisten kann: So gehören ältere Verwitwete nicht zu den Gruppen, an die man denkt, wenn von „Patchwork-Existenz" (Gross) oder „Bastelbiographien" (Beck) die Rede ist. Werden bei Individualisierungsprozessen[1] die damit verbundenen Chancen und

---

1 Zu den sehr unterschiedlichen Phänomenen, die im Rahmen der neueren Individualisierungsdiskussion thematisiert und teilweise als Voraussetzung, teilweise auch als Ausdruck von Individualisierungsprozessen gedeutet werden, zählen etwa: die, insbesondere nach dem Zweiten Weltkrieg, deutliche allgemeine Anhebung des Lebensstandards, soziale Mobilität, die Zunahme an individuell zur Verfügung stehender Zeit, die gestiegene Bildungsbeteiligung (Bildungsexpansion), Veränderungen familialer und geschlechtsspezifischer Rollenerwartungen (Wertewandel, Frauenbewegung), die Zunahme der Frauenerwerbstätig-

Optionen thematisiert und auf „entgrenzte Individuen" abgestellt, finden –
wenn überhaupt zwischen sozialen Gruppen differenziert wird – ältere verwitwete Menschen praktisch keine Erwähnung. Geht es hingegen um die
Kosten von Individualisierungsprozessen, zählen die Älteren und Alten und
insbesondere die Verwitweten zu den sozialen Gruppen, die als Opfer bzw.
Verlierer von gesamtgesellschaftlichen Individualisierungsprozessen identifiziert werden. Zu diesen Prozessen, die sich auf die soziale Integration und
die Unterstützungspotentiale von älteren Menschen auswirken können, gehören etwa die gesunkene Fertilität, das bis vor kurzem noch sinkende Alter der
Kinder beim Auszug aus dem Elternhaus und die räumliche Mobilität der
Kinder. Ein wesentliches Ergebnis von Martin Diewalds (1991) Auswertung
des Allbus und mehrerer Wohlfahrtssurveys sind hier die „Polarisierungsten-
denzen bei der Verteilung von Unterstützungsressourcen" (ebd.: 251). In
diesem Zusammenhang konstatiert er: „Was die Verfügbarkeit sozialer Unterstützung betrifft, befinden sich diejenigen, deren Lebenslauf dem traditionellen Familienzyklus folgt, im Durchschnitt auf der sicheren Seite" (ebd.:
252). Und dazu gehören (auch) die Verwitweten nicht.

Meines Erachtens kann eine Differenzierung der Gruppe der verwitweten Älteren, die an den Akteuren, ihren Ressourcen und Restriktionen ansetzt, beide Arten der Thematisierung bzw. Nicht-Thematisierung bereichern:
Wenn man die strukturellen und insbesondere individuellen Voraussetzungen
von sozialer Integration untersucht, können nicht nur Opfer von Individualisierungsprozessen genauer gefaßt, sondern auch deren Agenten identifiziert
werden. In diesem Sinne können der Verlust des Lebenspartners und der
gleichzeitig durch den Übergang in den Ruhestand bedingte Verlust der Leistungen und Gelegenheitsstrukturen der Erwerbstätigkeit als harte Grenzen
für Vergemeinschaftung verstanden werden. Sie sind somit Prüfsteine dafür,
wie weit eigentlich die viel beschworene Flexibilität von Beziehungen und
neue Formen gemeinschaftlichen Lebens reichen. Zugleich kann genauer bestimmt werden, für welche sozialen Gruppen die Rede von „entgrenzten Individuen" sinnvoll bzw. eben auch nicht mehr sinnvoll ist. Dabei dürfte
gerade die Gruppe der heutigen jungen Alten als wichtige Kontrastgruppe im
Vergleich mit denjenigen Kohorten dienen, die zumeist als Träger- und Vor-
reiterkohorten von Individualisierungsprozessen identifiziert werden, heute
aber auch langsam „in die Jahre" kommen, die sogenannte 68er Generation.

---

keit, die Veränderung der Größenstruktur privater Haushalte, Singularisierung im Alter, der
Rückgang der Heiratsneigung, die abnehmende Fertilität, die zunehmende Instabilität von
Ehen, die räumliche Mobilität. Für eine ausführliche Diskussion der Frage der möglichen
Auswirkungen von neueren Individualisierungsprozessen sowie auch von langfristigen
gesellschaftlichen Modernisierungsprozessen auf die Leistungsfähigkeit informeller
sozialer Beziehungen und Netzwerke (insbesondere die Diskussion um „community saved",
„community lost" oder „community liberated") vgl. die ausführlichen Darstellungen bei
Schenk (1984) und Diewald (1991).

Im folgenden *zweiten* Kapitel wird zunächst herausgearbeitet, wie in der soziologischen und sozialgerontologischen Literatur Beziehungsveränderungen im höheren Lebensalter erklärt werden. Anschließend wird die Konzeption informeller Beziehungen und Netzwerke dargestellt, mit der in der vorliegenden Studie gearbeitet wird. Es handelt sich um einen analytischen Rahmen, der bei der Frage nach den Bedingungen der Leistungsfähigkeit und der Veränderung von Beziehungen sowohl akteurs- als auch verschiedene strukturtheoretische Aspekte in Rechnung stellt. Im *dritten* Kapitel wird ein Überblick über die Lage verwitweter Personen in der Bundesrepublik Deutschland gegeben und die Forschungsliteratur gesichtet, die sich im engeren Sinne mit den Veränderungen informeller sozialer Beziehungen nach der Verwitwung beschäftigt. Im Anschluß werden die Fragen für die empirische Untersuchung präzisiert und es wird das methodische Design der Studie vorgestellt. Das Kapitel schließt mit einem kurzen Überblick über die Stichprobe.

In den darauf folgenden Kapiteln werden die Ergebnisse der empirischen Untersuchungen dargestellt. Im *vierten* Kapitel wird an drei ausgewählten Fällen exemplarisch gezeigt, wie die informellen sozialen Beziehungen und die Orientierungsmuster vor der Verwitwung aussahen und wie sich die sozialen Beziehungen nach dem Tod des Lebenspartners entwickelt haben. Im *fünften* Kapitel werden die wesentlichen Untersuchungsergebnisse präsentiert: Zunächst werden verschiedene Typen von Veränderungen informeller sozialer Beziehungen nach der Verwitwung vorgestellt und dann die individuellen und die strukturellen Bedingungen beschrieben, die diesen Veränderungen und der heutigen Integration zugrunde liegen. Im *sechsten* Kapitel werden diese Ergebnisse in verschiedener Hinsicht vertieft: Zunächst erörtere ich die Frage, auf welche Weise die Veränderungen der sozialen Beziehungen nach dem Tod des Partners mit der individuellen Bedeutung und Gestaltung der Partnerschaft in Zusammenhang stehen. Danach gehe ich der Frage nach, welche biographischen Umstände und Konstellationen die Herausbildung der im fünften Kapitel herausgearbeiteten individuellen „Veränderungsressourcen" befördern oder behindern. Diskutiert werden hierbei auch Zusammenhänge mit sozialstrukturellen Schichtungsmerkmalen. Dieser Abschnitt dient zum einen dazu, Risikogruppen genauer zu identifizieren, zum anderen dazu, die Ergebnisse dieser Arbeit mit bereits vorliegenden Befunde der Verwitwungsforschung zu verbinden. Schließlich wird diskutiert, wie sich die sozialen Beziehungen vor dem Hintergrund möglicher Veränderungen, die mit dem Alterungsprozeß verbunden sind, entwickeln könnten, und in welcher Hinsicht sich entsprechende Risikogruppen von den im fünften Kapitel dargestellten – bezogen auf die Verwitwung bei noch mobilen Älteren – unterscheiden.

Im *abschließenden* Kapitel werden die wesentlichen Befunde der Arbeit zusammengefaßt und die Verallgemeinerbarkeit der Ergebnisse diskutiert.

2. Zur Konzeption informeller sozialer Beziehungen

Was bestimmt die Leistungen sozialer Beziehungen und Netzwerke und wovon hängen ihre Konstitution und Veränderung ab? Wo bestehen hierbei individuelle Handlungs- und Gestaltungsspielräume und welche Merkmale begrenzen sie? Um diese Fragen geht es in diesem Kapitel. Dabei wird zunächst anhand der Forschung zu Veränderungen sozialer Beziehungen im höheren Lebensalter herausgearbeitet, wie in der Literatur Beziehungsveränderungen – Alters- und Lebenslaufeffekte – erklärt werden und welche unterschiedlichen Faktoren hierbei eine Rolle spielen können (2.1). Anschließend wird die Konzeption informeller Beziehungen und Netzwerke vorgestellt, mit der in der vorliegenden Arbeit die Beziehungsveränderungen nach der Verwitwung untersucht werden (2.2).

2.1 Bedingungen der Veränderungen sozialer Beziehungen im Alter

Was sind die Konstitutionsbedingungen sozialer Beziehungen und welche Parameter bestimmen ihre Veränderungen? Diesen Fragen gehe ich im folgenden am Fall der Veränderungen sozialer Beziehungen im höheren Lebensalter nach. Dargestellt werden verschiedene Erklärungsansätze der soziologischen, sozialgerontologischen und entwicklungspsychologischen[1] Literatur,

---

1 Nicht behandelt werden Konzepte und Studien, die sich mit „Persönlichkeitsmerkmalen" im engeren Sinne (z.B. dem Selbstbild) beschäftigen, entwicklungspsychologische Konzepte zur Herausbildung von Beziehungsorientierungen, lern- und motivationspsychologische Konzeptionen oder Konzepte zu Attraktion und Attributionsprozessen bei der Aufnahme von und Interaktion in Beziehungen. Bei entwicklungspsychologischen Konzeptionen zur Herausbildung von Beziehungsorientierungen (allgemein z.B. neben den Arbeiten von Freud, Bowlby 1969 und 1973; zur Herausbildung von Freundschaftskonzepten z.B. Youniss 1980 und 1982; Selman 1981) handelt es sich zumeist um recht statische Entwicklungsmodelle, die meist nur einen „rechten" Entwicklungspfad aufzeigen, ohne auf verschiedene „gleichwertige" Umgangsformen mit Beziehungen einzugehen. Zudem werden Veränderungen von Umgangsformen und Orientierungen nach der Adoleszenz kaum berücksichtigt (zur Erwachsenensozialisation vgl. z.B. Kohli 1984).

19

die jeweils unterschiedliche Einflußfaktoren auf die Konstitution und Leistungen sozialer Beziehungen fokussieren. Diese sind bei der eigenen Konzeptionalisierung zu berücksichtigen. Zunächst ist jedoch zu klären, was mit „Alter" eigentlich gemeint ist.

Einen einheitlichen Altersbegriff gibt es nicht. „Alter" kann sich sowohl auf biologische, auf psychologische wie auf soziologische Tatbestände beziehen (Rosenmayr 1978). Im folgenden bezieht sich der Begriff „Alter" allgemein auf die Phase des Ruhestands. Wie Martin Kohli (1985) herausgearbeitet hat, ist der Lebenslauf als eine Institution – und damit auch der Ruhestand als ein eigenständiger und individuell erwart- und planbarer Lebensabschnitt von relevantem zeitlichen Umfang – ein relativ spätes Ergebnis gesellschaftlicher Modernisierung: Erst mit dem fast vollständigen Verschwinden des Todes aus frühen und mittleren Lebensaltern, der Ausbildung des Familienzyklus und der Konstitution von Altersgrenzen im Ausbildungs-, Erwerbssystem und den Systemen Sozialer Sicherung kann sinnvollerweise vom Lebenslauf als einer „sozialen Institution" (ebd.) gesprochen werden, also einem eigenständigen Regelsystem. Dieses Regelsystem ist gekennzeichnet durch eine sequentielle und chronologisch standardisierte Abfolge von Lebensereignissen und Lebensphasen; gleichzeitig ordnet und strukturiert dieses System biographische Perspektiven und Handlungen der Individuen. Hervorstechendes Kennzeichen ist die um das Erwerbssystem herum organisierte Dreiteilung des Lebenslaufs in Vorbereitungs- Erwerbs- und Ruhestandsphase (ebd.). Erst damit ist auch der Ruhestand zum „normativen Ereignis" geworden[2].

Heutzutage ist der Ruhestand mehr als eine „Restzeit", die es zu durchleben gilt. Insbesondere aufgrund der bislang noch ungebrochenen Tendenz zum frühen Ruhestand (Kohli u.a. 1991) und der gestiegenen Überlebensraten ins höhere Lebensalter, hat sich der Ruhestand auch innerlich ausdifferenziert (vgl. Baltes/Kohli/Sames 1989; Mayer/Baltes 1996; Kohli/Künemund 2000). Diese Differenzierungen sind indirekt in den verschiedenen (eher statischen) Kennzeichnungen des sogenannten „Strukturwandels" des Alters (Tews 1993) enthalten: Entberuflichung, Verjüngung, Feminisierung, Singularisierung und zunehmende Hochaltrigkeit. Es gibt viele „junge Alte" (Neugarten 1974), aber auch mehr Hochbetagte und Pflegebedürftige. Neben dem Übergang in den Ruhestand und dem damit verbundenen Verlust der typischen „Vergesellschaftungsleistungen" der Erwerbstätigkeit (Kohli u.a. 1989, 1992, 1993), lassen sich verschiedene Übergänge, Statuspassagen *im* Ruhestand ausmachen, die alle Auswirkungen auf die sozialen Beziehungen haben können bzw. bereits selbst Veränderungen der sozialen Beziehungen darstellen. Neben der Abnahme der *körperlichen* Leistungsfähigkeit gehören dazu die *Großelternschaft* und zunehmend auch *Urgroßelternschaft* (Bengtson/

---

2   Zu den historischen Veränderungen des „Alters" vgl. z.B. die Überblicke von Imhof (1992); Rosenmayr/ Rosenmayr (1978); Ehmer (1990); Conrad/v. Kondratowitz (1993).

Rosenthal/Burton 1990), bei den Frauen zumeist der *Tod des Lebenspartners* und das damit häufig verbundene *Alleinleben*, das zunehmende *„Wegsterben"* der Mitglieder der eigenen Generation, – was sowohl die Verwandtschaft als auch Freunde betreffen kann (Wagner/Schütze/Lang 1996; Künemund/Hollstein 2000) –, in sehr hohem Alter vielfach auch Kinderlosigkeit (Wagner/Schütze/Lang 1996) und gegebenenfalls die Übersiedlung in ein *Heim* (Bäcker 1991; Mayer/Baltes 1996).

Wie gehen die Älteren mit diesen Veränderungen ihrer Lebenssituation um? Der Befund, daß bei vielen Menschen mit zunehmendem Alter in verschiedenen Lebensbereichen eine Reduktion von Aktivitäten und sozialen Interaktionen festzustellen ist, gehört zu den Basiseinsichten der Alternsforschung (z.B. Palmore 1981). Diese Abnahme der sozialen Partizipation erstreckt sich neben dem Beruf vor allem auf Tätigkeiten in Organisationen, aber auch auf politisches Engagement und den Freundes- und Bekanntenkreis (Tobin/Neugarten 1968; vgl. auch Diewald 1991; Wagner/Schütze/Lang 1996; Mayer/Wagner 1996; Kohli/Künemund 2000)[3].

Gleichzeitig gehört die Frage, wofür dieser Befund eigentlich steht, was er bedeutet und worauf diese Abnahme zurückzuführen ist, noch immer zu den „most hotly disputed issues" der Sozialgerontologie (Carstensen 1987: 222). Dazu sollen zunächst zwei Ansätze dargestellt werden, die die Diskussion der 60er und 70er Jahre geprägt haben und deren Grundgedanken sich auch in den aktuellen gerontologischen Diskussionen wiederfinden: der Aktivitätsansatz und die Disengagementtheorie. Diese Ansätze machen jeweils unterschiedliche Aspekte für das verminderte Engagement verantwortlich. Bezüglich der ihnen zugrunde liegenden Vorstellung über das „Wesen des Alters" vertreten sie völlig konträre Positionen.

AKTIVITÄTSANSATZ UND ROLLENTHEORIE: ALTER ALS AUSGLIEDERUNG UND KRISENTRÄCHTIGER ROLLENVERLUST. Der Aktivitätsansatz (Havighurst/Albrecht 1953; Maddox 1963) – von einer Theorie im engeren Sinne kann hierbei nicht gesprochen werden – beherrschte die Diskussion der 50er Jahre und dominierte lange Zeit die amerikanische Sozialarbeit (Tews 1974). Die Vertreter dieses Konzepts gehen davon aus, daß prinzipiell – unabhängig vom Alter – größere Aktivität mit erhöhter individueller Zufriedenheit einhergeht (ebd.: 101). Gestützt wurde diese These durch den Befund der Duke-

---

3   Beispielsweise zeigen Diewalds multivariate Auswertungen des Wohlfahrtssurveys und des Allbus (1991), daß mit höherem Alter das Risiko steigt, zu Verwandten nicht einmal mindestens monatlichen Besuchskontakt zu haben. Gleichfalls ist mit höherem Alter die Wahrscheinlichkeit größer, keine enge Freundschaftsbeziehung mehr zu haben. Dabei haben die 60-74jährigen durchschnittlich drei enge Freunde, die über 74jährigen nur noch 1,7 (Diewald 1991). Die Besuchshäufigkeit mit Freunden ist jedoch weniger an das Alter als an die jeweilige Haushaltssituation gebunden: Im mittleren Lebensalter schränken kleine Kinder die Besuchshäufigkeit der Eltern mit Freunden ein, im Alter treffen sich ältere Ehepaare seltener mit Freunden als verwitwete Ältere (ebd. 1991: 158f). Nur Nachbarschaftskontakte nehmen im Alter zu (ebd.; ähnlich Künemund/Hollstein 2000).

Longitudinal-Study, daß diejenigen Personen die höchste Zufriedenheit zeigten, die am aktivsten waren (Maddox 1963). Deshalb sei die Aufrechterhaltung von Aktivitäten und Interaktionen der mittleren Erwachsenenjahre auch im Alter wünschenswert und eine notwendige Bedingung für „erfolgreiches Altern".

Man hat diese Grundidee in der Sprache der Rollentheorie ausgedrückt (Rosow 1967): Demnach können altersbedingte Veränderungen der Lebenssituation wie z.B. der Übergang in den Ruhestand oder die Verwitwung als Rollenverluste verstanden werden. In dieser Situation müssen die Individuen neue Möglichkeiten für die Stabilisierung des Selbstkonzepts finden. Die Verluste können nur durch neue Rollen wettgemacht werden (vgl. Kohli 1992). Stehen keine angemessenen Rollen zur Verfügung, kommt es zu einer Identitätskrise und schließlich zum Rückzug des Individuums. So erklärte beispielsweise Helena Z. Lopata (1973) die – im Vergleich zu Männern – angeblich schlechtere Anpassung von Witwen an die neue Lebenssituation damit, daß alleinstehende Frauen normativ stärker sanktioniert würden als alleinstehende Männer. Andere Autoren argumentierten zwar im gleichen Bezugsrahmen, kamen jedoch – bezogen auf die Anpassung an altersbedingte Veränderungen – zu genau gegenteiligen Thesen: Beispielsweise behauptete Berardo (1968) eine schlechtere Anpassung der Männer im Alter, da für sie die Verrentung ein einschneidender Einschnitt als für Frauen sei und Männern zudem weniger Rollen zur Verfügung ständen. Die Großvaterrolle sei z.B. nicht so handlungsorientierend und ausfüllend wie die Großmutterrolle.

Der Aktivitätsansatz macht also vor allem *strukturelle Zwänge* bzw. den Wegfall von Ressourcen (wie das Ende der Erwerbstätigkeit, den Auszug der Kinder aus dem Elternhaus, den Tod des Partners und anderen Bezugspersonen, aber auch die eingeschränkte Mobilität) für abnehmende soziale Kontakte in späteren Lebensabschnitten verantwortlich. Das Alter bzw. der Ruhestand hat den Status einer „rollenlose Rolle" (Burgess). Das alternde Individuum, das seine wichtigen gesellschaftlichen Rollen verloren hat und sie nicht durch neue kompensieren kann, ist letztlich funktionslos, weshalb der Aktivitätsansatz gelegentlich auch als Ausgliederungstheorie bezeichnet wird[4]. Vor diesem Hintergrund erklärt sich die Forderung, die älteren Menschen zu aktivieren und zu reaktivieren, um auf diese Weise die Rollenverluste kompensieren zu können.

DISENGAGEMENTTHEORIE: ALTER ALS SELBSTGEWÄHLTER RÜCKZUG ZUR VORBEREITUNG AUF DEN NAHENDEN TOD. Die Disengagementtheorie (Cumming/Henry 1961) stellt die historische Antithese des Aktivitätskonzepts dar. Sie ist ausgearbeiteter, zeichnet sich nicht zuletzt durch einen eigenständigen

---

4 Krohn spitzt diese Position noch weiter zu: Der Abbauprozeß der älteren Menschen sei letztlich durch die Ausgrenzung verursacht. Im Gegensatz dazu sieht die Disengagementtheorie die Ausgrenzung als Folge vorwiegend biologisch bedingter Abbauerscheinungen (Krohn 1978: 54).

Altersbegriff aus und beherrschte die Diskussion von Anfang der 60er bis in die 70er Jahre hinein. Verbunden ist sie mit der Kansas City Study of Adult Life, in der zwischen 1955 und 1962 Längsschnittdaten von 159 Personen zwischen 50 und 90 Jahren erhoben wurden (Cumming/Henry 1961, vgl. Tews 1974: 107ff). Das beobachtete abnehmende Engagement der alternden Individuen wird grundsätzlich anders gedeutet als im Aktivitätskonzept: Der Disengagementtheorie zufolge ist der altersbedingte Rückzug aus Rollen, Aktivitäten und Interaktionen für die Individuen notwendig und wird von ihnen auch gewünscht. In Anbetracht des nahenden Todes, der sich durch biologische Abbauerscheinungen ankündigt, gibt der Rückzug ihnen Zeit für die (innere) Vorbereitung und Auseinandersetzung mit dem Tod.

Der Rückzug des Individuums wird trotz seiner voluntativen Formulierung in diesem Konzept letztlich als biologische Notwendigkeit, und somit – wie beim Aktivitätskonzept – als strukturelles Erfordernis, gefaßt, welches im Prinzip (s.u.) interkulturelle Gültigkeit beansprucht. Des weiteren wird dieser Rückzug nicht nur als funktional für die Individuen selbst, sondern auch als funktional für die Gesellschaft betrachtet. Beispielsweise sei es sinnvoll, daß die alternden Individuen ihre Positionen an Jüngere abgeben, bevor ihr Wissen und ihre Fähigkeiten veralten (Damianopoulos 1961). Abgeschlossen ist der Alternsprozeß der Disengagementtheorie zufolge, wenn das Verhältnis zwischen Individuum und Gesellschaft wieder im Gleichgewicht ist: Dieses Gleichgewicht ist gekennzeichnet durch eine veränderte Beziehung, insbesondere grösserer Distanz der Älteren gegenüber ihrer Umwelt.

ZWISCHENKRITIK. Sowohl beim Aktivitätsansatz wie auch bei der Disengagementtheorie wurde die von ihnen postulierte Allgemeinheit stark kritisiert und empirisch widerlegt[5]. Wohl am häufigsten wurde beanstandet, daß beide Ansätze einseitige *Werturteile* – Aussagen über einen wünschenswerten Zustand – zum Maßstab erheben und jeweils ein bestimmtes Verhalten als (auch subjektiv) optimale Anpassung an die Lebenssituation im Alter betrachten (Tews 1974: 109). Der Grundgedanke des Aktivitätskonzepts war, daß das mittlere Erwachsenenalter „normal" (Krohn 1978) ist. Dieses „normale" Verhaltensmuster wurden einfach auf das Alter übertragen. Mit der Disengagementtheorie wurde meines Wissens das erste Mal ein eigenständiger Altersbegriff entwickelt (auch wenn es sich im Kern um einen negativen handelt): der nahende Tod hat Verhaltenskonsequenzen. Er ruft ein anderes Verhalten hervor, als es typisch ist für das mittlere Erwachsenenalter. Doch mit dem Postulat eines zwangsläufigen und „naturgemäßen Rückzugs" (Tews 1974: 86) schoß die ursprüngliche Fassung der Disengagementtheorie über ihr Ziel hinaus. Im Durchschnitt vermindert sich zwar die Aktivität mit zunehmendem Alter (Palmore 1981) und ist die Aufrechterhaltung von Aktivitäten eher mit Zufriedenheit verbunden (Maddox 1963). Spätere Studien

---

5 Vgl. insbesondere Tews (1974), Rosenmayr/Rosenmayr (1978), Passuth/Bengtson (1988) und Carstensen (1987, 1991 und 1993).

zeigen jedoch, daß der Aktivitätsgrad weder psychologische noch physische Gesundheit („well-being") erklärt (Lee/Markides 1990). Für die subjektive Zufriedenheit im Alter spielt die Qualität der Interaktion eine größere Rolle als deren Quantität (Conner/Powers/Bultena 1979). Abgesehen von der Problematik der Normativität und des Ethnozentrismus kann keines der beiden Konzepte *individuelle Unterschiede* erklären: Es gibt sowohl Personen und Gruppen, bei denen die Aufrechterhaltung von Aktivitäten auch im Alter mit hoher Zufriedenheit einhergeht als auch Personen, bei denen geringe Aktivität bzw. die Reduktion von Aktivitäten nicht mit geringer(er) Zufriedenheit verbunden ist.

Gegen diesen Kritikpunkt kann eingewendet werden, daß die modifizierten Fassungen der Disengagementtheorie den Anspruch, für alle Personengruppen oder alle Lebensbereiche Aussagen zu machen, aufgegeben haben (z.B. Carstensen 1987). So sprechen Neugarten, Havighurst und Tobin (1968) von bereichspezifischem Disengagement bzw. davon, daß Disengagement nur den Alternsprozeß von bestimmten Personen kennzeichne. Das Hauptkennzeichen des Disengagement sei ein vorrangig innerpsychischer Rückzugsprozeß auf Individualebene. Trotzdem bleibt m.E. erklärungsbedürftig, warum und unter welchen Umständen ein derartiger Rückzugsprozeß einsetzt oder unterbleibt.

Die neuere Forschung hebt demgegenüber die Einflüsse von *intervenierenden Variablen* auf Altersveränderungen hervor (Krohn 1978): Von psychologischer Seite werden vor allem Persönlichkeitsvariablen betont, von soziologischer die schichtspezifischen Unterschiede (Schul- und Berufsausbildung, Berufszufriedenheit). So wurde empirisch häufig bestätigt, daß Aktivität im Alter mit dem sozio-ökonomischem Status korreliert (vgl. z.B. Krohn 1978): Gut ausgebildete Personen mit einem Beruf mit intellektuellen Anforderungen und hohem Einkommen sind durchschnittlich aktiver als Personen mit niedrigerem Status[6].

Doch sowohl die Disengagementtheorie als auch der Aktivitätsansatz sind hier nicht nur von historischem Interesse. Zu unterscheiden ist zwischen Aussagen mit normativem Gehalt und Aussagen über vorfindbares Verhalten und deren Begründungen. Beide Ansätze heben wichtige Ausprägungen und Bedingungen der Veränderung sozialer Beziehungen im Alter hervor, die sich auch in der heutigen Forschung wiederfinden: Sowohl Aktivitätsansatz wie Disengagementtheorie betonen *strukturelle Veränderungen* im Alter. Die Veränderungen der sozialen Bezüge (das Ende der Erwerbstätigkeit, der Tod von Bezugspersonen), biologische Abbauerscheinungen und nahender Tod sind altersbedingte strukturelle Veränderungen, auf die Individuen reagieren (müssen), was Verhaltenskonsequenzen hat. Die Leistung der Disengagementtheorie liegt darin, darauf hingewiesen zu haben, daß eine Abnahme von Interaktionen und Aktivität durchaus im *Interesse* des Individuums liegen

---

6   So gesehen maß der Aktivitätsansatz nicht nur ältere Menschen am mittleren Alter, sondern auch die Unterschicht an der Norm der Mittelschicht (Tews 1974: 101f).

kann[7]: Z. B. kann die „Ausgliederung" aus dem Erwerbssystem durchaus als eine Entlastung und „Befreiung" erlebt werden (Kohli u.a. 1989; Rosenmayr 1992; Kohli 1992). Rollenverluste können, müssen aber nicht unbedingt kompensiert werden. Zunehmende Introversion ist nicht per se negativ, und warum sollen Individuen nicht auch Anerkennung dafür erhalten, daß sie nützlich *waren* (Wolf 1988b)? Demgegenüber betont der Aktivitätsansatz die strukturellen *Zwänge* und die *Krisenhaftigkeit*, mit der abnehmendes Engagement und Rollenverluste für die Individuen verbunden sein können. Die Rollentheorie schließlich fängt darüber hinaus die Bedeutung *normativer Erwartungshaltungen* – sowohl seitens des Individuums wie seitens seiner Umwelt – für die Gestaltungsmöglichkeiten des „Ruhe"-standes ein. Handlungen und Handlungsmöglichkeiten sind sinnhaft strukturiert und sozial konstruiert. Handlungen können – wenn man Erwartungshaltungen nicht entspricht – negativ sanktioniert werden[8]. Dabei wird heutzutage auch in Rechnung gestellt, daß für diese Fragen „einfaches Rollenzählen wenig fruchtbar" ist (Tews 1974: 102): Verschiedene Rollen können – allgemein wie individuell – unterschiedliche Bedeutung haben (vgl. z.B. Hess 1979) und sind historisch betrachtet „im Fluß" (vgl. z.B. Hagestad 1989). So macht auch der Ruhestand heute, fast 40 Jahre nachdem diese Thesen formuliert wurden, aufgrund der gestiegenen Lebenserwartung und des bislang kaum gebrochenen Trends zum frühen Ruhestand bereits ein Drittel des Erwerbslebens aus. Als „Restzeit" kann er deshalb kaum verstanden werden (s.o.; vgl. Kohli 1985). Aufgrund der gestiegenen Lebenserwartung und verändertem Fertilitätsverhalten bilden sich neue Beziehungen und Beziehungsphasen mit neuartigen Rollenmustern heraus: Dazu gehören die Verantwortung für hochaltrige und pflegebedürftige alte Eltern; (Schütze/ Lang 1992; Blenkner 1965), die verlängerte Dauer der Großelternschaft (Lauterbach 1995; Hagestad 1989; Wagner/ Schütze/Lang 1996) und die Urgroßelternschaft (ebd.).

Im folgenden werden zwei aktuelle Ansätze dargestellt, die weitere Aspekte der Veränderungen sozialer Beziehungen im Alter behandeln und insgesamt zu differenzierteren Aussagen über individuelles Verhalten gelangen als die gerade angesprochenen: Die Austauschtheorie und das Konzept der sozioemotionalen Selektivität.

AUSTAUSCHTHEORIE: ALTER ALS EINTEILUNG KNAPPER RESSOURCEN. Austauschtheoretische Konzeptionen (Blau 1964; Gouldner 1960; Homans 1961, Emerson 1976), die in der Sozialgerontologie zunehmend Verbreitung finden (z.B. Bengtson/Dowd 1980/81; Dowd 1984), begreifen Interaktionen

---

7   Wenngleich ein innerpsychischer Rückzug auf Individualebene meines Wissens noch nicht nachgewiesen werden konnte. Angemessener scheint es von einer Selektion bzw. Kompensation zu sprechen. Vgl. Baltes und Baltes (1989, 1990, 1992) sowie weiter unten die Ausführungen zur Theorie der sozioemotionalen Selektivität.

8   Explizit wird dies von der Stigmatisierungstheorie des Alters zum Thema gemacht (z.B. Hohmeier/ Pohl 1978). Vgl. z.B. Passuth/Bengtson (1988).

zwischen Individuen als Austausch unterschiedlicher Ressourcen. Ausgegangen wird zumeist von (mehr oder weniger rational) kalkulierenden Akteuren, die prinzipiell versuchen, die Kosten von Interaktionen zu minimieren und ihren individuellen Nutzen zu maximieren. Die subjektive Bewertung von Ressourcen – somit von Kosten und Nutzen – kann dabei nach unterschiedlichen Kriterien erfolgen (Antonucci/Israel 1986). Beispielsweise spielen dabei auch kulturell unterschiedliche Wertmaßstäbe eine Rolle (Befu 1980)[9]. In austauschtheoretischen Konzepten bildet die Fähigkeit zur Reziprozität die (motivationale) Grundlage der Aufrechterhaltung sozialer Beziehungen. Auf diese Weise erklärt die Austauschtheorie die unterschiedlichen Leistungen informeller sozialer Beziehungen wie deren Beendigung. Beispielsweise gehen Beziehungen zu Bekannten und Freunden häufig dann auseinander, wenn der Austausch zu lange auf Einseitigkeit beruht (Argyle/Henderson 1984; Roberto 1989), da dies auf der einen Seite Gefühle der Schuld, auf der anderen Seite das Gefühl hervorruft, ausgenutzt zu werden (vgl. Antonucci/ Jackson 1986). In diesem konzeptuellen Rahmen lassen sich Veränderungen sozialer Beziehungen nach unterschiedlichen Statuspassagen verstehen: Nach der Familiengründung wird häufig der Freundes- und Bekanntenkreis umstrukturiert (Perleth 1988). Die austauschtheoretische Begründung ist, daß sich durch die veränderte Lebenssituation auch die Parameter bzw. Bewertungsmaßstäbe für die Inhalte der Beziehungen verändern (Esser 1990). Bezogen auf die Veränderungen von Interaktionen und Beziehungen im Alter nehmen diese Theorien an, daß Individuen mit höherem Alter aufgrund abnehmender Ressourcen (z. B. infolge eines verschlechterten Gesundheitszustandes, abnehmender materieller Mittel) oder auch aufgrund abnehmender Wertigkeit ihrer Ressourcen (z.B. wegen negativer Altersstereotype; Bengtson/Dowd 1980/81) nicht mehr oder zumindest eingeschränkt in der Lage zur Reziprozität sind (Gouldner 1960; Dowd 1984; Antonucci/Jackson 1990; Rosenmayr/ Rosenmayr 1978). Die Verkleinerung sozialer Netzwerke mit zunehmendem Alter kann austauschtheoretisch damit erklärt werden, daß knappe Ressourcen eingeteilt und in Beziehungen „investiert" werden, die individuell besonders bedeutungsvoll sind. Beziehungen, die aus der Sicht der Individuen mit zu hohen Kosten verbunden sind bzw. bei denen sich der Aufwand gewissermaßen nicht „lohnt", werden hingegen abgebrochen. Dominierte dabei in früherer Forschung ein eher verallgemeinernder Blick auf

---

9   Allerdings stellt die Berücksichtigung unterschiedlicher Bewertungskriterien in diesen Ansätzen – zwar nicht prinzipiell jedoch hinsichtlich der faktischen Konzeptionalisierung und Operationalisierung – einen Schwachpunkt austauschtheoretischer Untersuchungen dar. Zu weiteren Aspekten – insbesondere die Kritik am Modell eines rationalen Akteurs – vgl. Hollstein (2001). Da es sich dabei nicht um einen prinzipiellen Einwand gegen die Austauschtheorie (sondern nur um ein spezifisches Akteursmodell) handelt, verzichte ich an dieser Stelle auf eine Erörterung. Vergleiche als allgemeinen Überblick Ekeh (1974) sowie speziell zu den unterschiedlichen austausch- und ressourcentheoretischen Konzeptionen der Sozialgerontologie Lang (1994).

„das Alter", der ältere Menschen generell als abhängig und eigentlich nicht mehr zur Reziprozität in der Lage betrachtete (Gouldner 1960; Dowd 1984), wird heute zunehmend auf individuelle Unterschiede geachtet und gezeigt, daß viele Ältere (Carstensen 1991; Antonucci/Jackson 1986; Lang 1994) und auch Hochaltrige (Wagner/ Schütze/Lang 1996) aktuell durchaus zu wechselseitigem Austausch in der Lage sind. Darüber hinaus wird zunehmend die Bedeutung „generalisierter Reziprozität"[10] hervorgehoben. Damit werden langfristig angelegte Austauschbeziehungen zu besonders nahestehenden Personen gekennzeichnet, bei denen langfristig auch bilanziert wird, doch stärker die jeweiligen Bedarfslagen und verfügbaren Ressourcen in Rechnung gestellt werden und zwischenzeitlich einseitige Transfers die Beziehung nicht unbedingt gefährden. Offensichtlich versuchen ältere Menschen solange wie möglich, einseitige Austauschbeziehungen zu vermeiden (Antonucci/Jackson 1986). Jedoch macht „generalisierte Reziprozität" unausgeglichene und gleichzeitig aufwendige Transfers – zum Beispiel im Fall von Pflegebedürftigkeit – in einem austauschtheoretischen Rahmen erst verständlich (Hollstein/Bria 1998). Diese Unterstützung wird vorwiegend von Ehegatten und Kindern erbracht, seltener von Freunden (Wentowski 1981; Schneekloth/Potthoff 1993). Größere materielle Transfers der Eltern gegenüber Kindern erhöhen die Wahrscheinlichkeit, von ihnen im Alter auch gepflegt zu werden (Henretta u.a. 1997).

Eine wesentliche Stärke austauschtheoretischer Konzeptionen liegt darin, daß sie eine Erklärung dafür anbieten, unter welchen Bedingungen Interaktionen und damit soziale Beziehungen aufgenommen werden und unter welchen Bedingungen sie abgebrochen werden (Lang 1994). Indem der Blick auf die unterschiedlichen ausgetauschten *Inhalte* (Ressourcen) gerichtet wird (z.B. Foa/Foa 1980), welche mit den gängigen Instrumenten der Social Support-Forschung erfaßt werden, ist es möglich, genauer zwischen *verschiedenen Beziehungen* zu unterscheiden und zu erklären, warum manche Beziehungen (z.B. zu Bekannten) im Alter eher auseinandergehen. In dieser Hinsicht stellt dieses Konzept eine Ergänzung des Konzepts des „social convoy" (Kahn/Antonucci 1980) dar, da es eine Erklärung bietet, warum und unter welchen Umständen sich dieser Convoy im Laufe des Lebens verändert. Insbesondere das Konzept der „support bank" bzw. der „generalisierten Reziprozität" lenkt das Augenmerk auch auf zurückliegende Transfers, also auf die *Geschichte* von Beziehungen, sowie auf *zukunftsbezogene* Aspekte wie die antizipierte Dauer von Beziehungen und deren Konsequenzen für den Bestand und die aktuelle Leistungsfähigkeit von sozialen Beziehungen.

Mit dieser inhaltlichen und zeitlichen Differenzierung können austauschtheoretische Konzeptionen schließlich im Gegensatz zu den vorher angesprochenen Konzepten *individuelle Unterschiede* in der Existenz und Leistungs-

---

10 Vgl. Gouldner (1960); ähnlich das sozialpsychologische Konzept der „support bank" (Kahn/Antonucci 1980, Antonucci/Jackson 1986).

fähigkeit der informellen sozialen Netzwerke im Alter Rechnung tragen: Mit dem Blick auf die unterschiedliche (materielle) Ressourcenausstattung lassen sich etwa *schicht*spezifische Unterschiede in der Gestaltung und Leistungsfähigkeit von sozialen Beziehungen erklären[11]. Wenn zurückliegende Transfers berücksichtigt werden, werden auch *geschlechts*spezifische Unterschiede in der Leistungsfähigkeit sozialer Beziehungen verständlich: Frauen erhalten, verglichen mit Männern, nicht nur (im Alter) insgesamt mehr Unterstützung von Anderen; sie leisten üblicherweise auch mehr soziale Unterstützung (Antonucci 1985; Diewald 1991; Rossi/Rossi 1990).

Wie Carstensen (1991) hervorhebt, besteht jedoch auch in diesen sonst sehr „erklärungsträchtigen" austauschtheoretischen Ansätzen ein nicht unwichtiges Erklärungsdefizit: So stellen Field und Minkler (1988) im Alter eine Zunahme der subjektiven Zufriedenheit mit den sozialen Interaktionen fest. Dieser Befund läßt sich jedoch nicht erklären, wenn man die Abnahme sozialer Beziehungen und Interaktionen vorrangig als Reaktion auf abnehmende Ressourcen faßt. Zu diesem Punkt schlägt Carstensen eine Erklärungsmöglichkeit vor, die im nächsten Unterabschnitt dargestellt wird. Carstensens Erklärung setzt exakt an einen strukturellen Schwachpunkt der – typischerweise – mit austauschtheoretischen Konzepten arbeitenden Untersuchungen an: Diese sind im Grunde gleichgültig gegenüber der *subjektiven Bewertung* und der unterschiedlichen Wertigkeit von Ressourcen. Individuelle Interessen oder Relevanzen haben dort keinen systematischen Stellenwert.

KONZEPT DER SOZIOEMOTIONALEN SELEKTIVITÄT: ALTERSSPEZIFISCHE RELEVANZSETZUNGEN. Laura Carstensen (1991; 1993; vgl. auch die Darstellung in Lang 1994) geht in dem von ihr vorgeschlagenen motivationspsychologischen Konzept der sozioemotionalen Selektivität – ähnlich wie die Disengagementtheorie – davon aus, daß die Abnahme von Kontakten im Alter funktional für die Individuen ist und von diesen auch aktiv mitgestaltet werden. Allerdings unterscheiden sich bei Disengagementtheorie und Selektivitätskonzept der Charakter der abnehmenden Partizipation sowie die dafür angeführten Gründe: Carstensen spricht nicht von einem „Rückzug" der Individuen, sondern eher von einer Konzentration durch Selektion. Carstensen zufolge verändern sich über den Lebenslauf die Motivationen (Interessen), auf Grund derer Individuen Interaktionen eingehen und aufrechterhalten. Anders ausgedrückt: Der Stellenwert oder die Wichtigkeit bestimmter Interaktionsinhalte verändert sich. In der Jugend, während der Zeit der Familiengründung und beruflichen Etablierung, stehen die Stabilisierung des Selbstbildes und die Suche nach Informationen – z. B. für die Lebens- und Karriereplanung – im Vordergrund. Dafür sind nicht nur enge Beziehungen, sondern auch viele Kontakte, z.B. zu „entfernten Bekannten" (Wegener 1987; vgl. Granovetters „schwache" Bindungen 1973), funktional. Die Abnahme der sozialen Beziehungen und sozialen Interaktionen in höherem Alter erklärt Carstensen nun

---

11 Zu schichtspezifischen Unterschieden von Freundschaften vgl. Hollstein (2001).

vor allem damit, daß in späteren Lebensabschnitten die emotionale Regulation an Bedeutung gewinnt (Lawton u.a. 1992; Fredrickson/Carstensen 1990), ja zum vorrangigen Kriterium wird, nach dem Individuen soziale Beziehungen eingehen und aufrechterhalten. Für die emotionale Regulation sind weder viele Kontakte noch viele Beziehungen erforderlich. Die Suche nach Informationen mag zwar weiterhin wichtig sein, jedoch werde das Individuum auch zunehmend erfahrener im Umgang mit Beziehungen und könne notwendige Informationen gezielter suchen. Auch die Bedeutung der Stabilisierung des Selbstbildes mag im höheren Alter nicht unbedingt abnehmen, allerdings bergen viele soziale Kontakte im Alter eine erhöhte Gefahr negativer Stereotypisierungen (Kuypers/Bengtson 1973). Dies muß nicht bedeuten, daß ältere Menschen Konflikten aus dem Weg gehen, jedoch wird – ein Kosten-Nutzen-Modell zugrundeliegend – davon ausgegangen, daß Konflikte eher mit emotional wichtigen Personen ausgetragen werden. Insgesamt nimmt Carstensen an, daß für die Erfüllung der in späteren Lebensabschnitten zentralen Funktionen weder häufige Kontakte noch zahlreiche Beziehungen notwendig sind.

Erklärt werden kann mit diesem Konzept der oben angesprochene Befund, daß ältere Menschen auch bei sehr wenigen Kontakten eine hohe Zufriedenheit aufweisen. Vereinbar damit sind zudem Befunde, die darauf hinweisen, daß ältere Menschen gar nicht alle möglichen Kontakte in Anspruch nehmen bzw. sogar aktiv begrenzen (Fredrickson/Carstensen 1990). Schließlich kann mit diesem Modell erklärt werden, daß zwar die Netzwerkgröße in höherem Alter abnimmt, jedoch aus weniger Bekannten besteht (Lang/Carstensen 1994), dagegen keine Abnahme von Familienangehörigen und langjährigen Freunden (soweit sie nicht durch Tod oder Umzug bedingt sind) zu verzeichnen ist. Kontakte zu emotional wichtigen Bezugspersonen werden – im Gegensatz zu emotional weniger wichtigen – offensichtlich solange wie möglich aufrechterhalten (ebd.). Der von der Disengagementtheorie postulierte emotionale Rückzug ist empirisch nicht zu bestätigen.

Im Laufe des Lebens verändern sich also die Motivationen für das Eingehen und Aufrechterhalten sozialer Bindungen. Darüber hinaus berücksichtigt dieses Konzept, daß Individuen im Laufe ihres Lebens lernen, sich selbst und die Leistungsfähigkeit ihrer Beziehungen besser einzuschätzen und besser mit diesen umzugehen. Insofern stellt dieses Konzept eine spezifische, inhaltliche Formulierung des von Margret und Paul Baltes vorgeschlagenen entwicklungspsychologischen Modells der „Optimierung durch Selektion und Kompensation" bzw. „selektiven Optimierung mit Kompensation" dar (Baltes/Baltes 1989, 1990, 1992). Wesentlich an diesem Konzept ist m.E., daß nicht nur – wie in der Austauschtheorie – nach Inhalten von Interaktionen und Beziehungen unterschieden wird, sondern darüber hinaus nach der Wertigkeit dieser Inhalte für die Individuen gefragt wird, nach (altersspezifisch) unterschiedlichen Motivationen oder Relevanzsetzungen. In Abhängigkeit von der Wertigkeit der Ressourcen, fallen auch die Kosten-Nutzen-Rechnungen unterschiedlich aus. Mit diesem Konzept können die mit dem Alternsprozeß verbundenen strukturellen Zwänge durchaus berücksichtigt werden (vgl. Lang 1994). Trotzdem haben die alternden Akteure hier auch (spezifische) Interessen, die sie aktiv gestaltend umzusetzen versuchen. Sie sind nicht nur Individuen, die ausschließlich der Not gehorchend, „das Beste aus den strukturellen Zwängen machen".

Doch auch wenn sich – und dies wird hier m.E. überzeugend argumentiert und belegt – individuelle Relevanzsetzungen über den Lebenslauf verändern, bleibt offen, wie sich individuell *unterschiedliche Umgangsformen* mit vergleichbaren Veränderungen der Lebenssituation zum einen erklären und zum anderen auch rekonstruieren lassen. Bezüglich dieser Frage können biographisch und zugleich interpretativ ausgerichtete Studien Aspekte beisteuern, die die bisher dargestellten Überlegungen in wichtigen Punkten ergänzen: Differentielle kognitive Wahrnehmungs- und Interpretationsschemata, normative Orientierungen und individuell unterschiedliche Relevanzsetzungen. Insgesamt können sie als unterschiedliche „individuelle Bedeutungen" sozialer Beziehungen bezeichnet werden (Kohli 1978).

DER BEITRAG DER BIOGRAPHIEFORSCHUNG: INDIVIDUELLE „BEDEUTUN-GEN" VON BEZIEHUNGEN UND DIE ORGANISATION VON HANDLUNGSPROBLEMEN. Abschließend möchte ich auf einen Forschungsstrang eingehen, der sich mit individuellen „Bedeutungen" im oben genannten Sinne beschäftigt und sie zur Erklärung von individuell unterschiedlichen Umgangsformen mit strukturellen Zwängen, d.h. altersbedingten Veränderungen der Lebenssituation, heranzieht. Es geht um den Beitrag der Biographieforschung zur Erklärung der Veränderungen von sozialen Beziehungen und Netzwerken. Dabei beziehe ich mich ausschließlich auf biographische Arbeiten im Rahmen der interpretativen[12] Sozialforschung (Fischer/Kohli 1987).

Ganz allgemein beschäftigt sich die Biographieforschung mit der Eigenperspektive der Subjekte auf ihre Lebensgeschichte oder einzelne Phasen ihrer Lebensgeschichte[13]. Die zentralen Bezugspunkte dieses Forschungsbereiches können mit den Begriffen „Handeln" und „Lebenswelt" umrissen werden (Kohli 1981). Allerdings werden zur „biographischen Forschung" auch Studien gezählt, die der Annahme sinnhaften Handelns methodisch nur sehr eingeschränkt Rechnung tragen. Beispiele dafür sind psychologische Studien, in denen zwar subjektive Einstellungen zu unterschiedlichen Lebensbereichen (z.B. Daseinsthemen) sowie verschiedene Umgangsformen mit Lebensereignissen (teilweise) offen erhoben werden, diese dann jedoch kategorisiert, skaliert, mittels statistischer Verfahren gruppiert und die jeweils entstandenen Variablenbündel auf statistische Zusammenhänge überprüft

---

12 Der Terminus „qualitativ" ist insofern ungenau, da damit offenbleibt, ob er sich auf die Erhebung und/oder die Auswertung bezieht.

13 Vgl. z.B. die Übersichten von Kohli (1981), Bude (1984), Fuchs (1984), Voges (1987).

werden (z.B. Niederfranke 1992; Stappen 1988). Somit wird zwar partiell „Sinn" erfaßt, aber keine Sinn-„beziehungen" (Giegel/Frank/Billerbeck 1988). Über die sinnlogischen Regeln des unterschiedlichen Umgangs mit bestimmten Handlungsproblemen erfährt man aus diesen Studien letztlich nichts (vgl. Giegel/Frank/ Billerbeck 1988).

Individuelle Relevanzsetzungen und die sinnhaften Regeln des Umgangs mit Beziehungen und Lebensereignissen, also die Organisation von Handlungsproblemen (Kohli 1981) vor dem Hintergrund biographischer Erfahrungsaufschichtung und biographischer Sinnhorizonte, können nur mittels interpretativer Verfahren in Einzelfallstudien rekonstruiert werden. Hinzuweisen ist darauf, daß dieser „Sinn" nicht unbedingt subjektiv intendiert oder repräsentiert sein muß (Oevermann u.a. 1979). Des weiteren ist hervorzuheben, daß diese Einzelfallstudien zwar keine Aussagen über Verteilungen zulassen, wohl aber Aussagen über „typische" – im Sinne von möglichen – Formen der sozialen Organisation von Handlungsproblemen (Kohli 1981). Die einzelne Biographie ist nicht als solche interessant, sondern der Einzelfall ist „Repräsentant seiner Kultur" (ebd.: 277). Dabei eröffnet die Biographieforschung auch die Möglichkeit, die Genese von „Erfahrungsgestalten und Sinnstrukturen" zu rekonstruieren (Bude 1984; vgl. Bude 1987; Wohlrab-Sahr 1993).

Analytisch lassen sich in der vorliegenden Forschung insbesondere zwei Zugänge oder Bezugspunkte subjektiven Sinns unterscheiden. Im Zentrum der Aufmerksamkeit können *spezifische Handlungsprobleme* (Entscheidungssituationen, von außen initiierte Veränderungen der Lebenssituation) stehen, wobei jeweils unterschiedliche Organisationsformen von und Umgangsformen mit diesen Handlungsproblemen rekonstruiert werden. Darunter fallen z.B. Studien, die sich mit der Frage der Entscheidung zur Elternschaft beschäftigen (Burkart 1994a), der Bedeutung und dem Umgang mit der Verrentung (Kohli u.a. 1989) oder dem Umgang mit der Pflegebedürftigkeit der Eltern (Hareven/Adams 1995). Das vorrangige Interesse kann aber auch auf unterschiedlichen Deutungs- und Orientierungsmustern (Giegel/Frank/Billerbeck 1988) spezifischer *sozialer Beziehungen* liegen. Nach welchen sinnhaften Regeln werden Beziehungen wahrgenommen und interpretiert? Gefragt werden kann dabei auch, wie auf kultur- und milieuspezifische Normen Bezug genommen wird. So werden z.B. unterschiedliche Freundschaftsstile (Matthews 1986a) oder milieuspezifische Bedeutungsmuster von Paarbeziehungen (Burkart/Fietze/Kohli 1989; Gather 1996) rekonstruiert. Bei dieser Herangehensweise kann auch untersucht werden, welche Handlungskonsequenzen mit den jeweiligen Orientierungsmustern verbunden sind.

Bezogen auf die inhaltliche Frage dieses Unterabschnitts ist leider festzustellen, daß es insgesamt kaum Studien gibt, die Handlungsprobleme im Zusammenhang mit informellen sozialen Beziehungen im Alter untersuchen. Dies liegt vermutlich vor allem an der relativen Spezialisierung der hier angesprochenen Forschungsbereiche. Die Biographieforschung selbst ist – trotz ihres Aufschwungs seit Ende der 70er Jahre – ein (immer noch) recht überschaubarer Bereich, in welchem „traditionelle" Forschungsschwerpunkte vor allem im Kontext arbeits- und industriesoziologischer Fragestellungen sowie auf Fragen der Lebenssituation abweichender Gruppen liegen[14].

Seit Mitte der 80er Jahre wird mit der biographischen Methode insbesondere in der Familiensoziologie gearbeitet, doch dominieren Studien zu Lebenssituationen und Statuspassagen im frühen und mittleren Erwachsenenalter, beispielsweise verschiedene Bedeutungsmuster von Paarbeziehungen (Burkart/Fietze/Kohli 1989), die Strukturierung von Intimbeziehungen (Corsten 1993), die Entscheidung zur Elternschaft (Burkart 1994a), die Lebenssituation von jungen Alleinerziehenden (Mädje/Neusüss 1996) oder Entscheidungsprozesse bei Paaren bezüglich des beruflichen Wiedereinstiegs der Ehegattin (Born/Krüger/ Lorenz-Meyer 1996).

In noch stärkerem Maße trifft dies auf die Freundschaftsforschung zu. Sie ist selbst ein recht junges Forschungsfeld, das beherrscht wird von – vorwiegend stärker standardisierten – US-amerikanischen Studien (vgl. Adams 1989). Fragen der Lebenslaufspezifik von Freundschaften (z.B. Wright 1989), von Freundschaftsverläufen und Freundschaften im Alter werden erst seit relativ kurzer Zeit bearbeitet (z.B. Rawlins 1992; Blieszner/ Adams 1991; Schütze/Lang 1993). Nur vereinzelt finden sich Studien, die mittels qualitativ-biographischer Verfahren Freundschaften im Alter untersuchen (z.B. Matthews 1986a; Jerrome 1984).

Die Altersforschung schließlich ist dadurch gekennzeichnet, daß sich biographische Untersuchungen in diesem Bereich selten mit sozialen Beziehungen beschäftigen und die Studien, die soziale Beziehungen im Alter untersuchen, ganz überwiegend mit geschlossenen Verfahren arbeiten. So hat sich die biographische Forschung, die sich mit der Lebenssituation im Alter befaßt, bislang vorwiegend auf die biographische Bedeutung und Umgang mit dem Austritt aus dem Erwerbsleben konzentriert (z.B. Kohli u.a. 1989; Wolf 1988). Die Konsequenzen für informelle soziale Beziehungen stellen dabei eher einen Nebenschauplatz dar (als Ausnahmen z.B. Gather/Schürkmann 1987; Gather 1996). Bei der biographischen Forschung zur Situation *im* Ruhestand scheint das Interesse vor allem auf Lebensbereichen zu liegen, von denen eher als von den informellen sozialen Beziehungen erwartet wird, daß sie angesichts des Verlusts der Vergesellschaftungsleistungen der Erwerbstätigkeit biographische Kontinuität sichern: Wie beispielsweise Hobbies oder ehrenamtliche Tätigkeiten (Kohli u.a. 1992; 1993; Roth 1989). Die Forschung, die sich demgegenüber mit den informellen sozialen Beziehungen im Alter beschäftigt, arbeitet fast ausschließlich mit dem Netzwerk- in Kombination mit dem Social-Support-Ansatz (vgl. Hollstein 2001). Doch die Netzwerkforschung ist – trotz ihres qualitativen Ursprungs in der Anthropologie – fast ausschließlich von standardisierten Verfahren beherrscht. Qualitative Netzwerkforschung hatte lange Zeit vor allem programmatischen Charakter (Fine/ Kleinman 1983, Keupp 1987; v. Kardoff 1989, Schweizer 1996)[15]. Ausnahmen bilden Studien aus der Migrationsforschung, die gleichzeitig auf die Veränderungen von verschiedenen informellen sozialen Beziehungen gerichtet sind und mit biographischen Methoden arbeiten; allerdings steht hier die Situation von jüngeren Erwachsenen im Vordergrund (Schütze 1997). In dem einzigen, mir bekannten qualitativen Netzwerklängsschnitt geht es ebenfalls um junge Erwachsene, genauer um ihre Identitätsentwicklung (Keupp u.a. 1999).

---

14 Vgl. zur Geschichte der „biographischen Methode" Kohli (1981).
15 Für die wenigen Ausnahmen vgl. den instruktiven Überblick bei Straus (2001).

Zu den wenigen Studien, die mit biographischen Methoden Veränderungen von (spezifischen) informellen Beziehungen im Alter untersuchen, zählt die Untersuchung von Hareven und Adams über kohortenspezifische Umgangsformen mit der Pflegebedürftigkeit der alten Eltern (Hareven/Adams 1995); Gathers Untersuchung von Machtstrukturen und Partnerschaftskonstruktionen von Paaren, die sich im Übergang in den Ruhestand befinden (Gather 1996); Matthews' Studie verschiedener Freundschaftsstile und -verläufe (Matthews 1986a). Letztere soll stellvertretend kurz vorgestellt und diskutiert werden, da auf deren Ergebnisse noch besonders Bezug genommen wird.

Sarah H. Matthews (1983, 1986a, 1986b) identifiziert in ihrer Studie „Friendships Through the Life Course" auf der Basis von 63 biographischen Interviews mit älteren Männern und Frauen zwischen 60 und 80 Jahren drei verschiedene Arten des „doing friendship" oder „Freundschaftsstile". Diese Freundschaftsstile unterscheiden sich hinsichtlich der Definition von Freundschaften, der Erwartungshaltung an diese sowie der Umgangsformen (Anknüpfen, Aufrechterhalten bzw. der Pflege von Freundschaften). Dabei lassen sich die Freundschaftsstile durch ein spezifisches Verhältnis zu ihrer Biographie charakterisieren sowie unterschiedliche Umgangsformen mit äußeren Umständen (Gelegenheitsstrukturen zum Anknüpfen von Freundschaften, Mobilität von Freunden etc.).

Die „Unabhängigen" („independents") betrachten kaum jemanden als „richtigen" (real) Freund. Die meisten von ihnen sind jedoch nicht isoliert und prinzipiell zufrieden mit ihren sozialen Beziehungen. Teilweise knüpfen sie leicht und oft Kontakte, aber sie vertiefen diese Beziehungen nicht aktiv (geringe Intimität). Bei den Freundschaften der „Unabhängigen" scheinen nicht so sehr die individuellen Personen wichtig zu sein, als vielmehr die gemeinsamen Interessen und Aktivitäten (1986b: 262). Daß diese Freundschaften nicht so „eng" werden, wird z.B. damit begründet, daß man anderen Menschen nicht vertraue oder man schlicht keine Zeit für enge Freundschaften habe. Zahl und Dauer der Freundschaften werden vor allem durch äußere Umstände und aktuelle Gelegenheitsstrukturen bestimmt, oder wie Matthews es ausdrückt: „the independents allowed circumstances to dictate their associations" (Matthews 1986a: 38). So berichtet Matthews von Fällen, in denen räumliche Mobilität oder die Änderung des Familienstandes die Freundschaften beendet, was allerdings in den Schilderungen ohne Bedauern wiedergegeben wird (ebd.: 37). Matthews beschreibt die „Unabhängigen" als „surrounded by a sea of people, none distinguished from the others" (ebd.: 45). Während dieser Typ dadurch charakterisiert wird, daß die Befragten sehr gegenwartsbezogen sind, zeichnen sich die „Kritischen" („discerning") dadurch aus, daß bei ihnen die Vergangenheit eine große Rolle für ihr heutiges Leben spielt. Die „Kritischen" haben in ihrem Leben nur wenige, aber sehr enge Freundschaften geschlossen, die ihnen außerordentlich wichtig sind und die von den drei Freundschaftsstilen am wenigsten durch äußere Bedingungen (z.B. Änderungen des Familienstandes) beeinflußt werden. Verlieren die „Kritischen" ihre Freunde (beispielsweise durch räumliche Mobilität oder Tod), ist das für sie ein emotionaler Verlust, der nicht ersetzbar ist. Einige gehen eher resignativ damit um, andere betrachten dies für sich als Tragödie. Die „Kritischen" können sich nicht vorstellen, in der Zukunft neue enge Freundschaften zu schließen[16]. Demgegenüber schließen die *„Sammler"* („acquisitives") bei fast jeder Veränderung der Lebenssituation (Umzüge und/oder Arbeitsplatzwechsel) neue Freundschaften. Ähnlich wie die „Unabhängigen" knüpfen sie bei sich bietenden äußeren Gelegenheiten relativ leicht neue Kontakte. Im Unterschied zu den „Unabhängigen" besteht diesen Freunden gegenüber allerdings ein hohes „committment", zumindest solange man räumlich nahe beieinander lebt. Freundschaften sind wichtiger Bestandteil ihres Lebens und teilweise betreiben sie einen relativ hohen Aufwand für deren Pflege (Unternehmungen, Briefe, Reisen). Bei einem Teil der Befragten wurden die Freundschaftsnetzwerke bei fast jeder Statuspassage größer. Diese Befragten haben auch lange zurückreichende Beziehungen. Bei anderen Befragten bedeuten Umzüge, Arbeitsplatzwechsel oder Veränderungen des Familienstandes, daß die bis dahin wichtigen Freundschaften langsam erlöschen („faded away", Matthews 1986a: 56) und durch andere ersetzt werden. Allerdings scheint der „Sammler"-Stil nicht automatisch zu bedeuten, daß man im Alter viele Freunde hat. Matthews beschreibt den Fall einer Befragten (1986b: 265f), welche zwar früher häufig wechselnde Freundschaften hatte, seit ihrem Umzug in ein Seniorenheim sich auch um Freundschaften bemühe, jedoch keine Freundschaften mehr geschlossen hat und sich sehr isoliert fühlt. In diesem Fall seien die äußeren Umstände dem Anknüpfen von Freundschaften nicht förderlich.

Trotz aller Fragen, die diese Studie aufwirft (beispielsweise sind die Zuordnungskriterien insbesondere beim Typus der „Sammler" nicht sehr klar) zeigt diese Untersuchung doch, wie unterschiedlich Freundschaften hinsichtlich ihrer individuellen Bedeutung, ihrer Organisation und Anfälligkeit für Veränderungen der Lebenssituation aussehen können und wie diese Aspekte (Erwartungshaltungen, Umgangsformen, äußere Bedingungen) miteinander verzahnt sind. Statuspassagen können unterschiedlichen Auswirkungen auf die Aufrechterhaltung von Freundschaften haben. Oder anders ausgedrückt: Individuen können auf sehr unterschiedliche Weise mit diesen Statuspassagen umgehen.

Bezogen auf die Frage dieses Abschnitts nach den unterschiedlichen Veränderungen von informellen sozialen Beziehungen im Alter leistet diese Studie einen Beitrag zum Verständnis der Veränderungen von Freundschaften. Allerdings wäre es interessant zu wissen, wie veränderlich eigentlich

---

16 Insgesamt scheint dieser Typ am schlechtesten über längere Zeit aufrechterhalten zu werden können. Möglicherweise hätte man Personen, die jetzt den „independent" oder „acquisitive" zugeordnet wurden, vor längerer Zeit den „discerning" zugeordnet (Matthews 1986a).

diese Stile sind bzw. wovon sie eigentlich abhängen. So betont Matthews zwar bei einigen Fallbeispielen für den Typs der „Unabhängigen", daß die Befragten ihre Partner als besten Freund bezeichnen, und deshalb keine engen Freundschaften benötigen (Matthews 1986a: 35). Völlig offen bleibt, was passieren könnte, wenn diese Befragten z.B. ihre Partner durch Verwitwung verlieren. Verändert sich dann einfach der Freundschaftsstil? Unklar ist auch, welchen Status die verschiedenen Freundschaftsstile eigentlich haben. Sind diese Orientierungen auf Freundschaften bei den „Unabhängigen" vor allem Rollenkonflikten (Hess 1972) bzw. individuellen *Relevanzsetzungen* geschuldet, was heißt, daß ein gegebenenfalls vorhandenes Bedürfnis nach Intimität eben in anderen Beziehungen befriedigt wird? Oder stecken dahinter *kognitive Schemata, normative* Orientierungen[17] oder soziale Kompetenzen, die nicht so variabel sind. Das würde bedeuten, daß man bei einem möglicherweise nicht befriedigten Bedürfnis nach Intimität (z.B. aufgrund von Verwitwung) vielleicht gerne intimere Freundschaften hätte, jedoch die soziale Kompetenz fehlt, die „lockeren" Freundschaften entsprechend zu „vertiefen". Unklar ist also, ob das Ergebnis, daß die „Unabhängigen" insgesamt mit ihren sozialen Beziehungen zufrieden sind, mit dem Freundschaftsstil zusammenhängt oder der Tatsache geschuldet ist, daß die Befragten zufälligerweise über „genügend" andere intime Beziehungen verfügen.

Insgesamt bleiben die Zusammenhänge zu sozialstrukturellen Merkmalen (nicht nur zum Familienstand) offen; somit auch der Anschluß an vorliegende Ergebnisse der Freundschaftsforschung. Dazu stellt Matthews eher lakonisch fest, daß alle Stile bei Männern wie bei Frauen, bei unteren Schichten wie Mittel- und Oberschicht vorzufinden sind. Insbesondere letzteres Ergebnis scheint den üblichen Forschungsergebnissen zu widersprechen. An dieser Stelle hätte man sich eine eingehendere Diskussion der Erklärung dieser Unterschiede zum Forschungsstand gewünscht.

RESÜMEE. In diesem Abschnitt sollte herausgearbeitet werden, welche Einflußfaktoren bei den Veränderungen von sozialen Beziehungen eine Rolle spielen können. Alle dargestellten Erklärungsansätze stellen m.E. wichtige Bausteine zum Verständnis der Konstitution und Leistungsstärke von informellen sozialen Beziehungen bereit, die sich eher ergänzen, als daß sie sich gegenseitig ausschließen: Die Disengagementtheorie, der Aktivitätsansatz und die Austauschtheorie konzentrieren sich auf die *strukturellen Zwänge* und veränderten Gelegenheitsstrukturen, die mit dem Altersprozeß verbunden sind. Gegenüber der Disengagementtheorie und dem Aktivitätsansatz

---

17 Möglicherweise drücken sich milieuspezifische und kulturspezifische Werte und Normen darin aus – wie Burkart, Fietze und Kohli (1989) für Paarbeziehungen beschreiben. Doch dies wird leider nicht herausgearbeitet. Negativ hervorzuheben ist auch, daß Matthews (1983, 1986a, 1986b) ihre Ergebnisse nicht systematisch in Bezug setzt zu sozialstrukturellen Merkmalen. So hätte der Unterschied zwischen eher person- und beziehungsorientierten Typen z.B. eine Auseinandersetzung mit Ergebnissen zu schichtspezifischen Freundschaftsmustern nahegelegt (Allan 1979; vgl. Hollstein 2001).

legt die Austauschtheorie besonderes Gewicht auf die *Inhalte* von Transfers und die materialen *individuellen Ressourcen* (insbesondere mangelnde materielle und gesundheitliche Ressourcen). Dabei wird deutlich, daß für das Verständnis der aktuellen Integration nicht nur aktuelle, sondern auch die vergangenen und zukünftig möglichen Transfers zu berücksichtigen sind. Damit trägt die Austauschtheorie schließlich auch der unterschiedlichen Leistungsfähigkeit verschiedener Beziehungen Rechnung. Verglichen mit den normativistischen und einseitigen Erklärungsmustern der zuerst genannten Ansätze, liefert die Austauschtheorie eine Erklärungsmöglichkeit für individuell unterschiedliche Veränderungsmuster der sozialen Integration. Individuell unterschiedliche Relevanzsetzungen und normative Orientierungen werden jedoch in austauschtheoretisch inspirierten Untersuchungen kaum berücksichtigt, wenngleich sie prinzipiell mit diesem Konzept vereinbar sind (z.B. Befu 1980). Die Bedeutung *normativer* Erwartungen der Individuen und ihrer Umwelt für die soziale Integration stehen dafür bei der Rollentheorie explizit im Zentrum der Aufmerksamkeit. Demgegenüber lenkt das motivations- bzw. entwicklungspsychologische Modell der sozioemotionalen Selektivität (Carstensen 1991; 1993) den Blick auf die Orientierungen der Akteure und die Gestaltung ihrer sozialen Beziehungen. Altersspezifische Veränderungen der sozialen Integration werden hierbei über veränderte *Relevanzsetzungen* der Individuen erklärt. Inter-individuell unterschiedliche Umgangsformen mit altersbedingten Veränderungen der Lebenssituation wie Verrentung und Verwitwung sind in diesem allgemeinen Modell jedoch nicht zu erfassen und zu erklären. An diesem Punkt können interpretativ-biographische Verfahren ansetzen, die die Eigenperspektive der Subjekte auf ihre Lebenswelt und ihre Lebensgeschichte untersuchen. Zentral geht es hierbei um die Rekonstruktion unterschiedlicher Sinnbeziehungen und der damit verbundenen unterschiedlichen Organisation von Handlungsproblemen. Mit einer biographischen Perspektive lassen sich individuell unterschiedliche *Wahrnehmungs- und Interpretationsschemata*, die unterschiedliche Bezugnahme auf *kultur- und milieuspezifische Normen* sowie individuell unterschiedliche *Relevanzsetzungen* als Ergebnis unterschiedlicher Formen biographischer Erfahrungsaufschichtung fassen.

Im folgenden wird ein Konzept sozialer Beziehungen und Netzwerke skizziert, das bezogen auf die Frage der Leistungsfähigkeit, Konstitution und Veränderung von Beziehungen versucht, sowohl der gerade angesprochenen Akteursperspektive wie zugleich verschiedenen Aspekten von Beziehungsstrukturen Rechnung zu tragen.

2.2 Struktur und Bedeutung sozialer Beziehungen: Ein Beziehungs- und Netzwerkkonzept

In diesem Abschnitt wird die Konzeption informeller sozialer Beziehungen und Netzwerke, mit dem in dieser Arbeit die Veränderungen der Beziehungsnetzwerke nach der Verwitwung untersucht werden sollen, kurz dargestellt. Ich beschränke mich hierbei auf eine Zusammenfassung wesentlicher Überlegungen, die in dem Band „Grenzen sozialer Integration. Zur Konzeption informeller Beziehungen und Netzwerke" (Hollstein 2001) ausführlich entwickelt und dargestellt wurden.

Wenn man die Bedingungen der Konstitution und Veränderung sowie von den Leistungen von informellen sozialen Beziehungen analysieren möchte, ist m.E. ein Konzept erforderlich, das geeignet ist, sehr unterschiedliche Perspektiven zu integrieren: Wie gerade gesagt, werden die Konstitution, die Gestaltung und das, was die Beziehungen für die Individuen leisten, erstens, ganz wesentlich von ihren eigenen Handlungen, Wahrnehmungen, normativen Orientierungen und Relevanzsetzungen mitbeeinflußt. Es sind die Akteure, die vor dem Hintergrund ihrer Orientierungen und lebensgeschichtlichen Erfahrungen Beziehungen „eingehen", gemeinsam mit ihren Bezugspersonen gestalten und als ihre Beziehungen wahrnehmen. Und hierbei gibt es individuell eben ganz *unterschiedliche* Wahrnehmungen, Interessen und Handlungsorientierungen (*Akteursbezug*). Individuen gehen unterschiedlich mit bestimmten Problemlagen und Anforderungen um – und sie haben unterschiedliche Bewertungsmaßstäbe für eine zufriedenstellende Integration. (Manchen Personen reicht ein kleines Netzwerk mit wenigen Bezugspersonen aus, anderen nicht.) Zu berücksichtigen ist hierbei auch, daß sich entsprechende Orientierungen im Zeitverlauf ändern können.

Zweitens ist davon auszugehen, daß sehr unterschiedliche strukturelle Bedingungen ebenfalls Einfluß auf die Existenz und Leistungsfähigkeit von Beziehungen haben. Hierbei kann es sich um die Gelegenheitsstrukturen der Erwerbstätigkeit oder Angebotsstrukturen für Aktivitäten im Freizeitbereich handeln, etwa als potentielle Begegnungsräume und Anknüpfungspunkte für Beziehungen. Zu den strukturellen Bedingungen zählen auch demographische Verhältnisse im weitesten Sinne, z.B. die Größe der Familie oder bei verwitweten Frauen im Alter die Beschränkung des Beziehungs- und Heiratsmarktes. Neben diesen Bedingungen, wie sie auch von den beschriebenen Ansätzen der Alternsforschung angesprochen werden, können solche, dem Individuum als etwas Äußeres gegenübertretenden Zwänge, aber insbesondere auch in den bestehenden Beziehungen selbst liegen. Da an einer sozialen Beziehung immer mindestens zwei Akteure beteiligt sind, entwickelt sich eine eigene Dynamik – man denke etwa an mehr oder minder explizite Aushandlungsprozesse, an Routinisierungs- und Institutionalisierungsprozesse

(Berger/Luckmann 1980). Diese Eigendynamik ist vom Einzelnen nur bedingt steuerbar und kann den Interessen der einzelnen Beteiligten zuwiderlaufen (*Strukturaspekt*).

Drittens ist davon auszugehen, daß die verschiedenen Beziehungen eines Individuums und damit auch die Leistungen dieser Beziehungen für das Individuum nicht unabhängig voneinander sind. Es ist zu erwarten, daß die verschiedenen Beziehungen eines sozialen Netzwerks einer Person (d.h. eines egozentrierten Netzwerks) in einem Zusammenhang stehen und die jeweiligen Leistungen der Beziehungen miteinander verschränkt sind. So ist zu vermuten, daß das Eingehen oder der Wegfall einer für eine Person wichtigen sozialen Bindung Auswirkungen auf den gesamten Lebenszusammenhang und damit auch auf die anderen sozialen Beziehungen hat. Die Frage ist, auf welche Weise die Leistungen unterschiedlicher Beziehungen ineinander greifen und wie man diese wechselseitige Bedingtheit analytisch fassen kann (*Netzwerkperspektive*).

Wie der Blick in die Geschichte und über kulturelle Grenzen hinweg zeigt, besteht hinsichtlich der Strukturen und Leistungen von informellen sozialen Beziehungen eine sehr große Variabilität. Gerade an dem historischen Funktionswandel, insbesondere von Familie und Nachbarschaft, entzünden sich ja auch viele Klagen von Modernisierungsskeptikern. Die Existenz und die Leistungen sozialer Beziehungen unterscheiden sich aber nicht nur interindividuell, sondern verändern sich auch auf der Ebene individueller (Lebens-) Verläufe. Dieser interindividuellen *Heterogenität* und intraindividuellen *Variabilität* sollte das Konzept schließlich ebenfalls Rechnung tragen.

Theoretische Modelle, die allen diesen verschiedenen und teilweise quer zueinander liegenden Perspektiven gerecht werden und sie verbinden, gibt es nicht. Vorliegende Konzepte behandeln jeweils nur einzelne dieser Aspekte. Die Netzwerkforschung scheint hier zwar sehr vielversprechend zu sein: immerhin nimmt sie das „Gesamt" der Beziehungen einer Person in den Blick, geht zudem von der Vorstellung aus, daß das Ganze mehr ist als die Summe seiner Teile (Jansen 1999) und hat, zumindest in ihren anthropologischen Anfängen, auch den individuellen Akteuren und ihren Orientierungen besondere Aufmerksamkeit geschenkt. Doch die heutige Netzwerkforschung, die ganz überwiegend durch hochstandardisierte (Erhebungs- und Auswertungs-)Verfahren gekennzeichnet ist, operiert mit Akteursmodellen, die nur sehr eingeschränkt individuellen Deutungsmustern und lebensweltlichen Orientierungen Rechnung zu tragen vermögen. An dieser Stelle verortet auch unlängst noch Dorothea Jansen eine zentrale Herausforderung für die Netzwerkforschung. Ihrer Ansicht nach liegt „das größte theoretische Problem [der Netzwerkanalyse] ... im noch zu wenig reflektierten Verhältnis zwischen konkreten Netzwerken und Interaktionen und *subjektiven Bedeutungszuschrei-*

bungen, Normen und Institutionen, Kulturen und Symbolwelten" (Jansen 1999: 258; Hervorhebung im Original)[18].

Qualitative Netzwerkforschung hatte in der Soziologie bislang vor allem programmatischen Charakter (Fine/Kleinman 1983; Keupp 1987; v. Kardoff 1989). Für die wenigen empirischen Studien, die mit qualitativen Verfahren informelle Netzwerke untersucht haben, vergleiche die Übersicht von Straus (2001). Als Forschungsdesiderat anzusehen ist auch die Frage nach den zeitlichen Veränderungen von Netzwerken. Hier sieht Jansen das größte *methodologische* Erfordernis der Netzwerkforschung, nämlich in „Instrumenten, die *dynamische Prozesse und zeitliche Veränderungen kausal erfassen* und überprüfbar machen können" (Jansen 1999: 257; Hervorhebung im Original). Praktisch überhaupt nicht gibt es qualitative Längsschnitte von Netzwerkveränderungen. Die einzige, mir bekannte Studie ist die erwähnte Untersuchung von Keupp u.a. (1999) zur Identitätsentwicklung von jungen Erwachsenen.

Im folgenden möchte ich einen konzeptionellen Rahmen für die Analyse von Beziehungen und Netzwerken darstellen, der versucht, sowohl den genannten individuellen als auch den strukturellen Bedingungen der Leistungsfähigkeit von sozialen Beziehungen gerecht zu werden. Wie zu zeigen ist, führt die vorgestellte Beziehungskonzeption systematisch verschiedene Antworten auf die Frage, was die Leistungen sozialer Beziehungen bestimmt, weiter. Diese Antworten sind zwar im Netzwerkparadigma angelegt, wurden bislang jedoch nur eklektizistisch und in Ansätzen genutzt. Diese Perspektiven der Netzwerkforschung sollen zunächst skizziert werden.

PERSPEKTIVEN DER NETZWERKFORSCHUNG. Das Konzept des sozialen Netzwerks öffnet den Blick auf die „Gesamtheit" der sozialen Beziehungen. Über einzelne soziale Beziehungen hinausgehend, beschäftigt sich die Netzwerkforschung mit den Relationen zwischen den verschiedenen Beziehungen in einem Netzwerk (z.B. Cluster- und Cliquenbildungen) und fragt danach, welche Bedeutung Strukturmerkmale des Netzwerks und sozialer Beziehungen für die soziale Integration haben. Konzepte zur Erfassung sozialer Netzwerke wurden zuerst in Untersuchungen von Kulturanthropologen angewandt. Sie untersuchten kleinere Sozialzusammenhänge wie Landgemeinden, Nachbarschaftsbeziehungen und subkulturelle Milieus (Barnes 1954, Mitchell 1969, Bott 1957). Bald fand das Konzept des sozialen Netzwerks Eingang in unterschiedlichste Disziplinen, mittlerweile ist die Literaturlage kaum zu übersehen[19].

---

18 Ähnlich konstatiert Ernst von Kardoff, daß „die Analyse beobachteter und erfragter Netzwerkinteraktionen noch zuwenig und zuwenig scharf zwischen den rekonstruierbaren Netzwerkstrukturen und ihrer Dynamik einerseits und den im Bewußtsein der Handelnden repräsentierten symbolischen sozialen Ordnungen andererseits unterschieden [habe, BH]" (v. Kardoff 1989: 37).

19 Beispielsweise werden Netzwerke in der Freizeit-, Stadt-, Aktionsraum-, Zeitbudget- und Familienforschung untersucht. Gegenstände sind sowohl Kommunikationsnetzwerke wie die Formierung subkultureller Szenen und sozialer Bewegungen, lokale Machteliten, informelle politische Netzwerke oder eben auch persönliche Netzwerke. Vgl. insbesondere die Übersichten von Schenk (1984) und Jansen (1999).

Insgesamt geht es der Netzwerkforschung um die „Darstellung der Muster (Strukturen) sozialer Netzwerke und ihrer Dynamik sowie um ihre Funktion für soziale Integration innerhalb definierter Sozialgebilde wie für den Einzelnen" (v. Kardoff 1989: 35). Das Netzwerkkonzept nährt die Hoffnungen von Soziologen, den Mechanismen sozialer Integration und den Bedingungen und Folgen von Modernisierungsprozessen auf die Spur zu kommen (ebd.). Obwohl und vielleicht gerade weil sich das Konzept des sozialen Netzwerks breiter Anwendung in verschiedensten Forschungsrichtungen erfreut, ist es, wie auch das Konzept der sozialen Unterstützung, weder theoretisch noch hinsichtlich der Erhebungsmethoden sehr elaboriert (vgl. Schenk 1984). Das „Netzwerk" ist zunächst nicht viel mehr als eine Metapher zur Veranschaulichung komplexer Zusammenhänge, und das Interesse an dem Konzept liegt vermutlich eher an einer „intuitiven Anziehungskraft" (Keupp).

Allgemein können Netzwerke als „spezifische Mengen von Verbindungen zwischen sozialen Akteuren" beschrieben werden (Mitchell 1969: 2)[20]. Dabei geht es hier ausschließlich um Individuen (als soziale Akteure) sowie primär um informelle soziale Beziehungen, also Familien-, Freundschaftsbeziehungen, Beziehungen zu Nachbarn, Arbeitskollegen etc. (als Verbindungen). Der Begriff Netzwerk legt zwar eine Stabilität bzw. Erfaßbarkeit nahe, ist aber eigentlich nur ein virtueller Begriff. Wer zu einem „Netzwerk" gehört und woraus ein „ganzes" Netzwerk besteht, ist eine Frage der Definition. Selten werden sogenannte „komplette" Netzwerke wie Gemeinden untersucht, wobei die Befragungspersonen z.B. nach dem Schneeballverfahren ausgewählt werden. Häufig handelt es sich um sogenannte *egozentrierte Netzwerke*, d.h. um Netzwerke von einzelnen Personen, bei denen diese meist die einzige Informationsquelle über ihre „Netzwerke" sind (z.B. Bertram u.a. 1989). Nur mit diesen beschäftige ich mich im folgenden[21].

---

20 Dabei können sowohl die sozialen Akteure als auch die Verbindungen ganz unterschiedliche soziale Einheiten sein, z.B. – als Akteure – Organisationen, politische Akteure, Haushalte, Familien oder Individuen und – als Verbindungen – z.B. Interaktionen, Beziehungen, die auf irgendeine Weise inhaltlich spezifiziert sind (z.B. politische Beziehungen oder Beziehungen, die persönlich wichtig sind).

21 Der Ausdruck egozentriertes „Netzwerk" ist insofern irreführend, als bei diesen „Netzwerken" noch unbestimmt ist, ob die Befragten nur über ihre eigenen Beziehungen zu Personen im Netzwerk befragt werden (was eigentlich keine „Netzwerke" im Sinne des Wortes sind und deshalb genauer als „first order *star*" (Barnes 1969) bezeichnet werden sollten) oder ob die Personen auch darüber Auskunft geben sollen, in welcher Beziehung die Netzwerkmitglieder zueinander, also auch unabhängig von der Beziehung zu Ego stehen (sog. „first order *zone*", ebd.). Mit letzterer Herangehensweise können auch Strukturparameter erfaßt werden wie Cliquenbildungen oder die Dichte des Netzwerks, worunter das Ausmaß (und ggf. die Intensität) der Verbindung der Netzwerkmitglieder untereinander verstanden wird, also inwieweit sich die von Ego genannten Netzwerkpersonen untereinander kennen (z.B. als Quotient der tatsächlichen zu den möglichen Verbindungen der einzelnen Netzwerkmitglieder). Im folgenden spreche ich auch von „Netzwerken", wenn es sich strenggenommen um „first order stars" handelt.

Auch wenn die Verbindungen zwischen den Akteuren inhaltlich definiert werden, bezieht sich das Netzwerkkonzept zunächst einmal nur auf die *formale Struktur* dieser sozialen Beziehungen, also z.b. die Größe der Netzwerke, die Häufigkeit des Kontakts oder die räumlichen Distanzen zwischen den Netzwerkmitgliedern. Dabei werden bei der Untersuchung informeller sozialer Beziehungen Netzwerkkonzepte meistens mit Konzepten zur Erfassung sozialer Unterstützung kombiniert, mit denen die *Leistungen*, also die funktionalen oder inhaltlichen Aspekte der Beziehungen, wie die allgemeine Zufriedenheit mit Beziehungen oder materielle, praktische oder emotionale Unterstützungsformen, erfaßt werden.

Hinsichtlich der Deskription und Erklärung der Leistungen von informellen sozialen Beziehungen lassen sich in der soziologischen Netzwerkforschung drei unterschiedliche Ansatzpunkte identifizieren. Erstens gibt es Fragestellungen, die vor allem auf die Darstellung der *Leistungen* von informellen sozialen Netzwerken gerichtet sind. Das Netzwerkkonzept ist hierfür deshalb interessant, weil gleich auf die Leistungen des Netzwerks abgestellt werden kann, gewissermaßen ohne den „Umweg" über bestimmte Beziehungsarten einzuschlagen (z.B. in dem man ausgehend von einzelnen Unterstützungsleistungen erfragt, ob und wer diese übernimmt; sog. „exchange-network-approach"). Untersucht werden kann so zum einen, welche *Bedeutung einzelne Leistungen für das individuelle Wohlergehen* bzw. die individuelle Zufriedenheit haben. So ist z.B. emotionale Unterstützung von herausragender Bedeutung für das Wohlbefinden. Zum anderen kann damit die Frage untersucht werden, welche Leistungen Netzwerke *insgesamt* für (verschiedene) Individuen erfüllen oder eben auch gerade nicht erfüllen. Dabei kann nach objektiven und subjektiven Defiziten gefragt und es können entsprechende Risikogruppen in der Bevölkerung identifiziert werden. Es lassen sich Personengruppen bestimmen, die objektiv isolierter, subjektiv einsamer oder unzufriedener sind als andere. Beispielsweise sind Frauen eher unzufrieden mit ihren Netzwerken als Männer und verwitwete Menschen besonders häufig einsam (z.B. Diewald 1991). Sollen jedoch als Erklärung dieser Defizite nicht nur die sozialstrukturellen Lagen, sondern die Eigenschaften des Netzwerks herangezogen werden, wird meist eine der beiden folgenden Erklärungsebenen genutzt. So kann, zweitens, gefragt werden, welche Leistungen bestimmte „*klassische" Netzwerksegmente* wie Familie, Nachbarschaft etc. erfüllen (sog. „role relation approach"[22]). Das Netzwerkkonzept eröffnet dabei die Möglichkeit, einzelne Beziehungen oder Segmente miteinander vergleichen zu können (z.B. Freundschaften vs. Familie). Soweit ich es übersehe, dominiert diese Herangehensweise in der gerontologischen Netzwerkforschung. Eine dritte Fragerichtung schließlich zielt nicht primär auf die Leistungen der klassischen Segmente ab, sondern fragt nach dem Einfluß, den verschiedene *Strukturmerkmale* von Netzwerken oder von Beziehungen

---

22 Vgl. zu diesen Ansätzen ausführlicher Künemund und Hollstein (1995).

auf deren Leistungen haben. Wie bei der ersten Fragerichtung ermöglicht hier das Netzwerkkonzept an den klassischen Segmenten *„vorbei"* zu fragen. Wie dies geschieht und welche Aspekte von „Strukturen" dabei jeweils beschrieben bzw. als Erklärung für die Leistungen herangezogen werden, soll kurz anhand von ausgewählten Beispielen exemplarisch dargestellt werden.

Insgesamt lassen sich in der Netzwerkforschung im wesentlichen drei unterschiedliche Aspekte von Netzwerk- und Beziehungs-„Strukturen" identifizieren, von denen angenommen wird, daß sie Einfluß auf deren Leistungen haben.

(a) *Strukturmerkmale des Gesamtnetzwerks.* Bei der ersten Art von Strukturmerkmalen handelt es sich um, wie Martin Diewald es ausdrückt, „mathematisch-quantitative Strukturbeschreibungen im engeren Sinne" (Diewald 1991: 68). Zu diesen Strukturparametern zählen z.B. die Größe des Netzwerks, seine Dichte oder Verdichtungen innerhalb des Netzwerks, sogenannte Clusterbildungen (vgl. Kaufmann u.a. 1989, Schenk 1984).

Die *Größe* des informellen sozialen Netzwerks, in der Regel mindestens Verwandte, Freunde und Nachbarn umfassend, wird häufig als Indikator für die soziale Einbindung verwendet. Unterstützt wird dies durch Befunde, die Zusammenhänge zwischen der Größe des Netzwerks und dem Gesundheitszustand, der Mortalität und der allgemeinen *Zufriedenheit* nachweisen. Einig ist man sich auch darüber, daß das Vorhandensein von sozialen Beziehungen allein schon entlastend ist („strukturelle" Variante des Direkteffekts) und daß viele Beziehungen die Wahrscheinlichkeit verringern, sich *einsam zu fühlen.* Für die individuelle Zufriedenheit ist die Netzwerkgröße, mithin die reine Existenz von Beziehungen, insgesamt nur ein sehr grober Indikator. Erstens scheint es Schwellenwerte zu geben. Beispielsweise ist die Existenz eines (besten) Freundes ein besserer Indikator für das Wohlbefinden als die Anzahl der Freunde (Diewald 1991; Schütze/Lang 1993); man denke auch an die Befunde zur Confidant-Beziehung (Lowenthal/Haven 1968). Zweitens haben bestimmte Rollenbeziehungen einen deutlicheren positiven Einfluß auf die subjektive Zufriedenheit als andere Beziehungen. Interaktionen mit Freunden z.B. sind eher mit Zufriedenheit verbunden als Interaktionen mit Familienmitgliedern (z.B. Schulz/Rau 1985). In diesem Befund kommt – drittens – zum Ausdruck, daß der alleinige Bezug auf die Existenz von Beziehungen die subjektive Wahrnehmung und Angemessenheit von Interaktionen ausblendet und somit auch die damit potentiell verbundenen negativen Seiten, Kosten und Belastungen (Rook 1984). Bezogen auf spezifische inhaltliche Funktionen hat wohl die Netzwerkgröße v.a. Einfluß auf die Menge an verfügbaren Informationen und kann als potentielle Ressource für die Beschaffung von Arbeitshilfen gesehen werden. Die Verfügbarkeit emotionaler Unterstützung scheint damit aber nicht im Zusammenhang zu stehen, im Gegenteil: McFarlane u.a. (1984) fanden eher einen negativen Zusammenhang zwischen Netzwerkgröße und emotionaler Unterstützung.

Ein anderes häufig verwendetes Netzwerkmaß ist die *Dichte*, die das Ausmaß der Verbindung der Netzwerkmitglieder untereinander beschreibt. Hohe Netzwerkdichte kann besonders in Krisenzeiten wichtig sein. So sind dichte Netzwerke gekennzeichnet durch hohes Zusammengehörigkeitsgefühl, Geborgenheit und sozialen Rückhalt. Eine negative Seite dagegen ist die damit verbundene hohe soziale Kontrolle. Dies kann insbesondere problematisch sein, wenn man in neue Lebenszusammenhänge oder Milieus hinüberwechselt bzw. wechseln will.

(b) *Strukturmerkmale einzelner Beziehungen und deren Zusammenfassungen auf Netzwerkebene*. Zweitens können Strukturmerkmale einzelner Beziehungen erfaßt und bezüglich ihrer Bedeutung für bestimmte Leistungen untersucht werden. Mit diesen Strukturmerkmalen lassen sich darüber hinaus auch ganze Netzwerke charakterisieren, indem von den Merkmalsausprägungen der einzelnen Beziehungen Summen und Durchschnitte berechnet bzw. häufigste Werte beschrieben werden (Diewald 1991). Zu den Strukturmerkmalen, die sich als besonders aussagekräftig erwiesen haben, zählen insbesondere die Kontakthäufigkeit, die Beziehungsdauer (Stabilitätsaspekt), die geographische Distanz oder räumliche Dispersion, der Grad der Homogenität, also die Ähnlichkeit der am Netzwerk Beteiligten hinsichtlich bestimmter sozialstruktureller Merkmale wie Alter, Geschlecht und sozialer Status, die Intensität von bestimmten Leistungen, die Multiplexität und die Art der Reziprozität von Beziehungen sowie strukturelle Positionen einzelner Beziehungen, wie „gatekeeper" oder Brücke, beschreiben. Bei den Zusammenfassungen von Merkmalsausprägungen der einzelnen Beziehungen lassen sich entsprechend z.B. die durchschnittliche Beziehungsdauer, die mittlere geographische Distanz oder der Grad der Homogenität der Netzwerkmitglieder berechnen.

Wie fruchtbar es sein kann, zunächst einmal unabhängig von gegebenen Rollenbeziehungen zu denken und gewissermaßen „quer" und „unterhalb" von einzelnen Beziehungen anzusetzen, veranschaulicht wohl am besten eines der bekanntesten Ergebnisse der Netzwerkforschung: die sogenannte „Stärke schwacher Bindungen". So wies Mark Granovetter (1973) nach, daß Bindungen, die wenig zeitintensiv sind, mit wenig gegenseitigem Vertrauen und geringem emotionalen Engagement verbunden und durch nur geringen Austausch an Gütern gekennzeichnet sind, sehr wohl wichtige Funktionen erfüllen. Verglichen mit starken Bindungen stellen die „weak ties" wichtige Transportwege von Informationen dar, die einerseits Status und Einfluß sichern, andererseits die individuellen Mobilitätsmöglichkeiten und Karrierechancen befördern können (ebd.). In dieser Hinsicht stellen sie in modernen Gesellschaften eine wichtige Ergänzung der starken primären Bindungen dar, welche in der Soziologie üblicherweise als die zentralen informellen Beziehungen, als der elementare soziale „Kitt", betrachtet werden.

(c) *Interdependenz der Beziehungen des Netzwerks; Netzwerk als „Wirkungszusammenhang"*. Einen ganz anderen Aspekt von Netzwerkstrukturen hat Elizabeth Bott (1957) in ihren Arbeiten beschrieben. In einer qualitativen Studie untersuchte sie die informellen Beziehungen und Aktivitätsmuster von Ehepaaren. Sie kam zu dem Ergebnis, daß die Frage, ob Partner im Hauhalt eher gemeinschaftlich oder eher getrennt agieren, in Zusammenhang steht mit dem Charakter der Aktivitäten und Beziehungen zu anderen Personen (insbesondere Freundschaften). Paare, die im Haushalt eine strikte Trennung von Aufgaben praktizieren (hohe Segregation), würden auch ihre Freundschaften und außerhäuslichen Interessen eher getrennt pflegen. Umgekehrt würden Ehepaare, die innerhalb des Haushalts eher gemeinschaftlich agieren, auch ihren außerhäuslichen Freundschaften und Aktivitäten gemeinsam nachgehen. Diese Paare hätten eher lose Bindungen zu Freunden (ebd.). Darüber hinaus stellt sie auf Basis ihrer Stichprobe Überlegungen zur Kausalität dieses Zusammenhangs an. So hätten bereits vor der Ehe bestehende enge Bindungen die Chance, auch in der Ehe aufrechterhalten zu werden. Sei dies der Fall, würde das zu einer strikten Aufgabenverteilung zwischen den Partner führen.

Die inhaltlichen Ergebnisse von Bott sind sehr umstritten und wurden teilweise widerlegt (vgl. z.B. Mayr-Kleffl 1991; Schenk 1984). Trotzdem hat sie mit ihrer Arbeit eine wichtige Perspektive der Strukturierung von Leistungen informeller Beziehungen ausgearbeitet, die m.E. zu selten verfolgt wird: die Frage, in welchem Verhältnis die Beziehungen eines Netzwerks *zueinander* stehen. Inwieweit hängen der Charakter und die Leistung einer Beziehung innerhalb eines Netzwerks von dem Charakter und der Leistung anderer Beziehungen ab? In welchen (Sinn-)Zusammenhang stehen die (Leistungen von) Beziehungen? Inwieweit ergänzen sie sich oder schließen sich gegebenenfalls auch aus?

In formaler Hinsicht weiter differenziert wurden diese Überlegungen von Beth Hess (1972). Rollentheoretisch ansetzend zeigt sie am Beispiel von Freundschaftsbeziehungen auf, wie unterschiedlich die Zusammenhänge zwischen den verschiedenen Beziehungen einer Person aussehen können. Hess unterscheidet dabei zwischen vier verschiedenen Arten, auf die unterschiedliche Rollenbeziehungen miteinander verbunden sein können: Konkurrenz, Fusion, Substitution, Komplementarität. Rollenbeziehungen können – erstens – miteinander konkurrieren oder sich sogar ausschließen (Konkurrenz). Dies wäre z.B. der Fall, wenn aufgrund des Eingehens einer Partnerschaft Freundschaften abgebrochen werden; z.B. weil der Partner weitere emotional nahestehende Beziehungen nicht duldet, weil man selbst Freundschaften nicht mehr „benötigt" oder einfach keine Zeit mehr findet, die Freundschaften zu pflegen. Zweitens können Freundschaften über andere Rollenbeziehungen hergestellt werden (Fusion), sei es daß aus Kollegen Freunde oder die Freunde des Ehepartners zu den eigenen Freunden werden. In dieser Hinsicht kann die Existenz anderer Rollenbeziehungen Freundschaften befördern (z.B. Wright 1989). Drittens können Freundschaften andere Beziehungen strukturell ersetzen, beispielsweise wenn nach der Verwitwung Freundschaften geknüpft werden (Substitution). Viertens können die Inhalte von Freundschaften in einem komplementären Verhältnis zu Inhalten anderer Rollen stehen (Komplementarität). Damit bezeichnet Hess einen Zusammenhang, bei dem sich die spezifischen Inhalte von verschiedenen Rollenbeziehungen ergänzen, z.B. wenn Nachbarn mit Kleinigkeiten aushelfen, was andere Beziehungspartner, die weiter entfernt leben, nur unter größerem Aufwand erledigen könnten.

Insgesamt beschreiben diese drei Perspektiven unterschiedliche Aspekte der Struktur von Beziehungen und Netzwerken, die in jeweils unterschiedlicher Hinsicht an den klassischen Rollenbeziehungen „vorbei"-denken. Die erste Perspektive setzt gewissermaßen „*oberhalb*" der Rollenbeziehungen an und betrachtet Strukturmerkmale des Gesamtnetzwerks. Die zweite Perspektive betont mit den Strukturmerkmalen einzelner Beziehungen eine Ebene „*unter-halb*" der klassischen Segmente bzw. denkt – wie Granovetter – gleichzeitig auch noch „*quer*" dazu (schwache Beziehungen können Arbeitskollegen, Bekannte etc. sein). Und die zuletzt beschriebene Perspektive denkt gewissermaßen in „*Quer-Verbindungen*" und begreift das egozentrierte Netzwerk als ein „*interdependentes System*" bzw. einen „*Wirkungszusammenhang*".

Leider greifen aktuelle Untersuchungen, die der Frage nach den Leistungen sozialer Beziehungen nachgehen, die beiden zuletzt genannten Perspektiven nicht systematisch auf. Im folgenden soll skizziert werden, wie diese Perspektiven für die Analyse der Leistungsfähigkeit und der Veränderungen sozialer Beziehungen nutzbar gemacht werden können – und zwar sowohl von ganzen persönlichen Netzwerken wie auch von einzelnen Beziehungstypen.

Das Konzept zur Analyse von Beziehungen und Netzwerken, das hier knapp umrissen werden soll, versucht, wie gesagt, sowohl den strukturellen als auch den individuellen Bedingungen der Leistungsfähigkeit von informellen Beziehungen gerecht zu werden (Hollstein 2001).

DIE STRUKTURELLE BESTIMMTHEIT SOZIALER BEZIEHUNGEN (SIMMEL). Bezüglich der strukturtheoretischen Aspekte knüpfe ich dabei an Überlegungen an, die Georg Simmel vor beinahe hundert Jahren formuliert hat. In besonderer Weise anschlußfähig ist sein Begriff der „*Formen der Wechselwirkung oder Vergesellschaftung*", mit dem Simmel den Gegenstand der Soziologie bestimmt hat (1908). Damit bezeichnet er Formen regelhafter und verfestigter Interaktionen, die zwar von Individuen initiiert werden, aber auf das Handeln der beteiligten Individuen zurückwirken und ihren Intentionen zuwiderlaufen können. Konzeptionalisiert wird hier das Moment der Eigendynamik von sozialen Beziehungen. Und unter die so bestimmten Formen faßt er sehr unterschiedliche Phänomene: die moderne Ehe, aber auch Reisegesellschaften, Geheimgesellschaften, die Parteibildung, Vertretung, den Kampf, die Konkurrenz, den Typ des Fremden oder des „Teile und Herrsche".

Wichtig für die Frage nach den Bedingungen der Leistungsfähigkeit von Beziehungen ist, daß Simmel die Ebene der Formen noch weiter herunterbricht. So lassen sich die verschiedenen Formen der Wechselwirkung durch je spezifische Konstellationen von spezifischen Strukturmerkmalen (wie die Zahl der Teilnehmer eines Treffens, einen bestimmten Ort oder den Grad des Wissens über den Anderen) charakterisieren. Zum Teil thematisiert Simmel die Wirkung dieser Merkmale auf die Individuen, wenn er bestimmte Formen – soziale Akteure oder soziale Beziehungen und Gruppierungen (wie den Fremden, die Freundschaft oder die geheime Gesellschaft) – beschreibt. Teilweise widmet er diesen Strukturmerkmalen eigene Kapitel in der „Großen Soziologie" (Simmel 1908), so die bekannten Abschnitte über die Gruppengröße, also die quantitative Dimension, und den Raum. Diese Strukturmerkmale sind selbst zwar keine Formen der Vergesellschaftung (die Gruppengröße ist keine Form, der Vermittler zwischen zwei Parteien aber ist eine Form) (Dahme 1981; Tenbruck 1958), aber sie sind für die Formen konstitutiv – somit indirekt auch für die normalerweise als „Beziehungsformen" bezeichneten Gebilde wie Ehe und Freundschaft. Insgesamt lassen sich in den Simmelschen Arbeiten vor allem sieben verschiedene – von mir als *„basale Strukturmerkmale"* bezeichnete – Aspekte herausarbeiten (Hollstein 2001): nämlich neben der Zahl und dem Raum, die Zeit, der Grad des Wissens über den Andern, die Wahlfreiheit der Beziehung, die Gleichheit und der Institutionalisierungsgrad einer Beziehung bzw. den Standard der Reziprozität (vgl. Tabelle 1). Diese Merkmale und verschiedene Unteraspekte werden zwar alle auch in der aktuellen empirischen Forschung berücksichtigt, im Einzelnen geschieht dies jedoch nur eklektizistisch und in deskriptiver Absicht[23]. M.W.n. hat nur Simmel – ausgehend von seiner theoretischen Konzeption der Formen der Wechselwirkung – versucht, die Bandbreite der individuellen Bedeutungen aller dieser Strukturmerkmale sowie ihr Zusammenwirken auf der Formebene zu erfassen und auszuleuchten.

So prüft Simmel beispielsweise im ersten Kapitel der „Großen Soziologie" (Simmel 1908) verschiedene Formen der gegenseitigen Einwirkungen der Individuen auf die Bedeutung hin, „die die bloße Zahl der so vergesellschafteten Individuen für diese Formen hat" (Simmel 1908: 32). Die Bedeutung der Gruppengröße kann dabei – wie bei allen Strukturmerkmalen – sowohl eine „negative" wie eine „positive" sein: negativ in dem Sinne, daß sich bestimmte „Formungen" (Simmel 1908: 55) und die mit ihnen verbundene Bedeutungen für die Individuen „nur diesseits oder jenseits einer numerischen Grenze der Elemente verwirklichen können; die positive, daß andere direkt durch bestimmte rein quantitative Modifikationen der Gruppe gefordert werden" (Simmel 1908: 32). Letzteres heißt nicht, daß bestimmte „charakteristische soziologische Bildungen" (Simmel 1908: 55) notwendigerweise ab einer bestimmten Anzahl auftreten *müssen*, aber es bedeutet, daß sie *nur unter dieser Voraussetzung* auftreten können. Die Anzahl der beteiligten Personen kann also auf der einen Seite bestimmten Formen oder Beziehungstypen – und darüber ihren Leistungen für die Individuen – Grenzen setzen, auf der anderen Seite andere überhaupt erst ermöglichen.

---

23 Eine Ausnahme stellen dabei die Arbeiten von Eugene Litwak dar, der mit seinem aufgabenspezifischen Modell im Ansatz einen ähnlichen Weg verfolgt (Litwak/Szelenyi 1969; Litwak 1985; Litwak u.a. 1981). Litwaks Interesse ist jedoch vor allem auf „typische" Leistungsspektren sowie auf primär hilfebezogene Leistungen (im Unterschied zu alltäglichen Integrationsleistungen wie Zugehörigkeit, Geselligkeit etc.) gerichtet, weshalb sein Modell weniger und weniger differenzierte Strukturmerkmale umfasst als sich bei Simmel finden (z.B. long-term-commitment als Konglomerat aus Wahlfreiheit, Institutionalisierungsgrad, Zeit und Reziprozität). Für eine genauere Auseinandersetzung mit dem Litwak'schen Ansatz vgl. Hollstein (2001).

Die *Ausprägungen* dieser Strukturmerkmale – also z.B. ob eine lange oder eine kurze Dauer von Beziehungen antizipiert werden kann – , bestimmen jeweils, welche Leistungen in Beziehungen einerseits *möglich* sind und welche andererseits *erschwert* oder sogar ausgeschlossen sind. Z.B. ist in einer Dyade Nicht-Verantwortlichkeit der Beteiligten praktisch ausgeschlossen, hingegen können unmittelbarer Kontakt und Intimität sehr viel leichter entstehen als in einer großen Gruppe. Oder: ein hoher Institutionalisierungsgrad erleichtert die Antizipation von Dauer und darüber Sicherheit. Oder: Bei kürzlich bestehenden Beziehungen ist es leichter möglich sich neu zu entwerfen.

In Tabelle 1 sind mögliche Leistungen dieser Strukturmerkmale zusammengefaßt (vgl. Hollstein 2001). Am rechten und linken Rand der Tabelle stehen jeweils unterschiedliche Ausprägungen der Strukturmerkmale (z.B. Offenheit vs. Diskretion) bzw. einzelner Aspekte der Strukturmerkmale (z.B. räumliche Nähe auf Dauer vs. räumliche Distanz auf Dauer). In den beiden mittleren Spalten stehen jeweils die möglichen Leistungen, in denen sich die beiden Ausprägungen unterscheiden. Um die Art der Darstellung nicht mißzuverstehen: Es handelt sich nicht unbedingt um kategoriale Unterschiede i.S. eines „entweder-oder“, sondern häufig nur um graduelle Unterschiede. Bei großer Offenheit des Beziehungspartners besteht *eher* die Gefahr, diesen zu mißachten, als in einer Beziehung, die durch Diskretion gekennzeichnet ist. Dort ist demgegenüber Respekt *leichter* möglich. Der Übersichtlichkeit halber sind nicht alle Leistungen doppelt – in positiver und negativer Form – aufgeführt: beispielsweise stehen bei den möglichen Leistungen der Triade nicht noch einmal in negativer Form alle bereits bei der Dyade aufgeführten möglichen Leistungen (so ist z.B. die Gefahr der Trivialität in der Triade nicht so hoch wie bei der Dyade), sondern nur das zentrale Merkmal „Suprastruktur“. Aufgenommen sind dabei auch negative „Leistungen“, wie beispielsweise die höhere soziale Kontrolle in vorgegebenen Beziehungen oder die Gefahr der Abhängigkeit bei generalisierter Reziprozität.

Anzumerken ist, daß ich mich bei den dargestellten Aspekten der Strukturmerkmale auf m.E. wesentliche und extreme beschränkt habe, bei denen sich außerdem mögliche Leistungen relativ gut beschreiben und abgrenzen lassen. Die Liste läßt sich durchaus weiter differenzieren. Beispielsweise mag es hinsichtlich sozialer Kontrolle und der Möglichkeit zur Intimität eine Rolle spielen, wo man sich trifft: ob an einem privaten, halböffentlichen oder öffentlichen Ort. Ferner mag bedeutsam sein, ob eine Beziehung zwar prinzipiell auf dauernde räumliche Nähe angelegt ist, aber strukturell gewisse „Pausen“ (Kracauer 1990) im Kontakt eingebaut sind (wie bei erwerbstätigen Paaren), oder ob eine Beziehung nicht nur rechtlich reguliert, sondern auch normativ vorstrukturiert ist (z.B. durch die Idee der romantischen Liebe). Insbesondere bei normativen Regulierungen sind die Leistungen jedoch schwer beschreibbar, da sie zu stark von den konkreten Inhalten der jeweiligen Verhaltensnormen abhängen.

Zentral für die hier interessierende Frage ist nun, daß man nicht nur das, was Simmel als „Formen“ bezeichnet hat, sondern *jede* soziale Beziehung durch eine bestimmte *Kombination* von Ausprägungen aller dieser Strukturmerkmale charakterisieren kann. Und diese Kombination stellt den Spielraum für *mögliche* Leistungen dar, die die Beziehung für ein Individuum überhaupt erfüllen kann. Zugleich ist dieser Spielraum jedoch auch *begrenzt*. Es handelt sich gewissermaßen um einen *„strukturell begrenzten Nutzungs-Spielraum“*. Die Ausprägungen der Strukturmerkmale (wie die räumliche Nähe oder Distanz

Tabelle 1:   Strukturmerkmale und mögliches Leistungsspektrum

Strukturmerkmal - Ausprägung	mögliche Leistungen	mögliche Leistungen	Strukturmerkmalausprägung
		ZAHL	
Dyade	keine Suprastruktur, Verantwortlichkeit, Unersetzlichkeit, unmittelbare Nähe, Intimität, Individualität, Gefahr der Trivialität	Suprastruktur, Vermittlung	Triade
kleine Gruppe	Suprastruktur qualitative Individualität der Gruppe, eher Geselligkeit möglich	Suprastruktur, Arbeitsteilung, Formalisierung (Vertretung), Normierung, Distanz der Mitglieder zu Gruppe, quantitative Individualität (Freiheit) und qualitative Individualität der Mitglieder (Besonderung)	große Gruppe (z.B. Verein)
		RAUM	
räuml. Fixierung (von Mitgliedern, Interessensgegenständen)	Einzigartigkeit, Bedeutsamkeit, sinnliche Bestätigung der Gruppeneinheit, Ausschluß anderer Personen		keine räumliche Fixierung
räumliche Nähe - auf Dauer	ermöglicht häufigen Kontakt, keine Abstraktion nötig, fördert Nähe und Intimität, Idealisierungen nicht möglich, Abschwächung intensiver Bindungen, fördert Abgrenzung, schnelle Reaktion möglich	Notwendigkeit der Abstraktion, sachlich-unpersönlicher oder hochpersönl.-emotionaler Austausch via Brief, Telefon, E-mail, Möglichkeit der Idealisierung, Kostenfaktor in Notfällen	räumliche Distanz - auf Dauer
Bewegung im Raum - z.B. räumliche Nähe für kurze Zeit (Reisebek.)	Gelöstsein vom Herkunftsmilieu, Sich-neu-entwerfen, Intimität und Offenherzigkeit, Förderung von Individualität		keine Bewegung im Raum
		ZEIT	
erlebte Dauer	Gewöhnung, gemeinsame Erfahrungen, Nähe, Zugehörigkeit, ggf. biographische Kenntnis des Andern	Sich-neu-entwerfen	kürzlich bestehende Beziehung
antizipierte Dauer (z.B. in vorgegebener o. stark institutionalisierter Beziehung)	Stabilität und (Erwartungs-) Sicherheit, Gefahr der Anpassung, der resignativen Nachgiebigkeit („Hängenlassen") und der Banalität, ermöglicht generalisierte Reziprozität	Intensität und Emotionalität, Unsicherheit, innerer Abschied	antizipierte Kürze

48

	GRAD DES WISSENS		
Offenheit	Intimität bzw. persönl. Austausch (z.b. von biographischem Wissen), erfordert/ermöglicht Vertrauen, Vertrautheit und Nähe; Gemeinsamkeit; Zugehörigkeit; fördert gener. Reziprozität; Gefahr der Trivialität und der Mißachtung	sachlich-unpersönlicher Austausch Respekt	Diskretion (z.B. Bekanntschaft, Zweckverband)

	WAHLFREIHEIT		
vorgegebene Beziehung (gleicher äußerer Zusammenhang, qua Geburt oder räumlicher Nähe)	selbstverständliche Zugehörigkeit zu gleichem äußeren Zusammenhang (sinnl. Nähe), Sicherheit, Identität; soziale Kontrolle und erzwungene Anpassung behindern Individualisierung	Möglichkeit, aber auch Zwang zur Wahl; Unsicherheit; selbstgewählte (ähnliche) Beziehungspartner ermöglichen Identitätsfindung und –stabilisierung,	Wahlfreiheit
[als Netzwerkkennzeichen]	[multiplexe Beziehungen, dichtes Netzwerk]	[Rollenkonflikte, Individualisierung, Isolationsgefahr]	[als Netzwerkkennzeichen]

	GLEICHHEIT		
Gleichheit	„Einungsgrund" qua Gemeinsamkeit, Nähe, ggf. Austausch ähnlicher Erfahrungen; fördert Intimität, Zugehörigkeit, Identität, Anerkennung durch Gleiche	Fremdheit	Ungleichheit
- organische Gl. (z.b. Alter, äußerer Zusammenhang)	- Gemeinsamkeit und Nähe durch äußere Ähnlichkeit		- keine organische Gleichheit
- rationale Gleichheit, z.B. bezüglich Kohorte/Alter, Geschlecht/ Herkunft, sozialer Status	- inhaltlicher Austausch, z.B. von gleichen Erfahrungen aufgrund: gleicher Generationslage oder Lebensphase, ähnlicher Sozialisation, ggf. ähnlicher Karriere (Aufstiegs-, Abstiegserfahrungen)	Macht, Lernen, Anerkennung von oben, Abhängigkeit, Statussicherung	- keine rationale Gleichheit, z.B. ungleicher sozialer Status

	INSTITUTIONALISIERUNGSGRAD		
rechtliche Institutionalisierung	ermöglicht Dauer und Sicherheit, erfordert/ ermöglicht Transfers; Gefahr der Abhängigkeit, Wahlfreiheit bezügl. Bez.ende eingeschränkt		keine rechtliche Institutionalisierung
direkte oder verzögerte Reziprozität	Abgrenzung, Distanz, keine oder geringe Verpflichtung	erfordert/ermöglicht Dauer, Vertrauen, umfangreiche u. diffuse Transfers; Gefahr d. Abhängigkeit; Verpflichtung	generalisierte Reziprozität

zu Bezugspersonen) werden zwar von den Akteuren erzeugt, doch einmal routinisiert stehen sie für die Eigendynamik von Beziehungen, welche sich gegen ihre Erzeuger wenden kann.

Festhalten möchte ich hier zwei Punkte: Die aus den Simmelschen Arbeiten abgeleitete Konzeption der „basalen Strukturmerkmale" ist insgesamt hilfreich sowohl zur Erklärung als auch zur Beschreibung der Leistungsfähigkeit von informellen sozialen Beziehungen. Hierbei können mithilfe der Strukturmerkmale und ihrer Unteraspekte verschiedenste Formen und Typen informeller sozialer Beziehungen innerhalb eines einheitlichen Bezugsrahmens analysiert und ihr prinzipiell *mögliches* Leistungsspektrum bestimmt werden: nicht nur die klassischen Beziehungstypen (wie Partnerschaft, Eltern-Kinder-Beziehung, Freundschaft, Verein), sondern auch *Unterformen* von Beziehungen und Gesellungsformen (wie verschiedene Formen von Partnerschaften, von intergenerationellen Beziehungen oder verschiedene Freundschaftstypen) oder Beziehungstypen, die, wie Granovetters „weak ties" (1973), Clarks „communal relationship" (Clark u.a. 1986) oder Lowenthal und Haven's „confidant-Beziehung" (1968) *quer* zu den klassischen Rollenbeziehungen liegen. Daneben lassen sich auch die *historischen* Veränderungen von Beziehungstypen über die Veränderungen der Ausprägungen der Strukturmerkmale charakterisieren, ebenso wie die Veränderungen von Beziehungen im *Lebenslauf.* Beschreiben lassen sich aber auch ganz *konkrete* Beziehungen einer Person sowie deren Veränderungen – und damit auch die konkreten Beziehungen bzw. das mögliche Leistungsspektrum des ganzen informellen Netzwerks einer Person[24].

Zweitens, wenn man das Simmelsche „Form"-Konzept systematisch auf die üblicherweise behandelten Beziehungstypen (Partnerschaft, Eltern und Kinder, entferntere Familienbeziehungen, Freundschaft, Bekanntschaft, Nachbarschaft und Verein) überträgt und versucht, für diese „klassischen" Beziehungstypen anhand der sieben Strukturmerkmale die Bandbreite der strukturell bestimmten Leistungen genauer zu bestimmen, lassen sich aus diesem Konzept auch inhaltlich neue Thesen zur Frage der Arbeitsteilung in Netzwerken ableiten. Ein entsprechender Durchgang durch die empirischen Forschungsbefunde zu Strukturen und Leistungen der einzelnen Beziehungstypen (Hollstein 2001) legte im Ergebnis einerseits nahe, daß die einzelnen informellen sozialen Beziehungstypen heutzutage durch jeweils spezifische Kombinationen von Ausprägungen dieser Strukturmerkmale gekennzeichnet sind und damit durch spezifische Leistungsspektren. Hinsichtlich ihres *spezifischen* möglichen Leistungsspektrums erscheinen die verschiedenen Beziehungstypen deshalb nicht durch einen anderen Beziehungstyp er-

---

24 Solche Beschreibungen können also sowohl typisierend-heuristischer Art sein, als auch Beschreibungen der empirisch zu beobachtenden Variationsbreite der Ausprägungen der Strukturmerkmale sein – und darüber auch der möglichen Leistungsspektren von Beziehungen.

setzbar[25]. Andererseits scheint jedoch das jeweils mögliche Leistungsspektrum der einzelnen Beziehungstypen *größer* zu sein als es bisherige Thesen und Befunde der Forschung zur Arbeitsteilung in informellen Netzwerken vermuten lassen (Cantor 1979, Litwak 1985). Kurz: die strukturell bestimmten Leistungs*spielräume* scheinen jeweils erheblich und einzelne Beziehungstypen bezüglich ihrer möglichen Leistungen ersetzbar zu sein, und zwar in einzelnen Aspekten durch jeweils mehrere andere Beziehungstypen.

INDIVIDUELLE ORIENTIERUNGEN. Allerdings sind die möglichen Leistungen noch nicht die *faktischen* Leistungen sozialer Beziehungen. Das, was die Beziehungen tatsächlich leisten, hängt entscheidend auch von individuellen Bedingungen, insbesondere von „individuellen Orientierungen", ab. Dabei lassen sich vor allem drei Arten von Handlungsorientierungen unterscheiden, die die Nutzung des strukturell bereits begrenzten Spielraums weiter beschränken, nämlich:

(i) *subjektive Relevanzsetzungen*. Oftmals können nicht alle Interessen eines Individuums zugleich umgesetzt werden. Z.B. können kurz- und langfristige Interessen miteinander konkurrieren und nicht gleichzeitig realisiert werden;

(ii) *individuelle Wahrnehmungs- und Interpretationsschemata*. So kann man z.B. Beziehungen zu Personen haben, die weit entfernt leben – wenn man jedoch nicht über ein bestimmtes Abstraktionsvermögen verfügt, nützen einem diese Beziehungen, etwa für das Gefühl von Zugehörigkeit oder emotionaler Nähe, nichts;

(iii) sowie *milieu- und kulturspezifische normative Orientierungen*. So könnte man prinzipiell auch mit guten Freunden über hochpersönliche Angelegenheiten sprechen, wenn man allerdings der Ansicht ist, daß solche Dinge nur in der Familie besprochen werden sollten, können Freunde diese Leistung nicht erfüllen.

Alle diese Arten von individuellen Orientierungen können jeweils dafür verantwortlich sein, daß Individuen aus dem möglichen Leistungsspektrum von sozialen Beziehungen faktisch nur bestimmte Leistungen realisieren[26]. Über entsprechende Orientierungen wird schließlich auch ein Sinn- und Verweisungszusammenhang zwischen den einzelnen Beziehungen eines Netzwerks hergestellt: So werden über Relevanzsetzungen, die Auskunft darüber geben, was jemandem wichtig ist – nicht nur in einzelnen Beziehungen, sondern auch in den sozialen Beziehungen generell – Präferenzen und damit Hierarchien zwischen Beziehungen hergestellt. Das gleiche gilt für normative

---

25 Dies steht im Einklang mit den Annahmen der sogenannten These der „funktionalen Spezifität" von informellen Beziehungen (Litwak 1985).
26 Wobei diese voluntaristische Ausdrucksweise nicht impliziert, daß die Interessen immer intendiert und alle Leistungen bewusst repräsentiert sein müssen. Für die handlungstheoretischen Grundlagen des Konzepts verweise ich auf die Ausführungen in Hollstein (2001).

51

Orientierungen, die u.a. Vorstellungen darüber sind, welche Personen für bestimmte Leistungen zuständig sind – und welche eben auch nicht. UMGANG MIT DEFIZITEN. Was passiert, wenn Individuen ihre Interessen in ihren bestehenden sozialen Beziehungsformen nicht (mehr) befriedigen können? Aus der Sicht der Individuen können ihre sozialen Beziehungen – gemessen an ihren Erwartungen und Zielvorstellungen – defizitär sein. Verantwortlich dafür können unterschiedliche Dinge sein: Wichtige Personen können umziehen oder sterben. Der eigene Gesundheitszustand kann sich verschlechtern, so daß die Pflege von Beziehungen behindert wird. Oder die Relevanz bestimmter Interessen verändert sich, beispielsweise weil man Kinder bekommen hat oder in den Ruhestand gegangen ist.

An dieser Stelle kann an die aus der kognitiven Streßtheorie stammenden Annahmen zum Puffereffekt sozialer Unterstützung angeknüpft werden (vgl. Hollstein 2001). Diese Annahmen lassen sich auch auf den individuellen Umgang mit Netzwerken und Beziehungen selbst übertragen. Wird das Individuum mit einer Situation konfrontiert, die seinen Interessen oder Erwartungen nicht entspricht, gibt es prinzipiell drei verschiedene Ebenen, auf denen es darauf reagieren kann: (a) auf der Ebene des problembezogenen Handelns: durch Veränderung der Situation, Anpassung des Handelns an die Situation oder Verlassen der Situation; (b) auf der Ebene der Wahrnehmung: durch Veränderung derselben beispielsweise über Selektion unerwünschter Aspekte; (c) durch Einsetzen von emotionalen Bewältigungsstrategien, beispielsweise über Trauer„arbeit".

Ein Fall einer unbeeinflußbaren und häufig „unerwarteten" Veränderung der Situation ist die Verwitwung, wie sie in dieser Arbeit untersucht wird. Verschiedene Reaktionen auf den drei Ebenen sind denkbar. Funktionen, die der Partner erfüllt hatte, können von anderen Beziehungen „übernommen" werden. Der Partner, genauer gesagt die Interessen, die er befriedigt hat, werden über *strukturelle Äquivalente substituiert*. Es ist aber auch eine Umorientierung, also eine Veränderung oder Verschiebung der Interessenlage denkbar. Andere Interessen oder Leistungen treten in den Vordergrund. Diese können allerdings auf einer übergeordneten Ebene vergleichbare Funktionen wie der verlorene Partner erfüllen. Insofern können also nicht nur Beziehungen, sondern auch bestimmte konkrete Leistungen (persönliche Ansprache oder Geselligkeit) durch andersgeartete ersetzt oder substituiert werden, dann nämlich, wenn diese anderen Leistungen ebenfalls für emotionale Balance, für Empfindung des Eingebundenseins sorgen oder zum Wohlbefinden generell beitragen. Gibt es solche *funktionalen Äquivalente*, können konkrete Beziehungen oder Leistungen *kompensiert* werden. Beide Reaktionsformen wären „Strategien" auf der Ebene der problembezogenen Bewältigung (a). Demgegenüber wäre das Verdrängen unerwünschter Aspekte von Beziehungen eine Reaktion auf der Wahrnehmungsebene (b). Schließlich können Trauer über den Verlust, Unzufriedenheit mit und Kritik an den Beziehungen als Reaktionsformen auf der Ebene der kognitiv-emotionalen Bewältigung betrachtet werden (c). Zu betonen ist dabei, daß diese Unterscheidung eine analytische ist. Im konkreten Fall können sich die Reaktionen auf allen Ebenen abspielen und sich gegenseitig ergänzen. Es ist davon auszugehen, daß Defizite – z.b. ausgelöst durch den Verlust wichtiger Beziehungspartner – immer Veränderungen auf mindestens einer der drei beschriebenen Ebenen nach sich ziehen. Weiterhin ist davon auszugehen, daß ein wesentlicher individueller Impuls langfristig darauf ausgerichtet sein wird, eine Passung zwischen Umwelt (Beziehungen) und den Interessen zu erreichen[27]. Dieses problembezogene Bewältigungsverhalten kann sich m.E. prinzipiell auf alle Elemente des individuellen Lebenszusammenhangs richten. Eine Passung zwischen Beziehungen und Interessen kann erreicht werden über eine Interessenverschiebung, die auf einer übergeordneten Ebene „funktional äquivalent" ist (Kompensation). Bisher weniger stark realisierte Interessen werden ausgebaut und umgesetzt. Möglicherweise findet sogar auch eine völlige Neuorientierung statt. Die Passung kann aber auch darüber erreicht werden, daß die nicht befriedigten Interessen in anderen Beziehungen befriedigt werden (Substitution über strukturelle Äquivalente). Die Bedingungen für diese Anpassung sind Abbildung 1 zu entnehmen. Neben den bisher angesprochenen Aspekten sind dort zusätzlich die Unterschiede zwischen der Interessenrealisierung in bestehenden Beziehungen und der strukturell-thematischen Umgestaltung von bestehenden Beziehungen bzw. dem Neuknüpfen von Beziehungen dargestellt.

Am Beispiel der Substitution sollen diese Anpassungsbedingungen kurz skizziert werden. Denkbar ist, daß in bestehenden Beziehungen Interessen realisiert werden, die man vorher nicht oder in geringerem Maße realisiert hat. Z.B. wenn man nach dem Tod des Partners bei den Kindern häufiger Rat bei wichtigen Entscheidungen sucht oder neuerdings ins Theater geht. Oder man knüpft gänzlich neue Partnerschaften oder Freundschaften, in denen diese Interessen befriedigt werden.

Die Frage, ob in bereits BESTEHENDEN Beziehungen Interessen realisiert werden können, die dort vorher keine oder kaum eine Rolle spielten, hängt auf Seiten des Individuums davon ab, ob eine Realisierung dieses Interesses in dieser Beziehung mit den *eigenen Wahrnehmungs- und Interpretationsschemata* vereinbar scheint, sowie dem Bezug auf *kultur- und milieuspezifische Werte und Normen*: Beispielsweise mag es nicht mit der Vorstellungswelt des Individuums vereinbar sein, daß man sich Personen außerhalb der Familie emotional verbunden fühlt oder daß man sich von Nachbarn Geld ausleiht oder daß man mit Personen gleichen Geschlechts sexuelle Beziehungen hat. Wenn dieses Interesse mit den Schemata und Standards vereinbar ist, stellt sich die Frage nach der *Relevanzsetzung*, also die Frage,

---

27 So sind Trauerreaktionen häufig die erste Reaktion, jedoch zumeist nicht von Dauer. Auch bei Streß wird das Individuum wohl bestrebt sein, diesen langfristig zu reduzieren. Allerdings ist, wie Lazarus (1982) hervorhebt, in der Psychologie umstritten, ob das Verdrängen unerwünschter Aspekte auch langfristig nicht eine ebenso gute Strategie sein kann wie die problembezogene Bewältigung. Dies kann und soll hier nicht entschieden werden. Daß ich mich v.a. auf die Verhaltensanpassung konzentriere, ist dem soziologischen Zugang geschuldet.

ob das Interesse auch so wichtig ist, daß man dafür im Falle des Interessenkonflikts auf die Realisierung anderer Interessen verzichten würde. Wenn auch dies der Fall ist, stellt sich eine weitere Frage: Ist dieses Interesse der Art, daß es mit der bisherigen Gestaltung der Beziehung – also seiner Struktur und dem Interaktionsverhalten des Beziehungspartners – vereinbar ist? Dies könnte beispielsweise der Fall sein, wenn man sich nach der Verwitwung zu den Kindern in stärkerem Maße zugehörig fühlt, auch wenn sich an der Gestaltung der Beziehung faktisch nichts verändert. Der „Bedeutungshorizont" bliebe der gleiche, doch er würde auf andere Weise genutzt: Die „Bedeutung" dieser Beziehung, also welche Interessen dort befriedigt werden, hätte sich verändert.

Abbildung 1: Bedingungen der Interessenrealisierung in gegebener Beziehung und bei Umgestaltung bestehender Beziehung oder Anknüpfung neuer Beziehung

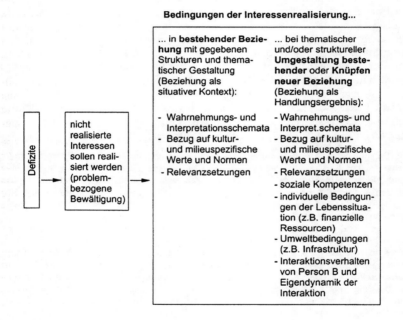

Allerdings läßt sich auch vorstellen, daß die Realisierung bestimmter Interessen nur möglich ist, wenn die THEMATISCHE bzw. die STRUKTURELLE GESTALTUNG der Beziehung VER-ÄNDERT wird. In diesem Fall muß der Blick auch auf die Interaktions- und Aushandlungsprozesse gerichtet werden, da die verfestigten, „institutionalisierten" Interaktionsmuster aufgebrochen werden müssen. Analytisch ist dabei von der Beziehung als situativer Kontext zur Beziehung als Handlungsergebnis zu wechseln. Hierbei spielen zusätzlich Faktoren eine Rolle, welche bereits bei der Aufnahme von NEUEN Beziehungen von Bedeutung waren: In beiden Fällen basiert die Realisierung der Interessen auch auf den eigenen *sozia-*

54

len Kompetenzen, diese Interessen zu vermitteln und auszuhandeln. Ferner hängt die Kompatibilität vom *Interaktionsverhalten der Beziehungspartner* ab (mit deren Interessen, Relevanzen, kognitiven Schemata, sozialen Kompetenzen, normativen Standards) sowie der Eigendynamik der *Interaktion*.

Schließlich gehören zu den „Situationsmerkmalen", die bei der „Gestaltung" von (alten und neu geknüpften) Beziehungen eine Rolle spielen, auch die Bedingungen der *individuellen Lebenslage und -situation* (z.B. Bildung, Alter, Geschlecht, Einkommen) sowie *äußere Umweltbedingungen* (Infrastruktur für soziale Aktivitäten, Vereine, kulturelle Angebote, Verkehrsanbindung). Beide Aspekte können (wie die sozialen Kompetenzen der Individuen und die Wahrnehmungs- und Interpretationsschemata sowie der Bezug auf kultur- und milieuspezifische Werte und Normen) Restriktionen oder Ressourcen zur Erreichung der Ziele bzw. zur Befriedigung der Interessen sein.

SINNZUSAMMENHANG UND LEBENSZUSAMMENHANG. Wie gesagt wird davon ausgegangen, daß individuelle Defizite *immer* Veränderungen auf mindestens einer der drei oben beschriebenen Ebenen nach sich ziehen können. Darüber hinaus wird angenommen, daß sich die Verhaltensanpassung (problembezogenes Bewältigungsverhalten) prinzipiell auf *alle* Elemente des individuellen Lebenszusammenhangs richten kann. Unterstellt wird dabei, daß alle Beziehungen einer Person für diese irgendwelche Interessen erfüllen, und daß die Leistungen der verschiedenen Beziehungen nicht unabhängig voneinander sind. Anders ausgedrückt: Die Leistungen, die die einzelnen Beziehungen einer Person für sie erfüllen, stehen in einem Zusammenhang und über diesen auch die Beziehungen. Aufgegriffen wird damit ein Gedanke, der oben als eine spezifische Perspektive der Netzwerkforschung dargestellt wurde: Das Netzwerk als „System von Quer-Verbindungen" bzw. als „Wirkungszusammenhang" zu denken („Netzwerk als interdependentes System"). Vermutet wird, daß die individuelle Relevanz der Interessen, die eine Beziehung für eine Person erfüllt, zugleich die Relevanz der Beziehung steigert. Und diese Beziehung dürfte noch wichtiger sein, wenn diese Interessen nicht in anderen Beziehungen erfüllt werden können[28].

Dieser Leistungs-Zusammenhang ist gleichzeitig ein Sinn-Zusammenhang. Dies ist keine Tautologie. Gemeint ist damit mehr als die Tatsache, daß eine Beziehung für eine Person „sinnvoll" in dem Sinne ist, daß die Beziehung ein Interesse befriedigt. Denn die Frage, welche Interessen jeweils realisiert werden, hängt auch von kognitiven Wahrnehmungs- und Interpretationsschemata und normativen Standards ab, also von „Bedeutungszuschreibungen" im weitesten Sinne. Diese Bedeutungszuschreibungen sind Vorstellungen darüber, was Beziehungen im allgemeinen und im besonderen sind, wie sie jeweils gestaltet werden können und sollten, also auch darüber, was in ihnen möglich sein kann oder sollte. Dieser Sinnzusammenhang bildet

---

28 Insbesondere, wenn auch die Interessen selbst nicht durch andere Interessen ersetzt werden können, also weder durch strukturelle noch durch funktionale Äquivalente. Relevanzen müssen nicht subjektiv repräsentiert sein. Wichtige Leistungen von Beziehungen können dem Individuum erst dann zu Bewußtsein kommen, wenn sie nicht mehr erfüllt werden.

m.E. ein kohärentes Ganzes, in dem jede Beziehung – nach Maßgabe individueller Interessen und Bedeutungszuschreibungen – einen bestimmten, nicht beliebig variablen Platz einnimmt. Der Verlust einer Beziehung hat Folgen, selbst wenn diese lediglich Zeit ausgefüllt und strukturiert hat, die nun anderweitig ausgefüllt wird. Alle Beziehungen und ihre Bedeutungen des sozialen Netzwerkes stehen in einem spezifischen Sinn-Verhältnis zueinander. Wie im Fall eines krabbelnden Seesterns zieht eine Bewegung immer andere Bewegungen nach sich. Diese sind nicht unabhängig voneinander, sondern Teil eines Systems. Bezogen auf soziale Beziehungen bedeutet eine solche Perspektive, daß die individuelle Wichtigkeit und Leistungsfähigkeit einer einzelnen Beziehung nicht unabhängig von der Bedeutung der anderen Beziehungen eines Netzwerks ist, also ihres Stellenwertes und ihrer Leistungen. Dies wird dann besonders augenfällig, wenn ein individuell bedeutsames Element bzw. eine Beziehung wegfällt. Dann, so ist zu erwarten, ändert sich auch der Sinnzusammenhang der verbleibenden Beziehungen und ihre Bedeutung (Marris 1986). Letztlich bedeutet das, daß zum Verständnis der individuellen Bedeutung von informellen sozialen Beziehungen und ihren Veränderungen der *gesamte Lebens-* und Sinnzusammenhang betrachtet werden muß. Damit sind nicht nur Beziehungen gemeint, sondern auch darüber hinausgehende Sinn-Elemente und symbolische Bezüge, allen voran die Arbeit in ihren vielfältigen Ausprägungen und möglichen „Vergesellschaftungsleistungen". Auch Freizeitaktivitäten oder Tiere können Bezugspunkte für Zugehörigkeit sein. Grundsätzlich mag jede Form des Umweltbezugs ein – mindestens funktionales – Äquivalent für informelle soziale Beziehungen darstellen. Ob es tatsächlich immer Veränderungen gibt und ob und wie sich diese Veränderungen auch in „nicht-sozialen" Lebensbereichen (z.B. in der Ausübung von Aktivitäten) niederschlagen können, sind jedoch Fragen, die nur empirisch beantwortet werden können.

In Tabelle 2 sind die wesentlichen Elemente des herausgearbeiteten Konzepts sozialer Beziehungen und Netzwerke noch einmal zusammengestellt. Die basalen Strukturmerkmale von sozialen Beziehungen sowie individuelle Orientierungen der Akteure können also
 (1) jeweils unterschiedliche GRENZEN DER LEISTUNGSFÄHIGKEIT für die Individuen darstellen (erste Zeile in Tabelle 2). So wird der Nutzungsspielraum von sozialen Beziehungen begrenzt durch die spezifische Kombination der Ausprägungen der sieben Strukturmerkmale („strukturelle Grenzen von Nutzungsspielräumen") (a). Welche Leistungen dieses Spektrums tatsächlich realisiert werden, hängt jedoch von den Orientierungen der Individuen ab (b). Die faktische Leistungsfähigkeit von bereits bestehenden sozialen Beziehungen wird durch individuelle Orientierungen begrenzt („individuelle Grenzen der Nutzung").

(2) Sowohl die strukturtheoretische wie die handlungstheoretische, akteursbezogene Perspektive auf soziale Beziehungen implizieren jeweils eine spezifische Sichtweise auf soziale NETZWERKE. Diese Perspektiven sind zwar, wie im letzten Abschnitt dargestellt, im Netzwerkparadigma angelegt, wurden bislang jedoch kaum systematisch aufgegriffen (zweite Zeile in Tabelle 2).

Tabelle 2: Strukturelle und individuelle Grenzen der Leistungen von informellen Beziehungen und Netzwerken

	strukturtheoretische Perspektive („Strukturmerkmale" von Beziehungen [a])	**akteursbezogene Perspektive** („Bedeutungen" von Beziehungen [b])
Grenzen der Nutzung bzw. Leistungsfähigkeit einzelner informeller **Beziehungen**	Kombination von Ausprägungen der basalen Strukturmerkmale begrenzen „Nutzungs-Spielraum" für *mögliche* Leistungen einer Beziehung	individuelle Orientierungen bestimmen die *faktischen* Leistungen einer Beziehung
Perspektive auf egozentriertes informelles **Netzwerk**	Netzwerk als *Gesamt von „begrenzten Nutzungs-Spielräumen" für mögliche Leistungen,* strukturiert aus Beziehungen, die durch Ausprägungen der Strukturmerkmale charakterisiert sind *(„unterhalb und quer"* zu klassischen Beziehungstypen)	Netzwerk als *Wirkungszusammenhang,* sinnhaft strukturiert durch Handlungsorientierungen eines Individuums

[a] Zahl; Raum; Zeit; Grad des Wissens; Wahlfreiheit der Beziehung; Gleichheit und Institutionalisierungsgrad

[b] Relevanzsetzungen; kognitive Wahrnehmungs- und Interpretationsschemata; milieuspezifische Normen

Dabei lenkt der Simmelsche Blick auf die Strukturmerkmale von Beziehungen das Augenmerk fast zwangsläufig über einzelne Beziehungen hinaus auf andere Beziehungen eines Netzwerks: Wenn man die Leistungen von Beziehungen als über die Ausprägungen der Strukturmerkmale („unterhalb" der klassischen Beziehungstypen) mit konstituiert denkt, wirft dies auch die Frage auf, wo strukturelle und funktionale Gemeinsamkeiten oder Unterschiede zu anderen Beziehungen, Beziehungstypen oder Gesellungsformen liegen. Die Perspektive „*unterhalb*" der klassischen Beziehungstypen lenkt den Blick also fast automatisch auch „*quer*" dazu. Das informelle egozentrierte Netzwerk wird, wenn man von der Konzeptionalisierung von sozialen Beziehungen anhand der Ausprägungen der basalen Strukturmerkmale ausgeht, als *Gesamt* an – eben über diese Strukturmerkmale charakterisierten – Beziehungen und Gesellungsformen gedacht. Das so bestimmte Netzwerk einer Person stellt das gesamte Spektrum an möglichen Leistungen dar. Anhand der Ausprägungen der basalen Strukturmerkmale der einzelnen Beziehungen kann man also die *potentielle* Leistungsfähigkeit des Netzwerks beschreiben (strukturelle Analyse) (a).

Die *faktischen* Leistungen des Netzwerks hängen dann, wie gerade beschrieben, von den individuellen Orientierungen (Interpretations- und Wahrnehmungsschemata, Normen, Relevanzsetzungen) ab. Über entsprechende Orientierungen wird zugleich ein *Sinn*- und Verweisungs- bzw. *Wirkungszusammenhang* zwischen den einzelnen Beziehungen eines Netzwerks hergestellt (Netzwerk als interdependentes System) (b).

(3) Drittens können sowohl die Strukturmerkmale als auch die individuellen Orientierungen der Akteure jeweils unterschiedliche Restriktionen für die Gestaltung, und damit auch Grenzen für mögliche VERÄNDERUNGEN von Beziehungen und Netzwerken darstellen. Soziale Beziehungen – verstanden als verfestigte Interaktionsmuster mit einer bestimmten Struktur und thematischen Gestaltung – entstehen nicht „einfach so":

a) Ob und was für ein „Nutzungs"- oder „Möglichkeitsraum" überhaupt erzeugt wird, hängt neben den individuellen Bedingungen der Lebenssituation (wie gesundheitlichen und finanziellen Ressourcen), Bedingungen der Umwelt (wie verkehrstechnischer Anbindung und der Infrastruktur von Freizeiteinrichtungen), auch von individuellen Orientierungen und sozialen Kompetenzen der Individuen ab. Alle diese externen Bedingungen und individuellen Orientierungen können jeweils Ressourcen, aber auch Restriktionen bezogen auf die Realisierung bestimmter Interessen des Individuums bedeuten. Dabei ist davon auszugehen, daß für die Umgestaltung der Struktur einer Beziehung oder die Veränderung des Themas einer Beziehung prinzipiell die gleichen Bedingungen gelten wie beim Knüpfen einer gänzlich neuen Beziehung. Grenzen für das Knüpfen (Konstitution) wie für die (Um-) Gestaltung sozialer Beziehungen – und damit letztlich für ihre Leistungsfähigkeit – können außer in der individuellen Lebenssituation und der Umwelt auch in individuellen Orientierungen liegen („individuelle Bedingungen der Veränderungen").

b) Wenn man weiter davon ausgeht, daß bei einer bereits verfestigten Beziehungsstruktur die anderen Beziehungspartner darauf eingestellt sind, läßt sich vermuten, daß diese Art von „Umgestaltung" einer Beziehung unter Umständen sogar schwieriger sein kann als das Neuknüpfen einer Beziehung bzw. andere Formen des Ausgleichs, da diese Umgestaltung gegebenenfalls auch mit einer Veränderung der Gewohnheiten, der Erwartungshaltung und Interessenrealisierung des Beziehungspartners harmonisiert werden muß – oder anders ausgedrückt: bereits verfestigte Ausprägungen der Strukturmerkmale aufgebrochen werden müssen. Bei bereits bestehenden Beziehungen können sich Ausprägungen der basalen Strukturmerkmale der Umgestaltung entgegenstellen und darüber als Restriktion für die Interessenrealisierung erweisen – und somit nicht nur aktuell die Leistungsfähigkeit dieser Beziehungen begrenzen, sondern auch in längsschnittlicher Betrachtung Grenzen für die Gestaltbarkeit und Veränderbarkeit von sozialen Beziehungen darstellen („strukturelle Bedingungen der Veränderungen").

Aus dem dargestellten Konzept informeller Beziehungen und Netzwerke lassen sich hinsichtlich der Grenzen sozialer Integration schließlich auch verschiedene inhaltliche Thesen ableiten, die in der empirischen Untersuchung der Veränderungen informeller Beziehungen nach der Verwitwung berücksichtigt werden sollen.

1. *„These der strukturellen Grenzen von Nutzungsspielräumen".* Wenn man, wie gesagt, die Ausprägungen der basalen Strukturmerkmale für die verschiedenen klassischen Beziehungstypen beschreibt, zeigt sich, daß es insgesamt keine Ausprägung gibt, die *nur* in einem Beziehungstyp möglich ist. D.h. bezüglich der Ausprägungen und damit hinsichtlich der *möglichen* Leistungsspektren gibt es offenbar sehr hohe Freiheitsgrade und Gestaltungsspielräume – und damit auch erhebliche Spielräume für die Arbeitsteilung innerhalb von Netzwerken. Dies bedeutet, daß die Substitution oder Kompensation von Leistungen, die in bestimmten Beziehungsformen erfüllt werden, prinzipiell in sehr vielen und sehr unterschiedlichen anderen Beziehungsformen möglich ist. Die Leistungsspielräume von einzelnen Beziehungstypen (Verwandtschaft, Freundschaft etc.) sind größer als es von Autoren der Netzwerkforschung vermutet wird. Damit ist im Fall des Verlusts spezifischer Beziehungstypen *nicht* prinzipiell mit einem Leistungsdefizit zu rechnen[29].

2. *„Aktivitätsthese".* Im Anschluß an Bott, Hess und Marris („Netzwerk als interdependentes System") wird hier angenommen, daß die Beziehungen einer Person in einem Sinn- bzw. Wirkungszusammenhang stehen und daß bei Verlust einer wichtigen Beziehung, das Individuum versuchen wird, diesen Verlust in anderen Beziehungen und Lebensbereichen auszugleichen (Ist es damit nicht erfolgreich, müßte dieser Verlust subjektiv als Defizit erfahren werden oder andere Bewältigungs- bzw. Streßformen auslösen). Bezüglich des „Ausgleichs" von Interessen nach einem Verlust wurde die Überlegung formuliert, daß sich dieser Ausgleich gar nicht nur auf soziale Beziehungen

---

29 Diese Erwartung unterscheidet sich insbesondere von Annahmen, die sich aus der sogenannten These der „funktionalen Spezifität" von informellen Beziehungen (Litwak 1985) ableiten lassen; vgl. Hollstein (2001).

richten muß. Ein Ausgleich für verlorene (Leistungen von sozialen) Beziehungen kann sich prinzipiell auf alle Bereiche des Lebenszusammenhangs richten, nicht nur auf die sozialen Beziehungen, und z.b. auch auf bestimmte Freizeitaktivitäten oder die Beschäftigung mit Tieren – ein Zusammenhang, der in der vorliegenden Netzwerkforschung so nicht systematisch hergestellt wird. Inwieweit solche Lebensbereiche nach dem Tod des Partners individuell wichtig (geworden) sind, ist eine Frage, die in der empirischen Studie berücksichtigt werden soll.

3. *„These der individuellen und strukturellen Grenzen der Veränderung"* Nichtsdestotrotz, solche Möglichkeiten stehen sicherlich nicht allen Individuen gleichermaßen offen: Stellt man die hier herausgearbeiteten, möglichen strukturellen Bedingungen (insbesondere die sedimentierte Geschichte von Beziehungen, die sich in den Ausprägungen der Strukturmerkmale ausdrückt) sowie die individuellen Bedingungen (individuelle Lebenssituation und insbesondere die individuellen Orientierungen und Kompetenzen) in Rechnung, ist zu vermuten, daß sich im Einzelfall die Gestaltungs- und Veränderungsmöglichkeiten (damit auch die Substitutionsmöglichkeiten) von Beziehungen sehr komplex und schwierig gestalten können. Auf welche Weise solche individuellen und strukturellen Bedingungen bei den Veränderungen der informellen sozialen Beziehungen nach der Verwitwung eine Rolle spielen, wird im folgenden genauer untersucht.

3. Die Anlage der Untersuchung

In diesem Kapitel werden nach einem kursorischen Überblick über die Lage verwitweter Personen in der Bundesrepublik und über den Forschungsstand zu den Veränderungen informeller Beziehungen nach der Verwitwung (3.1) die Fragen für die empirische Untersuchung präzisiert (3.2) und das methodische Design der Studie vorgestellt (3.3). Das Kapitel schließt mit einem Überblick über die Stichprobe der empirischen Untersuchung (3.4).

3.1 Verwitwung und ihre Folgen für informelle soziale Beziehungen

Die Verwitwung ist ein Ereignis von erheblicher quantitativer Bedeutung. Etwa 7,7% der bundesdeutschen Wohnbevölkerung sind verwitwet (absolut 6.2 Mio.; Statistisches Bundesamt 2001). Betroffen sind davon heutzutage in erster Linie ältere Menschen[1]. So sind 85% der Verwitweten älter als 60 Jahre (Vaskovics/Buba 1988). Ganz überwiegend, nämlich zu 86% handelt es sich dabei um Frauen. Dies liegt an deren höherer Lebenserwartung, ihrer geringeren Wiederverheiratungsquote und dem Altersabstand zwischen den Eheleuten. Dabei beträgt das durchschnittliche Alter beim Tod des Ehepartners etwa 68 Jahre bei den Frauen und 72 Jahre bei den Männern (ebd.). Ebenfalls unterscheidet sich die durchschnittliche Verwitwungsdauer bei Männern und Frauen deutlich: Beträgt die Verwitwungsdauer bei den Frauen im Durchschnitt zwischen 14 und 15 Jahren, sind Männer durchschnittlich zwischen acht und neun Jahren verwitwet (ebd.)[2]. Diese Unterschiede resul-

---

1   Dies liegt vor allem daran, daß sich im Zuge des demographischen Übergangs das Sterbegeschehen vorwiegend ins höhere Lebensalter verlagert hat. Aber auch innerhalb dieses Jahrhunderts sind deutliche Unterschiede, bezogen auf die Prävalenz der Verwitwung in mittleren Altersgruppen, zu beobachten. Hareven und Uhlenberg (1995) zeigen für den Nordosten der Vereinigten Staaten, daß z.B. der Anteil der Verwitweten unter den 35 bis 39jährigen, jemals verheirateten Frauen zwischen 1910 und 1940 um 50% gesunken ist. 1970 lag der Anteil der Verwitweten in dieser Gruppe bei 2%.
2   Die Verwitwungsdauer liegt dabei im jüngeren Alter bei Männern etwa doppelt so hoch wie bei den Frauen. Etwa im Alter von 70 Jahren gleicht sich die Verwitwungsdauer bei

tieren zum einen aus der höheren Lebenserwartung der Frauen, zum anderen aus der deutlich höheren Wiederverheiratungsquote bei Männern. Beispielsweise waren 1982 von den verwitweten Frauen im Alter von 50 Jahren nur knapp unter 10% wieder verheiratet; bei den Männern lag dieser Anteil in derselben Altersgruppe bei etwa 40% (Vaskovics/Buba 1988). Dabei nimmt die Wiederverheiratungsquote mit höherem Alter ab: Im Alter von 70 waren 1982 nur etwa 10% der verwitweten Männer wieder verheiratet, während bei den Frauen der Anteil der Wiederverheirateten gegen Null tendierte (ebd.)[3]. Die Wiederverheiratungsquote sagt allerdings auch bei den Älteren nicht viel darüber aus, ob Personen in einer Partnerschaft leben. Gerade bei den Älteren, genauer gesagt: bei den verwitweten Älteren hat die sogenannte „Onkel-Ehe" häufig auch materielle Gründe, da die Wiederverheiratung mit finanziellen Einbußen (Witwenrenten) verbunden sein kann. Die Daten der Berliner Altersstudie (BASE) ergaben hier, daß unter den 70 bis 103jährigen Berlinern 14% aller unverheirateten Männer und 5% der unverheirateten Frauen einen Partner haben (Wagner 1997a). Insgesamt haben von der West-Berliner Altenbevölkerung knapp 70% der Männer eine (Ehe-)Partnerin und etwa ein Viertel ist verwitwet und ohne Partnerin. Demgegenüber sind 62% der Frauen verwitwet und ohne Partner und nur knapp 15% haben einen (Ehe-)Partner (ebd.). Allerdings nimmt der Anteil der Personen, die in einer Partnerschaft leben, mit zunehmenden Alter stark ab: Von den 85 Jahre und älteren Frauen gab keine mehr an, einen Partner zu haben (ebd.). Diewalds Auswertungen des Wohlfahrtssurveys und des Allbus zeigen dabei, daß Verwitwete ohne Kinder signifikant häufiger einen einen Lebenspartner bzw. eine neue Lebenspartnerin haben als solche mit Kindern (Diewald 1991). Er vermutet, daß möglicherweise Verwitwete mit Kindern weniger auf neue Beziehungen angewiesen sind (sie haben deutlich häufigere Verwandtschaftskontakte) – oder sich der Familienverband ggf. auch gegen eine neue Person wehren mag.

Wie bereits einleitend gesagt wurde, unterscheiden sich Verwitwete in verschiedener Hinsicht von Personen mit anderem Familienstand: So ist der *Gesundheitszustand* von Verwitweten durchschnittlich schlechter als von Verheirateten (vgl. Stroebe/Stroebe 1987). Ähnlich ist auch die *Lebenserwartung*, insbesondere von verwitweten Männern, in allen Altersstufen deutlich niedriger als bei Verheirateten (Smith/Zick 1996, Vaskovics/Buba 1988)[4] – sie liegt allerdings über der Lebenserwartung von Geschiedenen

---

Männern und Frauen an (Vaskovics/Buba 1988).

3   Im Zeitverlauf ist der Anteil derer, die sich wieder verheiraten, zumindest bei den Männern, offenbar gesunken. So betrug 1972 der Anteil der wiederverheirateten Männer bei den 50jährigen über 60% (Vaskovics/Buba 1988).

4   Besonders stark sind die Unterschiede bei jüngeren Männern. Beispielsweise liegt die durchschnittliche Lebenserwartung bei verwitweten Männern zwischen 35 und 45 Jahren 5,6 Jahre unter der von verheirateten (ebd.). Bei verwitweten Frauen ist die Lebenserwartung ebenfalls niedriger als bei verheirateten der gleichen Altersgruppe. Der Unter-

(ebd.). Verwitwete Männer weisen dabei insbesondere in der ersten Zeit nach dem Verlust der Partnerin ein deutlich erhöhtes Mortalitätsrisiko auf (Helsing/Szklo/Comstock 1981). Diese „peak risk period" in den ersten Monaten nach dem Verlust ist u.a. auf die in dieser Zeit erhöhte Selbstmordrate zurückzuführen (Bock/ Webber 1972). Ob die Mortalitätsrate auch bei Frauen kurz nach der Verwitwung ansteigt, ist nicht eindeutig (Helsing/Szklo/Comstock 1981). Wiederheirat hat dabei nur bei Männern einen positiven Effekt auf die Mortalitätsrate – sie sinkt ab –, bei Frauen scheint dies nicht der Fall zu sein (ebd.).

Entgegen einer lange verbreiteten Meinung (z.B. Stappen 1988) ist die *finanzielle* Situation Verwitweter, zumindest in Deutschland, jedoch nicht schlechter als bei Personen mit anderem Familienstand (Motel/Wagner 1993). Die Ausstattung mit finanziellen Ressourcen hängt insbesondere bei Frauen v.a. von dem jeweiligen Rentensystem ab. In der Bundesrepublik Deutschland ist die finanzielle Situation älterer verwitweter Frauen sogar sehr viel besser als die von Verheirateten oder Geschiedenen ihrer Altersgruppe (Motel/ Wagner 1993)[5]. In den USA besteht demgegenüber für Frauen, die den Partner durch Tod verlieren, – verglichen mit Verheirateten – ein signifikant höheres Risiko, danach unter die Armutsgrenze zu fallen (z.B. Burckhauser/Butler/Holden 1991, Zick/ Smith 1991).

Für die vorliegende Fragestellung nach der sozialen Einbindung von Verwitweten ist insbesondere relevant, daß sich Verwitwete, verglichen mit Personen anderen Familienstands, deutlich häufiger *subjektiv einsam* fühlen[6]. So gaben etwa im Wohlfahrtssurvey 1984 45% der verwitweten Frauen und über 30% der verwitweten Männer an, sich oft einsam zu fühlen (Diewald 1991)[7]. Allerdings scheint, insbesondere bei Frauen, nur eine geringe Korre-

---

schied ist jedoch nicht so deutlich ausgeprägt wie bei den Männern. Aus diesem Grund ist der ohnehin bestehende Unterschied in der Lebenserwartung bei Frauen und Männer bei Verwitweten deutlich stärker ausgeprägt: So ist die Lebenserwartung von Männern, die ihre Ehefrau im Alter von 45 Jahren verlieren, um 10 Jahre niedriger als bei gleichaltrigen verwitweten Frauen (Vaskovics/Buba 1988).

5 Bezogen auf die finanzielle Ausstattung bestehen allerdings deutliche Unterschiede nach dem historischen Zeitpunkt, zu dem der Partner verstarb. So ist die ökonomische Situation der Kriegswitwen deutlich schlechter als bei Verwitweten, die ihren Partner bzw. ihre Partnerin vor noch nicht allzulanger Zeit verloren haben (Maas 1995).

6 Hinsichtlich dieser Tendenz stimmen die meisten Studien, in denen Verwitwete mit Personen anderen Familienstands verglichen wurden, überein. Zu beachten ist allerdings, daß die Häufigkeit subjektiv empfundener Isolation in einzelnen Untersuchungen enorm schwankt. So beurteilten in der von Vaskovics und Buba (1988) sekundär ausgewerteten Studie „Lebensbedingungen und Bedürfnisse älterer Menschen" zwischen 75 und 80% der Verwitweten ihre sozialen Kontakte als ausreichend, und zwar fast unabhängig von Alter und Geschlecht. Demgegenüber gaben von den 1995 im Rahmen des Sozioökonomischen Panels befragten *alleinlebenden* Verwitweten 60% der Westdeutschen und 46% der Ostdeutschen an, sich sehr oft einsam zu fühlen (Statistisches Bundesamt 1997).

7 In den 13 von Martin Diewald unterschiedenen Lebensformen handelt es sich dabei um die mit Abstand höchsten Werte. Beispielsweise lag der Anteil der subjektiv Einsamen bei den mit einem Partner zusammenlebenden Personen über 60 Jahren bei ca. 7% bei den Männern und bei ca. 13% bei den Frauen. Bei den ledigen Alleinwohnenden betrug dieser Anteil bei den Männern etwa 8% und bei den Frauen etwa 20%. Zusammengefaßt wurden

lation zwischen dem subjektiv empfundenen Gefühl der Einsamkeit und der faktischen Einbindung zu bestehen (ähnlich Vaskovics/Buba 1988, Schütze/Lang 1993). Beispielsweise ist das Risiko, weder einen besten Freund bzw. eine beste Freundin zu haben, noch mindestens monatlichen Besuchskontakt mit Verwandten zu pflegen – und in diesem Sinne sozial isoliert zu sein –, bei verwitweten Frauen offenbar nicht geringer als bei Männern (Diewald 1991). Bei emotionaler Unterstützung können verwitwete Frauen sogar auf mehr Personen zurückgreifen (ebd., Vaskovics/Buba 1988).

Insgesamt läßt sich die Verwitwungsforschung dadurch charakterisieren, daß die (zumeist kurz- und mittelfristigen) *psychischen* Konsequenzen der Verwitwung sehr breit untersucht werden, die *längerfristigen*, und insbesondere die *sozialen* Folgen jedoch noch weitgehend unklar sind. So widmet sich ein großer Teil der Studien, die sich mit der Lebenssituation von Verwitweten beschäftigt, der Bewältigung des Partnerverlusts bzw. der PSYCHISCHEN ANPASSUNG an die neue Lebenssituation. Beispielsweise sind unterschiedliche Trauerphasen, Bewältigungsstile und Verarbeitungsformen insgesamt breit dokumentiert[8]. Dabei wird heutzutage stärker betont, daß die Verarbeitung der Verwitwung interindividuell sehr unterschiedlich verläuft: sowohl bezogen auf die *Dauer* der Trauerzeit, die Phasen, die dabei durchlaufen werden und die Stärke der Trauerreaktionen. Festzuhalten ist, daß manche Personen den Tod des Partners gar nicht oder nur sehr schwer bewältigen. Bei der Mehrzahl der untersuchten Fälle sind (zumindest) depressive und somatische Beschwerden jedoch offenbar nach etwa zwei Jahren abgeklungen (z.B. Stroebe/Stroebe/Domittner 1988)[9]. Die sozialen Beziehungen scheinen sich zumeist, wie Vaskovics und Buba es ausdrücken, nach etwa drei bis vier Jahren „normalisiert" zu haben (1988: 96). Dabei wird in der Forschungsliteratur nahezu einhellig hervorgehoben, daß die Streß- und Trauerreaktionen bei der Verwitwung im *jüngeren Lebensalter* weitaus heftiger und die Anpassung an die veränderte Lebenssituation langwieriger ist als im höheren Alter (Maddison/Walker 1967, Berardo 1970, Lopata 1973c, Ferraro/Barresi 1982)[10]. Zurückgeführt wird dies u.a. darauf, daß die Anpassung an eine in diesen Altersgruppen ungewöhnliche Lebenssituation und den Status als Witwe eine vergleichsweise größere Schwierigkeit bedeutet als im Alter (vgl. auch Stiller 1995).

---

die Antwortkategorien „stimmt ganz und gar" bzw. „stimmt eher" bei dem Item „Ich fühle mich oft einsam" (Diewald 1991).

8 Vgl. hierzu insbesondere Stroebe, Stroebe und Hansson (1993) und Stappen (1988).

9 Zumeist handelt es sich um kleine, keine repräsentativen Stichproben. In diesem Zusammenhang beklagen Wortman und Silver (1990) auch ein Defizit an Studien, die sich mit den psychischen Folgen bzw. der Verarbeitung der Verwitwung nach mehr als zwei Jahren beschäftigen.

10 Darauf weisen auch die höheren Mortalitätsraten jüngerer Verwitweter, verglichen mit älteren Verwitweten, hin (s.o.).

Zu den Merkmalen, die sich insgesamt eher positiv auf die psychische Verarbeitung bzw. die Bewältigung des Partnerverlustes auszuwirken scheinen, gehört die Tatsache, den Tod des Partners *antizipieren* zu können und, insbesondere, den Tod gemeinsam mit dem Partner bearbeiten zu können (Clayton u.a. 1973). Einschränkend ist allerdings zu vermerken, daß bei einer langen chronischen Krankheit zwar die Antizipation der Verwitwung möglich ist. Nach einer langen Pflege des Partners können die finanziellen, gesundheitlichen und physischen Ressourcen jedoch so stark eingeschränkt sein (z.b. Hollstein 1992), daß dies – umgekehrt – einen „Neuanfang" nach dem Tod des Partners gerade behindern kann (Niederfranke 1992, s.u.). Des weiteren wird die Bedeutung bestimmter *Merkmale der Ehebeziehung*[11] für die Verarbeitung des Partnerverlusts hervorgehoben: So kann bei sehr asymmetrischen Beziehungen die Verwitwung offenbar als „Befreiung" erlebt werden (Dießenbacher u.a. 1984; Stappen 1988). Häufig wurde aber auch gezeigt, daß gerade sehr „gute" Beziehungen die Verarbeitung des Partnerverlusts bzw. kurz- und mittelfristige Reaktionen positiv beeinflussen können (Heyman/Gianturco 1973, Winn 1981, Ferraro 1985, Stappen 1988). Retrospektiv als „gut" bezeichnete Beziehungen müssen dabei überhaupt nicht konfliktfrei gewesen sein. Wichtiger ist offenbar, daß die Eheleute einen partnerschaftlichen und konstruktiven Umgang mit Konflikten gepflegt haben (Stappen 1988). Ähnlich konstatiert Marris: „Intensity of grief is related to intensity ... (of) involvement rather than love" (Marris 1974/1986: 23).

Ferner wird insbesondere der große Stellenwert hervorgehoben, den eine aktive Bewältigung und die Verwirklichung eigener Bedürfnisse bzw. eine *autonome* Lebensgestaltung für einen positiv empfundenen „Neuanfang" nach der Verwitwung haben (Stappen 1988, Hansson/Remondet 1988, Fooken 1990). Diese kann sich bereits während der Ehe, beispielsweise in eigenen Freundschaftsbeziehungen, ausgedrückt haben (Stevens 1989, 1995). In ähnliche Richtung interpretiert Helena Z. Lopata (1973a, b) ihren Befund, daß sich bei den von ihr untersuchten Chicagoer Witwen mittel- und längerfristig, neben einer guten *materiellen Situation*, *Bildung* als eine wesentliche Ressource für einen neuen Anfang nach der Verwitwung erwies[12]. Ihrer Interpretation zufolge steht Bildung für die Variabilität des Selbstkonzepts. Und diese kognitive Variabilität scheint die Chancen zu verbessern, sich an die u.U. enorme Veränderung der Lebensumstände, wie sie der Tod des Partners bedeuten kann, anzupassen (Lopata 1973a).

Schließlich wird immer wieder auf die zentrale Rolle hingewiesen, den die *soziale Integration* für eine Anpassung an die Lebenssituation nach der Verwitwung bzw. einen „Neuanfang" nach der Verwitwung hat (z.B. Steven 1995, Stappen 1988). So schreibt Birgit Stappen, die in einer der wenigen

---

11 Diese wurden zumeist retrospektiv erhoben.
12 Dies soll wiederum nicht heißen, daß sich nicht auch Personen mit eher geringer Bildung gut an die neue Lebenssituation anpassen *können* (Dießenbacher u.a. 1984).

längsschnittlichen Untersuchungen der (kurzfristigen) Folgen der Verwitwung die positive Wirkung der aktiven Bewältigung und Verwirklichung eigener Bedürfnisse gezeigt hat: „als besonders wesentlich für die Entwicklung einer solchen ‚Lebensenergie' ist ... die erlebte soziale Integration hervorzuheben" (Stappen 1988: 338). Oder, an anderer Stelle: „Insgesamt erweist sich das Ausmaß positiv erlebter sozialer Integration und Partizipation als die entscheidende Variable zur Vorhersage und Ermöglichung einer zufriedenstellenden Anpassung an die Verwitwung" (ebd.: 1988: 33; Hervorhebung im Original).

Unstrittig scheint dabei zu sein, daß die Kinder insbesondere in der ersten Zeit nach dem Tod des Partners eine wichtige Funktion erfüllen und insgesamt eine stärkere Hinwendung zur Familie zu konstatieren ist (bezogen auf Häufigkeit und Bedeutung des Kontakts, Niederfranke 1992:12, Diewald 1993a, Lopata 1973a). Aber auch später bleiben in vielen Fällen die Kinder wichtige Bezugspersonen (vgl. Vaskovics/Buba 1988, Anderson 1984) bzw. werden sogar als wirksamster Schutzfaktor gegen Einsamkeit betrachtet (Diewald 1991, 1993a; ähnlich Silverstein/Bengtson 1994). Allerdings wird für eine zufriedenstellende Einbindung nach der Verwitwung auch die Bedeutung außerfamilialer Kontakte hervorgehoben (vgl. Stappen 1988, Vaskovics/Buba 1988)[13].

Wie es aber zu einer zufriedenstellenden Einbindung kommt, also wie sich die SOZIALE INTEGRATION selbst (insbesondere mittel- und längerfristig) *verändert*, ist jedoch „weitgehend ungeklärt" (Schütze/Wagner 1991, vgl. auch Vaskovics/Buba 1988, Shamgar-Handelmann 1989, Lamme u.a. 1996). Dies betrifft sowohl die Auswirkungen des Partnerverlusts auf einzelne informelle soziale Beziehungen als auch die Frage, ob die soziale Partizipation insgesamt nach dem Verlust des Partners abnimmt oder der Verlust des Partners im Gegenteil durch eine höhere Partizipation kompensiert wird. Wie ausführlich im letzten Kapitel erörtert, nimmt die soziale Partizipation im Alter im Aggregat ab. Offen ist jedoch, auf welche Weise hierbei alters- und verwitwungsbedingte Prozesse zusammenwirken.

Des weiteren ist unklar, auf welche *biographischen Ressourcen* bei der Veränderung der informellen sozialen Beziehungen im Einzelnen zurückgegriffen wird und sich z.B. sozialstrukturelle Merkmale in den verwitwungsbedingten Veränderungen der Sozialbeziehungen durchsetzen. Eine der besonders kontrovers diskutierten Fragen der Verwitwungsforschung ist dabei die Frage, ob und in welcher Form sich die Auswirkungen der Verwitwung

---

13 Z.B. Anette Niederfranke: „... die Einschätzungen über die Bedeutung inner- und außerfamiliärer Unterstützungssysteme (gehen) auseinander. Der Familie wird jedoch einhellig in der ersten Trauerphase eine große stabilisierende Funktion zugeschrieben. Langfristig wird hingegen den außerfamilialen Kontakten eine größere Bedeutung für die gelungene Anpassung an die veränderte Lebenssituation zugesprochen" (Niederfranke 1992: 12).

bei *Männern und Frauen* unterscheiden (vgl. Stevens 1995). In diesem Punkt gehen sowohl die Ergebnisse als auch die zu ihrer Erklärung angeführten Argumente am weitesten auseinander. So ist für Berardo (1968, 1970) und Hyman (1983) ausgemacht, daß es die Männer sind, die wesentlich größere Probleme mit einem „Neuanfang" nach der Verwitwung haben. Andere Autoren betonen dagegen, welche besonderen Probleme für Frauen aus der Verwitwung erwachsen (z.b. Lopata 1973a).

So ist z.b. eine der zentralen Thesen von Helena Z. Lopata, daß der durch den Tod des Partners bedingte Rollenverlust sich bei Frauen generell stärker auswirkt als bei Männern – und von Frauen auch schlechter ausgeglichen werden kann, da der Rolle der Ehefrau nur schwer eine adäquate andere Rolle gegenübergestellt werden könne (Lopata 1973a, 1973b). Demgegenüber führt Berardo (1968) z.b. als Argument für eine schlechtere Anpassung der Männer an die Verwitwung an, daß von ihnen eher Souveränität und Stärke erwartet werde. Dies und ihr Mangel an Expressivität würden sich letztlich negativ auswirken, so daß Männer nach dem Verlust der Partnerin u.U. gänzlich ohne enge emotionale Bindung dastünden und Schwierigkeiten für die Anknüpfung vergleichbarer Bindungen hätten (ähnlich Lowenthal/Haven 1968). Blau (1961) macht für die schwierigere Situation von Männern darüber hinaus demographisch bedingte Faktoren geltend: Aufgrund der vergleichsweise geringen Anzahl alleinstehender bzw. verwitweter Männer haben Männer bereits strukturell weniger Möglichkeiten, neue Bekanntschaften mit anderen Männern in der gleichen Lebenssituation zu machen.

Eher unstrittig scheint, daß, zumindest bei verwitweten Frauen, ein höherer *Bildungsstand* und gute *materielle Ressourcen* tendenziell mit einer erhöhten Zufriedenheit – auch mit der sozialen Einbettung – verbunden ist (Lopata 1973a, 1973b). Doch auf welche Weise sich diese Faktoren in den verwitwungsbedingten Veränderungen der sozialen Beziehungen durchsetzen ist unklar. Wortman und Silver konstatieren: „There is a clear need for more information regarding factors that may place individuals at risk following bereavement – particularly the role of gender, race, socioeconomic status, and age" (Wortman/Silver 1990: 226).

Vergleichbares läßt sich auch zur Bedeutung der *Berufstätigkeit* sagen: Die Befunde von Lopata (1979) deuten darauf hin, daß sich Frauen, die zumindest zeitweilig berufstätig waren, nach der Verwitwung eher ein „neues Leben" und ein zufriedenstellendes soziales Netzwerk aufbauen können als Frauen, die nie erwerbstätig waren. Berardo (1970) benutzt gerade die Berufstätigkeit der Männer als Argument, warum Männer nach der Verwitwung im Alter größere Probleme als Frauen hätten: weil ihnen häufiger gleich zwei zentrale Rollenbezüge abhanden gekommen sind. Daß die *Zahl der Rollenbezüge* offenbar eine wichtige Rolle für den Neuanfang nach der Verwitwung spielt, zeigen Hershberger/Walsh (1990). Im Zusammenhang mit der Bedeutung der Erwerbstätigkeit wäre auch wichtig zu wissen, inwieweit Kontakte und ggf. Freundschaften zu Kollegen auch über das Ende der Erwerbstätigkeit hinaus weiterbestehen. So hebt beispielsweise Francis (1990) die Bedeutung von Arbeitskollegen und -kolleginnen für die Lebenssituation alter Frauen hervor.

Insgesamt sind diese Forschungsdefizite, Unklarheiten und strittigen Befunde vor allem darauf zurückzuführen, daß die meisten Studien, die Aussagen über Veränderungen von sozialen Beziehungen und Netzwerken machen, auf Querschnittsdaten beruhen. Individuelle Verläufe, insbesondere der mittel- und längerfristigen Folgen, werden praktisch nicht erhoben (weder standardisiert noch qualitativ). Ohne Längsschnittuntersuchungen kann jedoch auch nicht geklärt werden, auf welche Weise verschiedene Bedingungen die Veränderungen der sozialen Beziehungen beeinflussen. Des weiteren sind noch verschiedene andere Aspekte dafür verantwortlich, daß die Forschungslage in diesem Bereich sehr unklar bzw. strittig ist (vgl. auch Ferraro 1984, 1989, Vaskovics/Buba 1988): Neben uneinheitlichen Operationalisierungen der sozialen Einbindung und Partizipation wird die Vergleichbarkeit der Ergebnisse vorliegender (Querschnitts-)Studien dadurch erschwert, daß nur selten multivariate Analysen durchgeführt werden, in denen beispielsweise Alter, Gesundheit etc. kontrolliert werden. Besonders schwerwiegend ist, daß bei der Frage der Veränderungen der sozialen Beziehungen nach der Verwitwung (vor allem in den älteren Studien) selten nach der Verwitwungsdauer differenziert wurde (s.o.). Daneben haben die meisten Studien nur begrenzte Generalisierungskraft, da sie nicht auf nationalen Surveys, sondern auf regional beschränkten Untersuchungsgruppen basieren. Schließlich werden häufig nur bestimmte Subgruppen untersucht: beispielsweise (zumeist) nur Frauen (z.B. Lopata 1973a und b, Fooken 1980, Niederfranke 1992) oder nur Männer (z.B. Berardo 1968, 1970). Oder man beschränkt sich auf bestimmte soziale Klassen oder Einkommensgruppen (z.B. Arling 1976, Blau 1961, Townsend 1957, Dießenbacher u.a. 1984)[14].

Abschließend möchte ich kurz versuchen, anhand vorliegender Studien eine allgemeine Vorstellung von den informellen sozialen Beziehungen nach der Verwitwung zu geben (auf mögliche Einflußbedingungen wurde bereits hingewiesen). Aufgrund der gerade genannten Einschränkungen sind die folgenden Ausführungen – insbesondere zu den „Veränderungen" bzw. Unterschieden zu Personen anderen Familienstands – jedoch mit der gebotenen Vorsicht zu behandeln und eher als Anhaltspunkte für allgemeine Tendenzen zu verstehen. Dabei beschränke ich mich vor allem auf neuere und eher unstrittige Ergebnisse bzw. vermerke divergierende Befunde anderer, zumeist älterer Studien in den Fußnoten.

Zur Haushaltssituation von Verwitweten ist festzuhalten, daß diese heutzutage ganz überwiegend alleine in einem Haushalt leben[15]. Hierbei handelt es sich um eine langfristige historische Entwicklung, die offenbar noch nicht gebrochen ist. 1982 lebten 70% der verwitweten Männer zwischen 60 und 75 Jahren alleine in einem Haushalt, bei den Frauen handelt es sich um etwas mehr, um 78% dieser Altersgruppe. Bei den über 75jährigen lagen die Anteile leicht niedriger (68% bei den Männern, 75% bei den Frauen; Mikrozensus, vgl. Vaskovics/Buba 1988). Zu vermuten ist, daß einige der Verwitweten in höherem Alter entweder zu anderen Personen (vorzugsweise Verwandten)

---

14   Diese Beschränkungen treffen auf die meisten, der ohnehin wenigen, im deutschsprachigen Raum durchgeführten Untersuchungen zur Lebenssituation Verwitweter zu.

15   So gab es Ende 1999 6.2 Mio. Verwitwete in der Bundesrepublik. Etwa 4,7 Mio. Verwitwete lebten im Mai 2000 alleine in einem Haushalt (Statistisches Bundesamt 2001). Zu den Veränderungen der Haushaltssituation von Verwitweten in diesem Jahrhundert vgl. genauer Hareven und Uhlenberg (1995).

in den Haushalt umziehen oder in ein Heim übersiedeln (ebd.; vgl. Chevan 1995). So lebte 1982 etwa ein Fünftel der 60 bis 75jährigen Verwitweten mit den Kindern zusammen, von den über 75jährigen war es etwa ein Viertel (Vaskovics/Buba 1988). Im Zeitverlauf hat dabei der Anteil der Verwitweten, die in einem Mehrpersonen-, insbesondere in einem Dreigenerationenhaushalt leben, abgenommen. Insbesondere verwitwete Männer leben dabei zunehmend häufiger mit nicht-verwandten Personen zusammen (1972-1982, Mikrozensus, nach Vaskovics/ Buba 1988). Wenn verwitwete Menschen alleine wohnen, bedeutet dies allerdings nicht, daß sie deshalb isoliert wären. So lebt offenbar ungefähr die Hälfte der Verwitweten in der Nähe ihrer Kinder bzw. sonstiger Verwandter, und das heißt: entweder im selben Haus, in derselben Straße oder zumindest im selben Stadtteil (Vaskovics/Buba 1988). Und von den anderen Verwitweten leben Kinder oder andere Verwandte jedoch zumeist auch nicht sehr weit entfernt, entweder im selben Ort oder in der Nähe des Heimatortes (ebd.).

Wie Vaskovics und Buba (1988) anhand von Sekundäranalysen verschiedener nationaler und regionaler Untersuchungen ermittelt haben, scheint ein Großteil der Verwitweten über „relativ häufige Kontakte und einen vergleichsweise großen Verkehrskreis (d.h. Leute, die man gut kennt, schätzt und die man auch häufiger trifft, die man besucht)" zu verfügen (Vaskovics/ Buba 1988: 98). Jedoch beträgt der Anteil derer, die über keine Sozialkontakte verfügen und objektiv als isoliert betrachtet werden müssen, etwa 17% bei den 60 bis 75jährigen Verwitweten und bei den über 75jährigen sogar etwa 30% (ebd.). Dabei empfinden 20% der Verwitweten ihre sozialen Beziehungen auch subjektiv nicht als ausreichend (s.o.).

Wie auch in anderen Studien festgestellt wurde, haben besondere Bedeutung als Interaktionspartner die eigenen Kinder, aber auch in der Nähe wohnende gleichaltrige Bekannte und Nachbarn (ebd., Silverstein/Bengtson 1994, Diewald 1991, Fooken 1980). Andere Verwandte scheinen nur eine untergeordnete Rolle zu spielen, und sind wenn, dann eher für Frauen als für Männer wichtig (Vaskovics/Buba 1988)[16].

In der Zusammensetzung der Kontaktnetze scheinen sich Männer und Frauen nicht grundsätzlich zu unterscheiden (ebd.)[17]. Allerdings haben verwitwete Männer insgesamt offenbar seltener Kontakte als Frauen (ebd.) und

---

16   Bei Hilfe bei Niedergeschlagenheit z.B. spielen andere Verwandte nur bei Verwitweten (Frauen) ohne Kinder eine besondere Rolle (Diewald 1991: 236). Auf die unerwartet geringen Kontakte von Verwitweten zu Geschwistern verweist Lopata (1973c). Neuere Daten zeigen jedoch, daß verwitwete (Frauen) stärker als Personen mit anderem Familienstand in Geschwisterbeziehungen involviert sind (Campbell u.a. 1999). Dies legt eine Intensivierung von Geschwisterkontakten nach der Verwitwung nahe.

17   Ebenso Diewald (1991) für die Häufigkeit der Existenz eines besten Freundes bzw. einer besten Freundin. Ältere Studien kamen zu anderen Ergebnissen: entweder eine geringere Anzahl an Freundschaften bei verwitweten Männern, verglichen mit Frauen (Blau 1961) oder umgekehrt mehr Freundschaften bei verwitweten Männern (Atchley 1975).

scheinen auch nach dem Tod der Partnerin weniger häufig neue Beziehungen zu knüpfen (Lamme u.a. 1996). Verwitwete Männer haben offenbar weniger Kontakte zur Familie, insbesondere zu den Kindern, als verwitwete Frauen (Berardo 1968, 1970) und auch die emotionale Bindung scheint bei ihnen weniger eng zu sein (Arling 1976, Clark/Anderson 1967). Überdies deuten vorliegende Daten darauf hin, daß die Kontakthäufigkeit bei verwitweten Männern mit zunehmendem Alter deutlich stärker als bei Frauen abnimmt. Dies betrifft (mit Ausnahme der Nachbarschaftskontakte) fast alle anderen Interaktionspartner und in besonders starkem Maße Kontakte zu gleichaltrigen Verwandten (Vaskovics/Buba 1988).

Bezüglich des Vergleichs mit Verheirateten ergeben die Analysen von Vaskovics und Buba, daß Verwitwete durchschnittlich kleinere Kontaktkreise haben als Verheiratete (1988)[18]. Dabei konstatieren die meisten Studien zumindest in der ersten Zeit nach dem Partnerverlust eine größere Kontakthäufigkeit mit Familienangehörigen, insbesondere mit den Kindern (Lopata 1973a, Niederfranke 1992, Diewald 1993a) [19]. Unklar ist, inwieweit sich die Häufigkeit des Kontakts bei mittel- und längerfristig Verwitweten entwickelt. So finden Vaskovics und Buba (1988) bei verwitweten Frauen, verglichen mit verheirateten, sowohl häufigeren Kontakt mit Kindern als auch mit Freunden (für Freunde auch Wagner/Schütze/Lang 1996)[20]. Bezüglich der familialen Kontakte längerfristig Verwitweter stellt Diewald (1991) allerdings keinen Unterschied gegenüber Verheirateten fest[21]. Bezogen auf Freundschaftskontakte deuten die Befunde auf eine Umstrukturierung des Netzwerks hin: von Freundschaften mit anderen Paaren hin zu Beziehungen mit Personen, die ebenfalls verwitwet sind (Morgan u.a. 1997, van den Hoonaard 1994). Hinsichtlich der weiteren sozialen Partizipation legen die Daten von Vaskovics und Buba (1988) nahe, daß verwitwete Frauen am Vereinsleben seltener teilnehmen (zwischen 20 und 30% der verwitweten Frauen) als verheiratete Frauen. Dafür scheinen sich verwitwete Frauen jedoch stärker an

---

18 So etwa auch Lowenthal/Haven (1968) für Freundschaftsbeziehungen. Demgegenüber legen die Analysen von Ferraro (1984) und Kohen (1983) zumindest bei gerade Verwitweten eine größere Zahl intimer Freundschaften nahe (sowohl bei Männern als auch bei Frauen; ähnlich Petrowsky (1976); sowie für Männer Pihlblad/Adams (1972).

19 Allerdings stellen Bock/Webber (1972) auch Pihlblad/Adams (1972) fest, daß die familiäre Interaktion zumindest bei Männern direkt nach der Verwitwung abnimmt. Wan/Odell (1983) finden bei kürzlich verwitweten Männern einen geringeren Kontakt mit den ehemaligen Schwiegereltern, hingegen häufigeren Kontakt mit den eigenen Eltern.

20 Ähnlich scheinen die nachbarschaftlichen Kontakte Verwitweter größer zu sein als bei Verheirateten (Kohen 1983; Lamme u.a. 1996).

21 Daß die Kontakte zu Kindern später wieder abzunehmen scheinen, wird auch von anderen Studien gestützt. Pihlblad/Adams (1972) zufolge betrifft dies v.a. die Männer, Ferraro/Barresi (1982) zufolge beide Geschlechter (nach vier Jahren). Adams (1968) unterscheidet auch nach dem Geschlecht der Kinder (von Witwen): So scheinen die Kontakte zu Söhnen längerfristig geringer zu sein als Kontakte mit Töchtern.

sonstigen, allgemein zugänglichen (insbesondere kirchlichen) Veranstaltungsangeboten zu beteiligen (ebd.)[22].

Insgesamt verdecken die gerade dargestellten Befunde auf Aggregatebene allerdings, daß es individuell sehr unterschiedliche Integrationsformen nach der Verwitwung geben kann. Als klassische Studien in diesem Bereich gelten mittlerweile die Untersuchungen von Helena Lopata an Chicagoer Witwen, in denen sie verschiedene Typen von Lebensstilen von Witwen identifizierte (Lopata 1973a, b). Beispielsweise hat der Typ, den sie als „widow's widow" bezeichnet, vorrangig Kontakte zu anderen Witwen und kaum Kontakte zu anderen Familienmitgliedern. Dieser Typ ist gekennzeichnet durch große Unabhängigkeit, nicht zuletzt wegen der vergleichsweise guten finanziellen Situation. Andere Typen sind z.B. die „traditionelle Witwe", die gewöhnlich bei den Kindern wohnt und kaum außerfamiliale Kontakte hat[23]. Andere verwitwete Frauen überwinden die Trauerphase gar nicht, bleiben dauerhaft (zumindest beim Erhebungszeitpunkt) „Ehefrau", wobei der Bekanntenkreis zusehends schrumpft. Auf sehr unterschiedliche Verarbeitungsformen deuten auch die Daten von Lamme u.a. (1995) hin. So scheinen einige der von ihnen befragten älteren Verwitweten keinen Bedarf an neuen Beziehungen zu haben. Etwa 30% der seit maximal 10 Jahren Verwitweten hatten jedoch neue Kontakte, insbesondere zu Nachbarn, geknüpft[24] – was überraschenderweise nicht in Zusammenhang damit zu stehen schien, ob man während der Ehe Kontakte primär gemeinsam mit dem Partner nachgegangen war oder eher unabhängig voneinander gepflegt hatte.

Welche unterschiedlichen Wege Verwitwete im Einzelnen nach dem Tod des Partners bzw. der Partnerin einschlagen, vor welchem biographischen Hintergrund sie dies tun und welche Bedingungen auf welche Weise bei den Veränderungen der informellen sozialen Beziehungen eine Rolle spielen, soll im folgenden genauer untersucht werden. Untersucht werden dabei sowohl Männer als auch Frauen sowie, als Kontrastgruppe, auch Männer und Frauen, die nach dem Partnerverlust wieder eine neue Partnerschaft eingegangen sind.

---

22 Auch diese Befunde sind strittig: Daß Verwitwete insgesamt weniger engagiert sind als Verheiratete stellen Bock/Webber (1972) und Harvey/Bahr (1974) fest. Andere Autoren finden eine größere Beteiligung Verwitweter, verglichen mit Verheirateten, an sozialen Aktivitäten (Atchley 1975; Wan/Odell 1983). Pellman (1992) findet keinen Zusammenhang zwischen Integration in die Gemeinde und dem Familienstand. Unklar ist hierbei ebenfalls, inwieweit sich Männer und Frauen im Engagement unterscheiden (Pihlblad/Adams 1972; Ferraro/ Barresi 1982).

23 Instruktiv ist der Vergleich mit Eheauflösungen infolge von Scheidungen. So unterscheidet Gräbe (1991) ähnliche Möglichkeiten der Veränderungen der sozialen Beziehungen: entweder Rückkehr in die Ursprungsfamilie oder Aufbau eines neuen, sehr weit gefaßten Netzwerks mit guter sozialer Integration.

24 Signifikante Zusammenhänge mit der Existenz neuer Beziehungen bestanden zum Geschlecht (weiblich), der Verwitwungsdauer, der Existenz eines neuen Partners und der Frage, ob man sich besonders stark um neue Beziehungen bemüht habe (Lamme u.a. 1996).

3.2   Die Forschungsfragen

Im Einzelnen richten sich die Fragenbereiche der empirischen Untersuchung sowohl auf die längerfristigen *Veränderungen* nach der Verwitwung als auch auf die *heutige* Integration. Dabei lassen sich stärker deskriptive und stärker erklärende Fragenbereiche unterscheiden.

1. Ein erster Fragenbereich ist primär auf die Beschreibung der Veränderungen der sozialen Beziehungen und die heutige soziale Integration gerichtet.

(a) Wie verändern sich längerfristig informelle soziale Beziehungen nach dem Tod des langjährigen Lebenspartner- bzw. der Partnerin?

(b) Wie sehen die Netzwerke und Integrationsmuster heute, also längere Zeit nach der Verwitwung, im Einzelnen aus?

(c) Und wie wird die heutige Integration individuell bewertet?

Neben der Frage der Veränderungen geht es hier darum, an welchen sozialen Orten im Alter ein zufriedenstellendes „neues" Leben aufgebaut und der Verlust des Partners substituiert oder kompensiert werden kann. Wo lassen sich – möglichst unabhängig von den Veränderungen der sozialen Beziehungen – strukturelle und individuelle Grenzen der Nutzung von sozialen Beziehungen verorten?

2. Der zweite, zentrale Fragenbereich richtet sich auf die Erklärung der längerfristigen Veränderungen der sozialen Beziehungen nach der Verwitwung und damit indirekt auch auf die Bedingungen einer erfolgreichen Integration nach der Verwitwung.

(a) Worin bestehen *individuelle* Ressourcen und Restriktionen für die (Um-) Gestaltung und ggf. Neuorganisation der sozialen Beziehungen bzw. beim Aufbau eines neuen Lebens nach der Verwitwung? Hier geht es im Besonderen um die Rolle, die individuelle Orientierungen für die Veränderung der informellen sozialen Beziehungen spielen. Auf welche lebensgeschichtlichen Erfahrungen und Kompetenzen wird bei der Gestaltung und ggf. Neuorganisation der sozialen Beziehungen zurückgegriffen?

(b) Wo liegen *strukturelle* Möglichkeiten und Grenzen für die Veränderung der sozialen Integration nach der Verwitwung? Welche „Macht" haben Strukturmerkmale von Beziehungen?

Insgesamt geht es hierbei um die Regeln der Veränderungen der sozialen Beziehungen und die dabei jeweils bestehenden individuellen Handlungsspielräume. Es geht darum, welche Möglichkeiten der Umgestaltung und des Neuknüpfens von sozialen Beziehungen es gibt, wie Individuen mit Strukturmerkmalen bestehender Beziehungen, mit Bedingungen ihrer Lebenssituation und ihrer Umwelt umgehen und wo dabei Restriktionen liegen können.

Welche Rolle spielt die Lebensgeschichte insgesamt für die Veränderungen der sozialen Beziehungen? Ein besonderes Augenmerk soll dabei darauf gelegt werden, welche Rolle die subjektive Bedeutung als auch die faktische Gestaltung der *Partnerschaft* für die Veränderungen der sozialen Beziehungen nach der Verwitwung spielt.

(c) Um *Risikogruppen* genauer zu identifizieren soll schließlich versucht werden, die biographische Genese der individuellen Orientierungen und entsprechende Zusammenhänge zu sozialstrukturellen Merkmalen herauszuarbeiten. Nicht zuletzt dient dieser Teil auch dazu, Anschlußstellen an vorliegende Befunde der Verwitwungsforschung genauer darzustellen.

3. Ein letzter Fragenbereich richtet sich schließlich auf die *zukünftigen* Entwicklungen der sozialen Beziehungen und der sozialen Einbindung, und damit indirekt auf die Altersspezifik der Ergebnisse.

Welche Schlüsse lassen sich aus den Ergebnissen hinsichtlich der Tragfähigkeit der sozialen Beziehungen bezogen auf zukünftige, altersbedingte Veränderungen der Lebenssituation – insbesondere gesundheitliche Einschränkungen oder dem weiteren Verlust wichtiger Bezugspersonen – ableiten? Wo liegen Chancen und Risiken für die soziale Integration? Unterscheiden sich entsprechende Risikogruppen von denjenigen, wie sie für die soziale Integration nach der Verwitwung im „jungen Alter" ausgemacht wurden?

3.3   Methodisches Design

Um diesen Fragen nachgehen zu können, muß das methodische Instrumentarium sehr unterschiedliche Anforderungen erfüllen und sehr verschiedene Differenzierungen einfangen können:

Es soll erlauben, die sozialen Beziehungen und deren *Veränderungen* auf der *Strukturebene beschreiben* zu können: sowohl in Hinblick auf die Zusammensetzung des sozialen Netzwerks, als auch bezogen auf die faktische Gestaltung der einzelnen Beziehungen. Mit der Gestaltung sind die thematisch-inhaltlichen, insbesondere aber die verschiedenen strukturellen Aspekte der Beziehungen gemeint, wie sie im letzten Kapitel herausgearbeitet wurden, also z.B. Art, Ort und Häufigkeit des Kontakts, die Zahl der Beteiligten, Aspekte der Gleichheit bzw. Ungleichheit der Beziehungspartner, der Institutionalisierung der Beziehung etc. (vgl. Abschnitt 2.2).

Daneben muß die *individuelle Bedeutung* der Beziehungen und deren *Veränderungen* erfaßt werden. Dazu gehören insbesondere Interessen an und Relevanzsetzungen in Beziehungen sowie handlungsleitende Vorstellungen von Beziehungen (Wahrnehmungs- und Interpretationsschemata) und normative Orientierungen (vgl. Abschnitt 2.2). Mit den Interessen und Relevanzsetzungen ist insbesondere gemeint,

- was Individuen an einzelnen, bestimmten Beziehungen besonders wichtig ist, also die inhaltliche Leistungen der Beziehungen für die Individuen;
- welchen Stellenwert einzelne Beziehungen verglichen mit anderen Beziehungen haben (Hierarchien). Haben etwa Familienbeziehungen grundsätzlich Vorrang vor Freundschaftsbeziehungen oder spielen für die Individuen bestimmte Beziehungsinhalte eine größere Rolle?
- Ferner fällt darunter, welchen Stellenwert soziale Beziehungen im gesamten Lebenszusammenhang einnehmen. Das heißt, es müssen die individuell relevanten Lebensbereiche und Bezüge erfaßt werden. Dazu können, wie oben gesagt, auch Aktivitäten, aber zum Beispiel auch Haustiere gehören. Die individuelle Bedeutung einzelner Beziehungen kann letztlich nur mit Blick auf den ganzen Lebenszusammenhang erfaßt werden. Geklärt werden muß, in welchem Sinnverhältnis die einzelnen Beziehungen stehen und in welchem Verhältnis sie zu anderen Elementen des Lebenszusammenhangs stehen.

Aktivitäten werden in dieser Arbeit explizit als Teil von *„sozialer Integration"* verstanden und, ebenso wie die sozialen Beziehungen, bezogen auf ihre Gestaltung als auch auf ihre individuelle Bedeutung hin untersucht. Zum einen kann es sein, daß man den individuellen Stellenwert der sozialen Beziehungen nur versteht, wenn man die Bedeutung der Aktivitäten kennt. Zum anderen ist bei Aktivitäten überhaupt nicht ausgemacht, daß man ihnen alleine nachgeht. Sicherlich sind bei vielen Unternehmungen auch andere Menschen mit dabei. Und die Bedeutung dieser „Anderen" mag individuell sehr verschieden sein. Denkbar ist, daß bei den Unternehmungen eigentlich unwichtig ist, *was* man tut, und daß die Hauptsache ist, daß jemand anderes dabei ist, beispielsweise um der Anerkennung oder der Geselligkeit willen. Und diese Möglichkeiten sollen mit dem weiten Begriff von sozialer Integration offengehalten werden.

Darüber hinaus ist ein *Bewertungsmaßstab* vonnöten, der es erlaubt, die Tragfähigkeit der sozialen Beziehungen nach der Verwitwung, aber auch subjektive Defizite zu beschreiben.

Zu beachten ist, daß sich auch die individuellen Relevanzsetzungen selbst verändern können. Individuelle Relevanzsetzungen werden also nicht nur als Erklärung für Veränderungen der Beziehungen herangezogen, sondern können selbst auch Veränderungen unterworfen sein. Diese unterschiedlichen Orientierungen müssen weitestmöglich herausgearbeitet werden: unterschieden werden muß zwischen *stabileren bzw. allgemeineren Interessen*[25] *und variableren bzw. konkreteren Interessen und Relevanzsetzungen.*

---

25 Für eine genauere Ausarbeitung des hier zugrundegelegten Interessenbegriffs und die

Schließlich müssen – neben den strukturellen Aspekten der Beziehungen und individuellen Orientierungen – *weitere mögliche Einflußbedingungen* auf die Veränderungen der sozialen Beziehungen erfaßt werden: Hierzu gehören insbesondere Aspekte der individuellen Lebenssituation (sozialstrukturelle Merkmale) sowie familiäre und infrastrukturelle Gelegenheitsstrukturen.

3.3.1 Überblick über das Design

Die vorliegende Untersuchung betritt in verschiedener Hinsicht wenig er- forschtes Gebiet: Mit interpretativen Verfahren werden zwar einzelne infor- melle soziale Beziehungen untersucht, praktisch jedoch nie Netzwerke. Bei der Verwitwungsstudie handelt es sich um eine *qualitative Netzwerk*untersu- chung, die gleichzeitig versucht, die *Veränderungen* in den Netzwerken an- gemessen zu erfassen. Darüber hinaus werden auch die *Aktivitäten* einer Per- son berücksichtigt – ein Zusammenhang, der bereits in der standardisierten Netzwerkforschung kaum untersucht wird.

Im Einzelnen besteht das methodische Design, mit dem versucht wurde, die gerade genannten Anforderungen möglichst weitgehend zu erfüllen, aus den folgenden wesentlichen Elementen: Anhand von *offenen*, biographisch- narrativen Interviews, die systematisch mit *standardisierten* Instrumenten *trianguliert* wurden, wurden *egozentrierte* Netzwerkdaten erhoben. Darüber hinaus konnte die Stichprobe nach *theoretisch* relevanten Kriterien zusam- mengestellt werden. Schließlich wurden sowohl die Netzwerkveränderungen als auch die ihnen zugrundeliegenden Orientierungsmuster auf der Basis von *Einzelfallrekonstruktionen typisiert*. Dieses Vorgehen soll an dieser Stelle kurz erläutert werden.

Im Rahmen von Netzwerkanalysen sind sehr unterschiedliche Vorge- hensweisen möglich. Üblich sind die statistische Analyse sogenannter „ego- zentrierter" Beziehungsdaten oder die graphentheoretische Analyse vollstän- diger Netzwerkinformationen oder ausgewählter Teile (Cliquenanalyse)[26]. In dieser Untersuchung wurde eine andere Strategie verfolgt. Auf der Grund- lage von offenen, biographisch-narrativen Interviews wurden ausschließlich *„egozentrierte"* Netzwerkdaten erhoben.

OFFENES VORGEHEN. Eine *„offene"* Vorgehensweisen, bei denen den Befragten genügend Spielraum für die Entfaltung eigener Orientierungen, Sinnbezüge und Relevanzsetzungen gegeben wird (z.B. Kohli 1978), bietet sich aus verschiedenen Gründen an. Mit „Offenheit" ist dabei im Unterschied zu Glaser und Strauss (1967) allerdings keine „uneingeschränkte Offenheit im Forschungsprozess" gemeint. Diese birgt die Gefahr, daß theoretische

---

handlungstheoretischen Grundlagen der verwendeten Beziehungskonzeption verweise ich auf die Ausführungen in Hollstein (2001).

26   Vgl. z.B. Bertram, Marbach und Tölke (1989), Kaufmann u.a. (1989) oder Jansen (1999).

Vorannahmen unkontrolliert – weil nicht expliziert – in die Erhebung und Auswertung einfließen. Offenheit bedeutet in der vorliegenden Untersuchung „nicht-standardisiert", mit allen Vorteilen dieser Vorgehensweise: neben der Möglichkeit, subjektive Relevanzen und Bedeutungen erheben zu können – einerseits die Überprüfung von Vorannahmen, andererseits auch die Möglichkeit, neue und unvorhergesehene Aspekte mit einbeziehen zu können.

Einzelne Aspekte der Bedeutung von Beziehungen, wie die Gewichtung zwischen verschiedenen Beziehungsformen (z.B. zwischen familialen und außerfamilialen Beziehungen) oder einzelne Leistungen von Beziehungen können zu einem gewissen Grade auch mit geschlossenen, standardisierten Fragen erhoben werden. Doch dann müssen diese Bedeutungen vorgegeben werden. Das heißt, daß alle denkbaren Aspekte – bezogen auf den vorliegenden Gegenstand: Orientierungen auf soziale Beziehungen und entsprechende Wahrnehmungs- und Interpretationsschemata – vorher vom Forscher antizipiert und in das Befragungsinstrument aufgenommen werden müssen. Außerdem sollten diese Orientierungen auch bei den Befragten subjektiv repräsentiert und von ihnen leicht abrufbar sein. Diese Aspekte erscheinen, bezogen auf den hier zu untersuchenden Gegenstand, eher unrealistisch[27]. Dies war ein Grund, warum die individuellen Orientierungen in der vorliegenden Untersuchung induktiv erfaßt werden sollten. Des weiteren behindert die Vorgabe entsprechender Items die freie Entfaltung von Relevanzsetzungen. Gerade diese ungehinderte Explikation von Relevanzsetzungen sollte hier jedoch ermöglicht werden. Darüber hinaus kann nur anhand von offenen Erhebungs- und Auswertungsverfahren das je eigene Bezugssystem erhoben und rekonstruiert werden (z.B. Hopf 1979; Bohnsack 1991). Genau dies war hier ein wesentliches Ziel: einerseits, um den je eigenen Sinn von einzelnen Orientierungen in eben diesem Bezugssystem verstehend nachvollziehen zu können (emisches Verstehen), andererseits, um auch die Regeln der Veränderungen der sozialen Beziehungen vor dem Hintergrund dieses Bezugssystems zu verstehen.

Zu diesem Bezugssystem gehört auch die *Biographie*: „Aktuelle Deutungen und Praktiken [sind] nur angemessen erfaßbar ... mit Bezug auf die gesamte Erfahrungsaufschichtung sowie Dynamik des Lebenslaufs" (Kohli/ Freter 1988). So hängt etwa die Beantwortung der Frage, welche individuellen Möglichkeiten bestehen, vorhandene Beziehungen weiter zu pflegen und

---

27 Wie z.B. Adams (1989) konstatiert, mangele es in der Forschung zu Freundschaftsbeziehungen an Studien über unterschiedliche subjektive Bedeutungen von und Orientierungen auf Freundschaften. Bezüglich der subjektiven Repräsentanz vgl. die Befunde zum Direkteffekt sozialer Unterstützung: Bestimmte Leistungen von Beziehungen (z.B. Zugehörigkeit) sind eben nicht immer subjektiv präsent und werden individuell teilweise erst wahrgenommen, wenn sie wegfallen. Praktische Probleme für die Abfragbarkeit der denkbaren Bedeutungen ergeben sich des weiteren aus der außerordentlichen Vielfalt an Leistungen informeller Beziehungen sowie aus der Multifunktionalität sozialer Beziehungen und Interaktionen. Vgl. zu diesen Aspekten die Übersichten in Hollstein (2001).

neu herzustellen, nicht nur von den Ansprüchen und aktuellen Umständen, sondern auch von biographischen Erfahrungen und im Laufe des Lebens erworbenen Kompetenzen ab. Und diese biographischen Bezüge sollten daneben auch dazu dienen, die Bedeutung „sozialstruktureller Merkmale" für die Veränderungen der sozialen Beziehungen differenzierter zu beschreiben.

DER CHARAKTER RETROSPEKTIVER DATEN. Bezogen auf die frühere und möglicherweise vergangene Orientierungen sowie die Gestaltung der sozialen Beziehungen zur Zeit während der Partnerschaft wäre es natürlich wünschenswert gewesen, echte Längsschnittdaten zu erheben. Retrospektive Daten sind mit grundsätzlichen Schwächen behaftet[28]. Doch auch hier eröffnen offene Verfahren Möglichkeiten, diese Probleme zumindest einzuschränken.

Wobei handelt es sich bei selbsterzählten Lebensgeschichten[29]? Es handelt sich um aktuelle Deutungen vergangenen Handelns und Erlebens. Diese zeichnen sich im wesentlichen durch drei Merkmale aus. Erstens werden die vergangenen Lebensereignisse oder Beziehungen von heute aus erzählt; zweitens werden sie von dem Individuum erzählt, das diese Ereignisse erlebt hat, und drittens kann die Lebensgeschichte immer nur selektiv wiedergegeben werden. Diese Selektivität wird durch die ersten beiden Merkmale beeinflußt: So muß davon ausgegangen werden, daß die rückblickende Bedeutungszuschreibung einzelner Beziehungen von der heutigen Sichtweise geprägt ist und demzufolge Umdeutungen (a.) vorgenommen werden. Weiter muß auf der faktischen Ebene des Lebenslaufs mit Erinnerungsproblemen (b.) gerechnet werden. Diese Faktoren können dazu führen, daß z.B. abgebrochene Beziehungen eher negativ bewertet werden und noch bestehende Beziehungen in ihrer früheren Bedeutung überschätzt werden (a.), oder daß z.B. die Zahl früherer Netzwerkmitglieder unterschätzt oder die Gestaltung der damaligen Beziehungen nur selektiv erinnert werden (b.).

DAS NARRATIVE INTERVIEW. Das sogenannte „narrative Interview" (Schütze 1976; 1983) stellt hier ein Instrument dar, mit dem diesen beiden Formen der Selektivität entgegengewirkt werden kann. Diese Form des offenen Interviews ist, soweit ich es übersehen kann, eine der in Deutschland am weitesten verbreiteten Methoden zur Erhebung von Biographien. Allerdings wird sehr häufig nur das Label „narratives Interview" verwendet, ohne daß dabei die erzähltheoretischen Prämissen rezipiert und in der Durchführung entsprechend berücksichtigt werden (Maindok 1996). Da diese Prämissen für die vorliegende Fragestellung zentral sind und ich mögliche Mißverständ-

---

28 Vgl. zum Problem retrospektiver Daten die Aufarbeitung bei Künemund (1990).
29 Zu erinnern ist etwa an phänomenologische Positionen, die biographische Aussagen in erster Linie als strukturierte Selbstbilder betrachten, oder Pierre Bourdieu's provokative Formulierung der „biographischen Illusion". In jedem Fall kann man von selbsterzählten Lebensgeschichten nicht „umstandslos auf die Realität schließen" (Kohli 1981 über Deppe). Und auch die Unterstellung, daß die Befragten „aufrichtig" sind (wie etwa bei Thomas und Znaniecki; vgl. Kohli 1981), hilft bei diesem Problem nicht weiter.

nisse vermeiden möchte, gehe ich hierauf kurz ein. Grundlegend für das narrative Interview ist die sprachtheoretische Unterscheidung zwischen verschiedenen Textsorten selbsterzählter Lebensgeschichten: zwischen Erzählungen (Narrationen), Berichten und Argumentationen. Fritz Schütze geht davon aus, daß autobiographische Stegreiferzählungen den damaligen Erfahrungen und Handlungsorientierungen am nächsten kommen: sowohl hinsichtlich des Inhalts als auch der Struktur und des zeitlichen Ablaufs. Im Gegensatz zu Berichten und Argumentationen sind bei diesen Erzählungen nämlich sogenannte „Zugzwänge" wirksam, die den referentiellen[30] Gehalt der Lebensgeschichten erhöhen (Kallmeyer/Schütze 1977). Hat der Befragte einmal mit einer Geschichte angefangen, zwingen ihn die drei von Schütze identifizierten Zugzwänge dazu,

- erstens seine Geschichte in der tatsächlichen Abfolge der erlebten Ereignisse zu erzählen (Zwang zur Detaillierung);
- zweitens nur das zu erzählen, was für ihn an der Geschichte tatsächlich relevant war und sozusagen den „Clou" der Erzählung herauszuarbeiten (Bude 1985) (Zwang zur Kondensierung) und
- drittens darstellungsmäßig begonnene kognitive Figuren abzuschließen und für den Hörer verständlich zu machen (Zwang zur Gestaltschließung).

Diese Zugzwänge können sich auch gegen Blockaden der Erfahrungsrekapitulation durchsetzen, die z.B. auf traumatische Erlebnisse zurückzuführen sind (Schütze 1983). Erhebungstechnisch wird der Interviewer quasi zum „Narrationsanimateur" (Bude 1985). Bei der Erhebung geht es zunächst v.a. darum, mit einem Erzählstimulus Geschichten „hervorzulocken" und weitere zu initiieren. Dabei sollte der Interviewer nur minimal eingreifen, sich vorrangig auf bestätigende Äußerungen („hmhm") beschränken und maximal Fragen danach stellen, „wie etwas war". Dezidierte Nachfragen werden erst nach dem eigentlichen Erzählteil gestellt. Mithilfe immanenter und exmanenter Nachfragen wird dann versucht, zuerst weitere Erzählungen hervorzulocken („wie war das genau"). Später werden auch Argumente und Bewertungen eingeholt (z.B. „warum"-Fragen). Folgt man den erzähltheoretischen Prämissen sind autobiographische Stegreiferzählungen „wahrer" als Berichte oder Argumentationen: Erstere kommen der damaligen Erfahrung sowohl bezogen auf Vollständigkeit als auch bezogen auf Ursprünglichkeit *näher*. Letztere hängen *stärker* von den aktuellen Lebensumständen und den äußeren Einflüssen der Erhebungssituation ab.

Diese Erhebungstechnik erhöht also zum einen den referentiellen Gehalt der Lebensgeschichte. In diesem Sinne sind die Befragten „Experten" ihrer Beziehungsgeschichten. In dem die Interpretationen (des Forschers) von

---

30 Zur Unterscheidung zwischen referentiellen und evaluativen Funktionen vgl. Labov und Waletzky (1967).

erzählenden Passagen der Befragten mit deren aktuellen Deutungen und Argumenten verglichen werden, können dadurch – zum anderen – auch Umdeutungen von Beziehungen berücksichtigt werden (Schütze 1983)[31].

INSTRUMENT- UND METHODEN-TRIANGULATION[32]. Zur Erhebung von informellen sozialen Netzwerken reicht diese Art des Zugangs jedoch nicht aus. Viele Beziehungen (z.b. Nachbarschaft, aber auch Kollegenkontakte etc.) stehen und standen nicht im Vordergrund der Aufmerksamkeit der Befragten, auch wenn sie vielleicht zur sozialen Integration Wichtiges beitragen mögen bzw. beigetragen haben. Auch abgebrochene Beziehungen, die heute keine Relevanz mehr besitzen, mögen nur bedingt von selbst aus der Erinnerung hervorgeholt werden (Punkt b, s.o.).

Um diese, mit der selektiven Erinnerung verbundenen, möglichen Fehler- und Unschärfequellen weitgehend reduzieren, habe ich in den Leitfaden[33] im Anschluß an die Ersterzählung verschiedene *Namensgeneratoren* (z.B. Bien/Marbach 1991, Akademie der Wissenschaften 1990) eingebaut. Mithilfe dieser Namensgeneratoren wurde systematisch nach unterschiedlichen Beziehungen in verschiedenen Lebensphasen gefragt. Möglichst sollten dabei auch noch einmal narrative Passagen „hervorgelockt" werden.

Gefragt habe ich insbesondere nach den wichtigsten Veränderungen nach der Verwitwung – ebenso wie nach den Veränderungen nach der Verrentung der Befragten bzw. der Verrentung ihrer verstorbenen Partner. Explizit wurde auch nach abgebrochenen Beziehungen gefragt, z.B. ob sich das Verhältnis zu Familie und Freunden geändert hat oder ob man Freunde verloren hat. Andere Namensgeneratoren richteten sich auf die Verwandten – um die familiäre Gelegenheitsstruktur zu ermitteln (s.u.) –, auf bereits verstorbene Mitglieder der Kernfamilie, die ehemaligen Arbeitskollegen und die heutigen Nachbarn.

Ferner habe ich auf verschiedene bewährte Instrumente der *standardisierten* Netzwerkforschung zurückgegriffen. Zu nennen ist insbesondere das sogenannte „emotionale Netzwerk" (Kahn/Antonucci 1980; s.u.), bei dem die Befragten emotional wichtige Personen nennen. Im Anschluß wurden systematisch verschiedene Strukturdaten der einzelnen Beziehungen erhoben. Außerden habe ich dezidiert nach Veränderungen im Netzwerk – verglichen mit der Zeit als der oder die Partner/in noch lebte – gefragt. Zu den bekannten, hier verwendeten standardisierten Instrumenten gehört auch das Aus-

---

31 Leider gibt es wenige Panel-Untersuchungen, in denen die Transformationen von Orientierungen analysiert wurden. Instruktiv ist in diesem Zusammenhang die Untersuchung von Oevermann und Roethe (o.J.), die eine Familie im Abstand von zehn Jahren zweimal befragt und die Daten anhand der Objektiven Hermeneutik (Oevermann u.a. 1979) ausgewertet haben. Die Ergebnisse zeigen, daß die rekonstruierte Fallstruktur – also relativ allgemeine Orientierungsmuster (s.u.) – sich in ihren Grundbestandteilen als stabil erwies.

32 Vgl. zu verschiedenen Formen der Methodentriangulation insbesondere Denzin (1970), auch Freter, Hollstein und Werle (1991).

33 Der Leitfaden ist im Anhang abgedruckt.

tauschnetzwerk (exchange-network-approach; vgl. 2.2), bei dem ausgehend von verschiedenen Leistungen (emotionale, materielle und praktische Unterstützung) danach gefragt wurde, wer diese Leistungen heute übernimmt bzw. während der Partnerschaft übernommen hat.

Schließlich wurde der Erinnerung zusätzlich „auf die Sprünge geholfen", indem im Nachfrageteil durch die Fokussierung auf bestimmte Lebensphasen und Lebensbereiche diese als ganze wieder aus der Erinnerung hervorgeholt werden sollten (Frage: „wie war das damals?")[34]. Erfahrungsgemäß werden dabei wesentlich mehr Details erinnert als bei Fragen, die zwischen verschiedenen Lebensphasen oder Lebensbereichen hin- und herspringen.

Insgesamt erfüllt diese „between and across method-triangulation" (Denzin 1970) – also die Verknüpfung von offener und standardisierter Erhebung und die Verwendung unterschiedlicher systematischer Namensgeneratoren – mehrere wichtige Funktionen: Die systematische Erhebung der Netzwerke verhindert *Einseitigkeiten* der Erzählung, gleichzeitig sind die Fälle auf den entsprechenden Ebenen *vergleichbar*. Durch die Kombination von narrativen Teilen und systematischer Erhebung der Netzwerke ist es ferner möglich, Strukturdaten von Beziehungen und Netzwerken mit individuellen Bedeutungen und Relevanzen *in Beziehung zu setzen*. Nicht zuletzt kann durch diese Verknüpfung auch an Befunde der standardisierten Netzwerkforschung *angeschlossen* werden, ein Aspekt, der mich u.a. bei der Typenbildung (s.u.) geleitet hat.

ZUR VERALLGEMEINERBARKEIT DER BEFUNDE: DIE STICHPROBENAUSWAHL. Qualitative Studien, die sich vom Einzelfall ausgehend schrittweise an den Gegenstand herantasten, verabschieden sich in der Regel von der „Logik der großen Zahl". Sie können und wollen keinen Anspruch auf Repräsentativität im Sinne von stichprobentheoretisch abgesicherten Aussagen über die empirische Verbreitung und Häufigkeit eines Phänomens in der Bevölkerung erheben (vgl. z.B. Hopf 1979). Ein zentrales Problem, mit dem man sich bei fast jeder qualitativen Studie auseinandersetzen muß, ist, wie anhand von Einzelfallanalysen verallgemeinerbare Aussagen über ein Handlungsfeld getroffen werden können – Aussagen, die über eine bloße Illustration des „subjektiven Faktors" hinausgehen. Mit allgemeinen Aussagen sind hier Aussagen gemeint, die z.B. über die Konstitutionsbedingungen und Entwicklungsmöglichkeiten von informellen sozialen Beziehungen Aufschluß geben.

Die Möglichkeit, die in dieser Untersuchung gewählt wurde, besteht darin, bezogen auf ein Handlungsproblem, möglichst *unterschiedliche* Fälle und deren jeweils eigene Logik aufzuzeigen und gegenüberzustellen[35]. „Unterschiedlich" bezieht sich im vorliegenden Fall nicht nur auf

---

34 Dieses Verfahren wurde von Regine Becker-Schmidt u.a. (1983) beschrieben und von ihnen unter dem Namen „Perspektivenwechsel" bekannt gemacht.

35 Im Grunde können auch mit nur einem Fall verallgemeinerbare Aussagen getroffen werden (vgl. Oevermann 1988; Wohlrab-Sahr 1994; Bude 1988). So drückt sich bereits im

- die Struktur der Netzwerkbeziehungen und ihre individuellen Bedeutungen,
- sondern auch auf soziostruktureller Bedingungen und Einflußfaktoren auf die Gestaltungs- und Veränderungsmöglichkeiten von sozialen Beziehungen, die nicht in der direkten Verfügung der Individuen liegen (z.b. Umzug oder Tod von Freunden etc.).

Die Frage ist, wie man unterschiedliche Fälle[36] findet. Der große Vorteil der vorliegenden Studie war, daß die Stichprobe nach theoretischen Gesichtspunkten ausgewählt und aus einer großen Repräsentativerhebung[37] nachgezogen werden konnte. Wichtige Merkmale, die in der Forschungsliteratur mit der Struktur und Veränderung von Netzwerken sowie subjektiven „outcomes" nach der Verwitwung in Zusammenhang gebracht werden, konnten auf diese Weise berücksichtigt werden (z.b. das Geschlecht, die Existenz von und Zahl der Kinder oder der sozioökonomische Status). Bei den Schichtungskriterien wurde versucht, diese maximal zu variieren. „Maximale Variation" bedeutet dabei nicht, daß alle Kombinationen erfaßt werden sollten, die aufgrund einer Variation aller dieser Merkmale denkbar sind. Vielmehr ging es darum, daß die verschiedenen Ausprägungen dieser Merkmale überhaupt in der Stichprobe vertreten waren[38].

Einzelfall die Allgemeinheit bedeutungsgenerierender (sprachlicher und sozialer) Regeln aus. Gleichzeitig repräsentiert der Einzelfall eine spezifische Antwort auf praktische Problemstellungen („Formen anerkennungsfähigen Lebens"; Bude). Schließlich handelt es sich um eine exemplarische Realisierung eines allgemeinen einbettenden Milieus und dessen Regeln (z.B. Bohnsack 1989). Hinsichtlich dieser unterschiedlichen Aspekte ist der Einzelfall „typisch" (s.u.).

36 Nicht zuletzt spielen bei dieser Frage auch praktische Ressourcen (Zeit, Geld) eine wesentliche Rolle. Meist hat man nicht die Möglichkeit, beliebig lange und beliebig viele Fälle etwa nach der Art des „theoretical sampling" (Glaser/Strauss 1967) nachzuziehen bis eine „theoretische Sättigung" (ebd.) erreicht ist. Bei den Verwitweten besteht ein weiteres Problem, da bei dieser Gruppe in großen Befragungen überdurchschnittliche viele Ausfälle zu verzeichnen sind (Hyman 1983).

37 Es handelt sich um das DFG-Projekt „Tätigkeitsformen im Ruhestand", welches zwischen 1986 und 1991 unter der Leitung von Martin Kohli in Berlin-Tempelhof durchgeführt wurde (Ko 905/1-1). Dieses Projekt beinhaltete u.a. eine repräsentative postalische Befragung der 60 bis 70jährigen Einwohner dieses Westberliner Bezirks (N=1783). Vgl. Kohli u.a. (1992). In diesem genannten Projekt wurde auch die Infrastruktur in Tempelhof genau beschrieben sowie eine Übersicht über die öffentlichen Einrichtungen und Angebote für ältere Menschen erstellt (Kohli u.a. 1992). Für den Bezirk Tempelhof hatte man sich in dem Projekt entschieden, weil die soziostrukturelle Zusammensetzung der BewohnerInnen dort im Vergleich mit den anderen (West-)Berliner Bezirken „am durchschnittlichsten" war (Stand 1986). Für die vorliegende Untersuchung ist dabei interessant, daß es sich um einen sehr großen und sozial- und infrastrukturell sehr gemischten Bezirk handelt. Er reicht vom Innenstadtbereich bis an die (ehemalige) Grenze. Diese (südlichen) Bezirken haben teilweise einen dörflichen Charakter.

38 Im Unterschied zum „theoretical sampling" von Glaser und Strauss (1967) wurde hier also dezidiert von theoretischen Vorannahmen ausgegangen. Die Stichprobe wurde nicht sukzessive und parallel zur Auswertung gezogen. Stattdessen wurden Faktoren vorab variiert,

Diese Auswahl erfüllt mehrere wichtige Funktionen: Durch die Variation der Ausprägungen dieser Merkmale konnte auch bei einer kleinen Stichprobe eine größtmögliche Differenzierung des Feldes verwitweter älterer Männer und Frauen erreicht werden: nicht nur bezogen auf die Heterogenität der Zusammensetzung der Netzwerke sondern auch bezogen auf die subjektive Bedeutung, die die sozialen Beziehungen für die Befragten haben. Darüber hinaus ermöglichte die Variation der potentiellen (*sozialstrukturellen*) Einflußfaktoren, diese auch in der Analyse zu *berücksichtigen:* Die rekonstruierten Bedingungen für die Veränderungen der sozialen Beziehungen konnten auf ihren Zusammenhang mit diesen sozialstrukturellen Merkmalen befragt werden. Darüber war es dann möglich, die gefundenen Ergebnisse – außer mit den Strukturmerkmalen der Beziehungen auch hinsichtlich des Zusammenhangs mit sozialstrukturellen Merkmalen – mit vorliegenden *Forschungsergebnissen* zu *konfrontieren.* Neben dem Abstecken eines Typen*feldes* (Stichwort „Bandbreite") war dies ein weiterer Weg, der hier gewählt wurde, um die Befunde dieser Arbeit zu *verallgemeinern.*

EINZELFALLREKONSTRUKTIONEN UND TYPENBILDUNG. Die Auswertung erfolgte auf verschiedenen Ebenen. Es handelt sich um eine Kombination von intensiven Einzelrekonstruktionen und einer darauf aufbauenden Typenbildung.

Ziel der *Einzelfallrekonstruktionen* war es, die *Regeln der Veränderungen* der informellen sozialen Beziehungen sowie die individuelle *Bedeutung der heutigen Integration* „verstehend" nachzuvollziehen. Dieses Verstehen richtet sich auf die Relevanzsetzungen und Handlungsorientierungen der Akteure innerhalb ihres Bezugsystems (emisch). Welche Beziehungen und welche Inhalte sind den Individuen wichtig? Welche Bedeutungen haben unterschiedliche Netzwerke individuell? Nach welchen Kriterien, nach welchen Regeln wählen die Akteure bestimmte Handlungsoptionen; welche Relevanzsetzungen leiten ihre Handlungen? Schließlich: inwieweit wird die faktische Integration den Ansprüchen der Subjekte gerecht?

Dabei wird hier davon ausgegangen, daß die Regeln der Veränderungen und die individuellen Relevanzsetzungen nur bedingt subjektiv repräsentiert und jederzeit abrufbar und artikulierbar sind[39]. Manche Handlungen mögen routinisiert sein. Manche Interessen, Relevanzsetzungen und Handlungsorientierungen können subjektiv so „selbstverständlich" erscheinen, daß sie nur unter Mühen explizit dargelegt werden können. Nicht zuletzt: Manche handlungsleitenden Prämissen möchte man vielleicht selbst gar nicht so genau wissen. Aus diesen Gründen reicht es m.E. bei der vorliegenden Fragestellung nicht aus, die Rekonstruktion (allein) auf die subjektiv intentional repräsentierten Sinngehalte zu beschränken. Das Auswertungsverfahren wurde

---

von denen begründet angenommen werden konnte, daß sie einen Einfluß auf die Netzwerkveränderungen und die subjektiven „outcomes" nach der Verwitwung haben.

39 Zu den (abgeschwächt) handlungstheoretischen Grundlagen des Konzepts vgl. Hollstein (2001).

deshalb angelehnt an die „Objektive" bzw. „Strukturale Hermeneutik" (Oevermann u.a. 1979, Oevermann u.a. 1980; ähnlich Bude 1985), bei der dezidiert die Rekonstruktion von „latenten Sinnstrukturen" oder „objektiven Bedeutungen" (Oevermann) im Mittelpunkt steht. Gemeint ist damit der „Ausdruckssinn" von Handlungen (Wohlrab-Sahr). Es geht um das, was die Subjekte „sagen", weniger um das, was sie „meinen" (Bude).

Mit dieser Ebene des Ausdruckssinns und des Selektionsprozesses des Handlungssystems hat man zugleich auch einen *Bewertungsmaßstab* für die faktische Integration gewonnen (s.o.). In dieser Arbeit wird auch nach den *subjektiv repräsentierten* Bewertungen der Integration gefragt (sowohl global nach der allgemeinen Zufriedenheit als auch nach spezifischen Defiziten der Integration). Insbesondere aber werden die *„zum Ausdruck gebrachten"* individuellen Relevanzsetzungen und Prioritäten rekonstruiert. Diese gehen also über das hinaus, was üblicherweise mit (subjektiv repräsentierten und intentionalistischen) „Ansprüchen" und „Erwartungen" gemeint ist. Die Relevanzssetzungen werden dann mit der faktischen Integration, die die Befragten erzählen und darstellen, *verglichen*. In diesem Sinne wird hier von „subjektiver Zufriedenheit" und von „individuellen Defiziten der Integration" gesprochen.

Anzumerken ist, daß für die Rekonstruktion der individuellen Relevanzsetzungen und Handlungsorientierungen sehr unterschiedliche Ausdrucksgestalten herangezogen wurden[40]: die erzählte Lebensgeschichte, aber auch die Interaktion in der Interviewsituation oder die dargestellte Gestaltung von Aktivitäten (z.B. Reisen) und Beziehungen, wie sie sich in den Ausprägungen der basalen Strukturmerkmale abbilden (vgl. 2.2). Bei der Frage, ob und inwieweit sich die Befragten innerlich vom verstorbenen Partner gelöst haben, wurde in die Analyse z.B. auch mit einbezogen, ob und auf welche Weise die Befragten die Wohnungseinrichtung verändert haben und ob und aus welchen Gründen Befragte umgezogen sind bzw. ob es Pläne gibt, umzuziehen[41].

---

40 Oevermann selbst hat ebenfalls einen sehr weiten „Text"-Begriff: Analysierbar und Grundlage der Rekonstruktion von Fallstrukturen ist im Prinzip alles, was Ausdruck menschlichen Handelns ist und sich zugleich in Sprache fassen läßt: nicht nur verbale, sondern auch non-verbale Interaktionen, biographische Daten, Kunstwerke, Filme etc.

41 Im Unterschied zur Objektiven Hermeneutik wird hier keine „Fallstruktur" präsentiert. Damit ist das spezifische Selektions- oder Individuierungsprozeß eines Handlungssystems gemeint. „Eine Fallstruktur entsteht dadurch, daß bestimmte Möglichkeiten ausgewählt werden, andere dagegen, die auch möglich gewesen wären, nicht und dadurch, daß sich im Lauf der Zeit ein bestimmter Typus von Auswahlprozessen wiederholt" (Wohlrab-Sahr 1996: 10). Bei der Rekonstruktion dieses Selektions- oder Individuierungsprozesses ist es notwendig, sich jeweils vor Augen zu halten, welche Handlungsmöglichkeiten in einer spezifischen Situation auch noch denkbar gewesen wären. Gedankenexperimentell werden möglichst unterschiedliche Lesarten entwickelt, also Deutungsmöglichkeiten gesammelt, die den Interaktionstext in einem spezifischen Kontext sinnvoll machen. Im Prinzip wird an jeder Stelle (Textstellen oder objektiven biographischen Daten) gefragt: „welches Handlungsproblem stellt sich für die Person A in der Situation X zum Zeitraum Z? Und

Die *Typenbildung* bzw. die Bildung des Typenfeldes kann sich prinzipiell an sehr unterschiedlichen Aspekten orientieren (vgl. Giegel/Frank/ Billerbeck 1988). Da Typenbildung immer eine Abstraktion vom konkreten Fall, eine „hermeneutische Verknappung" (Bude), impliziert, ist zu klären, nach welchen Prämissen die Typenbildung erfolgt: Welche Elemente stehen im Vordergrund des Interesses (also welche sollen typisiert werden und bei der Bildung eines Typenfeldes gegenübergestellt werden), nach welchen Kriterien erfolgt die Zuordnung der einzelnen Fälle zu einem Typ? Um die Spannweite bzw. die Variationsbreite der informellen sozialen Beziehungen, ihrer Veränderungen und ihrer individuellen Bedeutungen darzustellen, sollten in der vorliegenden Untersuchung möglichst extreme Typen herausgearbeitet werden[42]. Als inhaltliche Kriterien für die Typenbildung sollten, entsprechend der Fragestellung sehr unterschiedliche Aspekte berücksichtigt werden: die Veränderungen der sozialen Beziehungen, und dabei sowohl Beziehungs- und Netzwerkstrukturen als auch die individuellen Umgangsweisen mit und Bedeutungen von sozialen Beziehungen sowie ferner die individuelle Bewertung der Integration (s.o.). Damit bestand bei der Typenbildung also die Schwierigkeit, daß erstens auf sehr unterschiedlichen Ebenen liegende Aspekte berücksichtigt werden mußten, zweitens mit den Beziehungsveränderungen zugleich auch noch eine zeitliche Achse eingezogen wurde und drittens die Typenbildung nicht zuletzt auch der Logik der Einzelfälle gerecht werden sollte. Auswertungstechnisch wurde mit dieser Schwierigkeit so umgegangen, daß zunächst auf einer stärker deskriptiven Ebene Quervergleiche zwischen den Fällen vorgenommen, daraufhin gezielt Fallrekonstruktionen von möglichst unterschiedlichen Fällen durchgeführt wurden und dann auf Grundlage der Ergebnisse erste Typisierungsversuche erfolgten. Dieses Verfahren wurde solange wiederholt, bis alle Fälle rekonstruiert waren und außerdem ein Typenfeld vorlag, in dem die Fälle mit ihrer Logik abgebildet und zugeordnet werden konnten.

---

was wäre an Handlungsmöglichkeiten prinzipiell denkbar gewesen? Was schließlich hat die Person tatsächlich getan oder gesagt und vor welchem Problem steht sie damit?" (Wohlrab-Sahr 1996: 11f). Bei der Rekonstruktion späterer Sinnabschnitte werden nach dem Falsifikationsprinzip von den bereits aufgestellten Lesarten alle diejenigen ausgeschlossen, die von den Textstellen nicht mehr gedeckt sind. D.h. ähnlich einem Trichter werden sukzessive immer mehr Lesarten eliminiert, bis am Ende nur noch eine Lesart übrig bleibt, die alle Textstellen verständlich macht: dies ist die Fallstruktur, also die spezifische Selektivität des Falles bzw. des Handlungssystems. Entsprechende Lesarten werden in dieser Arbeit ebenfalls entwickelt sowie nicht vom Text gedeckte Deutungen ausgeschlossen Im Unterschied zur Objektiven Hermeneutik bleibe ich jedoch insgesamt näher an konkreten einzelnen Handlungsproblemen und rekonstruiere keine Fallstruktur i.S. einer einzigen, übergreifenden und abstrakten Lesart.

42 Typik ist also nicht zu verwechseln mit Normalität im Sinne von Häufigkeit: „Seltenheit ist kein Widerspruch und Häufigkeit keine Bestätigung für Typik" (Bude). Vgl. die Anmerkung oben zur Typik von einzelnen Fällen.

Um im folgenden Mißverständnisse zu vermeiden: Bei dem rekonstruierten Typenfeld wurden alle gerade angesprochenen Aspekte berücksichtigt. Der Übersichtlichkeit halber habe ich mich *darstellungstechnisch* jedoch dazu entschieden, die verschiedenen Aspekte teilweise getrennt einzuführen: So werden im fünften Kapitel, in dem die Hauptergebnisse präsentiert werden, zunächst „Veränderungstypen" von informellen sozialen Beziehungen beschrieben, die auf einer eher deskriptiven Ebene liegen. Erst danach werden die individuellen Orientierungen dargestellt, die diese Veränderungen steuern. *Terminologisch* wird im empirischen Teil einerseits von Veränderungs*typen*, andererseits von ihnen zugrundliegenden Orientierungen gesprochen. Die „Veränderungstypen" basieren aber bereits auf der Auswertung des gesamten Datenmaterials. Die gerade beschriebene Reihenfolge habe ich bei der Darstellung gewählt, weil dadurch m.E. besonders deutlich wird, auf welche Weise strukturelle Merkmale von Beziehungen und Netzwerken in Beziehung zu den individuellen Orientierungen stehen und an welchen Punkten offenbar kein oder kaum ein Sinnzusammenhang besteht.

3.3.2 Durchführung von Erhebung und Auswertung

DIE KRITERIEN FÜR DIE AUSWAHL DER STICHPROBE. Wie gesagt, war es möglich, die Stichprobe nach verschiedenen Kriterien zusammenzustellen, die in der Forschungsliteratur mit den Veränderungen der informellen sozialen Beziehungen nach der Verwitwung in Zusammenhang gebracht werden. Im Einzelnen wurden als Auswahlkriterien herangezogen[43]:

- das Geschlecht;
- die Haushaltsgröße und -zusammensetzung;
- die Existenz von Kindern, die Kinderzahl sowie die Frage, ob Kinder in Berlin leben;
- der Bildungsstand;
- die Art der früheren Berufstätigkeit und
- die finanzielle Situation;
- da möglichst unterschiedliche Integrationsformen nach der Verwitwung erfaßt werden sollten, sollten möglichst auch jeweils Männer und Frauen in der Stichprobe vertreten sein, die sich nach der Verwitwung wieder neu gebunden hatten. Hierzu wurde auf die Frage im Fragebogen zurückgegriffen, ob man trotz Verwitwung mit einem Partner bzw. einer Partnerin zusammenlebt.

---

43 Die Frageformulierungen aus dem Fragebogen des DFG-Projekts „Tätigkeitsformen im Ruhestand", anhand derer die Befragten ausgewählt wurden, sind dem Anhang zu entnehmen.

- Bezüglich der Verwitwungsdauer war ein Mindestabstand von drei Jahren zum Zeitpunkt des Todes des Partners oder der Partnerin durch die seit der Durchführung der Repräsentativerhebung verstrichene Zeit vorgegeben. Da es in dieser Studie um die *längerfristigen sozialen* Veränderungen geht und dieser Zeitraum von vielen Studien als der angesehen wird, nach dem i.d.R. die stärksten Trauerreaktionen vorüber sind, wurden diese drei Jahre auch als Mindestverwitwungsdauer angesetzt. Die Begrenzung nach oben sollten maximal 15 Jahre bzw. zugleich etwa das 55. Lebensjahr sein. Die Begrenzungen wurden gewählt, damit zum einen noch von der Verwitwung im Alter gesprochen werden konnte[44]; zum anderen sollten die Anforderungen an die Erinnerung nicht zu hoch sein.

Das Alter der Befragten war durch die Stichprobenauswahl vorgegeben. Es lag zwischen 63 und 73 Jahren. Außerdem sollten die Befragten gesundheitlich noch in der Lage sein, soziale Beziehungen und Aktivitäten nachzugehen (Auswahlkriterium „junge Alte"; vgl. Kapitel 1).

Insgesamt wurden im Jahre 1993 15 verwitwete und bereits verrentete Männer und Frauen im Alter zwischen 63 und 73 Jahren über ihre aktuellen sozialen Beziehungen sowie die Veränderungen im Vergleich mit der Zeit während der Ehe befragt.

ÜBERBLICK ÜBER DAS ERHEBUNGSINSTRUMENT. Die Interviews gliederten sich in drei Teile, wobei die ersten beiden offenen Teile bei einem ersten Termin abgehandelt wurden; der dritte, stärker standardisierte Teil wurde bei einem zweiten Termin besprochen[45]. Um die angesprochene „Offenheit" zu gewährleisten, wurden bei den Interviews zwei bekannte Verfahren qualitativer Sozialforschung kombiniert[46]: In einer ersten *narrativen* Phase[47] wurden die Befragten aufgefordert, zunächst ihre Lebensgeschichte[48] unter besonderer Berücksichtigung der verschiedenen familiären und außerfamiliären Beziehungen zu erzählen (Verlauf, Inhalte, Bedeutungen). Im Anschluß habe ich in einer am fokussierten Interview (Merton/Kendall 1979) orientierten *Nachfragephase* systematisch nach der Alltagsgestaltung vor und nach der Verwitwung sowie der subjektiven Bedeutung der Beziehungen und ggf. der Aktivitäten gefragt. Dabei habe ich dezidiert auf unterschiedliche Lebensphasen (Kindheit, Erwerbs- und Familienphase, „empty nest", Übergang in den Ruhestand und Verwitwung) und Lebensbereiche (Familie, Beruf, Freizeit) Bezug genommen und die jeweilige Bedeutung und Gestaltung[49] von ver-

---

44 Vgl. zu den Unterschieden in der Problemlage, wenn Personen im mittleren Lebensalter ihre PartnerInnen verlieren, Abschnitt 3.1.
45 Der Leitfaden (der Erzählstimulus für die narrative Ersterzählung, der Leitfaden für den Nachfrageteil und den stärker standardisierten Erhebungsteil) ist im Anhang wiedergegeben.
46 Z.B. bei Kohli u.a. (1992) und Giegel/Frank/Billerbeck (1988).
47 Aus Erzählstimulus, immanenten und exmanenten Nachfragen, vgl. Schütze (1976, 1983).
48 Erhoben wurden Lebensgeschichten „mittlerer Ausführlichkeit" (Herrmanns u.a. 1984).
49 Um die Strukturen von informellen sozialen Beziehungen so genau wie möglich zu erfas-

schiedenen Beziehungen und Aktivitäten sowie deren Veränderungen erfragt (Paarbeziehung, Familienbeziehungen, Beziehungen zu Freunden, Bekannten, Kollegen und in der Nachbarschaft).

Bei dieser Kombination ist die Reihenfolge der beiden Teile von großer Bedeutung: Kann durch die Erzählaufforderung des narrativen Interviewteils eine den Forschereinflüssen weitgehend entzogene Erzählung der Biographie durch die Befragten „hervorgelockt" werden (s.o.), erfüllen sowohl die immanenten und exmanenten Nachfragen als auch der Leitfaden die Funktion einer „Checklist". Hier kann „flexibel" auf die im narrativen Teil noch nicht zur Sprache gekommenen Bereiche eingegangen werden (Kohli/Freter 1988). Der Beginn mit der narrativ-biographischen Phase ist jedoch noch aus anderen Gründen wichtig. Das Interesse für die Lebensgeschichte kann wesentlich zur Förderung der Offenheit und Erzählbereitschaft der Befragten beitragen. Zum anderen können die Interviewten im weiteren Verlauf auf den lebensgeschichtlichen Hintergrund „als Sinnressource" (Kohli/Freter 1988) zurückgreifen: ihre jetzige Situation, die Bedeutung der verschiedenen Beziehungen und Bilanzierungen mit Bezug auf gelebte Erfahrungen, vergangene Ereignisse und wichtige Handlungsorientierungen darstellen.

Im dritten Teil wurde systematisch und stärker *standardisiert* nach den verschiedenen Netzwerkbeziehungen und ihren *Leistungen* gefragt, sowohl nach den aktuellen als auch nach den Beziehungen vor der Verwitwung.

Besonders hinzuweisen ist auf das Instrument des *„emotionalen Netzwerks"* nach Kahn und Antonucci (1980), ein bewährtes Verfahren zur Erfassung der emotionalen Wichtigkeit und Nähe. In dieser Untersuchung erwies es sich als sehr geeignetes Instrument zur Deskription der Veränderungen der sozialen Beziehungen. Für dieses Instrument hatte ich mich aus mehreren Gründen entschieden: So ist die emotionale Nähe neben der Vermittlung von Kognitionen und instrumentellen Hilfen eine wesentliche Funktion sozialer Beziehungen. Dabei erfüllen emotional nahestehende Menschen häufig auch andere wichtige Funktionen (wie Identitätsstabilisierung, gemeinsame Unternehmungen, instrumentelle Hilfen). Insbesondere ist die emotionale Qualität von Beziehungen bzw. das Vorhandensein emotional nahestehender Menschen aber gerade für ältere Menschen ein zentraler Aspekt sozialer Beziehungen (Carstensen 1993). Schließlich besteht eine hohe negative Korrelation zwischen dem Vorhandensein emotional bedeutsamer Beziehungen und der Wahrnehmung von Einsamkeit (z.B. Diewald 1991). Und von dieser sind Verwitwete besonders häufig betroffen.

Beim „emotionalen Netzwerk"[50] (auch: Methode „der konzentrischen Kreise") wird den Befragten wird ein Diagramm[51] vorgelegt, das aus drei konzentrischen Kreisen besteht. Im innersten Kreis steht das Wort „Ich". Die Befragten werden gebeten, die Initialen von

---

sen, wurde bei den sozialen Beziehungen systematisch auf die unterschiedlichen *Gesellungsformen* geachtet, also etwa, mit wem man sich wo und wie häufig trifft.

50   Vgl. genauer Kahn/Antonucci (1980). Hier in der Übersetzung, die in der Berliner Altersstudie (BASE) verwendet wurde (Akademie der Wissenschaften zu Berlin 1990).
51   Siehe Abbildung A1 im Anhang. Vgl. für den genauen Wortlaut des Stimulus für das „emotionale Netzwerk" den im Anhang abgedruckten Interviewleitfaden.

denjenigen Personen, denen sie sich emotional verbunden fühlen bzw. die für sie persönlich wichtig sind in die drei Kreise einzutragen. Dabei stehen im innersten Kreis die Personen, denen man sich am engsten verbundenen fühlt und die am wichtigsten sind. Sie bezeichne ich im folgenden – sofern sie nicht zur Familie gehören – als *„Freunde"*. Weiter außen stehen die weniger eng verbundenen Personen. Diese werden im folgenden – wenn sie nicht zur Familie gehören – als *„Bekannte"* bezeichnet.

Über alle eingetragenen Personen wurden anschließend weitere Strukturdaten erfragt, z.B. Alter, Geschlecht, Dauer der Beziehung oder Häufigkeit des Kontakts[52]. Bei den Nachfragen wurde ferner danach gefragt, inwieweit sich das Netzwerk verändert hat im Vergleich zur Zeit als der Partner bzw. die Partnerin noch lebte.

Als weiteres standardisiertes Instrument wurden das sog. Austauschnetzwerk erhoben (vgl. 2.2). Dabei wurde, ausgehend von verschiedenen Unterstützungsleistungen, gefragt, wer diese Leistungen übernimmt, um so die interne Arbeitsteilung des Netzwerkes systematischer zu erfassen[53].

Darüber hinaus wurden die familiären Gelegenheitsstrukturen (s.o.) ermittelt: systematisch wurde sowohl nach den aktuellen Familienmitgliedern wie nach den bereits verstorbenen gefragt. Damit sollten, zusätzlich zu den subjektiven Bedeutungen und Erfahrungen Aussagen darüber gemacht werden, warum z.B. bestimmte potentielle Unterstützungsquellen nicht in Anspruch genommen werden (können).

In einem abschließenden Block wurden *allgemeine* Fragen zum Gesundheitszustand gestellt, sowie Fragen nach der Bilanzierung des Lebenslaufs, der Bedeutung von bestimmten Beziehungen insgesamt und Erwartungen an die Zukunft.

Insgesamt war es mit diesem Untersuchungsdesign – der Kombination aus narrativen-biographischen Teilen und der systematischen Erhebung der Netzwerke – möglich, Veränderungen der Netzwerke auf der Strukturebene (z.B. bezüglich der Zusammensetzung, Häufigkeit und Art des Kontakts) zu den individuellen Bedeutungen, die die Beziehungen und Netzwerke für die verwitweten Männer und Frauen haben, in Beziehung zu setzen.

---

52 Zur Kennzeichnung der Struktur der Beziehungen wurden neben den Inhalten bzw. Unterstützungsleistungen herangezogen: der Herkunftskontext und die Rollenbeziehung, die Dauer der Beziehung, Kontakthäufigkeiten und die räumliche Distanz. Für die Kennzeichnung der Netzwerke wurden darüber hinaus die Größe des Netzwerkes insgesamt bzw. von Netzwerksegmenten (z.B. Familie, Freunde) und die Spannweite des Herkunftskontextes beschrieben.

53 Unterschieden wurde zwischen praktischen und materiellen Hilfen, emotionalem Rückhalt, der Vermittlung von Informationen und der Frage nach sozialen Aktivitäten. Außerdem wurde die Unterscheidung zwischen alltagsbegleitender Unterstützung und der Unterstützung in Krisensituationen berücksichtigt sowie die Kosten von Beziehungen („Was war enttäuschend?", „Warum wurden bestimmte Beziehungen abgebrochen?"). Damit wurden wesentliche Leistungen systematisch erfragt, die auch in standardisierten Untersuchungen erhoben werden (vgl. den Überblick in Hollstein 2001).

VERLAUF DER INTERVIEWS. Auf Wunsch der Befragten wurden fast alle Interviews bei den Befragten zuhause durchgeführt; nur in zwei Fällen kamen sie ins Institut für Soziologie. Die Befragung in der eigenen Wohnung hatte den Vorteil, gleichzeitig das Wohnumfeld und die Wohnung der Befragten kennenzulernen. Entsprechende Informationen dazu wurden in die Protokolle (s.u.) mit aufgenommen. Außerdem bot diese Umgebung bessere Anknüpfungspunkte für Fragen zur Nachbarschaft, der Infrastruktur im Wohngebiet und eventuellen Veränderungen in der Wohnung nach dem Tod der PartnerInnen.

Insgesamt dauerten die Interviews mit den Befragten[54] zwischen zweieinhalb und sechs Stunden und wurden alle auf Tonband aufgezeichnet. Die Unterschiedlichkeit bezüglich der Länge der Befragungen ist in erster Linie der Größe der Netzwerke geschuldet – und z.t. auch der Dauer der Ersterzählungen (zwischen fünf Minuten und einer Stunde).

Die Erzählaufforderung wurde – ebenso wie die Leitfadenfragen möglichst nicht abgelesen, sondern – sinngemäß – frei vorgetragen, um die Gesprächssituation zu lockern. Die Interviews verliefen in der Regel ohne besondere Störungen oder Schwierigkeiten. Bis auf eine Ausnahme waren alle InterviewpartnerInnen sehr aufgeschlossen und gesprächsbereit und erzählten von sich aus sehr viel mehr intime Details als ich erwartet hatte (z.B. bezüglich der Sexualität – ein Thema, das von mir aus nicht direkt angesprochen wurde). Auch die wiederholten Nachfragen zur Situation nach dem Tod des Partners stellten keine besondere Schwierigkeit dar, obwohl dies im Anschreiben nicht explizit angesprochen worden war. Die Aufteilung auf zwei Termine hat sich dabei ausgesprochen bewährt. Da der erste Termin auf den biographisch-narrativen Teil beschränkt blieb, entstand ein sehr persönlicher Charakter, in dem ausführlich auf einzelne biographische Ereignisse eingegangen werden konnte.

Sofort im Anschluß an die Interviews wurde die Kontextbeschreibung für das Interviewprotokoll (s.u.) erstellt. Festgehalten wurden darin Zeit, Ort, Dauer und Verlauf des Interviews. Darüber hinaus sind darin besondere Eindrücke von der Interviewsituation und dem -inhalt (Unterhaltungen nach Ab-

---

54 Die Untersuchungen zur Verwitwung, bei denen der Partnerverlust explizit als Grund für die Kontaktaufnahme an den Befragten angegeben wurde, sind durch besonders hohe Ausfallquoten gekennzeichnet, die systematische Verzerrungen erwarten lassen (vgl. Hyman 1983). Diesem Effekt wurde hier auf verschiedene Weise entgegengewirkt: Erstens fand der Erstkontakt mit den InterviewpartnerInnen über das Projekt „Tätigkeiten im Ruhestand" statt, in dem es primär um verschiedene Aktivitäten und Einstellungen von RuheständlerInnen im allgemeinen ging. Zweitens wurden die potentiellen Interviewpartner im Anschreiben nicht als „Verwitwete" sondern als "Alleinstehende" angesprochen und betont, daß es allgemein um die Entwicklung der sozialen Beziehungen im Laufe des Lebens geht. Drittens betrug die Verwitwungsdauer der InterviewpartnerInnen mindestens drei Jahre. Zu diesem Zeitpunkt sind die stärksten Trauerreaktionen i. d. R. vorbei. Tatsächlich erklärten sich (mit einer Ausnahme) alle Angeschriebenen zu einem Interview bereit.

schalten des Tonbands, Verhalten der InterviewpartnerInnen, Wohnungseinrichtung, Wohngegend, erste Interpretationen) enthalten.

ZUR DATENAUFBEREITUNG UND AUSWERTUNG. Zunächst wurde für alle
Fälle auf Grundlage der Bandaufnahmen, der vorliegenden Transkriptionen
und der drei bis dreieinhalb Jahre vorher ausgefüllten Fragebögen umfangrei-
che *Interviewprotokolle* angefertigt. Darin wurden neben der Kontextbeschreibung (s.o.) der Lebenslauf und die Zusammenfassung der wichtigsten
Äußerungen zur Partnerschaft, zu den verschiedenen Netzwerksegmenten
und ihren Entwicklungen nach der Verwitwung, zur Berufsbiographie und
zum Übergang in den Ruhestand, zu Aktivitäten und schließlich zu den stärker standardisierten Teilen (emotionales Netzwerk, Austauschnetzwerk, allgemeine Fragen zu Alter, Bilanzierung und Zukunftserwartungen) festgehalten
(*thematische Analyse*). Außer den reinen „Fakten" waren darin auch schon
bedeutsam erscheinende wörtliche Zitate aus den Interviews bzw. Paraphra-
sen sowie erste Interpretationen zu Handlungsorientierungen und Relevanzsetzungen der Befragten enthalten. Zusätzlich wurde jeweils der Kontext
wichtiger Äußerungen dokumentiert: in welcher Phase des Interviews sie
gefallen waren, in welchem inhaltlichen Zusammenhang die Äußerung stand
und ob die Äußerung auf Nachfrage fiel. Diese Informationen trugen mit
dazu bei, schon bei der Deskription Hypothesen über die Relevanzsetzungen
der Interviewten zu formulieren (*formale Analyse*).

Des weiteren wurden alle von den Befragten erwähnten Beziehungen in
einem Diagramm abgetragen, in dem sowohl die zeitliche Dauer der Beziehungen als auch wesentliche biographische Stationen der Befragten dargestellt wurden[55]. Dieses hier als *„Beziehungslinien"* bezeichnete Diagramm
ermöglichte einen raschen Überblick über den „Convoy" (Kahn/Antonucci
1980) wichtiger Bezugspersonen in verschiedenen Lebensphasen (vgl. die
Beispielgraphik im Anhang).

Die umfangreichen Protokolle, die Veränderungen der emotionalen
Netzwerke und die „Beziehungslinien" bildeten die wichtigste Grundlage für
den *Quervergleich*. Sie gewährleisteten eine schnelle Orientierung über die
wichtigsten Inhalte der Interviews nach verschiedenen Gesichtspunkten: Lebensphasen, Lebensbereichen, Inhalten und Bedeutungen der Beziehungen
und ihre Veränderungen. Bei einzelnen Themenbereichen, wichtigen Fragen
und schließlich bei den Fallrekonstruktionen wurde jedoch immer wieder auf
die Transkriptionen zurückgegriffen

Wie gesagt, erfolgte die Auswertung der Interviews zunächst verglei-
chend auf einer stärker *deskriptiven* Ebene, um extreme Ausprägungen zu
identifizieren und erste Typisierungen vorzunehmen. Ein nächster Analyse-
schritt auf dem Weg zur *Typenbildung* bestand in der Durchführung von
Einzelfallrekonstruktionen, mit deren Hilfe herausgearbeitet werden konnte,

---

55 Dieses Verfahren habe ich angelehnt an jenes, welches Sarah H. Matthews (1986a) zur
Abbildung der von ihr untersuchten Freundschaftsbeziehungen beschrieben hat.

wie unterschiedliche Elemente von Beziehungen (Art und Weise der Gestaltung und Art der Leistungen) im individuellen Lebenszusammenhang – vor dem Hintergrund der Biographie – ineinandergreifen und individuelle und strukturelle Bedingungen bei den Veränderungen der sozialen Beziehungen miteinander verschränkt sind.

3.4 Überblick über die Stichprobe

Bevor in den nächsten Kapiteln ausgewählte Fälle ausführlich dargestellt und die Ergebnisse der Arbeit präsentiert werden, soll hier ein knapper Überblick über die wesentlichen sozialstrukturellen Merkmale gegeben werden. Wie im letzten Abschnitt bereits angesprochen, handelt es sich bei der Stichprobe dieser Untersuchung um eine ausgesprochen heterogene Gruppe. In Tabelle 3 sind die wesentlichen sozialstrukturellen Merkmale der fünfzehn befragten Männer und Frauen dargestellt[56]. Insgesamt lagen Interviews mit sieben verwitweten Männern und acht verwitweten Frauen vor. Zum Zeitpunkt der qualitativen Befragung waren sie zwischen 63 und 73 Jahren alt. Der Tod der Partner bzw. der Partnerin liegt bei allen Befragten, bezogen auf den Interviewtermin, zwischen vier und fünfzehn Jahren zurück. Zum Zeitpunkt des Todes ihres Partners bzw. ihrer Partnerin waren die Befragten zwischen 52 und 67 Jahren alt.

In der Stichprobe sollten sowohl Männer als auch Frauen vertreten sein, und zwar solche, die sich seit dem Tod des Partners nicht mehr gebunden haben, und solche, die wieder eine neue Beziehung eingegangen sind. Leider ging aus den Antworten auf den Fragebogen des Projekts „Tätigkeitsformen im Ruhestand" nur hervor, ob jemand wieder mit einem neuen Partner zusammenlebt (vgl. Anhang B). Die Fälle, in denen nach der Verwitwung wieder geheiratet wurde[57] oder ein neuer Lebensgefährte vorhanden ist, man mit diesem jedoch nicht zusammenlebt, waren hingegen nicht über die Repräsentativerhebung zu ermitteln. Trotzdem gelang es, sowohl Männer als auch Frauen ohne bzw. mit einem neuen Partner zu befragen. Vier Männer und zwei Frauen haben wieder neue Lebensgefährten. Zwei dieser Männer wohnen mit der neuen Partnerin zusammen, einer von ihnen hat seine Partnerin zwei Jahre vor dem Interviewtermin geheiratet. Die anderen vier leben nicht mit dem neuen Partner in einem Haushalt. Alle anderen Befragten – sechs Frauen und zwei Männer – haben sich nach der Verwitwung nicht wieder gebunden.

---

56 Alle Eigennamen sind anonymisiert.
57 In der Frage nach dem Familienstand (Nr. 41; Anhang B) waren Mehrfachnennungen ausgeschlossen. Die Wiederverheiratung spielt allerdings sowohl für Frauen als auch für Männer dieser Altersgruppe eher eine untergeordnete Rolle. Vgl. Vaskovics/Buba (1988).

Tabelle 3: Übersicht über die Stichprobe

Name	Beruf (Dauer) (Ausbildung)	Jahr-gang	Al-ter	Alter /Ver-ren-tung	Beruf des Partners/ der Partnerin	Kinder (in Berlin)	Empty nest seit	Verwitwung Jahr	Al-ter	Er-werbs-status	Dau-er	neue/r Part-ner/in	Haus-halts-größe	Haus-halts-eink. /DM
Hr. Merten	Verkaufsleiter f. Pneumatik (47) (Lehre)	1925	68	61	Buchhalterin	4 (2)	1984	1982	57	b	11	ja	2, mit Partner	2.000 - 2.500
Hr. Sonntag	Ingenieur (44) (Fachhochschule)	1922	71	59	Zahnarzt-helferin	-	-	1986	64	R	7	ja	2, mit Partner	3.000 - 4.000
Hr. Peters	Leitender Verwaltungsangestellter (45) (Verwaltungsschule)	1921	72	63	Hausfrau	1 (-)	1969	1983	61	b	10	ja	1	4.000 - 5.000
Hr. Tamm	Polizist (46) (Lehre, Polizeischule)	1923	70	60	Kontoristin	1 (1)	1970	1986	63	R	7	ja	1	2.500 - 3.000
Hr. Niestroy	Gerüstbauer (ca. 34) (ungelernt)	1926	67	53	Schneiderin	-	-	1978	52	b	15	nein	1	1.250 - 1.500
Hr. Winter	Werkzeugmachermeister (47) (Lehre, Meister)	1923	70	60	Buchbinderin	1 (1)	1965	1981	58	b	12	nein	1	2.000 - 2.500
Hr. Strom	selbst. Fahrlehrer (45) (Meister, Fachschule)	1926	67	59	Bürokraft im eigen.Betrieb	1 (1)	1972	1985	59	b	8	nein	1	2.500 - 3.000
Fr. Berg	Psychologin, Therapeutin (ca. 44) (PH)	1929	64	65	Steuerberater	4 (3)	1984	1984	56	b	9	ja	1	2.500 - 3.000
Fr. Drake	Fleisch- u. Wurstverkäuferin (ca.31) (Lehre)	1929	64	47	nie erwerbs-tätig	-	-	1989	60	R	4	ja	1	1.250 - 1.500
Fr. Weber	Grundschullehrein (30) (PH)	1929	64	54	Bankange-stellter	2 (2)	1 im HH	1984	55	R	9	nein	2, mit Kind	4.000 - 5.000
Fr. Goldmann	Schulleiterin (43) (Päd. Hochschule)	1920	73	61	Lehrer	-	-	1987	67	R	6	nein	1	4.000 - 5.000
Fr. Claas	Nähen in Heimarbeit (26) (ungelernt)	1928	65	-	Maler	7 (5)	1984	1986	58	R	7	nein	3, mit Enkeln	2.000 - 2.500
Fr.Falkenstein	Heimarbeit (ca. 17) (kaufm. Lehre)	1926	67	44	Einrichter	1 (1)	1975	1989	63	R	4	nein	1	500 - 750
Fr. Biber	Religionslehrerin (ca. 37) (angelernt)	1925	68	60	Friseur	2 (2)	1975/76	1982	57	b	11	nein	1	k.A.
Fr. Anders	Büroarbeit i. Geschäft d. Mannes(ca.35)(Lehre)	1923	70	54	Eisenwaren-händler	1 (1)	1979	1978	54	R	15	nein	1	k.A.

Die meisten Befragten leben alleine. Außer den beiden Männern, die mit ihrer neuen Partnerin zusammenleben, leben nur zwei Frauen nicht alleine. Bei einer Frau wohnt der jüngste Sohn noch mit im Haushalt, eine weitere lebt mit den zwei Enkeln zusammen.

Da zu vermuten ist, daß sowohl der sozioökonomische Status (finanzielle Situation, Ausbildung und berufliche Stellung) als auch die Frage, ob Kinder vorhanden sind (familiäre Ressourcen), Auswirkungen auf die Beziehungsveränderungen nach der Verwitwung haben können, sollten die entsprechenden Ausprägungen, wie gesagt, variiert werden. Dementsprechend wurden sowohl Männer und Frauen mit Kindern als auch Kinderlose in die Stichprobe aufgenommen. Dabei finden sich in allen vier Gruppen Personen, die zum Zeitpunkt des Interviewtermins wieder eine neue Partnerschaft eingegangen, und solche, die ungebunden sind. Des weiteren finden sich bei den Befragten mit Kindern sowohl Personen, deren Kinder in Berlin wohnen, als auch Personen, deren Kinder weiter entfernt leben (in Tab. 3 ist die Zahl der in Berlin lebenden Kinder in Klammern eingetragen). Anzumerken ist an dieser Stelle, daß überraschenderweise keiner der Befragten noch lebende Eltern hat.

Auch beim sozioökonomischen Status – der für diese Zwecke nur grob eingeteilt wurde – konnten sowohl Frauen als auch Männer mit jeweils niedrigem, mittlerem und hohem sozioökonomischem Status in die Stichprobe aufgenommen werden. Es sind ungelernte Arbeiter und Arbeiterinnen, Handwerker, kaufmännische und technische Berufe (Ingenieur), mittlere und höhere Beamte und Selbständige vertreten. Das monatliche Netto-Haushalts-Einkommen bewegt sich zwischen den Kategorien 500-750 DM (niedrigstes Einkommen bei den Frauen) bzw. 1250-1500 DM (niedrigstes Einkommen bei den Männern) und 4000-5000 DM (bei Männern und Frauen). Dabei ist sowohl eine Frau mit hohem Status (Frau Berg) als auch eine Frau mit niedrigem (Frau Drake) wieder liiert. Nicht vertreten sind Männer mit sehr niedrigem Status, die wieder gebunden sind, sowie Männer mit hohem sozioökonomischen Status, die keine neue Partnerin haben.

Alle Befragten waren mit den verstorbenen Partnern sehr lange verheiratet. Die Ehedauer bewegt sich dabei zwischen 18 und 43 Jahren. In zwei Fällen handelte es sich um die zweite Ehe der Befragten (Hr. Merten, Fr. Weber). Ferner sind in der Stichprobe sowohl Männer als auch Frauen vertreten, die beim Zeitpunkt des Partnerverlusts noch berufstätig waren, sowie Männer und Frauen, die bei der Verwitwung bereits im Ruhestand waren (in Tab. 3 durch „b" für „berufstätig" und „R" für „verrentet" markiert) . Die verstorbenen Ehepartner waren in den meisten Fällen etwa gleich alt wie die Befragten. Immerhin bestand in vier Fällen ein deutlicher Altersabstand zwischen den Partnern: Herr Sonntag war neun Jahre älter als seine verstorbene Frau. Frau Drake war 20 Jahre und Frau Claas 18 Jahre jünger als ihr verstorbener Partner. Frau Goldmann war neun Jahre älter als ihr verstorbener Ehemann.

4. Exemplarische Falldarstellungen

Im folgenden werden drei Fälle vorgestellt, die das Typenfeld von Veränderungen der informellen sozialen Beziehungen nach der Verwitwung exemplarisch repräsentieren. Da es sich um Extremtypen handelt, illustrieren die Referenzfälle insgesamt die Variationsbreite von Integrationsformen, -veränderungen und subjektiven Orientierungen. Die drei exemplarischen Falldarstellungen folgen im Aufbau dem gleichen Schema. Nach einem kurzen biographischen Überblick werden zunächst die Integrationsformen und Orientierungsmuster vor der Verwitwung herausgearbeitet. Im zweiten Unterabschnitt wird die Situation behandelt als Partner oder Partnerin starben. Gefragt wird nach den „einschneidendsten" Veränderungen für die Interviewten und wer damals auf welche Weise beistand und unterstützte. Im dritten Unterabschnitt wird gezeigt, wie und auf welche Weise sich die soziale Integration mittel- und längerfristig verändert hat. Das Resümee beginnt mit einer knappen Zusammenfassung der wesentlichen Integrationsbezüge vor und nach der Verwitwung und der Antwort auf die Frage, wie die Befragten ihr heutiges Leben subjektiv bewerten. Abschließend werden diese Selbstdeutungen den in den vorherigen Unterabschnitten rekonstruierten individuellen Handlungsorientierungen gegenübergestellt und die heutige Integration vor dem Hintergrund der biographischen Orientierungen auf ihr zugrundeliegende Konstitutionsregeln befragt und bewertet.

4.1 Brigitte Falkenstein: „Alleine 'rumrennen" und die Grenzen der Familie

Brigitte Falkenstein[1] wird 1926 in Berlin-Moabit als einzige Tochter eines angestellt tätigen Kürschnermeisters geboren. Die Mutter ist Hausfrau. Nach der Grundschule besucht Brigitte das Lyzeum und absolviert im Anschluß an das Pflichtjahr eine Hauswirtschaftslehre. Danach fängt sie eine Bürolehre an, doch bei Kriegsende schließt der Betrieb, und sie verliert ihre Arbeits-

---

1 Der besseren Lesbarkeit halber sind bei den befragten Frauen die anonymisierten Mädchen- und Familiennamen nach der Heirat identisch.

stelle. Etwa 1945 lernt sie ihren späteren Mann, einen sechs Jahre älteren Ingenieur, kennen. Im Jahr darauf heiratet das Paar. 1953 übernimmt Brigitte Falkenstein von Bekannten einen Handel mit Versuchstieren. 1957 wird der einzige Sohn geboren. Brigitte Falkenstein, die ihrer Arbeit im wesentlichen zu Hause nachgeht und sie zeitlich flexibel handhaben kann, bleibt weiter erwerbstätig. Etwa 1968/69 geht der Bedarf an Versuchstieren zurück, Frau Falkenstein gibt ihre Arbeit auf und verkauft für ein halbes Jahr Haushaltsartikel auf Märkten. Etwa zur selben Zeit, Brigitte Falkenstein ist 43 Jahre alt, wird ihr Mann mit 49 Jahren durch einen Betriebsunfall berufsunfähig und frühverrentet. Sie sind nun beide zu Hause. Ungefähr 1978 lernt der Sohn seine spätere Frau kennen. Etwa zur selben Zeit wird das Ehepaar Falkenstein Mitglied in einem Hundeverein, dem Brigitte Falkenstein auch heute noch angehört. 1983 heiratet ihr Sohn und zieht mit seiner Frau in den ersten Stock des Hauses. Er ist Betriebswirt, seine Frau ist nicht erwerbstätig. Die beiden haben einen Sohn, der 1987 geboren wurde.

1989 muß Herr Falkenstein wegen Speiseröhren- und Magenkrebs operiert werden. Bis zu seinem Tod ein Vierteljahr später pflegt ihn seine Frau. Als ihr Mann stirbt, ist Brigitte Falkenstein 63 Jahre alt. Das Interview findet vier Jahre später statt. Finanziell ist Brigitte Falkenstein heute ausgesprochen schlecht gestellt: Sie bekommt eine Rente von 500-750 DM monatlich, allerdings entfallen die Mietkosten, da sie im eigenen Haus wohnt.

4.1.1 Integration vor der Verwitwung: „Eingeschworene Familie" und ständige Präsenz des Partners

Bevor im folgenden die verschiedenen Orientierungsmuster herausgearbeitet werden, müssen zwei Bemerkungen zur besonderen „Erzähl"-weise von Brigitte Falkenstein vorweg gestellt werden, die folgenreich sind für die Interpretation, deren Reichweite sowie die Art der Darstellung. Die Ersterzählung von Brigitte Falkenstein hat auf einer Seite Platz. Im Grunde erzählt sie – auch auf entsprechende Stimuli hin – nicht, sondern rekapituliert objektive Daten, die sie vereinzelt kommentiert. An mangelnder Bereitschaft liegt dieses Kurzangebundensein nicht. Die Atmosphäre wird im Verlauf des Gesprächs zunehmend herzlicher, und Brigitte Falkenstein beantwortet bereitwillig alle Fragen, über die sie häufig einen Moment nachdenkt. Die Antworten aber bleiben knapp, Erzählungen kommen nicht zustande. Mit allgemeineren und abstrakteren Fragen – z.B. den Charakter einer Beziehung zu beschreiben – kann Brigitte Falkenstein nicht viel anfangen. Die Darstellung ist wenig reflexiv und bleibt in den Schilderungen konkreten Situationen verhaftet. Stelle ich Nachfragen, z.B. bezogen auf bestimmte biographische Entscheidungen oder ihre familiären Beziehungen, flüchtet sie sich häufig in Allgemeinplätze, mit denen sie ihr Verhalten normalisiert und rechtfertigt (das sei eben so „üblich" gewesen etc.). Dies ist insofern ein Ergebnis, als in dieser Art sich zu äußern ein bestimmtes Verständnis von *Biographie* zum Ausdruck kommt: Einzelne Stationen des Lebens sind 'selbstverständliche' und nicht zu hinterfragende Etappen. Sie haben sich wie zwangsläufig ergeben und sind nicht bewußter Entscheidung vor dem Hintergrund verschiedener möglicher Alternativen geschuldet. Für die Fallanalyse ist daran problematisch, daß es praktisch keine Erzählungen gibt, die die Vergangenheit wiederaufleben lassen. Die einzige Ausnahme ist der Tod ihres Mannes. Sonst sind Brigitte Falkensteins Schilderungen sehr von der heutigen Sicht dominiert. Insbesondere über die Kindheit und Jugend von Brigitte Falkenstein ist kaum etwas zu erfahren. Beispielsweise erwähnt sie in der Ersterzählung weder den Vater noch die Mutter. Bei den früheren Lebensstationen sind, bezogen auf einzelne Handlungssituationen, derart viele Lesarten möglich, daß im folgenden auf eine ausführliche Explikation verzichtet wird. Wenn trotzdem an manchen Stellen verschiedene Lesarten entwickelt werden, auch wenn nicht entschieden wird, welche tatsächlich zutrifft, dienen sie dazu, die Spannweite der Handlungsalternativen abzustecken und zu illustrieren.

HERKUNFTSFAMILIE UND JUGEND. Wie gesagt, läßt sich kaum ein Bild von Brigitte Falkensteins Kindheit und dem Kontext, in dem sie aufgewachsen ist, machen. Von den Eltern ist bekannt, daß der Vater von Brigitte Falkenstein als Kürschnermeister in einem größeren Betrieb angestellt und die Mutter Hausfrau war. Auf die Frage, ob ihre Eltern eine große Rolle gespielt haben, antwortet sie „möchte sagen, es warn erstmal wieder meine Eltern" (76)[2]. Wie diese Rolle aussieht und wie sie von ihr bewertet wird, bleibt im Dunkeln. Allerdings kann sie im Nachhinein auch nicht sagen, daß sie ein Verhalten ihrer Eltern mißbilligt hätte.

Brigitte Falkenstein ist ein Einzelkind. Geschwister hat sie keine, dafür aber wächst sie mit Tieren auf. Einen Hund z.B. hätten sie „immer" gehabt. Freundinnen und Freunde aus der Schulzeit erwähnt sie nicht. Auf Nachfrage antwortet sie, sie könne nicht sagen, daß sie besonders enge Freundschaften gehabt habe. Damals sei „keine Zeit [gewesen], um ne Freundschaft in dem Sinne, wie es heute ist, aufzubauen" (33). Im Krieg wird die Schule zerstört, sie muß die Schule wechseln und kommt in einen neuen Klassenverband. Es gibt zwar Freundschaften, die die Schulzeit im Lyzeum überdauern, aber mit der Heirat gehen auch diese Freundschaften auseinander: „dann besprach man die Sachen mit dem Mann und nicht mit der Freundin. Heute is des wieder anders – des war früher nich" (33).

In dieser kurzen Passage werden bereits verschiedene Aspekte ihrer Orientierung auf außerfamiliale Beziehungen deutlich. Brigitte Falkenstein

---

2   Die Angaben in Klammern am Ende der Zitate beziehen sich auf die Seite im Transkript bzw. - in einzelnen Fällen - auf den Zählerstand des Tonbands. Vgl. auch die Transkriptionsregeln und Hinweise zur Schreibweise der Interviewauszüge in Anhang F.

nimmt durchaus einen Unterschied ihrer früheren Bekanntschaften und Freundschaften zu heutigen wahr („in dem Sinne, wie es heute ist"). Es bleibt zwar unklar, worauf sich das „heute" bezieht (vielleicht auf ihre eigenen heutigen Beziehungen, vielleicht auf Freundschaften ihres Sohnes), in jedem Fall hat Brigitte Falkenstein das Gefühl, sich rechtfertigen zu müssen, daß ihr aus der Schulzeit keine länger dauernde Freundschaft zurückgeblieben ist. Sie verweist auf die Umstände (Schule zerstört etc.), aber daß sie selbst enge Freundschaften damals überhaupt vermißt hat, ist damit nicht gesagt. Daß sie sich dabei auf die Normalität beruft (Freundschaften im 'heutigen' Sinne nicht üblich), deutet jedoch darauf hin, daß sie Freundschaften nicht vermißt hat. Wie dem auch sei: spätestens mit der Eheschließung hat sie kein Bedürfnis mehr nach 'solchen' engen Freundschaften. In ihrer Perspektive ist selbstverständlich der Ehepartner der Hauptansprechpartner und dann spielt es auch keine Rolle mehr, ob die „Umstände" Freundschaften später befördert hätten.

DIE AUSBILDUNG: EINE KURZE EPISODE BIS ZUR HEIRAT. Brigitte Falkensteins oben bereits angesprochenes Verständnis von Biographie und biographischen Entscheidungen zeigt sich auch bei ihren Ausführungen zur Ausbildung. Nach dem Lyzeum, das sie mit der Mittleren Reife abschließt, und dem anschließenden Pflichtjahr („dann kam das Pflichtjahr"), absolviert sie zunächst eine halbjährige Hauswirtschaftslehre. „Denn war ich nen halbes Jahr auf der Letteschule, habe Hauswirtschaft erlernt". Keinen dieser biographischen Schritte kommentiert sie. Möglicherweise wollte oder sollte sie damit Zeit überbrücken, bis sie etwas 'Richtiges'[3] gefunden hat. Die Eltern, insbesondere ihre nie erwerbstätige Mutter, mögen sie in dieser Entscheidung auch bestärkt haben oder sie ihr direkt angetragen haben nach dem Motto: 'das kann einem Mädchen ja nie schaden'. Nach dem halben Jahr Hauswirtschaft jedenfalls – mitten im Krieg – beginnt Brigitte Falkenstein eine Ausbildung im Büro: „denn hab ich eine Bürolehre angefangen (3 Sek.), dann hab ich sechsunvierzig geheiratet" (1). Ob sich Brigitte Falkenstein diesen Beruf gewünscht hat, ob sie nichts anderes finden kann und diese Ausbildung nur ein Notnagel ist oder ob der Beruf bei ihr von vornherein keine wichtige Rolle spielt, weil sie sowieso nicht vorhat, ihn lange auszuüben, alles dies bleibt bei dieser knappen Schilderung im unklaren. In dieser Darstellungsweise erscheinen einzelne Phasen des Lebenslaufs – wie die Ausbildung – gewissermaßen selbstverständlich und nicht hinterfragbar. Natürlich könnte man einwenden, daß diese Stationen entweder damals nicht wichtig für sie waren oder im Nachhinein – aus der heutigen Sicht – nicht mehr relevant sind. Doch diese Darstellungsweise ist typisch für alle Phasen ihres Lebenslaufes,

---

3   Während ich ansonsten in dieser Arbeit umgangssprachliche Ausdrücke, Redewendungen etc. durch doppelte Anführungszeichen kenntlich gemacht habe, stehen diese, um Verwechslungen mit Interviewzitaten der Befragten zu vermeiden, in *diesem* und im *nächsten* Kapitel in einfachen Anführungszeichen.

wichtigere und weniger wichtige[4]. Im Fall der Ausbildung und ersten Erwerbstätigkeit erweisen sich diese Stationen im Nachhinein aber tatsächlich als kurze und folgenlose Episoden ihres Lebens: für Brigitte Falkenstein nämlich scheint es so selbstverständlich zu sein, mit der Heirat – wie ihre Freundschaften – auch ihre Berufstätigkeit zu beenden, daß sie das an dieser Stelle noch nicht einmal extra erwähnt.

Auf Nachfrage erfahre ich, daß Brigitte Falkenstein gegen Kriegsende offensichtlich ihre Arbeitsstelle verloren hat, die Umstände und Zusammenhänge führt sie jedoch nur vage aus: „Durch den Krieg, das war ja alles kaputt, die ganze Firma, Firmen, (...) fünfunvierzig, durchs Kriegsende, da war ja nix mehr" (3). Ob sie sich bemüht, eine neue Beschäftigung zu finden oder ob sie es von vornherein für aussichtslos hält, bleibt unbeantwortet. Und aus heutiger Sicht scheint es auch tatsächlich unwichtig, denn bald darauf findet sich für dieses Handlungsproblem eine ganz andere Lösung: „(...) und dann lernt ich meinen Mann kennen und hab dann och bald geheiratet" (3).

I: Und ähm Sie ham dann [nach der Eheschließung] auch erstmal nich (leise betont) angefangen, wieder

F: Nein, nein, nein. War früher an und für sich nicht üblich (...) Wenn der Mann jenuch verdiente, ging die Frau nicht arbeiten. (3)

In den Heiratskohorten von Brigitte Falkenstein war es tatsächlich „üblich", daß Frauen bei einer Familiengründung mit der Erwerbstätigkeit aufhörten. Häufig[5] allerdings arbeiteten sie noch bis zur Geburt des ersten Kindes. Falkensteins Ehe aber bleibt lange Jahre kinderlos. Dies unterschlägt Brigitte Falkenstein. So wie sie die damalige Situation schildert, hätte sie ihren Mann in jedem Fall, ob mit oder ohne Kind, diskreditiert, wenn sie arbeiten gegangen wäre. Es hätte so ausgesehen, als ob er nicht für sie hätte sorgen können. Mit diesem Arrangement tritt sie in die Fußstapfen ihrer Mutter, und die Begründung für ihr Verhalten liefert sie aus der Perspektive des Ehemannes und Alleinernährers. Zu vermuten ist, daß auch ihr selbst die Erwerbstätigkeit wenig bedeutet und sie sie ohne Bedauern aufgibt. Alternativen zur Haushaltstätigkeit werden nicht in Betracht gezogen, sondern statt dessen kontrafaktisch als unüblich bezeichnet. Brigitte Falkenstein hat zwar nicht wegen der Eheschließung mit der Berufstätigkeit aufgehört, aber wegen der Eheschließung sucht sie sich keine neue Arbeit mehr. Eigentlich scheint die Heirat ganz gelegen zu kommen, legitimiert sie doch die Aufgabe der Erwerbstätigkeit bzw. den Nicht-Wieder-Einstieg.

Wie lernt Brigitte Falkenstein ihren Mann kennen und welche Überlegungen spielen bei dem Entschluß zur Heirat eine Rolle? Die Antwort überrascht:

---

4   Die Geburt ihres Sohnes, die sie auf Nachfrage als angenehmste Zeit in ihrem Leben bezeichnet, vergißt sie in der Ersterzählung sogar ganz.

5   Allerdings sank die Erwerbstätigkeitsquote der Frauen dieser Jahrgänge nie unter 50% (Maas/Borchelt/Mayer 1996).

F: ... Wie ich meinen Mann kennenjelernt habe (atmet schnaufend ein, tonloses Lachen,
     1 Sek.), durch die Zeitung „Heim und Welt" (...) Das hat mein Vater eingesetzt zu da-
     maliger Zeit, wo ich nichts von wußte – und kamen dann stapelweise (lachend) –
     Briefe – und da hab ich mir dann meinen Mann rausgesucht (lachend)
I: Hatten Sie- ich mein, da warn Sie ja zwanzig als Sie geheiratet hatten (...) warn Sie ja
     noch nicht so alt eigentlich, und er dachte, Sie bräuchten jetzt
F: Ja, naja, det war son Gag, irgendwie also äh, daß irgendwie was daraus werden
     könnte – hat ja keiner geahnt, nech. (2f)

Brigitte Falkenstein sucht sich ihren Mann quasi aus dem Katalog aus. Ganz
scheint sie nicht hinter dem Vorgehen ihres Vaters gestanden zu haben, sonst
hätte sie wohl nicht gleich hinzugefügt, daß er diese Anzeige hinter ihrem
Rücken aufgegeben hat. Aus welchen Motiven heraus und mit welcher Haltung setzt der Vater eine Kontaktanzeige für seine Tochter auf? Welche Situation haben wir vor uns? Brigitte Falkenstein ist knapp zwanzig Jahre alt
und wohnt zu Hause. Aufgrund äußerer Umstände verliert sie ihre Arbeitsstelle. In der Nachkriegszeit aber sind die Möglichkeiten, eine neue Arbeit zu
finden, ausgesprochen ungünstig. Frauen sollen den Kriegsheimkehrern auf
dem Arbeitsmarkt Platz machen. Außer der Bürotätigkeit hat Brigitte Falkenstein Hauswirtschaft gelernt, vielleicht bereits in Hinblick auf eine spätere
Familiengründung. Es scheint naheliegend, daß ihr Vater sich Gedanken
macht, wie man sie 'unter die Haube' bringen kann, noch dazu in einer Zeit,
in der Männer 'Mangelware' sind. Möchte er ihre Untätigkeit auf diese Art
beenden und sie vielleicht aus dem Haus bekommen oder denkt er, daß sie
auf anderem Wege keinen geeigneten Mann findet und will keine Zeit verlieren ('je später desto schwieriger')? Wie Brigitte Falkenstein später erzählt,
war ihr späterer Mann nicht ihr erster Freund, aber die Anderen bleiben na-
men- und gesichtslos. Auch wenn es nur erste, nicht ernstgemeinte Geplänkel
waren, möglicherweise mißfielen sie dem Vater, und er dachte 'das nehme
ich jetzt mal in die Hand und suche jetzt selbst'. Zumindest hat er durch die
Formulierung des Anzeigentextes eine gewisse Kontrolle über die in Frage
kommenden Kandidaten und kann eine Vorauswahl treffen. Was auch immer
hinter dem Verhalten des Vaters gesteckt hat und wie auch immer Brigitte
Falkenstein es heute bewertet, letztlich akzeptiert sie das Verhalten ihres Vaters. Vielleicht ist es für sie sogar eine Entlastung. Sie läßt es jedenfalls geschehen, daß er bei einer solch lebensbestimmenden Angelegenheit die Initiative übernimmt. Sie selbst braucht sich 'ihren' Mann jetzt nur noch aus
dem vorgelegten Angebot herauszusuchen. Der Mann ihrer Wahl ist Ingenieur in einem großen Elektrobetrieb und sechs Jahre älter als sie. Bereits
nach einem Dreiviertel Jahr heiraten die beiden. Scheinbar haben ihr Vater
und sie eine gute Wahl getroffen, denn auf eine spätere Frage – danach, ob
ihr Mann ihr erster Freund war – antwortet sie:

Nein, nein, das nicht, aber äh, trotz alledem. Nich, es gibt Menschen, die passen auf Anhieb zusammen und es=gibt Menschen, die rennen das ganze Leben lang nebenher. (33)

DER BERUF, EIN „HOBBY, UM RAUSZUKOMMEN". Nach der Eheschließung zieht das Paar in ein Haus in Tempelhof, das den Eltern von Brigitte Falkenstein gehört. Die ersten Jahre bleibt sie, wie gesagt, zu Hause. Unklar ist, ob das Paar zunächst keine Kinder haben möchte oder ob es aus irgendeinem Grunde 'nicht klappt'. Die Ehe bleibt elf Jahre lang kinderlos, was wiederum von Brigitte Falkenstein überhaupt nicht erwähnt wird. 1953 jedenfalls übernimmt Brigitte Falkenstein von einem bekannten Paar einen Handel mit Versuchstieren, ironischerweise mit Fröschen und Kröten, die für Schwangerschaftstests verwendet werden. Wie kommt es dazu, daß sie sich plötzlich selbständig macht?

... durch auch wieder einen dummen Zufall durch Kennenlernen eines Ehepaares [beim Spazierengehen kennengelernt], die das aufgeben wollten, das hab ich dann übernommen – und hab es dann solange gemacht – denn mein Hauptgebiet waren Kröten und Frösche. (4)

Auf die Frage, ob sie sich vorher bereits überlegt hätte, daß sie gerne wieder erwerbstätig wäre, weicht Brigitte Falkenstein aus:

Naja, das hat sich dann so ergeben, nich. Durch die Tiere und – daß man dann hat, das versucht (...) ich bin mein ganzet Leben nicht ohne Tiere gewesen. Nich, also (leise) – Ohne Hund – kenn ich gar nicht. .. also ich bin praktisch mit Tieren groß geworden, also mit Hunden großgeworden. (4f)

Brigitte Falkensteins Erklärungen sind im Grunde keine. Es hätte sich – durch Zufall – eben so ergeben. Sie erläutert zwar, was ihr an dieser Arbeit liegt, aber nicht, warum sie sie gemacht hat. Reicht der Verdienst ihres Mannes nicht mehr aus, haben sie finanzielle Schwierigkeiten oder größere Anschaffungen vor? Oder fühlt sich Brigitte Falkenstein zu Hause nicht ausgelastet, fällt ihr die Decke auf den Kopf und möchte sie wieder unter Menschen kommen? Ist die Ehe nicht zufriedenstellend? Da alles dies im Dunkeln bleibt, frage ich noch einmal nach.

I: War Ihnen diese [Arbeit], das dann auch nicht so wichtig oder
F: Naja, das war mir nich so wicht- äh, ums Geld ging es nicht, es hat mehr Spaß gemacht als wie – – daß man nu – da hätte von leben können, nich. War ebend 'n Hobby um rauszukommen oder irgendwat, nech. (5)

Interessanterweise hört Brigitte Falkenstein nach der Geburt ihres Sohnes vier Jahre später nicht mit diesem „Hobby" auf. Da sie bereits bei der Eheschließung angibt, daß eine Frau „üblicherweise" zu Hause bleibt, wäre eigentlich zu erwarten, daß sie nun erst recht nach der Geburt ihres Kindes zu Hause bleibt. Faktisch ist sie dort viel stärker gefordert. Zudem bezeichnet Brigitte Falkenstein die Geburt des Sohnes (neben ihrer Hochzeit) als die angenehmste Zeit in ihrem Leben. Vermutlich hat sie sich also dieses Kind, das die Familie komplettiert, gewünscht. Macht ihr die Arbeit soviel „Spaß", daß die Familie dahinter zurücktritt?

I: Also, Sie haben das praktisch – Sie haben jetzt nicht wegen Ihrem Sohn aufgehört, haben gesagt #'Ich bleib jetzt ganz zu Haus'#

F: #Nein, nein, nein, nein, nein,# nein, nein, nein, nein (leiser werdend). Denn das konnte man ja mit der Schule undsoweiter immer koordinieren. Wenn er von der Schule kam, war ich da, also er war, äh, in dem (emphatisch) Sinne nie n Schlüsselkind oder n Kindergartenkind, (...) Ich war ebend für die Familie da. Und ich bin froh, daß wirs gemacht haben. Denn unser Sohn is wohlgeraten und hat n guten Beruf und hat alle Unterstützung jehabt. (6)

Brigitte Falkenstein gibt den Beruf nur deshalb nicht auf, weil er sich mit der Erziehung ihres Sohnes gut vereinbaren läßt. Ganz energisch streitet sie ab, daß ihr Sohn durch ihre Erwerbstätigkeit zu kurz gekommen sein könnte. Wenn der Sohn nach Hause kommt, ist sie immer da. „Hab mich so sehr wohl jefühlt. Ich war da, wenn der Sohn vonner Schule beziehungsweise Uni kam, war immer n Mensch, der sich- der alles erst erzählen mußte und wenn denn keiner dajewesen wäre (emphatisch) – wäre velleicht auch verschiedenes schiefgelaufen (...) er hatte immer den Ansprechpartner, seine Mutter" (74). Die Familie hat oberste Priorität. Gut, wenn sich Beruf und Sorge um die Familie vereinbaren lassen und sie auch mal „rauskommt". Wird aber die Familie durch die Berufstätigkeit vernachlässigt, fällt die Entscheidung eindeutig zugunsten der Familie aus. Brigitte Falkenstein betont, und ist stolz darauf, daß ihr Sohn kein Schlüsselkind ist. Wenn Brigitte Falkenstein erwerbstätig ist, dann nur solange ihre eigentlichen Pflichten nicht zu kurz kommen. Bei ihr ist die Erwerbstätigkeit ausschließlich ein „Hobby", ein „Spaß", etwas um „mal rauszukommen". Sie ist weder notwendig für den Unterhalt noch sind damit irgendwelche weiterreichenden Pläne verbunden. Und ihre Entscheidung wird in ihrer Sicht durch den Erfolg legitimiert. Hätte sie berufliche Ambitionen gehabt, wäre ihr Sohn vielleicht auf die schiefe Bahn geraten.

PARTNERSCHAFT UND FAMILIEN-LEBEN. Der Beruf ist in Brigitte Falkensteins Leben klar zweitrangig. Priorität hat, daß sie „ebend für die Familie da" ist und der Sohn zu jeder Zeit einen „Ansprechpartner (...) sein Zuhause" hat. Wie sieht nun dieses Familien-Leben aus? Auf die Frage, ob sie und ihr Mann viel zusammen unternommen („gemacht") haben, antwortet Brigitte Falkenstein

Immer, immer, wir ham Camping damals jemacht – immer mit dem Sohn bis – ach, da hat er schon studiert (verhalten, emphatisch) – bis er praktisch seine Frau kennengelernt hat. Also wir waren niemals jetrennt in diesem Sinne, daß der Sohn die eigenen Wege jegangen wäre, wir waren ne Familie, wie man das so, früher äh – hatte, daß man ebend einer fürn andern da is und einsteht, und nich (emphatisch) – dat se schon mit achtzehn ausziehen und – wollen ihr eigenes Leben leben, so war das bei uns. (9f)

Familie sein bedeutet für Brigitte Falkenstein Zusammen-(zu)-*Sein*. Damit wiederholt sie eine bereits zitierte Figur, nämlich daß „Zuhause" gleichbedeutend damit ist, einen Ansprechpartner zu haben. Familie ist nur existent als konkrete sinnliche Erfahrung, als „Zusammen-Leben" im wahrsten Wortsinne. Mit dem abstrakten Wissen darüber, daß man Familie *hat*, daß es die Anderen – wo auch immer – gibt und sie im Fall des Falles da *wären*, kann Brigitte Falkenstein nichts anfangen. Erst etwas zusammen machen, zusammensein konstituiert für sie Familie. Eigene Wege haben darin keinen Platz. In ihrer Sicht kann man nur füreinander einstehen, wenn man tatsächlich *da* ist. Das abstrakte Füreinander-Einstehen und Füreinander-Da-Sein wird erfahrbar erst in tatsächlicher konkreter An-Wesen-heit. Und ihre Familie ist 'da'. Wie Brigitte Falkenstein betont, unternehmen Vater, Mutter und Sohn fast alles gemeinsam, der Sohn kommt sogar bis in die Studienzeit (bis er eine Freundin kennenlernt) mit den Eltern zum Campingurlaub mit. Auf diese unhinterfragte, selbstverständliche und „harmonische" Gemeinschaft ist Brigitte Falkenstein stolz.

In dieser Welt haben Andere keinen Platz, 'Andere' stehen außerhalb dieser intimen Gemeinschaft. Wie Brigitte Falkenstein sagt, haben sie und ihr Mann eigentlich keine *Freundschaften*, sondern nur Bekannte, zumeist andere Ehepaare:

... wie gesagt, wir hatten uns – und wir hatten unsere Bekannten, die man mal alle paar Wochen mal sah, aber irgendwie, äh – ne Freundschaft, die alle acht Tage (gedehnt) oder so, das hatten wir nicht, nicht wir brauchten auch keinen, wir waren uns drei jenug. (32)

Freundschaften, und damit meint Brigitte Falkenstein offenbar andere Menschen, die man häufiger sieht, braucht diese Familie nicht, die drei sind sich „genug". In dieser Äußerung wiederholt sie, bezogen auf die ganze Familie, das bereits angeführte Argument. Nach der Heirat sind enge Freundschaften im Grunde überflüssig, da dann der Ehepartner der Hauptansprechpartner ist.

1970, ihr Sohn ist gerade dreizehn Jahre alt, fährt Herrn Falkenstein im Betrieb ein Kranwagen über beide Beine. Ein Schienbein wird zertrümmert, ein Fuß ist gebrochen. Fast zwei Jahre dauert die von Krankenhausaufenthalten unterbrochene Rehabilitation, dann wird Herr Falkenstein mit 49 Jahren frühverrentet. Bereits kurze Zeit vor dem Betriebsunfall war die Nachfrage nach den Versuchstieren zurückgegangen und Brigitte Falkenstein hatte sich bereits eine andere Tätigkeit, den Verkauf von Haushaltsartikeln auf Märkten, gesucht („ergab sich wieder"). Als die Firma, von der sie diese Waren bezieht, Konkurs macht, hört sie mit der Arbeit auf. Nach dem Unfall ihres Mannes sucht sich Brigitte Falkenstein keine neue Tätigkeit mehr:

... naja, mein Mann war – ich meine, pflegebedürftig kann man nicht sagen, aber wenn einer nicht da war, denn hat sich der Andere nicht wohlgefühlt. Also wir haben sehr – zusammen gehangen, alle. Sohn, Mann, und ich. (...) det hätte mein Mann nie verkraftet, daß ich arbeiten gehen hätte müssen oder daß er zu Hause wäre, also das wäre nicht gegangen, also det wär --, dann wär auch für ihn das Leben zu Ende gewesen. (8f)

Noch einmal wird deutlich, wie sehr die Familie „zusammenhängt". Nicht nur wenn der Sohn nach Hause kommt, hat die Mutter dazusein, auch wenn der Mann zurückkehrt. Und wenn er den ganzen Tag zu Hause ist, bleibt seine Frau auch dort. Betont werden muß hier noch einmal, daß dies Orientierungen von Brigitte Falkenstein sind. Ob das Leben ihres Mann tatsächlich vorbei gewesen wäre, wenn sie nach seiner Verrentung erwerbstätig gewesen wäre, steht auf einem anderen Blatt. Aber sie selbst sieht es so und verzichtet scheinbar ohne Bedauern auf eine weitere Erwerbstätigkeit. Jetzt wird sie ganz zu Hause gebraucht. Nicht vergessen werden darf aber dabei, daß sich mittlerweile auch objektiv ihre Handlungsspielräume für einen beruflichen Wiedereinstieg erheblich reduziert haben. Brigitte Falkenstein ist 43 Jahre alt und seit langer Zeit aus dem gelernten Beruf heraus. Wie sie selbst an späterer Stelle sagt, „wer hätte mich zu dieser Zeit schon genommen" (9).

Der Unfall und die Verrentung ihres Mannes sind für sie „'n Einschnitt ins Leben, das ist klar" (78). Schwierigkeiten oder Spannungen gibt es aber scheinbar nicht, als nun alle drei zu Hause sind. Auf die Frage, ob es für Sie eine große Umstellung ist, daß ihr Mann im Ruhestand ist, antwortet sie:

... im Gegenteil, es war herrlich, sag ich Ihnen ganz ehrlich. Ich meine, viele Frauen sind froh, die Männer sind aus'm Haus. Das war bei uns nich (...) Ich=sag ja wir waren, wie ne einjeschworene Familie, wir fanden det herrlich (emphatisch)(...) Wir konnten in Urlaub fahrn, wann wir wollten, wielange wir wollten, solange es Geld reichte, wir konnten machen, was wir wollten. (...) Gemeinsam (betont, gedehnt; klingt streng) (...) Nich daß einer, äh äh n Kneipengänger oder sowas, das war nich. Wenn, dann gingen wir jemeinsam (13f)

In Brigitte Falkensteins Darstellung erscheint die Verrentung ihres Mannes wie eine Befreiung von allen äußeren Zwängen. Die drei können jetzt machen, was sie wollen, zumindest solange das Geld reicht. Die Familie kann nun das sein, was sie in Brigitte Falkensteins Perspektive sein sollte, eine eigenständige und autonome Einheit, die nur noch dem gemeinschaftlichen Wollen, dem eigenen Wir unterworfen ist. Der Abschluß nach draußen ist nahezu perfekt, betont besonders durch die Bezeichnung „eingeschworene Familie". Dieser Ausdruck wird eigentlich im Zusammenhang mit „eingeschworener Gemeinschaft" verwendet, einer Gemeinschaft mit geheimbündlerischen Qualitäten: abgeschottet nach und unverstanden von außen, nach innen aufs engste miteinander verbunden, wenn auch auf Kosten der eigenen Individualität. Abwege Einzelner, beim Sohn in Cliquen oder dunkle Szenen und beim Mann in die Kneipe, bedrohen das Ganze. „Gemeinsamkeit" ist die Devise. Erinnert wird man an den Schlachtruf der drei Musketiere „Einer für alle und alle für einen". Der eine gibt sich der Gemeinschaft hin, dafür aber steht auch die Gemeinschaft für diesen ein. Durch Gemeinsamkeit konstituiert sich Gemeinschaft.

Acht Jahre später, als der Sohn im Studium seine spätere Frau kennenlernt, ist dies in gewisser Hinsicht genauso einschneidend wie zuvor die Frühverrentung von Herrn Falkenstein. Zumindest partiell ist ihr Sohn der familiären Gemeinschaft entzogen. Beispielsweise fährt er seitdem nicht mehr mit den Eltern in den Urlaub. Doch auch nach seiner Heirat fünf Jahre später entfernt er sich nicht weit von den Eltern. Das junge Paar zieht in den oberen Stock des Falkensteinschen Hauses. Die Haushalte sind zwar getrennt, aber die Familien sehen sich ständig, in Grenzen gibt es noch einen gemeinsamen Alltag. Auf das gute Verhältnis ist Brigitte Falkenstein stolz:

Ich mache meins und die machen ihrs (...) gibt keine Probleme, wir ham sehr gutes Verhältnis auch mit Schwiegertochter – also wir leben – so wie's selten ist. Trotzdem wir in einem Haus wohnen. (7)

Mit diesem Arrangement scheint Brigitte Falkenstein zufrieden zu sein, verglichen mit anderen Arrangements, bei denen die Kinder weit entfernt leben. Vermutlich kann sie akzeptieren, daß ihr Sohn – im übertragenen Sinne – 'das Haus verläßt', weil er es eben gerade nicht verläßt, sondern im gemeinsamen Haus einen eigenen Haushalt gründet. Wie sie selbst an anderer Stelle sagt, „muß man das akzeptieren", daß sich die Kinder eben verändern und erwachsen werden. Zudem ist ihr dieses Arrangement wohl vertraut, sie kennt es aus eigener Erfahrung. Als ihr eigener Vater Mitte der 50er Jahre verrentet wurde, zogen auch ihre Eltern mit in das Haus ein. Die Eltern wohnten bis zum Tod Mitte der siebziger Jahre im oberen Stock, wo jetzt der Sohn mit seiner Familie lebt, und das junge Ehepaar Falkenstein wohnte damals bereits im Erdgeschoß.

Es war auch ein sehr gutes Verhältnis, jeder hatte seine Wohnung und die Tür war zu (...) jeder machte seins. Wenn einer kam, okay, aber daß wir zusammen gekocht hätten oder zusammen gegluckt hätten oder sowas, (...) jeder machte seins (...) [Das Verhältnis war] harmonisch, friedfertig, nich dat einer den andern in Topf geguckt hat oder, das mußte so oder so machen oder so. Jeder hatte seins und so halte ich es jetzt auch. (36)

Augenscheinlich weiß Brigitte Falkenstein darum, wie prekär das Zusammenleben verschiedener Generationen sein kann. „Zusammen kochen oder zusammenglucken" bewertet sie negativ. Eine gewisse Distanz erscheint ihr – zumindest aus der Sicht des Kindes – notwendig, jede Kleinfamilie muß „seins", muß ihren eigenen Bereich haben („Tür zu"). Dadurch ist dann auch wieder Nähe möglich, „so wie's selten ist". Auf bekannte Formeln gebracht, brauchen in intergenerationellen Beziehungen „Intimität Abstand" (Tartler 1961) und „Nähe Distanz" (Rosenmayr/Köckeis 1965).

AKTIVITÄTEN UND AUßERFAMILIALE BEZIEHUNGEN: GESELLIG UNTER MENSCHEN SEIN. Mindestens eine greifbare Konsequenz scheint die Tatsache, daß Sohn Falkenstein jetzt nicht mehr uneingeschränkt zu ihrer Gemeinschaft gehört, zu haben. Ungefähr zur selben Zeit als er seine Freundin kennenlernt, werden Herr und Frau Falkenstein Mitglieder in einem Dackelverein. Wie kommt es dazu?

Tja Gott, das bot sich an, der Verein war damals hier bei uns in (...) [Ortsteil von Berlin-Tempelhof], da is man da mal vorbeigegangen, is da mal reingegangen, denn hat man gesagt, och Gott, na könntst ja mal öfter mal gehen, nich und seitdem – hat sich das dann so -

- langsam ebend gesteigert, aber irgendwelche Funktionen oder sowas hatten wer nie. Wir waren ebend Mitglieder – (...) [Nachfrage, ob sie dort über Bekannte reingekommen sind] nicht über Bekannte, da sind wir vorbeijegangen, - mit unserm Hund (emphatisch) und – dann geht man ma rein und kuckt und fragt und dann wird man da gleich empfangen irgendwie und, es is dann irgendwie n gleiches Interessengebiet, nich. (10f)

Auch die Mitgliedschaft im Hundeverein ergibt sich wieder 'einfach so'. Der Verein liegt nicht nur im übertragenen Sinne, sondern auch faktisch 'nahe', nämlich direkt um die Ecke. Beim Hundespaziergang kommt das Paar zufällig dort vorbei. Der Hund ist der Anknüpfungspunkt („gleiches Interessengebiet"), darüber läßt sich immer sprechen: 'wie hübsch Ihr Hund ist!', 'Rüde oder Hundedame?', 'wie freundlich der guckt' etc. Ein Wort gibt das andere, es bleibt der Eindruck, freundlich empfangen worden zu sein, und beim nächsten Spaziergang „guckt" man mal wieder „rein". Warum Falkensteins nun gerade jetzt dort häufiger vorbeischauen, den Verein mag es doch schon länger geben, thematisiert Brigitte Falkenstein nicht. Auch wenn der Verein sich gerade erst neu in dieser Gegend angesiedelt hat, bleibt die Frage, warum das „Interesse" an Hunden Falkensteins nicht schon früher bewogen hat, einen anderen Verein aufzusuchen. Aufschlüsse gibt ihre Antwort auf die Frage, was sie denn eigentlich dort machen. Worum geht es in dem Verein?

I: Was haben Sie da gemacht?
F: Neja, gemacht gar nichts, das ist ebend die Geselligkeit, im Verein und die Ausstellungen und; also unter Menschen zu sein. Nich. (...) gehn zu Treffen und so - wie gesagt zu Veranstaltungen, wenn Hunderennen ist oder Zuchtschau is oder Weihnachtsfeier ist oder Stiftungsfest. Es gibt ja da immer äh n Grund, um irgendwie (leise lachend) die Leute zusammenzukriegen. (10f)

Falkensteins geht es vor allem um Geselligkeit, darum „unter Menschen zu sein". Die gleichen Interessen sind nur der Anknüpfungspunkt, Motto und Thema dieses Beisammen-Seins. Im Vordergrund steht nicht, das Wissen und die Sachkenntnis über Hunde auszutauschen und zu erweitern. Ein ausgeprägtes intrinsisches Interesse an Hunden kann bei Falkensteins zwar nicht ausgeschlossen werden, aber es ist kein Motor für größere Anstrengungen wie die Übernahme von Funktionen oder die Fahrt zu einem weiter entfernt angesiedelten Verein. Da der Verein aber in der Nähe ist, bietet das Interesse an Hunden eine Grundlage für Geselligkeit. Das Thema kommt gelegen, weil man sich dafür interessiert. *Letztlich* aber geht es nicht darum. Der Anlaß für Geselligkeit ist beliebig. Ob Falkensteins in den Verein eingetreten wären bevor ihr Sohn anfängt, eigene Wege zu gehen, läßt sich nicht eindeutig sagen. Aber angesichts ihres spezifischen Interesses an Geselligkeit und Brigitte Falkensteins Äußerung, daß die drei sich „genug" waren, liegt die Vermutung nahe, daß nun, als einer dieser drei aus der Gemeinschaft ausschert, mehr Raum und auch Bedarf nach anderen Kontakten, anderen „Gemeinschaften" besteht. Mit der Umorientierung von der eingeschworenen Familie zur Partnerschaft kommt es also – zumindest bezogen auf „Geselligkeit" – zu einer Öffnung der Partnerschaft nach außen. Dabei scheint diese Öffnung nicht dadurch ausgelöst, daß das Ehepaar nicht gerne auch Zeit zu zweit verbringt. So hätte ihr Mann seine Mithilfe im Haushalt kommentiert mit den Worten „eher wir – Du mit der Wohnung fertig bist, um so mehr haben wir Zeit für uns". (66)

SITUATIVE FREUNDSCHAFTEN. An dieser Stelle soll Brigitte Falkensteins Orientierungsmuster, bezogen auf außerfamiliale Beziehungen, von dem bereits verstreut einzelne Aspekte angesprochen wurden, insgesamt und mit Bezug auf ihre Familien- und Partnerschaftsorientierung dargestellt werden. Während der Schulzeit hat Brigitte Falkenstein keine „Freundschaft in dem Sinne, wie es heute ist", „aufgebaut". Dafür macht sie die damaligen Umstände, ihre Schul- und Klassenwechsel, verantwortlich. Und wenn Freundschaften über die Schule hinausgegangen seien, gehen sie spätestens bei der Heirat auseinander:

... und wenn das [ne Freundschaft] dann wirklich war, durch die Heirat – dann hatte man andere Interessen – und=dann besprach man die Sachen mit dem Mann und nicht mit der Freundin (33).

In diesem Zitat stecken zwei wesentliche Aspekte. Die Heirat bedeutet zum einen – wie oben ausgeführt –, daß der Partner nun der Hauptansprechpartner ist und enge Freundschaften sich dadurch erübrigen. Zum anderen konstituiert die Heirat auch andere „Interessen", die Relevanzsetzungen verschieben sich, wobei für diese neuen Relevanzen der Partner die ideale Bezugsperson ist. An einer anderen Stelle, wo sie begründet, warum sich Kontakte „verloren" haben, sagt sie dies noch deutlicher:

Die ham jeheiratet, ich hab jeheiratet, jeder hatte dann andere Interessen, – also es hat sich nichts solange erhalten. (17)

Die Änderung des Familienstandes, Interessen und Freundschaften hängen in dieser Sichtweise unmittelbar miteinander zusammen: die Lebensumstände prägen die Interessen, die Interessen aber begründen letztlich die Freundschaften. Das aber heißt auch: ändern sich die Lebensumstände und damit die Interessen, ist den Freundschaften die Grundlage entzogen. Für Brigitte Falkenstein scheint dies ganz normal und selbstverständlich zu sein. Ihre außerfamilialen Beziehungen lassen sich durch vier Merkmale kennzeichnen: Erstens sind diese Beziehungen stark von *Lebensumständen* und von diesen bestimmten Interessen abhängig. Zweitens sind sie nicht an spezifische Personen gebunden, die als Person X oder Y wichtig sind, weil man mit ihnen z.B. gemeinsame Erfahrungen teilt. Das Personal dieser Beziehungen ist austauschbar. Die Personen sind nicht wichtig, weil – drittens – die *Beziehungen* als solche nicht wichtig sind. Denn der Ehepartner ist die erste und wichtigste Bezugsperson und – lax ausgedrückt – kommt danach lange nichts. Insbesondere Intimitäten – in dem Sinne, daß man alles Persönliche miteinander bespricht – sind ausschließlich dem Partner vorbehalten. Mit Anderen, wie den Bekanntschaften im Hundeverein, teilt man beispielsweise „Geselligkeit". Und auch dies ist bei Brigitte Falkenstein erst verstärkt der Fall, nachdem die Familiengemeinschaft von Vater, Mutter und Sohn aufgebrochen ist. Die spezifische Bedeutung des Partners scheint die Bedeutung anderer Beziehungen mitzubestimmen. Zumindest sind sie nicht unabhängig voneinander (Netzwerkperspektive). Viertens hat das Ehepaar Falkenstein außerhalb des Vereins außerfamiliale Bekanntschaften ausschließlich zu anderen *Paaren*, die die beiden u.a. im Hundeverein oder auf Reisen kennenlernen und die sie immer gemeinsam treffen. Aus der Zeit vor der Ehe sind keine Beziehungen erhalten geblieben, weder von Brigitte Falkenstein noch von ihrem Mann. Herrn Falkensteins Freunde seien im Krieg gefallen (17)[6]. Zu ergänzen ist, daß nach der Frühverrentung von Herrn Falkenstein auch die Gelegenheitsräume, die die Erwerbstätigkeit für das Anknüpfen von Freundschaften hätte bieten können, wegfielen. Bei den neu gewonnenen Bekanntschaften ist unklar, was die Paare eigentlich miteinander verbindet. In Brigitte Falkensteins Ausführungen bleiben diese Beziehungen gesichtslos. Da sie aber schlicht nichts dazu sagt, kann nicht geschlossen werden, daß diese Beziehungen damals bedeutungslos waren. Über die genaue Bedeutung dieser Beziehungen geben erst ihre Veränderungen nach dem Tod von Herrn Falkenstein Auskunft.

4.1.2 Der Tod des Partners: Eine Welt bricht zusammen

1989 wird bei Herrn Falkenstein Speiseröhren- und Magenkrebs festgestellt. Er muß operiert werden, danach pflegt ihn seine Frau zu Hause. Er kommt nicht wieder auf die Beine und stirbt ein Vierteljahr darauf mit 69 Jahren. Seine Frau ist 63 Jahre alt. Was waren nach seinem Tod die größten Veränderungen für Brigitte Falkenstein?

Ja, es is für mich eine Welt zusammenjebrochen(...). Das is- is klar, man is so lange mit 'm Menschen – nie jetrennt jewesen, außer diese Krankenhausaufenthalte [nach seinem Betriebsunfall], und mit einem Mal is diese wahnsinnije Leere da, also ähäh (tief atmend), das kann man – ä ä das kann man nich schildern (...) das, man is plötzlich alleine, es is keiner da, der mit einem spricht oder=äh (atmet tief), es is als wenn die Hälfte von einem selber, auch mit – stirbt. Verstehen Sie, wie ich das meine – So (atmet aus) (2 Sek.). Es dauert ewig, bis man das begreift, daß derjenige nie wiederkommt, man träumt des Nachts von – is alles nur 'n Traum oder ähäh (atmet tief, stockt, 4 Sek.), man muß ebend damit fertig werden, daß derjenige nicht mehr da is und das dauert. Det geht nich von heut=uff morgen, also. Und Hilfe – der Hausarzt hat mir jeholfen (mit brüchiger Stimme), indem er mit mir

---

6   Dies wird häufig in den Interviews berichtet. Zu berücksichtigen ist, daß es sich bei den Befragten um die Kohorte der 1920 bis 1930 Geborenen handelt. Die älteren befragten Männer sowie fast alle Ehepartner der befragten Frauen gehörten zu jüngsten Kohorten, die noch im Krieg eingesetzt wurden und bei denen die Verluste besonders stark waren.

jesprochen hat, seine Frau, die is ja Art Psychologin, ham wer denn öfter dann jesprochen darüber, das hat mir dann auch jeholfen – es is wahnsinnig schwer, damit sich abzufinden. (15f)

Bei der Frage nach den größten Veränderungen fällt Brigitte Falkenstein wieder in den Schock der damaligen Situation zurück. Mühsam ringt sie nach Worten. Zugleich ist es eine der ausdrucksstärksten Passagen des Interviews. Mit dem Tod ihres Mannes bricht ihre „Welt" zusammen, mit ihm stirbt eine „Hälfte" von ihr selbst. Die in diesen Ausdrücken zum Vorschein kommende emotionale Betroffenheit verwundert wenig, bedenkt man, welch enormen Stellenwert ihr Mann in Brigitte Falkensteins Leben hatte. Zwei Aspekte sind besonders hervorzuheben. Erstens war ihr Mann überall dabei, mehr als 40 Jahre lang, und insbesondere die letzten 18 Jahre seit seiner Frühverrentung haben sie „alles gemeinsam" gemacht und waren „nie getrennt". Alles haben sie geteilt und sich mitgeteilt, ihr Mann war ein Teil („Hälfte") ihrer selbst: physisch selbstverständlich präsent und stets ansprechbar. Aber nicht nur das. Zweitens gab er ihrem Leben auch Sinn („Welt"), ihre Welt war um ihren Mann und die Familie zentriert. Die Familie hatte immer oberste Priorität. Zwar war sie erwerbstätig, doch jederzeit war sie bereit, dieses „Hobby" zugunsten der Familie aufzugeben. Brigitte Falkenstein hat sich nie eigene Ziele gesetzt, keine eigenständigen Lebensbereiche (ein „Stück eigenes Leben") entwickelt – und war auch nie dazu gezwungen. Im Gegenteil mögen die letzten 18 miteinander verbrachten Jahre die starke Bezogenheit auf den Partner weiter zementiert haben[7]. Insgesamt kann ein Leben wohl kaum mehr mit dem eines anderen Menschen verwoben sein. Die jetzt eintretende „Leere" ist Leere im doppelten Sinne, sowohl physische Verletzung wie Sinnlosigkeit. Diese Leere macht Brigitte Falkenstein „wahnsinnig" und läßt sich anderen Menschen kaum vermitteln. Hinter diesen Umstellungen treten andere Veränderungen, wie 'alltagspraktische' Probleme, ganz in den Hintergrund, „das andere (...) das verschwindet dann alles" (30).

... Nich. – Der Anfang is wahnsinnig schwer, denn weiß man, da hat er drin jesessen, der Mann oder, äh in dem Bett hat er jeschlafen oder irgendwie [stockt], man sucht ihn dann manchmal des Nachts (atmet tief), ähäh also bis man - wie jesagt, man muß erst (atmet scharf ein) soweit sein, daß man das erkennt, 'es gibt, kein, Wiedersehen, es gibt kein, Zurück'. Und wenn Se das nich – hundertprozentig mit sich, also in sich abjemacht haben (atmet tief, 2 Sek.) und n bißchen weiterleben wolln Se ja dann im Endeffekt auch und sagen: 'Die Tür is zu!' (emphatisch). (23f)

In diesem Zitat kommen noch einmal die unterschiedlichen Aspekte zusammen. In ihrer Wohnung wird Brigitte Falkenstein überall an die Gegenwart ihres Mannes erinnert. Manchmal sucht sie ihn und will es nicht wahrhaben, daß er nicht wiederkommt und einfach wieder in seinem Sessel sitzt, daß er und mit ihm die gemeinsame Vergangenheit unwiederbringlich verloren sind

---

7   Man ist versucht, diese Art der Bezogenheit als symbiotische Grundstruktur zu identifizieren. Diese Art psychoanalytischer Deutung (z.B. Bude 1987) wird hier vermieden.

(„die Tür ist zu"). Wenn sie selbst aber wenigstens noch „ein bißchen [!] weiterleben" will, *muß* sie realisieren, daß dieses gemeinsame Leben vorbei ist, sonst kann sie sich nicht auf einen neuen Lebensabschnitt einstellen, den sie selbst alleine gestalten muß. Aber ihr fällt es schwer, sich von der Vergangenheit zu lösen. Dies zeigt sich beispielsweise darin, daß sie in der Wohnung nichts verändert hat, obwohl sie dort „alles" – jedes Möbelstück, das sie gemeinsam ausgesucht, aufgebaut und benutzt haben – an ihren Mann erinnert. Andere Interviewpartner haben nach dem Tod des Partners ganz bewußt die Einrichtung umgestellt oder Einrichtungsgegenstände ausgetauscht, zum Beispiel sofort nach dem Tod des Partners dessen Kleidungsstücke weggegeben oder sich ein neues Bett angeschafft. Auf diese Weise wird in dieses gemeinsame Terrain etwas neues Eigenes hineingesetzt, was nicht die Vergangenheit verkörpert und Ausdruck eines Schnitts ist. Unklar ist, wieweit Brigitte Falkenstein die Trauerphase zum Zeitpunkt des Interviewtermins – vier Jahre nach der Verwitwung – bereits überwunden hat. Formulierungen wie die, daß es „ewig" dauert und „schwer ist", sich damit abzufinden, deuten jedenfalls daraufhin, daß sie diesen Verlust bis heute zumindest nicht *ausgleichen* konnte.

In der damaligen Situation, direkt nach dem Tod ihres Mannes, helfen ihr neben der Familie auch Professionelle, also einerseits sehr nahestehende vertraute Personen, andererseits aber auch ganz Fremde. Ein Arzt und eine Psychologin sind wichtige Ansprechpartner, denen sie ihr Herz ausschüttet. Bei ihrem Sohn und ihrer Schwiegertochter hat sie dieses Bedürfnis der Aussprache scheinbar nicht, mit ihnen möchte sie einfach zusammensein, „aber nicht immer wieder über dasselbe zu sprechen" (49). Wie sie sagt, möchte sie sich im Kreis der Familie „ablenken". Warum aber will sie hier nicht sprechen, wenn sie doch – wie sie ja betont – eigentlich das Bedürfnis danach hat? Der wesentliche Unterschied zwischen Familienmitgliedern und Professionellen ist, daß sie mit ersteren in engen privaten Beziehungen verbunden ist und diese selbst vom Tod des Vaters oder Schwiegervaters betroffen sind. Denkbar wäre, daß der Sohn so unter dem Tod seines Vaters leidet, daß er seiner Mutter gar nicht helfen kann oder nicht mir ihr darüber sprechen möchte. Die Verbundenheit kann aber auch bedeuten, daß Brigitte Falkenstein allein schon das Zusammensein mit der Familie das Gefühl gibt, aufgehoben zu sein, ohne daß noch einmal verbal ausgedrückt werden muß, daß ihre Familie den Schmerz teilt und sie versteht. Schließlich ist aber auch möglich, daß die Familie ihr in gewisser Weise 'zu wichtig' ist. Wenn sie einmal reden würde, könnte sie vielleicht nicht mehr aufhören. Wer aber 'ständig' seine Trauer zeigt, zeigt damit auch Schwäche. Vielleicht muß Brigitte Falkenstein ihrer Familie und sich selbst beweisen, daß sie stark genug ist bzw. sich zumindest bemüht, und damit nicht ausschließlich auf die Hilfe der Familie angewiesen und nicht von ihnen abhängig ist. D.h. entweder ist ihr die Familie zu nahe, und das gerade hilft ihr (positiv), oder die Familie ist Brigitte Falkenstein zu wichtig, mit der Konsequenz, auf den verbalen Ausdruck ihrer Trauer zu verzichten (wenn sie etwas zurückhalten *muß*, wäre dies defizitär). Ausschließen läßt sich anhand dieser kurzen Passagen keine der beiden – durchaus miteinander vereinbaren – Alternativen. Beide Aspekte werden bei Brigitte Falkensteins Verhältnis zu ihrer Familie noch einmal aufgegriffen und geprüft.

4.1.3 Längerfristige Veränderungen der Integration: Familiengrenzen und situative Freundschaften

BEKANNTE ZIEHEN SICH ZURÜCK: FRAGILE BEZIEHUNGEN. Freunde oder Bekannte tauchen in Brigitte Falkensteins Schilderung der Zeit nach der Verwitwung nicht auf. Sie waren Brigitte Falkenstein keine Hilfe, im Gegenteil:

F: Freunde und Bekannte, wissen Sie, es ist leider so, zur Beisetzung sind sie noch ziemlich vollständig, denn kriegen Se noch einen Anruf, – und dann is das Feierabend. – Dann meldest sich auch keiner mehr – und wenn Sie dann anrufen, ja, dann ham se keine Zeit und dann ham se keine Zeit und 'des geht nich', dann läßt man es. -

I: Das heißt, da sind dann wirklich Freundschaften kaputtgegangen #danach?#

F: #Ja.# Ja. Ja. Also kaputt kann man nich sagen (atmet tief, 2 Sek.), weil ma dann jesagt hat, wozu. – Es is ja doch keiner da und wenn du dann irgendwie mal n Besuch machen willst 'Ach, wir haben Besuch' oder 'Des geht nich' und – dann läßt man es, wenn man das Jefühl hat, man is da nich gern jesehen (2 Sek.).

I: Was haben Sie - oder was denken Sie, woran das liegt also,

F: Entweder hatten sie selber Angst, daß man vielleicht den Mann wegnehmen will (mit bitterem Lachen) oder – ich weiß es nich. Oder sie wollen damit nicht konfrontiert werden, mit dem ganzen (atmet tief, 1 Sek.) Leid, was man da durchmachen muß -, daß sie da abblocken, abschotten, ich kann Ihnen da keine Antwort drauf geben (2 Sek.)

I: Was hätten Sie in der Situation erwartet oder sich gewünscht (...)

F: Nicht Zuspruch, des is Quatsch, aber irgendwie daß man mal reden kann. (...) Es hat heute doch jeder mit sich selbst zu tun (16)

Und etwas später fährt sie fort:

Und wenn man dann ein zwei mal 'Ach, heute gehts nich und morgen kann ich nicht und übermorgen auch nicht', na, denn hat man schon das Jefühl von vornherein, (...) Dann läßt man das, wenn man so das Jefühl hat 'Du bist nich gern jesehn' und ick bin darin vielleicht sehr feinfühlend und – würde vielleicht jeder Andere auch sein, aber – denn läßt man es, dann baut man sich sein Leben auf, irgendwie anders. Dann versucht man mehr alleine zu sein (2) ick habe mein Hund – hab mein Auto (18f)

Nach dem Tod ihres Mannes gehen fast alle außerfamilialen Beziehungen von Brigitte Falkenstein auseinander. Auf meine Nachfrage korrigiert sie mich: „kaputtgehen" sei nicht der richtige Ausdruck. Möglicherweise impliziert „kaputtgehen" für sie einen offenen Bruch, mindestens aber meint es für sie, daß diese Beziehung ihr etwas bedeuten muß, was dann auch kaputtgehen kann. Wenn die Anderen sich aber unter fadenscheinigen Begründungen zurückziehen, gibt es für sie auch nichts mehr, was noch kaputtgehen kann

(„wozu"). Dann „läßt" sie es auch. Dieser Interpretation entspricht, daß sie diese Ereignisse auf die Frage nach Enttäuschungen in ihrem Leben nicht nennt: „Ick bin 'n Mensch, was nicht is, is nicht (...) kann doch keinen zwingen, mit mir ne Freundschaft zu haben, wenn er nicht möchte" (77). Wenn jemand ihr das Gefühl gibt, daß sie nicht gern gesehen ist, dann handelt es sich auch nicht um eine Freundschaft und insofern kann sie von diesen Freundschaften auch nicht enttäuscht werden. Brigitte Falkenstein paßt sich an die Deutungen ihrer Umgebung an. Was aber enttäuscht wird, ist ihre Erwartung, mit diesen Menschen zu „reden", etwas von dem loswerden zu können, was ihr nach dem Tod ihres Mannes auf der Seele liegt. Das ist nicht möglich, im Gegenteil bleiben die Bekannten ganz weg. Warum? Was ist in diesen Beziehungen passiert? Erinnert sei hier daran, daß Falkensteins ausschließlich Beziehungen zu anderen Ehepaaren hatten. Daß Beziehungen zu Paaren häufig nach der Verwitwung abbrechen, wird von fast allen Interviewpartnern angesprochen. Dies scheint kein Zufall zu sein. Frau Falkenstein erklärt sich den Rückzug der Paare u.a. damit, daß diese „nicht damit konfrontiert werden [wollen] mit dem ganzen Leid". Wenn sich die anderen Paare abschotten, dann trägt Brigitte Falkenstein einen Anspruch an die Beziehung heran, der das Paar vielleicht überfordert. In jedem Fall deckt er sich nicht mit der Beziehungsdefinition des Paares. Wenn Brigitte Falkensteins Trauer und Leid in dieser Beziehung keinen Platz hat, waren die Paare nicht an ihr *persönlich* und an ihrem Schicksal interessiert (ein Aspekt, der bereits oben entwickelt wurde). Wenn „über-sich-sprechen" deplaziert ist, geht es um etwas anderes. Was hat die Paare miteinander verbunden? Da sich die Paarbeziehungen sang- und klanglos verflüchtigt haben, muß der Tod des Partners auch die Verbindung zwischen den Paaren durchtrennt haben. Eine besondere Beziehung zu ihrem *Mann* wäre denkbar, doch sie scheint es nicht gewesen zu sein. Herr Falkenstein brachte keine eigenen Freunde mit in die Ehe, zu Arbeitskollegen von ihm bestand kein privater Kontakt, und später machten Falkensteins alles gemeinsam. Was sich aber verändert hat, ist die *Struktur* der Beziehungsform. Von vormals vier Personen sind jetzt nur noch drei übrig. Und darauf verweist auch der zweite von Brigitte Falkenstein angesprochene Aspekt: die Eifersucht („Angst, daß man vielleicht den Mann wegnehmen will"). Eifersucht bedeutet, daß man als Eindringling in die Zweisamkeit der Ehe-Paar-Beziehung betrachtet wird. Wenn sie als Einzelne auf einmal stört oder zumindest glaubt zu stören, vorher aber – als sie Teil eines Paares war – das Zusammensein unproblematisch war, dann muß die vordringliche Situations- und Beziehungsdefinition gewesen sein, daß sich 'zwei Paare' treffen. Wenn die Paare nichts zusammengehalten hat, was die Strukturveränderung überbrückt, dann war die 'Paarsamkeit' konstitutiv für das Zusammensein. Möglicherweise haben sie sich vor allem über die Partnerschaften unterhalten. Bei Falkensteins ist jedoch naheliegender, daß vorrangiger Anlaß und Grund des Beisammenseins *Geselligkeit* war – wie es auch der Fall war bei ihrer Vereinsmitgliedschaft. In jedem Fall stört Brigitte Falkenstein in der jetzigen Konstellation. Hier ist sie als „Dritte" quasi Zuschauerin des Paares, und dadurch Eindringling: Die Einzelne akzentuiert das Paar, das sich nun als Paar 'rechtfertigen' muß. Der Abbruch der Beziehung ist kein Zufall, sondern der Beziehungsstruktur geschuldet. Die Umwandlung der Gemeinschaft von zwei Paaren zu einer Beziehungsform, in der dem 'übriggebliebenen' Paar eine Einzelperson gegenübertritt, beinhaltet spezifische, strukturell bedingte Veränderungen im Charakter des Zusammenseins, die den Bestand der Beziehung gefährden können. Offensichtlich kann es zu einem mis-match zwischen Beziehungsthemen und Beziehungsstruktur kommen. Wenn Geselligkeit der zentrale Kitt der Beziehung zwischen den Paaren war, stört Brigitte Falkenstein jetzt nicht nur mit ihrem neuen Thema, nämlich über sich und sie persönlich Berührendes sprechen zu wollen. Sie stört auch als Einzelperson: Geselligkeit ist zwischen Paar und Drittem nicht unbelastet möglich.

Wie steht es mit den Ausnahmen? „Ein einzigstes Ehepaar" (17) bleibt Brigitte Falkenstein erhalten, das Vorstandsehepaar aus dem Dackelverein, das sie seit 15 Jahren kennt. Sie sehen sich nicht sehr häufig, etwa alle zwei Monate im Verein, und zweimal im Jahr besuchen sie sich. Allerdings telefonieren sie häufiger. Wie sie sagt, gibt ihr dieses Paar das Gefühl, eine Freundschaft zu haben (58). Warum ist diese Beziehung nicht auch auseinandergegangen?

F: Ne Freundschaft geht nicht von heute auf morgen(...) hab ich irgendwie mal etwas (...), die sind auch dann immer (emphatisch) für mich da – kann ich nicht anders sagen. Nich.
I: In was für Situationen
F: Also, wegen Hund vor allen Dingen, nicht (2 Sek.)
I: Aber ist jetz nich unbedingt, daß Sie da von Problemen oder Schwierigkeiten erzählen würden oder #so#
F: #Nein# naja- auch, ja. Weil ich weiß, die Leute sind verschwiegen (...) weil sie ja auch unsere ganze Familienleben vorher kannten, wie wir alle zusammen waren (...). Wir telefonieren alle vierzehn Tage oder alle vier Wochen mal, aber es geht dann in großen Zügen nur über Vereinsprobleme oder Hundeprobleme oder sowas, nicht. Privat, das ist dann – zweitrangig oder drittrangig.
I: Und das ist, (...) mit beiden gleich also /F: ja, ja/ oder ham Sie da eher zu ihm /F: ja/ oder eher zu #ihr mehr#
F: #Is egal# ja. Das is wurscht. (58f)

In dieser Beziehung gibt es also ein Thema, das den Treffen einen übergeordneten Rahmen gibt, der unabhängig von der Beziehungsstruktur ist. Thema sind die Tiere, erst an zweiter Stelle stehen auch persönliche Dinge. Hier stehen nicht die zwei Paare im Vordergrund, sondern vier Personen, die durch das gemeinsame Interesse an Hunden miteinander verbunden sind. Bei diesem Thema scheint die Reduktion auf drei Personen keine bestandgefährdende Bedeutung zu haben. Da ein wichtiges Thema diese 'Sache' ist, wird die Struktur der Beziehungsform offensichtlich nicht machtvoll. So wirft diese Beziehung auch ein Licht auf die abgebrochenen Beziehungen: Nach der Verwitwung können Beziehungen zu Paaren durch sachliche Interessen im weitesten Sinne, welche unabhängig von der Beziehung sind, zusammengehalten werden. Umgekehrt gilt: wenn diese Bindungskräfte nicht vorhanden sind, stehen Paar und Einzelperson sich unverbunden gegenüber. Allerdings kann der Charakter der Beziehung sich in einem anderen Kontext verändern. Diese Erfahrung macht Brigitte Falkenstein, als sie mit dem Ehepaar verreist:

Wir hatten dasselbe Ziel und da sagten sie 'Mensch, dann fahr doch mit uns'. Es war sehr schön, aber nochmal würd ichs nicht machen, man fühlt sich dann immer so als drittes Rad am Wagen (58).

Die Beziehung überdauert zwar die Verwitwung, aber im Urlaub zu dritt fühlt sich Brigitte Falkenstein trotzdem überflüssig. Das überrascht nicht so sehr, ist doch ein Urlaub, in dem überwiegend über Hunde gesprochen wird, schwer vorstellbar. In dieser Situation tritt das Motto Geselligkeit vermutlich stärker hervor und damit auch die Konstellation 'zwei plus eins'. Hier spricht Brigitte Falkenstein dann allerdings nicht von Eifersucht oder Vergleichbarem. Jetzt ist sie selbst es, die sich unwohl fühlt. In der Struktur 'Zwei plus Eins' wird nicht nur die Paarheit akzentuiert. Auch dem Dritten kommt seine Einzelheit stärker zu Bewußtsein. In dem Paar wird er mit seiner Paar-Vergangenheit konfrontiert und damit auf das heute, auf sich und sein Alleinsein zurückgeworfen.

Wie baut sich Brigitte Falkenstein nun ihr Leben „irgendwie anders" auf? Wie gestaltet sie die verbleibenden Beziehungen, findet sie neue Kontakte?

WITWEN BLEIBEN IM NETZWERK: WIE AUS BEKANNTSCHAFTEN FREUNDSCHAFTEN WERDEN. Mit einer Ausnahme brechen also alle außerfamilialen Beziehungen zu Paaren ab. Trotzdem bleiben Brigitte Falkenstein Beziehungen erhalten, die sie in bestimmter Hinsicht 'intensiviert'. Neben einer Verkäuferin aus einer nahegelegenen Bäckerei, handelt es sich um die Mutter eines Schulfreundes ihres Sohnes (LK). Beide sind verwitwet. LK. beispielsweise, die Brigitte Falkenstein bereits seit fast dreißig Jahren kennt, verliert ihren Mann kurz nach Brigitte Falkenstein. Jahrelang haben sie sich nicht gesehen, aber etwa zur Zeit der Krankheit von Herrn Falkenstein „haben wir uns mal wieder getroffen" (21). Die Beziehung wird deutlich „enger, durch den Tod unserer Männer" (47f). Die beiden telefonieren heute täglich und treffen sich mindestens einmal in der Woche, sie besuchen sich dann oder unternehmen etwas gemeinsam. LK ist überhaupt die einzige Person außerhalb von Brigitte Falkensteins Familie, mit der sie etwas unternimmt, wie z.B. einen gemeinsamen Ausflug. Auf Nachfrage bezeichnet Brigitte Falkenstein sie heute als Freundin. Wie ist es dazu gekommen und was verbindet sie?

F: Eigentlich [sind wir] erst nach dem Tod ihres Mannes wieder zusammengekommen

I: Ham Sie das Gefühl, daß Sie sie besser verstehen kann, weil sie dasselbe erlebt hat so in #der Hinsicht#?

F: #ja!# ja, ja, ja, da kann einer dem Anderen mal sein Herz ausschütten. Man urteilt über vieles anders, wenn man alleine ist (...) so hat man immer für die ganze Familie entscheiden – und so muß man alles für sich selbst entscheiden. (22)

Der Anknüpfungspunkt und das zentrale verbindende Element ist der Tod ihrer beiden Männer. Die beiden können einander verstehen, weil sie die Lage der Anderen aus eigener Erfahrung kennen. In dieser Beziehung kann Brigitte Falkenstein aber nicht nur ihr Herz ausschütten, hier tröstet sie auch selbst. Außerdem verschieben sich mit dem Tod des Partners die Perspektiven, Einstellungen und Bewertungen („anders urteilen"), und auch diesen Perspektivenwechsel hat die Freundin erlebt und kann ihn nachvollziehen. Deutlich wird hier wieder, wie sehr in Brigitte Falkensteins Verständnis von Bekanntschaften und Freundschaften die Interessen und damit auch die Beziehungen abhängig sind von den Lebensumständen.

[Nach dem Tod des Ehemannes ist die Beziehung] intensiver jeworden, weil wir praktisch dasselbe Schicksal haben und – dann versucht einer den andern aufzumuntern oder --, also darin sind wir uns beide ziemlich ähnlich (emphatisch), obwohl die Dame is auch zweienachtzig. (atmet tief) (...), man möchte lieber 'n bißchen gleichaltrije haben, die auch n bißchen mehr die gleichen Interessen haben (...) Aber da ich nun niemanden habe (...) Wir haben viele Gesprächsthemen und, es is keine alte Tutteltante, wie man so sagt (lachend) in dem Alter, und, daher geht das ganz gut, aber trotz alledem – zweienachtzig is ne Ansage, nicht. (31f)

Ihre Freundin teilt „dasselbe Schicksal", das verbindet sie. Im Prinzip kann Brigitte Falkenstein auch mit ihr über „alles" reden, was sie persönlich betrifft und berührt. Trotzdem äußert sie eine gewisse Kritik, zwar nicht an ihrer Freundin, aber doch an der Beziehung. Sie würde sich wünschen, daß sie mehr ähnliche Interessen hätten, wobei sie für die Unterschiede zwischen ihnen das höhere Alter der Freundin verantwortlich macht. Zu den die Interessen prägenden Lebensumständen gehören in Brigitte Falkensteins Erfahrung der Familienstand und auch das Alter. Zu denken gibt ihr das Alter der Freundin auch in anderer Hinsicht: die Endlichkeit dieser Beziehung ist offensichtlich und wird von ihr mit einer gewissen Sorge betrachtet. Aber gemessen daran, daß sie sonst keine engeren außerfamilialen Bezugspersonen hat („da ich nun niemanden habe"), ist sie froh über diese Freundschaft. Die Freundin ist ihr nah und wichtig. Eine derartige Freundschaft hat Brigitte Falkenstein bislang nicht erlebt.

Wie gesagt, wir hatten uns – und wir hatten unsere Bekannten, die man mal alle paar Wochen mal sah, aber irgendwie, – ne Freundschaft, die alle acht Tage (gedehnt) oder so, das hatten wir nicht, nicht wir brauchten auch keinen, wir waren uns drei jenug. (32)

So eine Art Freundschaft hat Brigitte Falkenstein vor der Verwitwung auch nicht gebraucht, ihr Mann war für alle Belange – insbesondere für Ansprache und Unternehmungen – zentraler Bezugspunkt. Daß diese Beziehung nun als

Freundschaft empfunden wird bzw. eine neuartige Qualität besitzt, liegt vermutlich auch schlicht daran, daß man sich nun zu *zweit* gegenübertritt. In dieser Form ist Intimität (d.h. ein direkter und unvermittelter Kontakt, bei dem persönliche Belange 'automatisch' leichter zur Sprache kommen) möglich, die es vorher mit Personen außerhalb der Familie nicht gab, weil man sich eben auch nie alleine mit jemandem getroffen hat. Interessant ist bei Brigitte Falkensteins Freundschaftsverständnis noch ein anderer Aspekt. Für die Kennzeichnung der neuartigen Bedeutung dieser Beziehung greift sie auf die *Häufigkeit* des Kontakts zurück. Dies ist kein Zufall. Auch bei dem befreundeten Paar aus dem Verein spielt die Häufigkeit des Kontakts eine Rolle für die Nähe, die sie zu ihnen empfindet. Dieses Paar plaziert sie im dritten Kreis des emotionalen Netzwerks, „weil sie zu weit weg wohnen und weil man sich zuwenig sieht" (59). Emotionale Nähe und Wichtigkeit sind bei Brigitte Falkenstein Funktionen der Häufigkeit des Kontakts. Dies erinnert an das konkretistische Verständnis von Zusammengehörigkeit, was bereits ihr Verständnis von Familie kennzeichnete. Zusammengehörigkeit definiert und konstituiert sich über Zusammen-Sein. Soziale Nähe findet in räumlicher Nähe seinen Ausdruck. Aber auch umgekehrt gilt: wer räumlich nicht 'da' ist, ist auch emotional nicht nah.

Brigitte Falkenstein kritisiert ihre neuen Freundschaften und wünscht sich mehr Kontakte. Insgesamt aber ergänzen sich ihre außerfamilialen Beziehungen, die sie als sehr heterogen empfindet und die alle auf ihre Art für sie wichtig sind. Befragt auf die Unterschiede zwischen den verschiedenen Beziehungen, antwortet sie:

Naja, es sind verschiedene Gesichtspunkte, ich möchte sagen, (...) es sind verschiedene – Themen (...) dat is gleich an und für sich, weil det wieder drei ganz verschiedene Punkte sind. Mit der ersten [L.K.] kann ich über alles reden, mit der zweiten [Bäckereiverkäuferin] redet sie mehr mit mir und mit S. [Vereinsvorsitz] ist es wieder mehr über Vereinssachen oder Hunde(...) es is jedes für sich für mich interessant, aber es sind ebend – vollkommen unterschiedliche Gesprächsthemen. (59f).

Auch Brigitte Falkensteins Kontakte zu *Nachbarn* haben ihre eigene Qualität, die sie zu schätzen weiß. Da sie bereits seit 1946 in ihrem Haus lebt, kennt sie fast alle Nachbarn sehr lange und es hat sich „also en sehr gutes Verhältnis" (37) entwickelt. Wenn sie handwerkliche Dinge zu erledigen hat (Elektroarbeiten, tapezieren oder Rasen mähen), würden die Nachbarn ihr immer helfen, jedenfalls wenn ihr Sohn das nicht erledigen könne. Geld gibt sie bewußt nicht: „dann macht man das wieder auf ne andere Art irgendwie gut" (39), z.B. durch eine Flasche Wein oder Whisky, von dem man weiß, daß der Andere es gerne trinkt, „damit es nicht ganz für umsonst ist" (40). Der persönliche Charakter dieser 'Aufmerksamkeit' ist wichtig. In dieser Form der verzögerten Reziprozität bringt sie die persönliche Wertschätzung zum Ausdruck. Seit dem Tod des Mannes erhält sie von dieser Seite insgesamt mehr praktische Hilfe, wie kleinere Erledigungen und Einkäufe (z.B. Schrippen mitbringen). Als Freunde bezeichnet sie sie allerdings nicht:

... nein. Als gute Nachbarn, so wie man sich Nachbarn wünscht. Man spricht ein Wort, nicht über den Anderen, sondern bla bla bla, aber man spricht halt mal ein paar Worte, nich. Klatsch gibts bei uns nicht. (38)

Ein gewisser Abstand ist wichtig. Aber auch wenn es kein „Topfgucken" (Biber) und keine regelmäßigen und häufigen Treffen gibt wie bei anderen Befragten, so gibt es doch Rituale, die Ausdruck von Gemeinschaft und nachbarschaftlichem Zusammenhalt sind, die über ein freundliches 'Hallo' im Treppenhaus hinausgehen: Zu Weihnachten nachmittags um halb fünf und Sylvester um die Mittagszeit treffen sich die Nachbarn bei Brigitte Falkenstein auf ein Glas Sekt, zu Weihnachten schenkt man sich sogar eine Kleinigkeit. Brigitte Falkenstein ist ausgesprochen zufrieden mit ihren Nachbarn – als Nachbarn. Sie lebt in einem freundlich gesonnenen Umfeld und ihre Familie lebt im gleichen Haus.

DIE FAMILIE IM OBEREN STOCK: FAMILIENGRENZEN. Wie sieht die Beziehung zu ihrem Sohn und seiner Familie genau aus? Was heißt überhaupt 'Familie', und auf welche Weise veränderte sich das Verhältnis nach dem Tod von Herrn Falkenstein? Wie gesagt, wohnt ihr Sohn mit seiner Frau und dem zum Zeitpunkt des Interviews sechsjährigen Enkel im gleichen Haus. Die beiden Haushalte sind getrennt. Dies hebt Brigitte Falkenstein als wichtigen und notwendigen Aspekt des Zusammenlebens zweier Generationen besonders hervor. Das gleiche Arrangement hatte sich bereits beim Zusammenleben mit ihren eigenen Eltern bewährt. Das Verhältnis zu diesen war „sehr gut", „harmonisch, friedfertig, nich dat eener dem andern in Topf geguckt hat oder, das mußte so machen oder so. Jeder hatte seins und so halte ich es jetzt auch" (36). Ihr Sohn hat jetzt eine eigene Familie, die ihr eigenes Leben führt („jeder hat seins"). Trotzdem ist der Kontakt zu ihnen rege. Den Sohn beispielsweise sieht Brigitte Falkenstein etwa fünf- bis sechsmal täglich. Dies sieht häufig so aus, daß er kurz auf einen Sprung bei ihr vorbeischaut. Auch während des Interviews schneit er zweimal kurz herein, beim erstenmal, um zu gucken, „ob wir auch fleißig arbeiten", beim zweitenmal, um Frau Falkensteins Hund auszuführen. Das Verhältnis der beiden scheint herzlich, entspannt und unkompliziert. Und mit der Schwiegertochter gibt es ein tägliches Ritual:

Jeden Morgen um halb neun bin ich meistens oben, dann ist der Sohn außer Haus, der Junge is weg, denn sitzen wir, trinken noch jemütlich unsern Kaffee, 'hast Du was einzuholen, hab ich was einzuholen' oder 'wo gehst Du hin', 'wat machst Du' und dann geht jeder wieder in seine (auflachend) Behausung – hat man mal det Bedürfnis wat zu reden, na schön, geht man 'n Moment ruff, quatscht 'ne Weile und dann geht man wieder runter. Ich habe es darin schön! Was Andere nicht haben, die dann nur in ihrer Wohnung sitzen und nicht wissen, was se machen sollen. (46)

Brigitte Falkenstein ist froh und stolz über den guten Kontakt zu der Familie ihres Sohnes. Wenn sie das Bedürfnis hat, „was zu reden" oder sich langweilt, braucht sie nur die Treppe hochzugehen und kann „ne Weile" quatschen. Sie lebt zwar das erstemal in ihrem Leben allein in einem Haushalt, trotzdem ist sie nicht allein. Aber sie ist auch nicht mehr Teil einer eigenen „eingeschworenen Familie" oder einer partnerschaftlichen Gemeinschaft, also selbstverständlichen übergeordneten Einheiten, die sich durch selbstverständliches Zusammensein und ein gemeinsames 'Wir' auszeichnen. Zwischen den Familienteilen gibt es eine deutliche Trennung: Mit der Schwiegertochter wird darüber gesprochen, was jede für sich vorhat, plant und unternimmt, danach aber geht jede wieder in die eigene, in „seine Behausung" und macht sich an die Arbeit im eigenen Haushalt. Brigitte Falkenstein ist jederzeit willkommen, aber dieses jederzeit ist immer ein 'Zwischendurch', was auf das 'Eigene', den eigenen Alltag und eigene Lebensbezüge verweist. Brigitte Falkenstein weiß dies zu respektieren, die Frage aber ist, in welchem Maße sie sich selbst ein eigenes Leben aufgebaut hat. Festzuhalten ist auch, daß Brigitte Falkenstein das größere Bedürfnis nach Zusammensein zu haben scheint, denn *sie* geht zu der Schwiegertochter „hoch", *ihr* Bedürfnis ist der Auslöser für einen kurzen „Quatsch".

Zu dem „Eigenen" von Brigitte Falkenstein gehört in jedem Fall ihr eigener Haushalt. Sie ißt prinzipiell allein, „da ich Diabetikerin bin" (42). Sie muß besondere Diäten beachten und mittags „notgedrungen" immer warm essen (42). Daraus ergibt sich für sie, daß sie alleine essen muß:

... aber ich würde nie drauf warten, daß mir jemand das Mittag bringt, ich muß ja auch was zu tun kriegen. Muß Salat putzen, Kartoffeln schälen oder Mohrrüben oder Gemüse vorbereiten, da hab ich doch was zu tun! nech. (43)

So gesehen ist der gesundheitlich bedingte Zwang, sich immer etwas kochen zu müssen, positiv: er strukturiert nicht nur ihren Tagesablauf, sondern gibt ihr auch etwas zu tun, was gleichzeitig etwas Eigenes darstellt. Darüber hinaus findet Brigitte Falkenstein ein gemeinsames Essen aber auch deshalb gar nicht gut, weil „jeder hat so seinen eigenen Stil zu kochen" (42f). Die in dieser Passage anklingende Kritik an ihrer Schwiegertochter läßt mich aufhorchen, und ich bohre noch einmal nach:

I: Das heißt so die Verhältnisse mit Ihrem Sohn und Schwiegertochter ist zwar- ziemlich- relativ eng /F: Ja/ aber Sie meinen auch, daß jeder /F: ja/ so bißchen /F: ja/ Abstand muß da auch irgendwie /F: ja/ sein.

F: Ja, denn sonst, ich meine, man würde dann vielleicht zu irgendwelche Sachen doch etwas sagen – und das kommt dann in die falsche Kehle (...) es tut einem manchmal schon kribbeln, aber denn – geh ich raus und das bringt nix (...) manchmal Kindererziehung oder Kochen oder irgendetwas, ich meine, jeder hat seins, meine, wir haben unsern Sohn so erzogen, und haben jedacht, wir machens richtig, die machens heute anders und machens vielleicht auch richtig. Man muß auch als älterer Mensch der Jugend gegenüber tolerant sein (...) man muß auch mitgehen mit der Zeit, und auch drüber weggucken können (43f)

Brigitte Falkenstein hält sich zurück. Manche Dinge machen ihr Sohn und ihre Schwiegertochter anders als sie es tun würde. Es „kribbelt" bei ihr, aber bevor sie ihre Meinung äußert, geht sie lieber „raus", „mach ich die Augen zu". Sie begründet es damit, daß man eben tolerant sein müsse und sich nicht einmischen solle – und „vielleicht" machten es die Kinder ja auch auf ihre Art richtig. Aber der entscheidende Grund, warum sie ihre Meinung noch nicht einmal äußert, ist ein anderer. Direkt im Anschluß sagt sie:

Aber manchmal kribbelt einen das dann, aber äh ich sage, ja, ich sag dazu nix, denn es bringt nichts, nich. Is doch so (...) Man sagt dann vielleicht irgendetwas, was vielleicht ganz anders gemeint wird oder es wird anders aufgefaßt, das kann ich mir nicht erlauben, um alles aufs Spiel zu setzen, nur um mal meine Meinung zu sagen. Die machens vielleicht auch richtig. Wir haben uns von unseren Eltern auch nichts sagen lassen – und so is das heute genau dasselbe, bloß, man muß des auch erkennen, und nicht denken 'Ick bin jetzt der Ältere, ich habe Recht'. Wir haben so oft auch unrecht. (...) Wie viel sagen mir 'Na, ich würde ja, ich'! Ich sage, 'Was hab ich 'n davon' (leise) (...) dann verlier ich alles. So hab ich unser gutes nettes Verhältnis – des mir mehr wert als wie alles andere! Und stinkts mir zu sehr, hau ick ab. (44f)

Brigitte Falkenstein Haltung ist ambivalent und ihre Situation prekär. Sie hat Angst, „alles aufs Spiel zu setzen" und „alles" zu verlieren, wenn sie sich kritisch zum Verhalten ihres Sohnes oder der Schwiegertochter äußern würde. Wenn das Verhältnis zu ihrem Sohn und seiner Familie ihr aber am wichtigsten („alles") ist, hat sie in diesem Sinne kein „eigenes" aufgebaut – zumindest nichts was von vergleichbarer Bedeutung für sie wäre. Bereits die Tatsache, daß es sie „kribbelt" zeigt, daß ihr erster Impuls ist, ihre Meinung „loszuwerden" und es ihr schwerfällt, die selbstgesetzte Grenze umstandslos zu akzeptieren[8]. Zum Bestand des guten Verhältnisses gehört, daß beide Parteien „ihrs" haben und man sich nicht in die Angelegenheiten der Anderen einmischt. Brigitte Falkensteins Konflikt ist, daß ihr „ihre" Familie wichtiger ist als die Umstände es eigentlich zulassen – und verstandesmäßig weiß sie das. Zu *ihrem* Leben gehört die Familie ihres *Sohnes* ganz unbedingt dazu. Umgekehrt ist sie in *dieser* Familie kein selbstverständlicher, integraler oder notwendiger Bestandteil. Brigitte Falkenstein ist verzichtbar und sie hat keine „voice"-Option (Hirschman). Und das weiß sie. „Alles auf Spiel zu setzen" bedeutet, daß man in diesem Spiel verlieren, und das heißt, ausscheiden kann. Im Gegensatz zu ihrer eigenen Kernfamilie würde durch ihr Ausscheiden der Kern der Familie des Sohnes nicht gefährdet. Das aber will sie auf

---

8   Und die Frage, ob sie sich manchmal zurückhalten müsse, verneint sie entschieden. Doch das neunfache „nein", was sie mit „wirklich nich, also" bekräftigt, scheint eher das Gegenteil zu bestätigen. Auch der Ausdruck „stinkt mir" zeigt, daß es sie manchmal nicht nur „kribbelt", sondern beschäftigt und stört – auch wenn Brigitte Falkenstein für sich entschieden hat, Kritik auf keinen Fall zu äußern. Und manchmal muß sie diese Kritikpunkte offenbar auch loswerden, sonst würde sie nicht mit Anderen darüber sprechen („wie viel sagen mir 'na, ich würde ja',„).

jeden Fall verhindern („dann verliere ich alles"). Aus diesem Grund hält sie sich zurück und setzt bewußt bestimmte Strategien ein, die die Gefahr sich einzumischen minimieren und gleichzeitig der Familie ihres Sohnes und sich selbst (kontrafaktisch) ihre Selbständigkeit demonstrieren. Wenn ihr etwas nicht paßt, flüchtet sie lieber („hau ick ab"). Darüber hinaus vermeidet sie alles, was als 'sich aufdrängen' interpretiert werden könnte: bei gemeinsamen Ausflügen oder gelegentlich zum Essen gehen wird sie „mitgenommen" oder sie kommt beim Urlaub der Familie ihres Sohnes „nach"[9]. Und am Abend geht sie grundsätzlich nicht nach oben: „ick würde nie abends raufgehen, wissen Se, det is für mich so 'n Tabu" (46). Auf diese Weise „komm ick nach oben, ick bin immer nett angesehn" (46). Schließlich vermeidet Brigitte Falkenstein Konflikte bereits im Ansatz, sie *äußert* ihre Meinung nicht einmal, obwohl ein Konflikt ja nicht zwangsläufig zum Bruch führen muß. In einem Konflikt aber würde die faktische Grenze zwischen den beiden Parteien sichtbar und sich der Sohn vielleicht gegen seine Mutter stellen. Letzteres Verhalten trägt somit auch dazu bei, die Illusion des gemeinsamen Wir, einer harmonischen Gemeinschaft, zu erhalten.

Insgesamt ist der zentrale Bezugspunkt und wesentliche Bestandteil ihres Alltags für Brigitte Falkenstein wieder „ihre Familie". Doch *die* Familie hat sich verändert. Einerseits ist es „ihre" Familie, andererseits ist sie in der Familie ihres Sohnes kein selbstverständlicher Bestandteil. Sie ist kein Teil des „Wir". Dieser Bezug auf die Familie ist ambivalent und strukturell defizitär. Einerseits sind Brigitte Falkensteins Äußerungen und ihrem Handeln in dieser Familie klare Grenzen *gesetzt*. Diese Grenzen muß sie akzeptieren – sonst verliert sie „alles" – und das bedeutet auch, daß sie sich selbst von dieser Familie *abgrenzen* und eigene Bezüge aufbauen muß („jeder hat seins"). Andernfalls würde sie von ihrer Familie nicht mehr „gern gesehen" und würde sich zudem selbst abhängig fühlen. Doch dieser Antrieb, etwas „Eigenes" aufzubauen, ist gewissermaßen fremdbestimmt – weil von außen initiiert – und darum nur halbherzig. Brigitte Falkenstein anerkennt zwar die Notwendigkeit der Familiengrenzen, doch andererseits wünscht sie sich ein engeres Verhältnis und möchte diese Grenzen nicht wahrhaben (Kritik wird nicht einmal geäußert). Beispielsweise antwortet sie auf die Frage nach Unterschieden zwischen Familie und Freunden: „Naja, ich meine, mit der Familie kann man alles besprechen, und mit den Anderen muß man abwägen, was man bespricht" (60). Hinter diesem Ideal verschwindet die Faktizität, daß sie manch wichtiges Anliegen wie Trauer und Kritik auch in der Familie nicht bespricht und „abhaut", wenn es ihr „stinkt". Letztlich hat die Familie klare Priorität und ist ihr wichtigster Bezugspunkt. Insofern hält sie an einem „Wir" fest. Mit dieser Sicht markiert Brigitte Falkenstein auch

---

9   Die genaue Formulierung lautet: I: Unternehmen sie manchmal was zusammen? F: Ja (gedehnt), daß wir ausgehen zusammen, daß sie mich mitnehmen zum Essen meinetwegen oder irgendwie zum Vergnügen oder zum Urlaub, daß ich nachkomme oder irgendwie, das ja (7).

eine Grenze gegenüber Personen *außerhalb* der Familie. Auf die Frage, ob ihr ihre Schwiegertochter näher steht als ihre engste Freundin, antwortet Brigitte Falkenstein: „Ach Gott, (...) naja sie gehört zur Familie, dann steht sie mir doch näher" (47). Nähe bestimmt sich bei Brigitte Falkenstein in erster Linie über die Zugehörigkeit zur Familie und nicht über die konkrete Ausgestaltung der Beziehung. Personen außerhalb der Familie können ihr per definitionem nicht so nahe stehen. Wenn sie ihnen eine größere Bedeutung und Nähe zugestehen würde, würde dies in ihrer Sicht bedeuten, offen ein Defizit ihrer Familienbeziehungen zu artikulieren.

I: Wenn Sie jetzt nochmal vergleichen – Familie und Freunde, Bekannte, würden Sie sagen, daß jetzt auch mehr außerhalb der Familie dazugekommen sind. Also, daß sich das [nach der Verwitwung] von der Familie etwas gelöst hat oder kann man das
F: Nein, #nein, nein#
I: #so nich sagen#
F: Erst, immer erst die Familie – und dann so wie sie da stehen, so geht das dann so weiter [damit beschreibt sie die Zusammensetzung ihres emotionalen Netzwerks] (...) wäre vielleicht was anderes, wenn man ein anderes Verhältnis hätte zu den Kindern. Daß man dann woanders hingeht, aber das is bei mir nich. (62)

Auch Unterschiede im Verhältnis zu einzelnen Familienmitgliedern tauchen zwar in konkreten Schilderungen auf, bei direkter Nachfrage werden sie jedoch wieder nivelliert. Selbstverständlich steht „die Familie" im ersten Kreis des emotionalen Netzwerks. In ihrem Verständnis von Familie gibt es keine Hierarchien. In ihrer Familie sind alle gleich.

AKTIVITÄTEN: „NOTGEDRUNGEN ALLEINE MIT DEM HUND RAUS". Sowohl die Erfahrungen nach dem Abbruch ihrer Bekanntschaften zu Paaren als auch ihre Stellung in ihrer Familie führen dazu, daß Brigitte Falkenstein versucht, sich ein Leben „irgendwie anders" aufzubauen. Wie sie es ausdrückt, „versucht" sie heute „mehr alleine" zu sein. Doch diese Versuche sind halbherzig und bleiben Versuche. Ihr Allein-Sein ist die Folge einer Fluchtbewegung. Es ist nicht einem eigenständigen Antrieb und dem Wunsch nach einer Beschäftigung für sich selbst geschuldet. Im Allein-Sein findet sie keine Befriedigung, es ist kein Für-sich-sein, sondern nur ein 'Zwischendurch'. Dies wurde bereits oben entwickelt und ihre Formulierungen („wenn mir det hier det zu dicke wird", „stinkt's mir zu sehr") sagen es deutlich. Wichtiger Bezugspunkt ist ihr Hund, mit dem sie oft „rausfährt" und spazierengeht, aber „auch sehr viel" verreist.

Die einzige regelmäßige Aktivität außer Haus bleibt der *Dackelverein*, zu dem Brigitte Falkenstein alle ein bis zwei Monate fährt. Wie sie sagt, würde sie gerne häufiger dorthin fahren, doch der Verein hat sich mittlerweile aufgeteilt und der Teil, dem sie sich verbunden fühlt, ist ans andere Ende von Berlin gezogen. Zum 'mal vorbeischaun' ist es ihr nun zu weit, aber zu „besonderen" Anlässen, wenn beispielsweise ein Eisbein essen angekündigt wird, ein Stiftungsfest oder eine Hundeausstellung stattfindet, fährt sie weiterhin in den Verein (20). Für den Einstieg war die räumliche Nähe wichtig. Jetzt bedeutet die größere Entfernung zwar eine Einschränkung, unterbindet aber ihre Teilnahme nicht ganz. Wie bei ihrer Familie trägt sie übrigens den ganzen „Verein" ins emotionale Netzwerk ein, auch wenn sie außerhalb der Vereinstreffen nur zu einem Ehepaar Kontakt aufrechterhält. Der Verein ist zwar kein Bestandteil ihres Alltags, aber er erfüllt eine wichtige Ergänzungsfunktion. Der Anlaß ist das gemeinsame Interesse an Hunden, und so bietet ihr der Verein die seltene Möglichkeit, in einem bekannten Rahmen ungezwungen gesellig zu sein.

Andere „Hobbies" hat Brigitte Falkenstein nicht. „Wir haben den *Garten*, da gibts auch genug Betätigung, wenn man will" (12). Seit dem Tod ihres Mannes *verreist* Brigitte Falkenstein häufiger als früher, etwa vier- bis fünfmal im Jahr, meist ins europäische Ausland (56, 19). Wie bereits erwähnt, fährt sie zwei- bis dreimal mit dem Vorstandsehepaar des Hundevereins weg, fühlt sich dabei jedoch ein bißchen überflüssig („drittes Rad"). Gelegentlich folgt sie auch dem Sohn und seiner Familie, wenn diese in Urlaub fahren. Meistens aber unternimmt sie diese Reisen allein. Auf die Frage, ob das nicht eine große Umstellung war, meint sie nur trocken: „Tja, was wollen Sie machen." (19) Für Brigitte Falkenstein ist das Allein-Reisen ein notwendiges Übel, aber „was will man machen". Sie sieht dazu keine Alternative, Reisegesellschaften beispielsweise lehnt sie ab:

Ja, mit der Reisegesellschaft, ja. (lebhaft, emphatisch). Aber da sind auch wieder Ehepaare. Und die Ehepaare, die sind auch wieder – 'Komm mir bloß nicht zu nahe'. So wenn Sie n bißchen lustig sind oder mal einen Witz machen, dann – (atmet tief) denken die gleich, wunder, was Sache is (19).

Auf den Reisen, die sie alleine mit dem Hund unternimmt, kommt Brigitte Falkenstein zwar häufig mit Alleinstehenden in Kontakt, aber auch das ist letztlich nicht befriedigend:

... mit meinem Hund, also ohne Hund fahr ich nie – und – (atmet schwer), da findet man auch wieder viel Alleinstehende, leider immer alle aus Westdeutschland (gedehnt, pointiert). Berliner sind so wenige, und wenn dann Berliner sind, wo man denkt 'Na, könntest ma n bißchen Dich auch hier treffen', ja, denn sind se verheiratet oder se leben zusammen und die legen dann auch keinen Wert auf irgendwie, daß sie dann – hinterher sich nochmal treffen oder so. Da is dann wieder die Angst im Nacken. Vermute ich. (20)

Als sie noch mit ihrem Mann unterwegs war, hat Brigitte Falkenstein auf Reisen häufig Menschen kennengelernt, die sie später – wenn sie wieder zu Hause waren – wieder getroffen haben. Heute ist das nicht mehr der Fall. Mehrmals im Interview bedauert sie, daß sie auf den Reisen fast immer Menschen aus Westdeutschland kennenlernt. Offensichtlich reichen Brigitte Falkenstein ihre Kontakte – Familie und intensivierte Bekanntschaften – nicht aus. Sie hätte gerne mehr *Bekanntschaften* und würde ihre Reisebekanntschaften gerne über den Urlaub hinaus retten. Somit bedeutet das Reisen – die einzige geplante Aktivität, die sie alleine unternimmt – für sie nicht nur 'rauszukommen', sondern auch einen möglichen Anknüpfungspunkt für neue Bekanntschaften. Allein ist sie sowohl auf Reisen wie auch zu Hause nur „notgedrungen". Welcher Art sind die Kontakte, die sich Brigitte Falkenstein wünscht?

Wenn man alleine ist, möchte man gerne einen Partner haben, einen Ansprechpartner, Nummer eins (emphatisch, sehr gemessen). Nummer zwei, wo man mal ausgehen kann, denn alleine, ich persönlich, trau mich nicht – in die Stadt zu fahren, sei es mit Auto oder BVG [Berliner Verkehrsbetriebe]; da fühl ick mich nich wohl. – Oder man würde mal gemeinsam verreisen, um einen Partner zu haben – ein Quatschpartner, ein Tanzpartner (atmet tief, 1 Sek.), ja? (24f)

Zwei Aspekte vermißt Brigitte Falkenstein besonders. In erster Linie sucht sie einen Partner zum Reden („Quatschen"), aber auch, um gemeinsam etwas zu unternehmen: um auszugehen, tanzen zu gehen und auch, um gemeinsam zu verreisen. Sie möchte Begleitung und sie möchte sich auch einfach amüsieren und gesellig sein. Diesen letzten Aspekt nannte sie bei den größten Veränderungen nach der Verwitwung noch nicht. Dieses Defizit des Allein-Seins zeigt sich erst nach einiger Zeit, da es offensichtlich nicht zu den elementaren Aspekten der Partnerschaft gehört, die nach der Verwitwung am schmerzlichsten erfahren werden. Trotzdem sind Geselligkeit, einfach und selbstverständlich gemeinsam etwas zu unternehmen, gemeinsam in die Öffentlichkeit und unter Menschen zu kommen, wichtige Aspekte, die auch in anderen Interviews häufig angesprochen werden. Brigitte Falkenstein unternimmt manchmal mit der Familie des Sohnes oder mit ihrer besten Freundin Ausflüge (30). Doch das reicht ihr nicht. Sie würde gerne auch gelegentlich ein Theater oder eine Revue besuchen (30). Aber alleine geht sie nicht. Unklar ist, ob sie solche Unternehmungen alleine überhaupt genießen könnte, wenn sie den Genuß nicht mit jemanden Anderem teilen kann. Doch solche Überlegungen können gar nicht erst aufkommen, wenn bereits der alleine zurückzulegende Weg mit Angst besetzt ist. Verkehrsmäßig ist Brigitte Falkenstein schlecht angebunden, und nach Einbruch der Dunkelheit fährt sie nur ungern Auto. Im Winter ist für sie am Spätnachmittag „Feierabend": Fünfzehn Minuten zu Fuß durch schlecht beleuchtete Straßen sind ihr unangenehm und Taxis, mit denen sie dies umgehen könnte, sind ihr zu teuer. Daß sie aber auch im Sommer, wenn es deutlich länger hell ist, nichts alleine unternimmt, verweist eher auf mangelnde Selbstsicherheit und mangelnde Individualität, und zeigt indirekt auch die Bedeutung, die ihr Hund für sie hat. Mit ihm geht sie „raus". Er verleiht ihr Selbstsicherheit, und man kann wohl sagen, daß eigentlich er es ist, der ihr auch die Reisen ermöglicht. Doch abends schützt sie ihr Hund nicht.

Um einen „Quatsch-" und „Tanzpartner" zu finden, wird Brigitte Falkenstein drei Jahre nach der Verwitwung selbst aktiv und schlägt den gleichen Weg ein, den ihr Vater vierzig Jahre vorher beschritten hat. Sie wendet sich an eine Partnervermittlung.

Das habe ich (lachend, mit schwankender Stimme) versucht über eine Agentur (emphatisch). – Da brauchten Sie nix zu bezahlen, die hatten wohl genügend, dann bekamen Sie die Telefonnummern und die Namen der entsprechenden Herrn – zujeschickt (zündet Zigarette an, 2 Sek.). Bei vielen brauchten Sie erst gar nich hinzugehn, Nummer eins (2 Sek.), Sie ham noch gar nich mal guten Tag jesagt – da is die nächste Frage 'Wie stehen Sie oder Du zu Sex'. -(...) Sie können sich das nich vorstelln, diese alten (...) Hirsche können alt sein wie Methusalem (...) aber ins Bett wollen se alle. (...) Ja, ich meine, man is keine siebzehn mehr. Ja, man geht ganz anders vielen Sachen an, viel bewußter oder bedachter (...) – Ick meine, dazu jehört doch mehr als wie ne Frage. Ich bin doch kein Tier! wo ick sage, der und der, kommen wir zusammen so nun macht mal – Und ist das Ausschlaggebende (...) Oder sie wollen sofort zuziehen – (...) Besseres Dienstmädchen. (tonloses Lachen). Ja, meine Rente, die (25f)

Die Kontaktversuche schlagen fehl. Mit keinem trifft sich Brigitte Falkenstein ein zweites Mal. Aufgrund ihrer schlechten Erfahrungen möchte sie diesen Weg, jemanden kennenzulernen, nicht wieder versuchen. Ihr reicht es: „dann bleib ich für mich" (27). Auch wenn es Brigitte Falkenstein bei den Kontaktanzeigen primär um gesellige Kontakt geht, mag sie – einerseits – auch einer neuen Partnerschaft gegenüber nicht abgeneigt sein. Wenn zu Sex mehr als eine Frage gehört, dann könnte „mehr als eine Frage" unter Umständen erfolgreich sein. Andererseits läßt sie sich auffällig schnell abschrecken. Auszuschließen ist nicht, daß ihr die schlechten Erfahrungen eine willkommene Entschuldigung dafür bieten, weitere Versuche zu unterlassen. Denn immerhin hat sie es versucht.

4.1.4   Resümee

Insgesamt ist Brigitte Falkensteins Orientierungsmuster vor dem Tod ihres Mannes durch eine extrem ausgeprägte Orientierung auf Familie und Partnerschaft gekennzeichnet. Dahinter tritt die Berufstätigkeit klar zurück. Karriereambitionen hat sie überhaupt nicht, und die Berufstätigkeit ist für sie wesentlich ein „Hobby", um raus und unter Menschen zu kommen, und besitzt keine intrinsische Bedeutung für sie. Priorität hat, zu Hause zu sein, wenn Ehemann und Sohn nach Hause kommen. Die Familie (Vater, Mutter und Sohn) hat für Brigitte Falkenstein den Charakter einer eingeschworenen Gemeinschaft, wobei die Vergemeinschaftungsleistung der Familie vor allem im Zusammen-Sein erfahren wurde („alles gemeinsam"). Die besondere Bedeutung der Partnerschaft liegt darüber hinaus darin, einen Ansprechpartner für alle Belange zu haben. Diesbezüglich haben Beziehungen außerhalb von Partnerschaft und Familie keinen hohen Stellenwert. „Freundschaften" haben Falkensteins schlicht nicht. Sie haben „Bekanntschaften", denn „wir drei waren uns genug". Als der Sohn heiratet und die Gemeinschaft partiell verläßt, bietet der Hundeverein als institutioneller Rahmen für Geselligkeit eine willkommene Ergänzung zum Alltag mit dem Partner und der Zweisamkeit des Paares. Zumindest bezüglich der Gemeinschaftserfahrung und zwangsloser Geselligkeit sind sich die beiden nicht „genug".

Nach dem Tod ihres Mannes brechen fast alle außerfamilialen Beziehungen von Brigitte Falkenstein ab. Ihr Netzwerk wird deutlich kleiner. Es erhalten sich nur drei außerfamiliale Beziehungen: zum einen die Freundschaft zu dem Vorstandsehepaar aus dem Hundeverein, zum anderen zwei Beziehungen zu ehemals „bekannten" Frauen, die ebenfalls ihren Mann verloren haben. Diese beiden sieht Brigitte Falkenstein heute deutlich häufiger als vor der Verwitwung (jede Woche), und die Beziehungen haben einen höheren Stellenwert bekommen. Eine Frau, mit der sie heute täglich telefoniert, bezeichnet sie als „beste Freundin" – das sei übrigens das erste Mal in ihrem Leben, daß sie das über jemandem sagen kann. Trotzdem steht ihr die Familie – Sohn, Schwiegertochter und Enkel, die im gleichen Haus leben – weiterhin mit Abstand am nächsten (erster Kreis des emotionalen Netzwerks). Die Familie ihres Sohnes ist nicht nur zentraler Bestandteil ihres Alltags, sondern auch zentraler Bezugspunkt („immer erst die Familie"). Insgesamt ist Brigitte Falkenstein heute allerdings häufiger alleine. Sie verreist auch häufiger, meistens mit ihrem Hund. Ansonsten hat sich nichts verändert. Den Hundeverein sucht sie weiterhin auf, neue Aktivitäten aber hat sie nicht aufgenommen und auch keine neuen Beziehungen geknüpft.

Subjektive Bewertung des heutigen Lebens: „Alleine rumrennen"

Liest man diese oberflächliche Skizze der heutigen Integration, könnte man erwarten, daß Brigitte Falkenstein sich eigentlich in ihrem Leben ohne den vertrauten Partner eingerichtet hat. Sie hat zwar die Bekanntschaften zu Paaren verloren, keine neuen Kontakte gewonnen und auch keine neuen Aktivitäten aufgenommen, aber die ihr wichtige Familie lebt in ihrem Haus und aus ehemaligen Bekanntschaften sind in ihrer Sicht mittlerweile „Freundschaften" geworden. Diese Deutung wird teilweise bestärkt durch ihre eigene globale Beschreibung der Veränderungen ihrer Beziehungen: Früher hätte sie mehr Beziehungen gehabt, eben weil es außerhalb der Familie alles Ehepaare waren. Heute habe sie weniger Kontakte als früher, aber die Kontakte seien intensiver geworden, insgesamt „intensiver, in verschiedenen Wissensgebieten" (62). Diese „intensiven" außerfamilialen Kontakte sind für Brigitte Falkenstein etwas ganz Neues. Ansprechpartner war immer und in erster Linie ihr Ehemann – und Beziehungen zu Anderen hatten grundsätzlich nur einen geringen Stellenwert. Auch die Antwort auf die Frage, ob sie sich ein neues Leben aufgebaut hat, fällt auf den ersten Blick positiv aus: „Ja. ja. Jetzt hab ich's geschafft" (23). Und sie fährt fort:

... also, es hat lange gedauert – bis man das erkannt hat (emphatisch) – Nu isset das – – man muß erst (atmet tief) – das erkennen daß man, wie man so sagt, die Tür zu ist, daß die nie wieder aufgeht. – Und dat is n wahnsinniger Prozeß, den man da durchmacht, weil man's immer wieder nich glaubt (...) Weil man immer wieder sagt 'Det kann doch nich ähäh alles jewesen sein'. – 'Es muß doch' und – bin an un für sich n sehr äh aufjeschlossener Mensch, also, ähäh – aber man muß knabbern, necht (leise). (23)

Brigitte Falkenstein schildert, wie schwer es war – und manchmal immer noch ist – zu realisieren, daß der Partner nie wiederkommt. Obwohl sie „aufgeschlossen" ist und aktiv Versuche unternommen hat, neue Bekanntschaften zu schließen – wie oben beschrieben, hat sie sogar eine Partnervermittlung eingeschaltet –, muß sie manchmal noch „knabbern". Den Partnerverlust hat sie nicht völlig verwunden. Aber hat sie nicht trotzdem – zumindest in Ansätzen – ein neues Leben aufgebaut? In ihrer Antwort wird dies nicht deutlich. Sie beantwortet die Frage nur bezogen darauf, ob sie über den Tod ihres Mannes hinweg ist. Was das neue Leben ausmacht und wie es aussieht, beschreibt sie überhaupt nicht. Dies könnte daran liegen, daß sich grob besehen – außer dem Partnerverlust natürlich – nichts Einschneidendes in ihrem Leben verändert hat. Die Familie stand bei ihr ja immer schon an erster Stelle. Wenn man die Frage anders akzentuiert, nämlich inwieweit das heutige Netzwerk – allen voran die Familie – und die heutigen Aktivitäten ihren Mann ersetzen können, ob sie also – gemessen an ihren Maßstäben – befriedigend integriert ist, muß die Frage jedoch eindeutig mit „nein" beantwortet werden. So antwortet Brigitte Falkenstein auf die Frage, ob sie oft traurig und niedergeschlagen ist: „teils, teils – niedergeschlagen nein, eher traurig (leise, emphatisch), weil man alleine rumrennt" (80). Und bei der Frage, ob sie mit ihrem Leben voll und ganz zufrieden ist, antwortet sie: „da man alleine ist, ist man nicht zufrieden, aber man kann es nicht ändern" (80). Brigitte Falkenstein hat keine Alternative zur Partnerschaft entwickelt. Sie hat keinen Ersatz für die Integration in der „eingeschworenen Familie" bzw. für den Alltag mit dem Partner gefunden. Wie ist das zu erklären? An dieser Stelle könnte man den Fall abschließen und einfach sagen: Brigitte Falkenstein kann nur in einer Partnerschaft zufrieden sein, und da sie keine neue Partnerschaft eingegangen ist, weil sie sich entweder noch nicht von ihrem Partner gelöst hat oder weil sie niemanden findet, ist sie auch nicht zufrieden. Vermutlich trifft sogar beides zu, doch in dieser Arbeit werden die Veränderungen der Beziehungen und der Integration auf einer anderen Ebene erklärt und bewertet. Im folgenden soll systematisch zusammengefaßt werden, wie die Integrationsdefizite im einzelnen aussehen, in welchen Bereichen sie auftauchen und wie sie zu erklären sind. Es geht um die Regeln der Veränderungen ihrer Beziehungen. Dabei werden auch die Grenzen bestimmter Orientierungen deutlich, oder von der anderen Seite her betrachtet: die Grenzen ihrer sozialer Beziehungen.

Erklärung und Bewertung der heutigen Integration vor dem Hintergrund der biographischen Orientierungen

Wie in der Fallrekonstruktion herausgearbeitet wurde, liegen die wesentlichen Defizite von Brigitte Falkensteins heutiger Integration in drei Bereichen: Erstens ist ihr in gewisser Weise die 'Mitte' abhanden gekommen, ihr primärer *Weltbezug*. Was ist damit gemeint? Zentraler Orientierungspunkt und zentraler Bestandteil des Alltags vor der Verwitwung waren zunächst ihre eigene Familie und dann v.a. die Partnerschaft, heute ist es wieder die Familie. Doch *die* Familie hat sich verändert und ebenso Brigitte Falkensteins Stellung darin. Der primäre Bezug auf die Familie des Sohnes ist ambivalent und strukturell defizitär: Gefordert sind eigenständige Welten („jeder hat seins"), eine eigene Welt aber hat Brigitte Falkenstein nicht aufgebaut. Dies hat zur Konsequenz, daß sie – zweitens – sowohl mit ihrem Bedürfnis nach *Ansprache* als auch – drittens – mit dem Wunsch etwas gemeinsam zu *unternehmen*, sich nicht zwanglos und ihren Bedürfnissen entsprechend an ihre Familie wenden kann. Trauer und Kritik wird sie in ihrer Familie nicht „los" und bei Unternehmungen wartet sie, bis sie „mitgenommen" wird bzw. „folgt" der Familie des Sohnes in den Urlaub nach (vgl. dazu auch die im dritten Unterabschnitt beschriebenen Distanzierungsstrategien). Damit soll nicht gesagt werden, daß der Bezug auf die Familie der Kinder grundsätzlich defizitär sein muß. Im Fall von Brigitte Falkenstein aber ist er es. Gemessen daran, daß beide Parteien Anspruch auf eine gewisse Distanz erheben, hat die Familie eine zu hohe Bedeutung für sie.

Diese GRENZEN DER FAMILIE und ihr ambivalentes Verhältnis zu ihrer Familie bringt Brigitte Falkenstein in einem Zitat prägnant auf den Punkt:

> ... nich, da brauch man dann (stockt), meine, schön, der Mensch is nich in dem Sinne zu ersetzen, aber da (betont, gedehnt) wir nun immer zusammen sind, Sohn, Schwiegertochter, Enkelkind – da is man dann doch nich so (gedehnt) alleine wie Andere in einer abgeschlossenen Wohnung wären. (12)

Wie sie sagt, ist sie mit ihrer Familie „immer zusammen". Mit dieser kontrafaktischen Äußerung betont sie, daß erstens die Familie wesentlicher Bestandteil ihres Alltags ist und sie sich als Teil dieser Gemeinschaft betrachtet. Zweitens ist die Familie auch wichtigster Bezugspunkt. Ihr gutes Verhältnis ist der Hauptgrund dafür, warum sie sich nicht ganz allein fühlt. Drittens aber könnte die Beziehung enger sein: Sie ist nicht befriedigend, sonst würde sie sagen, 'deshalb bin ich nicht allein'. Manchmal ist sie allein, und in dieser Beziehung ist ihr Mann nicht zu ersetzen. Viertens ist trotz aller Kritik, die sie an der Familie äußert, das Verhältnis das beste, was sie sich vorstellen kann – verglichen damit, allein zu leben. Indem sie sich hier verspricht und behauptet, nicht in einer abgeschlossenen Wohnung zu leben, wiederholt sie noch einmal die Idealisierung, „immer zusammen" zu sein. Ihre Zugehörigkeiten sind ambivalent und ihre Selbständigkeit ist prekär.

SITUATIVE FREUNDSCHAFTEN. Kann man nicht sagen, daß Brigitte Falkensteins intensivierte Beziehungen zu anderen Witwen einen gewissen Ausgleich, etwas Eigenes, darstellen – auch wenn außerfamiliale Beziehungen aufgrund von Brigitte Falkensteins ausgeprägter Familienorientierung, insgesamt gesehen, vermutlich nicht einen der Familie vergleichbaren Stellenwert bekommen können? Immerhin hat sie in diesen Beziehungen neue *Gesprächspartner* gefunden, und mit LK *unternimmt* sie auch hin und wieder Ausflüge. Trotzdem kritisiert Brigitte Falkenstein diese neuen Freundschaften und wünscht sich mehr Kontakte. Diese Defizite sind kein Zufall. Die Erklärung dafür liegt in Brigitte Falkensteins spezifischem Umgang und handlungsleitender Orientierung auf außerfamiliale Beziehungen.

Brigitte Falkensteins außerfamiliale Beziehungen folgen spätestens seit ihrer Eheschließung einem bestimmten Muster: für Gespräche über persönliche Dinge waren sie nicht wichtig, dafür war ihr Ehemann zuständig (a). Andere Menschen waren wichtig vor allem für Geselligkeit (b), und dazu trafen Falkensteins sich meist mit anderen Paaren. Wie ausführlich dargestellt wurde, erwies sich der fehlende Bezug auf Inhalte, die von der Beziehungsstruktur unabhängig sind, nach der Verwitwung als fatal für diese Beziehungen. Die zwei Paare waren durch die Struktur der Situation verbunden. Nach der Verwitwung aber stört die Einzelne Dritte das Paar und umgekehrt fühlt sich Brigitte Falkenstein selbst unwohl. Geselligkeit ist nicht mehr selbstverständlich möglich. Die Macht der Beziehungsstruktur zwingt die Erkenntnis auf, daß die drei nichts (mehr) miteinander verbindet. Die Beziehungen *lösen sich auf*. Die einzige Ausnahme stellt die Beziehung zum Paar aus dem Hundeverein dar. Diese wird über ein weiter bestehendes gemeinsames Interesse zusammengehalten. Zum Ausdruck kommt hier ein anderer Aspekt, der bereits bei den Veränderungen ihrer Beziehungen nach der Eheschließung zu erkennen war: Beziehungen zu Personen außerhalb der Familie sind nicht an bestimmte Personen gebunden, mit denen man z.B. bestimmte Erfahrungen teilt, sondern sie sind abhängig von Lebensumständen – insbesondere vom Familienstand, aber auch vom Alter, der Frage, ob man ebenfalls Kinder hat und dem Wohnort (räumliche Nähe). Freundschaften sind – vermittelt über die Interessen – gebunden an gleiche Lebensumstände (c). Verändern sich die Lebensumstände, werden auch die außerfamilialen Beziehungen ausgetauscht.

Diesem Muster folgen auch die Beziehungen, die Brigitte Falkenstein jetzt „*intensiviert*": Es handelt sich ebenfalls um Witwen, die wie sie selbst auch Kinder haben. Das „gemeinsame Schicksal", die gleichen Lebensumstände verbinden sie. Für die Nähe, die sie heute zu ihnen empfindet, ist aber auch wichtig, daß beide unweit voneinander wohnen (Entfernung). Dadurch kann Brigitte Falkenstein sie häufiger sehen, und sie sind Teil ihres Alltags geworden. Die Häufigkeit des Kontakts ist Ausdruck von Nähe und erzeugt umgekehrt auch selbst Nähe. Dies scheint ein Spezifikum von Brigitte Falkensteins Beziehungen überhaupt zu sein. Ihre Familienbeziehungen sind ähnlich strukturiert. Nur wer tatsächlich da ist, ist auch nah. Physische Präsenz und die Frage, inwieweit Beziehungen Bestandteil des Alltags sind, stellen eine emotionale Qualität eigener Art dar ('Konkretismus'). Dahinter tritt die Frage, ob die Beziehungen ausgewogen sind oder welche anderen Funktionen wie Ansprache, Unternehmungen etc. sie tatsächlich erfüllen, in den Hintergrund. Daß diese Beziehungen nun als Freundschaft empfunden werden bzw. eine neuartige Qualität besitzen, liegt vermutlich darüber hinaus darin begründet, daß man sich nun zu zweit gegenübertritt. In dieser Form ist Intimität – also ein direkter und unvermittelter Kontakt, bei dem persönliche Belange 'automatisch' leichter zur Sprache kommen – möglich, die es vorher mit Personen außerhalb der Familie nicht gab. Brigitte Falkenstein traf sich eben nie alleine mit jemand Anderem.

Doch wie gesagt, weisen diese Beziehungen Defizite auf. Dies liegt daran, daß die Auswahl dieser neuen Freundschaften von einer starken Beliebigkeit geprägt ist und von zufälligen Umständen und Gelegenheiten abhängt, die Brigitte Falkenstein zu fehlen scheinen. Es bleiben nur die Bekannten, die ebenfalls ihren Mann verloren haben und nicht weggezogen sind. Daraus ergibt sich fast zwangsläufig, daß diese neuen Freundinnen zwar in mancher Hinsicht passen, in anderer Hinsicht aber nicht so ganz. Beispielsweise geht Brigitte Falkenstein zu der Bäckereiverkäuferin eigentlich nur deshalb, weil sie so „witzig" ist. In vielen Einstellungen („geistig") aber unterscheiden sie sich und das stört sie. So geht diese Freundin nicht aus dem Haus, und deshalb können sie nichts zusammen unternehmen. Zudem kann Brigitte Falkenstein bei ihr auch nicht ihre „Probleme loswerden" (Ansprache) und bezeichnet die Beziehung als unausgewogen. Bei ihrer besten Freundin bezeichnet sie das höhere Alter als problematisch, deshalb hätte die Freundin leider etwas andere „Interessen" (Themen und Unternehmungen). Daß diese Differenzen jetzt überhaupt stärker hervortreten, liegt daran, daß diese Beziehungen heute „intensiver" und wichtiger sind, aufgrund des häufigeren Kontakts und der Tatsache, daß man sich zu zweit trifft. So wird verständlich, warum diese neuen Freundschaften bei größerer „Nähe" auch mehr Differenzen aufweisen, aus denen sich die Defizite dieser Beziehungen ableiten. Persönliche Gespräche sind nur in Grenzen möglich, außerdem würde Brigitte Falkenstein gerne häufiger mit Anderen etwas unternehmen oder einfach gemeinsam gesellig beieinander sein. Bedauerlich dabei ist, daß jene Kontakte abgebrochen sind, bei denen dies noch am ehesten möglich gewesen zu sein scheint (Paarbeziehungen). Die Konsequenz daraus ist, daß sie „notgedrungen" heute viel mehr Zeit allein verbringt und wenn sie niedergeschlagen ist oder ihr etwas „stinkt", alleine mit dem Hund „rausfährt".

Um die heutigen Integrationsdefizite zu verstehen, sind aber auch die Ausgestaltung und ehemalige Bedeutung der Partnerschaft wichtig. Wie sieht dieses „ERBE DER PARTNERSCHAFT" aus? Inwieweit prägen die Gestaltung und die *ehemalige* Bedeutung der Partnerschaft das heutige Leben und die

Defizite der heutigen Integration? Dieses Erbe der Partnerschaft erhellt auch noch einmal – aus einer anderen Perspektive – die Grenzen von Beziehungen beziehungsweise von bestimmten Orientierungen. Fünf Aspekte sind zu unterscheiden: Erstens ergibt sich aus Art und Bedeutung der Partnerschaft, daß sich Brigitte Falkenstein nie anderweitig orientieren mußte. Der Ehemann war immer der Ansprechpartner, und weil Familie und Partnerschaft so wichtig waren, hat Brigitte Falkenstein keine anderen Kontakte gepflegt und 'geübt'. In diesem Sinne macht die spezifische Bedeutung der Partnerschaft ihr „Freundschaftsmuster" verständlich und damit auch die heute *defizitären* außerfamilialen Beziehungen. Aber ihr Ehemann war nicht nur wesentlicher Ansprechpartner, die beiden haben auch immer alles gemeinsam gemacht. Dies hat verschiedene Konsequenzen für das heutige Leben: So sind zweitens z.B. die *abgebrochenen* Paarbeziehungen eine Konsequenz des Bekanntschaftsmusters während der Ehe. Diese Beziehungen erwiesen sich nach dem Partnerverlust als nicht tragfähig. Brigitte Falkenstein steht jetzt nicht nur ohne ihren Mann da, sondern muß auch auf diese Beziehungen verzichten, wobei ihr insbesondere Geselligkeit fehlt. Verloren hat sie mit dem Partner aber nicht nur bestimmte Kontakte, sondern – drittens – auch die Möglichkeit zu bestimmten Unternehmungen in der Öffentlichkeit, bei denen ein Partner obligatorisch ist. Beispielsweise vermißt sie Tanzabende und ist erfolglos bei der Suche nach einem Tanzpartner. Der Ehemann fehlt auch in der Rolle des männlichen *Begleiters*. Sein Verlust behindert den *Zugang* zu bestimmten Ereignissen. Unabhängig vom Charakter der Veranstaltungen fehlt ihr – viertens – auch ein Begleiter auf Wegen in der Öffentlichkeit. Um allein hinauszugehen, scheint sie nicht selbstsicher genug. Einen ganz wesentlichen Ersatz stellt in dieser Hinsicht ihr Hund dar. Doch dieser Schutz ist kontextabhängig. Er kann sie nicht überallhin begleiten. Schließlich und fünftens war der Partner wichtig, weil Brigitte Falkenstein mit ihm die Unternehmungen geteilt hat. Sie ist nicht gewohnt, etwas allein zu unternehmen, und wenn sie es tut, dann nur notgedrungen. Auch wenn sie alleine Zugang zu Geselligkeit, Unternehmungen und Vergnügungen hätte, ist zu vermuten, daß sie ohne eine Person, mit der sie dies teilen und mitteilen kann, nur wenig *Genuß* daran empfände. Der hauptsächliche Begleiter und wichtige Bezugspunkt in ihrem Leben, ihr Hund, kann Brigitte Falkenstein doch die menschlichen Kontakte nicht ersetzen. Auch in Begleitung ihres Hundes rennt sie – in ihren Augen – „alleine" herum.

4.2 Monika Goldmann: „Eingerichtet als Single" und Leben auf Reisen

Monika Goldmann wird 1920 in Berlin geboren. Der Vater ist als Maler bei einem Handwerksbetrieb angestellt. Um das Gehalt ihres Mannes aufzubessern, arbeitet Monikas Mutter als Putzhilfe. Monika Goldmann ist das einzige Kind. Trotz der schlechten finanziellen Situation besucht sie nach der Grundschule das Lyzeum, wo sie 1938 ihr Abitur macht. Bis Kriegsende arbeitet sie als Sekretärin und beginnt 1946 ein Studium der Pädagogik an der neu eingerichteten Pädagogischen Hochschule. Nach dem ersten Examen arbeitet sie als Grundschullehrerin mit Schwerpunkt Geschichte und Englisch. 1951 absolviert sie im ersten Jahrgang der PH das zweite Staatsexamen und arbeitet bis 1956 an einer Hauptschule. In der Zwischenzeit zieht sie aus dem Elternhaus aus. 1956 wechselt sie an eine Sonderschule und macht ein entsprechendes Zusatzstudium. 1961 wird sie Rektorin an einer Grundschule. Kurz darauf heiratet sie mit Anfang 40 einen achteinhalb Jahre jüngeren Lehrer, den sie bereits seit ihrer Studienzeit kennt. Herr Goldmann erleidet 1964 einen Herzinfarkt. Ende der 60er Jahre wechselt Monika Goldmann an eine andere Grundschule, der sie bis zu ihrer Pensionierung als Leiterin vorsteht. Ihr Mann läßt sich ein Jahr nach ihr aus gesundheitlichen Gründen vorzeitig verrenten.

1987 stirbt Herr Goldmann mit 58 Jahren, seine Frau ist 67 Jahre alt. Zwei Jahre später verkauft Monika Goldmann das gemeinsame Haus und zieht in eine Eigentumswohnung. Mit einem monatlichen Netto-Haushaltseinkommen von 4.000 – 5.000 DM ist sie finanziell gut abgesichert. Zum Zeitpunkt des Interviews ist sie seit sechs Jahren verwitwet. Ihren Gesundheitszustand bezeichnet sie als sehr gut.

4.2.1 Integration vor der Verwitwung: „Auf-sich-gestellter Aufstieg" und Kameradschaft mit Freiräumen

Monika Goldmann beginnt ihre Erzählung mit der Darstellung ihres Elternhauses.

Mein Vater war Maler -- meine Mutter Hausfrau -- die aber immer nebenbei gearbeitet hat, weil ja seinerzeit ein Maler nicht sehr viel verdiente -- also, ich stamme aus keinem reichen Elternhaus, – sondern mein Vater war nicht etwa Malermeister mit 'nem eigenen Geschäft, sondern er war nur bei einer Firma – also nur in Anführungsstrichen -- (...) war n fleißiger, ordentlicher Mensch, mein Vater – und da ich das einzige Kind war – wurd ich natürlich im Rahmen dessen, was sie sich leisten konnten, recht verwöhnt, (...) – (räuspern), naja und dann (...) bin ich ins Lyzeum (...) --- und damit – das überhaupt bewerkstelligt werden konnte, denn damals war es ja so eh, daß die Eltern Schulgeld zahlen mußten, was für meine Eltern nicht problemlos war – und ich bin – meinen Eltern, besonders meiner Mutter, sehr dankbar. – Damit sie überhaupt das Schulgeld aufbringen konnten, ist meine Mutter gegangen und hat für andere Leute sauber gemacht und hat auch deren dreckige Wäsche gewaschen -- das werd ich eigentlich auch nie vergessen – weil ich sonst wahrscheinlich auch nur mit einer Volksschulbildung mein Schulleben beendet hätte -- (...). Aber das verdank ich wirklich meinen Eltern --- (...) Ich schäm mich auch überhaupt nicht zu sagen, daß ich aus ganz einfachen Verhältnissen komme. Ich stapel da lieber noch n bißchen tiefer als hoch (lachen). Aber das ist vielleicht ne Ansichtssache – ich mach nicht mehr aus mir als das, wo ich hergekommen bin – ich bin eigentlich doppelt stolz, daß ich es soweit geschafft habe. (1f)

Monika Goldmann wächst in einfachen Verhältnissen auf. Als Schulleiterin hat sie damit einen beachtlichen beruflichen Aufstieg hinter sich. Und sie ist stolz auf die Leistung. Gegen ihre Intention betont sie dies gerade durch ihr „Tiefstapeln". Dadurch erscheint die zurückgelegte Distanz noch größer. Ohne Hilfe der Eltern wäre jedoch noch nicht einmal der Grundstein (Abitur) dazu gelegt worden. Und diese Unterstützung durch die Eltern verbindet sie mit ihnen. Gemessen an den Verhältnissen wird Monika Goldmann „recht verwöhnt". Von Liebe und Geborgenheit spricht sie allerdings nicht. Verwöhnt wird sie „im Rahmen dessen, was [die Eltern] sich leisten konnten", also finanziell. Gefördert wird ihre *schulische* Laufbahn außerdem ideell:

Speziell mit meiner Mutter konnt ich eigentlich über alles reden, die ist bloß auf ne Dorfschule gegangen, aber sie war ne intelligente Frau, ich habe immer den Eindruck, daß ich – äußerlich komm ich nach meinem Vater –, aber den Kopf hab ich wahrscheinlich von meiner Mutter und ich bin der Meinung, wenn meine Mutter unter günstigeren eh finanziellen Bedingungen und so weiter aufgewachsen wäre, die hätte durchaus studieren können und sie hatte großen Anteil daran und war auch sehr interessiert daran, daß ich weiterkomme, ja. (...) Bloß mal als Beispiel: Als Kind (lacht), wenn ich von der Schule kam, und dann – ist ja das so – Mütter denn 'Du kannst abtrocknen', nich, und abtrocknen hab ich schon immer gehaßt, ja (lacht), und da hab ich gesagt 'Weißt de, ich übersetze lieber noch den Absatz englisch ins deutsche, muß ich dann auch noch abtrocknen?'. Dann sagt Mutter 'Nee (lachend). Mach mal mit deinen Büchern, ich weiß schon, ich trockne selber ab'. (64f)

In Monika Goldmanns Augen unterstützt ihre Mutter sie dabei, die Karriere zu machen, zu der sie selbst fähig gewesen wäre, die sie aber nicht realisieren konnte. Ihre Mutter ist daran interessiert, daß ihre Tochter „weiterkommt". Und diesen „Auftrag" nimmt die Tochter an und macht den Aufstieg, den aus ihrer Sicht bereits ihre Mutter hätte machen können – wenn diese ebenso gefördert worden wäre. Die Frage ist, welche Spuren dieser Aufstieg hinterläßt und wo sich Monika Goldmann positioniert: im Herkunftsmilieu oder in dem Milieu, in das sie aufsteigt. In dem Zitat scheint sie eindeutig der Mutter und ihren Werten verbunden zu sein. Die Differenz zwischen Herkunfts- und Aufstiegsmilieu beschreibt sie aus der Perspektive der Heimeligkeit der elterlichen Wohnung. Die Tochter sitzt hinter den Büchern und lernt, während die Mutter in der Küche steht und für sie abtrocknet. Draußen ist die Welt, für die die Tochter fitgemacht wird. Monika Goldmann spricht das an auf die Nachfrage, ob sie mit den Eltern über alles hätte sprechen können. Dies bejaht sie – jedoch mit einer kleinen Einschränkung. Sie schiebt hinterher, daß die Mutter nur auf eine Dorfschule ging. Monika Goldmann lernt aber selbst mehr. Damit verweist sie auch auf eine Differenz zwischen ihrer Mutter und sich selbst, auf ein Bildungsdefizit der Mutter. Offen bleibt, ob sie diese damit nur vor Argumenten der 'äußeren Welt' schützen will oder damit auch die eigene Erfahrung ausdrückt. Jedenfalls scheinen die beiden vor allem das gemeinsame Interesse an der Bildung der Tochter zusammenzuhalten. Die Beispiele, die Monika Goldmann für „Über-alles-reden" anführt, beschränken sich auf die Themen Schularbeiten und Karriere, Intelligenz und Leistung. Und dies ist auch die Ebene, auf der sie sich in der Außenwelt durchsetzt. Die Frage ist, wie Monika mit Zweifeln und dem Gefühl der Fremdheit in dem Milieu, in das sie aufsteigt, fertig wird. Wo fühlt sie sich aufgehoben? Von den Eltern bekommt sie vermittelt, daß man letztlich auf sich selbst gestellt ist:

... ich bin auch so erzogen worden, daß man immer für alles, was man tut, selber gerade stehen muß, ja, das von früher Kindheit an. Und des man notfalls, wenn was schiefgeht, was man selber entschieden hat – dann auch – wenn auch knirschendes Zahnes, die Konsequenzen tragen muß. (...) ich habe nie auf Hilfe gewartet, nie Hilfe gefordert – aber des ist wahrscheinlich auch meine Erziehung gewesen, nech. (59f)

Diese Haltung des Allein-Auf-Sich-Gestellt-Sein gilt nicht nur für Entscheidungen, sondern prägt auch ihre sozialen Beziehungen. Auf die Frage, ob sie in ihrem Leben jemals schwer enttäuscht worden ist, antwortet sie:

G.: Ja, schwer enttäuscht kann ich eigentlich nicht sagen – wissen Sie, weil ich mich nie restlos ausgeliefert habe jemandem, ja.
I: Und weniger schwer?
G: (...) Ne, kann ich eigentlich nicht sagen. Bin so, daß ich sagen kann, 'mein Gott das haste ganz anders eingeschätzt und das haut dich ja vom Stuhl, das hättste nie gedacht und so'. Ja, das ist mir eigentlich Gott sei Dank nicht passiert, weil ich ja vielleicht auch – nicht eh so auf – Ausdehnung meines Freundeskreises bedacht war – und sehr, sehr lange überlegt habe, bis ich mit jemand – n näheren inneren Kontakt kriege und da ist mir das eigentlich nicht passiert dann.
I: War das schon immer so, also auch schon in der Schulzeit so?
G: Ach, ich war immer mittenmang, also ich war absolut kein Einzelgänger, ne. (67f)

Monika Goldmann betrachtet sich nicht als Einzelgängerin. Sie ist nicht allein, sondern immer „mittenmang". Von außen besehen, steht sie mitten im Geschehen und hat viele Kontakte. Ihr Inneres aber hält sie zurück. Monika Goldmann schaut sich alles erst einmal genauer an und überlegt, bis sie sich von diesen äußeren Kontakten auch *innerlich* berühren läßt und sich etwas öffnet. Sie hat und möchte nur einen kleinen Freundeskreis. Wenn sie beim Über-Sich-Sprechen Angst hat sich „auszuliefern", heißt dies, daß andere Menschen ihr gefährlich werden können und sie verunsichern. Es ist zu vermuten, daß diese Unsicherheit ihrem sozialen Aufstieg geschuldet ist. Monika Goldmann entfernt sich bereits während der Schulzeit so weit von ihrem Herkunftsmilieu, daß es ihr nicht mehr genügend Schutz bieten kann. Das

Bildungsmilieu hingegen zieht sie zwar an, bleibt ihr aber gleichzeitig fremd. Selbstverständlich und selbstsicher bewegen kann sie sich dort nicht. Monika Goldmann ist auf sich gestellt. Auf Distanz zu bleiben und eigene Leistung zu zeigen, das bietet Sicherheit. Darüber kann sie auch unbefangen und ungezwungen reden. Über sich selbst will Monika Goldmann nicht sprechen.

DER ERSTE FREUND: 'SICH ENTWICKELN' UND ERWACHENDE SELBSTÄNDIGKEIT. In Monika Goldmanns Schilderungen ihrer Jugendzeit erwähnt sie von sich aus nur eine für sie wichtige Beziehung, ihren ersten Freund. Sie lernt den Banklehrling 1937 mit siebzehn Jahren im Sportverein kennen.

... -- naja --- privates auch, ja, eh, da vielleicht, das nur ganz nebenbei, im Sportverein hatte ich damals, da war ich noch Schülerin – jemand kennengelernt – und dieser jemand sagte mir sehr bald, daß er Halbjude ist. (2)

Monika Goldmanns erster Freund ist – auf andere Weise – ebenfalls ein Fremder und mit ihrer Verlobung distanziert sie sich von ihrer Umwelt und stellt sich offen gegen die damalige Konvention. Da inzwischen die Nürnberger Gesetze erlassen wurden, verläuft die Bearbeitung ihres Heiratsantrages „im Sande" (2). Inzwischen beendet Monika die Schule und tritt eine Stellung als Sekretärin an. Das letzte Kriegsjahr verbringt ihr Verlobter im Untergrund.

... na ja und – so ging des, und wir waren eigentlich, haben den ganzen Krieg zusammengehalten (...). Naja und als es dann so weit war fünfundvierzig, der Krieg war vorbei – da hätten wir heiraten können, ganz schnell -- und da wollte ich nicht mehr ulkigerweise (...) da hat ich das Gefühl – ne, du möchtest gar nicht heiraten – du möchtest erst mal was draus machen, denn da ich, ich wollte immer gerne studieren (...) na ja, und wir haben uns dann in aller Freundschaft getrennt. (...) mein Verlobter (...) sagt 'Nanu, jetzt können wir doch heiraten'. Hab ich jesagt 'Du, laß mal, laß uns warten. Ich möchte erst was aus mir machen'. Ich war zwar Sekretärin und hatte 'n sehr guten Posten damals, aber das genügte mir nicht. 'Ich möchte gerne studieren' (...). Er war an für sich anscheinend sehr konsterniert, weil wir toll in der schweren Zeit zusammengehalten haben und denn, als die Schwierigkeiten aufhörten, wollte ich nicht mehr. Naja, schön und – beziehungsweise nicht schön – ich weiß nicht --jedenfalls hab ich dann (4 Sek.) mich dafür interessiert und zwar dacht ich, ach, du würdest eigentlich gerne Lehrerin werden – und jetzt könntest du ja studieren und siehe da, am – im November – sechsundvierzig machte die pädagogische Hochschule auf. (2f)

In den schwersten Zeiten halten die beiden zusammen. Eigentlich könnte man sich gut vorstellen, daß diese Bewährungsprobe sie enger miteinander verbindet, aber dem ist nicht so. Als der Krieg, das Naziregime und damit die Schwierigkeiten vorbei sind, möchte Monika Goldmann „ulkigerweise" nicht mehr. Jetzt könnten sie heiraten, aber statt dessen beendet Monika Goldmann die langjährige Beziehung. Sie begründet es damit, daß sich Studium und Partnerschaft nicht vereinbaren ließen. Doch es gab auch Gründe *in* der Beziehung dafür, daß Monika Goldmann sie beendet hat.

I: Wär das nicht vereinbar gewesen, zu heiraten und trotzdem zu studieren oder war das keine Überlegung?

G: -- Na ja, es wäre möglich gewesen, aber ich wollte auch nicht mehr heiraten – irgendwie wissen Se, wir waren zulange verlobt nehm ich an – das war ja sehr lange von siebenunddreißig praktisch bis fünfundvierzig (...) irgendwie war das verbraucht - - (leiser) ich wollte nicht mehr. Und ich wollt, dachte, was neues, jetzt fängste was neues an, denn studierst de und machst auch alles, was du gerne auch möchtest und wo ich bislang eben durch die politischen Umstände keine Möglichkeit zu hatte (...) -- - kommt vielleicht auch noch eins – was ich vorhin schon mal so andeutete dazu – ich war ja sehr jung, ich war siebzehn, als ich den damaligen Verlobten kennenlernte – da war ich selber noch sehr unreif im Grunde genommen (...) -- und eh der war recht dominierend, mein Verlobter – und da hab ich mich auch gerne untergeordnet – aber irgendwie hat ich jetzt das Gefühl so dagegen --- ich fand das mit einmal nicht mehr schön, daß ich bestimmt wurde, ich wollte selber bestimmen über mich. (22f)

Die äußeren Umstände haben ein Verhältnis zusammengehalten, das sich innerlich bereits „leergelaufen" (70-73) hat. Monika Goldmann hat sich verändert. Sie ist nicht mehr siebzehnjährig und braucht niemanden mehr zum „bewundern" (64ff; 70ff). Auch wenn sie durch eine Fremdheitserfahrung verbunden gewesen sein mögen – es gibt einen deutlichen Abstand zwischen ihnen. Der Alters- und Erfahrungsvorsprung mag Monika Goldmann anfangs gerade gereizt und ihr ermöglicht haben, die Dominanz ihres Verlobten anzuerkennen, die in einer Bindung unter 'Gleichen' erst ausgehandelt werden müßte. Von dieser Konkurrenz und direkten Konfrontation ist die strukturell ungleiche Verbindung entlastet. Solange die Dominanz des Partners unangetastet bleibt, kann die Überlegenheit des Anderen ihr Schutz bieten. Möglicherweise eröffnet ihr diese strukturelle Ungleichheit auch den Freiraum, ihre Schwächen und Unsicherheiten ungefährdet zu zeigen und sich 'auszuliefern'. Auf die Frage nach wichtigen Einschnitten in ihrem Leben antwortet Monika Goldmann, einer sei das Kennenlernen des Verlobten gewesen. Er war – wie sie es ausdrückt – für ihre „innere Weiterbildung" wichtig (70-73). Neben dem Älteren und Erfahrenen kann auch sie sich „weiterbilden", solange, bis sie sich eingeengt fühlt und ihr seine „Dominanz" und das von ihm „bestimmt-werden" gar nicht mehr gefällt. „Anerkennung und Bewunderung" (64ff, 70-73) schlagen um in das Gefühl „gegängelt" zu werden (70-73). Schließlich scheint es ihr unmöglich, an seiner Seite „etwas aus sich zu machen". Sie will jetzt „selbst bestimmen" und „selbst etwas für sich aufbauen" (64ff). Im Schutz der Beziehung entfaltet sich ein Unabhängigkeitsstreben, das am Ende so stark wird, daß Monika Goldmann lieber auf deren Sicherheit verzichtet als auf ihre Selbständigkeit. Eigentlich stecken in der Geschichte der Beziehung zu ihrem Verlobten zwei Geschichten: Zum einen zeigt sie, wie wichtig für Monika Goldmann ihre berufliche Karriere ist, also „etwas aus sich zu machen". Zum andern wird deutlich, daß Monika Goldmann auch privat nicht eingeengt und bestimmt werden möchte. Die Leitmotive in beiden Lebensbereichen sind 'sich-entwickeln' und 'auf-eigenen-Füßen-stehen'. In Monika Goldmanns Orientierung bilden beide eine Einheit.

Das Ende des Krieges bedeutet sowohl beruflich als auch privat einen Neubeginn für Monika Goldmann: „jetzt fängste was Neues an".

BERUFLICHE „ENTWICKLUNG": SELBSTÄNDIG SEIN. Was dieses Neue ist, *was* sie aus sich machen wird, weiß Monika Goldmann jedoch noch gar nicht so genau. Auf die Frage nach der unangenehmsten Zeit in ihrem Leben antwortet sie:

Ja, das war die unangenehmste Zeit, würd ich sagen, nach fünfundvierzig . bis ich dann mit dem Studium anfing . sechsundvierzig, dieses Jahr, das war nicht sehr schön (...) es ist kam natürlich auch, weil die äußeren Bedingungen alle mehr als deprimierend waren hier in Berlin, in der Zeit und woanders wahrscheinlich auch, das war keine schöne Zeit, da kam ich mir so'n bißchen ziellos vor und – aber dann, als ich das hörte, daß da die pädagogische Hochschule im November sechsundvierzig aufmacht, da wußt ich gleich, was ich wollte, und da hat ich wieder n Ziel und wieder etwas was mir erstrebenswert erschien. (70f)

Monika Goldmann beendet die Beziehung zu ihrem Verlobten, obwohl sie noch keine konkreten Vorstellungen darüber hat, was sie machen wird. Sicher ist sich Monika Goldmann nur darüber, *was* sie nicht will: sie will die Beziehung nicht mehr und beruflich fühlt sie sich nicht genug gefordert. Die Arbeit – von außen betrachtet „kein schlechter Posten" – „genügt ihr nicht mehr". Diesem Gefühl allein folgt sie und zieht daraus – zunächst im privaten Bereich – die Konsequenz. Sie ist durchaus bereit, Risiken einzugehen. Doch beruflich braucht Monika Goldmann ein „erstrebenswertes" und vor allem *realisierbares* Ziel. Eine „Hängepartie" (70-73) ist für sie schwer zu ertragen. Aber sie weiß auch, wenn sie das Ziel bzw. den Weg dahin gefunden hat. „In dem Moment, wo ich das hörte und las", daß eine Pädagogische Hochschule eingerichtet wird, „da war's gut" (70-73). Die damalige Erleichterung über das Ende der Unsicherheit ist ihr deutlich anzumerken. Jetzt weiß Monika Goldmann, was sie will.

Was sie sich vornimmt, „zieht" sie auch nach besten Kräften „durch" und ist stolz darauf. „Zum frühstmöglichen Zeitpunkt" (4) legt sie jeweils mit dem ersten Jahrgang das erste und das zweite Staatsexamen ab. An der Ausbildung gefällt ihr, daß sie „sehr praxisbezogen [ist], was ich im übrigen sehr gut finde, was ich heute manchmal – was auch junge Lehrer manchmal bemängel (...) daß sie dann zwar vollgestopft mit theoretischem Wissen, aber – eh immer n bißchen Angst vor den Kindern haben, (lachen) wenn es denn hart dran geht" (4). Zu Bildung als Selbstzweck geht Monika Goldmann auf Distanz – vermutlich ist dies der Ausdruck ihrer Bindung an ihr Elternhaus. Sie ist eine Frau der Tat. Natürlich geht es in der Schule darum, Wissen zu vermitteln, aber das wie, also der erzieherische Aspekt ist mindestens genauso wichtig. Und sie kann, wie ein Kollege bestätigt, mit den Kindern umgehen

(„Du bist doch handfest", 4). Sie ist energisch und kann sich durchsetzen. Gleich nach dem zweiten Examen wird sie von einer Hauptschule „angefordert" (4)[10].

Nach ein paar Jahren hat Monika Goldmann wieder das „Gefühl, das reicht mir eigentlich nicht, ich möchte noch was zusätzlich machen" (4). Ihre Tätigkeit hat sie „im Griff" (4), aber gerade dies verweist auch auf eine Grenze. Irgend etwas fehlt und sie hat den Wunsch nach einer Veränderung. In dieser Situation kommt ein Kollege auf sie zu und macht ihr das Angebot an eine Schule für schwererziehbare Heimkinder zu wechseln. Sie selbst hat diese Idee offenbar nicht und ist überrascht („nanu"; 4). Den Ausschlag für ihre Bewerbung gibt, daß es „mal etwas ganz anderes" ist (4). Allerdings trifft Monika Goldmann auch keine überstürzten und unüberlegten Entscheidungen. Sie selbst hat den Eindruck, daß sie ihre alte Tätigkeit genug „im Griff" hat, um sich an etwas Neues wagen zu können. Für die neue Tätigkeit stimmen die Voraussetzungen. Sie hat sich „bewährt" (4), formell verfügt sie über die entsprechenden „Papiere" und es wird eine Frau mit ihren Fähigkeiten („Handfestigkeit") gesucht. Alles spricht dafür, daß sie es eigentlich schaffen müßte, wie sie selbst es vermutlich ausdrücken würde. Gleichzeitig hat Monika Goldmann keine starren Vorstellungen, sondern kann sich flexibel auf neue Möglichkeiten einstellen und sie sich zu eigen machen – wenn sie das Für und Wider abgewogen hat und die Voraussetzungen, sowohl äußerlich wie von ihrem eigenen Gefühl her, stimmen. Monika Goldmann bewirbt sich und bekommt die Stelle. 1956 wechselt sie an die Heimschule und absolviert zusätzlich ein Spezialstudium in Sonderschulpädagogik. An dieser Schule fühlt sich sehr „wohl": „Es war ein kleines Kollegium und es war sehr nett und mit den Kindern kam ich eigentlich sehr gut klar und es hat mir sehr viel Freude und Befriedigung gegeben, wenn se nicht wieder kriminell wurden, bloß n paar – (lachend)" (5).

Monika Goldmann ist zufrieden und ausgelastet. Von ihr aus besteht kein Grund zur Veränderung. Doch dann „ist man vom Bezirk an mich herangetreten, ob ich mich nicht bewerben wolle als Schulleiterin. Hab ich erst gedacht – na, was soll das und so. Naja. Also ich habs denn getan, weil sie mich beknetet haben – und, ich hatte erst so gar nicht so, weil ich mich in der Heimschule wohlfühlte..." (5). Wiederum werden Monika Goldmann von außen neue berufliche Möglichkeiten eröffnet und sie ergreift sie. 1961 übernimmt sie die Leitung einer Grundschule. Die Karriere geht ihr offenbar aber auch nicht über alles. Sonst hätte sie die Gelegenheit ohne langes Zögern ergriffen bzw. nicht betont, wie gut es in der alten Schule gefiel. Den nächsten Wechsel im Jahr 1967 nimmt Monika Goldmann selbst in die Hand.

---

10 Zwei Jahre später zieht Monika Goldmann mit 33 Jahren auch aus der elterlichen Wohnung aus, „also, – ich wollte ja auch mal mein Eigenes haben, ne, und konnt es mir dann auch leisten" (20). Ihre Unabhängigkeit – zumindest in finanzieller Hinsicht – findet nun auch ihren Ausdruck in einer Veränderung ihrer Lebens- und Wohnverhältnisse.

Dabei wird auch deutlich, was sie grundsätzlich an der Schulleitung reizt und wohl letztlich zu diesem Karriereschritt bewogen hat.

... wurde ausgeschrieben und da mir das in der ersten (Linie) nicht mehr gefiel, ich wollte immer mein eigener Hausherr sein [ihre Schule ist wegen Raumknappheit in dem Gebäude einer anderen Schule mit untergebracht] – ich hab immer so n großes Selbstständigkeitsbestreben gehabt, muß ich sagen, ja – eh und für alles, was verwaltungsmäßig und zu bestimmen war, das machte eh der Oberstudiendirektor vom Gymnasium von der (Name) – weil wir ja bloß Untermieter waren – och, denk ich, ne eigene Schule und ne neue Schule, also, das könnte dich wirklich reizen, nich, na, ich hab es auch bekommen und habe diese Schule eigentlich sozusagen mit aufgebaut, ich hab se gesehen wie se aus dem Sand – der Grundstein gelegt wurde und wie geschaufelt wurde und (...) ich konnte bei allem mit aussuchen, wie was wo Farben und so, also es war meine Schule, wirklich meine Schule ja – (...) und eh an dieser Schule bin ich auch als Schulleiterin geblieben bis ich in Pension gegangen bin – (...) ich hab mich da also immer sehr wohl gefühlt und es war eigentlich eine sehr schöne Zeit in meinem Leben. (7)

Als Rektorin einer „eigenen" Schule hat sie die Möglichkeit, ihre Interessen und ihr „Selbständigkeitsbestreben" maximal zu verwirklichen. Einerseits kann sie lehren und erziehen, andererseits kann sie aber auch den schulischen Ablauf, die Organisation und Verwaltung der Schule selbst bestimmen und gestalten. Auf diesem Posten arbeitet sie bis zu ihrer Pensionierung.

PARTNERSCHAFT: LANGE BEWÄHRUNG DES WEGBEGLEITERS. Über das private Leben in Monika Goldmanns Jugend und frühem Erwachsenenalter wissen wir bereits, daß sie in persönlichen Beziehungen eher zurückhaltend ist, auch wenn es von außen betrachtet nicht so erscheinen mag, denn Kontakte zu schließen fällt ihr scheinbar nicht schwer. Und sie hat ihre berufliche Karriere vor die private gestellt. Wie entwickelt sich ihr Privatleben nach der Trennung von ihrem Verlobten, wie sieht die Partnerschaft aus, die sie danach eingeht? Welche Rolle spielt ihre Fremdheit, ihre (Bildungs-)distanz und in welchem Maße kann sie dort selbst- und mitbestimmen? Ihren späteren Mann lernt Monika Goldmann zu Beginn ihres Pädagogikstudiums, also mit knapp 28 Jahren, in einer studentischen Rudergruppe kennen:

... so na ja, dann [nach dem Sonderschulexamen] müßt ich doch zum priv- das das berufliche erst mal bis dahin -- muß ich sagen, ich hatte im Studium – mein späteren Mann kennengelernt und zwar in der Rudergruppe – sportlich war ich auch noch, da hab ich viel Spaß dran gehabt (lacht) – und wir waren befreundet und wie man so sagt, na ja, partnerschaftliches Verhältnis --- und das lief eigentlich sehr gut und ich muß dazu aber sagen, erstaunlicherweise – obwohl ich achtdreiviertel Jahr älter war als mein späterer Mann (schmunzelnd), ich dachte manchmal, 'das kann ja nicht wahr sein', aber wie gesagt, es lief gut, wir haben uns prima verstanden -- und war in Ordnung und da -- der war auch an der pädagischen Hochschule, war zwei Semester unter mir damals gewesen und wie gesagt, wir hatten uns in der Studenten-Rudergruppe kennengelernt – erst ne lockere Beziehung, die dann allmählich sich verfestigte -- denn, wie gesagt, achtundfünfzig hab ich mein Sonderschullehrerexamen gemacht... (5)

Diese Zeit in der Rudergruppe schildert Monika Goldmann als „sehr lustig" und sie denkt gerne daran zurück (69). Die neue Beziehung „läuft eigentlich sehr gut" und sie verstehen sich „prima". Interessanterweise äußert Monika Goldmann sich darüber erstaunt („das kann ja nicht wahr sein"). Noch interessanter ist jedoch, daß sie dies mit dem Altersunterschied begründet. Dies ist weder extern (bezogen auf die Konvention), noch beziehungsintern plausibel. Zum einen: Der Altersunterschied ist sicherlich enorm. Doch daß Konventionen für sie nun gerade bezogen auf das Alter eine Rolle spielen sollten, erscheint angesichts ihrer ersten Partnerschaft fast lächerlich. Zum anderen: warum sollte daran die Beziehung scheitern? Fühlt sie sich aufgrund des Alters- und Erfahrungsabstands überlegen und kann den 'jungen Spunt' nicht ernst nehmen? Allerdings könnte sich dieser Altersunterschied in ihrem Fall gerade als günstig erweisen, da nun sie die Ältere und zumindest anfangs auch die Lebenserfahrenere ist. Dominanz und „Bestimmt-werden", dem sie entgehen wollte, sind in dieser Beziehung strukturell zunächst nicht zu befürchten. Dieser Umstand müßte es Monika Goldmann eigentlich leichter und nicht schwerer machen, sich auf ihn einzulassen. Und es läuft ja auch gut und genau diesen „partnerschaftlichen" Aspekt hebt Monika Goldmann positiv hervor. Daß sie die Beziehung trotzdem abwehrt, läßt eher vermuten, daß Monika Goldmann grundsätzlich Bedenken gegenüber einer Partnerschaft hat – nicht so sehr, daß es Bedenken gegenüber dieser speziellen Partnerschaft sind. Die starke Abwehr gegenüber der Beziehung wird besonders deutlich, als sie auf die Umstände ihrer Heirat zu sprechen kommt.

I: Wenn sie ihr Leben insgesamt betrachten, welches war die angenehmste Zeit #und welches die Unangenehmste?#

G: #das war die Zeit, in der# ehm ich mit meinem Mann verheiratet war, also, erst waren wir ja zusammen, ich wollte ja erst gar nicht heiraten, nich, weil ich immer dachte, ach, mensch, heiraten was solls-

I: Warum?

G: Na ja, weil ich immer dachte, man kann ja auch so sehr gut zusammen leben (lacht), nich.

I: Also das hätten Sie auch gemacht? /G: das hätt ich/ Sie haben ja früher nicht zusammengelebt, bevor Sie #ver -?#

G: #doch# wir haben – ne Weile schon, nich, und war so drollig. eines . da war in meiner Junggesellenwohnung (räuspern), also, nicht, da wohnte er noch zu Hause, aber er war auch öfter da und so. Und denn .. kam das da mit dem Haus und das war ja ein Projekt vom Senat (...), so n Versuchsprojekt damals diese Reihenhäuser, die se hier gebaut hatten und er hatte da Prospekte besorgt (...). Und denn . sagt er 'so'. Und dann haben wir uns erkundigt und so (ob wir), gerechnet (...) und so, dann war aber der Knalleffekt dabei, daß diese Häuser nur an Ehepaare (...) -- dann hat er dann eines Tages zu mir gesagt: 'So, nun mußt Du Dich entscheiden. Entweder Du heiratest, denn kriegen wir das Haus – oder wir heiraten nicht und dann kriegen wir das Haus nicht, was möchtest de denn'? Sag ich, 'also gut, dann heiraten wir und kriegen das Haus (lacht).' aber es hat an dem Zusammenleben nichts geändert, nich. (...) Er hatte schon n paarmal darauf geredet [Heiratsantrag], da hab ich dann immer gesagt, 'ach laß mal', wissen Se, ja, weil ich ja achtdreiviertel Jahr älter war als mein Mann, nech, da hab ich mir gedacht, mein Gott also . vielleicht ist das doch nicht das richtige, also ich fands schön, nich, aber man will ja keinen Menschen unglücklich machen, eines Tages. und des ist so nett und so lustig . denn ist das vielleicht nicht mehr so nett und so lustig, wenn man verheiratet ist, ganz einfach, es sind eben doch achtdreiviertel Jahre, ist ja ne lange Zeit, aber wie gesagt . solang wir verheiratet waren, war nie das Problem, daß ich eben so viel älter war als er, das ist das Ulkige. .(...) ich wollte ja ihn nicht unglücklich machen, nech .. (lacht) (...), aber offensichtlich hab ich ihn nicht unglücklich gemacht (lacht). (70ff)

Allen Bedenken zum Trotz fühlt sich Monika Goldmann in der Partnerschaft wohl. Die anfangs nur „lockere Beziehung" „verfestigt" sich im Laufe der Zeit. Trotzdem, Monika Goldmann will nicht heiraten. Genau besehen, sträubt sie sich mit Händen und Füßen. Wie sie sagt, könne man ja auch so gut zusammenleben. Daß sie hier im übrigen wieder gegen eine Konvention verstößt – sogenannte „Bratkartoffelverhältnisse" wurden in den 50er Jahren scheel angesehen – ist ihr keine Bemerkung wert. Sie verweist wieder auf den Altersunterschied. Aus irgendeinem Grund kann sie diese Beziehung nicht ernstnehmen. Doch trotz des Altersunterschieds ist es „so nett und lustig". Wie sie sagt, seien vielleicht aber alle unglücklich, wenn man einmal verheiratet sei. Welchen Unterschied bringt die Ehe in eine funktionierende Beziehung? Zuallererst macht sie Schluß mit der Unverbindlichkeit, die beiden Partner legen sich aufeinander fest und planen eine gemeinsame Zukunft. Eine Ehe ist nicht von heute auf morgen kündbar und dokumentiert das sowohl nach innen wie nach außen. Ein solcher Schritt ist dann erschreckend, wenn man sich prinzipiell an niemanden fest binden möchte oder man glaubt, daß die Person die falsche ist. Allerdings kann man auch glauben, daß die Person die falsche ist, weil man sich nicht fest binden möchte. Hingegen kann man in der perpetuierten Vorläufigkeit und Unverbindlichkeit („ach, laß mal") immer nur *positiv* enttäuscht werden – wenn es nämlich gegen die eigenen Erwartungen „erstaunlicherweise" gut läuft. Erst in einer Situation, in der sie auf etwas für sie wichtigeres – das gemeinsame Haus – verzichten müßte, entschließt sich Monika Goldmann zur Heirat. Und das spricht dafür, daß ihr Freund nicht so ganz falsch sein kann. Und dadurch scheint auch das Risiko der Heirat jetzt nicht mehr so groß zu sein. Genau besehen ist das Risiko minimal. Mittlerweile sind sie seit 14 Jahren zusammen und Monika Goldmann fühlt sich wohl („also ich fands schön, nich"). Ihr Freund hat sich bewährt und die Beziehung sich als beständig erwiesen. Beide wissen, worauf sie sich einlassen. Insbesondere weiß sie, daß er weiß, worauf er sich mit ihr einläßt[11]. Und dies bezieht sich auch auf den zentralen Stellenwert, den ihr Beruf für sie hat.

G: Im Mittelpunkt stand immer mein Beruf.
I: Also das können sie ganz klar sagen? G: Ja. I: Und da ham, also das private war dem nachgeordnet?

---

11 Vor diesem Hintergrund zu sagen, daß man den andern „nicht unglücklich machen" will, erscheint abwegig und kann nur als weitere Abwehrstrategie gedeutet werden.

G: Immer . ja . also ich hab manchmal meinen Mann bedauert. (gehauchtes Lachen) aber er hat es ja gewußt (...) und er hat es auch respektiert. (63)

Vermutlich erleichtert ihr die Entscheidung zur Heirat darüber hinaus, daß ihre beruflichen Weichen jetzt gestellt sind. Monika Goldmann ist beruflich etabliert und hat mittlerweile „etwas aus sich gemacht". Seit einem Jahr ist sie Rektorin an der Grundschule. Schließlich ist zu vermuten, daß möglicherweise ihrem Freund gegenüber bestehende Reserven (Fremdheit) auch dadurch abgebaut wurden, daß sie Monikas gesamten beruflichen Werdegang und Aufstieg gemeinsam erlebt haben.

AKTIVITÄTEN UND AUßERFAMILIALE BEZIEHUNGEN: GEMEINSAME UND GETRENNTE WEGE. Wie sieht ihre Beziehung aus und wie gestalten sie sie?

I: Dann ist ihre die Beziehung zu ihrem Mann war dann auch irgendwie anscheinend sehr unterschiedlich von der zu ihrem Verlobten?
G: Ja, ja, ja . da war es mehr so, im gewissen Sinne bei dem Verlobten eine gewisse Unterordnung und ne Anerkennung und auch Bewunderung, und bei meinem Mann war das durchaus auf gleicher Ebene, ja, die Einstellung, ja. Das war, wir waren eben richtige Kumpel, nich, in jeder Beziehung und es war ne schöne Zeit und ich möchte die nicht missen und .. schade, daß es zu Ende ist . aber es ist nicht zu ändern. (70)

Statt einseitiger Bewunderung beruht dieses Verhältnis auf Wechselseitigkeit („gleiche Ebene"). Sie haben ähnliche Einstellungen und „passen gut zusammen", sind „ein wirklich gutes Gespann" (17f; 70). Daß sie ihren Mann als „Kumpel", an anderer Stelle auch als „guten Kameraden" bezeichnet, unterstreicht zwar noch einmal die „Partnerschaftlichkeit" und Gegenseitigkeit des Verhältnisses, scheint allerdings eher auf eine (Männer-)Freundschaft zu passen als auf eine Liebesbeziehung. Kameraden oder Kumpel sind vor allem durch ein gemeinsames Ziel (etwas Drittes) und durch gemeinsame Erfahrungen miteinander verbunden (Kracauer 1990). Die Begriffe kennzeichnen mehr ein Nebeneinander als ein Aufeinander-Bezogensein. Doch dieses Nebeneinander vor dem gleichen Ziel kann durchaus eine enge Verbundenheit bedeuten. Kriegskameraden oder Kumpel im Bergwerk sind aufeinander angewiesen und müssen sich unbedingt aufeinander verlassen können, um gemeinsame Gefahren zu bestehen. Zentrale Elemente dieses Musters finden sich auch bei Monika Goldmanns Partnerschaft. Sie habe, wie sie es ausdrückt, „nie eine Schulter zum Anlehnen" gebraucht, aber sie habe sich immer auf ihren Mann verlassen können und habe „unbedingtes" Vertrauen" in ihn gehabt (66f). Und wie oben herausgearbeitet wurde, scheinen es vor allem die gemeinsam gemachten Erfahrungen (Bewährung des Aufstiegsbegleiters), die das Paar miteinander verbindet. Darüber hinaus unternehmen sie viel gemeinsam, lassen sich und nehmen sich beide aber auch ihre Freiheiten. Darunter fällt für Monika Goldmann vor allem der

Beruf[12]. Für ihr Privatleben macht sie beruflich keine Abstriche. In ihrer Schule ist sie morgens die erste und abends die letzte. Ihr Mann hat mehr Zeit zur Disposition und sieht seine Frau manchmal nur kurz zum Mittagessen „und dann wieder rüber (...) und das hat er geschluckt, ja also, ja, das rechne ich ihm hoch an. Also, er hat da manchmal gesagt 'bist Du denn heute Abend zu Hause?', 'ja', sag ich 'heute Abend', 'ach, wie schön'" (23)[13]. Das Ehepaar verbringt auch gerne Zeit miteinander, wobei Monika Goldmann hervorhebt, wie lustig es gemeinsam ist. Als ihr Mann 1964 einen Herzinfarkt erlitten hätte, sei das für beide sehr schlimm gewesen, aber „mit Humor und Gemeinsamkeit haben wir das eigentlich gut aus der Welt geschafft, die Krankheit" (7f).

Etwa zur gleichen Zeit als Monika Goldmann pensioniert wird, beantragt ihr Mann aus gesundheitlichen Gründen die vorzeitige Pensionierung und scheidet ein Jahr nach ihr mit 53 Jahren ebenfalls aus dem Erwerbsleben aus. Überraschenderweise scheint Monika Goldmann trotz ihrer starken Berufsorientierung der Ausstieg aus der Erwerbsarbeit nicht schwer zu fallen. Dabei mag auch eine Rolle spielen, daß sie beruflich alles erreicht hat, was sie wollte (73). Sie bezeichnet den Zeitpunkt des Ausscheidens aus dem Erwerbsleben jedenfalls als „genau richtig". Wie sie sagt, sind jetzt beide „endlich mal zu Hause" und haben Zeit „füreinander" (8). Daß sie diese Zeit sogar als „noch schöner" (8) als vorher bezeichnet, überrascht zwar etwas und mag retrospektiv verschönt sein, unterstreicht m.E. jedoch, daß die Ehe sich bewährt und eine eigenständige und wichtige Bedeutung für sie (gewonnen) hat.

Bezogen auf ihre Freizeit ist Monika Goldmanns spontane Reaktion, daß sie „eigentlich alles zusammen" machen (24). Sie gehen regelmäßig gemeinsam schwimmen, wandern, arbeiten in ihrem Garten, sind „viel an der frischen Luft" und verreisen häufig. Doch gehen sie durchaus auch getrennte Wege und unterschiedlichen Interessen nach. Gymnastik betreibt Monika Goldmann alleine, ihr Mann ist an Sport nicht so interessiert. Dafür „bastelt" er und liest viel in seiner freien Zeit. Seine Interessen lägen mehr auf „geistigem Niveau" („wandelndes Lexikon").

Goldmanns sind selbstgenügsam. Sie brauchen und wollen nur wenig Kontakte. Als Einzelkinder haben beide kaum Familie und an Kontakten zu entfernteren Verwandten haben sie kein Interesse. Wie auch ihre Eltern wäre

---

12 „... denn eins muß ich sagen und das kann ich immer nur betonen wieder – mein Mann war ein ganz prima Kamerad – denn Anderer hätte mich wahrscheinlich rausgeschmissen, denn ich war ja mehr dienstlich unterwegs als daß ich zu Hause als brave Hausfrau ihn betreut habe, ist ganz klar denn, als wenn man wenn man seine Arbeit ernst nimmt..." (8)

13 Allerdings ist er auch nicht der brave Hausmann. Im Haushalt hält das Paar die geschlechtsspezifische Rollenverteilung aufrecht. Auch wenn Monika Goldmann nur kurz zwischendurch zum Mittagessen nach Hause kommt, sie kocht und ihr Mann wartet lieber mit dem Essen, bevor er selbst in die Küche geht: den Haushalt „hat er nicht allzugerne gemacht, hatten auch ne Putzfrau(...), war eigentlich auch nicht nötig". Sie haben eine Putzhilfe und was sonst an Wäsche und Saubermachen anfällt erledigt Frau Goldmann.

sie kein „Familienmensch": „Familie hat man, Bekannte kann man sich aussuchen". Frau Goldmann weiß noch nicht einmal, ob ihre Cousinen bzw. ihr
Cousin in Berlin noch leben. „Mal 'ne Geburtstagskarte", das sei alles. Kontakt
unterhält das Paar vor allem zu ein paar wenigen Freunden und Bekannten.

Wir hatten nie 'n sehr großen Bekanntenkreis, das kam ja natürlich auch, weil wir beide
berufstätig waren und die Zeit war ja auch eh begrenzt immer irgendwie, nich, ich meine,
ich bin . mein Mann war berufstätig, ich war berufstätig und wir neigten nicht dazu, einen
Riesenbekanntenkreis aufzumachen. Man hätt es sicherlich gekonnt, aber es lag uns eigentlich beiden nie. (49)

Diese wenigen Freundschaften reichen lange zurück. Dazu gehören gemeinsame Freundschaften aus der Studienzeit, so ein Paar aus der Rudergruppe,
in der sich Goldmanns kennengelernt haben. Beide bringen aber auch
Freundschaften „mit in die Ehe" (21) – womit gemeint ist, daß sie ihre gemeinsamen Freunde werden. Sowohl bei Herrn wie bei Frau Goldmann handelt
es sich dabei um ehemalige Schulfreunde bzw. -freundinnen. Diese treffen
sie gelegentlich alleine, häufig auch gemeinsam. Beispielsweise nimmt das
Paar auf seinen Reisen hin und wieder eine geschiedene Schulfreundin von
Monika Goldmann mit, die finanziell nicht so gut gestellt ist. Ihre Tochter ist
auch Monika Goldmanns Patenkind. Kontakt unterhalten Goldmanns darüber
hinaus zu ehemaligen Kollegen von Monika Goldmann aus der Heimschule.

4.2.2   Der Tod des Partners: Der Verlust des Gesprächspartners

Im Frühjahr 1987 erleidet Herr Goldmann einen zweiten Herzinfarkt. Dreieinhalb Monate liegt er im Koma, dann stirbt er ohne noch einmal zu Bewußtsein gekommen zu sein. „Er hat nie mehr gesprochen (...) dann kann ich
nur sagen, dann ist er gestorben und ich war eigentlich (...) dankbar" (8). Für
Monika Goldmann sind es „die schlimmsten hundert Tage in meinem Leben":

... was Schlimmeres ist mir vorher nicht passiert, ne – ein Mensch, der intelligent ist, der
viel – viel geredet, ja, wir haben manchmal gesagt, also wir quatschen die ganze Zeit, und
viel gelesen und es war immer sehr nett, sehr lustig und fröhlich bei uns – und plötzlich
liegt einer da und man will mit ihm reden und es kommt kommt so gar nichts – also das ist
sehr, sehr schlimm ist das, wenn man das erleben muß -- na ja – und seitdem bin ich – wie
gesagt alleine. (9)

Wie sie sagt, betrachtet sich Monika Goldmann seit dem Tag, an ihr Mann
den Herzinfarkt erlitten hat, als Witwe (9). Für sie ist ihr Mann in dem Augenblick tot, als er keine Lebensäußerungen mehr von sich gibt. Der Kontrast
zwischen dem, was ihren Mann auszeichnete, und dem still dort liegenden
Körper ist zu groß. Für sie war ihr Mann Fröhlichkeit, Lebendigkeit. Er stand
dafür, vorbehaltlos drauflozu-"quatschen". Sie will ihn ansprechen, doch
von dem Körper kommt keine Antwort mehr. Sprechen und sich mitteilen

können sind auch die Aspekte, die sie bei der Frage nach den größten Veränderungen nach seinem Tod hervorhebt (25):

... ja --- ja, das man praktisch nicht mehr n Gesprächspartner hat, sag ich ganz ehrlich – das ist das Einschlagende, ne, aber wir haben über alles – und auch rumtheoretisiert und über alles gesprochen -- und eh das ist natürlich das, was manchmal fehlt (...) (bedeckt) ja hat man - (10sek) - aber es nicht so, daß es mich deprimiert, muß ich sagen, daß ich so – eh enge Gesprächskontakte nicht mehr habe – es liegt – es ist wahrscheinlich auch mein Naturell, wissen Sie. Ich bin optimistisch von zu Hause aus so angelegt, ja – es würde sich da nicht da in Pessimismus, Depression sacken könnte – und ich mein, wenn ich mich unterhalten will, dann find ich immer jemanden, mit dem ich mich unterhalten kann, bloß, ich mag nicht so dieses Blabla, das mag ich nicht, denn bin ich lieber für mich. (25)

Was bei Monika Goldmann „einschlägt" ist, daß sie *keinen* Gesprächspartner mehr hat. Wenn sie jetzt keinen Gesprächspartner mehr hat, dann sagt sie damit indirekt, daß ihr Mann ihr einziger Gesprächspartner war. Das ist eine starke Aussage und zeigt, welch große Bedeutung er für sie hatte, auch wenn er – zumindest bis zu ihrer Pensionierung – nur die zweite Rolle in ihrem Leben spielte. Die Ausschließlichkeit dieser Formulierung scheint ihr selbst auch aufzufallen. Sie relativiert ihre Aussage, nur mit ihrem Mann hätte sie über „alles" sprechen und „rumtheoretisieren" können und seit seinem Tod hat sie keine „engen" Gesprächskontakte mehr. Dafür hat Monika Goldmann keinen Ersatz gefunden. Weder ist sie gewillt, Kompromisse einzugehen (bevor sie über Belanglosigkeiten redet, ist sie lieber für sich), noch geht sie auf Andere zu. Auf die Frage, wer oder was ihr nach dem Tod ihres Mannes geholfen hat, antwortet sie:

(15 Sek. Pause) ... eigentlich hab ich mir selber geholfen – wenn ich ehrlich sein will – ich hab aber auch keinen belästigt damit, ja – also – das – also, weil ich sagte, 'du mußt damit alleine fertig werden, du mußt sehen, daß du dir dein Leben einrichtest und dabei trotzdem fröhlich und optimistisch bleibst' -- ich hab es -- auch keinen darauf angesprochen, weil ich immer denke – mein Gott, was – das, was war, das kannste nicht zurückzaubern – auch nicht, wenn de mit andern darüber sprichst, (...) weil ich immer denke, das muß man selber schaffen --- (28 Sek.) -. (25f)

Monika Goldmann ist der tiefen Überzeugung, mit allem allein „fertig" werden zu müssen. In der Trauer über den Tod ihres Mannes hilft ihr niemand, aber sie spricht auch niemanden daraufhin an. Wie sie häufig betont, hält Monika Goldmann absolut nichts davon, über ihre „Kümmernisse" zu sprechen und findet es „gräßlich, andern auf den Wecker zu fallen". Auf die Frage, ob sie es sich nicht vielleicht gewünscht hätte, von Anderen angesprochen, getröstet zu werden, gibt sie zu, daß sie es „als sehr lieb empfunden" hätte, aber das sei eben nicht der Fall gewesen:

Da hab ich wahrscheinlich selber Schuld dran, weil ich immer sehr selbständig war – es war eigentlich auch für alle Freundschaften klar, daß ich mit meinem Leben auch weiter – alleine klarkomme (...) da hat eigentlich keiner vielleicht mal dran gedacht, daß ich – irgendwie – seelische Schlappe erleiden könnte (...) wie beschissen Dir jetzt zumute ist. (31)

Sogar gute Freunde scheinen nicht zu bemerken, was wirklich in ihr vorgeht und halten sie für so stark, wie sie selbst auch meint sein zu müssen. Doch sie weiß auch, daß sie dieses Verhalten unterstützt. Letztlich aber hätte es auch keinen Zweck, darüber zu sprechen, denn „zurückzaubern" läßt sich ihr Mann dadurch nicht. Sie klagt nicht. Ihr Pragmatismus setzt sich auch in dieser Situation durch. Für Monika Goldmann steht fest, daß sie mit dem Verlust ihres Mannes alleine zurecht kommen muß[14]. Sie muß jetzt sehen, daß sie sich ihr „Leben einrichtet" – und zwar so, daß sie auch ohne ihn noch „fröhlich und optimistisch" bleibt. Dabei kann sie nur auf sich selbst zählen, ansonsten würde sie sich in ihrer Perspektive in Abhängigkeiten begeben. Letzte Sicherheit garantiert für Monika Goldmann nur ihre Selbständigkeit.

4.2.3 Längerfristige Veränderungen der Integration: Leben auf Reisen und alte Freunde im Hintergrund

IMMER AUF REISEN, IMMER UNTERWEGS. Wie richtet sich Monika Goldmann ihr Leben ein und welche Schritte unternimmt sie? Sie kommt darauf direkt im Anschluß an die Schilderung des Todes ihres Mannes zu sprechen:

G: ... na ja, und nun mußt ich ja was machen ---- ehm wie --- eh ich bin nich en Mensch der – (...) (singend) 'aah ich bin so ne arme Witwe' und und jammer allen Leuten die Ohren voll, find ich schrecklich – interessiert sowieso keinen, helfen kann einem sowieso aus so einer Situation keiner – na ja und dann eben versucht mein Leben nun jetzt auf Single einzurichten, ne – und ich glaube, das ist mir auch ganz gut gelungen
I: Und wie haben sie das gemacht?
G: Und, ja, ich hab mir überlegt, daß ich nun eh – einmal hab ich ne Menge Kontakte gehabt, muß ich sagen, schon durch meine ganze Berufsgeschichte – (...) es war zwar sehr eng, die Beziehung zu meinem Mann war sehr eng und wir haben aber trotzdem nicht Freundschaften vernachlässigt, nich – und das hab ich eigentlich weiter gepflegt --- und – dann hab ich gedacht, so nun wirst de mal -- dir – Europa hatten mein Mann und ich – wir waren auch zusammen in China gewesen – wir waren zusammen in Japan -- Schottland – ganz Großbritannien – eh – Irland, Norwegen, das hatten wir zusammen gemacht – das war immer so außer China und Japan, all mit dem Auto in den großen Ferien – und das hat ich alles erkundet, denk ich, 'die Welt ist ja noch größer' – und da mich das immer schon gereizt hat – hab ich mich sehr, würd ich sagen, jetzt rein von privat aufs Reisen verlegt. (10)

Auch wenn Monika Goldmann ihre Freunde nicht auf ihre Trauer hin anspricht, sie waren bereits während ihrer Ehe wichtig und nach dem Tod ihres

---

14 I: Wer half ihnen als sie trauerten? G: (leise) (Hhh (...) ja es haben viele gesagt, es tut uns leid und so) . aber für mich stand es eigentlich sofort fest, als mein Mann nicht mehr da war, daß ich nun mit mir selber klarkommen muß in jeder Beziehung . (...) ich bin der Meinung, daß muß man selber klarkommen, .. was ich gerne hätte, daß mein Mann noch da wäre, dann wär das alles gar kein Problem, aber . insofern . er ist nun nicht mehr da und da mußte – und das stand für mich von Anfang an fest – nu stehste de da und bist alleine und mußt sehen, daß de mit allem, was auf dich zukommt, klarkommst, ne (58)

Mannes „pflegt" sie diese Beziehungen weiter. Allerdings erwähnt Monika Goldmann die Freundschaften an dieser Stelle nur kurz. Sie sind nicht das zentrale Element, auf dem sie ihr Leben als „Single" gründet. Zentral ist: „(mußt) ja was machen". Darunter fallen nicht die Freundschaften, sondern das, was sie jetzt selbst aktiv in Angriff nimmt: das Reisen. Mit ihrem Mann ist sie bereits viel unterwegs gewesen, gemeinsam haben sie viele Länder „erkundet". Diese Aktivität baut sie jetzt systematisch aus. Indem sie davon spricht, daß sie sich „sehr jetzt rein von privat aufs Reisen verlegt" hat, drückt sie eigentlich aus, daß ihr heutiges Privatleben vorrangig aus dem Reisen besteht[15].

Beim Reisen geht es Monika Goldmann nicht darum, einfach weg zu sein. Ebenfalls wichtig ist die Form des Reisens. Beispielsweise mag sie Kreuzfahrten nicht, weil ihr das 'drumherum' (häufiges Umziehen, viel Essen) nicht paßt. Sie ist vor allem an „Land und Leuten" interessiert. Auch reine Seniorenreisen lehnt sie kategorisch ab. Bei älteren Menschen stünden häufig Themen im Vordergrund, die sie nicht interessieren – wie Kinder, Küche und Krankheiten. Kinder und Enkel hat sie keine, der Haushalt hat sie nie interessiert und Krankheiten solle man für sich behalten. Sie hat nichts gegen Geselligkeit,

... aber [z.B. bei Seniorenreisen] die Form der Geselligkeit (...) gefällt mir nicht – da ist (...) mir dann solche Geselligkeit, wo ich selber was lernen kann, was Neues sehe (...) neue Eindrücke habe und irgendwie den geistigen Bereich erweitern kann – das sagt mir (...) dann um vieles mehr zu als diese (...) ob ich die Rouladen weich kriege oder so, also, ne gute Hausfrau war ich sowieso nie, (leise) wissen Se, das hat mich nie sehr interessiert (...) auch nie n Putzteufel gewesen (29).

Monika Goldmann reist am liebsten in Gruppen, in denen alle Jahrgänge vertreten sind – „über die ganze Altersspanne bis hin zu meinen 73" (28f). Da träfe sie immer auf Leute, mit denen sie etwas „anfangen kann".

Monika Goldmann ist sehr oft und sehr lange „auf Reisen". Drei- bis viermal im Jahr ist sie jeweils für etwa vier Wochen unterwegs:

... und dann freu ich mich – beim Zurückkommen wieder auf mein Zuhause – und wenn ich dann aber hier so ein paar Wochen bin, dann fängt's mich wieder an zu jucken und dann überleg ich – ah, da warste noch nicht, da könnteste auch noch hin – na ja, und so mach ich das. (10f)

Monika Goldmann hält es nicht mehr lange an einem Ort. Von ihren Reisen kommt sie zwar gerne zurück „nach Hause", aber nach ein paar Wochen wird sie wieder unruhig und sie schmiedet neue Reisepläne. Ihr Zuhause ist eigentlich nur noch eine Zwischenstation auf ihren Reisen. Sie kehrt zwar

---

15 Denn entweder hieße der Satz vollständig, daß sie sich 'von privat(er Seite) her aufs Reisen verlegt' hat, was bedeuten würde in ihrem Privatleben. Oder der Satz hieße 'von meinem Privatleben aus habe ich mich auf das Reisen verlegt'. Dies würde aber bedeuten, daß sie ansonsten kein Privatleben mehr hat, was faktisch auf die erste Lesart hinausläuft.

immer wieder dorthin zurück, aber wenn sie dann dort ist, ist sie in Gedanken bald wieder fort. Sie lebt 'auf dem Sprung'. Ein Zuhause im Sinne eines räumlichen Ortes zu dem man zugehört und zu dem man sich zugehörig fühlt, hat Frau Goldmann nicht mehr. Diese Unstetigkeit prägt auch ihre Beziehungen. Monika Goldmann geht zwar auf Menschen zu und knüpft auf den Reisen häufig gute Kontakte, aber dabei „beläßt" sie es dann auch, mit dem Ende der Reise sind für sie auch die Beziehungen beendet:

Ich bin nie allein, auch wenn ich allein gereist bin – ich habe immer guten Kontakt,(...) ich habe immer irgendwelche Leute, (...) die ganz nett zu mir sind und die sagen, 'kommen Se her, kommen se her, bei uns is n Platz frei, pipapo pipapo', ja – also, ich sitze nicht am Einzeltisch oder so, nie, ne – und habe nette Bekanntschaften gemacht – aber dabei belaß ich das auch und wenn dann am Ende einer solchen Studienreise, die ja manchmal durch dick und dünn geht, auch manchmal sehr strapaziös ist, zum Beispiel Tibet (...), dann die große Adressentauscherei ausgeht -- mach ich nicht: 'ach, lassen Se, es war wunderschön, wir haben viel gelacht zusammen, wir haben viel Spaß, zauberhafte Erlebnisse, interessante Erlebnisse gehabt und dabei wollen wir es bewenden lassen' (...) also ich bemühe mich nicht darum (...) na ja, wenn ichs drauf anlegen würde, hätt ich sicherlich irgendwie - -- hätte sich was ergeben, aber ich will es gar nich. (17f)

Ihre Reisebekanntschaften bricht Monika Goldmann nicht nur 'ohne Bedauern' ab, sie möchte diese Beziehungen ganz explizit nicht weiterführen. Monika Goldmanns bleibt auf Distanz. Aber ist sie wirklich so bindungslos wie ihre Reisetätigkeit und ihr Beschreibung auf den ersten Blick anzeigen?

Gerade das Reisen kann auch eine Nähe zu anderen Menschen ermöglichen, wie sie sonst nur sehr engen Beziehungen eigen ist. Nach Simmel zeichnet sich die Reisebekanntschaft vor allem durch drei Merkmale aus: erstens durch die Gelöstheit vom gewohntem Milieu, zweitens durch die „Gemeinsamkeit der momentanen Eindrücke und Begebnisse" („geistiger Kommunismus") und schließlich durch das „Bewußtsein des demnächstigen und definitiven Wieder-auseinander-Gehens" (1908: 500). Alle Elemente zusammengenommen bewirken, daß für den Moment des Beisammenseins eine Offenherzigkeit, „Gelöstheit" und Intimität möglich ist wie sonst nur in ganz engen Bindungen. Die klare zeitliche Begrenztheit der Beziehung ermöglicht es sich aufeinander einzulassen, denn man weiß, daß man sich schon morgen wieder trennt und dann nie wiedersieht. Durch die antizipierte (räumliche) Distanz ist die Konzentration auf das Jetzt und damit (emotionale) Nähe erst möglich. Gleichgültigkeit und Engagement bedingen sich wechselseitig, sind aber beide realisierbar. Reisen bedeutet also nicht nur Bindungslosigkeit und Unverbindlichkeit, sondern in dieser „Form" können *auch* Offenheit, Nähe und Engagement realisiert werden – wenn auch nur für den Moment. Inwieweit Monika Goldmann dies tatsächlich *tut*, kann hier nicht beantwortet werden. Simmel läßt sich jedoch noch um den Aspekt ergänzen, daß aufgrund der Zukunfts- und vor allem wegen der Geschichtslosigkeit dieser Beziehungsform auch maximale Verstellung und erfundene Geschichte(n) – eben ein „Sich-Neu-Entwerfen" – möglich sind. Die Grenzen zwischen Aufrichtigkeit und Verstellung verschwimmen. Alles ist möglich. Man hat die Kontrolle darüber, was man gibt. Man mag sogar persönlich Wichtiges preisgeben können, ohne daß der Andere es merkt. Vielleicht ist das die Form, in der Monika Goldmann auf Reisen auch Nähe realisiert. In jedem Fall setzt die äußere Form des Reisens der Nähe eine Grenze, die in Beziehungen „mit Vergangenheit und Zukunft" selbst gezogen werden muß. Die Reisebekanntschaften (und ggf. Offenheit und Nähe) sind folgenlos, die Gefahr des „Aufdrängens" besteht nicht – und genau dies ist es ja, was Monika Goldmann auf jeden Fall vermeiden will.

ALTE FREUNDSCHAFTEN GUT DOSIERT. Auch Monika Goldmanns soziale Beziehungen „zu Hause" werden durch das Reisen geprägt. Zu den alten Freundschaften in Berlin, die Monika Goldmann zwischen ihren Reisen „weiterpflegt" und auf die sie direkt im Anschluß an ihre Darstellung der Reisetätigkeit genauer zu sprechen kommt, gehören insbesondere zwei ehemalige Schulfreundinnen, daneben aber auch eine ehemalige Nachbarin aus ihrer „Junggesellenzeit" und ein Ehepaar, das sie und ihr Mann noch aus dem studentischen Ruderclub kennen. Welche Bedeutung haben diese Freundschaften für Monika Goldmann? Haben sie sich nach dem Tod ihres Mannes verändert, in welcher Hinsicht?

I: Haben sich Ihre Freundschaften verändert nachdem ihr Mann gestorben ist?
G: Nein, eigentlich nicht ---- ich weiß – es ist sehr oft, eh so – daß, wenn man mit Ehepaaren befreundet war – ich weiß, worauf sie hinauswollen (...) und dann, wenn man dann plötzlich als Einzelperson auftaucht, wo man sonst immer als gemischtes Doppel aufgetreten ist – daß da dann ne gewisse Wand entsteht – einfach wie, da kommt n Einspänner, der sich jetzt, der eigentlich jetzt hier in unsere Zweisamkeit (...) nicht so richtig dahineinpaßt – das war aber nicht der Fall (...) das muß ich sagen (...) denen war das wahrscheinlich, nehm ich auch an – von vorneherein klar, daß ich nicht irgendwie als gefährdendes Moment in eine Ehe oder so eintreten könnte, ganz einfach, weil ich gar nicht die Absicht habe und ich will es auch gar nicht. (14-17)

Nein, Veränderungen kann Monika Goldmann in ihren Freundschaften nicht feststellen. Auffällig ist jedoch, daß sie bei meiner Frage gleich eine spezifische Situation im Blick hat, Beziehungen zu Paaren. Diese sind tatsächlich nach dem Ausfall eines Partners am gefährdetsten. Alle Interviewpartner thematisierten diese spezifische Konstellation und häufig wurde von Freundschaften und Bekanntschaften zu anderen Paaren berichtet, die nach der Verwitwung „auseinanderbrachen". Hervorzuheben ist zunächst, daß dies bei Monika Goldmann nicht der Fall war. Ihre Freundschaft wird durch die Strukturveränderung scheinbar nicht beeinträchtigt. Daß eine Veränderung des Familienstandes nicht zwangsläufig zum Abbruch der Verbindung führen muß, hat Monika Goldmann im übrigen auch aus der anderen Perspektive – als Teil des Paares – erfahren. Ihre engste Freundin WK, mit der sie zusammen eingeschult wurde, wurde früh geschieden und Goldmanns unternahmen dann mit ihr häufig auch etwas zu dritt wie z.B. gemeinsame Reisen. Doch wenn alles so unproblematisch ist, warum hat Monika Goldmann dann sofort eine ganz bestimmte Situation (das „gemischte Doppel") vor Augen? Außerdem ist die von ihr angesprochene Art der Formveränderung (Einbrechen in die Ehe), nicht die einzige Veränderung. Der „Einspänner" akzentuiert ja nicht nur die „Zweisamkeit" des Paares, sondern ist selbst auch mit einem Paar und somit mit etwas für ihn Verlorenem konfrontiert, wird also auf sein Allein-Sein zurückgeworfen. Ich bohre noch einmal nach:

I: ... nochmal mit den möglichen Veränderungen, es muß ja nicht unbedingt von den andern ausgehen – daß man, daß die andern, das Paar jetzt sagt 'Vorsicht' – man hat Angst oder wie auch immer – man, daß man einem anders gegenübersteht, sondern auch von einem selbst?

G: #wie als Einzelmensch#

I: #daß man# dann vielleicht denkt, die andern bieten mir das zwar an, laden mich ein – aber ich fühl mich doch nicht, irgendwie fühl mich doch irgendwie etwas --

G: deplaziert, ja

I: ja, (...) also das hab ich auch schon gehört, deswegen frag ich einfach

G: ah so – nee, das kann ich eigentlich nicht sagen, wobei ich folgendes mache --- nicht so oft – (...) also eh, ich eh – würde nun sagen daß man nun jede Woche – oder oder eh -- ich laß es dann immer so nach zwei Monaten – ungefähr einmal laden se mich ein und dann nach zwei Monaten, wenn ich wieder mal da bin, kann ich von meinen Reisen erzählen – die fahren nicht sehr viel weg und freuen sich dann auch – ich hör aber sofort auf, wenn ich merke, also ich will damit keinen langweilen -- ehm das find ich, das is sehr gut, gut für die Freundschaften auch – das man das nicht eh eh so n Stundenplan wird. (18)

Wenn sie mit dem befreundeten Paar zusammen ist, fühlt sich Monika Goldmann als „Einzelmensch" nicht deplaziert. Aber sie ist sich dieses Aspekts durchaus bewußt und setzt ganz gezielte Strategien ein, sich zu distanzieren („mach ich folgendes"). Dafür bieten ihr ihre Reisen die idealen äußeren Bedingungen. Sie rhythmisieren die Treffen mit den Freunden und dosieren sie automatisch. Die Reisen strukturieren also nicht nur die neuen Bekanntschaften, sondern auch ihre Beziehungen zu Hause und sorgen dafür, daß es gar nicht erst dazu kommt, daß sich Monika Goldmann „deplaziert" fühlen könnte und sie das Gefühl hätte sich „aufzudrängen" bzw. Anderen „auf den Wecker zu fallen" (26). Im Gegenteil: wenn die Weitgereiste 'wieder im Lande' ist und sich „zurückmeldet" ist sie willkommen. Darüber hinaus sind die Reisen auch ein willkommenes Thema. Und nicht zuletzt dokumentiert Monika Goldmann durch den Seltenheitswert ihrer Treffen und die Schilderungen ihrer Fernreisen ihren Freunden und sich selbst gegenüber ihre Unabhängigkeit.

Einen „Stundenplan", den sie selbst auch als solchen deklariert, hat Monika Goldmann jedoch in einer ihrer Freundschaften. Hieran zeigt sich – neben dem Reisen und der Dosierung der Treffen mit alten Freunden – eine dritte Distanzierungsstrategie. Wenn Monika Goldmann in Berlin ist, geht sie seit dem Tod ihres Mannes einmal in der Woche mit ihrer ehemaligen Nachbarin aus ihrer „Junggesellenzeit" wandern. Diese ehemalige Nachbarin hat ihren Mann bereits ein paar Jahre vor Monika Goldmann verloren, der Kontakt sei zwar „lose" gewesen aber nie abgebrochen. Diese „Wanderkumpanin" bezeichnet Monika Goldmann auch als Freundin, da sie praktisch ihr ganzes Leben miterlebt habe (18f). Interessant ist nun, daß Monika Goldmann diese Beziehung nicht dosieren muß. Prinzipiell könnte dies daran liegen, daß sich die Notwendigkeit der Dosierung nur oder besonders in der Dreier-Konstellation stellt, und bei der ebenfalls verwitweten Freundin schlicht entfällt. Bei Monika Goldmann liegt der Fall jedoch anders. Sie besteht darauf festzustellen, daß sich bei ihrer Freundschaften nichts verändert hat. Faktisch aber hat sie diese Freundschaft stark 'intensiviert' – immerhin unternehmen sie jetzt regelmäßig und wesentlich häufiger etwas miteinander. Diese Veränderung nimmt sie offensichtlich nicht als besondere (erwähnenswerte) wahr. Und explizit verneint sie die Frage nach Veränderungen in der emotionalen Bedeutung dieser Beziehung (emotionales Netzwerk). Dies ist nur so zu verstehen, daß „zusammen wandern" in Monika Goldmanns Sicht kein Ausdruck einer größeren emotionalen Nähe ist. Was ist der Unterschied zwischen zusammen wandern und zusammen essen gehen, wie sie es mit dem Paar aus dem studentischen Ruderclub tut? Wenn man zusammen ißt, ist das Thema „ein netter Abend mit Freunden". Damit stehen die einzelnen Personen im Mittelpunkt und man ist explizit aufeinander bezogen. Geht man aber zusammen wandern, betätigt man sich sportlich miteinander, das Motto ist nicht, sich mit den Freunden zu treffen, sondern im Mittelpunkt steht das Wandern – insofern besteht keine Notwendigkeit, diese Beziehung zu dosieren, weil in Monika Goldmanns Sicht der primäre Anlaß des Treffens gar nicht die Beziehung ist.

Unterstützt wird diese Deutung durch verschiedene andere Hinweise. So spricht Monika Goldmann von ihrer „Wanderkumpanin", was eben genau darauf verweist, daß diese Beziehung – wenngleich als Freundschaft bezeichnet – für Monika Goldmann selbst vor allem durch das Wandern charakterisiert ist. Diese einseitige Ausrichtung wird durch den Zusatz „Kumpanin" noch verstärkt. Daß Elemente einer Freundschaft dabei zweitrangig sind, drückt Monika Goldmann dann auch explizit aus: „... dann erzählt man sich dabei auch ...". Schließlich stellt sie auch den Zusammenhang zwischen Aktivität und emotionaler Nähe her. Ihr Kommentar zu dem Kontakt mit einer neuen Bekannten, mit der sie jetzt häufig zusammen verreist und die sie als „Zweckbekanntschaft" bezeichnet: Es sind „... immer welche Aktivitäten mit an der Tagesordnung und darum würd ich ja eben auch sagen 'gute Bekannte" (43). Diese Frau H. würde sich scheinbar gerne öfter und zu anderen Gelegenheiten mit ihr treffen, aber Monika Goldmann möchte keinen engeren Kontakt, und mit Frau H. würde sie sich nie einfach 'nur so' treffen. Monika Goldmann weiß also durchaus darum, daß bei Unternehmungen eine direkte persönliche Auseinandersetzung vermieden werden kann.

Für Monika Goldmann legitimiert das Wandern also die Treffen mit ihrer guten Freundin und dadurch entgeht sie der 'Gefahr', das Gefühl haben zu müssen, sich „aufzudrängen" – was sie ja um jeden Preis vermeiden möchte. Damit ist nicht gesagt, daß das Wandern an sich nicht wichtig für sie ist oder daß sie beim Wandern eben nicht auch sehr persönliche Dinge besprechen können. Es sollte nur erklärt werden, warum für sie erstens keine Notwendigkeit besteht, diese Beziehung zu dosieren, und warum sie zweitens keine Veränderung dieser Beziehung wahrnimmt.

DIE BEDEUTUNG DER ALTEN FREUNDE: WEITERLEBEN DER VERGANGENHEIT. Obgleich Monika Goldmann gute Freunde hat, sind die Personen, die sie nach dem Tod ihres Mannes neu kennengelernt hat, keine Freunde geworden. Daß die eben erwähnte neue Bekannte von Monika Goldmann eben nur eine gute Bekannte ist, ist kein Zufall.

Ich habe eigentlich weniger Freunde, die ich in den letzten fünf, sechs Jahren kennengelernt habe – ja also, da ist doch so so ne Art Beharrungsvermögen wahrscheinlich entscheidend, daß ich die wirklichen – echten Freundschaften eigentlich alle sehr frühen Datums sind -(6sek)-, aber (...) an für sich – ich mein es hat nichts mit Kontaktarmut zu tun, ich bin sehr schnell eigentlich auch mit mit fremden Personen kann ich sehr schnell gut auskommen, liegt wahrscheinlich auch an meinem Beruf, weil man das ja da auch mußte – ne, daß man das trainiert hat und kann und da nicht irgendwelche – Ängste und Zurückhaltungen, falsche Zurückhaltungen hat. (11f)

Kontakte zu knüpfen fällt Monika Goldmann nicht schwer, aber sie vertieft sie nicht. Dies trifft also nicht nur auf ihre Reisebekanntschaften zu, sondern grundsätzlich auf neue Bekanntschaften. Die Frage ist, was erstens genau mit „neu" gemeint ist und was zweitens, insbesondere angesichts Monika Goldmanns generell großer Zurückhaltung, eigentlich ihre „alten" gegenüber den „neuen" Beziehungen auszeichnet. Zur ersten Frage gibt sie drei unterschiedliche zeitliche Bezüge an. Mit der Angabe „in den letzten fünf, sechs Jahren" verweist sie erstens auf den Tod ihres Mannes, der fast genau sechs Jahre vor dem Interviewtermin starb. Zweitens sind ihre Freundschaften sehr „frühen Datums", genauer gesagt kennt Monika Goldmann ihre Freunde alle seit der Schul- und Studienzeit. Drittens verweist sie mit dem „frühen Datum" indirekt auch auf die Dauer der Beziehung. Auch an anderer Stelle hatte sie bereits bemerkt, daß es bei ihr lange dauert, bis sie jemanden etwas näher an sich heran läßt. Doch der Aspekt der Dauer spielt für Monika Goldmann heute keine Rolle mehr.

I: ... aber es gibt ja eben doch n Unterschied – zwischen Bekanntschaften so und Freundschaften

G: ja, ich würde sagen, alles was in letzten Jahren, seit ich alleine bin gekommen ist – das sind eigentlich immer Bekanntschaften (...) geblieben

I: das heißt, es ist ihnen auch wichtig daß – die Freunde ja sie auch einfach schon länger mit bekommen haben

G: Ja, und die auch meinen Mann kannten (...) die meinen ganzen Werdegang kannten (...) und praktisch ein Stück oder Teile meines Lebens mit gelebt haben

Ihre Freunde zeichnet vor allem aus, daß sie bestimmte, für sie wichtige Teile ihrer Biographie miterlebt haben: ihren Werdegang und ihren Mann. In dieser Hinsicht unterscheiden sich Bekanntschaften der letzten sechs Jahre grundsätzlich von früher geknüpften Beziehungen. Sie können ihren Mann ganz einfach nicht mehr kennenlernen, und da das u.a. eine Bedingung für eine engere Beziehung ist, *können* sie auch keine Freunde werden. Da die Kenntnis ihres Mannes ihre einzige Konkretisierung des „Lebens" und ihres „Werdeganges" ist, bleibt allerdings unklar, inwieweit die Kenntnis anderer „Werdegänge" – insbesondere des beruflichen – ebenfalls wichtige Aspekte ihrer Freundschaften sind. In ihrem Fall fallen beide Aspekte zeitlich zusammen und sind nicht zu trennen. Insofern kann hier nicht der Schluß gezogen werden, daß Monika Goldmann noch Freundschaften schließen könnte, wenn ihr Mann noch leben würde. Somit kann auch nicht entschieden werden, inwieweit die *Dauer* der Beziehung entscheidend für „echte" Freundschaften ist, da unklar ist, welche „Stücke" ihres Lebens außer der Beziehung zu ihrem Mann notwendigerweise „mitgelebt" worden sein müssen. Klar ist nur eins: spätestens mit dem Tod ihres Mannes gibt es für Monika Goldmann keine Anknüpfungspunkte für gute Freundschaften mehr. Und bei diesen Freundschaften ist das Besondere, daß

G: ... na, daß man auch mal n offenes Ohr findet mit den – mit dem man vielleicht nicht gleich auf Anhieb selber zurechtkommt
I: obwohl man es gar nicht unbedingt nutzt #aber man weiß#
G: #aber man weiß# es würde nicht bloß so n Höflichkeits-eh-zuhören sein sondern wirklich etwas wo auch dessen Inneres auch mitschwingt.

Bei echten Freundschaften „schwingt das Innere mit" – und das ist in Monika Goldmanns Sicht nur möglich, wenn man zusammen ein Stück „gelebt" hat. Dann scheinen ansonsten nackte Worte Erinnerungen an Menschen und Situationen zu wecken, die man gemeinsam erlebt und erfahren hat und deshalb auch heute nicht nur mitteilen, sondern insbesondere miteinander teilen kann. Was der Andere erzählt, steht einem dann nicht als etwas Fremdes gegenüber, sondern ist Teil der eigenen Welt, Bestandteil eigener Erfahrung und Erinnerung. Nur dann kann man den Anderen richtig 'verstehen'. Gleichzeitig werden in den Beziehungen diese Erfahrungen und Erinnerungen auch bewahrt. Was die Freunde miterlebt haben, lebt auch in den Freundschaften weiter – auch ohne, daß man es explizit ansprechen muß. Und diesen Personen würde sie „auch einmal erzählen, was mich bedrückt". Bei neuen Beziehungen käme dies überhaupt nicht in Frage („ich will es einfach nicht")[16]. In

---

16 I: Wie, was sind für Sie richtige Freundschaften? G: Ja wissen Se, ich bin an für sich – ich hab jetzt hier soviel erzählt von meinem --- privat – das tu ich nicht gerne (...)so diese so so vor andern seine Kümmernisse – auszubreiten, das lieb ich nicht – die mach ich mit mir selber ab – das ist wahrscheinlich jeder Mensch ist anders da (...) immerschon ja da bin ich recht verschlossen – wenn ich mich freue – was schönes ist, das breit ich gerne aus (...) und bring auch andere Leute gerne zum Lachen (...) – aber so – (...)- ich hab eigentlich in mei-

Monika Goldmanns Freundschaften lebt auch ihr Mann weiter. Und dies ist auch ihre Antwort auf die Frage, was ihr nach seinem Tod am meisten geholfen hat.

(15 Sek. Pause) – Eigentlich hab ich mir selber geholfen – wenn ich ehrlich sein will – ich hab aber auch keinen belästigt damit ja (...) ich hab (...) auch keinen darauf angesprochen (...) ich war letzte Woche war ich in (Ortsteil von Berlin), das sind die ehemaligen Studienkollegen, die bei uns im Semester waren – na, dann reden wir natürlich von früher, ist klar, und der U. sagt immer, der redet immer soviel von H. [ihrem verstorbenen Mann], der hat den immer hochgehalten, weil der U. war nicht so gut beschlagen geistig (lachend) – ich mein, der hat auch seine Examina gemacht, aber mal gerade geschafft, ne (Stimme laut), 'hach, wenn ich immer dran denke, den H. konnte man immer alles fragen, der wußte immer alles und so' (lachend), ne dann kommt man höchstens zwangsweise darauf zu reden – aber ich würde nicht von mir aus --- weil ich immer denke, das muß man selber schaffen (28 Sek.). (25f)

In ihren alten Freundschaften braucht Monika Goldmann niemanden direkt auf ihren Mann anzusprechen, denn das Thema kommt zwangsläufig[17] (auch) auf ihren Mann. Sie kann ihren Mann nicht „zurückzaubern", aber in ihren Beziehungen bleibt er präsent.

KONTINUITÄT DER AKTIVITÄTEN UND ANBINDUNG AN BEZIEHUNGEN. Die gleiche Kontinuität wie in ihren Beziehungen zeigt sich auch in den Aktivitäten, denen Monika Goldmann nach dem Tod ihres Mannes nachgeht. Etwas völlig neues fängt sie nicht an. *Sport*liche Betätigung, der sie kontinuierlich seit ihrer Schulzeit nachgeht, bestimmen weiterhin ihren Wochenrhythmus in Berlin: nach wie vor macht sie einmal in der Woche Gymnastik und geht weiterhin – jetzt ohne ihren Mann – einmal wöchentlich zum Schwimmen. Der neu eingeführte wöchentliche „Wandertag" mit ihrer ehemaligen Nachbarin, ist eigentlich auch nicht neu, denn bereits mit ihrem Ehemann ist Monika Goldmann regelmäßig spazierengegangen. Ebenso hat sie mit ihm häufiger Museen und Ausstellungen besucht, heute macht sie dies gemeinsam mit ihrer ehemaligen Schulfreundin WK oder auch mit ihrer neuen Bekannten Frau H.. Ebenfalls nicht neu und vor der Verwitwung gemeinsam mit ihrem Mann unternommen, ist das Reisen, das sie, wie gesagt, stark *inten-*

---

nem Leben nie ne Schulter gebraucht, an der ich mich ausheulen konnte (...) hat ja jeder mal son Tief – (...) das mach ich dann lieber alleine mit mir in ner dunklen Ecke ab (...) I: können Sie das näher beschreiben, was für Sie der Unterschied ist von richtigen Freunden oder was Sie vorhin auch sagten von wirklichen Freunden – warum kann man die jetzt nicht – oder warum ist das jetzt schwieriger? G: warum schwieriger, ich will (...) es einfach nicht I: und wie ist es mit den Leuten die Sie als Ihre Freunde richtig bezeichnen würden G: denen würd ich auch mal erzählen, was mich bedrückt – nich, das würd ich bei -- neueren Bekanntschaften nicht tun .. würd ich sagen – ich belaste keinen mit den Dingen, die mich belasten (...) – es hat jeder genug mit sich selber zu tun (14ff).

17 Das Wort „zwangsweise" kann nicht i. S. von „ist eine Qual erinnert zu werden" interpretiert werden, da sie fortfährt „aber ich würde nicht von mir aus". Das markiert einen Gegensatz und dann macht nur die Lesart „zwangsläufig/automatisch" kommt man drauf zu sprechen" Sinn. Und diesen Aspekt bewertet sie positiv.

siviert hat. Nach dem Tod ihres Mannes ist sie zunächst alleine verreist, dann kommt ihre Schulfreundin WK ein paarmal mit, später ihre neue Bekannte. Schließlich bekommt eine ehemalige Schülerin, die Monika Goldmann heute einmal in der Woche beim Saubermachen hilft, einmal im Jahr eine gemeinsame Reise von ihr „spendiert". Teilweise bindet Monika Goldmann die Aktivitäten also an Beziehungen (Wandern, Ausstellungen und Reisen). Wandern und Museumsbesuche schaffen Anlässe für Treffen mit alten Freunden, aber im Prinzip würde sie diesen Unternehmungen auch alleine nachgehen. In erster Linie geht es Monika Goldmann um die Aktivität als solcher, wenn überhaupt, dann erst in zweiter Linie um die Beziehungen.

Insgesamt haben Aktivitäten – und dabei insbesondere das Reisen – heute einen höheren Stellenwert für Monika Goldmann. Ihr Aktivitätsspektrum hat sich nach der Verwitwung allerdings praktisch nicht verändert. Im Gegenteil bewahrt sie hochgradig Kontinuität. Zu vermuten ist, daß auch die Tätigkeiten ein Stück Vergangenheitsbewahrung und -sicherung für sie bedeuten. Wie bei ihren Freundschaften fängt sie dezidiert nichts Neues an. Und in die gleiche Richtung läßt sich auch die einzige Aufgabe einer Aktivität interpretieren. Seit dem Tod ihres Mannes photographiert Monika Goldmann nicht mehr. Es scheint, als gäbe es in ihrem heutigen Leben nichts Erinnernswertes mehr.

DER UMZUG: EIN NEUES ÄUßERES, ABER DAS INTERIEUR IST DAS ALTE. Besonders klar tritt der Charakter des „neuen Lebens" von Monika Goldmann in ihrem Umzug zutage. Hier zeigt sich am deutlichsten, wo ihre „Beharrung" liegt und welche Aspekte ihres Lebens für sie biographische Kontinuität sichern. Bis 1989 wohnt Frau Goldmann noch in ihrem Reihenhäuschen, dann zieht sie in eine nahegelegene Eigentumswohnung um.

... hab dennoch im Haus gewohnt bis neunundachtzig – und habe aber immer schon geguckt hier in der Gegend – ich wollte hier so – das ist vielleicht das menschliche Beharrungsvermögen – ich wollte hier in meinem alten Kiez (...) bleiben, wo ich ja nun solange – wo ich Leute kenne, wo meine Schüler herkamen und wo ich fröhlich mit meinem Mann zusammen war – ich wollte nicht woanders hinziehen, nich – dann, dann ergab sich das so – daß sich das sich jemand bei mir meldete und sagte, er möchte gerne, er hat gehört so und so und ich wär interessiert, das Haus zu verkaufen (...) [er bietet eine Eigentumswohnung an] gleich hier [in der Nähe] – sag ich, ja, dufte, (...) und nu wohn ich hier nun schon wie gesagt seit (...) neunundachtzig – und hab es eigentlich nicht bereut – denn ich hatte ja nun den Garten alles nun allein – um die Ohren – und es war eine dauernde Erinnerung, also ich fand den Schnitt gut, den ich da gemacht habe und habe ihn meines Erachtens und so und auch mit H. zusammen, was sag ich – vielleicht auch gerade deswegen – so, daß ich jetzt hier – ne sehr schöne Wohnung habe, wie sie sehen können (...), ich hab das dann alles wieder renovieren lassen und so – meine Möbel und so, die hab ich alle mitgenommen, hab nicht ein Stück neu, doch ein Stück,(...) aber es ist, meine es sind meine alte Umgebung, das Interieur, und das andere ist – die Räume sind neu, nich – ich fühl mich da sehr wohl hier, naja, und so ist es ... (9f)

Für Monika Goldmann war nach dem Tod ihres Mannes klar, daß sie ihre alte Umgebung nicht verläßt. Sie will in ‚ihrem' „Kiez" bleiben, wo sie die Menschen kennt – ihre ehemaligen Schüler und deren Eltern – und wo sie selbst bekannt ist. In diesem Umfeld ist sie noch die ehemalige Rektorin der Schule. Auch wenn sie ohne Bedauern in den Ruhestand gegangen ist – ihr *Beruf* ist immer noch wesentlicher Bestandteil ihrer Identität. Allerdings reicht ihr dieser eher marginale, quasi ans „Umfeld" gebundene Bezug zum Beruf auch aus. So findet sie es zwar ausgesprochen nett, daß einige ehemalige Schülerinnen in ihrem neuen Haus wohnen, faktisch aber hat sie kaum Kontakt zu ihnen bzw. der Kontakt beschränkt sich darauf, sich zufällig im Hausflur oder auf der Straße zu treffen. Auch zu ehemaligen Kollegen hat sie keine privaten Kontakte, da sie in diesen Beziehungen immer noch die alte „Chefin" ist. Aber sie freut sich, zu Weihnachtsfeiern oder Basaren ihrer alten Schule eingeladen zu werden. Zweitens möchte sie aus dieser Gegend nicht fortziehen, weil sie hier mit ihrem *Mann* zusammen glücklich war. Aber in dem großen Haus, das sie zusammen für ein gemeinsames Leben eingerichtet haben, sind die Erinnerungen offensichtlich zu greifbar. Jeder Ort ist dort von ihrem gemeinsamen Alltag geprägt. Jedes Ding und seine Ordnung zeugt von den Lebensvollzügen ihres Mannes – und verweist damit heute nur noch „dauernd" auf seine Abwesenheit. Sie macht aktiv einen „Schnitt" und zieht in eine kleinere Wohnung in ihrem alten Kiez. Doch dieser Schnitt ist nur ein äußerlicher, die Einrichtungsgegenstände sind die alten.

Was sich bereits in der Bedeutung ihrer alten Freundschaften und tendenziell in der Kontinuität ihrer Aktivitäten zeigte, spiegelt sich noch einmal deutlich in der Form dieses Umzugs. Äußerlich „richtet" sich Monika Goldmann ein Leben als „Single" „ein", innerlich aber ist sie auch heute noch mit ihrem Mann verbunden. Wie sie sagt, hat sie das Gefühl,

... und ich hab auch den Eindruck (...) manchmal denk ich, als wenn ich so gerne denk – ach, ich glaube, die Wohnung hier hätte dem H. jetzt auch gefallen – wenn wir dann älter geworden wären, hätten wir das Haus vielleicht auch beide verkauft und hätten uns dann ne Wohnung dann da lieber gekauft ja – also ich hab immer das Gefühl, er wohnt hier auch (zögernd, Lachen) (6 Sek.). (32)

Im Grunde lebt Monika Goldmann weiterhin mit ihrem Mann zusammen. Auf die Frage, ob sie nie in Erwägung gezogen habe, eine neue Partnerschaft einzugehen, wehrt sie entschieden ab:

Nein, nein, nein, nein, nein, also wissen Sie, ich hab ne Menge kennengelernt auf meinen Reisen, ja, auch interessante Männer und – durchaus kann man sagen, sieht gut aus und so – aber eins weiß ich, es würde nie so können wie es mit meinem Mann war – wir waren wirklich ein – gutes Gespann – das sag ich jetzt nicht nur, weil er tot ist (...) – das wissen auch meine Freunde (...) wissen das, wir haben zusammen gepaßt, das war toll – obwohl der Altersunterschied war, das war das Erstaunliche -- das ich mir sage – ha, da ist man zu kritisch (...) – man würde vielleicht dem Anderen Unrecht tun, weil innerlich dauernd immer verglichen würde (...) bis ich mir sage – finanziell bin ich total unabhängig -(...) mein

Geld kann ich sehr gut alleine verbrauchen und verreisen, dafür brauch ich keinen (...) es ist keiner da, der mich beerbt (...) und (lacht) ich kann gut und gerne mein Geld selber verbrauchen, ohne ein schlechtes Gewissen zu haben (...) -- und was sonst ist – ich sage mir auch eins – man ist doch als älterer Mensch doch – auch wenn man versucht beweglich zu bleiben aber irgendwie fährt man auf Gleisen und die sind eingeschliffen -- Spuren und beim andern wärs genauso, der im Alter denn entsprechend ist --- und ich wäre eigentlich nicht mehr bereit, eines andern wegen meine Gleise zu ändern – sag ich ihnen ganz ehrlich, das ist ganz einfach Egoismus – schlicht und einfach – ich will mein Leben leben, wie ich es jetzt -- nicht anders ändern kann, und ich hab mich auch so eingerichtet, daß ich es leben kann (...) und ich --- ja – ich mein – ich bin nie allein, auch wenn ich allein gereist bin – ich habe immer guten Kontakt... (17f)

Monika Goldmann möchte keine Partnerschaft mehr. Sie hat sich ihr Leben eingerichtet und ist damit zufrieden. Die damit für sie verbundenen Kosten rechtfertigen in ihren Augen keine neue Partnerschaft. Außerdem glaubt sie, daß es nicht noch einmal so werden könnte wie mit ihrem Mann. Vermutlich hat sie recht. Angesichts der Vehemenz, mit der sie sich gegen Nähe wehrt, scheint die Geschichte dieser Beziehung nicht wiederholbar.

4.2.4 Resümee

Monika Goldmanns Orientierungsmuster zeichnet sich durch eine ausgeprägte Orientierung auf ihren Beruf aus, hinter dem andere Bezüge und Beziehungen klar zurücktreten. Aus sehr „einfachen Verhältnissen" stammend, hat sie flexibel jeweils sich bietende Möglichkeiten ergriffen, bis sie die Position gefunden hat, in der sie ihre Bedürfnisse nach Entwicklung, Eigenständigkeit und Unabhängigkeit am besten verwirklichen kann: als Rektorin ihrer „eigenen" Grundschule. Insgesamt ist Monika Goldmann sehr leistungs- und zielorientiert, allerdings ist sie keine Strategin, die ihre Schritte lange im voraus plant. Die Karriere gerät ihr nicht zum Selbstzweck, sie folgt ihren Interessen und Fähigkeiten (Praxisbezug, Spaß am Erziehen, Pragmatismus). Kaum zu ertragen ist für sie allerdings, wenn sie selbst kein realisierbares Ziel vor Augen hat („Hängepartie"). Mit der starken Leistungsorientierung erfüllt sie die Erwartungen ihrer Familie („Auftrag der Mutter"). Die Leistungsorientierung bietet ihr einerseits Sicherheit und Selbstvertrauen, andererseits bleibt sie mit ihrem Aufstieg allein. Im Umgang mit anderen Menschen, konfrontiert mit der Anforderung über sich zu sprechen, ist sie eher unsicher und hat „Angst sich auszuliefern". Mit ihrer burschikosen Art findet Monika Goldmann leicht Kontakte, letztlich aber öffnet sie sich kaum. Ihr Inneres hält sie zurück. Monika Goldmann hat nur sehr wenige enge Freundschaften. Diese sind ihr wichtig, sie pflegt sie, doch auch dort hält sie sich zurück. Zu vermuten ist, daß diese Distanz ihrem sozialen Aufstieg und der Fremdheit in dem neuen Milieu geschuldet ist. Darauf deutet auch ihre Abwehr gegenüber reiner Bildung hin, welche sie mit ihrer Herkunftsfamilie verbindet.

Insgesamt ist das Private bei Monika Goldmann dem Beruflichen klar nachgeordnet. Um ihren beruflichen Interessen nachgehen zu können, trennt sie sich von ihrem ersten Verlobten und auch ihr späterer Ehemann kommt erst an nach ihrem Beruf an zweiter Stelle („ich war ja mehr dienstlich unterwegs, als daß ich zu Hause als brave Hausfrau ihn betreut habe, ist ganz klar denn, wenn man seine Arbeit ernst nimmt"). Ihre Ehe kommt überhaupt erst auf Drängen ihres späteren Mannes zustande, sehr spät – Monika Goldmann ist 42 Jahre – und zu einem Zeitpunkt, als sie bereits seit 14 Jahren eine Beziehung haben. Monika Goldmann will sich nicht binden: Sie hat Angst sich auszuliefern und von einem anderen Menschen „bestimmt" zu werden (Erfahrung mit Verlobten). Wie im beruflichen Bereich ist auch privat Selbständigkeit und sich-ungehindert-entwickeln-können das Leitmotiv. Bevor sie das Risiko eingeht, ihre Selbständigkeit zu verlieren, zieht sie sich lieber zurück und nimmt eine Trennung in Kauf („ach, laß mal"). Vermutlich geben für ihre Entscheidung letztlich zwei Aspekte den Ausschlag. Erstens weiß sie aufgrund der langen Beziehungserfahrung ('Bewährung'), worauf sie sich einläßt und sicher ist, daß insbesondere ihr Mann weiß, worauf er sich einläßt: Sie weiß, daß er weiß, daß er sie gewähren lassen muß. Insofern geht sie mit der Heirat nur ein minimales Risiko ein. Zweitens hat ihr Mann praktisch ihren gesamten (beruflichen) Aufstieg miterlebt – und gerade dies ist auch in ihren Freundschaften die Vorbedingung für emotionale Nähe und Verbundenheit. Diese beiden Aspekte machen die Beziehung einmalig – und Monika Goldmann hängt an ihrem Mann, auch wenn er nicht die erste Geige in ihrem Leben spielt, und Monika Goldmann vielleicht auch ohne Partner recht zufrieden gewesen wäre. Mit ihrem Mann hat Monika Goldmann sowohl einen bewährten und treuen „Kameraden" an ihrer Seite als auch jemanden, der ihre Interessen respektiert und ihr die nötigen Freiräume läßt.

Das Ehepaar Goldmann hat nur wenige Freunde, die die beiden bereits seit ihrer Ausbildungszeit kennen. Bei Kollegen, denen gegenüber sie weisungsbefugt ist, wahrt Monika Goldmann Distanz. Nahe Verwandte haben beide nicht und andere Familienkontakte sind ihnen nicht wichtig („Freunde kann man sich aussuchen"). Auch die Ablehnung von familiären Kontakten außerhalb ihrer direkten Herkunftsfamilie mag ihrem sozialen Aufstieg geschuldet sein. Soziale Mobilität geht häufig einher mit der Verschiebung von vorgegebenen zu frei wählbaren Beziehungen. Die Betonung dieser freiwilligen Bindungen wird zusätzlich darin deutlich, daß nicht jemand aus der Verwandtschaft, sondern die Tochter einer engen (Schul-)Freundin ihre Paten-Tochter ist. „Freiwillige" Bindungen werden dadurch bekräftigt und verstärkt – man schafft sich quasi-familiäre Bindungen. Insgesamt sind Goldmanns 'selbstgenügsam'. Sie verbringen gerne Zeit alleine und miteinander und haben und wollen nur wenige Außenkontakte.

Nach dem Tod ihres Mannes verändert sich Monika Goldmanns emotionales Netzwerk praktisch nicht. Wichtigste Beziehungen sind ihre beiden ehemaligen Schulfreundinnen, ihre Nachbarin aus ihrer Junggesellenzeit und das befreundete Paar aus dem studentischen Ruderclub. Mit einer Freundin verbringt sie heute zwar häufiger Zeit (ritueller „Wandertag"), doch emotional wichtiger geworden ist diese Beziehung für sie nicht. Bei den anderen Freundschaften achtet sie bewußt darauf, daß man sich nicht zu häufig trifft. Monika Goldmann hat zwar eine neue Bekanntschaft geschlossen (Reisebegleiterin), doch diese Beziehung hat emotional für sie keinen hohen Stellenwert. Monika Goldmann hat keine wichtigen neuen Freundschaften geschlossen – aber auch keine neuen Aktivitäten aufgenommen. Dafür „intensiviert" sie nach dem Tod ihres Mannes bereits bestehende Aktivitäten wie das Reisen. Diese Intensivierung bezieht sich aber nicht nur auf die Dauer und Häufigkeit, die das Reisen heute beansprucht. Etwa viermal im Jahr ist sie für einen Monat unterwegs. Monika Goldmann baut das Reisen zu einer Lebensform aus: diese bestimmt und strukturiert ihren Alltag und ist gleichzeitig zentraler Bezugspunkt ihrer Lebensgestaltung. Virtuell ist Monika Goldmann 'immer unterwegs'.

Subjektive Bewertung des heutigen Lebens: „Eingerichtet haben als Single"

Bereits bevor ich das Tonband für das Interview einschalten konnte, erzählt Monika Goldmann, daß bei ihr nach der Verwitwung im Grunde alles so weitergegangen sei wie vorher. Nur einige Dinge, die sie früher mit ihrem Mann getan habe, betreibe sie jetzt intensiver. Auch auf die Frage, ob sie das Gefühl hat, nach der Verwitwung ein „neues Leben" aufgebaut zu haben antwortet Monika Goldmann:

Nee, hab ich nicht. Das kann ich eigentlich nicht sagen. Wir sind auch viel gereist und waren viel unterwegs und Ausstellung pipapo, und das hab ich eigentlich alles nur beibehalten, ja, und ich hab nun nicht mich hier hingesetzt und gejault (...), nich, also das hab ich nicht gemacht. Ich hab gesagt 'machst' es weiter so wie bisher' ... (58)

Subjektiv hat Monika Goldmann nicht das Gefühl, etwas ganz Neues aufgebaut zu haben. In ihrer Sicht hat sie „eigentlich alles nur beibehalten". Im Unterschied zu Brigitte Falkenstein, die ebenfalls nicht das Gefühl hat, daß sich ihr Leben seit der Verwitwung entscheidend verändert hat (natürlich mit der gewichtigen Ausnahme, daß der Partner tot ist), hat Monika Goldmann jedoch einen bewußten Schnitt gemacht. Auf die Frage, wer ihr half als sie trauerte, antwortet sie:

... (leise) ja es haben viele gesagt 'es tut uns leid' und so. Aber für mich stand es eigentlich sofort fest als mein Mann nicht mehr da war, daß ich nun mit selber klarkommen muß – in jeder Beziehung ... (58)

Und das hat Monika Goldmann in ihrer Perspektive auch geschafft.

... Na ja, und dann eben versucht mein Leben nun jetzt auf Single einzurichten, ne. Und ich glaube, das ist mir auch ganz gut gelungen. (10)

Ganz bewußt stellt Monika Goldmann ihr Leben aktiv „auf Single" um. Die Vergangenheit der Paarbeziehung ist Vergangenheit und als solche abgeschlossen. Ihr Pragmatismus scheint sich auch in dieser Situation durchzusetzen.

Ich will mein Leben leben wie ich es jetzt -- nicht anders ändern kann und ich hab mich auch so eingerichtet, daß ich es leben kann. (17f)

Mit der Äußerung, daß sie die heutige Situation ohne Partner nicht ändern kann, macht Monika Goldmann deutlich, daß sie ihre Lebenssituation akzeptiert hat. Monika Goldmann ist nicht unzufrieden. Im Rahmen des Möglichen macht sie das Beste daraus. Ihr Leben ist 'in Ordnung', auch wenn ihre Bewertung nicht emphatisch ausfällt.

Bewertung und Erklärung der heutigen Integration vor dem Hintergrund der biographischen Orientierungen

In dem gerade zitierten Textausschnitt kommt allerdings auch zum Ausdruck, daß Monika Goldmann ihren Mann immer noch gerne bei sich hätte. Wenn sie es könnte, würde sie ihn „zurückzaubern". Die Frage ist, wie und wieweit sie es tatsächlich geschafft hat, sich neu- und umzuorientieren. Wieweit kann sie ihren Ehemann tatsächlich „ersetzen"? Und gibt es etwas, was ihr in ihrem Leben als Single fehlt?

Zunächst einmal, was tut Monika Goldmann? „Sofort" nach dem Tod ihres Mannes ist ihr klar, daß sie „alleine zurechtkommen muß". Und das setzt sie konsequent in die Tat um. Sie verlegt sich auf Aktivitäten, die sie bereits mit ihrem Mann betrieben hat. Das Reisen wird zum Zentrum ihres „neuen Lebens", ihre sachlichen Interessen sind dabei ihre zentrale biographische Ressource. Freundschaften sind daneben zwar wichtig für sie, aber wichtig als identitätssichernder „Hintergrund". Den Alltag bestimmen sie nicht. Monika Goldmann achtet genau darauf, daß sie ihre Freundschaften nicht zu häufig frequentiert. So gesehen kann man sagen, daß Monika Goldmann „kompensiert". Sie verschiebt ihren Bezugspunkt – weg von sozialen Bezügen hin zu Aktivitäten – und diese erweisen sich nach der Verwitwung als tragfähiger zentraler Umweltbezug.

Doch bestimmte Aspekte des Lebens mit dem Partner können damit *nicht ersetzt* werden und kommen in ihrem heutigen Leben als „Single" nicht mehr vor. Die gravierendste Veränderung nach dem Tod ihres Mannes war für sie der Verlust des vertrauten Gesprächspartners. Ihr Mann war der einzige, mit dem sie über „alles" sprechen konnte. Wie sie sagt, würde sie freudige Ereignisse ihren Freunden schon erzählen, doch alltägliche Begebenheiten oder private „Kümmernisse" teilt sie nicht mehr mit andern Menschen („alltägliche Begebenheiten - wen wen interessiert das? Ich belästige nicht gerne andere Leute mit meinen Kümmernissen"). Auf die Frage, wen sie heute um Rat bei wichtigen Entscheidungen fragt, antwortet sie:

Na, die, muß, hab ich, früher haben wir alles, hab ich alles mit meinem Mann besprochen und wir immer zusammen denn uns dann geeinigt auf irgendetwas, was dann zu entscheiden war. Und seitdem mein Mann nicht mehr ist, da muß ich das halt alleine tun. Mit mir selber in Konferenz gehen. (57)

Für den vertrauten Gesprächspartner hat sie keinen Ersatz gefunden und überlegt bei wichtigen Entscheidungen immer, was ihr Mann vielleicht dazu gesagt hätte („was hätten wir gemacht...", 58). Das ist der Preis ihres Lebens als Single, in dem sie sich eingerichtet hat. Angesichts ihrer biographischen Orientierungen sind diese Kosten aber nicht allzu hoch. Bereits zweimal in ihrem Leben war Monika Goldmann bereit, auf einen intimen Partner zu verzichten, wenn die Alternative gewesen wäre, u.U. ihre Selbständigkeit und Unabhängigkeit zu verlieren. Bevor sie in ihrer Sicht Gefahr läuft sich „auszuliefern", schließt sie sich lieber ab. Und dieses Sich-Abschließen mag für Andere ein Defizit sein, für Monika Goldmann ist es das nicht. Es ist ihre Strategie, die sie von Klein auf gewohnt ist („so erzogen", „bin nicht so 'n Mensch"). Auf sich selbst kann sie sich immer verlassen.

Grundsätzlich könnte der Verlust des vertrauten Gesprächspartners in einer neuen Partnerschaft „ersetzt" werden. Fraglich ist jedoch, ob dies auch bei Monika Goldmann der Fall ist. Vermutlich wurde die Nähe zu ihrem verstorbenen Mann überhaupt erst möglich, weil er alle ihre Wege, Umwege und Aufstiege mitbegleitete. Wenn das stimmt, dann läßt sich diese Qualität nicht mehr mit jemand Anderem wiederholen. Und wenn es möglich wäre, scheinen die Kosten einer neuen Partnerschaft deren potentiellen „Gewinn" nicht zu rechtfertigen. Erstens ist der Gewinn für sie offenbar nicht allzu hoch. Sie kommt alleine gut zurecht. Zweitens scheint in einer neuen Partnerschaft das Risiko viel zu groß, von diesem neuen Partner „bestimmt", oder zumindest in ihren Freiräumen eingeschränkt zu werden. Solange Monika Goldmann keine neue Partnerschaft eingeht, kann sie außerdem, zumindest auf symbolischer Ebene, ungehindert weiter mit ihrem Mann zusammenleben. Sich von der Partnerschaft als einer Beziehungsform (Partnerschaftsmodell) zu verabschieden, bedeutet nämlich, daß man sich von der *Person* des verstorbenen Partners nicht lösen muß – und den eigenen Phantasien und Erinnerungen unbehindert nachgehen kann. So ist ihr verstorbener Mann bei den „Konferenzen" virtuell mit dabei und Monika Goldmann hat das Gefühl, daß er eigentlich auch noch mit ihr in der neuen Wohnung lebt. Sie zog zwar nach der Verwitwung um („das Äußere ist neu"), „aber das Interieur ist das alte". Solange sie keine neue Partnerschaft eingeht, hat Monika Goldmann beides: ihre Freiräume und die ungeschmälerte Erinnerung daran, wie sie gemeinsam gelacht, „gequatscht" und „rumtheoretisiert" haben. Monika Goldmann selbst zieht eine neue Partnerschaft nicht einmal ansatzweise in Betracht. Es „steht fest" und es ist „klar", daß sie „alleine zurechtkommen muß". Dieses Wissen aber ist zugleich hilfreich und befreiend. Es macht den Blick frei für das, was man selbst tun muß: und das ist bei Monika Goldmann das 'alte Leben im neuen Gewand'.

Sich vom Partnerschafts*modell* lösen zu können, und sich damit „einrichten" zu können setzt voraus, daß man eine Alternative zur Partnerschaft hat. Und anders als Frau Falkenstein hat Monika Goldmann eine solche Alternative zum Partnerschaftsmodell: Sie führt heute ein für sie durchaus zufriedenstellendes „LEBEN AUF REISEN". Das „Leben auf Reisen" ist bei Monika Goldmann zu einer *Lebensform* geworden, in der ihr Schwanken zwischen ihrem Bedürfnis nach Bindungen und dem Streben nach Unabhängigkeit und Bindungslosigkeit eine feste Form gefunden hat. Auf der einen Seite stellt sie mit dem Reisen eine symbolische Verbindung zu ihrem verstorbenen Mann her (*Kontinuität*). Früher sind sie gemeinsam gereist, jetzt erkundet Monika Goldmann alleine die Gebiete, die sie noch nicht besucht hatten. Gleichzeitig ist sie „immer unterwegs" – wenn nicht faktisch, so doch in Gedanken: Wenn Monika Goldmann „nach Hause", d.h. nach Berlin, kommt, plant sie bald schon wieder ihre nächste Reise. Auf Reisen aber freut sich auch wieder auf ihr Zuhause. Diese Unstetigkeit prägt auch ihre heutigen sozialen Beziehungen. Dort bewirkt sie – auf der anderen Seite – *Distanz*. Die Beziehungen zu ihren alten Freunden werden automatisch rhythmisiert, dosiert und inhaltlich strukturiert. Monika Goldmann drängt sich nicht auf. Im Gegenteil, die 'Weitgereiste' ist willkommen, wenn sie nach Hause kommt und sie bringt gleich ein Thema von ihren Reisen mit. Daneben dokumentiert sie nach außen und gegenüber sich selbst mit den Reisen ihre Unabhängigkeit und Selbständigkeit. Das Reisen prägt aber auch die Beziehungen zu Menschen, die sie unterwegs kennenlernt. Anders als bei Brigitte Falkenstein ist für Monika Goldmann wichtig, daß die Beziehungen mit dem Ende der Reise zu Ende sind. Inwieweit sie dabei auch von der durch die zeitliche Begrenztheit des Kontakts ermöglichten Nähe und Offenheit Gebrauch macht, ist nicht zu entscheiden. In jedem Fall setzt das antizipierte Ende der Reisebekanntschaften eine äußere Grenze, die sie in anderen Beziehungen selbst ziehen muß („nicht aufdrängen"), und die vermutlich dazu beiträgt, daß sie diese Beziehungen unbeschwert genießen kann (Simmels „Gelöstheit", s.o.). Insofern erscheint diese Art der Begegnung eine ideale Ergänzung zu Monika Goldmanns alten Freundschaften zu sein. In diesen „Kurz-Beziehungen" hat ihr grundsätzlich ambivalentes Verhältnis gegenüber engen Bindungen eine feste Form gefunden.

Möglich ist diese Lebensform allerdings nur aufgrund von Monika Goldmanns Selbständigkeit und starker Aktivitätsorientierung (Individualisierung). Nach der Verwitwung sind dies die wesentlichen biographischen Ressourcen, auf denen sie ihr „Leben als Single" gründet. Die Wurzeln davon reichen – wie gezeigt – weit in ihre Jugend zurück. Anders als bei Brigitte Falkenstein, die nur notgedrungen alleine verreist und dies vermutlich nur wegen ihrem Hund schafft, ist für Monika Goldmann die Tatsache, daß sie sich alleine auf den Weg macht, überhaupt kein Thema. Sie realisiert genau das, was sie möchte: sie kann ihrem Interesse an fremden Ländern und Menschen nachgehen, findet dabei leicht Kontakte bei denen sowohl Spaß als auch Nachdenkliches nicht zu kurz kommen, und sie kommt mit erzählenswerten Erlebnissen nach Hause zurück. Zu bedenken ist aber, daß dieser Lebensstil nur möglich ist aufgrund ihrer günstigen finanziellen Situation und ihres guten Gesundheitszustandes. Monika Goldmann weiß dies selbst sehr genau. An eine Zukunft, in der sie möglicherweise nicht mehr in der Lage sein könnte zu reisen, will sie überhaupt nicht denken („Toi, toi, toi").

Abschließend soll Monika Goldmanns FREUNDSCHAFTSMUSTER kurz zusammengefaßt werden. Monika Goldmann hat wenige, aber bereits sehr lange bestehende Freundschaften, die ihren Werdegang (fast) von Anfang an miterlebt haben. Diese Freundschaften sind ihr sehr wichtig und wurden von ihr auch während der Partnerschaft, wie sie sagt, „gepflegt". Im Gegensatz zu den situativen Freundschaften von Frau Falkenstein stellen Veränderungen der Lebensumstände keine Bedrohung für diese Freundschaften dar. Im Gegenteil, für Monika Goldmann bekommen sie nach der Verwitwung gerade eine besondere Bedeutung. In diesen Beziehungen lebt sowohl ihre Vergangenheit, ihre Ausbildungs- und berufliche Entwicklungszeit, als auch ihr verstorbener Mann weiter (*biographische Kontinuit*ät). Für sie ist letztlich nicht wichtig, was man zusammen unternimmt, was man sich erzählt oder wie häufig man sich trifft (Freunde im Hintergrund). Wichtig ist, daß es diese Beziehungen gibt, bei denen die gemeinsame Vergangenheit und die gemeinsamen Erfahrungen virtuell immer vorhanden sind. „Das Innere", die gemeinsamen Erinnerungen und Bindungen „schwingen mit". Sie sind einfach da, ohne daß man explizit darüber oder über sich sprechen müßte. Komplizierte Erläuterungen oder Rechtfertigungen, die die Distanz eher akzentuieren als daß sie sie auflösen, entfallen. In diesen Beziehungen wird 'symbolisch vergesellschaftet'. Monika Goldmann ist dabei gar nicht so wichtig, daß sogar ihre besten und wichtigsten Freunde sie nicht richtig zu kennen scheinen bzw. genauer, daß Monika Goldmann *glaubt*, daß sie sie nicht richtig kennen. Wichtiger ist für sie, daß sie weiß, daß sie, wenn sie wollte, über sich sprechen *könnte* – und daß sie in diesen Beziehungen auch verstanden würde, weil das „Innere mitschwingt". Aber wie gesagt: Letztlich braucht sie keine Worte.

Diese Beziehungen haben sich nach dem Tod ihres Mannes zwar in mancher Hinsicht verändert, aber Monika Goldmann besteht darauf, daß sie grundsätzlich nicht wichtiger geworden sind. Peinlich genau achtet sie auch darauf, daß sie diese Beziehungen nicht 'überstrapaziert' (*Distanz*): Weder will sie sie mit ihren „Kümmernissen belasten" bzw. genauer: auf keinen Fall Anderen „auf den Wecker fallen", noch sieht sie die Freunde häufiger als während der Partnerschaft (Dosierung). Nur eine Freundin trifft sie heute regelmäßig jede Woche. Doch diese Treffen stehen unter dem Vorzeichen der gemeinsamen Aktivität („Wandertag") und sind insofern entlastet von möglichen „Überstrapazierungs"-Deutungen. Der sachliche Anlaß legitimiert für sie diese Treffen mit der Freundin. Monika Goldmann muß ihre Freunde nicht häufig sehen und weiß trotzdem, diese Beziehungen „zerbrechen nicht mehr". Auch dies ist, neben dem Aspekt, daß man nicht alles „mitschwingende" verbalisieren muß, eine Form symbolischer Vergesellschaftung: auch bei Abwesenheit der Freunde weiß man, daß diese prinzipiell 'da' sind. Die Freunde sind wichtig, aber sie müssen den Alltag nicht bestimmen („Freunde im Hintergrund"). Dies Verständnis und diese Bedeutung von Beziehungen unterscheidet sich grundsätzlich von dem Brigitte Falkensteins, welche Beziehungen nur in konkreter Anwesenheit erfährt. Bei Monika Goldmann hingegen müssen Zugehörigkeiten nicht ständig materialisiert und bewiesen werden. Für sie birgt reines Zusammensein keine eigenständige Qualität, sondern wird, wenn es sich um bloßes „blabla" handelt, im Gegenteil als lästig empfunden.

Insgesamt sind Monika Goldmanns biographische Freundschaften „selbstgewählt" und stabil. In beiden Dimensionen unterscheiden sie sich von Brigitte Falkensteins Freundschaften. Bei dieser überdauern außerfamiliale Beziehungen, wenn überhaupt, dann nur zufällig den Tod ihres Mannes – wenn diese ebenfalls alleinstehend sind[18]. Daraus ergeben sich spezifische Defizite, die so bei Monika Goldmann nicht zu finden sind. Sie braucht keine neuen Freundschaften, die alten reichen ihr aus. Sie will aber auch keine neuen Freundschaften, da diese weder ihren Werdegang und Aufstieg noch ihren Mann miterlebt haben. Neue Beziehungen scheinen für die sogar einen besonders gravierenden Nachteil zu haben: In diesen *müßte* sie von sich erzählen, wenn man einander – zumindest, was vergangene Erfahrungen angeht – näher kommen wollte. Unklar ist der Status, den die Verwitwung bei diesen restriktiven Freundschaften einnimmt. Da sie schon nach ihrer Ausbildungszeit keine Freundschaften mehr geknüpft hat, muß offen bleiben, ob nicht bereits mit dem Abschluß ihrer Ausbildung oder ihres beruflichen Aufstiegs prinzipiell keine Anknüpfungspunkte mehr für neue Freundschaften gegeben waren. In jedem Fall kann man sagen, daß Monika Goldmann spätestens mit dem Tod ihres Ehemannes keine neuen Freundschaften mehr schließt.

Oberflächlich betrachtet scheint Monika Goldmanns heutiges Leben auf Reisen ganz auf das Jetzt konzentriert, oder negativ ausgedrückt: Bindungs- und Heimatlosigkeit zu verkörpern. Doch gerade dieses Leben auf Reisen ermöglicht ihr, die für sie charakteristische Spannung zwischen Fremdheit/ Distanz und Bindung auszubalancieren. In Aktivitäten und Beziehungen bewahrt sie auf symbolisch vermittelter Ebene hochgradig biographische Kontinuität: sowohl – wie oben genauer dargestellt – bezogen auf ihre berufliche Identität (Nachbarschaft, Kontakte zu Schülerinnen) als auch bezogen auf die Bindung zu ihrem verstorbenen Ehepartner. Auch wenn es verglichen mit ihrer Partnerschaft spezifische Defizite gibt – in ihrem Leben als „Single" hat sich Monika Goldmann eingerichtet.

---

18   Im Unterschied zu Brigitte Falkenstein erzeugen die Lebensumstände für Monika Goldmann allein keine Bindungskräfte. Daß andere Menschen ähnliche Erfahrungen gemacht haben, ist für sie weder ein Anknüpfungspunkt noch bringt ihr das die Anderen automatisch näher.

4.3   Klaus Winter: Ein „neues Leben" im und über den Verein

Klaus Winter wird im Juli 1923 in Berlin-Neukölln als zweiter Sohn eines Graveurmeisters geboren. Sein Vater, der in den zwanziger Jahren zweimal erfolglos versucht hatte, sich selbständig zu machen, arbeitet bei wechselnden Arbeitgeber. Mit fünf Jahren wird Klaus Winter eingeschult und tritt in den Sportverein ein. Mit dreizehn Jahren beginnt er eine Lehre als Werkzeugmacher und lernt mit 15 Jahren seine spätere Frau kennen. Zwischenzeitlich schließt sein Vater im Fernstudium ein Ingenieurstudium ab und wird zweiter Direktor in einem Betrieb im Luftfahrtapparatebau. Mit knapp siebzehn Jahren beendet Klaus Winter seine Lehre, ein Jahr darauf wird er zur Luftwaffe eingezogen. Nach einem Unfall, bei dem er ein Auge verliert, wird er beim Bodenpersonal eingesetzt. 1944 heiratet Klaus Winter seine Jugendfreundin, die mittlerweile als Buchbinderin arbeitet. Im Oktober desselben Jahres kommt ihre Tochter zur Welt. Nach seiner Rückkehr aus einem halben Jahr in englischer Kriegsgefangenschaft bekommt Klaus Winter als Versehrter sofort eine Stelle bei seiner alten Firma. Er hört dort jedoch wieder auf, mit Hilfsarbeiten bei einer Transportgesellschaft kann er mehr Geld verdienen. Nach der Währungsreform ist er etwa zwei Jahre lang arbeitslos, seine Frau arbeitet wieder als Buchbinderin. Über einen Bekannten bekommt er etwa 1950 eine Stelle als Destillator in einer chemischen Fabrik, in der er fünf Jahre arbeitet. Schließlich findet Klaus Winter über einen Bekannten aus dem Sportverein eine Stelle als Werkzeugmacher, und seine Frau hört mit der Erwerbstätigkeit auf. 1964 heiratet ihre Tochter, 1965 wird der erste, 1967 der zweite Enkel geboren. 1979 verkauft sein Chef den Betrieb, Klaus Winter, der inzwischen Meister geworden ist, wird vom Nachfolger übernommen. Nach einem Jahr schließt der Betrieb endgültig und Winter wird von einem Konkurrenzunternehmen eingestellt.

Kurz darauf erkrankt seine Frau. Sie stirbt ein dreiviertel Jahr später, im Juli 1981 (Todesursache unklar). 1982 treten bei Klaus Winter Lähmungserscheinungen an der Hand auf. Er muß sich operieren lassen und bleibt krankgeschrieben. Seit August 1983 bezieht er – vorzeitig mit 60 Jahren – Rente. Zum Zeitpunkt des Interviewtermins ist Klaus Winter seit 12 Jahren verwitwet. Sein Nettoeinkommen gibt er mit 2.000 bis 2.500 DM an.

4.3.1   Integration vor der Verwitwung: Anerkennung im Beruf, Gemeinschaft im Verein und „Familie immer dabei"

Klaus Winters Vater, ein gelernter Graveur, arbeitet sich nach erfolglosen Versuchen der Selbständigkeit und einem im Fernstudium absolvierten Inge-

164

nieursstudium bis zum zweiten Direktor eines Rüstungsbetriebs hoch. Die Mutter ist zu Hause. Klaus Winter ist das zweite Kind. Gleich zu Anfang der Ersterzählung eröffnet Klaus Winter zwei Erzählstränge. Sie betreffen zwei für ihn zentrale Lebensbereiche und die Themen, die sie bestimmen, durchziehen seine gesamte Ersterzählung. Den ersten Erzählstrang eröffnet er, indem er mich noch vor Ende des Eingangsstimulus unterbricht und sich über das Thema des „Gesprächs" versichert:

Und kann ruhig n längeres Gespräch sein (...) Also, daß man [unverständlich]keiten aus m Leben erzählt, die einfach wahrscheinlich selber wehjetan haben, im Fortkommen jehindert haben (...) Genickschläge oder irgend was jekriegt dabei (atmet tief). (1)

Die eine Geschichte, die er damit einleitet, ist die Geschichte seines beruflichen Werdegangs. Sie ist in seiner Sicht gekennzeichnet von „Genickschlägen", die ihn trotz eigener Begabung und größter Leistungsbereitschaft behindert und ihn davon abgehalten haben, wie sein Vater und sein großer Bruder Ingenieur zu werden. Beruflich steht Klaus Winter woanders, als er hätte stehen können, wenngleich er später im Leben indirekt eine dem Vater vergleichbare Position erreicht (zweite Hand seines Chefs). Das Thema dieser Geschichte ist die Suche nach *Anerkennung* und Bestätigung. Die Rede von Genickschlägen lenkt die Aufmerksamkeit des Zuhörers auf die widrigen äußeren Umstände. Wenn man diese kennt, weiß man Klaus Winters Leistung besser zu würdigen und die Geschichte wird letztlich sogar zu einer Erfolgsgeschichte. Die zweite Geschichte, mit der er sofort im Anschluß an obiges Zitat in die Ersterzählung einsteigt, ist die Geschichte des Sportvereins. Auf den ersten Blick scheint sie in keinem Zusammenhang mit den „Genickschlägen" zu stehen.

Neunzehnhundertdreiunzwanzig jeboren – Berliner, hier in Berlin Neukölln. Mit fünf, also n Bruder hatt ich noch, der is drei Jahre älter – und der war im Sportverein – als kleiner Junge – Und als ich fünf Jahre alt wurde – so- kann man sagen als Jeburtstagsjeschenk, durfte ich auch in den Sportverein eintreten und das war damals hier Turn und Sportverein (...) (Name, Ortsbeschreibung) da war unser Sportplatz damals. (2)

Man sieht Klaus Winter förmlich in der guten Stube sitzen, während sein Bruder, der bereits im Sportverein ist, mit roten Wangen, verschwitzt und voll mit Erlebnissen aus dem Verein nach Haus kommt. Vielleicht hat er dann alle Aufmerksamkeit auf sich gezogen und die Eltern haben ihm gespannt zugehört, ihn vielleicht für seine Leistungen gelobt. Wie auch immer es sich abgespielt haben mag, Klaus Winters größter Wunsch ist, auch dahin zu gehen, wo der große Bruder ist. Als er fünf Jahre alt wird, erlauben es die Eltern endlich. Mit der Geschichte des beruflichen Werdegangs ist die Geschichte des Sportvereins zumindest am Anfang durch das gleiche Motiv verbunden: Klaus Winter möchte seinem Bruder nacheifern, und vielleicht geht es auch hier (indirekt) um Bestätigung und Anerkennung. Bei seinem Wunsch scheint Klaus Winter keine klaren Vorstellungen darüber zu haben,

was er genau machen will. Er will einfach „in den Sportverein". Was findet
Klaus Winter als er tatsächlich dort ist? Aus seinen Äusserungen ist nur indirekt zu entnehmen, was für ihn daran bedeutsam und wichtig ist. Während
der Schulzeit sind die Jungen zweimal unter der Woche im Verein, sonntags
spielen sie in der Handballmannschaft. Im Winter machen sie Geräteturnen
und Ballspiele, im Sommer Leichtathletik und nebenbei Handball (II/1a:1ff).
Und auf der Straße spielen sie zwischendurch Fußball und „Einkriegen" (3).
In den Ferien halten sie sich „praktisch nur auf dem Sportplatz auf (...), den
ganzen Tag, frühmorgens, sind ja bloß 'n paar Schritte jewesen bei uns um de
Ecke, ähäh sind wir wir frühmorgens zum Sportplatz rüberjegangen, oofn
Abend ham wer uns zu Hause wieder jemeldet so unjefähr (schnell) – und
wie jesagt, dadurch is man eben an den Sport ranjekommen" (3).

Eine einzelne Sportart steht dabei für Klaus Winter nicht im Vordergrund, wenngleich er eine Präferenz für Fußball und Handball hat. Beides
sind Mannschaftssportarten. Es ist Wettkampf, aber nicht Mann gegen Mann,
sondern Team gegen Team. Der Einzelne ist nicht allein, gleichzeitig wird
seine Leistung nicht nur von ihm selbst, sondern auch vom eigenen Team,
für das man Punkte sammelt, bejubelt und bestätigt. Daß der Anschluß an
eine Gruppe eine Rolle für Klaus Winter spielt, zeigt sich an einem weiteren
Aspekt. Er verbringt praktisch jede freie Minute mit den Anderen, ob im
Verein oder auf der Straße. Sicherlich wird er nicht den ganzen Tag Fußball
oder Handball spielen. Auch in den Pausen, in denen er bequem nach Hause
gehen könnte, bleibt er mit den Anderen zusammen. Nicht nur der Sport an
sich zählt für ihn, sondern auch die *Gemeinschaft* mit den anderen Jungen,
die durch gemeinsame Interessen (sich mit- und aneinander messen) und den
gemeinsamen Spaß am Sport miteinander verbunden sind. Zeitliche Grenzen
setzt scheinbar nur die Schule. Der Sport, im Verein und mit Spielkameraden
auf der Straße, ist zentraler und selbstverständlicher Bestandteil von Klaus
Winters Kindheit und Jugend, und rückblickend bezeichnet er diese neben
seinem Familienleben als die angenehmste Zeit seines Lebens.

1940, nach Beendigung seiner Werkzeugmacherlehre, wird als Voraussetzung für das Handballspielen die Mitgliedschaft in der HJ verlangt. Diesen
Nachweis kann er nicht erbringen. „Konnt ick [den Stempel] nich vorweisen,
also, war aus mit Handballspielen" (4). Überraschenderweise scheint er den
Sport ohne größeres Bedauern aufzugeben. Seine Freundin, die er mit fünfzehn Jahren auf dem Rummelplatz kennengelernt hat, scheint ihn über den
Abschied vom Mannschaftssport wegzutrösten.

... hat meine Freundin jesagt 'Laß doch den Verein sein, [det] wir beede bleiben zusammen'
und so (heiter) sind wir ooch zusammenjeblieben die, ich hab ick die Freundin damals, die
hab ich nachher auch jeheiratet ja (sehr schnell, lebhaft) (2 sec.) Ja, das war nu praktisch
dann die Jugend. (4)

Seine Freizeit verbringt Klaus Winter jetzt mit ihr. Der Sport in der großen
Gruppe wird durch die kleine Gemeinschaft zu zweit abgelöst.

BERUF: SUCHE NACH ANERKENNUNG – TROTZ GENICKSCHLÄGEN ZUM MEISTER UND ZWEITEN CHEF. Klaus Winters Start ins Berufsleben ist, bezogen auf seinen „Traumberuf" Ingenieur, vielversprechend. Sein Vater fördert ihn, wo er kann. Er „klemmt" sich „dahinter", daß Klaus Winter schon mit fünf Jahren eingeschult werden kann. Er sorgt dafür, daß Klaus Winter sofort nach Beendigung der Volksschule mit dreizehn Jahren eine Lehre als Werkzeugmacher beginnen kann („hat mein Vater schon besorgt gehabt, da mußt ich noch drei Jahre zur Schule gehen"; 3). Aber Klaus Winter ist in seiner Sicht auch förderungswürdig: Stolz hebt er hervor, daß er die Lehre statt in den vier vorgesehenen Jahren in dreieinhalb absolviert. Mit knapp 17 Jahren hat er ausgelernt und wird ein Jahr später, 1942, eingezogen. Als er bei einem Unfall ein Auge verliert, wird er beim Bodenpersonal eingesetzt. Daraufhin setzt sein Vater – inzwischen zweiter Direktor in einem Rüstungsbetrieb – alle Hebel in Bewegung, daß sein Sohn zur Technischen Hochschule versetzt wird. Dort hätte Klaus Winter, wie auch sein Bruder, während des Militärdienstes ein Ingenieurstudium absolvieren können. Der Versetzungsbefehl kommt, doch Klaus Winter wird nicht abberufen. Das ist Klaus Winters großer „Genickschlag".

Geh ick den nächsten Tag rein [in die Schreibstube], da sagen die mir 'Ja, da ham wer gestern schon n andern auf n Weg jesetzt.' – Das muß man sich mal vorstellen (leise, fast tonlos)(...) Ham die einfach irgend jemand anders dahin geschickt, der hat mit der Schule jar nichts zu tun gehabt! (lacht heiser auf). Also das is der Nackenschlag was ich da vorhin sagte – also wenn ick den Spieß heute nochmal treffen würde, den würd ich erwürjen. (6)

Man merkt Klaus Winter die damalige Erschütterung noch deutlich an. Dieser „Nackenschlag" hat ihn „zurückgeworfen". Das Ingenieurstudium, das er, wie vor ihm Vater und Bruder, so gerne gemacht hätte, läßt sich später nicht mehr nachholen. Als Klaus Winter aus Krieg und Gefangenschaft nach Berlin heimkehrt, ist seine Tochter bereits drei Jahre alt. Er muß für die Familie sorgen. Für ein Studium fehlen Geld und Zeit. Wie geht Klaus Winter mit diesem Genickschlag um? Welche Ziele setzt er sich jetzt, was tut er, um sie zu erreichen und welche Maßstäbe legt er an?

Uneingeschränktes „Vorbild" und Meßlatte der eigenen Leistungen ist sein Vater. Man könnte sagen, daß der Vater von Klaus Winter unfähig und unstet ist, nichts zu Ende bringen kann und mit seinen gescheiterten Versuchen der Selbständigkeit und häufigen Arbeitsplatzwechsel die Existenz der Familie aufs Spiel setzt. Klaus Winter denkt anders. Der Konkurs der ersten Firma ist in seiner Sicht der allgemeinen schlechten Wirtschaftslage (Inflation) geschuldet. Bei dem häufigen Arbeitsplatzwechsel seines Vaters stehen nicht die Risiken im Vordergrund, sondern daß er überhaupt wechseln *konnte*: „was jedem andern unmöglich war, da warn se praktisch an die Firma gebunden, ja? Mein Vater hat es jeschafft" (46). Das Fernstudium zum Ingenieur absolviert er „so nebenbei". In Klaus Winters Erzählungen ist der Vater eine schillernde, aber bewundernswerte Figur. Er ist „ein ganz kluger, gescheiter Mann" (46), „ein regelrechtes Genie" (46). Aber er ist nicht nur begabt, er ist auch extrem ehrgeizig und tüchtig. Gleichzeitig verfügt er über praktischen Instinkt und weiß seine Interessen auch auf Umwegen durchzusetzen, er sei ein „schlauer Fuchs" gewesen, ein „Filou" (45), einer, der „mit allen Wassern gewaschen" ist (50). Indem er seinen Vater derartig preist, wird dieser zu einem Ideal, welches normale Menschen gar nicht einholen können und immunisiert sich selbst gegen allzu hohe Erwartungen der Umwelt. Denn Klaus Winter orientiert sich an ihm. Ein „großes Vorbild" für Klaus Winter ist der Vater vor allem wegen seiner Tüchtigkeit, und diese schreibt er sich selbst ebenfalls zu. Und auch von dem „kleinen Allerweltsgenie" hat er „vielleicht – so'n bißchen von ihm mitgekriegt" (45).

Nach der Rückkehr aus der Kriegsgefangenschaft verdient Klaus Winter sein Geld zunächst mit Hilfsarbeiten (Kohlen stapeln und Flugzeug entladen), ist zwei Jahre arbeitslos und findet dann Arbeit in einer Chemiefabrik. Mitte der 50er Jahre findet er über einen Vereinskameraden bei einem Fußballverein, wo er zwischenzeitlich wieder zu spielen angefangen hat, schließlich auch wieder eine Stelle als Werkzeugmacher. Es ist der Wendepunkt in Klaus Winters Karriere. Die Einstellung in dieser Firma ist für ihn „möcht ick beinah sagen 'ne Fügung" (21).

Na, denn bin ick dahin jegangen (...) und hab so wirklich, diffizile Sachen so – von meinen Chef jekriegt, wat wahrscheinlich kein Anderer da hätte machen können – |nd der hat mich denn wahrscheinlich son bißchen beobachtet, also hinterher hab ick det so jesehn, ja, und seh's heute auch noch so (verhalten). (...) So. Jetzt kamen praktisch die Lehrjungs und sollten irjend sowas denn da anreißen. Und ick hab denn jesehn, wat die so für Schwierigkeiten haben, die haben zwar inner Schule jelernt jehabt (atmet tief, 1 sec.), aber wenn mans denn praktisch machen soll, is doch immer was anderes, ja? Wenns nich hundertprozentig hier oben drin sitzt (emphatisch) Und ick bin so, also so hab ich mich jedenfalls immer jesehen, nich direkt als Genie, aber son kleiner Rechenkünstler von Schule aus an, schon immer Kopprechnen --. Also schlechter als ne Zwei hab ick nie jehabt im Rechnen. Meene ganze Schulzeit durch. – Meistens so eins bis zwei – Und (hell) – denn hab ick mich dahingesetzt, und fing mit denen an, richtig zu pauken wie inner Schule. 'Paß ma auf so und so und jetz, – rechne ma das um und wie det is', bis bei denen denn der Knoten jeplatzt is, daß se=t wirklich alleene machen konnten. Denn ham se mit einmal jesehen, det is ja jar nich so schwer, ja? Weil se das warum und weshalb nich verstanden, haben ja inner Schule, da wurden nur Zahlen und, soundsoviele Umdrehungen, aber hier mußten se=et praktisch machen, ja det war viel einfacher. Und das muß mein Chef beobachtet ham – Deswegen sagt ick vorhin, des is wahrscheinlich auch son bißchen Fügung jewesen (...) (atmet tief) – So und denn kam der eines Tages sagt er 'Herr Winter, ham Sie nich Lust ne Meisterprüfung zu machen?' Hm? (...) Ick sag 'na selbstverständlich! (leise, emphatisch) nur so und so is det --, geldlich kann ick mer det nich erlauben' 'Det kostet Ihnen kein Pfennig Geld, det bezahl ich alles' (pointiert) Gesagt, jetan. (22-24)

Klaus Winter ist nicht nur handwerklich geschickt, sondern auch hell im Kopf. Im Unterschied zu seinem Vater ist er zwar kein Genie, aber immerhin ein „kleiner Rechenkünstler". Und sowohl die praktische Erfahrung, als auch das theoretische Wissen kann er auch Anderen vermitteln. Er ist stolz darauf, aber er drängt sich auch nicht auf. Direkten Wettbewerb scheint er zu vermeiden. Er betont, daß der Chef ihn beobachtet und seine Leistung quasi selbst entdeckt hat. Und Klaus Winter wirkt nicht überrascht, als der Chef ihm anbietet, die Meisterprüfung abzulegen, Lehrlinge professionell auszubilden und sein Wissen weiterzugeben. Er selbst weiß um seine Fähigkeiten – nur wurden sie vorher nicht gewürdigt. Und die Investition des Chefs ist nicht umsonst, er „habe auch was davon gehabt". Er hat einen fähigen und vertrauenswürdigen Mitarbeiter, der sich nach allen Kräften einsetzt. Die „Fügung" bedeutet nicht, daß Klaus Winter unverdientes Glück gehabt hat. Im Gegenteil: er ist verdientermaßen förderungswürdig. So gesehen 'fügen sich' eigentlich nur die Umstände, daß seine Begabung und Leistungsorientierung endlich entdeckt und gefördert wird.

Das Verhältnis zu seinem Chef bezeichnet Klaus Winter als „ganz prima". Dieser vertraut ihm und er braucht ihn. Als der Chef nach einem Schlaganfall halbseitig gelähmt ist, führt Klaus Winter den Betrieb acht Jahre lang, wie er sagt, praktisch alleine.

Das war ein echter Freund ja? Was der für mich getan hat, also das ist einfach toll. Deswegen hat mir die Arbeit ja auch sonen Spaß gemacht. Das war nicht mein Vorgesetzter, sondern der war sogar stolz, mich so rumzeigen zu können, hier ist mein Meister, so ungefähr, ja? (...) Spaß gemacht, weil ick gemerkt habe, daß ich anerkannt werde, und daß er meine Arbeit auch anerkennt, na und [da hat man] ja auch gearbeitet.

Hier macht Klaus Winter explizit, worum es ihm geht: Seine Leistung wird anerkannt, vielmehr er, Klaus Winter, wird anerkannt. Und das macht ihm Spaß. An diesem Arbeitsplatz geht er auf:

Heute, wenn ick det jemand erzähle, denn sagen die 'na wie wie kann man, freudig nach Arbeit fahrn, ick wär froh wenn ick nich arbeiten brauchte'. Ja, Ick bin wirklich freudig nach Arbeit gefahrn! (emphatisch) (...) Wenn ick nach Hause gefahrn bin, da hab ich schon überlegt, also da ist dieset morgen hier zu machen und, wie packste=nn das am besten an, ja, also, meene Jedanken warn immer bloß noch noch bei der Arbeit! (sehr lebhaft, ausrufend) ne – Warn schönet Arbeiten (27f).

Nicht zuletzt mag dies mit daran liegen, daß in diesem Betrieb sogar auch sein Interesse am (Mannschafts-)sport nicht zu kurz kommt:

W.: Eine Tischtennisplatte haben wir aufgestellt, haben wir'n großen Raum gehabt und wenn wer nicht grade Maschinen aufbauen mußten, ja, denn war der Raum praktisch leer, haben wir ne Tischtennisplatte aufgestellt, denn haben wer Frühstück und Mittag Tischtennis gespielt! wir sind so gut jeworden, ham wer gegen andere Firmen! (lacht leise) (...) gegen- die sind inner Liga drin, nich? Die ham hier Tischtennis gespielt und die wurden hier immer vernascht wie sonst was! (lacht kurz) (lebhaft)|
I.: Also das heißt Sie haben auch- also richtig, Sport von von Ihrer Arbeitsstätte und (...)
W.: #Ja ja (leise emphatisch)#
I.: verschiedene #Sachen#
W.: #Ja# ja (sehr leise) Meen Chef hat bloß immer gesagt 'Prima, prima sind se in Bewegung, denn rosten die nich ein.' (leise, schnell). (41)

Insgesamt ist Klaus Winter bei dieser Firma 25 Jahre beschäftigt. Als der Chef den Betrieb verkaufen muß, will der potentielle Käufer nur übernehmen, wenn Winter mit übernommen wird. Eine weitere Bestätigung für ihn. Trotz eines finanziell besseren Angebots bleibt Winter – wie er sagt, „wirklich nur meinem Chef zuliebe, weil ick ja nur Gutes von dem Mann hatte" (28). Fraglich ist, ob er in einem anderen Betrieb ein vergleichbares Arbeitsverhältnis gefunden hätte. Doch schließlich wechselt Winter zu dem Konkurrenzunternehmen, da der neue Inhaber nach einem Jahr entlassen muß. Die Ironie des Schicksals will es, daß ein Meister dringend benötigt wird, obwohl die Firma dafür eigens einen Ingenieur angestellt hatte. Da dieser jedoch keine Lehrlinge ausbilden darf (29), wird Klaus Winter, der selbst am liebsten Ingenieur geworden wäre und den das Schicksal daran gehindert hat, am Ende seines Berufslebens einem Ingenieur vorgezogen. Klaus Winter geht es nicht nur um die Anerkennung des Chefs. Für ihn ist auch wichtig, daß er letztlich sein Traumziel erreicht und damit auch seinen Vater eingeholt hat. Daß er dies spät und nur indirekt schafft (zweite Hand des Chefs, nicht zweiter Direktor, aber besser als der Ingenieur), ist in seiner Sicht, angesichts der widrigen Umstände („Genickschläge") durchaus anerkennenswert. Nur ein „Genie" wie sein Vater, wäre dadurch vielleicht nicht „am Fortkommen gehindert" worden.

PARTNERSCHAFT UND FAMILIE: SELBSTVERSTÄNDLICHE EIGENE KLEINE GEMEINSCHAFT UND IMMER DABEI. Angesichts der Empathie, mit der die Klaus Winter „freudig auf die Arbeit fährt", seine „Gedanken immer" dort sind, fragt man sich, was eigentlich noch für die Frau, die Tochter, die Familie an Zeit und Gedanken überbleiben. Erstaunlicherweise antwortet Klaus Winter auf die Frage danach, was im Mittelpunkt seines Lebens gestanden hat, Familie, Beruf oder etwas anderes: „Familie war bei mir immer ganz vorne an". Wie läßt sich die Bedeutung von Partnerschaft und Familie präzisieren und wie drückt sie sich aus?

In der Ersterzählung führt Klaus Winter seine Frau gleich im Anschluß an die Erzählung, wie er an den Sport „rangekommen ist", ein, tut dies jedoch eher beiläufig: „denn hat man 'ne Freundin kennengelernt" (3). Auf die spätere Nachfrage erzählt er:

Ick hab meine Frau mit, da war sie zwölf Jahre und ich war fuffzehn, die hab ick auf'm Rummel (...) Da ham wir uns kennenjelernt. Da fings son bißchen an zu regnen, und da haben wir uns so an son Drehrad, hier son Gipsding, wissen Se, wo die Rummelleute mitanner Sonne, wo die [kleenen Zacken], so rot oder grüne, denn ham se 'n Hauptjewinn, oder nich, ja Da ham wer uns untergestellt und da ham wir uns kennenjelernt. (lebhaft) Und da hab ich se nach Hause gebracht (...) ja und wir sind dann ewig zusammenjeblieben (emphatisch), ne? (...) Aber det war wirklich damals alles nu- (gemessen, emphatisch) nu in allen Ehren ma 'n Küßchen und so, ja? Aber damit hat sich det ooch gehabt, so ne richtije, wie man so sagt, eine Jugendliebe, ja (emphatisch) (...) Das war meine erste Freundin, später, nachher ja, und denn ham wer uns praktisch verlobt, des heißt det, als ick einjezogen wurde ham wer uns verlobt und ham denn nachher auch geheiratet.

Als sie sich auf dem Rummelplatz kennenlernen, ist Klaus Winter fünfzehn, seine spätere Frau erst zwölf Jahre alt. Die Szene, wie sie beide quasi zufällig unter derselben Bude mit glänzenden Lichtern vor dem Regen Zuflucht suchen, strahlt Unschuld und gleichzeitig Intimität, vielleicht auch schon vorsichtiges Interesse, aus. Klaus Winter begleitet das kleine Mädchen nach Hause. Jetzt ist er nicht der kleine Bruder, sondern der, der jemand Anderen verantwortungsvoll beschützt. Klaus Winter hebt hervor, daß ihre ersten Kontakte behutsam, tastend („Küßchen"), vor allem aber sittsam („in allen Ehren") gewesen seien. Diese Darstellung mag *auch* eine Abwehr möglicher Unterstellungen sein (u.U. wurde seine (spätere) Frau ungeplant schwanger). Die Nachkriegszeit, in der Klaus Winter die Träume auf den Ingenieur begraben muß, zwischenzeitlich arbeitslos ist und ungeliebte Arbeiten nur um des Verdienst willens animmt, ist für ihn eine „schwere Sache" und stellt vermutlich auch für die Partnerschaft eine Belastungsprobe dar. Die Wende tritt etwa 1955 mit seiner neuen Arbeitsstelle ein. Das Familienleben, „als es einem dann langsam besser ging", bezeichnet er rückblickend – neben der Kindheit – als angenehmste Phase seines Lebens. Ein für Klaus Winter wichtiger Aspekt ist dabei, daß seine Frau nun mit der Erwerbstätigkeit aufhören kann.

... und dann wurde ja bei mir det Geld auch schon n bißchen besser, un denn hab ich gesagt 'Paß ma uff – Brötchen verdiene ich, du machst n Haushalt', damit war se einverstanden und zufrieden (leise) wenn se auch später mal 'Mensch, ick möcht wieder arbeiten gehn, [also], mir fällt die Decke aufn Kopp', aber soweit hab ick se immer wieder überreden können (lacht kichernd) (...) Nee, die hat nachher nich mehr gearbeitet. Bin nach Hause jekommen – hab mein Jeld ausjeschüttet, – wat ick Benzinkosten jebraucht habe, noch n bißchen für Zigaretten, alles andere hat meine Frau genommen, ick brauchte mich um nichts zu kümmern --, hab da inner gesamten Wirtschaft, wolln ma sagen, war eben meine Frau nachher der Chef zu Hause, nich (sehr lebhaft) (...) und ging gut. (58f)

Finanziell kann Klaus Winter seine Familie jetzt versorgen und das möchte er auch. Er will, daß seine Frau zu Hause bleibt. Möglich ist, daß sich hierbei Schutz-, Kontrollbedürfnisse und das Bedürfnis danach, gebraucht zu werden, eine Rolle spielen. Vielleicht ist Klaus Winter auch wichtig, daß damit seine Leistung nach außen sichtbar wird. Jedenfalls folgt er damit dem Modell seiner Eltern, und zumindest ein angenehmer Nebeneffekt scheint zu sein, daß er selbst sich zu Hause jetzt „um nichts" mehr zu kümmern braucht. Festzuhalten ist auch: Als Ruth Winter später gar nicht mehr zu Hause bleiben möchte, drängt ihr Mann darauf und setzt sich durch. Ob und wie seine Frau damit zurecht kommt, bleibt in seinen Äußerungen unbestimmt.

Worin sich die von ihm betonte Priorität der Familie („Familie immer vorne an") und die besondere Qualität des Familienlebens ab Mitte der 50er Jahre („angenehmste Zeit") ausdrücken, wird aus Klaus Winters Aussagen schwer ersichtlich. Er betont jedenfalls, daß es genauso wie bei seinen Eltern ist: Sein Vater war tüchtig und ernährte die Familie, seine Mutter sei sehr „liebevoll" gewesen – wie auch seine Frau. Ansonsten sind seine Schilderungen sehr darauf bezogen, was sie machen. Dabei hebt er besonders hervor, daß sie eigentlich „alles gemeinsam machen". Dieses „gemeinsame" Leben soll kurz etwas genauer beleuchtet werden.

Wie gesagt, bedeuten die Jahre 1955/56 ein großen Einschnitt für Klaus Winter. Seine berufliche Konsolidierung spiegelt sich auch in der Gestaltung seines Privatlebens. Seine Frau ist jetzt zu Hause, Winters kaufen sich einen Fernseher und ein Auto. Zur gleichen Zeit hört Klaus Winter auch mit dem aktiven Vereinssport (Fußball) auf, mit dem er Anfang der 50er Jahre wieder begonnen hatte – wobei im übrigen noch einmal deutlich wird, daß Sport für Klaus Winter auch mit Ehrgeiz und mit Ernsthaftigkeit verbunden ist.

Na, denn sollt ick noch Alte Herren nachher noch mitspielen, aber da hab ick jesagt 'des ist ja nur Sauferei bei euch hier', da war ich denn schon dreiendreißig (gemessen) (...) aber inne alte Herrn (...) da war ick noch zu jung zu. (43f)

Inwieweit diese Entscheidung nicht auch durch seine Frau befördert wurde, die etwa zur gleichen Zeit ihre Erwerbstätigkeit beendet, ist unklar. Möglicherweise drängt sie darauf, daß auch er für die Familie Kompromisse macht. Wie auch immer: Winters können jetzt rausfahren und sie tun es.

Aber denn wie jesagt wurdet mit m Geld ebend mehr, denn brauchte meine Frau nich mehr arbeiten, denn hatt ick n Auto, na und denn sind wer Sonnabend, sonntags sind wir rausgefahrn, hier hin, da hin, meine Tochter mitjenommen, die kleenen Steppkes [seine Enkel] die denn nachher auch schon ja da waren [Mitte, Ende der 60er], die denn mitgenommen, det war alles ein Herz und eine Seele! (59)

Klaus Winter erwähnt keine einzige Aktivität, die das Paar alleine unternimmt[19]. Wenn man aus seiner Perspektive etwas unternimmt, dann zusammen mit Anderen. Dazu zählt – zum einen – die Familie: die Tochter wird mitgenommen, später auch die Enkel.

Bei Ausflügen oder im Urlaub wird die kleine *Gemeinschaft gelegentlich erweitert:* Ende der 50er und Anfang der 60er Jahre verbringen Winters etwa zehn Jahre lang Weihnachten und Sylvester bei einer Schulfreundin von Frau Winter, welche eine Hütte im Schwarzwald bewirtschaftete. Sie ist die einzige Schulfreundin, zu der Winters noch in den 60er Jahren persönlichen Kontakt halten[20]. Nach dem Verkauf des Betriebes reduziert sich der Kontakt wie mit ihren anderen Schulkameradinnen auf Telefonate. In späteren Jahren besu-

---

19 Als einzige Ausnahme erwähnt Klaus Winter, daß das Ehepaar in den Jahren davor häufiger gemeinsam ins Kino geht. Das hört allerdings auf, nachdem sich Winters Mitte der 50er Jahre einen Fernseher zulegt haben.

20 Während der 50er Jahre bestehen private Kontakte vor allem zu Schulfreundinnen von Frau Winter, die diese in die Ehe einbringt. Besuche und Einladungen finden häufig „gemeinsam", jeweils mit Partnern, statt. Diese Kontakte lassen gegen Ende der 50er Jahre nach. Einige Schulfreundinnen ziehen weg, und mit den übrigen scheint sich der Kontakt mit einer Ausnahme auf gelegentliche Telefonate zu reduzieren.

chen Winters gelegentlich einen von Klaus Winters Arbeitskollegen, der einen Campingwagen auf einem Grundstück am See besitzt. Mit diesem und dessen Frau fahren sie auch ein paarmal in den Urlaub (40f; 70).

Zum anderen bleibt auch der Sport nach der Beendigung der aktiven Vereinsmitgliedschaft weiterhin ein wesentlicher Bestandteil von Klaus Winters Leben. Erstens bleibt Klaus Winter weiterhin passives Vereinsmitglied – woran man im übrigen noch einmal sieht, daß es für ihn beim Verein nicht ausschließlich um die sportliche Leistung geht. Sonntags besucht er häufig Spiele, verbringt manchen Abend dort und auch Tanzveranstaltungen des Vereins besucht er gemeinsam mit seiner Frau. Das Vereinsleben, die Kontakte und Geselligkeit mit den anderen Vereinsmitgliedern sind auch wichtig.

Zweitens eröffnet neben dem Verein der neue *Arbeitsplatz* in mehrfacher Hinsicht eine zusätzliche Quelle für sportliche Betätigung und das Beisammensein mit anderen 'Gesinnungsgenossen'. Wie bereits gesagt, spielen die Kollegen am Arbeitsplatz Tischtennis und spielen auch in der Liga gegen andere Betriebe. Daneben gehen die Arbeitskollegen gelegentlich nach Feierabend zum Bowlen, wobei Frau Winter hierbei häufig noch dazu kommt. Und zu Fußballveranstaltungen kommen – neben seiner Frau – nun auch Arbeitskollegen mit. „Denn bin ick bloß mit meinem Chef und mit der halben Firma zum Olympiastadion gestiefelt, zu Hertha BSC!" (44). Die aktive Vereinsmitgliedschaft wird also quasi durch den Betrieb abgelöst oder ersetzt und die passive Vereinsmitgliedschaft durch den Betrieb erweitert. So gesehen scheint der Sport keine geringere Bedeutung im Leben von Klaus Winter zu spielen. Es verändert sich nur der Rahmen vom Verein zum Betrieb.

Kontakte zu Verwandten außerhalb der Gattenfamilie, spielen für die Gestaltung des Familienlebens keine Rolle. Angesichts von Klaus Winters starker ideeller Bezogenheit auf seine Herkunftsfamilie überrascht das etwas. Allerdings wohnt auch niemand mehr aus seiner Herkunftsfamilie in Berlin. Zu seiner Mutter, die sich – vermutlich in den 50er Jahren – von seinem Vater trennt und ein zweites Mal verheiratet, besteht noch der häufigste Kontakt. Alle paar Monate hört man voneinander, gelegentlich besucht man sich. Seinen Bruder, der nach dem Krieg als Toningenieur in Westdeutschland arbeitet, sieht Klaus Winter bis zu dessen Tod Anfang der 80er Jahre nur dreimal. Und sein Vater, der ebenfalls nach Westdeutschland geht, meldet sich gar nicht mehr. Erstaunlicherweise scheint Klaus Winter dies seinem Vater nicht übelzunehmen, „kann ich ja nicht" (55). Das sei „seine Sache" gewesen (56). Die Söhne hätten sich da nicht einmischen können und wollten es seiner Aussage nach auch nicht. Offenbar bedeutet Familie für Klaus Winter jetzt die Familie, die um seinen eigenen Haushalt zentriert ist. Demgegenüber pflegt Frau Winter Kontakte zu Familienmitgliedern außerhalb des Haushalts, insbesondere zu ihrer Schwester, die auch in Berlin lebt. Sie ist es auch, die nach dem Auszug der Tochter, 1964, den intensiveren Kontakt zur Tochter unterhält. Diese „kinkeeper"-Funktion erstaunt allerdings nicht so sehr vor dem Hintergrund, daß sie zu dieser Zeit praktisch keine anderen 'eigenen' Beziehungen mehr zu haben scheint. Bezogen auf die Alltagsgestaltung ist sie jetzt fast ausschließlich auf die Familie und ihren Mann bezogen.

Insgesamt ist festzuhalten, daß spätestens seit den 60er Jahren – nachdem Winters keine Urlaube mehr bei Frau Winters Schulfreundin machen – die außerfamilialen Kontakte von Winters ausschließlich über Klaus Winter zustande kommen, und an seine Interessen und seine Kontakte angebunden sind: an seinen Verein (aktiv, passiv), seinen Arbeitsplatz und seine Kollegen. Winters mögen „alles gemeinsam" machen, aber es sind Klaus Winters Interessen, bei denen ihn seine Frau begleitet. Die große, inhaltlich verbindende, Klammer zwischen Familie, Beruf und Verein stellt dabei der Sport als Gemeinschaftserlebnis da – einerseits als Medium von Geselligkeit, andererseits von (sportlichem) Mannschaftswettkampf.

Klaus Winters Äußerungen vom Verhältnis zu seiner Familie ergeben nur ein verschwommenes Bild. Daß und wie sie „immer vorne" anstand, geht aus ihnen nicht direkt hervor. Vermutlich liegt ihre Bedeutung aber gerade darin, daß sie für ihn völlig selbstverständlicher Bezugspunkt ist. Er arbeitet für sie und sie ist da, wenn er nach Hause kommt. Und insbesondere seine Frau ist mit Ausnahme seines Arbeitsplatzes immer und überall mit *dabei*. Wenn er von der Arbeit kommt, ist sie *da* und bei allen Unternehmungen ist sie dabei: natürlich bei der (erweiterten) „Familie", aber auch beim Sport – sowohl beim Verein als auch bei den Kegelabenden und Tischtenniswettkämpfen mit den Kollegen. Die besondere Bedeutung der Partnerschaft scheint vor allem in diesem (fast) permanenten Beisammensein zu liegen. Und da sie selbstverständlich zu seinem Leben gehört, ist sie vermutlich „selbstverständlich" auch am wichtigsten.

Das „Wie" der Beziehung scheint dahinter zu verschwinden. Es verschwindet auch die Verschiedenartigkeit (was nicht wertend gemeint ist). „Ein Herz und eine Seele" sind eben nur ein Herz und eine Seele. Unterschiedliche Wege und unterschiedliche Meinungen (z.B. bezüglich der Erwerbstätigkeit seiner Frau) haben in dieser Konzeption keinen Platz. Daß es hierbei fast ausschließlich Klaus Winters Interessen sind, die in der Beziehung gemeinsam verfolgt werden, läßt sich bei dieser „Gemeinsamkeit" kaum mehr erkennen.

4.3.2 Der Tod der Partnerin: „Allein-Sein"

Wenige Monate nachdem Klaus Winter zu dem neuen Betrieb gewechselt ist, geht es seiner Frau gesundheitlich immer schlechter. Es fängt mit Lispeln an, später kann sie kaum noch sprechen, schließlich sich kaum noch bewegen (30). Zwischenzeitlich ist sie im Krankenhaus, aber die Ärzte finden nicht heraus, was ihr fehlt. Ein dreiviertel Jahr später stirbt sie. Klaus Winter ist zu diesem Zeitpunkt 58 Jahre alt.

I.: Was würden Sie sagen, waren, nachdem Ihre Frau gestorben ist, die, was würden Sie als größte Veränderung – Umstellung für sich bezeichnen?

W.: Also, äh, ganz schwer wars, die erste Zeit des- das Alleinesein ja (tonlos)|– ähäh, unter Alleinesein, in jeder Beziehung kann man sagen. – Einmal zu Hause, – wenn man irjendwo hin mußte, ins Auto einjestiegen, alleine. Also ick bin bin vorher, wenn ich nicht ähäh grade zur Arbeit oder nach Hause jefahrn bin, möcht ick sagen, ja, das waren mehr oder weniger die Ausnahmen, da is immer jemand bei mir im Auto drin jewesen (sehr emphatisch) Entweder meine Frau und ich, oder die janze Familie, aber=et Auto war immer mit besetzt. Nich. Und det hab ick wirklich echt zu spüren jekriegt (gemessen, emphatisch). Wenn ick in Auto einjestiegen war und mit einmal ist det janze Auto leer. Ne. Det hat mindestens so – mit n Verreisen nachher, ja? mit mit mit den S. [Kollege] nachher mit, der is vorne mit seinem Bus jefahrn, un ich hinterher mit mit mit n Auto war alleine, ne (hustet kurz). Det hat mindestens zwei Jahre jedauert, möcht sagen, bis das abjeebbt is, ja? Bis ich in=t Auto einjestiegen bin, und mir nich bewußt wurde, glei- ähäh äh äh, ähäh sofort=da=ick jetz alleine bin! Nich. – Also, bis bis das praktisch jetz selbstverständlich war, da is keiner mehr, ja? – Det hat lange jedauert. (67f)

Die größe Veränderung nach dem Tod seiner Frau ist für Klaus Winter das „Alleinsein" – „in jeder Beziehung". Im Prinzip kann das auf alles mögliche verweisen. Man kann sich alleine fühlen, weil auf einmal die Person weg ist, die z.B. für Intimität oder für vertraute Gespräche oder für Geborgenheit da war. Klaus Winters Konkretisierungen sind jedoch nicht so detailliert. Mit seinen Ausführungen verweist er auf zwei bestimmte Situationen. Zum einen „zu Hause", zum anderen und mit besonderem Nachdruck auf die Situation „bei mir im Auto". Beides sind seine eigenen ganz persönlichen Räume. Was macht man im Auto? Wie hat man sich diese Situation vorzustellen? Klaus Winter sitzt am Steuer, seine Frau daneben. Gemeinsam, nebeneinander schaut man aus dem Auto heraus in die Welt, die man dann neben und schließlich hinter sich liegen läßt. Die Grunderfahrung des Automobilisten ist die selbstbeherrschte und -gesteuerte Bewegung im Raum (vgl. Burkart 1994b), und mit den Beifahrern teilt man nicht die Lenkung, aber die Bewegung und das, was draußen an einem vorbeizieht. Egal, wo ich hinfahre, du sitzt neben mir. Und auf diesen Aspekt nimmt Klaus Winter Bezug. Mit der Feststellung der Raum ist „leer", verweist er allererst auf die Absenz selbstverständlicher physischer Präsenz, des „da"- wie des „dabei"-seins. Alles, was man außer der bloßen Anwesenheit im Auto tat, scheint hinter dieser elementaren Erfahrung, jetzt allein und ohne Beifahrerin zu sein, zurückzutreten. Eigentlich ist eine latente Bedeutung dieser Äußerung: Die Menschen, die das Auto und damit seinen eigenen Raum ausfüllen, sind austauschbar. Darauf verweist auch das Nebeneinander dieser Aktivität. Es ist kein Gegenüber. Man sieht den andern nicht an, ist nicht primär aufeinander ausgerichtet und setzt sich nicht mit dem andern auseinander. Indem Klaus Winter nicht nur von seiner Frau, sondern gleich von der ganzen Familie spricht, scheint er diesen Aspekt noch einmal zu betonen (Hauptsache, das Auto ist überhaupt „besetzt" und er nicht allein. Wer es ist, ist dabei nicht ganz so wichtig). Allerdings mag er mit dieser Äußerung (auch) darauf verweisen, daß über seine Frau diese kleine Gruppe zu einer Familie wird. Daß diese Person nicht so einfach austauschbar ist, macht er an anderer Stelle deutlich. Nur mit seiner Frau hätte er „über alles" sprechen können. Wenngleich es nicht Klaus Winters dominante Verlusterfahrung gewesen zu sein scheint – auch dieser Aspekt schwingt im Sinnbild des Autos mit: Im Auto kann man gut nebeneinander schweigen und einfach hinausschauen, man kann aber auch reden – über das, was man draußen sieht oder alles das, was einem eben in den Sinn kommt.

Als Kontakte, die für Klaus Winter direkt nach dem Tod seiner Frau am wichtigsten sind, nennt er zunächst das Beisammensein mit seiner Tochter („da bin ick natürlich s- zu der Zeit auch noch viel mit meener Tochter zusammen jewesen ne"; 69). Nach der Arbeit fährt er oft bei ihr vorbei[21]. Darüber hinaus besucht er am Wochenende häufiger mit dem Schwiegersohn und den beiden Enkeln Fußballveranstaltungen im Olympiastadion. Als die Enkel anfangen, Handball zu spielen, kommt er mit seinem Schwiegersohn mit und schaut ihnen zu (71).

Also irjendwie, war doch immer wieder son bißchen der Sport, der hab ick zwar nicht selber betrieben, aber der Sport – war hier oder da doch immer noch mit bei, ja? (lebhaft) (71)

Der Sport, der Klaus Winter fast sein ganzes Leben lang begleitet hat, ist auch in der ersten Zeit nach dem Tod seiner Frau wichtig. Angesichts von Klaus Winters Orientierung auf aktivitätsbezogene Gemeinschaft stellen diese Unternehmungen für ihn vermutlich – zumindest zwischenzeitlich – eine gute und vor allem unverfängliche Ablenkung dar. Schließlich gehört zu den wichtigen Bezugspersonen direkt nach dem Tod seiner Frau auch sein ehemaliger Arbeitskollege S., bereits vorher sein einziger privater, außerfamilialer Kontakt. Mit S. unternimmt er häufiger etwas, besucht ihn und dessen Familie auf seiner Parzelle am Wasser und S. nimmt ihn, wie Klaus Winter es ausdrückt, mehrmals in den Urlaub „mit".

4.3.3 Längerfristige Veränderungen der Integration: Vereinsleben, -freundschaft und Tochter im Hintergrund

MITTELFRISTIGE VERÄNDERUNGEN: DIE VERRENTUNG, RÜCKZUG AUF FAMILIE, GELEGENHEITSKONTAKTE UND SUCHBEWEGUNGEN. Angesichts der Schwierigkeiten, die Klaus Winter mit dem Alleinsein hat, und angesichts seiner hohen beruflichen Orientierung könnte man annehmen, daß in dieser Situation auch der Beruf eine wichtige Bedeutung für ihn hat, daß ihn die selbstver-

---

21 Sie selbst kann ihn aufgrund einer Behinderung nicht besuchen. Laut Klaus Winter dürfe sie nicht alleine auf die Straße gehen.

ständliche Einbindung vielleicht entlastet, die Arbeit seinen Alltag strukturiert und gleichzeitig Abwechslung und Ablenkung bedeutet. Doch als er sich ein Dreiviertel Jahr nach dem Tod seiner Frau aufgrund von Lähmungserscheinungen an der Hand operieren lassen muß, nimmt Klaus Winter den Vorschlag der Vertrauensärztin an, sich weiter krankschreiben zu lassen und geht mit Erreichen des 60igsten Lebensjahres vorzeitig in Rente. Obwohl er noch hätte arbeiten können, die Finger sind wieder geheilt, nimmt er die erste sich bietende Gelegenheit wahr, aus dem Beruf auszuscheiden.

... hab det jar nich, erst in Betracht jezogen jetzt noch bis fünfundsechzig zu arbeiten, ne, (...) Arbeiten jehn. – Die Wirtschaft zu Hause machen. Abends noch einholen gehn (emphatisch) undsoweiter det is mir einfach zuviel jeworden, ja (leise). Und deswegen is mir det wirklich leicht gefallen einfach mit sechzig schon auf Rente zu gehn (sehr leise). (65f)

Klaus Winter will nicht mehr arbeiten. Die Beanspruchung durch die Doppelbelastung Arbeit und Haushalt überfordert ihn, wenngleich er – wie er an anderer Stelle sagt – prinzipiell keine Mühe mit dem Haushalt hat, und dort auch keine hohen Ansprüche an Ordnung und Sauberkeit stellt. Möglicherweise fällt ihm der Entschluß auch deshalb leicht, weil er gerade erst seine alte Firma, in der er 25 Jahre und zufrieden gearbeitet hat, verlassen hat. Vielleicht war die Umstellung nicht ganz einfach – und seine beruflichen Ziele hatte er im Rahmen der Möglichkeiten erreicht. Der Abschied fällt ihm offenbar nicht schwer: „Nee! Nee. (leise) Ich habe in dem Moment jesagt 'So, jetzt is Feierabend, jetzt machste nur noch Urlaub (...) de Beine uffn Tisch jelegt (Schlaggeräusch) (emphatisch)',, (66). Allerdings hat Klaus Winter auch keine Pläne für den Ruhestand gemacht und nur „die Beine auf den Tisch zu legen", stellt sich bald als nicht sehr befriedigend heraus.

Ick hab Kreuzworträtsel jemacht [dann], viel (gedehnt) inne Ferne kucken, hab den janzen Tag praktisch vorm Fernseher jehangen, mein Essen jemacht – jegessen, den ganzen Tag, frühmorgens Fernseher eingeschaltet und abends praktisch n Fernseher erst wieder ausjeschaltet, ob mich die Sendung interessiert hat oder was, da hab ick'n Kreuzworträtsel jeraten, der Fernseher der lief danebenbei, des hat mir alles nichts ausjemacht, ja (sehr schnell), nur nicht (gedehnt, betont) dran denken, daß de jetzt alleine bist (schnell) (...) Ne, immer irgendwelche Abwechslung machen, Oder, ick hab viel jeschlafen (verhalten) (murmelt) det mach ich heute noch nach m Mittagessen, da kämpf ich, 'legste dich hin oder legst dich nich hin. Ach, warum sollste de Augen wachhalten', schmeiß [mich lieber] auf die Seite und schlafe! (lachend) (69f)

Ganz alleine kann Klaus Winter die Zeit, die er jetzt zur Verfügung hat, nicht strukturieren. Er kann nichts damit anfangen. Im Gegenteil ist die Zeit alleine eine Last, von der es gilt abzulenken (vgl. Wolf 1988b). Er schläft viel und sitzt tagelang vor dem Fernseher.

Außer den Besuchen bei seiner Tochter, den gelegentlichen Unternehmungen mit Schwiegersohn und Enkeln sowie den Besuchen und Urlauben bei seinem ehemaligen Kollegen S., hat Klaus Winter ansonsten nur Kontakt zu seiner Schwägerin, der Schwester seiner verstorbenen Frau, und einer ehemaligen Schulkameradin seiner Frau, die Winters früher regelmäßig im Schwarzwald besucht hatten. Zu Klaus Winters ehemaligen Kollegen waren, mit Ausnahme von S., bereits nach dem Arbeitsplatzwechsel alle Kontakte abgerissen. Wie Klaus Winter es ausdrückt, haben sich die Kollegen nach den Entlassungen „in alle Winde zerstreut" (42f). „Na, denn haben die wohl - da wieder – in ihrem Betrieb irgendjemand kennenjelernt oder sowat, und det wurde denn immer weniger hat man noch mal anjerufen und so aber det is praktisch jetzt gar nichts mehr" (42f). Obwohl sie auch gemeinsam Freizeit miteinander verbracht haben, Sportveranstaltungen besuchten und zusammen ausgegangen sind, halten diese Beziehungen ohne die Verbindung über den gemeinsamen Arbeitsplatz nicht mehr.

Die Schwester seiner Frau lebt ebenfalls in Berlin. Anfangs gehen sie gemeinsam auf den Friedhof, mittlerweile kommt Klaus Winter regelmäßig (ein bis zweimal im Monat) am Samstagmorgen zum Kaffeeklatsch bei ihr und ihrem Lebensgefährten vorbei. Aber wichtig ist diese Beziehung für ihn nicht. Es sei „keine direkte innige Liebe(...) is eben Schwägerin, naja, (...) da gibt's nicht so Herzchen, und so Umarmung (...) schön, wir freun uns, wenn wir uns so miteinander sehn, aber das ist auch alles" (TII: 2b, 120ff). Ihre wesentliche Verbindung ist seine verstorbene Frau. Man trifft sich, weil man zur selben Familie gehört, aber das ist alles – und das ist 'nicht genug' um eine für Klaus Winter wichtige Beziehung zu begründen. Außer der Familie gibt es keine Gemeinsamkeiten. So fährt er einmal mit den beiden zum Skilaufen, doch der Lebensgefährte seiner Schwägerin bleibt ständig zurück und „quatscht" mit Spaziergängern. „Hab ick gesagt, 'einmal und nicht wieder',, (74). Klaus Winter hat sportlichen Ehrgeiz, und wenn man schon gemeinsam Sport treibt, muß man es auch ernst nehmen. Bevor er mit jemandem zum Sport geht, der dies in seinen Augen nicht 'richtig' betreibt, beläßt er es lieber beim Kaffeeklatsch. Mit den beiden fährt er auch ein paarmal in den Urlaub, wobei sie zweimal die ehemalige Schulfreundin seiner verstorbenen Frau im Schwarzwald besuchen, mit der sich sein Kontakt ansonsten auf gelegentliche Telefonate beschränkt.

Relativ kurz nach dem Tod seiner Frau lernt Klaus Winter während einer Kur in Westdeutschland eine Frau kennen. Das sei das einzige Mal gewesen, daß er „versucht", eine neue Partnerschaftt einzugehen. Der Auslöser für eine Kontaktaufnahme nach der Kur ist offenbar, daß diese Frau auch gerne Ski fährt und nicht sehr weit entfernt von Berlin wohnt.

... und da hab ich so jedacht, Mensch, du fährst hier schon so oft hier nach H. rüber – die Frau wohnt in K., die will auch Langlauf machen – vielleicht kannste bei der wohnen, dann sparste hier Pensionsgeld oder, irjendwie (lachend) (Papierrascheln) – Na hab ick die angesprochen, da sie 'Ja, können wer machen, können wer machen'. (83)

Er besucht sie und auch sie kommt einmal nach Berlin. Wie er es ausdrückt, habe sich das dann aber „ooch zerlaufen". Bei näherem Kontakt stellt sich heraus, daß sie sehr unterschiedliche Interessen haben. Sie ist kunstinteressiert, wofür er kein Verständnis hat. Sie mokiert sich über seinen Fußball. Es hätte „irgendwie nicht gepaßt" (84). Wie er sagt, hätte er relativ kurz nach dem Tod seiner Frau noch eine Bindung eingehen können („da hätt ichs noch gekonnt" (84) – was im übrigen dafür zu sprechen scheint, daß die Erinnerung an seine Frau als Mensch nicht übermächtig ist. Offenbar möchte Klaus Winter vor allem die Lücke des Alleinseins schließen. Doch später fängt er, an sich zu „genieren":

Aber als det nun nich jeklappt hat, und ick denn – wolln ma sagen, – wieder alleine alles jemacht habe, – dann wurde- hat sich det immer mehr vertieft „Mensch wenn de jetz jemanden kennenlernen würdest, ja? – denn kommt dieset und und und jenet" und ick bin nun n Mensch – [wat] wie jesagt meine Frau mit zwölf Jahren kennenjelernt. (...) Verlobt gewesen, verheiratet. – Kind gehabt – Ich hab abends meine Wäsche ausgezogen, n nächsten Morgen lagen neue Sachen da. Ja? Wie dreckig die jewesen sind oder sowat, da hab ick überhaupt nich hingekuckt oder hab mer überhaupt nüscht draus jemacht, wolln ma so sagen! ja? (sehr lebhaft, emphatisch) (...) Det wurde allet jemacht – Aber denn hab ick nachher überlegt, „Mensch, wenn du jetz ne neue Frau hättest – und die würde da irjendwie hier schmutzije Unterwäsche sehn!" Na, da ä fing ich mich mit einmal an zu genieren. (...) Und da hab ich jesagt „Nee soweit kommt! Daß die da vielleicht mer scheel ankuckt! Det läßte bleiben, du kannst dein Zeug ooch alleene machen" (...) Un denn hat man sich langsam ooch dran jewöhnt und- dabei bleib ick. (83f)

Klaus Winter bekommt Skrupel und sucht keine Partnerin mehr. Dies scheint spätestens der Fall zu sein, als er merkt, daß er allein doch recht gut zurecht kommt. Doch bevor Klaus Winter eine Alternative zur Partnerschaft findet, unternimmt er verschiedene erfolglose Versuche, sich neue Kreise zu erschließen. Dabei wird deutlich, was er sucht und daß er durchaus aktiv ist. Er beschränkt sich nicht auf die wenigen Beziehungen, die ihm nach dem Tod seiner Frau und dem Ende seiner Erwerbstätigkeit verbleiben. Beispielsweise meldet er sich auf eine Zeitungsannonce, in der Mitspieler für einen Skatverein gesucht werden. „Na, war ick natürlich sofort da, ja?" (82). Aber er ist der einzige Interessent und so scheitert diese Initiative.

Denn hab ich hier ma versucht – bei uns unten [Straßenname] is'n Lokal, hat unten n paar Kegelbahnen. Jetzt hab ick da jesehn allerhand Pokale (2 sec.). Also reinjegangen, mit dem Wirt gesprochen 'wie sieht n det aus, kann man sich hier irgendwo anschließen?' 'Nee' sagt der – Ick sag 'wieso? – Muß doch irgendwie möglich sein' 'Ja, wir ham hier keinen Verein, das is alles hier so mehr oder weniger privat, da ham sich denn so vier oder fünf Familien zusammengeschmissen und die kegeln gemeinsam. Ja, die wollen auch keinen Fremden bei sich drin haben. Da kommen Sie überhaupt nicht ran!' (82).

Klaus Winter initiiert zwar keine eigenen Unternehmungen, aber er reagiert auf Angebote und scheut sich nicht, Fremde anzusprechen. Der Auslöser, den Wirt anzusprechen, sind die Pokale. Sie stehen für 'Sportlichkeit' im Sinne von Ernsthaftigkeit und Leistungsorientierung. Daneben will Klaus Winter sich 'anschließen', er sucht auch Gemeinschaft und Geselligkeit. Wie er es ausdrückt, hat er diese Versuche unternommen,

... weil ich ja auch son bißchen Vereinsmensch bin, ja? Damals wie gesagt in den Sportverein, Fußballverein (...) mir macht einfach das Vereinsleben macht mir auch Spaß. Warum, weil ich eben mit andern Leuten zusammenkomm. Und nicht nur mit einem, sondern mit mehreren. (82)

Für sich alleine übt Klaus Winter keinen Sport aus. Er ist ein „Vereinsmensch" und der braucht den Verein, das Vereins-"Leben", einen größeren Zusammenhang, der über ein gemeinsames Interesse konstituiert ist.

AKTIVITÄTEN: „LEBEN IM VEREIN". Als Klaus Winter drei Jahre nach dem Tod seiner Frau mit seinem ehemaligen Kollegen Urlaub auf einem Bauernhof in Westdeutschland macht, findet er durch Zufall das, was er sucht (32f).

Wir kommen dahin – und da sagt er [der Kollege] 'Kuck ma hier sind sojar Pferde, hier kannste reiten, traust dich nich' (heiter). Ick sag 'was heißt hier, traust dich nich'. Da war ick einundsechzig! (schnell, lebhaft) (3 sec.). Ick, da, hier, die Reitlehrerin anjesprochen, ick sage 'Sagen Se ma – kann ick bei Ihnen hier Reitunterricht nehmen (...). Naja – halbe Stunde, war ich satt, un det Pferd war ooch satt (kichert leise). (33)

Der Anfang ist eine Provokation. Klaus Winters Ehrgeiz ist herausgefordert, 'natürlich' traut er sich ein Pferd zu besteigen, auch wenn er das vorher noch nie gemacht hat. Er ist zwar anschließend erschöpft, aber das Pferd ist es auch. Am nächsten Tag macht er bei einem Ausritt mit.

... dann sagt der [Mitreiter]: 'Sagen Se ma, wie lange reiten Sie schon.' Ne, ick dachte, der will meinen Reitstil nu monieren, ja? Ick so 'Na, seit gestern hier, hab ich erst ne halbe Stunde hier anner Longe jehabt' 'Wat' sagt der, 'denn sind Se aber vorher schon mal geritten'. Ick sage 'Nö' . Wie n Pferd aussieht, das wußt ick zwar, vorne sind zwee Beene, hinten sind zwee Beene (lacht erstickt), aber sonst nichts. Sagt er 'Det gibts nich, wie alt sind Sie' ick sag 'Na, einundsechzig', na also da hat er nu vollkommen abgeschnallt (lacht). (35f)

Der Mitreiter hätte nie geglaubt, daß Klaus Winter noch nie geritten ist – und das in seinem fortgeschrittenen Alter. Klaus Winter freut sich über die Anerkennung und ist doppelt stolz. Das ist die Fortsetzung. Das Reiten macht ihm einen „derartigen Spaß", daß er sich sagt, „da machste weiter, jetzt nimmste hier Reitunterricht und lernst reiten" (35). Noch im selben Urlaub kauft er sich sogar ein eigenes Pferd und läßt es auf dem Reiterhof stehen. Das ist gewissermaßen die Eintrittskarte für sein Vereinsleben. Jetzt kann Klaus Winter jederzeit wiederkommen und auf seinem Pferd reiten. Von nun an fährt er jedes Jahr fünf bis sechsmal auf den Reiterhof – meist für zwei bis drei Wochen, manchmal auch nur für ein verlängertes Wochenende. Allerdings fährt er nur in den Zeiten dorthin, „wo was los ist" (75), d.h., wenn Turniere oder Jagden stattfinden. Wenn „nichts los ist", bleibt Klaus Winter „natürlich" in Berlin, „die Winterzeit über – ja da häng ick doch denn ooch wieder bloß uff mein Zimmer. Det kann ick doch zu Hause auch machen (leise, emphatisch)" (76). Ihn reizen die Erlebnisse mit Anderen. Dabei kann es sich um vorwiegend *sportliche* Aktivitäten handeln wie Reitausflüge, Mehrtagesritte und Turniere, aber auch um primär *gesellige* wie Reiterbälle,

Bügeltrunk und Reitertaufen. Damit ist nicht ausgeschlossen, daß Klaus Winter nicht auch die zum Reiten notwendige Selbstbeherrschung, die Kontrolle über das andere Wesen mit gleichzeitiger sinnlicher Erfahrung gefallen mag. Nur ist es für ihn kein hinreichender Grund, um gewissermaßen 'außer der Zeit' auf den Hof zu fahren.

Über den Verein findet Klaus Winter den „*Anschluß*", den er gesucht hat. Er gehört heute zu den „Stammgästen" und ist „gerne gesehen". Er hat viele Leute kennengelernt, die, wie er, meist ebenfalls regelmäßig dort sind und die er als „Kumpel" oder „Kameraden" bezeichnet. Zwischendurch kommen auch immer einige neue Urlaubsgäste dazu – die sicherlich einerseits Abwechslung bringen, andererseits indirekt auch dem „Stamm" das Gefühl geben, dazuzugehören[22]. Klaus Winter scheint gut integriert. Mittlerweile hat er sein Kontaktnetz auch auf die örtliche Umgebung erweitert, ist in einen Motorverein eingetreten, und hat Kontakt zu einem Blasorchester.

Im Verein findet Klaus Winter nicht nur ein abwechslungsreiches Angebot an Möglichkeiten zu sportlicher Betätigung, Spaß und Geselligkeit und einer Vielzahl von über das Reiten vermittelten zwanglosen Kontakten. Der Aspekt der *Anerkennung* und Bestätigung, der über bloße Zugehörigkeit hinausgeht, scheint für Klaus Winter auch im Vereinsleben auf dem Reiterhof eine nicht unwesentliche Rolle zu spielen, wobei ihm indirekt sein fortgeschrittenes Alter zugute kommt. Bereits bei seinem ersten Kontakt mit dem Reitsport und dem Verein betont er, daß seine *sportliche Leistung* von Anderen bestätigt wird. Doch es ist nicht seine absolute Leistung, er ist kein reiterisches 'Naturtalent'. Aber man zollt Klaus Winter Anerkennung, weil er 'für sein Alter' Erstaunliches leistet. Indirekt erhält Klaus Winter auch Anerkennung über die Leistung seines Pferdes. Bei Jagden reitet die Reitlehrerin häufig sein Pferd – weil es, wie er sagt, so gut sei, daß sie damit auch gewinnen kann. Daneben freut sich Klaus Winter, daß sein *Rat* geschätzt wird, gibt ihm dies doch das Gefühl, gebraucht zu werden. Auf die entsprechende Frage antwortet er:

... das meine ich grade damit. Ich erleb's ja so oft, daß Fragen angetragen werden wie 'Kannste mir mal 'nen Rat geben', 'Wie kann ich dieses machen' (...). Ob das nun altersbedingt ist, weil ja da immer zumindest eine Generation Unterschied schon ist, zu den Leuten, die ich kenn, ja. Ob das nun altersbedingt ist, oder weil se mich als guten Kameraden oder so was anerkenn, irgendwas muß ja dran sein. (II, 1B: 500)

Eine Rolle mag dabei ebenfalls sein (verglichen mit seinen Reiterkameraden) höheres Alter spielen. Klaus Winter sagt zwar, daß er besonders gern mit jüngeren Menschen (40 bis 50jährigen) zusammen sei, weil er sich dann selbst jünger fühle[23]. Faktisch aber hebt ihn sein Alter von den Jüngeren auch

---

22 Anlässe können auch sein, daß der Besitzer Geburtstag hat oder Weihnachten, also Gelegenheiten, die nicht direkt mit dem Sport zutun haben, sondern ausschließlich mit den Beziehungen zu den Leuten dort.

23 Auf Angebote nur für Senioren reagiert Klaus Winter ablehnend. Auf Angebote vom

ab, und wie er selbst sagt, mag dies zumindest mit ein Grund sein, warum er häufiger mal um Rat gefragt wird. Das Gefühl dazuzugehören hat schließlich auch eine *finanzielle* Seite. So spendet Klaus Winter für den Reitverein und andere Vereinigungen, denen er jetzt angehört, regelmäßig nicht unerhebliche Beträge. Spenden an sich mögen zum Vereinsleben 'dazugehören', und ein normaler Ausdruck der Zugehörigkeit sein. Vielleicht möchte Klaus Winter auch hierbei nicht zurückstehen, doch er scheint es etwas zu gut zu meinen und sich vielleicht dadurch auch etwas hervorheben. Ihm selbst ist es jetzt langsam „n' bißchen zuviel geworden" – was wohl darauf verweist, daß es weniger auch täte. In Zukunft wolle er jedenfalls weniger geben, „jetzt muß ich auch mal an mein Alter denken".

ENDE EINER FREUNDSCHAFT, ANFANG EINER NEUEN. Nachdem Klaus Winter auf den Reiterhof gekommen ist, löst sich seine Beziehung zu seinem Kollegen S., der während seiner Erwerbsphase neben der Schulfreundin von Frau Winter der einzige außerfamiliale Kontakt von Klaus Winter war, und über den er überhaupt auf den Reiterhof fand. Das Ende dieser Beziehung ist in Klaus Winters Schilderungen etwas undurchsichtig. Wie er sagt, ist er von S. „enttäuscht" („nee, das hab ich ja erlebt, daß das kein Freund war"; 70B). Das erste Mal negativ berührt ist Klaus Winter, als niemand von S.'s Familie zu der Beerdigung seiner Frau kommt. Als er auch während und nach einem späteren eigenen Krankenhausaufenthalt nichts von S. hört („hat hinterher nicht mal einer angerufen"), habe er sich eben auch nicht mehr gemeldet. Was faktisch für den Abbruch der Beziehung verantwortlich war, ist unklar. Vielleicht hat sich auch Klaus Winter nicht so verhalten, wie S. es erwartet hatte. In jedem Fall hat offenbar keiner der beiden Versuche unternommen, die Beziehung zu 'kitten', zu klären, was los ist, ob vielleicht ein Mißverständnis vorliegt. Auf Seiten von Klaus Winter mag dabei auch eine Rolle gespielt haben, daß er bereits den Reiterhof für sich entdeckt hat. In jedem Fall scheint er der Beendigung der langjährigen Beziehung zu S. nicht hinterherzutrauern.

Und mittlerweile hat Klaus Winter über den Reiterhof nicht nur einen großen Bekanntenkreis gefunden, sondern auch einen „Freund". Es beginnt damit, daß er dort vor etwa sieben Jahren mehrere untereinander verbundene Familien aus Berlin kennenlernt. Ein vierzigjähriger Ingenieur (H.) und seine Frau leben sogar in der gleichen Straße wie Klaus Winter. Dann fährt man häufiger jeweils zur selben Zeit zum Reiterhof. Es entwickelt sich ein herzli-

---

Bezirksamt bzw. entsprechende Anzeigen im Wochenblättchen habe er geantwortet. „Nur, wenn denn da heißt hier äh Seniorentreffen. Dann bin ick natürlich nich dabei, weil ick bin noch kein Senior, ja? Ick bin noch Jugendlicher. Ick will ja nich älter werden, nur dadurch, daß ich nur alte Leute seh, ja? Da treff ich mich lieber mit jüngeren Leuten und versuche so jung zu bleiben, wie ich mich heute fühle, ja." (81f). Auf die Frage, wie alt er sich fühlt, antwortet Klaus Winter „bin 70, fühl mich aber noch wie 40 oder wie 50". Er hat keine Interesse nur mit „Älteren", und das heißt, in diesem Fall mit Gleichaltrigen, zusammenzusein: „ich wollt nur mit Jüngeren [40-50jährigen] zusammensein".

ches Verhältnis und später unternimmt Klaus Winter mit diesen Familien auch etwas in Berlin (gemeinsame Kutschfahrten, Reitturniere besuchen bzw. Treffen in einem Berliner Stall, wo die Bekannten ihre Pferde zu stehen haben). Ansonsten gibt H. Klaus Winter vielleicht mal, wie einem guten Nachbarn, die Schlüssel, wenn z.b. die Heizung abgelesen werden muß – sei aber, wie Klaus Winter es ausdrückt, nie bei ihm „sitzengeblieben". Enger wird die Verbindung, als bei H.'s Frau ein knappes Jahr vor dem Interviewtermin Krebs diagnostiziert wird und sie häufig im Krankenhaus ist. Sie stirbt zwei Monate vor dem Interviewtermin:

... in der Zeit, um sein Kummer auch son bißchen zu vergessen, weil er ja dann nach der Arbeit nach dem Reitstall raus mußte (...) und dann zu seiner Frau nun nach dem Krankenhaus, der wußte auch schon gar nicht mehr, was er machen soll, da fing das praktisch an (...). Als es dann schwierig wurde mit ihr, da kam er denn des öfteren mal zu mir nach Hause. [... Nachdem seine Frau gestorben war,] da ist ihm son bißchen die Decke aufn Kopf gefallen, na da wurde das dann n bißchen mehr. 'Klaus, biste zu Hause, ich komm ma hoch' [... z.B wenn er mit dem Hund raus ging], schnell mal zu mir hochgekommen und dann auch sitzen geblieben, hat er früher nie gemacht. Na, und ich hab mich dann seiner son bißchen angenommen, damit ihm nicht die Decke nicht auf'n Kopf fällt, [... Nach der Beerdigung der Frau ist Klaus Winter bei der Familie zum Essen eingeladen]: ganze Familie und ich als einziger Fremder mit bei, daran könn Se schon sehn, daß ich son kleines bißchen in diese Familie so als nächster praktisch da mit aufgenommen wurde. (1A:620ff)

H. ist einsam, er trauert. Es ist H., der in einer besonders sensiblen Lebenssituation ist und er scheint es auch zu sein, der die Grenzen der Nachbarschaftlichkeit und des Vereinskameraden überschreitet. Klaus Winter hat das Gefühl, gebraucht zu werden und „nimmt sich seiner an". Momentan treffen sie sich „fast jede Woche, der kommt auch zu mir rauf, wenn er mit dem Hund mal spazieren geht, kommt er hoch, spielen wir mal 'ne Partie Schach oder trinken 'ne Flasche Wein mal gemeinsam aus" (1A:390). H. würde er als einzigen Mensch als „wirklich echten Freund" bezeichnen. So hat auch Klaus Winter den Eindruck, daß er, wenn er selbst Schwierigkeiten hätte, jede Hilfe von H. bekommen würde („der würde auch dafür einstehen"). Ihn würde er auch bei wichtigen Entscheidungen um Rat fragen können. Andere Beziehungen seinen dagegen „mehr oder weniger kameradschaftliches Verhältnis", also „daß man miteinander irgendwie was unternimmt, aber nun hundertprozentig füreinander einstehen, wenn man in Schwierigkeiten ist, das wollen die meisten so ein bißchen abwimmeln" (1B:25)[24]. Im obigen Zitat kommt aber noch ein anderer Aspekt zum Vorschein. In Klaus Winters Sicht drückt sich die Nähe zum Freund auch darin aus, daß er „ein kleines bißchen" „in die Familie mit aufgenommen wurde". Nicht nur die Beziehung zu

---

24 Hinzuweisen ist hier auf die verglichen mit Monika Goldmann unterschiedliche Verwendung des Begriffs Kamerad. Sie benutzt ihn für ihren Mann, auf den sie sich als einzigen – neben ihren Eltern – auch immer habe verlassen können. Für Klaus Winter scheint demgegenüber der gemeinsame Bezug auf etwas Drittes im Vordergrund zu stehen. In seiner Sicht habe man darüber hinaus „nichts" von diesen Kameraden zu erwarten.

H. ist enger geworden, gleichzeitig wird durch die Beziehung zu H. auch der Anschluß an dessen Familie stärker.

Fraglich ist, wie sich die Beziehung zu H. weiterentwickeln würde, wenn dieser sich beispielsweise wieder binden sollte, wenn er nicht mehr trauert bzw. nicht mehr soviel Zeit haben sollte. Möglich, daß Klaus Winter dann weiterhin auf ihn zählen kann, die Frage ist aber, ob bei weniger häufigeren Treffen nicht ein (anderer) zentraler Eckpfeiler der Freundschaft verloren geht. Doch momentan ist dies nicht der Fall, und außerdem hat eine Freundschaft auch für Klaus Winter Grenzen. Sogar wenn er jemanden als „wirklich echten Freund" bezeichnet, bedeutet das für ihn z.b. keineswegs, daß man dann auch über „alles" mit ihm sprechen könnte bzw. können müßte. Bei der Frage, wem Klaus Winter seine innersten Gefühlen anvertrauen kann, nennt er H. nicht. „den [H.] gehen solche Sachen schon gar nicht mehr soviel an", wohl persönliche Angelegenheiten oder wichtige Entscheidungen, aber „keine gefühlsmäßigen Sachen".

FAMILIE „SELBSTVERSTÄNDLICH AM WICHTIGSTEN" – IM HINTERGRUND. Innerste Gefühle könne Klaus Winter nur seiner Tochter anvertrauen. Wie sieht diese Beziehung zu seiner Tochter genau aus und welche Bedeutung haben sie und ihre Familie heute für Klaus Winter? Auf die bilanzierende Frage danach, wer im Mittelpunkt seines Lebens stand, antwortet Klaus Winter, wie gesagt, „Familie war bei mir immer ganz vorne an". Und er fügt hinzu „... und ist es ja auch heute praktisch immer noch". Doch dies heißt nicht, daß er sie, obwohl sie in der gleichen Stadt leben, häufig sehen muß. Die sonntäglichen Besuche der Fußballspiele, gemeinsam mit Schwiegersohn und Enkeln, welche er in der ersten Zeit nach dem Tod seiner Frau als sehr wichtig empfand, sind z.B. fast völlig eingeschlafen, nachdem er den Weg zum Reiterhof fand. Im Gegenteil, z.B. den älteren Enkel, der mittlerweile eine Familie gegründet hat und ausgezogen ist, sieht Klaus Winter nur, wenn dieser zufällig bei seiner Tochter ist. Offensichtlich unternimmt keiner der beiden irgendwelche Anstrengungen, sich 'einfach so' zu miteinander zu treffen. Mit dem Schwiegersohn ginge er gelegentlich nochmal zum Fußballspielen, aber regelmäßigen Kontakt pflegt Klaus Winter nur mit seiner Tochter. Allerdings besucht er seine Tochter, welche ihn aufgrund einer Schwerbeschädigung nicht alleine aufsuchen kann, nur selten (etwa alle zwei Monate) und meist tagsüber. Meist (zwei bis dreimal in der Woche) telefonieren sie, ebenfalls nie abends. Wie Klaus Winter sagt, wolle er die Familie nicht stören.

Es is nich so, daß ich nun tagtäglich da rumfahre. Ne? Wir telefonieren zusammen, – mein Schwiegersohn, der muß auch seiner Arbeit nachgehen, und der ist zufrieden, wenn er aufn Abend nach Hause kommt, und zu Hause ist alles in Ordnung, nich, daß er auch ma die Füße 'n bißchen langstrecken kann, (...) Nee, det ist also soweit (emphatisch) da alles in Ordnung, aber wie jesagt, wir sehn uns nich allzu oft. (60)

Ähnlich wie gegenüber seiner Herkunftsfamilie, will Klaus Winter „sich da nicht einmischen (...) ich will ihnen ihre Ruhe nicht nehmen" (619). Seine Tochter habe eben jetzt eine eigene Familie mit einem eigenen Ablauf. Das scheint für ihn durchaus in Ordnung zu sein. Hervorzuheben ist erstens, daß es Klaus Winter offenbar ausreicht, wenn sich seine familiären Kontakte auf seine Tochter beschränken. Die Beziehung zu ihr bezeichnet er als „ganz herzlich" (1A 425ff; 470). Zweitens genügt ihm im Prinzip der telefonische Kontakt. Auf die Frage danach, ob der Kontakt zu seiner Familie jetzt weniger wichtig als vor dem Tod seiner Frau ist, antwortet er:

Nein, der ist mir genauso wichtig, man will ja schließlich seine Familienangehörigen nicht verlieren, ja. Nur – man muß sich nicht jeden Tag sehen, es geht auch so, nech, wird ebend per Telefon, der hat dieses gemacht, oder der is da, und der ist jetzt arbeitslos undsoweiter, erzählt man sich das, damit man unternander Bescheid weiß. Genauso, meine Tochter, die erkundigt sich ja auch laufend, reitest de noch, und, mach bloß nicht so nen Quatsch, Du fällst mir vom Pferd und all so was, ja, ne. (1B: 225)

Man müsse nicht unbedingt gemeinsam Zeit miteinander verbringen, aber „ganz" will er sie auch nicht verlieren. Was genau würde er dann verlieren? Verlieren würde Klaus Winter die Bestätigung seiner selbstverständlichen *Zugehörigkeit* zu dieser Familie, und dafür sowie für die Mitteilung von „Informationen" reicht das Telefon. Verlieren würde er aber auch eine Person, die ihn „ganz" kennt. So antwortet er auf die Frage danach, wem er seine innersten Gefühle mitteilen könne:

Ne, Gefühle würd ich den zum Beispiel hier [H., sein Freund], da kann ich nicht um Rat fragen, Gefühle hat man einfach und da kann einem keiner n Rat geben, außer der Tochter eventuell, ja. Die kann mitfühlen, aber das kann praktisch kein Fremder mitn Gefühlsleben (...) Ratschläge geben(...) Ja, das kann meiner Ansicht nach nur meine Tochter, die kennt mein ganzes Verhältnis, die kennt mein Wesen.

Die Kenntnis des „ganzen Verhältnis', verwendet Klaus Winter synonym mit seinem „Wesen". Das heißt: Nur seine Tochter „kennt" ihn, weil nur sie ihn solange und in seinem gesamten Lebenszusammenhang erlebt hat. Weil sie ihn erlebt hat, kann sie auch „mitfühlen" und ihn so nehmen, wie er sich sieht. So gesehen, scheint sie eine ideale *Zuhörerin* für das, was er heute mit Anderen erlebt. Gleichzeitig wird dadurch seine Zugehörigkeit zu Anderen betont und die Zugehörigkeit zur Familie relativiert. Während man über die Erlebnisse mit Anderen spricht, wird sowohl einem selbst wie auch den Anderen deutlich, daß man jetzt etwas Eigenes gefunden hat und nicht ausschließlich auf die Familie angewiesen ist (*Bestätigung der Autonomie*). So betont Klaus Winter, daß er häufiger zu seiner Tochter kommen könnte, er selbst es aber gar nicht in Anspruch nehmen will. Und in dieser distanzierten Position am Rande hat er zudem den Eindruck, daß er willkommen und für seine Tochter *wichtig* ist („Pappa vorne, Pappa hinten"). „Selbstverständlich" gehört er zu seiner Tochter, aber sein Alltagsleben bestimmt sie nicht.

4.3.4 Resümee

In Klaus Winters Leben gibt es drei wesentliche Bereiche, die alle auf eigene Weise für ihn sehr bedeutend sind: der Beruf, seine Familie und der Sport. Der Sport begleitet ihn bereits seit er fünf Jahre ist und wie sein älterer Bruder in den Sportverein gehen wollte. Praktisch sein ganzes Leben ist Klaus Winter aktives bzw. passives Mitglied im Sportverein („Vereinsmensch") und betreibt auf die eine oder andere Art Mannschaftssport (Handball, Fußball). Zwei Pole sind dabei für ihn gleichermaßen wichtig: Geselligkeit (als unbeschwerte Gemeinschaftserfahrung) und Anerkennung. Sportlicher Wettkampf beflügelt ihn durch Leistungsorientierung und Anerkennung. Aber es ist immer ein Wettkampf im Team, bei dem das Vereinsleben (Gemeinschaft, Geselligkeit) nicht zu kurz kommt. Leistungsorientierung und Ehrgeiz kennzeichnen auch seine Orientierung im Beruf, ein Feld, auf dem er sich lange zurückgesetzt fühlt. Aufgrund widriger äußerer Umstände („Genickschläge") kann er seinen eigentlichen Berufswunsch, wie Vater und Bruder Ingenieur zu werden, nicht verwirklichen. Nachdem er Mitte der 50er Jahre wieder eine Stelle in seinem Ausbildungsberuf als Werkzeugmacher findet, zahlt sich seine Leistungsbereitschaft aus. Mit Förderung seines Chefs kann er seine Meisterprüfung ablegen. Später vertritt er den Chef und wird schließlich am Ende seines Berufslebens – auch ohne Studium – einem Ingenieur vorgezogen. Wichtig ist für Klaus Winter, sich und Anderen zu beweisen, daß er (verdientermaßen) erfolgreich ist, auch ohne so „genial" wie sein Vater zu sein. Insgesamt läßt sich Klaus Winters berufliche Orientierung durch eine starke Suche nach Bestätigung und Anerkennung und damit Außenleitung charakterisieren (Geltungsdrang). Er ist stark auf Andere bezogen. Anerkennung und Bestätigung seiner Leistung bedeuten für ihn persönliche Bestätigung. Wichtige Orientierungspunkte sind dabei Vater und Bruder (nacheifern). Für Klaus Winter ist offenbar ein zentraler Impuls, nicht hinter diesen zurückzubleiben. Anerkennung erwirbt er sich – und darauf ist er stolz – durch handwerkliche Geschicklichkeit, aber auch Wissen („kleiner Rechenkünstler") und die Fähigkeit, beides vermitteln zu können (Meister). Direkte Auseinandersetzung und Wettbewerb scheint er – ähnlich wie im Sport – zu scheuen. Im Beruf stehen bei ihm offenbar Leistungsorientierung und Streben nach Anerkennung im Vordergrund. Klaus Winter macht die Arbeit zusätzlich Freude, weil er mit seinen Kollegen auch seiner Lust am sportlichen Wettkampf (Betriebs-Tischtennisliga) und Geselligkeit (Kegeln) nachgehen kann.

Partnerschaft und Familie, die für Klaus Winter „immer vorne an" standen, scheinen auf den ersten Blick das einzige Feld zu sein, auf dem er sich nicht beweisen muß. Sie sind selbstverständlich, gewissermaßen seine eigene kleine Gemeinschaft – doch dies mag auch daran liegen, daß dort im Prinzip fast alle Aktivitäten um ihn und seine Interessen zentriert sind. Seit den 60er Jahren sind fast alle Außenkontakte über ihn vermittelt und seine Familie bzw. seine Frau begleitet ihn zu Wettkämpfen und geselligen Veranstaltungen im Verein oder mit seinen Kollegen. Die Familie bzw. ab Mitte der 60er Jahre (nach dem Auszug der Tochter) das Ehepaar macht „alles gemeinsam", doch das „gemeinsame" sind primär Klaus Winters Interessen. Er nennt auch keine Interessen, die ihn mit seiner Frau verbinden, oder Unternehmungen, denen er nur mit ihr nachgeht. Die hohe Bedeutung seiner Familie scheint vor allem darin zu liegen, daß es seine Familie ist, für die er verantwortlich ist (Versorgerehe) und insbesondere seine Frau selbstverständlich immer da und immer dabei ist (vertraute Begleiterin).

Kontakte zu seiner Herkunftsfamilie sowie zu anderen Verwandten von Klaus Winter spielen für ihn keine Rolle. Er ist auf seine eigene Kernfamilie bezogen. Die einzigen „privaten Beziehungen" (außerhalb von Arbeitsplatz und Verein), die die kleine Familiengemeinschaft gelegentlich erweitern, sind ein Kollege, mit dem Winters häufig verreisen, die Schwester von Frau Winter sowie (bis in die 60er Jahre) eine ihrer ehemaligen Schulkameradinnen.

Nach dem Tod seiner Frau und der im Jahr darauf folgenden Verrentung sind Klaus Winters primäre Bezugspersonen die Familie seiner Tochter und deren Verwandtschaft. Das heutige Netzwerk von Klaus Winter hat sich, verglichen mit der Zeit vor der Verwitwung, erheblich verändert. Die einzigen Personen im emotionalen Netzwerk, die vorher bereits dazu gehörten, sind seine Tochter und deren Familie. Alle anderen Personen hat Klaus Winter erst nach dem Tod seiner Frau kennengelernt. Über den Reitverein in Westdeutschland, den Klaus Winter etwa dreieinhalb Jahre nach der Verwitwung entdeckte, hat er etwa dreißig bis vierzig Personen („Reiterkameraden") sowohl in Westdeutschland wie in Berlin kennengelernt, die er in den dritten Kreis des emotionalen Netzwerks eingetragen hat. Auf dem Reiterhof hält sich Klaus Winter etwa alle zwei Monate für jeweils zwei bis drei Wochen auf. Über den Verein hat Klaus Winter auch seinen neuen Freund H. aus Berlin gefunden, der wie Tochter und Enkel im zweiten Kreis des emotionalen Netzwerks stehen.

Abgebrochen sind nach der Verrentung fast alle Kontakte zu ehemaligen Kollegen, obwohl sie auch nach Feierabend gemeinsam sportlich aktiv waren bzw. gemeinsam Sportveranstaltungen besucht haben. Abgebrochen ist mittlerweile auch der Kontakt zu dem einzigen Kollegen, mit dem sich Klaus Winter früher privat getroffen hat (Besuche, Ausflüge und Urlaubsreisen). Neben der Tochter und ihrer Familie ist der einzige erhalten gebliebene Kontakt die Beziehung zu einer Schwägerin in Berlin. Klaus Winter besucht sie regelmäßig, sie verreisen auch gelegentlich. Allerdings hat Klaus Winter sie nicht im emotionalen Netzwerk eingetragen, die Beziehung hat keinen großen Stellenwert für ihn.

Subjektive Bewertung des heutigen Lebens: „Ein neues Leben im und über den Verein"

Auf die Frage, ob Klaus Winter nach dem Tod seiner Frau ein „neues Leben" aufgebaut hat, fällt seine Bewertung emphatisch aus:

He (verhalten lachend) ja. Na, es, des kommt schon kommt schon, wie jesagt, mit dem, jetzt alles alleine machen, sagt ick ja schon, hat unjefähr zwei Jahre jedauert. Und noch n Jahr später, da bin ich ja dann schon uff, zum Reiterhof rüberjekommen. Ja? Und da fing natürlich, für mich, n ganz neues Leben wieder an durch die Reiterei. Da war mein ganzes Sin[nen] und Denken nur noch, zum Hof rüberfahren, Reiten, – neue Freunde undsoweiter da [kommt] Vereinsturnier, denn kommt det nächste Turnier, im Oktober zweiten Sonnabend im Oktober is jedes Jahr Fuchsjagd, da mitmachen, Sylvesterfeier da drübn, mein ganzes Sinnen und Denken war praktisch nur noch der (...)Hof! (sehr lebhaft, emphatisch) – Nech, und dann wars mit eenma einfach! (68)

Im Reitverein findet Klaus Winter ein „neues Leben". Als er dorthin kommt, ist es „mit einmal einfach". Trotzdem Klaus Winter nach dem Tod seiner Frau anfangs noch Versuche unternommen hat, sich wieder zu binden, ist er heute auch ohne (seine) intime Partnerin zufrieden. Abschließend soll genauer dargestellt werden, welche Bedeutung die einzelnen Segmente seines Netzwerks für Klaus Winter haben, welche biographischen Ressourcen dabei zum Tragen kommen und wie die heutige Integration, verglichen mit seiner früheren, vor dem Hintergrund seiner Orientierungen und seinem Umgang mit sozialen Beziehungen zu bewerten ist.

Bewertung und Erklärung der heutigen Integration vor dem Hintergrund der biographischen Orientierungen

Die größte Veränderung nach dem Tod seiner Frau ist für Klaus Winter, daß ihm ihre selbstverständliche Anwesenheit entzogen ist. Etwa zwei Jahre lang wird er immer wieder darauf zurückgeworfen, daß er jetzt alleine ist. Am schmerzlichsten ist für ihn das „Alleinsein", wenn er zu Hause ist und wenn er alleine unterwegs ist. Ihm fehlt die vertraute Begleiterin auf allen Wegen, die mit Ausnahme der Arbeit immer da und überall mit dabei war. Mit seiner Frau hat er „alles gemeinsam gemacht", und nur mit ihr habe er immer über „alles" gesprochen. Nach Klaus Winters Verrentung ein Jahr nach dem Tod seiner Frau wird zudem deutlich, daß es ihm schwer fällt, seine Zeit alleine zu strukturieren[25]. Bereits in den ersten zwei Jahren nach der Verwitwung unternimmt Klaus Winter einen ersten Versuch, sich wieder zu binden. Er scheitert, nicht weil die Erinnerung an seine Frau übermächtig wäre, sondern weil es von Interessen und Einstellungen her „nicht paßt".

---

25 Ansatzweise ist dies auch heute noch so; zumindest wenn Klaus Winter zu Hause ist. Dies scheint also nicht der Trauer um seine Fraue geschuldet zu sein.

Doch die Schwierigkeiten mit dem Alleinsein haben sich im Prinzip gelöst. Sein neues Leben scheint die Verluste auszugleichen. Obwohl er keine neue Partnerschaft eingegangen ist, obwohl er prinzipiell zu Hause und auf vielen Wegen alleine ist, fühlt er sich nicht mehr alleine. Auf die Frage, ob es für ihn das erste Mal ist, daß er alleine lebt, wehrt er entschieden ab:

W: Nein, ick lebe jar nicht allein! Ick mach zwar meinen Kram zu Hause alleene, aber ick bin nicht allein-

I: Wie meinen Sie das?

W: (lebhaft, emphatisch:) Na, ich hab überall Leute! Ick brauch bloß ausm Haus rausjehn, geh da hin oder geh da hin, fahr da nach m Reiterhof da rüber, ja? Ick bin überall jern jesehn! Nich, (...). Ja, ick ruf eventuell ma an 'Äh was hältst n davon, wenn ick Dich ma kurz besuche, hast 'n Bier da?' 'Ja, Klaus, komm ma!' Ja? So jehts denn los, oder ick fahr direkt nach n (...)-hof rüber. Ick bin nich alleene. (87)

Subjektiv hat Klaus nicht das Gefühl allein zu sein. Nach einer neuen Partnerin sehnt er sich nicht. Wie Monika Goldmann, doch auf ganz andere Weise hat er ein Leben alternativ zum Partnerschaftsmodell 'gefunden'.

Herzstück und in verschiedener Hinsicht Basis von Klaus Winters neuem Leben ist der REITERHOF in Westdeutschland, zu dem er regelmäßig alle paar Wochen, meist für jeweils zwei bis drei Wochen, hinfährt. Wie bei einem Verein üblich, handelt es sich um einen festen Standort. Zu diesem muß man hinfahren, dann gehört man gewissermaßen 'dazu'. Bei Reitvereinen ist dieses Element noch stärker akzentuiert, denn die, um die sich alles dreht – die Pferde – sind nicht nur zu bestimmten Zeiten da (wie beim Fußballverein zu Trainings- und Wettkampfszeiten), sondern immer. Wenn „sonst" nichts los ist, kann man wenigstens in den Stall zu den Pferden gehen, seinem Pferd ein 'Leckerli' zustecken, es putzen, auf die Weide lassen oder das Sattelzeug pflegen. Aber nur ganz selten ist man dabei allein. Andere Reiter sind auch bei ihren Pferden, machen sie gerade zum Reiten fertig oder versorgen sie anschließend. Manche Reiter reiten früh morgens, manche erst nachmittags oder abends – im Stall bei den Pferden ist fast immer etwas los, und zwischendurch hält man in der Stallgasse ein Schwätzchen. Oder man sitzt, nachdem man selbst geritten ist, noch im 'Reiterstübchen' beim Bier und schaut Anderen beim Training zu. Und immer hat man mindestens ein Thema, das alle beschäftigt und gewissermaßen vereint. Das Standortelement ist bei diesem Verein verschärft. Hier handelt es sich um einen Verein, zu dem man weiter anreist und alle Mitglieder gleichermaßen von ihren Alltagspflichten entbunden sind. Es ist ein Urlaubsort. Zudem arrangieren die Betreiber des Hofes weit mehr an geselligen und sportlichen Ereignissen, als dies bei anderen Vereinen, bei denen die Mitglieder nebenbei ihren (eigenen) Alltag haben, üblich ist. Wenn man zu diesem Reiterhof kommt, führen alle den ganzen Tag ein Reiter- bzw. ein Vereinsleben.

Was für Andere Urlaub ist, ist für Klaus Winter zentraler Bezugspunkt seines „neuen Lebens". Und gewissermaßen Eintrittskarte und gleichzeitig

Legitimation für seine häufige Anwesenheit ist sein Pferd, das das ganze Jahr dort steht. Und der Verein gibt ihm viel. Zentrale Orientierungen von Klaus Winter werden durch das Leben und die Beziehungen im Verein abgedeckt. Wenn er auf dem Reiterhof ist, ist Klaus Winter integriert und „nicht allein". Er erfährt die gemeinsame Begeisterung am Sport wie am Wettkampf (Turniere) sowie selbstverständliche Zugehörigkeit, Gemeinschaft und Geselligkeit im Kreis von Gleichgesinnten. Bei beidem reichen die biographischen Wurzeln früh zu seinen ersten Erfahrungen im Sportverein zurück („Vereinsmensch"). Darüber hinaus erfährt er im Verein auch die für ihn wichtige Anerkennung und Bestätigung von Anderen: nicht nur über die, für sein Alter erstaunliche, sportliche Leistung, sondern auch als jemand, der Anderen einen Rat geben kann. In beiderlei Hinsicht ist er wieder ein Stück der „Meister", der vom Chef anerkannt und vom Betrieb gebraucht wurde sowie den Jüngeren etwas erklären konnte. Darüber hinaus wird durch den Verein seine Zeit strukturiert, sowohl die (All-)Tage im Verein als auch die Wochen zwischen seinen Vereinsaufenthalten. Und diese Strukturierung seines Lebens „zu Hause" in Berlin, ist nicht nur zeitlicher Art. Auch seine sozialen Beziehungen zu Hause werden davon geprägt. Wenn Klaus Winter wieder in Berlin ist, kommt er mit Erlebnissen zurück, die z.B. die Gespräche mit seiner Tochter bestimmen. Nicht zuletzt hat er über den Verein – quasi als Vehikel – neue wichtige Beziehungen in Berlin geknüpft, mit denen er viel Zeit verbringt und von denen ihm einer ein „wirklich echter Freund" geworden ist.

Notwendig für das Leben im und über den Verein ist jedoch, daß man sich – so banal es klingen mag – dorthin begibt. Man muß raus aus den eigenen vier Wänden und unter zunächst fremde Menschen. Wie Klaus Winter dorthin mit einem Bekannten zu fahren, mag dies erleichtern. Doch grundsätzlich muß wohl auch ein Interesse am beherrschenden Thema des Vereins, dem Vereinsgegenstand bestehen. Das bringt Klaus Winter mit. Gegenüber neuen Menschen ist er aufgeschlossen – solange das verbindende „Dritte", der Sport im weitesten Sinne, da ist (vgl. auch seine Suchbewegungen). Und dies Interesse stellt den Anknüpfungspunkt für den Kontakt und die Gemeinschaft mit den anderen Vereinsmitgliedern dar. In diesem Sinne ist seine Aktivitätsorientierung eine biographische Ressource, die ihm den Zutritt zu dem neuen Leben ermöglicht – bei welchem letztlich weit mehr für ihn herausschaut als eben einfach 'nur' Sport zu treiben. Eine weitere Voraussetzung sind finanzielle Ressourcen – die gerade bei diesem besonderen Verein nicht unerheblich sind (Kauf und Unterhalt des Pferdes, Anfahrt und Unterkunft). Darüber hinaus aber muß man sich dorthin auch bewegen können. Körperliche Mobilität ist unabdingbar notwendig und das weiß auch Klaus Winter: für die Zukunft wünscht er sich vor allem, daß er „gesund und vor allem beweglich" bleibt. Allerdings würde Klaus Winter nicht zum Reiterhof ziehen. Dabei kommt er gleich auf den Kern einer weiteren Voraussetzung – und indirekt eine (Vergemeinschaftungs)Grenze – zu sprechen. So wie es jetzt ist, kann er spontan morgens rüberfahren und man wartet dann schon auf ihn (76). Der Ort ist ein Urlaubsort, der immer auch auf ein anderes Leben, das „Zuhause", das aber woanders liegt, verweist. Die zeitliche und damit einhergehende soziale Begrenzung kann zwar weit, doch wohl nicht beliebig weit, ausgedehnt werden.

Über den Verein hat Klaus Winter auch einen FREUND gefunden, jemanden, auf den er sich, wie er sagt, „verlassen" kann und der auch für ihn „einstehen würde". Mit H., dem 40jährigen Ingenieur, der seit zwei Monaten verwitwet ist und in der gleichen Straße wie Klaus Winter lebt, trifft dieser sich häufiger auf ein Bier und sie fahren regelmäßig gemeinsam zum Verein. H. gehört zu einer Gruppe von miteinander verbundenen Familien, mit denen Klaus Winter bereits vor ihrer Freundschaft zum Verein fuhr und mit ihnen häufiger auch etwas in Berlin unternahm (Besuch von Reitveranstaltungen, Treffen in einem Berliner Stall). Die Beziehung zu diesen Familien ist durch die Freundschaft mit H. ebenfalls enger geworden („so'n bißchen in die Familie mit aufgenommen"). Funktional gesehen diente für alle diese Beziehungen der Verein bzw. letztlich Klaus Winters Interesse am Sport als 'Vehikel': Erstens schuf es die Gelegenheit dafür, sich überhaupt kennenzulernen, zweitens war es der gemeinsame inhaltliche Anknüpfungspunkt für die „Kameradschaft" (biographische Ressource). Mit diesen Familien und mit H. kann Klaus Winter seine *Sportbegeisterung* teilen, und er hat eine kleine *Gemeinschaft* („Truppe") gefunden. Mit dieser „Truppe" bildet er einerseits im Verein in Westdeutschland eine kleine „In-group", die ihn dort stärker integriert, andererseits verbringen sie auch in Berlin gemeinsam Zeit und gehen sportbezogenen Unternehmungen nach.

Die Freundschaft mit H. läßt sich wohl als I-Tüpfelchen von Klaus Winters heutiger Integration bezeichnen. H., der, während der häufigen Krankenhausaufenthalte seiner Frau und insbesondere nach ihrem Tod, sehr einsam war, kam auf Klaus Winter zu – und ist der einzige, der ihn außer seiner Familie (Tochter, Schwiegersohn und Enkel) auch zu Hause besucht. Indem Klaus Winter sich H.'s in dessen schwieriger Situation „so' n bißchen angenommen" hat, gibt H. Klaus Winter das Gefühl, *gebraucht* zu werden, im Leben eines Anderen persönlich *wichtig* zu sein ('Beschützer', 'gewähltsein'). Zudem hat Klaus Winter das Gefühl, sich bei eigenen Schwierigkeiten umgekehrt selbst auch an H. wenden zu können (*Reziprozität*), auch wenn er mit H. nicht über „alles" und nicht über seine „innersten Gefühle" spricht bzw. gar nicht sprechen will. In gewisser Weise ist diese Beziehung die, die der zu seiner Frau, funktional betrachtet, am nächsten kommt: Sie war für Klaus Winter *vertraute Begleiterin* auf allen Wegen, war immer da und immer dabei. H. ist – neben seiner Tochter – Klaus Winters nahestehendste Person. Und er ist nicht nur häufig auch mit im Verein in Westdeutschland (sogar mit „Familie"), sondern – zumindest gelegentlich – auch in seiner allerprivatesten Umgebung. Mit Ausnahme seiner eigenen Familie ist H., ähnlich wie vormals seine Frau, neben Klaus Winter in allen seinen wichtigen Kreisen.

Klaus Winters Orientierung auf Beziehungen außerhalb der (Kern-)Familie könnte man vielleicht am besten als AKTIVITÄTSZENTRIERT (oder zumindest - GEBUNDEN) bezeichnen. Für ihn ist vor allem wichtig, etwas gemeinsam zu unternehmen, Interessen und Spaß miteinander zu *teilen*. In dieser Hinsicht sind seine außerfamilialen Beziehungen stark gegenwartsbezogen. Anders als etwa bei Monika Goldmanns Freundschaften, die „biographisch" bedeutsam sind, weil man gemeinsam bestimmte wichtige Lebensstationen gemeinsam erlebt hat und die sie gar nicht häufig sehen muß, scheint die Bedeutung von Klaus Winters außerfamilialen Beziehungen gerade im 'sich-treffen', in der aktuellen Erfahrung von Gemeinsamkeit und Gemeinschaft zu liegen. So nennt er in seinem emotionalen Netzwerk, außer der Beziehung zu seiner Tochter und seinen Enkeln, keine Beziehung, die ohne einen starken Aktivitätsbezug ist. Obwohl er beispielsweise seine Schwägerin und deren Lebensgefährten regelmäßig und eigentlich sehr häufig sieht (wohl alle zwei Wochen), hat er diese nicht im Netzwerk eingetragen. Diese Beziehung erscheint, wie auch der Kontakt zu der ehemaligen Schulfreundin seiner Frau im Schwarzwald, eher als eine Art „Reserve"-beziehung. Die für ihn emotional wichtigen „Kameradschaften" (dritter Kreis) schließt Klaus Winter über den Aktivitätsbezug offenbar relativ leicht. Wegen des Bezugs auf etwas Drittes sind diese Verbindungen auch weniger an bestimmte äußere Gleichheiten gebunden als zum Beispiel Brigitte Falkensteins situative Freundschaften: In Klaus Winters Fall müssen weder der Familienstand noch das Alter unbedingt gleich oder vergleichbar sein. Ähneln sich die Interessen, setzt – zumindest für den Kontakt im Leben außerhalb des Vereins –, vor allem der Wegzug aus dem gleichen Ort, äußere Grenzen. Man kann sich dann schlicht nicht mehr so einfach treffen. Für derartige, relativ leicht zu findende Kameradschaften, ist der Aktivitätsbezug eine biographische Ressource. Die Personen sind dabei in zweierlei Hinsicht austauschbar und Verluste relativ leicht verschmerzbar. Zum einen, weil es nicht primär um die Person geht, zum anderen, weil sich aufgrund des Aktivitätsbezugs auch leichter neue Kameraden finden lassen.

Wenn es irgendeinen Bezug zum Sport gibt, ist Klaus Winter gegenüber anderen Menschen sehr aufgeschlossen. Geht es hingegen um 'persönliches Engagement' im weitesten Sinne, ist er umso zurückhaltender. Er lehnt sich nicht aus dem Fenster. Daß die Beziehung mit H. enger wurde und heute für Klaus Winter wichtige Leistungen erfüllt, die er sonst in keiner anderen Beziehung findet liegt in doppelter Hinsicht nicht an Klaus Winter. Erstens hat offenbar H. den ersten Schritt gemacht und ist bei Klaus Winter „sitzengeblieben". Dies war, zweitens, ausgelöst durch die Veränderung von H.'s persönlicher Lebenssituation. Er war einsam, trauerte und hatte mehr Zeit. Erleichtert wurde der Kontakt auch dadurch, daß Klaus Winter eben nicht weit entfernt wohnt, quasi um die Ecke. Sollten sich einer oder mehrere dieser Umstände (Trauer, Partnerschaftssituation, zur Verfügung stehende Zeit bzw. Wohnort) verändern, ist stark zu vermuten, daß sich auch die Beziehung verändern wird. Sehr wahrscheinlich wird Klaus Winter dann weiterhin bei Schwierigkeiten auf H. „zählen" können. Unklar ist jedoch, ob das für Klaus Winter tatsächlich den Kern der Beziehung darstellt. Zumindest liegen für Klaus Winter *auch* besondere Bedeutungen darin, daß er für H. wichtig ist, von ihm gebraucht wird und daß er 'mal eben rüber' kann. Wenn diese Qualitäten für ihn eine Freundschaft ausmachen, sind bei ihm *Freundschaften*, wie bei Brigitte Falkenstein, sehr stark von äußeren Umständen abhängig: stärker als seine Kameradschaften und stärker als Monika Goldmanns biographische Freundschaften.

Klaus Winters FAMILIE, seine Tochter, sein Schwiegersohn und seine Enkel, die in der ersten Zeit nach dem Tod seiner Frau besonders wichtig für ihn war, steht heute im Hintergrund seines neuen Lebens. Sie erfüllt für ihn im Grunde ganz ähnliche Funktionen wie für Monika Goldmann ihre biographischen Freundschaften. Für Klaus Winters Alltagsgestaltung ist seine Familie heute nicht mehr wichtig. „Erleben" tut man kaum noch etwas miteinander. Aber seiner Tochter kann er seine Erlebnisse erzählen – und weil sie ihn erlebt hat, kennt sie ihn und kann sie „mitfühlen". Gewissermaßen „schwingt das Wesen mit" (Zitat Goldmann). Mit dieser Art „mitfühlen" zu können, steht seine Tochter letztlich auch für biographische Kontinuität. Doch nicht nur seine Tochter, sondern, wie er sagt, seine „Familie" steht „praktisch auch heute noch" „immer vorne an". In dieser Aussage drückt sich wohl vor allem aus, daß hier Klaus Winters ganz privates „Eigenes" liegt. Und solange diese Beziehung nicht mutwillig zerbrochen wird, weist sie auch in die Zukunft (stabile Zugehörigkeit). „Ganz" will er seine Familie nicht verlieren. Gleichzeitig ist er von dieser Familie, die ja eine eigene Familie ist, in die er sich „nicht einmischen" möchte, autonom, und das zeigt sich darin, daß er mit der Tochter vor allem über seine Erlebnisse an anderen Orten und mit anderen Menschen spricht. Und indem er weiß, und zum Ausdruck bringt, daß er nicht auf sie angewiesen ist, kann er 'freiwillig' auf sie zukommen und hat umgekehrt auch das Gefühl, willkommen und wichtig zu sein.

Insgesamt ergänzen sich die verschiedenen Beziehungen von Klaus Winter. Vergleicht man die unterschiedlichen Leistungen der verschiedenen für Klaus Winter heute wichtigen sozialen Beziehungen damit, was ihm nach dem Tod seiner Frau am meisten fehlt und am schwersten fällt („Alleinsein"), kann man wohl am besten von einer 'Substitution durch Aufteilung' sprechen. Der Freund (und teilweise dessen Familie) ist heute fast überall sein vertrauter *Begleiter*. Aber auch am festen Vereinsstandort, der ja immer da ist, ist Klaus Winter „immer gerne" gesehen, und das Gefühl, willkommen zu sein, vermittelt ihm auch seine Tochter. Darüber hinaus geben ihm sowohl sein Freund als auch seine Tochter das Gefühl, daß er als *Person* in einem anderen Leben eine wichtige und besondere Rolle spielt. Für seine Tochter ist er der Vater („Pappa vorne, Pappa hinten") (*selbstverständliche* und *stabile Zugehörigkeit*), sein Freund hat ihn freiwillig als Vertrauten ausge*wählt* – beides zentrale Komponenten einer engen Partnerschaft. Auch wenn es personell nicht mehr mit dem ständigen Beisammensein verknüpft ist, hat Klaus Winter auch jemanden, mit dem er prinzipiell über „alles" sprechen kann, seine Tochter. Doch Klaus Winter nutzt dies nur bedingt. Es scheint gar nicht so wichtig. Hier liegt im Gegenteil vermutlich sogar ein positiver Aspekt des Abschieds vom Partnerschaftsmodell. So hätte er zwar mit seiner Frau über alles sprechen können, doch fügt Klaus Winter hinzu „mußten ja beide mit einverstanden sein". Manchmal mag es auch eine Pflicht gewesen sein. Und dieser positive Aspekt des Alleinseins drückt sich auch in dem Zitat aus, mit dem er die Schilderung des ersten und einzigen Versuchs sich neu zu binden, beschließt: „Für mich ist jetzt 'ne Mark 'ne Mark wert".

Insgesamt werden in Klaus Winters heutiger Integration seine wesentlichen Orientierungen abgedeckt: er hat verschiedene Gemeinschaften, kann seiner Lust am sportlichen Wettkampf nachgehen. Er fühlt sich anerkannt und hat einen vertrauten Begleiter. Obwohl mit Ausnahme seiner Familie alle seine Bezüge und Beziehungen „neu" sind, wahrt er inhaltlich doch biographische Kontinuität. Ironischerweise wurde dabei der Sport zur Basis seines neuen Lebens, den er mit siebzehn Jahren, wegen seiner damaligen Freundin, leichten Herzens aufgab. Allerdings haben alle seine heutigen einzelnen Bezugspersonen und Zugehörigkeiten (Verein, Freundschaft, Familie) Grenzen. Immer verweist eine Zugehörigkeit auf etwas anderes „Eigenes". Genau dieses gelegentlich aufscheinende fehlende Eigene, drückt sich wohl auch aus in dem einzigen, was ihm heute zuweilen fehlt: „Geborgenheit". Manchmal träumt er noch von seiner Frau und feiert auch heute, zwölf Jahre nach ihrem Tod, seinen Geburtstag nicht mehr, da sie an diesem Tage starb. Doch diese Grenzen scheinen durch sein heutiges „neues Leben" aufgewogen. Er hat zwar jetzt nicht *immer* einen vertrauten Menschen oder eine Gemeinschaft dabei. Aber heute hat er die Wahl: wenn er *möchte*, kann er es. Er braucht nur „rauszugehen".

5.   Das Typenfeld

In diesem Kapitel werden die Veränderungen der informellen sozialen Beziehungen nach der Verwitwung und die heutigen Integrationsmuster insgesamt dargestellt. In den Abschnitten 5.1.1 und 5.2.1 steht die erste der Forschungsfragen im Mittelpunkt: Hier werden unterschiedliche Veränderungstypen der Strukturen von emotionalen Netzwerke beschrieben (1a), die jeweils mit spezifischen Formen (1b) sowie mit bestimmten Bewertungen der heutigen Integration verbunden sind (1c). Die jeweiligen Konstellationen von Veränderungen, heutiger Integration und subjektiver Bewertung sind nicht zufällig. In den Abschnitten 5.1.2, 5.1.3 und 5.2.2 wird genauer gezeigt, welche Bedingungen den Veränderungstypen im Einzelnen zugrunde liegen (Frage 2a und b). Dabei gehe ich zuerst auf die Verwitweten ein, die zum Zeitpunkt des Interviews nicht in einer neuen Partnerschaft lebten[1] (5.1), danach auf die Befragten, die neue Partnerschaften eingegangen sind (5.2). Bei letzteren findet sich im Prinzip nur eine Art der Veränderung der Netzwerkstruktur, im Einzelnen verbergen sich dahinter jedoch sehr unterschiedliche Formen von sozialer Integration und Formen der Partnerschaft (5.2). In Abschnitt 5.3 wird das Typenfeld zusammengefaßt und im Hinblick auf zeitliche Übergangsformen und mögliche Leerstellen diskutiert.

5.1   Alleinstehende Verwitwete

5.1.1   Veränderungstypen der Netzwerkstruktur

Im ersten Abschnitt dieses Kapitels geht es um die Frage, auf welche Weise und unter welchen Bedingungen sich Verwitwete ohne einen Partner ein „neues Leben" aufbauen. Hier lassen sich insgesamt drei verschiedene Typen

---

1   Mit dieser im folgenden verwendeten Kurzformel ist immer gemeint, daß es sich um Befragte handelt, die zum Zeitpunkt des Interviews keinen neuen Partner hatten. Wie am Fall von Klaus Winter zu sehen war, bedeutet dies nicht, daß man zwischen der Verwitwung und dem Interviewtermin (Zeitspanne zwischen drei und 15 Jahren) nicht durchaus Partnerschaften eingegangen ist. Die Frage, wie wahrscheinlich bzw. erwartbar neue Partnerschaften bei den hier Befragten „heute Alleinstehenden" sind, wird zusammenfassend in Abschnitt 5.3 diskutiert.

von Veränderungen der Struktur informeller sozialer Netzwerke nach dem Tod des Partners oder der Partnerin unterscheiden. Sie repräsentieren unterschiedliche Arten des Lebens als Single nach dem Tod des Partners und wurden alle sowohl bei Männern als auch bei Frauen gefunden. Die drei Veränderungstypen unterscheiden sich in charakteristischer Weise

- hinsichtlich der *Veränderungen* in der *Zusammensetzung* der emotionalen Netzwerke[2] verglichen mit der Zeit, als der Partner oder die Partnerin noch lebte. Unterschiede in der Netzwerkstruktur bestehen darin, ob nach dem Tod des Partners wichtige Beziehungen abgebrochen sind[3], ob emotional bedeutsame Beziehungen neu geknüpft wurden und wie wichtig sie sind (wo sie im aktuellen emotionalen Netzwerk plaziert sind) und inwiefern sich die Stellung bereits bestehender Beziehungen im emotionalen Netzwerk verändert hat (ob bereits bestehende Beziehungen emotional wichtiger oder unwichtiger geworden sind). Mit diesen Strukturveränderungen, nach denen auch die Typen[4] benannt wurden (vgl. Abb. 2), sind gleichzeitig charakteristische Veränderungen in der Größe der Netzwerke verbunden;
- hinsichtlich des *inhaltlichen* Bezugs auf die *heutige* Integration. Anders ausgedrückt: Auf wen oder was ist der Alltag hin organisiert? Wer oder was steht im Zentrum des heutigen Lebens? Dieses Zentrum des heutigen Alltags kann, aber muß nicht unbedingt identisch mit dem sein, womit die Befragten ihren Alltag in Berlin verbringen (vgl. Monika Goldmann und Klaus Winter). Ein wichtiges Ergebnis ist hier, daß es sich bei diesem Alltagsbezug nicht unbedingt um soziale Beziehungen handeln muß, es können auch Aktivitäten sein;
- hinsichtlich der *subjektiven Zufriedenheit* mit dem heutigen Leben, d.h. ob und inwieweit subjektiv Integrationsdefizite erfahren werden und ob die Befragten das Gefühl haben, nach dem Tod des Partners „ein neues Leben" aufgebaut zu haben;
- Darüber hinaus zeichnen sich die Typen durch spezifische Konstellationen von *sozialstrukturellen* Merkmalen aus.

Hintergrund dieser Typenbildung war, die Veränderungen der sozialen Beziehungen zunächst anhand möglichst weniger Merkmale zu charakterisieren, die gleichzeitig anschlußfähig an Indikatoren der standardisierten Netzwerkforschung sein sollten (emotionales Netzwerk, „outcomes"). Die entsprechenden Zusammenhänge sind jedoch bereits ein Ergebnis der qualitati-

---

2 Zu diesem Instrument vergleiche die Ausführungen in Abschnitt 3.3.
3 Um Mißverständnissen vorzubeugen: abgebrochene Beziehungen finden sich bei fast allen Befragten. Doch dabei handelt es sich zumeist um „Bekannte", die nur bei bestimmten Personen Teil des emotionalen Netzwerks waren (d.h. subjektiv als „wichtig" eingestuft wurden). In diesen Fällen wurden sie bei der Typenbildung berücksichtigt.
4 Die Ausdrücke „Typ", „Verlaufs-" oder „Veränderungstyp" verwende ich synonym.

ven Analyse. Wie gezeigt werden soll, unterliegen diesen Zusammenhängen zwischen den Veränderungen der Netzwerkstruktur, der heutigen Integration und deren subjektiver Bewertung sinnhafte Regeln bzw. – genauer gesagt: spezifische individuelle Orientierungen. Diese werden in Abschnitt 5.1.2 (Veränderungen) und 5.1.3 (Bewertung der heutigen Integration) dargestellt. Die typischen Konstellationen von Merkmalsausprägungen werden jeweils von mindestens zwei Fällen – mindestens je ein Mann und eine Frau – repräsentiert (Referenzfälle). Insofern handelt es sich um Realtypen. Da es auch zwei leicht abweichende bzw. Übergangsfälle gibt – sie werden genauer in Abschnitt 5.1.3 dargestellt –, kann man diese Typen gleichzeitig als Extremtypen bezeichnen.

Abbildung 2 zeigt die emotionalen Netzwerke – und wie sie sich im Vergleich zur Zeit vor dem Verlust des Partners verändert haben. Veränderungen von Positionen, also in der emotionalen Nähe von Personen, sind durch Pfeile markiert. Die Beziehungen im heutigen Netzwerk sind durch ausgefüllte Kreise gekennzeichnet. Alte Positionen, d.h. an welcher Stelle im emotionalen Netzwerk die Personen vor der Verwitwung standen, sind jeweils durch leere Kreise markiert. Stehen diese außerhalb des Netzwerkes, gehörten diese Personen vor der Verwitwung überhaupt nicht zum Bekanntenkreis. Es handelt sich um gänzlich neue Beziehungen. Doppelkreise bedeuten, daß sich die emotionale Bedeutung dieser Personen nach der Verwitwung nicht verändert hat.

Vorwegzuschicken ist, daß es sich bei den im folgenden verwendeten Bezeichnungen 'Freundschaft' oder 'Bekanntschaft' um Bezeichnungen handelt, die sich aus der Positionierung der außerfamilialen Beziehungen in den emotionalen Netzwerken ergeben. Als Freunde bezeichne ich ausschließlich diejenigen außerfamilialen Beziehungen, die in den beiden inneren Kreisen des Instruments eingetragen wurden. Als 'Bekannte' oder 'Bekanntschaften' werden diejenigen Personen bezeichnet, die im äußersten dritten Kreis eingetragen wurden. In fast allen Fällen decken sich diese Bezeichnungen aber auch mit denjenigen, die die Befragten selbst verwendet haben.

5.1.1.1 Typ I „Reduktion der und Konzentration auf bestehende Beziehungen"

Die Befragten des ersten Typs – Brigitte Falkenstein und Walter Niestroy – haben nach der Verwitwung Bekannte, also weniger enge Beziehungen, verloren. Sie sind überhaupt keine neuen Beziehungen eingegangen, weder haben sie neue Freunde gefunden noch haben sie neue Bekanntschaften geschlossen. Auch Aktivitäten haben sie nicht aufgenommen. Dafür sind andere Bekannte, die vor der Verwitwung emotional nicht eng verbunden waren, wichtiger geworden. Sie stehen heute in einem der beiden ersten Kreise des heutigen emotionalen Netzwerks. Bei beiden Befragten sind die Netzwerke

Abbildung 2:   Typen von Veränderungen der emotionalen Netzwerke nach der Verwitwung: heute Alleinstehende

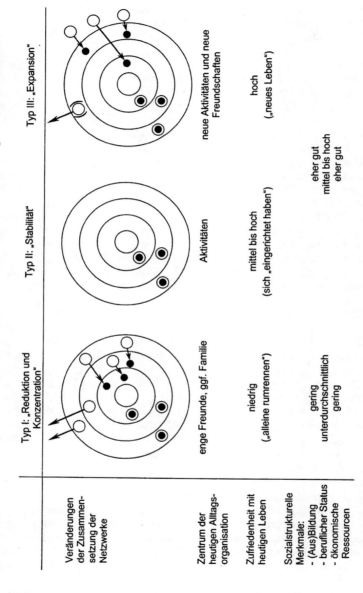

	Typ I: „Reduktion und Konzentration"	Typ II: „Stabilität"	Typ III: „Expansion"
Veränderungen der Zusammensetzung der Netzwerke			
Zentrum der heutigen Alltagsorganisation	enge Freunde, ggf. Familie	Aktivitäten	neue Aktivitäten und neue Freundschaften
Zufriedenheit mit heutigen Leben	niedrig („alleine rumrennen")	mittel bis hoch (sich „eingerichtet haben")	hoch („neues Leben")
Sozialstrukturelle Merkmale:			
- (Aus)Bildung	gering	eher gut	
- beruflicher Status	unterdurchschnittlich	mittel bis hoch	
- ökonomische Ressourcen	gering	eher gut	

Legende: ◯ = *Position im Netzwerk während der Ehe;*   ● = *Position im heutigen Netzwerk;*   → = *Positionsveränderung*

198

nach dem Tod des Partners kleiner geworden (heute 5 bzw. 7 Personen plus ein Verein). Das Alltagsleben von Typ I konzentriert sich heute auf die Kontakte zu den ehemaligen Bekannten bzw. bei Brigitte Falkenstein auch auf die Familie. Mit diesen Personen verbringen die Befragten heute insgesamt häufiger und insgesamt deutlich mehr Zeit. Es handelt sich hier um eine Umstrukturierung des Netzwerks im Sinne einer Reduktion und Konzentration: Einige Beziehungen waren vor der Verwitwung eher marginal, heute sind sie die oder gehören sie zu den Hauptbezugspersonen der Befragten. Beispielsweise hat Brigitte Falkenstein heute täglichen Kontakt zu einer Frau, die früher nur eine Bekannte war. Sie bezeichnet sie heute als beste Freundin. Das sei übrigens das erste Mal in ihrem Leben, daß sie das über jemanden sagen könne. Bei Walter Niestroy sind es eine Nachbarin und eine alte Bekannte, mit denen er sich heute mehrmals wöchentlich trifft und die seine zentralen Bezugspunkte sind. Auf den ersten Blick könnte man annehmen, daß es sich bei Typ I um eine gelungene Umgangsform mit der Verwitwung handelt: bestehende Beziehungen werden vertieft, man rückt gewissermaßen enger zusammen. Diese Interpretation wird vielleicht auch durch die graphische Umsetzung der Strukturveränderung des Netzwerks nahegelegt. Im Gegensatz dazu sind für diesen Veränderungstyp die Veränderungen nach der Verwitwung am problematischsten. Die Befragten sind nicht zufrieden mit ihrem heutigen Leben. Sie äußern Vorbehalte und Kritik an den übriggebliebenen Beziehungen und fühlen sich häufig einsam. Die Intensivierung bereits bestehender Beziehungen zu Personen, denen man sich früher nicht eng verbunden fühlte, erscheint hier eher als 'Notlösung' denn als Ergebnis einer freiwilligen Auswahl. Insgesamt haben diese Befragten das Gefühl, daß sich in ihrem Leben (eigentlich) nichts verändert hat, außer daß man jetzt „alleine rumrennt" (Falkenstein).

5.1.1.2   Typ II „Stabilität" der Beziehungen und Verlagerung auf Aktivitäten

Die Befragten des zweiten Typs – Monika Goldmann und Hendrik Strom – sind die einzigen Befragten, bei denen sich nach dem Verlust des Partners im emotionalen Netzwerk im Prinzip nichts verändert hat: Im Gegensatz zu Typ I ist von den bereits bestehenden Beziehungen keine emotional bedeutsamer geworden. Es sind aber auch keine Beziehungen auseinandergegangen. Im Unterschied zu den Fällen des Typs „Konzentration" sind zwar teilweise neue Beziehungen dazugekommen, aber diese sind emotional nicht bedeutsam und stehen im dritten Kreis des emotionalen Netzwerks (Bekanntschaften). So ist das Netzwerk von Monika Goldmann etwas größer geworden (heute 6 Personen). Bei Hendrik Strom ist es durch den Tod der Partnerin und den Tod anderer Bezugspersonen kleiner geworden (heute 4 Personen). In bezug auf die sozialen Beziehungen kann man bei diesen Fällen sagen, daß sich eigentlich nichts verändert hat. Auch Aktivitäten sind keine neuen dazugekommen. Im

Leben dieser Befragten hat sich seit dem Tod des Partners etwas anderes verändert. Ihre Lebens- und Alltagsorganisation ist heute von Aktivitäten bestimmt, die sie bereits vor der Verwitwung betrieben und danach aktiv ausgebaut haben: Hendrik Strom hat sein bereits seit Kriegsende passives Engagement in einem Schwimmverein zu einer Beschäftigung erweitert, die ihn drei Tage in der Woche fordert. Er baut jetzt im Osten eine neue Gruppe auf. Monika Goldmann führt heute ein „Leben auf Reisen": sie verreist jedes Jahr mindestens viermal für jeweils etwa einen Monat. Die Befragten haben sich auf Aktivitäten verlegt. Diese sind wesentlicher Bezugs- und Orientierungspunkt in ihrem Leben. Statt wie Typ I – Beziehungen haben diese Befragten Aktivitäten intensiviert. Freunde – und bei Hendrik Strom auch die Tochter – sind zwar generell wichtig für Typ II. Sie bestimmen aber nicht dessen Alltag.

Dies spiegelt sich auch in den Kontakthäufigkeiten mit wichtigen Bezugspersonen wider: Alle anderen Befragten treffen sich meist täglich, zumindest aber mehrmals wöchentlich persönlich mit wichtigen Bezugspersonen – und zwar unabhängig von der Größe des Gesamtnetzwerks. Die beiden Referenzfälle des Stabilitätstyps treffen sich nur etwa einmal in der Woche mit einem wichtigen Menschen (Hendrik Strom mit seiner Tochter, Monika Goldmann mit ihrer „Wanderkumpanin"). Die wenigen anderen wichtigen Bezugspersonen sehen sie meist nur in mehrwöchigem, teilweise nur in mehrmonatigem Abstand (Hendrik Strom trifft seinen einzigen Berliner Freund z.B. nur an Feiertagen; bei Monika Goldmann sind allein durch die langen Reisen jeweils mehrmonatige Pausen bedingt).

Diese Befragten sagen, daß sie mit der Vergangenheit der Paarbeziehung einen „Schnitt" gemacht haben und sich „eingerichtet" haben in ihrem „Leben als Single" (Goldmann). Sie betonen zwar nicht emphatisch, daß sie ein „neues Leben" aufgebaut haben, aber im großen und ganzen sind sie zufrieden.

5.1.1.3 Typ III „Expansion"

Die Befragten des dritten Typs – Klaus Winter, Luise Anders und Annegret Weber – sind die einzigen, die seit dem Tod des Partners wichtige neue Beziehungen geknüpft haben. Teilweise haben sie zwar auch Bekannte verloren (Winter). Aber nach der Verwitwung haben sie neue Aktivitäten aufgenommen – wie Volkshochschulkurse, den Reitverein oder Musikkreise, über die sie sich neue Personengruppen erschlossen haben, die jetzt im dritten Kreis stehen („gute Bekannte"). Darüber hinaus haben sie über die neuen Aktivitäten neue, ihnen emotional sehr wichtige Freundschaften gefunden, die im ersten (ausgefüllten) Kreis des Netzwerks plaziert sind. Die betreffenden drei Netzwerke sind deutlich größer geworden, bei Annegret Weber um etwa 20, bei Klaus Winter um etwa 35 Personen (heute 29, 30 bzw. 44 Personen[5]).

---

5   Zu berücksichtigen ist, daß dazu auch ganze „Kreise", z.B. Vereine gehören: so sind von den 44 von Klaus Winter genannten Personen 33 aus dem Reitverein, die er nur dort trifft. Zu Luise Anders 30 Personen gehört ein Kreis von 10 ehemaligen Schulkameradinnen. Bei Annegret Weber sind von den 29 Personen sieben aus dem Bachkreis und fünf aus einem Musizierkreis.

Bestimmender Bezugspunkt ihrer Alltagsorganisation sind diese neuen Aktivitäten bzw. die neuen Freundschaften – obgleich alle drei Befragte in Berlin lebende Kinder haben, die ihnen durchaus wichtig sind. Die Befragten vom Typ III sind die einzigen, die emphatisch betonen, daß sie sich nach dem Tod des Partners ein „neues Leben" aufgebaut haben – und wichtiger Teil dieses neuen Lebens sind bei allen drei die neuen Bekanntschaften und Freundschaften. Die starke Diskontinuität, bezogen auf die sozialen Beziehungen, ist in keiner Weise ein Problem. Beispielhaft ein Zitat von Klaus Winter, der zwei Jahre nach dem Tod seiner Frau über einen Freund in einen Reitverein gekommen ist: „und da fing natürlich für mich 'n ganz neues Leben wieder an durch die Reiterei. Da war mein ganzes Sinnen und Denken nur noch 'zum Hof rüberfahren, Reiten, neue Freunde undsoweiter' (...) Mein ganzes Sinnen und Denken war praktisch nur noch der (...)-hof (sehr lebhaft, emphatisch). Nech, und dann wars mit eenmal einfach".

Charakteristisch für die Fälle von Typ I sind eine geringe formale Schul- und Berufsausbildung, ein unterdurchschnittlicher beruflicher Status und eine vergleichsweise schlechte ökonomische Ressourcenausstattung. Die Kombination aus diesen sozialstrukturellen Merkmalen und der negativen Bewertung (Unzufriedenheit) des Lebens nach dem Tod des Partners ist bereits aus der Verwitwungsforschung bekannt. Umgekehrt verfügen die Fälle von Typ II und III über einen mittleren bis hohen sozioökonomischen Status (die (Aus-) Bildung schwankt von Volksschule bis Abitur bzw. von Lehre bis Hochschulstudium) und sind materiell eher gut bis sehr gut abgesichert – sonst wäre z.B. ein neues Leben auf Reisen oder die häufigen Fahrten zum Reitverein nach Westdeutschland auch gar nicht denkbar. Auch diese Merkmalskombination ist aus der Verwitwungsforschung dafür bekannt, daß sie eher mit einem positiven „outcome" verbunden ist.

5.1.1.4 Zwischenresümee

Bereits anhand der wenigen hier dargestellten und relativ stark vom Einzelfall abstrahierten Merkmale lassen sich erste wichtige Ergebnisse festhalten. Erstens ist festzustellen, daß der Verlust des Lebenspartners in jedem Fall mit langfristigen Veränderungen der Lebenssituation und Alltagsorganisation verbunden ist. Dies wird allerdings nur deutlich, wenn man auch Aktivitäten und ihre Veränderungen berücksichtigt (These 2 „Aktivitätsthese"). Wie Typ II illustriert, muß sich auf der Ebene der sozialen Beziehungen (hier auf der Ebene der Struktur des emotionalen Netzwerks) nicht unbedingt etwas verändern. An Typ II zeigt sich außerdem, daß man sich – sogar wenn sich auf der Ebene des emotionalen Netzwerks seit dem Tod des Partners nichts verändert hat – mit Aktivitäten sogar ein zufriedenstellendes Leben als Single aufbauen bzw. ein Ausgleich des Partnerverlusts erfolgen kann.

In Einklang mit These 1 („strukturelle Grenzen von Nutzungsspielräumen") läßt sich zweitens festhalten, daß die Substitution oder Kompensation von Leistungen, die der verstorbene Partner erfüllt hat – hinsichtlich der sozialen Integration –, an recht vielen und sehr unterschiedlich strukturierten 'Orten' möglich zu sein scheint. Darunter fallen Freundschaften (Luise Anders) – und eben auch Aktivitäten wie das Leben im Verein (Hendrik Strom, Klaus Winter), auf Reisen (Monika Goldmann) oder über Musikkreise (Annegret Weber).

Einschränkend ist – drittens – jedoch vorläufig festzuhalten, daß Verwitwete, die keine neue Partnerschaft eingegangen sind, ein zufriedenstellendes „neues Leben" nur über Aktivitäten bzw. über neu geknüpfte außerfamiliale Beziehungen gefunden haben. In keinem Fall wurde die ausschließliche Integration in und die Konzentration auf die Familie und alte Bekannte als zufriedenstellend erlebt (Typ I). Ein „Auffüllen" des ersten Kreises des emotionalen Netzwerks bedeutet also nicht, daß damit ein emotionaler Ausgleich für den Partner gefunden wurde. Wenn es keinen Ausgleich in anderen Lebensbereichen (Aktivitäten oder neuen Beziehungen) gibt, scheint das alte Netzwerk den Partnerverlust nicht ersetzen zu können.

Wie gesagt, handelt es sich bei den Zusammenhängen zwischen den Veränderungen der Netzwerkstruktur, der heutigen Integration, ihrer subjektiven Bewertung und auch den sozialstrukturellen Merkmalen nicht um zufällige Korrelationen, sondern um systematische Veränderungen der sozialen Beziehungen, denen sinnhafte Regeln zugrunde liegen. Diese Bedingungen der Veränderungen werden im nächsten Abschnitt genauer ausgeführt. Inwieweit den Zusammenhängen mit den sozialstrukturellen Merkmalen ebenfalls Regeln unterliegen, werde ich in Abschnitt 6.2 diskutieren.

5.1.2   Regeln der Veränderungen: Orientierungsmuster[6]

Worauf sind diese unterschiedlichen Entwicklungen der sozialen Beziehungen nach der Verwitwung zurückzuführen? Im folgenden sollen die Regeln der Veränderungen und die individuellen Bedingungen des Auftretens der Veränderungstypen genauer beschrieben werden. Dabei wird der Bezug zur Biographie hergestellt und gezeigt, welche sozialen bzw. biographischen Orientierungen den verschiedenen Veränderungstypen der sozialen Beziehungen zugrunde liegen oder, anders ausgedrückt, welche Orientierungen die Veränderungen der sozialen Beziehungen bzw. die Veränderungen im emotionalen Netzwerk „steuern". Diese sozialen und biographischen Orientierungen können sich sowohl als Ressourcen wie offenbar auch als Restriktionen für den Aufbau eines „neuen Lebens" nach der Verwitwung erweisen.

---

6   Die Bezeichnung „Muster" – unabhängig davon, in welchem Zusammenhang sie im folgenden verwendet wird (als Freundschaftsmuster oder Orientierungsmuster) – bezieht sich immer auf einen Zusammenhang von verschiedenen Merkmalen.

Bei den hier Befragten lassen sich grundsätzlich zwei verschiedene Handlungsorientierungen, bezogen auf Sozialität, unterscheiden, die gleichzeitig auch einen wichtigen *Maßstab* der individuellen Bewertung der heutigen Integration darstellen. So gibt es einerseits Personen, die im Alltagsleben stark auf bestimmte andere Menschen bezogen sind und für die der regelmäßige und häufige Kontakt und Austausch mit emotional wichtigen Bezugspersonen offenbar wesentlicher Bestandteil einer zufriedenstellenden Integration ist (hier als *„Beziehungsbezogene"* bezeichnet). Andererseits gibt es Personen, die ihren Alltag unabhängig von bestimmten anderen Menschen organisieren und offenbar nicht auf den häufigen Kontakt mit ihnen emotional wichtigen Menschen angewiesen sind. Zur zweiten Gruppe gehören nur die beiden Referenzfälle des Veränderungstyps II („Stabilität"), die ihren neuen Lebensabschnitt um ihre Aktivitäten organisiert haben und damit durchaus zufrieden sind. Zur ersten Gruppe, der Gruppe der „Beziehungsbezogenen", gehören alle anderen Befragten: jene, die sich auf bestehende Beziehungen konzentriert haben, denen sie jedoch mit Vorbehalten begegnen (Veränderungstyp „Reduktion und Konzentration"); jene, für die die neuen Beziehungen gewissermaßen das Tüpfelchen auf dem i des neuen Lebens darstellen (Veränderungstyp „Expansion") wie schließlich auch diejenigen, die neue Partnerschaften eingegangen sind und auf die ich genauer in Abschnitt 5.2 eingehen werde.

Diese Orientierungen bezeichnen hier gefundene grundsätzliche Interessenlagen. Um die Art und Weise der Veränderungen der sozialen Beziehungen zu verstehen, reichen sie aber nicht aus. Die unterschiedlichen Veränderungen der Netzwerkstruktur werden durch verschiedene biographische bzw. soziale Orientierungen „gesteuert", welche sich für eine zufriedenstellende Integration offenbar indirekt als Ressource oder auch als Restriktion erweisen können. Diese Orientierungen sind

- erstens ein Interesse an außerhäuslichen Aktivitäten, das zunächst einmal unabhängig ist von bereits bestehenden sozialen Kontexten wie bestimmten Vereinen; ein Interesse, welchem man auch tatsächlich nachgeht und das ich im folgenden kurz als *Aktivitätsorientierung* bezeichne;
- zweitens die Art der Orientierung auf und sich daraus ergebende Umgangsformen mit wichtigen außerfamilialen Beziehungen. Sie bezeichne ich im folgenden als *„Freundschaftsmuster"*.

Demgegenüber – und dies ist ein überraschender Befund – scheinen die Orientierung auf und die Gestaltung der ehemaligen Partnerschaft in deutlich indirekterem Zusammenhang zu den Veränderungen der sozialen Beziehungen sowie auch der Bewertung der heutigen Integration zu stehen. Auf sie gehe ich in diesem Abschnitt nur selektiv und vorrangig illustrativ ein. Ausführlicher komme ich darauf in Abschnitt 6.1 („Das Erbe der Partnerschaft") und 6.2 („Biographische und sozialstrukturelle Bezüge") zu sprechen.

Bei den auf außerfamiliale Beziehungen bezogenen Orientierungen lassen sich grundsätzlich zwei Muster unterscheiden, die ich als *„Lage-gebundene Freundschaften*[7]*„* und als *„individualisierte Freundschaften"* bezeichnen möchte. Für das Verständnis der Veränderungen der sozialen Beziehungen erwiesen sie sich als wichtig, weil sie sich insbesondere hinsichtlich ihrer Stabilität unterscheiden[8]. „Individualisierte Freundschaften[9]„ bestehen meist schon sehr lange und wurden dann auch während der Ehe „bewußt gepflegt". Diese Freundschaften sind für die Befragten vor allem deshalb wichtig, weil man mit ihnen spezifische Interessen und häufig auch viele gemeinsame Erfahrungen miteinander teilt. Diese Freundschaften sichern ein hohes Maß an biographischer Kontinuität. Und auch auf die Zukunft bezogen weiß man, „das zerbricht nicht mehr". Ein häufiger Kontakt mit den Freunden ist für die Befragten nicht unbedingt wichtig, sie müssen auch nicht im gleichen Wohnort leben. Man muß sich noch nicht einmal unbedingt persönlich sehen. Beispielsweise pflegt Annegret Weber den Kontakt zu der von ihr als beste Freundin bezeichneten Frau seit ungefähr 25 Jahren ausschließlich (!) brieflich.

Im Gegensatz dazu sind die außerfamilialen Beziehungen der Befragten mit dem Muster „Lage-gebundene Freundschaften[10]„ sehr viel 'lockerer'. Was diese Beziehungen – sowohl vom Inhalt als auch von der subjektiven Bedeutung – prägt und trägt, sind nicht primär 'innere Welten' wie gemeinsame (sachliche) Interessen oder gemeinsam gemachte, aber zurückliegende Erfahrungen, sondern primär äußere Umstände. Konstitutive Inhalte der Lage-gebundenen Freundschaften sind in stärkerem Maße als die individualisierten Freundschaften von äußeren Umständen bestimmt: dazu zählen neben einem gemeinsamen vertrauten und zumeist vorgegebenen äußeren Umfeld oder Kontext (Nachbarschaft, Verein), der häufig den ersten Berührungspunkt bildet[11], vor allem die persönliche Lebenssituation (Partnerschaft, Kinder, Trau-

---

7   Dieses Freundschaftsmuster wurde in früheren Publikationen – etwas mißverständlich – als „Gelegenheitsfreundschaften" bezeichnet.

8   An dieser Stelle handelt es sich nur um eine Kurzcharakteristik der beiden Freundschaftsmuster. Im Abschnitt 6.2 werden diese ausführlicher und im Zusammenhang mit den sie jeweils fördernden (biographischen) Bedingungen dargestellt.

9   Dazu gehören prinzipiell auch Monika Goldmanns biographische Freundschaften. Ihre verschiedenen Distanzierungsstrategien (Dosierung, Aktivitätsbezug) stellen dabei ein besonderes Spezifikum ihrer Orientierung gegenüber anderen Menschen dar („Angst sich auszuliefern"; vgl. 4.2). Das typische an Goldmanns Freundschaften, was grundsätzlich die individualisierten Freundschaften kennzeichnet, ist hier, daß sie es nicht nötig hat, die Freunde häufig zu sehen („Freunde im Hintergrund").

10   Hierzu zählen Brigitte Falkensteins situative Freundschaften sowie Klaus Winters Freund.

11   Hier mag der Einwand naheliegen, daß Klaus Winters außerfamiliale Beziehungen nicht nur durch die Gemeinsamkeit des Vereins, sondern auch über das gemeinsame Interesse am Sport konstituiert sind. Dies trifft auf seine aktivitätszentrierten „Kameradschaften" in der Tat zu (welche im übrigen weniger von äußeren Lebensumständen abhängen als die oben beschriebenen Lage-gebundene Freundschaften, vgl. 4.3 und 6.2.1). Doch hier geht es um emotional enge Beziehungen, um „Freundschaften". Und Klaus Winters einzige Freundschaft begann als Kameradschaft zwar über das gemeinsame Interesse am Sport (dieses ge-

er bei Verwitwung; vgl. z.B. Klaus Winters Freund). So sagt Brigitte Falkenstein über ehemalige Jugendfreundschaften: „Die ham jeheiratet, ich hab jeheiratet, jeder hatte dann andere Interessen, also es hat sich nichts solange erhalten". Was die Freunde verbindet, scheint vor allem in der aktuellen gemeinsamen Erfahrung zu liegen – wobei offenbar ein besonderer Ausdruck der Wichtigkeit der Beziehung ist, daß man sich relativ häufig sieht. Insgesamt ist die Stabilität der Lage-gebundenen Freundschaften in deutlich stärkerem Maße als bei den individualisierten Freundschaften von eben diesen äußeren Umständen abhängig – wie z.b. dem Tod des Partners, also der Änderung der Partnerschaftssituation, aber auch der zeitlichen Verfügbarkeit. Auch räumliche Entfernung gefährdet diese 'natürliche Gemeinschaft'. So berichtet Fritz Merten, der seine Freundschaften falsch eingeschätzt hat, von einer herben Enttäuschung. Nach einem Umzug blieben „alle Freunde weg". Bei diesen Freunden handelte es sich ausschließlich um Familien aus der Nachbarschaft. Insgesamt sind die Lage-gebundenen Freundschaften von Statuspassagen wie der Geburt von Kindern, sozialer Mobilität oder von Ortswechseln bedroht. Die dadurch entstehende soziale oder räumliche Distanz wird scheinbar nicht durch andere Bindungskräfte überbrückt. Bezeichnend ist für diese Fälle mit Lage-gebundenen Freundschaften denn auch, daß keiner der Befragten außerfamiliale Beziehungen zu Personen genannt hat, die außerhalb von Berlin leben[12].

Insgesamt wurden drei unterschiedliche *Orientierungsmuster*, also spezifische Konstellationen der drei Orientierungen, gefunden (vgl. Tab. 4). Im folgenden werden die spezifischen Ausprägungen der Orientierungen charakterisiert und es wird gezeigt, wie diese Orientierungsmuster die Veränderungen der Struktur der sozialen Netzwerke steuern und darüber indirekt offenbar auch wichtig sind für die jeweilige subjektive Bewertung der heutigen Integration.

5.1.2.1 „Individualisten": Typ „Stabilität"

Wesentliches Merkmal des Orientierungsmusters der beiden Befragten – der kinderlosen Monika Goldmann, ehemaliger Rektorin einer Grundschule, und Hendrik Strom, ehemals selbständiger Fahrschullehrer mit einer in Berlin lebenden Tochter – ist, daß sie, bezogen auf ihre Alltagsgestaltung, *unabhängig* von bestimmten wichtigen *Anderen* sind. In dieser Hinsicht könnte man sie als selbstgenügsam bezeichnen. Stattdessen stehen im Zentrum der Alltagsorganisation *Aktivitäten* (Strom: Schwimmverein; Goldmann: Reisen), denen

---

meinsame Interesse kann also durchaus ein erster Berührungspunkt sein), doch die Qualität „Freundschaft" gewann die Beziehung erst mit der Krankheit und schließlich dem Tod von Klaus Winters Freund (vgl. 4.3).

12 Daß diese Freundschaften stark an den sozialen Ort und Herkunftskontext (Umfeld) gebunden sind, drückt sich auch an den verwendeten Begrifflichkeiten aus: Frau Drake spricht allgemein von den „Freundschaften im Haus", Frau Claas von den „Freundschaften im Verein", wobei sie diesen Kanuverein global auch als „eine zweite Familie" bezeichnet.

sie bereits während der Partnerschaft – entweder allein oder gemeinsam mit dem Ehemann – nachgegangen sind und die sie nach dem Tod ihrer Partner intensiviert haben. Bei ihnen dominiert Kontinuität sowohl von Aktivitäten als

Tabelle 4:   Orientierungsmuster der heute alleinstehenden Verwitweten (Veränderungsressourcen)

	„Individualisten" (Veränderungstyp II „Stabilität")	„Individualisierung durch Verwitwung" (Veränderungstyp III „Expansion")	„Umfeldbezogene" (Veränderungstyp I „Reduktion und Konzentration")
Beziehungs- bezogenheit Im Alltag	Nein	ja	ja
Aktivitäts Orientierung (Art der Aktivitätsorientierung, vgl. 5.1.3)	Ja (Sach- orientierung)	Ja (Sach-, Person-, Geselligkeits- orientierung)	Nein
Freundschafts- Muster	Restriktive individualisierte Freundschaften	individualisierte oder lage-gebundene Freundschaften	lage-gebundene Freundschaften

auch von Beziehungen. Auch wenn sich die Gestaltung der verbleibenden Beziehungen geändert haben mag, ihr *Stellenwert* hat sich nicht verändert. Für beide stand nach der Verwitwung fest, daß sie sich primär auf Aktivitäten verlegen, ebenso wie beide von allen Befragten einer neuen Partnerschaft am distanziertesten gegenüberstehen. Sehr bewußt und planvoll (Strom) machen sie selbst einen „Schnitt" (Goldmann) mit der Partnerschaft und „richten" sich in ihrem neuen Leben als Single ein. Bei beiden findet sich eine offenbar biographisch sehr früh ausgebildete Kombination aus relativ starkem Mißtrauen gegenüber und Vorsicht im Umgang mit anderen Menschen und einem gleichzeitig sehr ausgeprägtem Streben nach Unabhängigkeit und Selbständigkeit. Letzteres haben beide auch in ihrem Beruf verwirklicht. Beide sind insgesamt von der Haltung getragen, daß sie sich letztlich nur auf sich selbst verlassen können und sind gewohnt, ihr Leben selbst in die Hand zu nehmen und ihren (aktivitätsbezogenen) Interessen zu folgen. Insofern mußten sie nach der Verwitwung auch nichts neues suchen, worauf sie ihren neuen Lebensabschnitt gründen konnten. Sie hatten es schon vor dem Tod ihres Partners gefunden – was im übrigen nicht heißt, daß ihre Partner ihnen nicht wichtig und die Partnerschaft nicht als sehr positiv erlebt wurde. Angesichts ihrer biographischen Ressourcen erstaunt es nicht, daß sie ihr neues Leben zwar nicht emphatisch positiv, allerdings auch nicht negativ bewerten.

Doch auch diese, wohl am besten als Individualisten zu bezeichnenden Befragten haben wichtige Bezugspersonen. Diese – biographisch wichtige und lange bestehende Freundschaften sowie bei Hendrik Strom auch seine in Berlin lebende Tochter – sind jedoch kaum bzw. deutlich weniger als bei allen anderen Befragten von alltagspraktischer Relevanz. Man könnte eher sagen, sie konstituieren einen stabilen und identitätssichernden Hintergrund. Beide haben im übrigen sogar sehr bewußt darauf geachtet, daß sie ihre bestehenden engen sozialen Beziehungen nicht übermäßig beanspruchen und nicht häufiger als während der Partnerschaft frequentieren (z.B. Monika Goldmanns Dosierungsstrategien).

Daß die Befragten keine neuen Beziehungen geknüpft haben, hat bei ihnen einen systematischen Grund. Er liegt in der spezifischen Ausprägung ihrer individualisierten Freundschaften („*restriktive individualisierte Freundschaften*"), welche sie im übrigen gemeinsam haben mit einer dritten Befragten, auf die ich später noch genauer zu sprechen komme. Obgleich diese drei Befragten sehr kontaktfreudig sind, betonen sie, daß sie gar keine neuen engen Beziehungen schließen wollen. Diese seien einfach nicht mit ihren langen alten Freundschaften zu vergleichen. Warum die Beziehungen so bedeutsam sind, liegt jedoch offenbar nicht an deren Dauer. Ihre Freundschaften sind mit wichtigen *Erfahrungen* – Orten, Zeiten oder Menschen aus ihrem Leben – verbunden, die für ihr Selbstverständnis bzw. ihre Identitätskonstruktion zentral sind, welche heute aber der *Vergangenheit* angehören. Man könnte auch sagen, ihre Freundschaften stehen für eine „verlorene Heimat" und symbolisieren Zugehörigkeiten, die über die aktuelle Lebenssituation hinaus weisen und die an vergangene Lebensphasen gebunden sind, in denen sich die Freundschaften gebildet haben. Insofern sichern die Freundschaften biographische Kontinuität, die über „gemeinsame Erfahrungen" in einem allgemeinen Sinne hinausgeht. Diese Zugehörigkeiten können ganz unterschiedlich aussehen. Für Hendrik Strom, Jahrgang 1926, 1933 eingeschult, bedeutete das Jahr 1945 nicht nur den Zusammenbruch eines Gesellschaftssystems und seiner Institutionen, sondern auch seines zentralen Sozialisationskontextes, seiner Jugendüberzeugungen, Lebensplanung und seines Lebensumfeldes. Im Alter von sieben bis achtzehn Jahren, 1933 bis 1945, war er in der Hitler-Jugend, das Kriegsende verbrachte er – als Freiwilliger – bei einer „Eliteeinheit der Wehrmacht". 1945 war für Hendrik Strom, der sich wohl auch mit den Zielen dieses Staates, zumindest aber mit dessen straffer militärischer Organisation und dem von ihm propagierten Gemeinschaftsgeist identifizierte, auch ein persönlicher „Zusammenbruch". Als „Zivilist" kehrte er erst in den 50er Jahren wieder nach Berlin zurück („mein Berliner Umkreis hätt' mich lieber von hinten als von vorne gesehen"). Seine engsten und wichtigsten Freunde sind ein ehemaliger Freund aus der Jugendorganisation und ein Kriegskamerad. Mit diesen verbinden ihn prägende Erfahrungen und gemeinsame Anschauungen („Ideologie"). Für Menschen, die diese Erfahrungen nicht gemacht haben, wären sie „ewig Gestrige". Er gehöre zu einer „andere[n] Generation, die Ausgemusterte". Bei der dritten Befragten, Adelheid Biber, einer ehemaligen Religionslehrerin, liegt ihr „Zuhause" nach fast fünfzig Jahren immer noch in ihrem Heimatdorf in Schlesien. Ihre wichtigen Freundschaften stammen alle aus diesem Dorf, in dem sie auch ihren Mann kennengelernt hat. Obwohl sie nach dem Umzug nach Berlin gute Beziehungen geknüpft hat: den hohen Stellenwert der sozialen Beziehungen aus dem Heimatdorf haben die neuen Beziehungen nicht. In beiden Fällen ist die Tatsache, keine wichtigen neuen Beziehungen mehr knüpfen zu wollen, also nicht an den Tod des Partners gebunden. Dies ist bei Monika Goldmann etwas anders: Bei ihr ist es nicht nur ihre Ausbildungszeit (beruflicher und sozialer Aufstieg), die sie über ihre Freundschaften bewahrt. In ihren Freundschaften lebt auch ihr verstorbener Ehemann weiter. Wie sie sagt, kann sie sich nicht vorstellen, jemanden als Freund oder Freundin zu bezeichnen, der ihren Mann nicht mehr kennengelernt hat. Bei ihr ist – trotz oder vielleicht gerade wegen des Schnitts, den sie nach dem Tod des Partners gemacht hat – wichtig, daß ihr Mann zumindest in den Freundschaften präsent bleibt: „da reden wir natürlich von früher, ist klar, und der U. [ein Freund](...), der redet immer soviel von K. [ihrem verstorbenen Mann]". Da für diese Befragten mit „restriktiven individualisierten Freundschaften" enge Freundschaften an eine verlorene Heimat gebunden sind, ist zu vermuten, daß auch in Zukunft keine wichtigen neuen Beziehungen in das emotionale Netzwerk aufgenommen werden. Vorgreifend ist anzumerken, daß darin auch ein Risiko für die zukünftige emotionale Integration dieser Personen liegt – dann nämlich, wenn von den ohnehin wenigen wichtigen Menschen weitere versterben.

5.1.2.2 „Individualisierung durch Verwitwung": Typ „Expansion"

Im Unterschied zu den Individualisten gehören alle anderen Befragten zu den *„Beziehungsbezogenen"*, für die auch im Alltag emotional enge Beziehungen wichtig sind. Ausnahmslos sind bei diesen Befragten nach dem Tod des Partners außerfamiliale Beziehungen stärker Teil ihres Alltags geworden. Im Unterschied zu allen anderen Fällen haben die hier als „Individualisierte" bezeichneten Befragten[13] jedoch neue enge Beziehungen (Freundschaften) geknüpft. Von den anderen beziehungsbezogenen Befragten unterscheidet sie, daß sie – ähnlich den Individualisten – über ein prinzipielles *Interesse an*

---

13 Es handelt sich um den ehemaligen Werkzeugmachermeister Klaus Winter (eine Tochter), die ehemalige Lehrerin Annegret Weber (zwei Söhne) und Luise Anders, die als Bürokauffrau im Eisenwarengeschäft ihres Mannes gearbeitet hat (ein Sohn). Alle Kinder leben in Berlin, wobei ein Sohn von Annegret Weber noch bei ihr im Haushalt lebt.

bestimmten Aktivitäten verfügen, deren Wurzeln bis in die Kindheit und Jugend zurückreichen. Während der Ehe lagen diese Interessen entweder gänzlich brach (Sprachen, Luise Anders), standen im Hintergrund (Musik, Annegret Weber) oder wurden in anderer Form weitergeführt (Sport mit Kollegen, Klaus Winter). Nach dem Tod ihrer Partner haben sie – etwas anders als die Individualisten – neue Aktivitäten aufgenommen. Und darüber haben sie auch neue wichtige Beziehungen geknüpft, die zusammen mit den neuen Aktivitäten in ihren Augen den Kern ihres „neuen Lebens" ausmachen[14]. Diese Befragten, die früher fast alles gemeinsam mit dem Partner unternommen haben, haben nach der Verwitwung alle zunächst mit neuen Partnerschaften geliebäugelt[15]. Doch *heute* bewerten sie das neue Leben als eine Alternative zur Partnerschaft, dessen unverhofft entdeckten Freiräume sie schätzen.

Daß diese Befragten, bei denen emotional nahe Beziehungen ein wichtiger Bestandteil des Alltags sind, enge neue Beziehungen gefunden haben, erscheint subjektiv als wenig kontrollierbar und wird als „Zufall" und „Glücksfall" empfunden. Doch so zufällig, wie es subjektiv erscheinen mag, sind diese neuen Beziehungen nicht. Ihre Aktivitätsorientierung zeigt offenbar spezifische Opportunitätsstrukturen und erhöht die Wahrscheinlichkeit, neue Menschen näher kennenzulernen. Dabei kann das Interesse an Aktivitäten Freundschaften auf unterschiedliche Weise befördern (*Vehikel*): Zunächst ist es ein Anlaß, um überhaupt 'raus' zu gehen. Hierzu beispielhaft ein Zitat von Luise Anders, die über einen Englischkurs die „Busenfreundin" fand, mit der sie heute viel gemeinsam unternimmt und die für sie zugleich eine wesentliche Gesprächspartnerin für alle möglichen Belange ist.

„... und seitdem [Auszug des Sohnes] leb ich nun halt alleine, -- na denn hab ich erstmal, als erstes hab ich jedacht: – was fängste denn nun an, wenn (gedehnt) – ich hatte das Gefühl, daß ich irgendwie – na sagen wir mal versau-er, die Familie hoch in Gedanken, die Familie runter in Gedanken, hab ich gedacht, nee, du mußt irgendwas unternehmen, was hättste denn gern in der Jugend gemacht, – und denn – hab ich mir den Volkshochschule – son – Buch gekauft (...) kriegt man ja umsonst, was alles so angeboten wurde, (...) – und denn hab ich da drin gesehen, daß Englisch in Muße stand, – und (leise), naja (gedehnt) und ich kämpfte mit mir, einen ziemlich harten Kampf, aber mein Sohn sah das Buch, – sagt er: Mama, prima, geh doch mal zum Englisch, ich geh zum Französisch, – und des wär sehr gut für Dich. Nu wollt ich mich vor meinem Sohn nicht blamieren, – aber ich bin wie die Katze um n heißen Brei den ersten Abend um die Schule rumgelaufen, – gekuckt (lachend) – was für Leute dort reingehen und so, na, des ist ne Ältere und des ist ne Ältere, – vierunfünfzig war ich ja, -- naja und denn, – denk ich, aber nein, wenn de nach Hause kommst, und der frägt (schnell), warst du drinnen, und ich sage nein, – die Blamage wollt ich mir auch nun nich geben, also bin ich reingedackelt, und hab dann sozusagen mit vierunfünzig Jahren, angefangen Englisch zu lernen" (Anders).

---

14   Dieser wichtige Punkt wird genauer im Abschnitt „Prekäre Zugehörigkeiten" (5.1.3) behandelt.
15   Was – wie auch bei den Individualisten – nicht bedeutet, daß die verstorbenen Partner für sie (persönlich) nicht sehr wichtig waren. Vgl. den Abschnitt „Das Erbe der Partnerschaft" (6.1).

Das Interesse an Sprachen erleichtert den Sprung über die Hürde nach 'draußen' und unter fremde Menschen: Es ist der Anlaß, hinauszugehen, und es ist gleichzeitig das Eintrittsticket für einen fremden Kontext, der durch einen bestimmten Zweck gekennzeichnet ist. Befindet man sich dort erst einmal, besteht bereits sowohl eine erste äußere Gemeinsamkeit als auch ein zweckgerichteter inhaltlicher Anknüpfungspunkt mit Anderen. Dies kann die Grundlage von „Bekanntschaften" sein, wie z.b. von Klaus Winters aktivitätszentrierten Vereinskameradschaften. Bei diesen stehen Geselligkeit und gemeinsame Begeisterung am Wettkampf im Vordergrund. Die Bekanntschaften stellen auch ein Reservoir für *Lage-gebundene Freundschaften* dar, welche dann allerdings stark von der Gleichheit der Lebenssituation abhängig sind[16]. Das Interesse an etwas „drittem" kann aber auch den eigentlich verbindenden Kern einer stabileren, *individualisierten Freundschaft* ausmachen (Annegret Weber)[17].

Damit soll natürlich nicht gesagt werden, daß das Knüpfen neuer Freundschaften unbedingt, ausschließlich und zwangsläufig über das Vehikel der Aktivitätsorientierung erfolgen muß. Für die höhere Wahrscheinlichkeit ist m.E. jedoch symptomatisch, daß alle drei und nur diese Befragten auf solchem Wege neue Freundschaften geschlossen haben. Nur zwei Befragte lernten auf anderem Wege einen emotional wichtigen Menschen kennen: Esther Berg auf einer Kulturveranstaltung, Marion Drake beim Spazierengehen. Hierbei handelt es sich allerdings um Liebesbeziehungen, nicht um Freundschaften (s.u.). Insofern kann man die Vehikelfunktion der Aktivitätsorientierung beim Knüpfen von Freundschaften wohl als funktionales Äquivalent zur Attraktivität bei der Paarbildung bezeichnen.

5.1.2.3 „Umfeldbezogene": Typ „Reduktion und Konzentration"

Die Befragten mit dem dritten Orientierungsmuster – die mit der Familie ihres Sohnes in einem Haus, jedoch in getrennten Haushalten lebende Brigitte Falkenstein und der kinderlose ehemalige Gerüstbauer Walter Niestroy – sind wie die Individualisierten im Alltag *stark auf ihnen wichtige andere Menschen bezogen.* Charakteristisch für die Veränderung ihrer sozialen Beziehungen ist, daß bei ihnen nach der Verwitwung verhältnismäßig viele außerfamiliale Beziehungen abbrachen, sie jedoch keine neuen Beziehungen geknüpft haben. Bei ihnen äußert sich die starke Bezogenheit auf wichtige Bezugspersonen darin, daß sie sich nach der Verwitwung auf bereits bestehende Beziehungen konzentriert haben: auf die Familie und Freundschaften sowie auf vormalige Bekanntschaften wie z.B. Nachbarschaftskontakte, die heute im ersten und zweiten Kreis des emotionalen Netzwerks plaziert sind.

---

16 Vgl. systematisch den Abschnitt „Über die Stabilität außerfamilialer Beziehungen" (6.2.1).
17 Für die „durch die Verwitwung Individualisierten" sind die Freundschaftsmuster nicht spezifisch: es finden sich sowohl Befragte mit Lage-gebundene Freundschaften (Winter, Anders) als auch mit individualisierten Freundschaften (Weber). Für diese Gruppe sind die unterschiedlichen Freundschaftsmuster vor allem im Hinblick auf spätere Entwicklungen wichtig. Vgl. den Abschnitt „Zukünftige, altersbedingte Veränderungen der sozialen Integration" (6.3).

Diese Veränderungen – und teilweise wohl auch damit verbundene, von den Befragten artikulierte Defizite – werden durch spezifische Orientierungen gesteuert. Kennzeichnend für diese Befragten ist – ebenso wie im übrigen auch für zwei der drei „Individualisierten" – eine Orientierung auf *Lage-gebundene Freundschaften*. Alle diese Befragten hatten eine ausgeprägte Orientierung auf Partnerschaft bzw. Familie. Freundschaften und Bekanntschaften bestanden vor allem zu anderen Paaren, mit denen man vorwiegend gesellige Abende oder Nachmittage verbrachte. Diese Beziehungen aber brachen nach der Verwitwung fast alle ab – ein Muster, das genauer im Abschnitt „Dynamiken von Beziehungsstrukturen" (6.1.1) dargestellt wird.

Die hier als „Umfeldbezogene" bezeichneten Befragten haben dann bestimmte Beziehungen 'intensiviert'. Hierbei handelt es sich um ehemalige Bekanntschaften und Freundschaften, die gegenwärtig ebenfalls alleinstehend sind und die entweder etwa zur gleichen Zeit wie die Befragten ihre Partner verloren oder die – wenn ihre Trennung vom Partner (Scheidung oder Verwitwung) schon länger zurücklag – bei zufälligen Wiederbegegnungen in der Nachbarschaft sozusagen 'reaktiviert' wurden. Die Intensivierung dieser Beziehungen, die sich einer gestiegenen emotionalen Bedeutung abbildet, besteht vordringlich darin, daß man heute deutlich mehr Zeit miteinander verbringt. Die Intensivierung bereits bestehender Beziehungen zu Personen, denen man sich früher nicht oder weniger eng verbunden fühlte, erscheint insgesamt eher als 'Notlösung' als einer freiwilligen Aus-Wahl geschuldet. Die Befragten äußern Kritik und Vorbehalte an ihren neuen Freundschaften[18]. Walter Niestroy beispielsweise, der seine Nachbarin im ersten Kreis eingetragen hat, mit welcher er vor dem Tod seiner Frau kaum etwas zu tun hatte, äußert sich trotz der Zuordnung zu „Personen, ohne die ich mir ein Leben nicht vorstellen kann", abschätzig über sie und distanziert sich von ihr. Brigitte Falkenstein wünscht sich, daß sie und die von ihr als beste Freundin bezeichnete deutlich ältere Frau, mit welcher sie heute täglichen Kontakt hat, mehr Gemeinsamkeiten hätten. Daß es in diesen Beziehungen heute Interessens- und Einstellungsunterschiede gibt, überrascht eigentlich nicht sonderlich: mit der Lebenssituation haben sich auch die Themenschwerpunkte in den Beziehungen verlagert (auf den verlorenen Partner und die heutige Lebenssituation), – was offenbar auch die Wahrscheinlichkeit für divergierende Einstellungen erhöht. Zu erwarten ist wohl auch, daß diese Differenzen bei häufigerem Kontakt auch deutlicher zutage treten. Wie Brigitte Falkenstein sagt, wisse sie manchmal nicht, worüber sie mit einer ihrer Freundinnen sprechen solle. M. E. noch wahrscheinlicher werden solche Unterschiede und potentiellen Kritikpunkte („Intensivierungsschwierigkeiten")

---

18 Dies zeigt sich m.E. auch darin, daß diese Freundschaften bei Fragen nach spezifischen emotionalen Funktionen (z.B. an wen man sich bei Niedergeschlagenheit wendet oder wem man seine innersten Gefühle anvertrauen kann) z.B. überhaupt nicht genannt wurden – im Gegensatz zu allen anderen (individualisierten oder neu geknüpften lage-gebundenen) Freundschaften.

angesichts der Tatsache, daß diese Befragten auch nur über einen zusammen-geschmolzenen, kleinen Pool an 'intensivierbaren' Verbindungen verfügen, denn diese müssen bereits bekannt und vor allem auch alleinstehend sein.

Die Lage-gebundenen Freundschaften stellen bei diesem Orientierungs-muster also in zweifacher Hinsicht eine biographische Restriktion für die heuti-ge soziale Integration dar: zum einen brechen sie leichter weg und zum anderen scheint die gestiegene Bedeutung der bzw. der häufigere Kontakt mit den wenigen erhalten gebliebenen außerfamilialen Beziehungen (ebenso wie auch die Familienbeziehungen, s.u.) anfällig für divergierende Ansichten und Kritik.

Brigitte Falkenstein ebenso wie Walter Niestroy würden gerne neue Be-ziehungen knüpfen und haben beide auch Anstrengungen unternommen, an-dere Menschen kennenzulernen (Kontaktanzeigen). Sie sind nicht passiv oder zu scheu, um auf fremde Menschen zuzugehen. Und z.B. Brigitte Fal-kenstein weiß genau, was sie möchte: Gesprächspartner, Partner für Unter-nehmungen und Geselligkeit. Aber diese Versuche waren erfolglos. Man mag vermuten, daß die Befragten aufgrund ihrer vergleichsweise hohen Part-ner- bzw. Familienorientierung quasi keine „Übung" darin haben, neue Be-ziehungen zu knüpfen. Dies könnte man allerdings auch für andere Befragte sagen, z.B. Klaus Winter (Typ „Expansion"), bei dem anfängliche Kontakt-versuche ebenfalls scheiterten. Seine mißglückten Kontaktversuche waren eher unspezifisch („kann man sich hier irgendwo anschließen?"). Sein heuti-ges Vergemeinschaftungsfeld fand Klaus Winter erst über den Bezug auf etwas drittes (den Sport). Demgegenüber – und das ist ein grundsätzlicher Unterschied zu allen anderen heute alleinstehenden Befragten – läßt sich eine derartige *Orientierung auf Aktivitäten* bei den Umfeldbezogenen nicht fest-stellen. Diese Orientierung könnte ihnen den Sprung aus dem vertrauten Umfeld erleichtern, den Zugang zu neuen Kreisen eröffnen und darüber als Anknüpfungspunkt für neue Beziehungen dienen[19]. Mit der Aktivitätsorien-tierung fehlt ihnen der quasi „selbstverständliche Zugang" zu neuen und ggf. neuen engen Beziehungen. Sie würden gerne Beziehungen knüpfen, aber sie haben keine Gelegenheit, Freundschaften zu schließen. Sie bleiben in ihrem vertrauten und vorgegebenen Umfeld verhaftet.

Mit der kausalen Zurechnung von Defiziten und insbesondere von nega-tiven subjektiven „outcomes" kann man sicherlich nicht vorsichtig genug sein. Trotzdem machen die Veränderungen der sozialen Beziehungen insge-samt doch einige sehr konkrete Defizite der Befragten verständlicher: zum einen ihre Kritikpunkte an den intensivierten außerfamilialen Beziehungen, zum anderen auch das Defizit an unbeschwerter Geselligkeit, die man früher ge-meinsam mit anderen Paaren erlebt hatte.

---

19 Im Unterschied zu allen anderen Befragten haben sie auch Tätigkeiten, die sie vorher ge-meinsam mit dem Partner unternommen haben, abgebrochen. Brigitte Falkenstein besucht zwar weiterhin gelegentlich den Hundeverein, aber ihr Interesse ist offenbar nicht stark ge-nug, diese Aktivität auszubauen oder andere Aktivitäten aufzunehmen.

5.1.3 Strukturelle Probleme des Single-Seins im Alter und erfolgreiche Lösungen: Prekäre Zugehörigkeiten und das Potential der Aktivitätsorientierung

Offenbar können die erhalten gebliebenen Beziehungen bei den Umfeldbezogenen aber auch *insgesamt* keine subjektiv zufriedenstellende Integration gewährleisten. Dies liegt bei den Befragten *nicht*, wie man vielleicht vermuten mag, an der möglicherweise nicht geglückten inneren Lösung vom verstorbenen Partner[20]. Bei den Befragten, bei denen die heutige Integration mit einem negativen „outcome" verbunden ist (Niestroy, Falkenstein, Biber, tendenziell Claas), läßt sich ein anderes, nicht gelöstes strukturelles Grundproblem feststellen. Im Unterschied zu den anderen alleinstehenden Befragten hängen sie alle an einer spezifischen Idee von etwas *„Eigenem"*. Diese läßt sich charakterisieren als Idee einer *(nach außen und innen) eindeutigen, selbstverständlichen Zuordnung bzw. Zugehörigkeit zu ganz bestimmten Personen oder Personengruppen.* Und dieses Verständnis von Zugehörigkeit läßt sich in ihren sozialen Netzwerken nur eingeschränkt realisieren. Mit anderen Worten haben ihre Beziehungen (langfristig) ihre Grenzen. Wie ausführlich am Fall von Brigitte Falkenstein gezeigt wurde, sind auch Personen, deren Verhältnis zu 'ihrer' Familie ungewöhnlich eng und nah ist – Brigitte Falkenstein wohnt mit ihrem Sohn, dessen Frau und Sohn im gleichen Haus und sie sieht sie mehrmals täglich –, gezwungen, zeitliche und inhaltliche Grenzen zu setzen. Zu bestimmten Zeiten sucht sie 'ihre' Familie nicht auf. Z. B. ist es für sie ein „Tabu", am Abend zu ihnen hinaufzugehen. Und bei bestimmten Themen wie der Erziehung des Enkels hält sie ihre eigene Meinung zurück, auch wenn es ihr manchmal unter den Nägeln brennt, oder sie geht weg, wenn es ihr „stinkt". Diese inhaltlichen und zeitlichen Grenzziehungen stehen für soziale Grenzen, die von außen vorgegeben werden oder – anders ausgedrückt – für eingeschränkte Zugehörigkeit. Bei aller zwischen ihnen bestehenden Nähe ist Brigitte Falkenstein kein selbstverständlicher Bestandteil des „eigenen" Lebens des Sohnes und seiner Familie. Wenn sie diese unsichtbare Grenze überschreiten würde, würde sie „alles verlieren". Wie sie sagt, hat „jeder seins". Das aber heißt vor allem: ihr *Sohn* hat sein eigenes Leben, an dem *sie* nur am Rande partizipiert, und *ihr* „eigenes" ist prekär.

Wie gesagt, sind die Netzwerke von Brigitte Falkenstein und Walter Niestroy erstens insgesamt sehr klein, zweitens gibt es nur relativ wenige verschiedene wichtige Bezüge[21]. Der Gedanke liegt nahe, daß z.B. eine *große*

---

20 Zwischen der heute noch bestehenden inneren Bindung an den Partner und der Frage, ob man sich – unabhängig davon, ob mit oder ohne einen neuen Partner – nach der Verwitwung ein zufriedenstellendes Leben aufgebaut hat, ließen sich keine Zusammenhänge feststellen. Vgl. hierzu den Abschnitt „Ab-Lösungen" (6.1.4).

21 So hat Walter Niestroy z.B. nur drei verschiedene Bezüge i.d. Sinne, daß sich die verschiedenen Personen einer Bezugs-"gruppe" untereinander kennen (also nicht zu verwechseln

Verwandtschaft (also ein großes und gleichzeitig dichtes Netzwerksegment), insgesamt größere Netzwerke oder Netzwerke mit *vielen verschiedenen Bezügen* die Absenz einer „eigenen" Bezugsperson oder -gruppe im oben genannten Sinne abfedern könnten. Dies mag sein. Doch der Fall von Hanne Claas zeigt, daß diese Merkmale nicht notwendigerweise eine zufriedenstellende Integration gewährleisten müssen. Ihr Orientierungsmuster entspricht dem der Umfeldbezogenen. Im Prinzip diesen vergleichbar ist auch ihr subjektives „outcome" nach der Verwitwung. Hinsichtlich der Art der sozialen Einbindung und den Veränderungen der Netzwerkstruktur unterscheidet sie sich aber in charakteristischer Weise von den beiden Referenzfällen[22].

Hanne Claas, die mit 20 Jahren einen sechzehn Jahre älteren Nachbarn – einen Maler mit fünf Kindern aus erster Ehe – geheiratet hatte und später noch zwei eigene Kinder bekam, ist, wie sie selbst sagt, ein „Familienmensch". Auch zu ihrer in den USA lebenden Schwester, die mit fünf Kindern ebenfalls eine sehr große Familie hat, besteht ein sehr enges, „inniges" Verhältnis. Gleichzeitig war sie immer auch sehr stark in ausserfamiliale Zusammenhänge eingebunden: insbesondere in den 50er Jahren bestanden sehr enge Kontakte zu ihren damaligen Nachbarn, die sie als „Freunde" bzw. als Quasi-Familie bezeichnet („wie so ne riesen Sippe"). Über die Kinder kamen Claas' in den 60er Jahren zu einem Kanuverein, wo die Familie im Sommer jedes Wochenende in einem eigenen Wohnwagen verbrachte. In diesem Verein sind „ausgesprochene Freundschaften" entstanden („wie ne große Familie"). Und vor etwa 20 Jahren lernte Hanne Claas im Krankenhaus eine Frau kennen, mit der sich eine enge Freundschaft entwickelt hat.

Nach dem Tod ihres Mannes ungefähr sieben Jahre vor dem Interviewtermin hat sich die Struktur ihres emotionalen Netzwerks im Unterschied zu den anderen beiden Umfeldbezogenen praktisch nicht verändert. Verglichen mit der Zeit der Ehe hätte sich weder die Positionierung einzelner Netzwerkpersonen im emotionalen Netzwerk noch die Kontakthäufigkeit insgesamt verändert[23]. Allerdings habe sie den Kanuverein nach dem Tod ihres Mannes „mehr gesucht" (Nur die jährlichen Vereinsbälle besucht sie nicht mehr. Das mache ihr „alleine" keinen Spaß).

---

mit verschiedenen Beziehungstypen wie Freundschaft oder Verwandtschaft): eine Freundin mit ihrem Sohn, zwei Neffen und eine befreundete Nachbarin. Diese Vielfalt ist nicht zu verwechseln mit der Dichte des Netzwerks. Je nach Größe der Gruppen von Personen, die sich untereinander kennen, können zwei in ihrer Dichte gleiche Netzwerke unterschiedlich vielfältig sein.

22 Diese variieren, wie gezeigt wird, offenbar systematisch in dem Sinne, daß diese Variation einzelner Sinn-Elemente nicht unabhängig voneinander ist. Vgl. dazu auch Giegel, Frank und Billerbeck (1988).

23 Im Einzelnen ist der Kontakt mit zwei Stiefkindern fast gänzlich eingeschlafen. Diese hätten sich, für sie enttäuschend, kurz nach dem Tod ihres Mannes von ihr zurückgezogen. Dafür sehe sie zwei andere Stiefkinder heute häufiger.

Zu berücksichtigen ist dabei – und darin unterscheidet sie sich ebenfalls von Brigitte Falkenstein und Walter Niestroy –, daß Hanne Claas zeitlich sehr eingespannt ist. Dies liegt mit an ihrem insgesamt großen, aus 36 Personen bestehenden Netzwerk[24], wobei mit einer Ausnahme alle Kinder in Berlin leben: „könnte nun auch den ganzen Tag unterwegs sein, und dann hier und mal da hin – naja, aber das kann man auch nicht". Insbesondere aber liegt es daran, daß in ihrem Haushalt seit Mitte der 70er Jahre noch zwei 15 und 17 Jahre alte Enkel leben und sie dreimal wöchentlich mit einer Halbtagsstelle als Reinemachefrau etwas zu ihrer Rente hinzuverdient. „Manchmal ist man auch zufrieden, wenn man dann fünf Minuten Ruhe hat".

Doch trotz des insgesamt *großen Netzwerks*, ihrer *großen Familie* sowie *der vielfältigen und gleichzeitig relativ engen Bezüge* ist Hanne Claas' Bewertung ihres heutigen Lebens ambivalent und tendenziell eher negativ. Hanne Claas ist in besonderem Maße auf andere, wichtige Menschen bezogen. Ihr ist zum einen wichtig, daß sie von Anderen gebraucht wird und hängt im Grunde am Modell der Familienmutter, die ihre zu Hause lebenden Kinder versorgt. Zum anderen brauche sie, wie sie selbst sagt, jemand, der einfach da ist und dem sie alles, was ihr gerade auf der Seele liegt, erzählen kann („kann mich nicht alleine freuen"; Partnermodell).

Ihre vielen Kinder leben zwar fast alle in Berlin, aber sie sind verstreut und brauchen sie nicht mehr so, wie sie selbst es sich wünschen würde. Zwei Stiefkinder haben sich nach dem Tod ihres Mannes zu ihrer Enttäuschung von ihr zurückgezogen. Mit ihrer eigenen Tochter ist der Kontakt sehr schlecht. Die Diskrepanz zwischen ihrer Vorstellung von der Mutter-Rolle und der ihrer Kinder wird besonders deutlich in einem Zitat, in dem sie Besuche bei ihrem eigenen Sohn schildert. Verglichen mit den anderen Kindern bestehe mit ihm ein besonders gutes Verhältnis. Wenn sie arbeiten geht, geht sie bei seiner Familie immer auf einen kurzen Besuch vorbei:

„... nun ja, in der Woche zweimal, weil ich ja auch die Kleinen sehen will. Wie das denn nachher ist, wenn Sohn heiratet, ist es, wird es denn n bißchen anders, wenn denn die Frau (...), wird es n bißchen weniger (...) mit dem Besuch, (...) könnte denn schon öfter hingehen, *würde kein Mensch was sagen*, aber erstens hab ich nicht die Zeit und denn immer bloß fünf Minuten, und *würde ja auch gerne da so n bißchen noch was tun, was machen, aber das darf ich nicht. Da muß ich stille sitzen.* Naja, denn hab ich da mein Strickzeug mit, na, eh ich das ausgepackt hab, geh ich ja schon wieder nach Hause, weil (...) ist aber nicht böse, von meiner Seite aus *fühl ich mich nicht ausgelastet da.* Hauptsache, ich kann die Kleinen mal drücken, da bin ich schon zufrieden, dann geh ich wieder nach Hause" (Claas; Hervorhebung d. Verf.).

---

24 Im Einzelnen handelt es sich um: sechs Kinder (davon zwei eigene; im übrigen hat sie auch die beiden Stiefkinder eingetragen, zu denen seit etwa sieben Jahren – kurze Zeit, nachdem ihr Mann verstarb – kein Kontakt mehr besteht), die mit einer Ausnahme alle in Berlin leben, zwölf Enkel, ihre in den USA lebende Schwester mit deren Mann und fünf Kindern sowie ein Onkel. Außerfamiliale Beziehungen: vier Nachbarn, fünf jüngere Personen aus dem Kanuverein und ihre Freundin aus dem Krankenhaus.

Der Kanuverein, zu dem sie seit dem Tod ihres Mannes im Sommer manchmal täglich hinüberfährt, ist für sie ein wichtiger Ausgleich: „wie 'ne große Familie" und „manchmal ist das mehr als mit Familie (...) da können Sie gehen, wenn Sie wollen, die sind immer für Sie da". Doch faktisch besteht diese Option nur im Sommer. Und auch dann gibt es gewisse Grenzen, denn auch wenn man dort gerne Zeit miteinander verbringt, sie „haben alle ihr eigenes Umfeld". Und das, was – zumindest hinsichtlich der Mutterrolle – ihr „Eigenes" ausmacht, die kleine Gemeinschaft zu Hause, hat ein absehbares Ende. Die 16- und 17jährigen Enkel werden gerade „flügge". Auch wenn die beiden für sie nur bedingt Ansprechpartner sind, fürchtet sie sich doch vor dem Augenblick, wenn ihre Wohnung ganz leer sein wird: „bei Kindern is det ja eben so 'ne Sache, die muß man ja laufen lassen und wenn man sich det noch so schwer vorstellen kann".

Insgesamt schlägt in Hanne Claas' Sicht positiv zu Buche, daß sie auch heute noch „gebraucht" wird, ihre Enkel versorgen kann und gleichzeitig auch den Eindruck hat, daß sie ihre vielen verschiedenen Bezugspersonen im Prinzip häufiger sehen könnte als sie es faktisch tut. Ihre Freundin beispielsweise trifft sie nur einmal monatlich, da, wie sie sagt, „jetzt jeder noch so seinen eigenen Bereich" habe, „ja sonst jeder sein Leben lebt". „Größere Besuche" werde sie erst machen, wenn ihre Enkel aus dem Haus sind. Doch was in allen ihren sozialen Bezügen spürbar ist, ist eben genau dieser fehlende bzw. sich zunehmend auflösende „eigene Bereich", der für Hanne Claas aus zwei Bestandteilen besteht: einerseits einem – heute fehlenden – (Hauptansprech-) Partner und andererseits der selbstverständlichen Einbindung und dem mit der aktiven Mutterrolle verbundenen Gebrauchtwerden. Insgesamt fällt ihre Bilanz eher negativ aus: „Ja det, denn ist ma eben alleine – wenn Sie auch viel um sich haben". Ihr Mann, mit dem sie praktisch immer zusammengewesen sei, fehlt Hanne Claas heute immer noch, „nein, das kann man nicht (...) nen Ausgleich, man ist das ja von Kind an gewöhnt". Sie sei ein „ziemlich selbständiger Mensch, aber ohne Sonne kann ja keine Blume (lacht, weint), und das kann einem auch keiner ersetzen". Manchmal fühlt sie sich einsam, manchmal auch – insbesondere von ihren Kindern – alleine gelassen. Ihr größter Wunsch für die Zukunft ist, „nicht allein", „nicht ganz und gar isoliert" zu sein.

Sind Brigitte Falkenstein und Hanne Claas einem Partnerschaftsmodell und einem Kern- bzw. Groß-Familienmodell oder Walter Niestroy einem Partnerschaftsmodell verhaftet, findet sich bei der bereits angesprochenen Adelheid Biber eine ganz andere Vorstellung von sozialer Zugehörigkeit und Integration.

ADELHEID BIBER: „UMFELDBEZOGENE IM FREMDEN UMFELD". Die ehemalige Religionslehrerin Adelheid Biber ist hinsichtlich ihres Orientierungsmusters ein wohl fast als tragisch zu bezeichnender Übergangsfall zwischen den Umfeldbezogenen und den Individualisten. Ähnlich wie Hanne Claas hat Adelheid Biber relativ viele und gleichzeitig vielfältige Bezüge[25] und scheint von außen besehen ausgesprochen gut integriert. Tagsüber, wenn ihre im Nebenhaus wohnende Tochter und deren Mann ihrer Erwerbstätigkeit nachgehen, kocht und kümmert sie sich um ihre zehn Jahre alte Enkelin. Zu ihren Nachbarn hat sie ein gutes Verhältnis. Mit einem Paar etwa ging das Ehepaar Biber früher gemeinsam ins Theater, fuhren zusammen in den Urlaub und sahen gelegentlich auch gemeinsam fern. Die heute ebenfalls verwitwete Nachbarin sieht sie häufiger, und die beiden gehen auch heute noch regelmäßig gemeinsam ins Theater. Daneben geht sie regelmäßig zu den Sitzungen oder gelegentlichen Kegelabenden einer Nachbarschaftsvereins. Seit dem Tod ihres Mannes – eines angestellten Friseurs, der elf Jahre vor dem Interviewtermin verstarb – besucht sie allerdings keine großen geselligen Veranstaltungen mehr wie Faschingsfeste oder Bootsfahrten („ich komme als einzije ohne Partner, dann kommen Sie sich vor wie das fünfte Rad am Wagen"). Dafür hat die religiöse Adelheid Biber nach der Verwitwung – ähnlich den Individualisten – ihr Engagement in der katholischen Kirchengemeinde verstärkt[26]. Davon ist ihr ein Gesprächskreis, mit dem sie gelegentlich auch in die Umgebung hinausfährt, sehr wichtig und steht heute als Ganzer im dritten Kreis ihres emotionalen Netzwerks. Schließlich hat sie die bereits erwähnten „restriktiven" Freundschaften aus ihrem schlesischen Heimatdorf. Diese haben für sie einen besonders hervorgehobenen Stellenwert, auch wenn sie sie manchmal nur einmal im Jahr trifft, wenn sie zu den Treffen des Bundes der Heimatvertriebenen nach Westdeutschland fährt.

Trotz dieser vielen Bezüge ist Adelheid Biber mit ihrem heutigen Leben insgesamt unzufrieden. Auf die Frage nach der unangenehmsten Zeit in ihrem Leben antwortet sie: „die unangenehmste – na, das ist dann jetzt (...), so schön ist es nu ooch wieder nicht, immer alleene". Zu ihrer berufstätigen Tochter hat sie ein sehr pragmatisches, tendenziell eher schlechtes Verhältnis[27]. Durch die Versorgung der Enkelin ist sie zwar „ausgelastet" („Langeweile hab ich nicht") und eingebunden. Subjektiv aber empfindet sie es als Belastung, immer „Verantwortung" zu tragen und möchte „nicht immer da sein [müssen]". Sie fühlt sich „angebunden". Gleichzeitig hat sie den Ein-

---

25 Im emotionalen Netzwerk nennt sie insgesamt 41 Personen. Davon gehören 25 Personen zu einer im dritten Kreis eingetragenen kirchlichen Gruppe. 16 Personen sind Einzelpersonen: Im ersten Kreis steht ihr in Westdeutschland lebender Sohn, ihre nebenan wohnende Tochter mit ihren Kindern (insgesamt sieben Personen) und drei Cousinen; im zweiten Kreis stehen drei Freundinnen aus dem alten Dorf und „Leute aus der Wohngegend". Prinzipiell gehören dazu etwa 30 bis 40 Personen, von denen sie aber nur „drei Witwen" eingetragen hat.

26 Nach dem Tod ihres Mannes bat sie der Pfarrer, im kirchlichen Pflegeheim Besuchsdienste zu übernehmen. Außerdem nimmt sie heute alle vierzehn Tage an einem Gesprächskreis teil, mit dem sie gelegentlich auch Ausflüge, Besichtigungen und Reisen unternimmt.

27 So war die Tochter für sie nach dem Tod ihres Mannes in ihrer Niedergeschlagenheit und Trauer keine Unterstützung. Damals habe ihr eigentlich nur die Kirche bzw. der Pfarrer geholfen.

druck, daß ihre Arbeit nicht geschätzt wird und fühlt sich letztlich ausgenutzt ("Oma fürs Grobe"). Die Beziehungen zu den Nachbarn und insbesondere der neue Kreis in der Kirchengemeinde sind ihr sehr wichtig. "Da bin ich also da ganz gut eingebunden". Aber letztlich habe, "wie man so schön sagt, (...) jeder mit sich zu tun". Im Grunde wisse in ihrem direkten Umfeld niemand, wie ihr manchmal zumute sei: "seh ich zu, daß ich alleine fertig werde, die Leute glauben, daß ich immer froh bin". Ähnliches sagt auch die Individualistin Monika Goldmann über sich, doch bei Adelheid Biber liegt der Fall anders. Daß sie im Gegensatz zu den Individualisten im Grunde sehr auf andere, wichtige Menschen bezogen ist, zeigt sich einerseits, wenn sie von ihrem alten Dorf erzählt, andererseits bei den emphatischen Schilderungen von den jährlichen Treffen mit den Heimatverbundenen, bei denen immer auch Freundinnen und Bekannte aus ihrem alten Dorf dabei sind. Bei diesen Treffen geht sie aus sich heraus: "Wir haben soviel untereinander zu erzählen gehabt, daß ich abends kein Wort mehr reden konnte, so heiser war ich"[28].

Im Grunde hat Adelheid Biber die Flucht aus dem Dorf, das sie 1945 als Zwanzigjährige verlassen mußte, nie verwunden. Das ist der Ort, den sie idealisiert und mit dem sie ihre Bezüge in Berlin vergleicht. Das Dorf sieht sie auch noch, nach fast 50 Jahren, als ihr "Zuhause. Aber hin kann ich nicht". Als sie damals erfuhr, daß die anfangs nur als vorübergehend gedachte eine endgültige Trennung von ihren Freundinnen und der Dorfgemeinschaft bedeutet, "da hab ich mindestens nen Monat so viel geweint, daß ich nicht mehr sehen konnte". Ihre Mutter hatte dort einen kleinen Lebensmittelladen, ihr Vater war der Dorffriseur. "Wir ham das ganze Dorf gekannt und sogar die Angestellten von den Bauern (...) nich? Und da war man ja mit eingebunden". Nach der erzwungenen Flucht besann sie sich auf einen ehemaligen Verehrer, der im Krieg während einer Einquartierung bei ihrem Vater als Friseur ausgeholfen hatte, heiratete ihn und folgte ihm nach Berlin. Doch das neue Leben erwies sich als Enttäuschung. Die in ihrem Haushalt lebende Schwiegermutter machte ihr offenbar deutlich, daß sie eine Fremde sei, der hier nichts gehöre und die nichts zu sagen habe[29]. Ihr Mann, der als angestellter Friseur tätig war, arbeitete viel, so daß Adelheid Biber, wie sie sagt, kaum etwas von Berlin kennengelernt habe. Die Arbeit als Religionslehrerin erschien ihr vor allem als Zwang, in erster Linie, um das schmale Gehalt ihres Mannes aufzubessern[30]. Und die neue Nachbarschaft in Berlin, in die sie sich

---

28 Bei ihren Freundschaften zu ehemaligen Kameradinnen aus dem Heimatdorf ist die Bezeichnung "individualisiert" irreführend, da diese ausschließlich erfahrungskonservierenden Charakter zu haben scheinen (vgl. auch 6.2).

29 "Meine Schwiegermutter war ja immer hier. Ich bin ja hierhergekommen. (...) Ja, das war ja das Schlimme, mir gehörte ja gar nischt (...) das kriegt ich denn ab und zu ooch mal gesagt. (...) Sie hat eingeteilt und jekocht. – Arbeiten durft ich, im Garten die Beete machen, und umgraben und – Unkraut ziehen, ja, aber gesät hatt sie" (Biber).

30 So kommentiert Frau Biber das Ende ihrer Berufstätigkeit: "ich hab ja müssen bis 60 durchhalten nachher. Jetzt reicht's mir, jetzt hab ich lang genug mich mit Kindern rumgeärgert".

äußerlich besehen relativ schnell integriert hatte, war und ist für sie enttäuschend und hält dem Vergleich mit ihrer alten Dorfgemeinschaft nicht stand.

„Und kommen wir mal gleich auf den Punkt. Wir leben ja hier (...) auch'n bißchen so außerhalb [in einem Berliner Außenbezirk]. Und da sagen wir mal, es wird geklatscht. (...) Natürlich wird geklatscht. Ich kenn ja nun alle Leute hier rundrum. (...) Natürlich redet man, das war ja aufm Dorf das A und O, da wußte jeder von jedem alles – wenn hier, (...) dann würden Sie gleich (...) zum Notar oder Rechtsanwalt gehen und den anzeigen oder bitterböse werden. Das war da nie. Da war da jeder mal dran, nicht" (Biber).

Was Andere vielleicht als Klatsch und Tratsch bezeichnen würden und worüber sich ihre neuen Nachbarn teilweise ärgern, gehört zu Adelheid Bibers Vorstellung von einer richtigen Nachbarschaft: Im Prinzip weiß jeder alles über jeden und man weiß, daß auch die Anderen alles über einen selbst wissen. Adelheid Biber empfindet das nicht als negativ, etwa als soziale Kontrolle. Über das Leben und die Geschehnisse der Anderen zu wissen und mit Anderen über Andere zu reden, scheint für sie der vitale Ausdruck der Zugehörigkeit zu einer intakten Gemeinschaft („A und O"). Was ihr offenbar vorschwebt, ist eine Art großer Sippschaft, ein dichtes Beziehungsgeflecht, in dem auch nie der Gesprächsstoff ausgeht, da immer irgendjemandem irgendetwas passiert. Retrospektiv fühlte sich Adelheid Biber in ihrem Heimatdorf integriert und als Teil einer solchen Gemeinschaft.

Nicht zu entscheiden ist, ob sich Adelheid Biber innerlich nicht vom Heimatdorf lösen konnte und das Leben in Berlin deshalb enttäuschend sein *mußte* – oder ob sie bereit für das neue Leben war und dieses dann so enttäuschend war, daß sie sich in diese Idealisierungen des Heimatdorfes und in ihren religiösen Glauben flüchtete, gerade dadurch aber ihre Enttäuschung perpetuierte. Letztlich spielt dies aber auch keine Rolle. Es geht um den Bezugspunkt und Bewertungsmaßstab ihrer heutigen sozialen Integration. Und vor dem Hintergrund dieses Ideals erscheint ihre Lebenssituation – und vermutlich insbesondere ihre heutige – als partialisiert und defizitär. Ihr Glaube, den man als 'traditionellen' Auflösungsversuch einer Freisetzungserfahrung bezeichnen könnte[31], hilft ihr bei der Bewältigung ihrer Lebenssituation jedenfalls nur bedingt. „Leute, die so religiös gebunden sind wie ich, denen kann sowas nicht passieren (...), daß ich ausraste". Ihre Religiösität mag das „Ausrasten" verhindern, aber sie stellt für sie offenbar keinen hinreichenden Alltagsbezug dar[32].

---

31 Adelheid Biber war von einem Individualisierungsereignis betroffen, diesen 'Individualisierungsschub' hat sie sich aber nicht zu eigen gemacht, sondern versucht ihn durch ihren Glauben zu suspendieren. Dies gelingt ihr allerdings nur unvollkommen. Im Ergebnis hat diese Freisetzung keine „Individualisierung" im üblichen Sinne, sondern letztlich eine „traditionelle" Auflösung dieser Erfahrung gezeitigt.

32 Und darin unterscheidet sich Adelheid Biber wesentlich von den beiden Individualisten, die ihren Alltag auf ihre Aktivitäten gründen und die damit subjektiv ausgefüllt sind. Allerdings dient ihre Religiösität ihr immerhin als Vehikel zum Knüpfen neuer, wichtiger Bezüge, auch wenn sie – wie die Individualisten – keine neuen *engen* Beziehungen geknüpft hat.

Insgesamt dürfte die bei Adelheid Biber feststellbare Unzufriedenheit mit und Enttäuschung über ihre soziale Integration also weniger vom Verlust ihres Ehemannes herrühren als vielmehr von dem bereits lange vorher aufgebauten Gegenmodell der harmonischen Dorfgemeinschaft. Eingedenk ihrer Feststellung, daß sie die heutige Lebenssituation als unangenehmste Zeit ihres Lebens wahrnimmt, ist aber zu vermuten, daß der Tod des Partners sie in ihrem Fremd- und Alleinsein zusätzlich bestärkt hat. Bezeichnenderweise antwortet Adelheid Biber auf die Frage, was sie anders machen würde, wenn sie ihr Leben noch einmal von vorne beginnen könnte:

„Dann würd ich nicht heiraten und würd auch keine Kinder kriegen. – Echt (laut) -- ich würde – vielleicht Ordensschwester werden. – Die sind so schön behütet und haben keine Sorgen (leise lachend) --- Ich hab bestimmt ne gute Ehe geführt – Hmmh – Aber ich würde mir das reiflich überlegen (...), Ob ich das nochmal machen würde. (...) Ja, -- dann würd ich auch nicht mehr Witwe werden können (lachend) – Nee, es – äh – also man bildet sich das immer ein. Des gibt ja so nen schönen Spruch, Hühner, die draußen sind, gackern, daß sie reinwollen und die drinne sind, gackern, daß sie raus wollen, nicht? Man denkt ja immer, die andern – leben leichter und haben s besser, (betont) – nich? Und so gehts mir wahrscheinlich in dem Falle auch, – daß ich denke, wenn ich das alles nicht habe, – und nur meinen eigenen Interessen leben kann, und wirklich das machen kann, was ich möchte und will, – sagen wir mal, wenn ich – jetzt Sport treiben will, denn treib ich eben Sport, da is eben keiner da, der mir das–, – der das hindert, oder so, – nich? So stell ich mir das vor. Wahrscheinlich wärs nachher auch nicht so, aber das weiß ich ja nie, nicht? – Daß ich dann sagen würde, – mein Leben würd ich eben anders gestalten, ich würde tatsächlich sehen, daß ich – mit meinen Fähigkeiten mir alleine was aufbaue, und dann auch alleine – des durchstehen, – nicht? Und – wirklich dann nur – meinem Vergnügen und meinem Spaß leben. Was ich als – bisher noch nie gekonnt hab, so alt wie ich bin – Nicht? Ich kann nie 'jetzt' sagen, (langsam, stark betont) – 'nu, Mensch, morgen geh ich ins –, geh ich mir mal die Museumsinsel ansehen, da fahr ich ebend mal'. Nee, ich kann nicht, ich bin ja immer noch angebunden, nicht? – Und (...) – [dem] können Se entnehmen, daß ich mir eben denn sag, – ja wenn ich nicht verheiratet bin und keine Kinder habe, – dann hab ich keine Enkelkinder und hab gar nischt, und hab auch kiene Verantwortung, – und muß nicht immer da sein (lebhaft, laut)" (Biber).

Adelheid Biber ist sich ihres Dilemmas durchaus bewußt. Sie war und ist angebunden, aber sie ist sich auch nicht sicher, ob sie entsprechende Freiräume tatsächlich nutzen würde. Was sie hier aber ausbuchstabiert, sind verschiedene Varianten „anerkennungsfähigen Lebens" (Bude), die für ein Leben ohne Partner tragfähige Integrationsbezüge darstellen können – auch wenn Adelheid Biber selbst zwischen diesen Stühlen gewissermaßen 'in der Luft hängt': erstens *das Modell der intakten und voll integrierenden Gemeinschaft*, das sie in dem Bild der quasi „totalen Institution" des Ordens hypostasiert. Angesprochen ist damit zweitens auch das *Potential religiöser Bindung*, das viel-

---

Man könnte sie als im dritten Kreis „steckengebliebene" Individualisierte (weder Intensivierung bereits bestehender Beziehungen noch neue Freunde) bzw. als erzwungene Individualistin bezeichnen. Doch in ihrem direktem Umfeld fühlt sie sich fremd. Im Grunde ist sie eine „Umfeldbezogene im fremden Umfeld".

leicht auch nach der Verwitwung als Grundlage eines tragfähigen „eigenen" Lebens dienen könnte. Drittens verweist sie auf das Modell der *aktivitäts-orientierten* selbständigen Frau, die ungebunden ihren Interessen folgen kann. Mit dieser alltagspraktischen Deutung benennt sie gleichzeitig die Pole, die sich in der vorliegenden Analyse als wesentlich zum Verständnis der Veränderungen der sozialen Integration nach der Verwitwung herausgestellt haben: zum einen die Zugehörigkeit bietende integrative Gemeinschaft. Hier wurde gezeigt, daß sich keines der Modelle, die vorrangig auf *soziale*, und zwar jeweils auf ganz *bestimmte* soziale Bezüge setzen, bei den hier befragten Alleinstehenden nach der Verwitwung als tragfähig erwiesen hat. Ihr primärer, selbstverständlicher und nicht hinterfragbarer sozialer Zusammenhang (Niestroy) oder zumindest ein wesentlicher Bestandteil dieses Zusammenhangs (Falkenstein, Claas, Claas) ist ihnen mit der Partnerschaft weggebrochen. Die verbleibenden sozialen Bezüge reichen jedoch nicht aus, um diesen Verlust an Zugehörigkeit auszugleichen: weder die Kern- (Falkenstein) noch die Großfamilie (Claas). Zum anderen verweist Adelheid Biber auf Integrationsformen, die im weitesten Sinne an spezifische Aktivitäten gebunden sind. Und tatsächlich erwiesen sich Aktivitäten bei den hier Befragten auf sehr unterschiedliche Weise als wesentliches (Hilfs-)Mittel, um sich nach dem Tod des Partners ein neues Leben aufzubauen.

DAS POTENTIAL DER AKTIVITÄTSORIENTIERUNG. Im Prinzip thematisieren alle heute alleinstehenden Befragten die angesprochenen Grenzziehungen und Distanzierungen auf die eine oder andere Weise[33]. Die „erfolgreichen" Individualisten und die durch die Verwitwung Individualisierten haben sich allerdings genau von dieser Vorstellung von etwas „Eigenem" i. S. einer eindeutigen – nach außen wie nach innen dokumentierten – Zugehörigkeit zu ganz bestimmten Personen oder Personengruppen verabschiedet. Sie haben es sich gewissermaßen zu eigen gemacht, daß ihre Beziehungen und Aktivitäten ein *wechselseitig aufeinander verweisendes Geflecht von verschiedenen Zugehörigkeiten* darstellen. (Was – wie man an den Individualisten sehen kann – eben nicht bedeuten *muß*, daß man heute unbedingt *mehr* Beziehungen oder Aktivitäten hat als früher.) Insgesamt werden weniger eindeutige Prioritäten auf *bestimmte* Beziehungen gelegt. M. E. symptomatisch dafür ist ein Zitat von Luise Anders. Auf die Frage, ob Freundschaften für sie besonders wichtig seien, antwortet sie:

„Ja. Ja ja. – Ich sag mal, wer zuerst kommt mahlt zuerst. Wenn ich mich nun mit ner Freundschaft verabredet habe (...), kann ich der ja nun nich sagen: 'nee, mein Sohn kommt'

---

33 Daß ihre wichtigen Bezugspersonen alle selbst ein „eigenes" Leben haben, zu dem sie nicht selbstverständlich gehören, stellen *alle* Befragten – gleich welcher Orientierung – auf die eine oder andere Art fest. Grenzziehungen und Distanzierungen sind überall thematisch (vgl. z.B. Goldmann zu Freundschaftsbeziehungen; oder Tamm und Berg im nächsten Unterabschnitt). Wie Klaus Winter es etwa ausdrückt: Man möchte „nicht stören".

und – also, wenns was Wichtiges ist, mach ich das schon mal, aber wenn det nur son Lari-fari is, denn – bin ich nich bereit dazu nich? (hastig, betont, laut) Denn sag ich [immer]: der zuerst kommt mahlt zuerst. Und auf eins kann ich nur sein, – also fertig. -- Und des ak-zeptiert auch jeder" (Anders).

Und im Unterschied zu den Umfeldbezogenen benennen diese Befragten (heute) ausnahmslos auch Vorteile und Freiräume des Alleinlebens, z.b. „nicht mehr Rechenschaft ablegen zu müssen", nicht mehr Rücksicht neh-men zu müssen, den eigenen Interessen ungehindert nachgehen zu können und heute auch mal gerne alleine zu sein[34].

Diese Ablösung von bestimmten Zugehörigkeiten und den Aufbau eines neuen Lebens scheinen ihre Aktivitäten auf unterschiedliche Weise zu beför-dern. Damit kann und soll hier nichts darüber ausgesagt werden, ob diese für ein zufriedenstellendes neues Leben nach der Verwitwung notwendig sind bzw. umgekehrt ihr Fehlen der Grund für das schlechte „outcome" der Um-feldbezogenen ist. Aber es läßt sich wohl sagen, daß die Aktivitätsorientie-rung die Ablösung von bestimmten Vorstellungen und Praxen von Zugehö-rigkeit *erleichtert*. Diese Ablösung scheint sie auf zwei Arten zu unterstüt-zen. Zum einen haben diese Befragten *über die Aktivitä*ten (soziale) Orte ge-funden, an denen sie individuell sehr wichtige Interessen realisieren können. Zum anderen können die Aktivitäten quasi als nicht intendierte „Nebenfol-gen" (Hirschman) in den sozialen Beziehungen wichtige Abgrenzungsfunk-tionen erfüllen.

Auch wenn sich bei diesen Befragten keine eindeutig zurechenbaren Zu-gehörigkeiten zu bestimmten Personen oder Gruppen mehr ausmachen las-sen, gibt es im Einzelnen durchaus Bezüge, die emotional sehr stark besetzt sind. Und dies scheint m.E. auch ein wichtiger Grund für die positive Bewer-tung des „neuen Lebens" nach der Verwitwung zu sein. Diese Bezüge lassen sich am besten auf der Ebene von *inhaltlichen Interessen* beschreiben, die je-weils an bestimmten 'Orten' besonders gut realisiert werden können. Diese Orte haben sich die Befragten ausnahmslos über ihre Aktivitäten erschlossen. Dabei muß es sich überhaupt nicht um intrinsische sachliche Interessen han-deln – womit hier Interessen gemeint sind, die letztlich losgelöst sind von sozialen Aspekten.

Von einem derartigen intrinsischen *Sachinteresse* kann man z.B. bei der ehemaligen Lehrerin Annegret Weber sprechen. Seit ihrer Jugend hat sie ein ausgeprägtes Interesse an Kultur und insbesondere Musik. Diese Interessen könnte man gleichzeitig als Motor und Basis ihres heutigen Lebens bezeich-nen. Wie sie sagt ist ihr „neues Leben" „alles dies, was ich jetzt mache". Und „dies" ist vor allem die praktische Ausübung und theoretische Auseinander-

---

34 Wie bereits angedeutet, ließen sich hierbei keine Zusammenhänge dazu feststellen, ob man sich vom verstorbenen Partner innerlich gelöst hat, wie gut oder schlecht die Beziehung zum Partner war oder wie man die Beziehung gestaltet hatte (etwa ob man viel gemeinsam unternommen hat). Vgl. hierzu den Abschnitt „Das Erbe der Partnerschaft" (6.1).

setzung mit der Musik – sowohl allein (z.b. beim Klavier- und Geigenspiel) als auch gemeinsam mit Anderen. Bach, den sie, wie sie es ausdrückt, seit ihrer Jugendzeit „heiß und innig" liebt, ist in ihrem heutigen Leben ein „wichtiger Punkt". Nach dem Tod ihres Mannes hat Annegret Weber einen „Bachkreis" ins Leben gerufen, in dem dessen persönliche und musikalische Biographie chronologisch aufgearbeitet wird und auf den sich Annegret Weber immer intensiv vorbereitet. Aus diesem Kreis ging später noch ein privater Musizierkreis hervor. Diese Interessen an der Musik dominieren auch die meisten ihrer heute zahlreichen Freundschaften. Mit einer Freundin liest sie sich z.b. regelmäßig vor. Und eine „Bekannte" (Weber) gehe ihr zwar manchmal mit ihrer „Art" „auf den Geist", aber mit ihr wäre es „immer interessant", weshalb sie diese trotz persönlicher Differenzen in den zweiten Kreis des emotionalen Netzwerks eingetragen hat:

„Wenn ich mit der telefoniere, das bringt immer etwas. Auf irgend etwas kommen wir immer. wo man denn gleich nachschlagen (...) und dann drüber reden (...) das ist immer interessant, immer anregend" (Weber).

Überhaupt müsse für sie in wichtigen sozialen Beziehungen immer „irgend son geistiger Kontakt" da sein. Die Musik ist dabei kein beliebiges Gesprächsthema, sondern das, bei dem Annegret Weber, die nach eigenem Bekunden im Umgang mit anderen Menschen üblicherweise scheu ist, 'aus sich heraus' geht. Annegret Weber gehört zu den „Beziehungsbezogenen". Doch im Grunde sind die Beziehungen das *Medium*, um sich mit der 'Sache' zu beschäftigen. Im Austausch über und in der Auseinandersetzung mit der Musik kann Annegret Weber ihre Gefühle offenbar am besten ausdrücken.

Von derartigen intrinsischen sachlichen Interessen an ihren Aktivitäten kann man weder bei Luise Anders noch bei Klaus Winter sprechen. Ihre Aktivitäten sind eher instrumentell und im Grunde ein *Medium für ihre sozialen Interessen*. Luise Anders geht zwar heute gerne mit ihrer Freundin in Kunstausstellungen oder besucht mit ihrer Cousine Kurse bei einer Kunsthistorikerin (alleine geht sie nicht in Kunstausstellungen oder betreibt Sprachen im Selbststudium): „... alle 14 Tage so zu 'ner Kunsthistorikerin und laß mir in [den Museen in Berlin-] Dahlem die Bilder erklären und die Skulpturen. Also eigentlich müßt ich schon 10.000 Maler wissen, aber ich weiß nicht einen". Kunst und Sprachen haben für sie durchaus einen eigenen Wert und werden insgesamt als Bereicherung erfahren. Was sie aber als „besonderes Glück" bezeichnet und wofür sie ihrem „Schicksal dankbar" ist, ist, daß sie einen Menschen gefunden hat, der in ihrer Sicht das auffängt, was ihr nach dem Tod ihres Mannes am meisten fehlte:

„Das war hier sein Platz, – hier nich, auch da nich, – aber abends. Und denn war abends, wenn ich was – im Fernsehen jesehen habe, man spricht ja dadrüber. – Ja und – das war eigentlich das Gravierende, daß da niemand da war, – mit dem ich denn mal über dies oder das oder jenes reden kann" (Anders).

Luise Anders vermißte in erster Linie den vertrauten Gesprächspartner. Und dieser ist für sie heute vor allem ihre *„Busenfreundin"* M., die sie im Englischkurs kennengelernt hat. Mit ihr kann sie im Prinzip über alles sprechen, was sie bewegt:

„Ich hab immer gesagt: 'M., du bist mein Blitzableiter.' Entweder mußt ich mal – mächtig schimpfen, auch man muß seinen Groll mal loswerden, – aber auch ebensogut seine Freude. – Und ich finde Groll, so bei Groll kann man sich noch besser ineinander in sich hineinziehn als bei Freude. – Wenn ich nun über irgend – Kleinigkeit oder groß, – man freut sich ja irgendwie über etwas und das – möchte man dann irgendwie jemand mitteilen" (Anders).

Obwohl Luise Anders bereits vor dem Tod ihres Mannes ein relativ großes soziales Netzwerk hatte und dieses sich danach noch deutlich vergrößert hat[35], sei das Alleinsein für sie auch heute noch, 15 Jahre später, „eigentlich das Schlimmste". Manchmal sei da ein „Vakuum". Ihre Freundin ist eben nicht *immer* da, wenn Luise Anders gerade mit jemandem sprechen möchte. Sie bedauert, daß diese in einem anderen Bezirk wohnt und sie deshalb manchmal nicht einfach schnell bei ihr vorbeigehen könne. Im Gegensatz zu den Umfeldbezogenen weiß Luise Anders jedoch heute auch Vorzüge und Freiräume des Alleinseins zu schätzen. Sie scheint einen Ausgleich gefunden zu haben („ganz andere, neue Gemeinschaft aufgebaut"), über den sie insgesamt sehr zufrieden ist. Dazu gehören ihre heute zahlreicheren und vielfältigeren Bezüge, insbesondere aber ihre „Busenfreundin". Im Fall von Luise Anders war die Aktivitätsorientierung also primär ein *Vehikel* zum Knüpfen dieser besonderen Freundschaft. Die Aktivitäten *bereichern* zwar die Gespräche und stellen willkommene *Anlässe* für gemeinsame Unternehmungen dar. Doch im Einzelnen sind sie austauschbar und insbesondere sind sie nicht das, was diese spezielle Beziehung für Luise Anders vor anderen Beziehungen auszeichnet.

Bezüglich der Austauschbarkeit der Aktivitäten läßt sich ähnliches auch über Klaus Winter. Auch er hat an den Aktivitäten vor allem soziale Interessen und ist nicht primär an den Pferden oder dem Reiten interessiert. Wenn auf dem Reiterhof in Westdeutschland „nichts los ist", fährt er nicht dorthin. Was bei ihm emotional hoch besetzt ist, ist im Unterschied zu Luise Anders jedoch weniger an einzelne Personen gebunden. Seine neue Freundschaft, die Beziehung zu seiner Tochter, seine Kameradschaften sind ihm alle auf ihre Art wichtig. Doch seine Emphase richtet sich auf den Reitverein. Dort verortet er sein „neues Leben":

---

35 Aufgrund ihrer breiten familialen Verankerung hatte sie vor der Verwitwung das größte Netzwerk der „durch die Verwitwung Individualisierten": Familiale Kontakte pflegte und pflegt sie zu dem in Berlin lebenden Sohn und seiner Familie und mehreren Cousinen und Cousins. Heute setzt sich ihr Netzwerk aus 15 Familienangehörigen und 15 anderen Personen zusammen. Davon wurden 11 Beziehungen erst nach der Verwitwung Teil ihres Netzwerks, die meisten gehören zu einer reaktivierten Gruppe von Schulkameradinnen.

„Und da fing natürlich, für mich, n ganz neues Leben wieder an durch die Reiterei. Da war mein ganzes Sinnen und Denken, nur noch, zum Hof rüberfahren, Reiten, neue Freunde und soweiter, (...) Vereinsturnier, (...) denn kommt det nächste Turnier,(...) da mitmachen, Sylvesterfeier da drüben, mein ganzes Sinnen und Denken war praktisch nur noch der (...) Hof" (Winter).

Klaus Winter bezeichnet sich als „Vereinsmensch". Ihm geht es in erster Linie um das „Vereinsleben", für welches die Pferde letztlich nur das Medium sind: um Wettkämpfe, Ausflüge und Vereinsfeste und damit in seinem Fall um Anerkennung und unbeschwerte Teilhabe an einer größeren Gemeinschaft, im weitesten Sinne um *Geselligkeit*. Klaus Winter käme gar nicht auf die Idee, seinen Sport alleine zu betreiben. Bei ihm ist die Aktivität Anlaß für *Vergemeinschaftung im Verein* – letztlich spielt es für ihn keine Rolle, ob es sich dabei um einen Handball- oder um einen Reitverein handelt.

Diese verschiedenen inhaltlichen Interessen kann man sowohl als verschiedene Arten von Aktivitäts- wie auch als Arten von Beziehungsorientierungen bezeichnen. Die inhaltlichen Bezugspunkte wurden im übrigen auch jeweils im Zusammenhang mit der Frage nach den *einschneidensten Veränderungen nach dem Tod des Partners* genannt. Dies deutet – neben den biographischen Ersterzählungen, in denen diese Aspekte ebenfalls einen dominanten Stellenwert hatten –, daraufhin, daß diese emotional wichtigen inhaltlichen Bezugspunkte für die Befragten auch schon vor bzw. bereits während ihrer Partnerschaft sehr wichtig waren. Bezogen auf die Frage nach den einschneidensten Veränderungen nach den Tod des Partners wurden entsprechende Aussagen von Luise Anders bereits erwähnt. Außer der physischen Anwesenheit[36] vermißte sie insbesondere den vertrauten *Gesprächspartner*. Dieser Aspekt stand bei Klaus Winter eher im Hintergrund. Ihm machte nach dem Tod seiner Frau das Fehlen ihrer physischen Präsenz am meisten zu schaffen. Man erinnere sich an seine Aussage, daß es ihm am schwersten fiel, sich daran zu gewöhnen, daß „niemand" mehr neben ihm im Auto saß. Demgegenüber hatte sich Annegret Weber am schnellsten an den Verlust ihres

---

36 I: Was würden Sie sagen warn die einschneidensten Veränderungen – nachdem Ihr Mann gestorben war. -- für Sie A: Die Gewöhnung an das Alleinsein. Keinen Gesprächspartner mehr zu haben. Denn das abendliche Sit-, am Tage nicht. (...) bin ich ja gewöhnt gewesen, – daß er um halb acht aus weggefahren is und zwischen sechs und sieben nach Hause gekommen is. – Aber danach. – Nich, das war ja -- das brauchte eine ganz gewisse Zeit, daß ich mich nicht mal auf den Platz von meinem Mann setzen konnte. – Ich hatte im-, ich weiß es nich, ich kann das schlecht erklären (...) erstmal die Gewohnheit und zweitenmal die Einbildung der gewissen Ausstrahlung – eines menschlichen Körpers. – Ja? – allmählich hat sich des dann erst jegeben, aber man is so programmiert, da sitzt jemand, und des bleibt einfach noch – ne ganze Weile haften. (betont) Ich hab mich – weiß nich wie lange, aber sagen wir mal – bestimmt viertel bis halbes Jahr – mich irgendwie nich jetraut, auf dem Platz von meinem Mann zu sitzen. – Also, abends (laut) Hier, nich. Das war hier sein Platz, (...) Und denn war abends, wenn ich was – im Fernsehen jesehen habe, man spricht ja dadrüber. – Ja und – das war eigentlich das Gravierende, daß da niemand da war, – mit dem ich denn mal über dies oder das oder jenes reden kann (Anders).

Mannes gewöhnt. Und auf die Frage nach den „größten Veränderungen oder Umstellungen" antwortet sie nach kurzer Überlegung:

„Daß keiner mehr Staub wischt[37]. (leises Gelächter) Nee, des ne blöde Antwort, /I: (lacht leise auf)/ (2) (stöhnt auf) Tja (3), kann ich schwer sagen – es (sehr leise) hatte sich eigentlich- es hat sich natürlich verändert, daß ich vieles alleine machen mußte und daß- einfach daß er nich mehr da war. (atmet tief ein) Aber ich hab mich an diese Tatsache, daß er nich mehr da war, auch äh andererseits wieder schnell gewöhnt"[38] (Weber).

In der Partnerschaft wurden die einzelnen Inhalte nur bedingt realisiert. Im Zusammenhang mit dem individuellen Stellenwert, den diese Inhalte haben, macht dies m.E. auch verständlich, warum der Tod des Partners subjektiv einen so unterschiedlichen Stellenwert hatte. Am gravierendsten scheint der Verlust bei Luise Anders gewesen zu sein. Im Fall von Annegret Weber kann man hingegen wohl am besten von einer durch die Verwitwung beförderten[39] „Freisetzung zu" etwas sprechen. Während ihrer Partnerschaft hatte sie kaum eigene Kontakte – und diese wenigen waren vorwiegend brieflicher Art. Mit Ausnahme einer alten Lehrerin, die sie regelmäßig sonntags traf, hatte Annegret Weber in Berlin ausschließlich Kontakte über ihren Ehemann.

Wie dem auch sei, faßt man Partner*schaft* ganz allgemein als einen spezifischen Beziehungstyp, der für den Austausch intimer, persönlicher Inhalte prädestiniert ist, kann man die starke individuelle Besetzung dieser verschiedenen inhaltlichen Bezugspunkte als verschiedene Arten der *inhaltlichen Ersetzung von einer Partnerschaft* bezeichnen. Luise Anders Gesprächspartnerinnen und Begleiterinnen könnten als *Substitut* (d.h. als strukturelles Äqui-

---

37 Zur Erklärung erläutert Annegret Weber an anderer Stelle: „er wischte immer Donnerstags zum Beispiel- – an einem Freitag ist er gestorben, am Donnerstag wurde staubgewischt und da gabs überhaupt nichts und wenn er sich noch so saumäßig fühlte (...) ich wollte bloß damit zeigen wie er so – wissen Sie, das war noch son – preußisches Pflichtbewußtsein. Auf der ganzen Linie. – Andererseits auch wieder sehr großzügig aber, das, was er sich vorgenommen hatte, das wurde eben gemacht" (Weber).

38 Als positive Aspekte beschreibt Annegret Weber: Ich fands auch ganz schön, – zum Beispiel – Also ich kauf mir gerne mal was Nettes zum Anziehen nich, Hat er auch nie was dagegen gehabt. Aber jetzt – (...) (verhalten, leise) aber irgendwie fühlte ich mich doch verpflichtet, hinterher da zu sagen, Du ich hab mir das und das gekauft, und manchmal hatt ich n bißchen schlechtes Gewissen, auch weil wer zeitweilig auch wenig Geld hatten (...) – hatte dann immer n bißchen schlechtes Gewissen, daß ich mir nun schon wieder ne Bluse jekauft hatte. (lebhaft) Und das hat er also immer jesagt 'Das kannst du doch machen wie du willst' (...) (leise) Und daß ich das nun tun konnte, ohne jemand Rechenschaft abzulegen – zum Beispiel, oder Bücher oder Schallplatten (...) Also ums auf einen Nenner zu bringen daß ich Geld ausgeben konnte, ohne zu sagen 'Du ich hab das und das gekauft'. – Des war mir zum Beispiel ne positive – Sache I: Und andere? W: Also menschlich hat er mir schon gefehlt aber, ich hab mich wie gesagt, vielleicht is des negativ zu bewerten aber ich hab mich sehr schnell dran gewöhnt – I: Können Sie sagen daß vieles auch durch gute Freundschaften einfach auch aufgehoben #werden kann# W: #Ja. Ja die-# die sich dann eigentlich erst äh erst entwickelten als er tot war (Weber).

39 Von „ausgelöst" sollte man in ihrem Fall nicht sprechen, da ihr Mann nur ein Jahr, nachdem sie in Pension gegangen, war starb.

valent) von Partnerschaft aufgefaßt werden. Die inhaltlichen Bezüge von Klaus Winter, Annegret Weber und auch von den beiden Individualisten – also insbesondere das Engagement bzw. Leben im Verein (Winter[40], Strom), auf Reisen (Goldmann) und in Musikkreisen (Weber) – würden demgegenüber eine *Kompensation* von Partnerschaft darstellen, also eine Verlagerung auf andere Leistungen, die auf übergeordneter, kognitiv-emotionaler Ebene funktional äquivalent sein können. Die Umfeldbezogenen des Typs I versuchen die Substitution der Partnerschaft, sind damit jedoch wenig(er) erfolgreich[41].

Daß diese inhaltlichen Bezugspunkte im Einzelfall emotional hoch besetzbar sind und von den Befragten so emphatisch als Basis des neuen Lebens hervorgehoben werden, wird m.E. dadurch gestützt, daß mit diesen drei inhaltlichen Bezugspunkten weitere sehr allgemeine und grundsätzliche Leistungen verbunden sein können. M. E. repräsentieren diese unterschiedlichen *inhaltlichen* Interessenlagen *drei analytisch grundsätzlich unterschiedliche Orientierungen auf Sozialität* bzw. soziale Integration. Später fand ich diese Aspekte auch bei Georg Simmel, der ähnliche inhaltliche Aspekte – Sachbezogenheit, Bezogenheit auf die individuelle Person und Geselligkeit – bereits in seinem Eröffnungsvortrag des ersten Soziologentages beschrieben hat (Simmel 1911)[42]. Diese Aspekte können als unterschiedliche individuelle Motive ("Triebe"; Simmel) für ein Beisammensein mit Anderen verstanden werden. Simmel unterscheidet erstens objektivierbare *konkrete sachliche Inhalte* ("objektiv Inhaltliche"), zweitens das "rein und zutiefst Persönliche", das "rein Innerliche" (ebd.: 5f) oder *"subjektiv Individuelle"* (ebd.: 12) sowie drittens die *"Geselligkeit"*[43], die "Befriedigung daran (...), daß man eben vergesellschaftet ist, daß die Einsamkeit des Individuums in ein Zusammen, eine Vereinigung mit anderen aufgehoben ist" (ebd.: 2). Die derart bestimmte Geselligkeit, welche wohl am erläuterungsbedürftigsten ist, ist "nichts als die Befriedigung des Momentes" (Simmel 1911: 4). Wichtig ist hier Simmels These, daß auch bei der Geselligkeit die "Form" zum Inhalt, also zu einer Leistung für das Individuum werden kann. Die Geselligkeit ist "Relation, die sozusagen nichts als Relation sein will" (ebd.: 12). Als wesentliches Merkmal der reinen Geselligkeit bezeichnet Simmel die Diskretion gegenüber dem Anderen und gegenüber sich selbst. Indem nicht nur das Personale und Subjektive sondern gleichzeitig die konkreten sachlichen Inhalte zurücktreten, realisiere sich in der Geselligkeit "Freiheit" und "Gleichheit" – auch wenn es sich dabei um eine "Spielform" der Vergesellschaftung handele. "Sie ist das Spiel, in dem man

---

40   Dies widerspricht nicht der in Abschnitt 4.3 dargestellten Rekonstruktion, daß das, was seine Partnerin für ihn wesentlich ausmachte, bei ihm heute in stärkerem Maße auf verschiedene soziale Orte *verteilt* ist (Substitution durch Aufteilung). Hier geht es um die Frage, wo die *emotional wichtigen* Bezugspunkte zu verorten sind.

41   Bezüglich der Unterscheidung zwischen Kompensation und Substitution könnte man sich als Maßstab natürlich auch auf die Frage beziehen, inwieweit *soziale Beziehungen im heutigen Alltag* von zentraler Bedeutung sind (Interessen). Dann könnte man die Individualisten (Typ II), die sich nach dem Tod des Partners stärker auf Aktivitäten verlegt haben, als Kompensierer (funktional äquivalent) und die durch die Verwitwung Individualisierten (Typ III) und die Umfeldbezogenen des Typs I als erfolgreiche bzw. weniger erfolgreiche Substituierer ("strukturell" äquivalent) bezeichnen.

42   Wie in Hollstein (2001) genauer dargestellt, widmete sich Simmel den "Inhalten" bzw. den von ihm auch als "Materie" bezeichneten Interessen sonst nur illustrativ.

43   Vergleiche zur Semantik dieses Begriffs genauer Kieserling (1999). Entgegen dem traditionellen Verständnis, bei dem mit Geselligkeit eine formale, nicht private Form der Vergesellschaftung bezeichnet wird, wird Geselligkeit hier als Form der Vergemeinschaftung gefaßt.

'so tut', als ob alle gleich wären, und zugleich, als ob man jeden besonders ehrte. Dies ist so wenig Lüge, wie das Spiel oder die Kunst mit all ihrer Abweichung von der Realität Lüge ist" (ebd.: 8). Damit lassen sich an der Geselligkeit m.E. verschiedene Momente isolieren, die von Individuen realisiert werden können: Aspekte des Spiels, die „Freiheit", Leichtigkeit und Unbeschwertheit, „Gleichheit", aber auch Teilhabe an etwas ebenso wie Besonderung, welche dort trotzdem oder vielleicht gerade weil sie gespielt sind, individuell erfahren werden können. Wie Simmel es ausdrückt, gäbe es wegen des Spielcharakters „keine Reibungen" (Simmel 1911: 13).

Idealtypisch lassen sich diese drei inhaltlichen Bezugspunkte der Dreiheit von Körper (räumliche Präsenz; Geselligkeit), Geist, Intellekt oder Ideen (Beruf, Kultur, Religion, Wissenschaft; Sache) und Psyche bzw. Seele (Person) zuordnen. Dieser Dreiheit entsprechen auch unterschiedliche Aspekte des Gesprächs: Bei personaler Interaktion spricht man über sich[44]; bei sachlich bestimmter Interaktion steht das „Dritte", die Sache im Vordergrund, und bei der Geselligkeit ist Reden – wie Simmel es ausdrückt – vor allem „Selbstzweck" (ebd.: 11f).

Und mit diesen drei Inhalten können m.E. weitere, sehr allgemeine und grundsätzliche Leistungen von Beziehungen verbunden sein[45]:

- Auf unterschiedliche Weise erlaubt jeder dieser Inhalte im Prinzip die Erfahrung von *Gleichheit* mit Anderen und vermag darüber kognitiv-emotional eine *Zugehörigkeit* („Heimat") zu einer Interessengemeinschaft im weitesten Sinne zu bieten (auch wenn man diese nicht nach außen dokumentieren muß!). Erfahrbar sind Gleichheit und Zugehörigkeit sowohl in konkreten Interaktionen mit Anderen als auch abstrakt (symbolisch vermittelte Vergemeinschaftung). Ist die Sache der Bezugspunkt, stiften die gemeinsamen sachlichen Interessen, 'das Dritte', Gleichheit und Zugehörigkeit (z.B. Interessengemeinschaft im traditionellen Verständnis oder auch eine Glaubensgemeinschaft). Geht es um die Personen, bestehen die Gleichheit und Gemeinsamkeit im wechselseitigen Austausch eben dieser persönlichen Angelegenheiten bzw. Einstellungen z.B. in Partnerschaft oder Freundschaft. Anschließend an Simmel liegt in der Geselligkeit die Gleichheit im gemeinsamen äusseren Kontext (physische Präsenz) und der von allen akzeptierten Bedeutung eben der Geselligkeit zugunsten sachlicher und personaler Inhalte (z.B. im Verein).
- Analog dazu, wie Simmel es für die Geselligkeit beschrieben hat, erlauben alle Inhalte subjektiv nicht nur die Möglichkeit der Wahrnehmung und Erfahrung von Gleichheit, sondern auch von *Besonderung* bzw. *Anerkennung*[46]: Bei der Sachbezogenheit ist die Wahrnehmung der Anerkennung und Besonderung an das Interesse bzw. die Sachkompetenz geknüpft. Bei dem Bezug auf die Person handelt es sich um die Wahrnehmung der Besonderung und Anerkennung der individuellen Person (Widerspiegelung und Bestätigung des „Ich").

---

44 Um Mißverständnisse mit der Unterscheidung in 6.2.1 zu vermeiden: Die „Person"-Orientierung kann sich auf Inhalte beziehen, die auf verschiedene individuelle Merkmale abstellen: sowohl auf die „Persönlichkeit" im weitesten Sinne, also Interessen, Einstellungen, Erfahrungen etc., als auch auf die Merkmale der persönlichen Lebenssituation.

45 Vgl. für die verschiedensten Leistungen, die informelle soziale Beziehungen erfüllen können, den Überblick in Hollstein (2001).

46 Dies ist auch bei den rekonstruierten Fällen deutlich: Wie dargestellt, spielt für Klaus Winter die Anerkennung durch Andere, eben auch im Verein, eine sehr wichtige Rolle. Ähnliches trifft auf Annegret Weber zu. Sie ist stolz darauf, daß sie den Bachkreis leitet und dort immer etwas beisteuern kann, was den Anderen noch nicht bekannt ist – und somit ihre Sachkompetenz unter Beweis stellen kann.

- Gleichzeitig haben die jeweiligen Inhalte der Gleichheit und der Besonderung eine *emotional-expressive* Komponente, bei der je spezifische Teile des subjektiv wahrgenommenen Selbst 'ausgedrückt' oder entäußert werden können.
- Schließlich können sowohl die innerlich empfundene Zugehörigkeit zu als auch die Anerkennung durch Andere identifikatorischen, Ich-bestätigenden und *identitätssichernden* Charakter haben.

Insofern mögen die einzelnen inhaltlichen Orientierungen im Einzelnen nicht nur als quasi *organisatorischer Kern der Integration*, sondern eben auch *als zentraler*[47] *Bezugspunkt der sozialen Integration* und gleichzeitig *als funktionales Äquivalent für Partnerschaft* fungieren: hinsichtlich der übergeordneten Dimensionen Gleichheit, Zugehörigkeit in einem breiten Sinne, Bestätigung und Anerkennung, Expressivität und Identitätssicherung.

Für jede dieser drei inhaltlichen Orientierungen lassen sich des weiteren (soziale) *Settings* benennen, in denen diese besser oder schlechter realisiert werden können. Diese Settings lassen sich über bestimmte Quantitäten als auch darüber kennzeichnen, wie häufig sie nutzbar sind. Bezüglich der zahlenmäßigen Bestimmtheit sind diese Zusammenhänge in Abbildung 3 schematisch dargestellt. Der Austausch von intimen persönlichen Gesprächsinhalten, quasi die Orientierung auf das 'Du', ist am einfachsten zu zweit (vgl. Abschnitt 2.2). Unbeschwerte Geselligkeit und Teilhabe ist am besten in einer Gruppe – im Beisammensein mit mehreren Bekannten oder Freunden oder im Verein – realisierbar. Für die Beschäftigung mit sachlichen Interessen ist demgegenüber charakteristisch, daß sie am wenigsten an ein besonderes Setting gebunden ist und i. d. S. unabhängig von der Gruppengröße ist: ihr kann man zu zweit, in der Gruppe und sogar allein nachgehen. Völlig losgelöst von konkreten sozialen Beziehungen oder Gesellungsformen ist die Realisierung des Sachinteresses gewissermaßen am „reinsten". Mit zunehmender Gruppengröße nehmen der Stellenwert und die Möglichkeit zur Bezugnahme auf die Individualität ihrer Mitglieder ab und der „Nutzungsspielraum" (vgl. Abschnitt 2.2)[48] verschiebt sich entweder stärker in Richtung auf Geselligkeit und den in Richtung auf ein sachliches Thema.

Zwischen diesen drei Polen lassen sich im Prinzip auch spezifische Nutzungsspielräume (von der Seite der Gesellungsformen) bzw. dominierende Leistungen (von der Seite der Individuen aus betrachtet) aller von den Befragten berichteten *Beziehungs-*, Gesellungs- bzw. *Aktivitäts*formen einordnen – wie auch andere idealtypische Beziehungsformen, etwa wie sie Siegfried Kracauer (1990) beschrieben hat. M.E. ist dies auch ein zusätzlicher Hinweis darauf, daß die drei Dimensionen auf einer Ebene liegen. Kracauers „Schaffensfreundschaften" wären aktivitäts- bzw. sachbezogene Freundschaften. Seine „Gemütsfreundschaften", die von aus den ihnen gemeinsamen, zurückliegenden Erfahrungen leben, lägen stärker in Richtung Geselligkeit. Sehr nah am Personpol wäre z.B. Esther Bergs

---

47 Wobei im Einzelfall sicherlich alle Aspekte eine Rolle spielen. Jedoch lassen sich bei den hier Befragten jeweils spezifische *Schwerpunktsetzungen* und *Mischungsverhältnisse* feststellen. Wie dargestellt, hat z.B. Luise Anders eher geringes Interesse an der Sache (noch stärker trifft das auf die Umfeldbezogenen wie Brigitte Falkenstein, Hanne Claas und Walter Niestroy zu). Bei Annegret Weber oder Monika Goldmann ist demgegenüber Geselligkeit nachgeordnet. Und Monika Goldmann oder auch Klaus Winter müssen nicht unbedingt und insbesondere nicht so häufig wie etwa Luise Anders über 'alles' reden, was sie persönlich betrifft.

48 Daß hier nur sehr grob typisiert wird, ist wohl evident: Natürlich können auch im Rahmen einer großen Gruppe situativ „persönliche" Zweiergespräche stattfinden (bzw. wie bei Klaus Winter aus dem Verein heraus Freundschaften bilden) – damit fallen diese aber aus der Logik der Großgruppe heraus. Es handelt sich bereits um eine andere Gesellungsform, für die die große Gruppe nur den äußeren Rahmen (Ort) darstellt.

„Gegenüber" (vgl. 5.2.2) einzuordnen. Die drei Aspekte – Sache, Person, Geselligkeit – bieten also nicht nur einen Ordnungsrahmen für individuelle inhaltliche Orientierungen, sondern – vermittelt über die basalen Strukturmerkmale – auch für spezifische Gesellungsformen.

Abbildung 3:   Zusammenhang von inhaltlicher und quantitativer Dimension (idealtypisch)

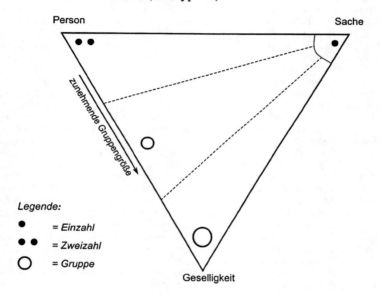

Daneben lassen sich die verschiedenen inhaltlichen Orientierungen auch darüber charakterisieren, in welchem Maße sie an andere Menschen, also an soziale Beziehungen gebunden sind, in welchem Maße sie einen *konkreten häufigen Bezug* (und damit Alltagsbezug) ermöglichen und ihre Realisierung deshalb potentiell mit *Defiziten* verbunden sein kann. Geselligkeit und Personenbezogenheit sind per se an soziale Beziehungen geknüpft, wobei Geselligkeit weniger an *bestimmte* Andere gebunden ist als die Personenorientierung, da sie einen geringeren Grad an Bekanntheit voraussetzt. Für *Geselligkeit* bietet etwa der Verein einen festen Ort, zu dem man sich fast jederzeit hinbewegen kann bzw. 'nur' hinbewegen muß. In Abhängigkeit von der Art des Vereins gibt es natürlich jeweils Unterschiede, wie häufig sie frequentierbar sind. Klaus Winters Reitverein etwa bietet besonders günstige Voraussetzungen. Hanne Claas' Kanuverein hat jahreszeitliche Grenzen: im Sommer verbringt sie jeden Tag dort, im Winter ist das nicht möglich. Die Häufigkeit des Zusammenseins mit einem Freund oder Familienmitglied, das inhaltlich und strukturell dem Partnerschaftsmodell am nächsten steht und wohl am besten die Realisierung der *Personen*orientierung (Gesprächspartner und gemeinsame Unternehmungen) ermöglicht, ist da-

230

gegen am stärksten an *bestimmte Andere* und deren Verfügbarkeit gebunden. Hingegen kann man sich mit einer *Sache* letztlich auch alleine beschäftigen, weshalb diese prinzipiell *immer* einen (kontextunabhängigen und exklusiven) Bezugspunkt bietet[49].

Die verschiedenen Inhalte lassen sich offenbar an bestimmten (sozialen) Orten und teilweise in bestimmten sozialen Beziehungen besonders gut realisieren. Insofern kann man die neuen Integrationsformen auch auf der Ebene von *Beziehungstypen* als verschiedene Formen der Wegorientierung von einer Partnerschaft beschreiben – auch wenn diese neuen Einbindungen individuell nur bedingt mit dem Begriff der Zugehörigkeit belegt werden. Die Einbindung über die „Busenfreundin" könnte man vielleicht als „gelockertes Partnerschaftsmodell", die „Vergemeinschaftung im Verein" als „gelockertes Familienmodell" und die Verlagerung auf Aktivitäten der Individualisten als „Wegorientierung von wichtigen sozialen Beziehungen" bezeichnen.

Abschließend möchte ich kurz auf den zweiten Aspekt eingehen, durch den die Aktivitäten die Ablösung von der Zugehörigkeit zu (ganz) bestimmten Personen und Personengruppen unterstützen können. Auf unterschiedliche Weise können die Aktivitäten auch der Abgrenzung gegenüber ihren verschiedenen Bezugspersonen dienen. Und damit befördern sie die bei diesen Befragten heute aufeinander verweisenden Zugehörigkeiten.

a) Zunächst einmal stehen die Aktivitäten selbst für etwas „Eigenes", für ein eigenes Interesse. Unabhängig davon, ob es sich um ein intrinsisches sachliches oder letztlich soziales Interesse an den Aktivitäten handelt, es bedeutet eine 'eigene' Sphäre. Und als solche dokumentiert sie *Unabhängigkeit* von Bezugspersonen: und zwar sowohl für sich selbst als auch ihren (wichtigen) Bezugspersonen gegenüber. Besonders gut sichtbar ist dies bei den Individualisten. Man denke etwa an Monika Goldmanns Reiseberichte bei den Treffen mit ihren Freunden. Die Reiseerlebnisse bereichern die Gespräche, gleichzeitig sind sie immer auch Zeugnis ihrer Autonomie und werden ihr persönlich zugerechnet. Doch auch – und vielleicht gerade – für die beziehungsbezogenen Befragten scheint dieser Aspekt eine wichtige Rolle zu spielen. Klaus Winter etwa berichtet, daß ihn seine Tochter häufig nach 'seinem Verein' frage. Abgrenzende Funktionen erfüllen die Aktivitäten aber nicht nur gegenüber den Bezugspersonen, denen man 'nur' darüber erzählt, sondern auch in den Beziehungen, mit denen man die Aktivitäten unternimmt. Wenn man diese Aktivität – entweder praktisch oder im Gespräch darüber – teilt, verweist man immer auch auf etwas außerhalb der Beziehung liegendes, ein eigenes Interesse an etwas „Dritten", das prinzipiell auch über das Ende der

---

49 Damit könnte im übrigen eine *intrinsische sachliche* Orientierung, wie sie bei allen Individualisten und bei Annegret Weber (nicht jedoch bei Luise Anders und Klaus Winter) vorliegt, eine notwendige *Voraussetzung* dafür sein, im Alltag unabhängiger von bestimmten Beziehungen und deren Verfügbarkeit zu sein – somit dafür, worüber im letzten Abschnitt die Individualisten im Alltag charakterisiert wurden. Umgekehrt könnte die Tatsache, daß kein intrinsischer Sachbezug vorliegt, es befördern, daß man emotional wichtige Personen auch häufig sehen möchte („Beziehungsbezogenheit im Alltag").

Beziehung hinaus Bestand hat[50]. Und dies wirkt wieder auf die Beziehung zurück und signalisiert die potentielle Austauschbarkeit des Anderen (vgl. die Ausführungen zu Monika Goldmanns 'Wanderkumpanin').

Wie gesagt haben die beziehungsbezogenen Individualisierten alle *neue* Aktivitäten aufgenommen und über die Aktivitäten auch *neue* Beziehungen geknüpft. Gerade die Tatsache, daß es sich hierbei um etwas Neues handelt, kann die Ablösungen und Abgrenzung von den bereits bestehenden Bezugspersonen zusätzlich befördern.

b) So sind sowohl die neuen Beziehungen als auch die neuen Aktivitäten etwas Zusätzliches, was dem Lebensbereich und dem Netzwerk hinzugefügt wird. Die Individualisierten haben heute insgesamt *mehr* und *vielfältigere* Bezüge als während der Partnerschaft (so etwa Luise Anders über ihre Situation kurz nach dem Tod ihres Mannes: „Familie hoch, Familie runter"). Individuell wird dies von den drei Befragten eindeutig als *Bereicherung* erfahren. Dabei müssen die Aktivitäten gar nicht intrinsisch sachlich motiviert sein. Für Luise Anders z.B. sind die einzelnen Aktivitäten (Kurse, Ausstellungen, Reisen, die sie mit Anderen unternimmt) relativ austauschbar, doch insgesamt empfindet sie sie als wichtigen Bestandteil ihres „neuen Lebens": „mein Interesse kann sich jetzt breiter entfalten". Gleichzeitig sind die neuen Aktivitäten und Beziehungen eben auch etwas *Zusätzliches*, mit dem man sich *gegenüber ande*ren Bezugspersonen abgrenzen kann. Wie sie sagt: „wer zuerst kommt, mahlt zuerst".

c) Daneben handelt es sich sowohl bei den neuen Aktivitäten als auch bei den neuen Beziehungen um Bezüge, die man selbst aufgebaut hat. Auch wenn, wie bei Luise Anders, dabei vielleicht auch Angst vor Peinlichkeit dahinter steckte: Letztlich hat man sich die Aktivitäten selbst erschlossen. Damit handelt es sich um eine eigene Leistung, die man sich persönlich zurechnen kann und die wesentlich zur Selbst-*Bestätigung* beitragen kann. Auf die neuen Beziehungen, insbesondere die neuen Freundschaften, trifft ähnliches zu. Man hat sich nicht nur den Anderen quasi 'gewählt', sondern wurde auch selbst unter Anderen aus-gewählt. Und diese persönlichen 'Errungenschaften' sind nicht nur für einen selbst, sondern auch für die alten Bezugspersonen sichtbar.

d) Schließlich bestehen bei den neuen Beziehungen gerade nicht die potentiellen Nachteile, wie sie für die bereits bestehenden Beziehungen beschrieben wurden (Intensivierungsschwierigkeiten; 5.1.2). Bei den neuen Beziehungen gibt es zumindest anfangs noch keine Routinen, sie sind flexibel und können auf aktuelle inhaltliche Bedürfnisse und Interessen ausgerichtet werden. Weil die neuen Beziehungen die eigene Geschichte nicht aus eigener Anschauung

---

50 Um nicht mißverstanden zu werden: Derartige Aspekte spielen sicherlich in vielen Beziehungen eine Rolle – in gewissem Maße sicherlich auch bei den Umfeldbezogenen. Hier geht es jedoch darum zu zeigen, auf welche Weise die *Aktivitäten* und die Aktivitätsorientierung solche Funktionen erfüllen und damit die (innere und äußere) Ablösung von alten Zugehörigkeiten befördern kann.

kennen – insbesondere nicht, als man noch 'Teil' eines Paares war –, können sie Spielräume eröffnen und Such- und Probefelder für die neue Identität darstellen (vgl. besonders extrem z.B. Monika Goldmanns Reisebekanntschaften). Gerade weil es keine zurückliegenden gemeinsamen Erfahrungen gibt, können diese Beziehungen *neue Orientierungen*, die neue Sicht auf das eigene Selbst und auf das „neue Leben" nach der Verwitwung *bestärken*.

5.2   Neue Partnerschaften und –konzepte. Ein neuer Typ?

5.2.1   Veränderung der Netzwerkstruktur: Neue Partner

Vier Männer und zwei Frauen[51] haben seit der Verwitwung wieder neue Lebenspartner bzw. eine neue -partnerin gefunden[52]. Zwei befragte Männer (Merten, Sonntag) leben heute mit der neuen Partnerin zusammen, eins der Paare ist inzwischen auch verheiratet. Sieht man von den neuen Partnern ab, die mit Ausnahme einer Befragten von allen in den ersten Kreis eingetragen wurden, beherrscht bei ihnen Kontinuität das Bild. Das emotionale Netzwerk hat sich, wenn überhaupt, dann nur am Rande verändert. Weder wurden wichtige Beziehungen abgebrochen[53], noch sind wichtige neue dazugekommen. Abgesehen von den neuen Partnern sind – zumindest auf der Ebene des emotionalen Netzwerks – auch keine Verschiebungen der Bedeutung von anderen Beziehungen zu beobachten, wie sie den „Konzentrations-"Typ kennzeichnen. Im großen und ganzen gilt für (Freizeit-)aktivitäten eine ähnliche Stabilität und Kontinuität. Das Aktivitätsspektrum ist im Vergleich zur Zeit vor der Verwitwung im wesentlichen stabil geblieben: Aktivitäten wurden mit einer Ausnahme (Kegeln bei Marion Drake) alle beibehalten, etwas neues dazugekommen ist ebenfalls nur in einem Fall (Beteiligung im Seniorenclub bei Michael Tamm). In zwei Fällen wurden zwar Aktivitäten intensiviert (Berg, Peters), doch es handelt sich nicht um eine grundlegende Umorientierung auf Aktivitäten wie beim „Stabilitäts"-Typ. Bei den Befragten mit neuen Partnern liegt das Hauptmerkmal der Entwicklung darin, daß sie eine neue wichtige Bezugsperson haben. Im Detail zeigen sich zwar durchaus

---

51   Es handelt sich um den kinderlosen Arndt Sonntag (Ingenieur), Fritz Merten (Verkaufsleiter, vier Kinder), Michael Tamm (Polizist, eine Tochter), Jürgen Peters (Personalstellenleiter, ein Sohn), Marion Drake (Fleisch- und Wurstverkäuferin, kinderlos), Esther Berg (Therapeutin, vier Kinder).

52   Die Definition neuer Partnerschaften basiert auf der Selbsteinschätzung der Befragten. Wie man sehen wird, verbergen sich dahinter sehr unterschiedliche Partnerschaftskonzepte.

53   Abgebrochen sind bei drei Befragten weniger wichtige Beziehungen: Verwandte der verstorbenen Frau (Tamm), ein Kollege des verstorbenen Mannes (Berg), Bekannte, mit denen man früher gemeinsam kegelte (Drake).

Unterschiede (s.u.), doch diese drücken sich nicht auf der Ebene des Netzwerks aus bzw. als grundlegende Umorientierung auf Aktivitäten.

Als ein interessantes Nebenergebnis ist hervorzuheben, daß diese neuen Partner zum Teil gar nicht so „neu" sind. Von den sechs Befragten, die sich nach der Verwitwung wieder gebunden haben, kannten drei Männer die neue Lebensgefährtin nicht nur schon vor der Verwitwung, sondern sogar seit über 30 Jahren. In einem Fall handelte es sich um eine entfernte Verwandte (Sonntag), beim zweiten um eine ehemalige Nachbarin (Merten) und beim dritten um eine Jugendfreundin (Tamm). In allen drei Fällen starb der Mann der späteren Partnerin etwa zur selben Zeit wie die Frau der Befragten – und die beiden Zurückgebliebenen taten sich bald darauf zusammen.

Das zweite wesentliche gemeinsame Merkmal der Personen, die heute wieder eine neue Partnerin bzw. einen neuen Partner haben, ist, daß alle darüber ohne Abstriche sehr zufrieden sind. Insbesondere diejenigen, die ihre Partnerin bereits lange kannten, bezeichnen das Zusammenleben mit einer alten Bekannten als „Glücksfall".

Damit aber sind die wesentlichen Gemeinsamkeiten umrissen. Bezogen auf die Alltagsorganisation bzw. die Art der heutigen Integration wurde bereits gesagt, daß zwar keine grundlegende Umorientierung auf Aktivitäten festzustellen ist. Das scheinen jedoch die einzigen diesbezüglichen Gemeinsamkeiten dieser Gruppe zu sein. Auch sozialstrukturell sind die Befragten mit neuen Partnern sehr heterogen. Es finden sich sowohl Personen mit sehr guter Ausbildung und hohem sozioökonomischen Status (z.B. die Therapeutin Esther Berg oder der pensionierte Personalstellenleiter Jürgen Peters) sowie Personen mit niedriger Bildung und geringem Status (die frühere Fleisch- und Wurstverkäuferin Marion Drake). Diese Heterogenität mag auf den ersten Blick nicht sonderlich überraschen. Scheint es doch hochgradig vom Zufall abhängig, ob man nach dem Tod des langjährigen Lebenspartners wieder einen Menschen findet, „ohne den man sich ein Leben nicht [mehr] vorstellen kann" (Fragestimulus für den ersten Kreis des emotionalen Netzwerks). Doch wie später zu zeigen ist, hat dieser Zufall zumindest bei einem Teil der Befragten – wie bei den heute alleinstehenden Befragten des Typs „Expansion", die neue Freunde fanden – „System".

5.2.2 Regeln der Veränderungen: Orientierungsmuster und Partnerschaftskonzepte

Bei Personen, die nach der Verwitwung eine neue Partnerschaft eingegangen sind, entsprechen den gerade dargestellten Gemeinsamkeiten auf der Ebene der Veränderung der sozialen Beziehungen – anders als bei den heute alleinstehenden Befragten – keine vergleichbar einheitlichen Orientierungen. Die einzige gemeinsame Orientierung ist, daß sie alle *„beziehungsbezogen"* sind

234

– und sich in dieser Hinsicht grundsätzlich von den „Individualisten" unterscheiden. Wie zu zeigen ist, erweisen sich die für die heute Alleinstehenden hervorgehobenen Orientierungen „Interesse an Aktivitäten" und „Freundschaftsmuster" auch bei den Befragten mit neuen Partnern durchaus als sinnvoll. So lassen sich (vier) Personen, entsprechend der obigen Terminologie als „Umfeldbezogene" und zwei Befragte als „Individualisierte" (aktivitätsorientiert) bezeichnen. Bei vier dieser Befragten mit neuen Partnern lassen sich zumindest im Ansatz ähnliche Intensivierungstendenzen und Muster des Abbruchs oder Neuknüpfens von Bekanntschaften wie bei den heute Alleinstehenden feststellen. Allerdings schlagen Aktivitätsorientierung und Freundschaftsmuster nur bei den Befragten auf die Veränderung der sozialen Beziehungen (positiv wie negativ) 'durch' (Intensivierung; Vehikel), die heute neue bzw. genauer gesagt durchgehend *lockerere* Partnerschaftskonzepte leben. Demgegenüber wehrt eine starke Bezogenheit auf den neuen Partner auf unterschiedliche Weise die (negativen) Konsequenzen anderer Orientierungen ab und kann gleichzeitig als funktionales Äquivalent für deren positiven Wirkungen aufgefaßt werden. Insgesamt wird die Logik der Veränderungen der sozialen Beziehungen bei den Befragten mit neuen Partnern also durch die *Art des neuen Partnerschaftskonzepts* gebrochen. Im folgenden werden die verschiedenen Orientierungsmuster kurz dargestellt und ihre wesentlichen Merkmale anhand der Fälle illustriert.

5.2.2.1 „Umfeldbezogene": Nur die Partnerin wechselt

Der kinderlose frühere Ingenieur Arndt Sonntag und der ehemalige Verkaufsleiter Fritz Merten mit vier Kindern lassen sich zusammen mit Michael Tamm, einem Polizisten mit einer Tochter und Marion Drake, einer kinderlosen ehemaligen Fleisch- und Wurstverkäuferin, als „Umfeldbezogene" charakterisieren. Alle waren während ihrer Ehe in erster Linie auf ihre Partner bezogen und haben praktisch „alles gemeinsam" gemacht. Gleich danach standen bei allen familiäre Bindungen: bei Fritz Merten und Michael Tamm die Kinder, bei den kinderlosen Marion Drake und Arndt Sonntag Schwestern und Nichten (Drake) bzw. Neffen (Sonntag). Außerfamiliale und auch individuell als Freundschaften bezeichnete Beziehungen, mit denen man sich auch häufiger traf, bestanden sonst nur zu Paaren aus der Nachbarschaft (Drake, Merten, Sonntag)[54]. Besondere Interessen, die sie – abgesehen von gelegentlichen geselligen (z.B. Kegeln; Drake, Tamm), kulturellen Ereignissen oder Ausflügen – außer Haus führten, bestanden und bestehen kaum

---

54 Ansonsten wurden von allen auch Freundschaften genannt, die man sehr selten traf bzw. mit denen vorwiegend telefonisch Kontakt gehalten wurde: Paare, die man im Urlaub kennengelernt hatte (Tamm, Sonntag); frühere Nachbarn (Merten) bzw. die Tochter des ehemaligen Lehrherrn (Drake).

(Tamm, Sonntag) bzw. keine (Drake, Merten). Das drückt sich auch in der heutigen Alltagsorganisation aus, die ansonsten sehr unterschiedlich ist: bei allen ist der neue Partner bzw. die neue Partnerin wesentlicher Bezugspunkt.

Hier ist auf ein prinzipielles Problem hinzuweisen. So kann man zumindest Arndt Sonntag und Michael Tamm als „Bastlertypen" bezeichnen, die sich auch relativ gut zu Hause alleine beschäftigen können. Beide, insbesondere Arndt Sonntag, gehen gelegentlich auch außerhäuslichen Interessen nach (Arndt Sonntag: Kegeln, VHS-Kurse und Vorträge z.b. über Akustik; Michael Tamm besuchte nach der Verwitwung z.B. Bootsausstellungen). Da beide aber relativ schnell – noch während der Trauerphase – ihre 'neue' Partnerin gefunden haben, war es bei beiden nicht nötig, sich grundsätzlich vom Partnerschaftsmodell wegzuorientieren. Insofern lassen sich – bezogen auf die Art und Stärke ihrer Aktivitätsorientierung – nur Vermutungen anstellen. Kurz: es läßt sich nur spekulieren, ob sich bei ihnen ohne neue Partnerin Veränderungen ergeben hätten, wie sie für das Orientierungsmuster „Individualisierung durch Verwitwung" (Strukturveränderungstyp „Expansion") charakteristisch sind. Aufgrund ihrer starken Verankerung in ihrem sozialen Umfeld werden beide hier als Umfeldbezogene bezeichnet. Bezeichnenderweise antwortete Herr Sonntag auf die Frage, ob er das Gefühl hat, ein „neues Leben" aufgebaut zu haben: „Neues Leben nicht, nein, nein, (...) dazu kam es nicht sehr lange, nicht".

Bei den drei Männern rekrutierte sich aus ihrem Umfeld auch die neue Lebensgefährtin bzw. jetzige Ehefrau (Sonntag). Alle drei Frauen verloren etwa zur gleichen Zeit ihre Partner wie die Befragten. Der frühere Verkaufsleiter Fritz Merten entschloß sich bald nach dem Tod seiner Frau, eine ehemalige und eine Woche nach ihm verwitwete Nachbarin, die ein paar Jahre zuvor mit ihrem Mann nach Westdeutschland gezogen war und zu denen weiterhin telefonischer Kontakt bestanden hatte, erstmalig dort zu besuchen.

„Und tatsächlich, ick war denn da. – Ja? Und so hat sich det erjeben. Det wer denn ma jesagt haben 'Weeßte wat? Komm, Du sitzt da in N. alleene (...) und ick sitze in Berlin alleene, werde ma mit de Kinder reden', ja? Wat die dazu sagen. Nech. – Und die ham alle jesagt, 'Papa, De kannst ja gar nichts besseret machen (schnell), mach det (...) Denn biste nich allene und wir wissen – Du bist versorgt – Und so is sie denn nach Berlin jekommen – Und so is se heute noch hier" (Merten).

Bei Arndt Sonntag, einem ehemaligen Ingenieur, starb kurze Zeit nach seiner Frau ein ihm sehr nahestehender Vetter. Dessen Frau stand er in ihrer Trauer bei. Wie die anderen neuen Paare verband sie das gemeinsame Schicksal. Sie trösteten sich gegenseitig, halfen sich auch in alltagspraktischen Dingen (z.B. Hemden bügeln). „Und dann sind wir naja, haben wir uns möcht ma sagen, zusammengelebt". Sie stellen fest: „eigentlich geht es doch ganz gut",

„Und inzwischen leben wir zusammen, oder was heißt leben, wir haben also inzwischen geheiratet. Und ich muß sagen, das ist eigentlich ne recht schöne Sache. Für beide, kannten wir uns ja vorher schon, dann, wenn man älter ist, ich weiß nicht, ob ich da so ohne weiteres n fremden Menschen wieder kennenlernen kann und so kennen, daß man sagt, jetzt bleiben wir zusammen, also insofern fanden wir das gar keine schlechte Lösung" (Sonntag).

Der frühere Polizist Michael Tamm traf kurz nach dem Tod seiner Frau zufällig auf dem Friedhof eine Kameradin aus dem Schwimmverein wieder, in dem er in der Jugend aktiv war und in dem er auch seine erste Frau kennengelernt hatte. Die beiden wohnten zwar im selben Viertel, doch hatten sie sich die letzen Jahrzehnte nur zufällig auf der Straße getroffen.

„... ja und da ich, also war es dann so, daß ihr Mann schon zwei (...) Jahre vorher verstorben war . und da sagt se 'Mensch Michael, denn komm mal, ruf mal rum', ja, so langsam hatte sich dat dann so ergeben, daß we gesagt haben, 'Mensch is ja ansich Quatsch, wir können ja auch zusammen mal dieses oder jenes unternehmen', wir sind haben zusammen Reisen gemacht, wir sind zusammen ins Theater gegangen" (Tamm).

Bezogen auf ihre vergangene Lebens- und Alltagsgestaltung besteht bei Arndt Sonntag und Fritz Merten, die heute mit ihren Lebensgefährtinnen zusammenleben, verglichen mit allen anderen Befragten insgesamt die größte Kontinuität. Mit leichten Abweichungen gilt dies auch für Michael Tamm. Verantwortlich dafür ist – auf unterschiedliche Weise – das Muster der *'gemeinsamen Wege'* (enges Partnerschaftsmodell). Fritz Merten, Arndt Sonntag und Michael Tamm unterscheiden sich von den übrigen Befragten dadurch, daß sie heute jemanden haben, mit dem sie im Prinzip „alles gemeinsam" unternehmen. So antwortet z.B. Herr Sonntag auf die Frage, ob das Paar getrennte soziale Kreise oder Beziehungen hat: „wir zählen nicht zu diesen Künstlerfamilien". Insofern hat sich nicht nur im Bereich wichtiger Beziehungen und Aktivitäten, sondern auch im 'weiteren Feld' von loseren Kontakten und geselligen Aktivitäten im Vergleich zur Zeit während der Ehe mit der verstorbenen Partnerin praktisch nichts verändert. Im Gegensatz zu allen anderen Befragten sind bei ihnen z.B. weder Freundschaften noch Bekanntschaften zu Paaren abgebrochen. Bestimmte strukturelle Probleme dieser Beziehungen – daß man sich als alleinstehender Mensch auf einmal als drittes Rad bzw. als „Eindringling" fühlt (vgl. auch 6.1.1) – treten bei diesen Befragten, die wieder eine Begleiterin haben, nicht auf. Bei diesen drei Befragten sind nach der Verwitwung wenn überhaupt, dann nur Beziehungen ihrer verstorbenen Frau (Klassenkameradinnen, Verwandte) auseinandergegangen. Doch die neue Beziehung hat nicht nur *kontinuitätssichernde* Funktion, bezogen auf alte Beziehungen und Aktivitäten. Darüber hinaus stellt sie ein funktionales Äquivalent zur *Vehikelfunktion* der Aktivitätsorientierung dar (vgl. die heute Alleinstehenden mit dem Typ „Expansion"). Alle drei Männer haben über die neue Partnerin neue Beziehungen geknüpft. Auch wenn sie eher am Rande stehen, sind heute bei allen z.B. Verwandte der neuen Lebensgefährtin Teil ihres emotionalen Netzwerks. Arndt Sonntag rechnet damit, daß in Zukunft auch andere Bekannte seiner zweiten Frau zu seinem emotionalen Netzwerk 'vorstoßen'. Heute seien sie „noch nicht so wichtig, zu neu". Michael Tamms neue Lebensgefährtin schließlich ist bei einer Seniorenfreizeitstätte engagiert und über sie hat er nicht nur neue Kontakte, sondern auch neue Aktivitäten erschlossen.

„... und eh nun is sie ja n bißchen engagiert hier bei dieser Freizeitstätte, bin ich dann auch sehr viel mit hingegangen und, eh, na ja, bei irgendwelchen Veranstaltungen hab ich dann auch gerne mitgemacht und . dieses und jenes . da geholfen, hat mir auch Spaß gemacht, ja, und dann kam dazu, daß da auch so ne Minigolfgruppe der Senioren ..." (Tamm).

In gewisser Weise entlastet also die neue Beziehung davon, selbst initiativ werden zu müssen, wenn man etwas Abwechslung haben, etwas neues machen möchte. Zur Bereicherung des Alltags braucht man nur 'mitzugehen'.

Daß diese Beziehungen scheinbar sehr reibungslos funktionieren, obwohl man „alles gemeinsam" macht, ist vermutlich in erster Linie auf den pragmatischen oder – wenn man so sagen will – abgeklärteren Umgang mit einer neuen Partnerschaft zurückzuführen („gemeinsam macht sich das alles irgendwie besser und günstiger", Tamm). Von Liebe redet keiner der drei. Im Alter würde man da doch anders an eine Beziehung herangehen, bemerkt dazu Arndt Sonntag.

Arndt Sonntag und Fritz Merten, die die einzigen sind, die mit der neuen Partnerin auch zusammenleben, heben besonders positiv die *besondere Qualität* einer Beziehung zu einem Menschen, den man lange kennt, hervor. Dies bezeichnen sie beide als besonderen „Glücksfall". Dabei ist zu betonen, daß die zwei neuen Partnerinnen den Männern (im Unterschied zu Michael Tamm) sehr nahe standen. Man kennt nicht nur die Geschichte des Anderen. Man hat auch gemeinsam vieles erlebt und hat eine gemeinsame Geschichte. Gleichzeitig weiß man damit wohl auch besser, worauf man sich einläßt. Bestimmte Vorlieben und Schwächen konnte man bereits kennenlernen, bevor eine gemeinsame Beziehung sich auch nur entfernt andeutete. Und man weiß aus eigener Anschauung, wie sich der bzw. die Andere in einer Beziehung verhält. Zu vermuten ist, daß diese besondere Kenntnis es erleichterte, das alte, enge Partnerschafts*modell* fortführen zu können, welches sowohl für Fritz Merten als auch für Arndt Sonntag wichtig ist („wir zählen nicht zu diesen Künstlerfamilien"). Bei Fritz Merten und Arndt Sonntag haben die neuen Partnerinnen Priorität.

Möglicherweise wird dieses enge Partnerschaftsmodell aber nicht nur durch die Kenntnis des neuen Partners erleichtert, sondern auch dadurch, daß man dessen verstorbenen Partner kennt bzw. daß man weiß, daß der Andere um den eigenen Partner weiß – zumindest in den gemeinsam geteilten Erfahrungen kann dieser weiterhin präsent bleiben. Welchen Stellenwert die alte Partnerschaft auch immer für Fritz Merten und Arndt Sonntag haben mag, in jedem Fall scheint die (symbolische) Kontinuitätssicherung der alten Partnerschaft schwieriger bei Personen, die sich vor der Verwitwung nicht kannten bzw. keine gemeinsame Geschichte hatten. So kann die Tatsache, daß man noch sehr an der Person des Verstorbenen und der gemeinsamen Geschichte hängt, mit ein Grund sein, warum Verwitwete heute „lockere" Partnerschaftskonzepte leben.

238

5.2.2.2 „Umfeldbezogene": Lockere Partnerschaftskonzepte und Intensivierung bestehender Beziehungen

Im Unterschied zu Arndt Sonntag und Fritz Merten ist den anderen vier Befragten mit neuen Partnerschaften – Michael Tamm, Marion Drake, Jürgen Peters und Esther Berg – gemeinsam, daß sie heute neue und durchweg 'lockerere' Partnerschaftskonzepte leben. Diese Lockerheit und gewisse Distanz gegenüber dem anderen Partner hat verschiedene Grade. Bei Michael Tamm, der einzige dieser vier, der sich – ähnlich wie Merten und Sonntag – fast täglich mit seiner Lebensgefährtin trifft und mit ihr fast „alles gemeinsam" macht, bestehen scheinbar die geringsten Reserven. Doch auch er zieht in der Beziehung zu seiner „Bekannten", die er „gern hat", nicht nur gefühlsmäßig Grenzen („aber es ist keine Liebe wie ich das zu meiner Frau gehabt habe"). Um den eigenen Stimmungen nachgehen zu können und mögliche Schwierigkeiten zu vermeiden, sind beide z.B. bewußt nicht zusammengezogen.

„... habn wir, war ansich so'n, ja, wie so n kleenes Abkommen, dat wir gesagt haben, also wir sind in dem Alter irgendwie . eh . gegenseitig ärgern oder Kummer bereiten oder das haben wir beide nicht nötig (...) ja und deshalb fand ich dat so gut, wenn wirklich mal einer, meine, wer ist nicht irgendwelchen Stimmungen oder so unterworfen, ich meine, da konnte derjenige dann sagen, 'ach weißt de ich zieh mich heute zurück, in meine vier Wände, ik bin nicht so gut drauf, ik meld mich wieder', dann hat sich der Fall erledigt gehabt . ja, also ich fand dat war oder ist die beste Lösung, die man haben kann, ja da und wir sind auch in dem Sinne tolerant" (Tamm).

Auch eine Heirat hat er nicht in Erwägung gezogen. Neben materiellen Gründen („wäre blödsinnig, wir würden 2.000 Mark im Monat verlieren") spielt für Michael Tamm eine Rolle,

„... ja und warum auch, ich meine, wir haben jeder unsere Ehe gehabt, haben unsere Enkel und unsere Kinder und allet und 'n neuet Leben in dem Alter wollten wir uns in dem Sinne nicht mehr aufbauen, sondern haben gesagt, na, wir, die Zeit, die wir noch haben, die wollen wir uns so gemütlich und so nett zusammen machen" (Tamm).

Michael Tamm hat keine Ambitionen, ein „neues Leben" aufzubauen. Für ihn ist eine etwas lockere Partnerschaftsform die beste aller für ihn heute denkbaren. Seine Ehe zu einer Frau, zu der er ein sehr inniges Verhältnis hatte, hat er gehabt und ein eigenes Leben aufgebaut. Dies ist ihm wichtig, und das eigene Leben besteht nicht zuletzt in der Beziehung zu seiner Tochter und deren Familie. So gehört zu dem „kleinen Abkommen", das er und seine „Lebensgefährtin" geschlossen haben, auch,

„... wenn, wenn sie kommt oder ich komme und sage, weiß ich (hustet), daß einer ihrer Kinder sagt, die soll da mit kommen oder hin kommen oder meine Tochter sagt, 'Vati, so und so', na dann geht das vor, all das haben wir auch ausgemacht, also wenn, wolln wir sagen ihr Sohn sagt 'Mutter, ik hol dich ab und so weiter', dann ist der Fall ausgestanden, dann da gibts dann überhaupt kein Gerede (...) oder Gemaule, daß man sagt, wir wollten doch oder so, dat gibts nicht (...) und dat find ik wichtig . ja" (Tamm).

Im Fall des Falles geht für Michael Tamm die Beziehung zu seiner Familie vor. Die Priorität seiner Familie drückt sich auch in getrennten Finanzen aus. Und bald nach Beginn der neuen Beziehung habe er mit seiner Tochter gesprochen, daß sie sich keine Sorgen machen müsse, daß ihr Erbe, welches er gemeinsam mit seiner Frau aufgebaut hat, aufgrund seiner neuen Beziehung geschmälert würde. Und umgekehrt sei es auch gut so, die neue Bindung nicht mit materiellen Interessen zu belasten. Das Thema sei bei ihnen geklärt und „tabu". Bei Michael Tamm sind die Spielräume in der neuen Partnerschaft nicht zuletzt Räume, die er seiner Familie zugesteht und für sie reserviert. Nach dem Tod seiner Frau hat er die Beziehungen zu seiner Tochter und ihrer Familie *intensiviert* und möchte dieses Verhältnis nicht mehr missen. Der Kontakt sei immer gut gewesen, aber früher habe seine Frau vor allem den Kontakt gepflegt. Heute ist er es, der fast jeden Tag mit seiner Tochter telefoniert:

„Es ist an sich 'ne ganz klare Angelegenheit, solange meine Frau da war hatte die natürlich den meisten Kontakt mit Tochter, ja, Mutter, Tochter war doch . noch anders, ja, ich meine klar, sie hat sich erkundigt, 'was macht Vati und so', aber wolln wir sagen, der Hauptkontakt war Mutter und Tochter und nachher hat sich dat nun zwangsläufig verlagert (...) ja ganz natürliche Sache ..." (Tamm).

Auf ähnliche Weise ist auch bei der früheren Fleisch- und Wurstverkäuferin Marion Drake ein *lockereres neues Partnerschaftsmodell* mit einer *Intensivierung bereits bestehender Beziehungen* verbunden. Sie betont, daß sie seit dem Tod ihres Mannes, an dem sie wohl hing, der jedoch nicht allein sein wollte und aufgrund einer Krankheit in den letzten Jahren auch nicht allein sein konnte, „tun und lassen [konnte], was ich wollte". Diese neue *Freiheit* möchte sie heute nicht mehr aufgeben. Ihr ist wichtig, daß in der neuen Partnerschaft zu ihrem „Galan", den sie beim Spazierengehen kennengelernt hat und den sie etwa drei- bis viermal in der Woche besucht, jeder „sein Revier" hat. An der neuen Beziehung hebt sie vor allem den unbeschwerteren Umgang miteinander hervor, aber auch, daß man heutzutage nicht mehr von normativen Erwartungen der Umwelt unter Druck gesetzt wird:

„Auf alle Fälle find ik – dat ne Beziehung im Alter – besser als in ner Jugend oder als bei wenn man jünger ist (...) irgendwie ist man, ist das anders – man ist gelöster --- (...) --- man braucht keene Angst mehr zu haben schwanger zu werden zum Beispiel -- (...) ja, man brauch sich nicht zu verstecken so wie dat früher, ik mein, ja heute is das ja so (...) – früher ehm – da mußten se – aufpassen dat das keener sieht (lacht), wenn se mal mit n Jungen spazieren gegangen sind oder mit n jungen Mann – dann gings gleich los – guck mal das Flittchen oder so (...) – ik mein das werden die jetzt heute auch sagen – zu den alten Weibern (lachend), wa, (...) ich mein, jetzt so mit mit – dem Sex und mit der Liebe is das übrigens – irgendwie schöner als früher" (Drake).

Die neue Partnerschaft scheint vor allem eine Art 'Kuschelbeziehung' zu sein. Sie gehen nur wenig zusammen aus. Doch manchmal wird es ihr zu eng. Er ist ihr zu 'pingelig'. Wenn eine Gabel verkehrt läge, „dann joijoijoi", „länger als drei Tage kann man das nicht aushalten". Mit ihrem „Galan" zusammenziehen möchte sie, wie sie sagt, in keinem Fall. Wenn es ihr „stinkt, „haue" sie „ab". Daß sie sich diese Freiheit leichten Herzens nehmen kann und gewissermaßen die Rosinen der Beziehung herauspicken kann, liegt nicht zuletzt daran, daß sie ihr „eigenes Revier" hat. Dieses Revier, dem sie sich auch emotional enger verbunden fühlt, besteht bei der kinderlosen Marion Drake in Beziehungen zu einer Nichte und der Tochter ihres früheren Lehrherrn, zu deren Familie sie ein familiäres Verhältnis hat. Beide sieht sie neben einem Nachbarspaar seit dem Tod ihres Ehemannes deutlich häufiger.

Hinsichtlich dieser Intensivierung bestehender Beziehungen könnte man Michael Tamm und Marion Drake in gewisser Weise als Übergangsfälle zu den heute alleinstehenden Umfeldbezogenen (5.1.2; 5.2.1) betrachten. Doch anders als bei letzteren ist die Intensivierung – die sich in beiden Fällen auch nicht auf der (für die Befragten mit neuen Partnerschaften zu groben) Ebene des emotionalen Netzwerks ausdrückt – bei Michael Tamm und Marion Drake unproblematisch. Im Gegenteil. Offensichtlich stellen die neuen Partnerschaften ein Gegengewicht zu den alten Beziehungen her – und vice versa. Beide Bereiche stellen ein „eigenes Revier" mit je unterschiedlicher Qualität dar. Inhaltlich ergänzen sie sich. Und in ihrer Qualität als „Eigenes" verweisen sie aufeinander und balancieren sich dadurch aus. In beiden Bereichen hat man die Chance, Grenzen selbst zu setzen.

Wie unterschiedlich auch die neuen Partnerschaften der Umfeldbezogenen im Einzelfall aussehen, insgesamt überwiegen bei ihnen deutlich die positiven Bewertungen des heutigen Lebens. Der neue Partner wird in jedem Fall als unverhofftes „Glück" betrachtet. Hinzuweisen ist allerdings auch auf einen negativen Aspekt, der jedoch bei der Gesamtbewertung nicht stark ins Gewicht zu fallen scheint. So gehen Marion Drake und ihr „Galan" nur selten zusammen aus, da ihr Freund sein Grundstück nur ungern alleine läßt. Darin liegen für Marion Drake auch negative Seiten der neuen Beziehung, die sie von den drei umfeldbezogenen Männern, die mit ihren Partnerinnen fast alles gemeinsam unternehmen, unterscheidet. Gelegentlich fehlt es ihr, als Paar draußen etwas zu unternehmen. So sind bei Marion Drake bestimmte Aktivitäten, die sie vor der Verwitwung gemeinsam mit ihrem Mann hinaus führten (Kegeln, Reisen) sowie darüber auch bestimmte Bekanntschaften (Kegeln) *abgebrochen*. Alleine würde sie nicht gehen.

5.2.2.3 „Individualisierte": Lockere Partnerschaftskonzepte und Intensivierung von Aktivitäten

Ähnlich wie bei den „Umfeldbezogenen" mit engem Partnerschaftskonzept haben sich die sozialen Beziehungen der beiden „Individualisierten", Jürgen Peters und Esther Berg, mit Ausnahme der neuen Partnerschaft nicht (Peters) oder nur am Rande (Berg) verändert. Bei ihnen folgt diese Entwicklung jedoch einer anderen Logik. Wie Marion Drakes und Michael Tamm leben beide heute 'lockerere' Partnerschaftskonzepte. Daneben haben sie jedoch nicht Beziehungen intensiviert sondern bereits bestehende *Aktivitäten* (Peters: Reisen; Berg: Beruf[55]). Über diese Intensivierung eigener sachlicher Interessen hat Esther Berg auch neue „Bekanntschaften" geknüpft (über berufliche Fortbildungskurse und über die Gründung eines privaten Literaturkreises) – nicht wie die Umfeldbezogenen über die neue Partnerschaft. Bei diesen beiden Befragten findet sich im Prinzip ein ähnliches Orientierungsmuster wie bei den heute Alleinstehenden mit dem Muster „Individualisierung durch Verwitwung". Sie zeichnen sich durch ein starkes sachliches Interesse an bestimmten Aktivitäten aus, gleichzeitig sind für sie Beziehungen zu anderen Menschen auch im Alltag sehr wichtig. In ganz bestimmter Hinsicht aber unterscheiden sie sich. Was bei den Befragten mit dem Muster „Individualisierung durch Verwitwung" erst durch die Verwitwung ausgelöst wurde, nämlich sich auch im Alltag sehr stark Aktivitäten und (auch) außerfamilialen Beziehungen zuzuwenden, erfolgte bei der Familienberaterin Esther Berg (vier Kinder) und dem ehemaligen Personalstellenleiter Jürgen Peters (ein Sohn) bereits sehr viel *früher im Lebenslauf*: lange vor (Berg) bzw. in der Anfangszeit (Peters) ihrer Ehe. Ihre „Individualisierung" wurde durch andere, sehr viel früher liegende biographische Ereignisse befördert.

Esther Berg, Jahrgang 1929 und einzige Tochter eines jüdischen Buchhändlers, ist geprägt durch die Verfemung und Verfolgung der Juden während des Nationalsozialismus. In ihrer Familie wurde sie „sehr ängstlich behütet" und fühlte sich eingeengt. Wie ihre Eltern war sie ein Einzelkind, „was bei mir natürlich den dicken Wunsch nach 'ner großen Familie ausgelöst hat". Sie wollte unbedingt in die Schule („endlich raus"). Doch als sie dort hinkam, erfuhr sie vor allem Diskriminierung und Ausgrenzung. In der Schule wurden regelmäßig die Nürnberger Gesetze vorgelesen. Freundinnen, die sie sich wünschte, hatte sie nicht, „durfte ja nicht, die haben gar nichts mit mir zu tun haben wollen". Wenn sie ausnahmsweise auf einen Kindergeburtstag eingeladen wurde, durfte sie nicht mit auf das Gruppenbild. Esther Berg ist geprägt von der in Kindheit und Jugend erfahrenen „Verletztheit, daß man mich überall rausgeschmissen hat". 1938 wurde ihr Vater, an dem sie „unendlich" hing, abgeholt und kam ins 'Konzentrationslager'. Auf Intervention ihrer Mutter wurde er ein Jahr darauf wieder freigelassen, mußte sich jedoch scheiden lassen und emigrierte ins Ausland, wo er bald darauf starb. Mit ihrer Kindheit und Jugend verbindet Esther Berg, wie sie sagt, nur zwei positive Erinnerungen, zum einen, wie sie als Zehnjährige im kleinen Geschäft ihrer Mutter Zigarren verkaufen durfte. Als sie irgendwann einmal am Tresen in der Stadtbücherei stand, habe sie sich gesagt: „da stehst du mal dahinter". Die andere positive Erinnerung ist für sie mit einem christlichen Ju-

55 Esther Berg war als einzige Befragte zum Zeitpunkt des Interviewtermins noch erwerbstätig.

gendkreis verbunden, in den sie ein Pfarrer, der Kunde ihrer Mutter ist, als Vierzehnjährige eingeladen hatte.

„Ich war seelig und glücklich, weil da kein Mensch was erzählt hat, von du bist die doofe Kuh (...) da war ich eine von vielen (...) die mich (...) seelisch sehr getragen haben" (Berg).

Esther Berg ließ sich heimlich konfirmieren („ich hab endlich dazugehört"). Für die Erwachsene waren später alle drei Bereiche gleichermaßen wichtig: ihre große Familie mit einem beruflich stark eingespannten, aber, wie sie sagt, liebevollem Partner und vier Kindern („großer Tisch"), ihre verschiedenen (individualisierten) Freundschaften, die für sie neben ihrem Mann wichtige Gesprächspartner waren, und nicht zuletzt ihr Beruf. Zwischenzeitlich allerdings „bin da einem großen Irrtum über mich selber aufgesessen". Nach dem zweiten Kind hörte sie mit der Erwerbstätigkeit auf.

„Mußt ich zu meinem eigenen Entsetzen feststellen, wie entsetzlich ich das fand (...) ich saß da mit meinen drei kleinen Kindern da und merkte, ich hab mich geirrt, das ist nicht meine Welt (...) eine blitzblanke Dreizimmer-Wohnung jeden Tag noch blitzblanker machen und auch drei noch so entzückende Kinder sind ja keine Gesprächspartner" (Berg).

Sie engagierte sich in der Kirchengemeinde (organisierte private Hauskreise, die zu Freundeskreisen wurden) und fing, von ihrem Mann unterstützt, wieder an zu arbeiten. Als die Kinder größer wurden, absolvierte sie noch ein Psychologiestudium und arbeitet auch heute noch als Therapeutin.

Für den aus dem Schwarzwald stammenden Jürgen Peters, Jahrgang 1921, sind biographische Schlüsselerlebnisse die fünfjährige Kriegsgefangenschaft und die räumliche Mobilität in die Großstadt Berlin. Die lange Kriegsgefangenschaft warf ihn beruflich zunächst hinter seine Altersgenossen zurück. Der Start und die Integration in den beruflichen Alltag wurden in seinen Augen zusätzlich erschwert durch den gleichzeitigen Umzug nach Berlin zu Verwandten seiner Frau. Als ein in einem kleinen Dorf aufgewachsener Süddeutscher hat Jürgen Peters den Eindruck, etwas langsamer zu sein und fühlte sich anfangs dem Tempo seiner Berliner Kollegen nur unter großen Mühen gewachsen. Doch der heute sehr pragmatische Jürgen Peters hat sich 'durchgebissen'. Beruflich hatte er Erfolg (Personalstellenleiter) und hatte später auch ein – wie er es ausdrückt – „herrliches Verhältnis" zu seinen Kollegen, die auch privat wichtige Bezugspunkte sind. Mit Kollegen aus seinen verschiedenen Dienststellen geht er regelmäßig kegeln, einige Kollegen wurden „richtige Freunde". Doch auch seine süddeutschen Kontakte blieben ihm wichtig. Dazu gehören ehemalige Schulkameraden im Schwarzwald, ehemalige Kollegen aus seiner ersten Ausbildungszeit vor dem Krieg und nicht zuletzt seine Herkunftsfamilie. Zu der großen Familie besteht ein enger, teilweise inniger Kontakt, „also wir haben ein sehr familiäres Verhältnis, alles was Peters heißt". Die ganze Familie, ca. 40 Personen, trifft sich jedes Jahr, und diese Treffen organisiert heute Jürgen Peters („Familientradition").

Bei Jürgen Peters und Esther Berg haben die verschiedenen biographischen Einschnitte – anders als bei den „Individualisten" – nicht zu einer Abwendung von Sozialität geführt. Im Gegenteil. Diese Einschnitte wurden offenbar dadurch bearbeitet, daß man sich nicht nur auf bestimmte oder einen kleinen Kreis von wichtigen Bezugspersonen stützte, sondern daß sich die beiden sowohl (ganz bewußt) auf die Familie wie auf (individualisierte) Freunde als auch schließlich auf den Beruf stürzten. Beide Befragten waren und sind sehr außenorientiert. Der Unterschied zu den Individualisten läßt sich auch so beschreiben: Monika Goldmann, Hendrik Strom und Adelheid Biber hatten eine in ihren Augen intakte Gemeinschaft, eine heile Welt (Familie, Jugendgemeinschaft, Dorf). Sie sind geprägt durch die Erfahrung des *Verlusts* dieser Gemeinschaft und zogen sich auf sich selbst bzw. auf Gott als wesentlichen verläßlichen Bezugspunkt zurück. Jürgen Peters' und Esther Bergs biographische Schlüsselerfahrung liegt offenbar darin, daß sie sich zunächst als *außerhalb* von Gemeinschaften Stehende erfahren haben (Peters: Kollegenkreis; Berg: Freundschaften; Großfamilie) und von dem Wunsch getrieben waren, dazu zu gehören. Den Platz dort bzw. eigene kleine Bezugsgruppen haben sie sich sehr bewußt erkämpfen müssen und selbst aufgebaut. Wichtiger Haltepunkt war ihnen dabei ihr Beruf. Lange vor der Verwitwung waren sie in verschiedenen Bezügen integriert, deren Vielfalt und Gesamtumfang sich von denen aller anderen Befragten unterscheidet.

Nach dem Tod ihrer Partner waren diese in doppelter Hinsicht weitgespannten Bezüge für Esther Berg und Jürgen Peters eine wichtige Ressource, die sie auch heute mit durch ihren Alltag trägt. Abgebrochen sind – trotz ihres großen Netzwerks – wenn, dann nur über den verstorbenen Partner zustande gekommene Kontakte. Beispielsweise unterhält Jürgen Peters auch nach der mittlerweile erfolgten Verrentung nicht nur die verschiedenen „Freundschaften" mit ehemaligen Kollegen, sondern auch die geselligen Kontakte zu seinem „weitläufigen" „Kollegenkreis". Familie und Kollegenkontakte sind für ihn „gleichwertig" und er „pflege beide Teile nach wie vor". „Alleinsein kenn ich überhaupt nicht", „komme manchmal gar nicht rum". In gewisser Weise könnte man ihn als 'Sozialnudel' bezeichnen. Ihm geht es um unbeschwerte Geselligkeit, er hält nach seinen Kriegserfahrungen nichts davon, Probleme zu wälzen.

Daneben haben Jürgen Peters und Esther Berg nach dem Tod des Partners bestimmte Aktivitäten intensiviert und ausgebaut. Beispielsweise gehören zu Jürgen Peters vielfältigen Interessen, die ihn zwischen seinen diversen sozialen Kontakten beschäftigen, tägliche Läufe, Klavier spielen, die Pflege seines Obstgartens und seiner umfangreichen Uhren- und Plattensammlungen, ein Familienarchiv und die Organisationsarbeiten der jährlichen Familientreffen. Ein insgesamt stärkeres Gewicht haben für ihn Reisen bekommen, die er gemeinsam mit seinem Vetter aus dem Schwarzwald unternimmt und bei denen neuerdings auch seine Lebensgefährtin mit dabei ist. Mit seinem

Vetter verbindet ihn ein sehr enges Verhältnis („wir verstehen uns blind") und mit ihm telefoniert er häufig, manchmal um sich am Telefon gemeinsam die gleiche Sportsendung anzusehen. Für die damals 56jährige Esther Berg hat nach dem Tod ihres Mannes der Beruf „einen immer stärkeren Stellenwert bekommen" (Fort- und Weiterbildungen, über die sie auch neue Bekanntschaften geschlossen hat), daneben pflegt sie vor allem ihre literarischen Interessen und hat einen privaten Literaturkreis gegründet.

Jürgen Peters und Esther Berg haben wieder *neue Partner* gefunden. Doch für beide stand fest, daß sich dadurch nichts an ihren alten Kreisen und Aktivitäten veränderte. So ist für Esther Berg an ihren vielen verschiedenen Beziehungen insgesamt am wichtigsten „ja, ja, schon so diese Stabilität, nech, und diese Geborgenheit auf unterschiedliche Weise, aber dies Wissen, da gehör ich dazu". Am schlimmsten sei für sie, irgendwann vielleicht einsam zu sein. Beide Befragte sind − mit unterschiedlichen Akzenten − nicht bereit, auf ihr „Eigenes" zu verzichten. Auf unterschiedliche Weise führt sie dies auch zu *'lockeren' Partnerschaftsmodellen*.

Jürgen Peters und seine zwanzig Jahre jüngere Lebensgefährtin („meine Süße"), die in seiner früheren Dienststelle arbeitet und die er nach dem Tod seiner Frau über seinen Kreis ehemaliger Kollegen kennenlernte, wollen demnächst heiraten. Doch er betont, daß sie ihre getrennten Wohnungen danach aufrechterhalten wollen („behalten wir bei"). Wie er sagt, lebe er heute „insgesamt (...) ausgesprochen leicht und locker" („wir sind frisch, fromm, fröhlich dabei") und findet es „leichter zu leben als Single als in einer Lebensgemeinschaft". Ähnlich wie Marion Drake ist er nicht mehr bereit, seine neu gewonnenen Freiräume wieder aufzugeben. „Wenn man älter wird (...) [muß man einen] Ablauf haben, der einen nicht einzwängt (...) macht sich sehr gut". Er müsse heute nicht mehr „Rücksicht nehmen" und kann seinen „eigenen Vorstellungen" folgen[56]. Bei seiner verstorbenen Frau[57] mußte „alles stimmen (...), immer sichern (...) das 'Wenn und Aber', das war bei mir nicht, ich hatte da keine Probleme (...) [ich hab] nicht pausenlos überlegt, diskutiert und zerredet (...) mir ist es wursch, wie der Schreibtisch aussieht". Das „Eigenleben, das muß man dem Anderen einfach lassen". Und zu seinem Eigenleben gehören für Jürgen Peters zum einen die neuen Freiräume im Alltag, zum anderen aber auch seine Kontakte im Schwarzwald, zu denen er immer alleine hinfährt („das ist nichts für sie, kennt da keinen").

---

56 Dies drückt sich im übrigen auch gegenüber seinem in Westdeutschland lebenden Sohn aus, mit dem er ein „dickes Verhältnis" habe. Ganz anders als Michael Tamm habe er zu seinem „Sohnemann" gesagt, „'kannst Du nicht drauf rechnen, daß Du dicke Bankkonten vorfindest' (...) ich genieße das, was auf mich zukommt".

57 Jürgen Peters betont in besonderem Maße die Freiräume des heutigen Lebens. Nach dem Tod seiner Frau habe er „alles wahrgenommen (...) ausgesprochen um mich gekümmert (...) so erzogen, daß ich (...) nicht an Dingen zerbreche,(...) jeder muß damit rechnen, daß er seinen Nachbarn mal verliert".

Auch Esther Berg möchte heute ihre „*Autonomie*" nicht mehr missen, und dazu gehört auch die Pflege der alten Beziehungen, die für sie Stabilität garantieren. In dieser Hinsicht scheinen sich die lockeren Partnerschaftsmodelle fast zwangsläufig aus der spezifischen Orientierung der Individualisierten abzuleiten. Sie haben ihr 'Eigenes' – *ihr vielfältiges Beziehungsnetz und ihre Aktivitäten* – und darin wird der neue Partner nur soweit integriert, wie es unproblematisch ist. 'Immer' mit dem Partner zusammen zu sein, stellt für sie keinen eigenen Wert dar, im Gegenteil scheint es ihre Autonomie in Frage zustellen. Bei Esther Berg kommt noch ein weiterer Aspekt hinzu. Auf ganz andere Weise als bei Jürgen Peters bedingen ihre Eheerfahrungen Abgrenzungen gegenüber neuen Partnern. In ihren Augen ist die *Qualität* ihrer Beziehung zu ihrem verstorbenen Mann nicht ersetzbar. Zentralen Stellenwert besitzt für sie dabei die lange gemeinsame Geschichte,

„... dieses gewachsene, also ich kannte meinen Mann ja, wir waren 32 Jahre verheiratet, 36 Jahre haben wir uns gekannt und . das waren eben viele Höhen und Tiefen auch . und diese (...) dennoch zueinander gestanden haben. und an die Beziehung geglaubt haben, auch dann, als in schwierigen Situationen. eh. Durchgestanden zu haben (...) mit diesem Wissen innerlich gehabt haben, also mein Mann hat das immer so ausgedrückt ach haben wir ein Glück gehabt (...) miteinander, und ich habe noch einen wunderschönen Brief von ihm (...) [er mußte auf Dienstreise] mußte er sehr früh weg und ich wach auf und neben (...) meinem Kopfkissen liegt n Zettel, 'ich schau Dir in Deine leider noch geschlossenen Augen, Kleines (lacht), und freu mich aufs Wiederkommen, wie ich mich immer freuen werde, zu Dir zurückzukommen', das war 'n halbes Jahr vor seinem Tod" (Berg).

„Spannend" sei es gewesen zu sehen, „wie sich der Partner auch verwandelt im Laufe eines langen Lebens". Sie resümiert: „Und ich denke, das ist ja was, ja was . dat kriegt man nur einmal im Leben. ne?" Mit ihrem Mann hat sie über die Hälfte ihres Lebens verbracht und konnte mit ihm über alles sprechen („ungläubiges Staunen darüber, keinen Austauschpartner mehr zu haben"). Und eigentlich hatte sie auch gedacht, „als Frau bin ich, hab ich abgeschlossen". Doch sei dies ohne Verbitterung gewesen, „aber das ist ja immer so, wenn man ne gute Ehe hat, ist man nicht verbittert". Doch zu ihrer eigenen Überraschung habe sie sich wieder „neu geöffnet". Esther Berg hat heute zwei Männer, die sie etwa vier Jahre nach dem Tod ihres Mannes kennengelernt hat, im ersten Kreis des emotionalen Netzwerks eingetragen. Auf die Frage, wen sie als Freund bezeichnen würde, lacht sie: „Haha, ist ne gute Frage. beide. würd ich als Freunde bezeichnen. aber. Äpfel vom Appelbaum und Birnen vom Birnbaum (lacht). Auf unterschiedliche Weise sind wir miteinander befreundet"[58].

---

58 Im Fall von Esther Berg drängt sich die Frage auf, ob ihre beiden „Freundschaften" als Partnerschaften bezeichnet werden sollten. Objektiv besehen ist ihr Fall sicherlich als Grenzfall zu betrachten. Doch ich folge hier ihrer eigenen Definition, die jedoch eine starke Modifikation ihres früheren Partnerschaftskonzepts darstellt.

„Was ja ganz selten ist, daß man in meinem Alter noch mal eh. das ist ja nu auch schon paar Jahre her. auf ner anderen Ebene und. jeder hat seine lange Geschichte hinter sich, aber es hat schon auch noch ne intensive Freundschaft zu einem Mann sich entwickelt, aber das ist natürlich sehr schwierig, weil, wie gesagt, jeder hat seine lange Geschichte. und es gibt bei jedem so n Kreis schon und von daher. kann das immer nur partiell sein, ne (lacht). es ist auch nicht sehr exklusiv sondern es ist so aber. ich möchte nicht drauf verzichten, dat ist mir. dieser eine Mann ist mir n wirkliches intellektuelles Gegenüber und das brauch ich mehr als alles andere" (Berg).

Bezogen auf ihre „Austauschpartner" ist Esther Berg intellektuell und emotional fordernd. Auch mit ihrem Mann habe sie nie nur „Belanglosigkeiten" ausgetauscht. Doch entgegen ihre Erwartung hat sie jemanden gefunden, der Dinge verstehen kann, die ihre „wirklich ureigenste Wesensart" betreffen und mit dem sie sich auseinandersetzen kann.

„... der ist mir sehr wichtig, also das würde mir sehr fehlen, wenn ich diesen Austausch und gelegentliche Zärtlichkeiten nicht hätte" (Berg).

Zwischenzeitlich verkehrt sie mit diesem Freund sogar nur brieflich.

„... ist jemand, dem sein Schreibtisch auch sehr wichtig ist (...) jemand ist, der so nah an sich auch nicht rankommen läßt. aber das entspricht meiner jetzigen Lebenssituation auch gut, also als junge Frau wär mir das zu wenig gewesen" (Berg).

Zu ihrem anderen Freund, den sie auf einer kulturellen Veranstaltung kennengelernt hat, sei das eine „andere Form von Beziehung". Er sei intellektuell weniger herausfordernd, dafür verbindet sie mit ihm mehr „Zärtlichkeit" und „körperliche Nähe". Zu ihm hat sie „Vertrauen (...), ick kann da och mal heulen und [muß mich] nicht rechtfertigen". Das liegt nicht zuletzt daran, daß dieser Freund auch ihren Mann kannte.

„Dann stellte sich heraus, der kannte auch meinen Mann und irgendwo sowas n Stück Vertrautes (...) Also ich brauch eben jemand wo ich eben 'weiß Du noch sagen kann'," (Berg).

Esther Berg hat sich wieder ein „neues Leben" aufgebaut, „ich mußte". Aber „so im Großen und Ganzen ist das vorbei, also diese echte Geborgenheit, die ich in der Ehe hatte"[59]. Für Esther Berg sind wirkliche Nähe und Geborgenheit an ihren Mann gebunden, den sie nach wie vor liebe und mit dem sie weiter im Gespräch verbunden sei. Er hat sie und ihre Geschichte geteilt und

---

59 Auf die Frage nach den größten Veränderungen nach dem Tod ihres Mannes antwortet Esther Berg: „Schock (...) von einer Sekunde auf die andere (...) nicht wahrhaben wollen (...) viel Wut in mir (...) und dann zog eben meine jüngste Tochter auch ganz schnell aus und ich war hier ganz allein in dem Haus (...) plötzlich von ner Familie n Single (...) zuviel einkauft (...) ungläubiges Staunen darüber, keinen Austauschpartner mehr zu haben (...) sehr verletzt (...) Gefühl nach Hause zu kommen, und da wartet keiner mehr, oder ich erwarte keinen mehr (...) vielleicht das allerschlimmste, hab mir dann angewöhnt gehabt, hier Licht anzulassen. ja weil ich damit sehr schwer zu Rande gekommen bin, in ein Haus zu kommen, was nicht erleuchtet war (...) es war eben ein Familienhaus".

geprägt, er hat sie gefordert, bei ihm konnte sie aber auch „Kleines" sein. Vor diesem Maßstab und dem Hintergrund ihrer weiten Bezüge kann jede andere Beziehung nur „partiell" sein, sowohl inhaltlich wie zeitlich. Auch wenn es in ihren Augen keinen Ersatz für ihren verstorbenen Mann gibt: Austausch, Vertrauen und Vertrautes hat sie wieder neu gefunden – auf eine Weise, die weder ihre „Autonomie" und ihre stabilisierenden „Kreise" noch ihre Sicht auf ihre *Geschichte* und ihre *Liebe* gefährdet. Ihr Wunsch für die Zukunft aber ist „Arbeiten können bis zum letzten Tag".

Insgesamt unterscheiden sich die sozialen Beziehungen der früh sehr außenorientierten Individualisierten hinsichtlich Größe und Heterogenität der Netzwerke zum Zeitpunkt der Verwitwung von allen anderen Befragten. Alle anderen hatten vergleichsweise wenige Bezugspersonen. Die Individualisierten hatten sich bereits lange vor dem Tod ihrer Partner ein weites und integratives Netzwerk aufgebaut und hatten viele selbstverständliche und zum Teil sehr enge Außenkontakte. Vor diesem Hintergrund eines deutlich größeren und vielfältigeren Reservoirs informeller sozialer Beziehungen scheinen neue Partnerschaften ein gar nicht so zufälliger und unwahrscheinlicher Pfad. An diesem Punkt zeigt sich ein (netzwerk-)struktureller Einfluß – Größe und Vielfalt der Integration – auf die Veränderungen sozialer Beziehungen nach der Verwitwung. Aufgrund ihrer spezifischen Netzwerkstruktur wird vermutet, daß bei den Individualisierten der „Zufall" neuer Partnerschaften – ebenso wie lockere Partnerschaftsmodelle – *System* hat.

5.3   Das Typenfeld im Überblick

Insgesamt wurde in diesem Kapitel herausgearbeitet, unter welchen – personalen und situativen – Bedingungen es zu den in 5.1.1 und 5.2.1 beschriebenen Veränderungstypen der sozialen Beziehungen und bestimmten „outcomes" nach der Verwitwung kommt. Im folgenden wird das Typenfeld noch einmal kurz zusammengefaßt und in Hinblick auf mögliche Leerstellen[60] und zeitliche Übergänge – letztlich also die Verallgemeinerbarkeit der Befunde – diskutiert. Welche positiven und negativen Varianten und Verläufe sind bei den verschiedenen Orientierungsmustern denkbar? Inwieweit handelt es sich um (zeitlich begrenzte) Übergangsformen? Worin unterscheiden sich schließlich die Personen, die nach der Verwitwung neue Partnerschaften eingegangen sind, von denjenigen, die keine neue Partnerschaft

---

60 Die Frage, ob außer den hier gefundenen Kombinationen aus Beziehungsbezogenheit, Aktivitätsorientierung und Freundschaftsmustern noch weitere vorstellbar sind und unter welchen Bedingungen welche Orientierungen zu erwarten sind, wird in Abschnitt 6.2. angesprochen. Dort gehe ich auch darauf ein, inwieweit die Orientierungen auf außerfamiliale Beziehungen (Freundschaftsmuster) u.U. Veränderungen unterworfen sind.

eingegangen sind? Dabei gelten die folgenden Ausführungen nur für die Situation von Verwitweten, die gesundheitlich nicht oder nur geringfügig eingeschränkt sind. Mögliche Konsequenzen, die mit den für das höhere und hohe Alter typischen Einschränkungen verbunden sind (wie der Tod weiterer Bezugspersonen und mögliche Mobilitätseinbußen), sind Thema von Abschnitt 6.3.

Als zentrales Ergebnis der empirischen Untersuchung wurde festgestellt, daß die Art der *Veränderungen* der sozialen Beziehungen nach der Verwitwung auf der Seite der Individuen wesentlich von drei Arten von individuellen Orientierungen abhängen:

- erstens von der *Orientierung auf Sozialität* (Beziehungsbezogenheit im Alltag). Sie ist gewissermaßen für die Richtung der Veränderungen der Integration verantwortlich und stellt gleichzeitig einen wesentlichen subjektiven Bewertungsmaßstab der Integration dar;
- zweitens, ob eine – von bereits bestehenden sozialen Kontexten unabhängige – *Orientierung* auf außerhäusliche *Aktivitäten* vorliegt, der man nach der Verwitwung nachgeht. Die Aktivitäten können einerseits zum wesentlichen Bezugspunkt der Alltagsorganisation werden, neben dem man offenbar auch keine neuen Beziehungen „benötigt" (Veränderungstyp II), andererseits auch als ein Vehikel zum Knüpfen wichtiger neuer Beziehungen dienen (Veränderungstyp III);
- und drittens die Art der Orientierung auf außerfamiliale Beziehungen (*Freundschaftsmuster*). Von dieser hängt ab, wie stabil die bereits bestehenden außerfamilialen Beziehungen über den Tod des Partners oder der Partnerin hinaus sind.

Insbesondere wenn man nach der Verwitwung *keine neue Partnerschaft* eingegangen ist, können sich diese Orientierungen je nach Art der Ausprägung als Ressourcen oder als Restriktionen für die soziale und emotionale Integration erweisen[61]. So machen diese Orientierungen nicht nur verständlich, wie sich die soziale Integration nach der Verwitwung entwickelt. Bei den heute alleinstehenden Verwitweten scheinen sie darüber hinaus auch wesentlich zu sein für das Verständnis der *subjektiven Zufriedenheit* mit der heutigen sozialen Integration. Wurden keine neuen Bezüge (Aktivitäten oder Beziehungen) aufgebaut, geht der Abbruch der außerfamilialen Beziehungen[62] offenbar mit

---

61 Auf die Gründe, warum sich Merkmale der Partnerschaft als nicht so erklärungskräftig für das Verständnis der Veränderungen der sozialen Integration nach der Verwitwung erwiesen haben wie die genannten drei Orientierungen, gehe ich in Abschnitt 6.1. ausführlich ein.

62 Auf diesen wichtigen Aspekt komme ich im nächsten Kapitel (6.1.1) genauer zu sprechen. An dieser Stelle sei der Vollständigkeit halber vermerkt, daß bei einigen Befragten nach der Verwitwung Kontakte abbrachen, die über den verstorbenen Partner zustande gekommen waren. Allerdings handelt es sich dabei häufig nicht um emotional wichtige Personen. Von den heute Alleinstehenden betrifft dies Verwandte der Partnerin (Niestroy, Anders), Schulkameradinnen der Frau (Niestroy, Winter), Stiefkinder (Claas), Kriegskameraden des Man-

spezifischen Defiziten einher (Geselligkeit, „Intensivierungsschwierigkeiten" in bestehen gebliebenen Beziehungen; 5.1.2). Und die Aktivitätsorientierung scheint bei den heute alleinstehenden Verwitweten wichtige Funktionen bei *der Ablösung vom Partnerschaftsmodell bzw. einer auf bestimmte soziale Personen oder Gruppen zentrierten Vorstellung von Zugehörigkeit* und damit für ein insgesamt positives subjektives „outcome" zu spielen (neue emotional wichtige Bezugspunkte und Abgrenzung von sozialen Beziehungen; 5.1.3).

Des weiteren zeigte sich, daß *außerfamiliale* Beziehungen für alle befragten Alleinstehenden – wenn auch auf unterschiedliche Weise – ein wichtiger Bestandteil der sozialen Integration sind: bei manchen sind sie wesentlicher Bestandteil der Alltagsgestaltung (Individualisierte) oder stellen zumindest eine wichtige „Ergänzung" familialer Beziehungen dar (bei den Umfeldbezogenen). Und für andere wieder sind sie, auch wenn sie kaum die Alltagsgestaltung berühren, sehr wichtige Beziehungen „im Hintergrund" (Individualisten). Anders als die außerfamilialen Beziehungen haben sich *familiale* Beziehungen in dieser Stichprobe nur als *einer von mehreren sozialen Bezügen* als tragfähig erwiesen – auch wenn sie, wo sie vorhanden sind, die (Kern-) Familie in fast allen Fällen ein wichtiger Bezugspunkt ist.

Die genannten Orientierungen stellen aber auch bei den Befragten mit *neuen Partnerschaften* wesentliche Faktoren zum Verständnis der Veränderungen der sozialen Beziehungen dar. Gebrochen werden deren Wirkungen jedoch durch die Art des neuen Partnerschaftskonzepts. Ist die neue Partnerschaft sehr eng, können die Wirkungen der drei Orientierungen sogar gänzlich suspendiert werden – was im übrigen indirekt gerade deren Bedeutung bestätigt. Die Partnerschaft wirkt gewissermaßen als „Schutzfaktor". Im Unterschied zu den heute Alleinstehenden war bei den Befragten mit neuen Partnern eine durchgängig positive Bewertung der heutigen Integration festzustellen.

Ist die *neue Partnerschaft sehr eng* („alles gemeinsam"), brechen bestehende Beziehungen nicht ab und werden über sie neue Beziehungen erschlossen (Merten, Sonntag, Tamm) bzw. neue Aktivitäten aufgenommen (Tamm). Bei starker Bezogenheit auf den neuen Partner kommen ansonsten problematische Aspekte der Lage-gebundenen Freundschaften nicht zum Tragen. Und zum Knüpfen neuer Beziehungen und zur Aufnahme neuer Aktivitäten ist keine eigene Aktivitätsorientierung notwendig. Die starke Bezogenheit auf den Partner macht die Suche nach anderen Alternativen unnötig.

Bei den Befragten mit *lockeren Partnerschaftskonzepten* wirken sich die Orientierungen Aktivitätsorientierung und Freundschaftsmuster – bezogen auf die Entwicklung der sozialen Beziehungen – in zweierlei Hinsicht ähnlich wie bei den heute Alleinstehenden aus, wenn auch jeweils nicht so pointiert. So haben erstens zwei Umfeldbezogene bestimmte bestehende Bezie-

---

nes (Biber), Kollegen des Mannes (Weber, Anders); von den Befragten, die heute in einer Partnerschaft leben, betrifft es Familienmitglieder der Ehefrau (Tamm), Stiefkinder (Drake) und Kollegen des Mannes (Berg).

hungen intensiviert (Drake, Tamm), die beiden Individualisierten haben vor allem Aktivitäten intensiviert. Diese Veränderungen liegen jedoch nicht auf einem Niveau, das sich in dem relativ grobmaschigen Instrument des emotionalen Netzwerks abbildet bzw. als grundlegende Umorientierung auf Aktivitäten ausdrückt. Zweitens findet sich auch bei den Befragten mit neuen Partnerschaften die Bedeutung der Aktivitätsorientierung als *Vehikel* für neue Beziehungen („Bekanntschaften"; Berg) bzw. bei Lage-gebundenen Freundschaften ein Abbruch ehemaliger Bekanntschaften (Drake). Im Unterschied zu den heute Alleinstehenden sind die Intensivierungen alter Beziehungen (Tamm: Tochter und deren Familie, Drake: Nichte, Tochter des Lehrherrn und Nachbarn) jedoch insgesamt mit einem positiven „outcome" verbunden. Hier ist sie keine Notlösung, sondern gewollt. Den neuen (lockeren) Partnerschaften kommt dabei eine wichtige ausgleichende Funktion zu. Bei allen Befragten mit lockeren Partnerschaftskonzepten stellen sowohl die neuen Partnerschaften wie die alten Beziehungen und Aktivitäten ein „eigenes Revier" mit je unterschiedlicher Qualität dar (Ergänzungsverhältnis). Als „Eigenes" verweisen sie aufeinander und balancieren sich dadurch aus (Gegengewicht). Festzuhalten ist, daß keiner der Befragten, die heute lockere Partnerschaftskonzepte haben, den neuen Partner schon länger kannte bzw. sehr vertraut mit ihm war (im Gegensatz zu Merten und Sonntag). Bezogen auf ihre neuen Partnerschaften scheinen diese Befragten alle recht genau zu wissen, was sie wollen bzw. vor allem auch, was sie nicht wollen. Niemand von ihnen ist bereit, auf die neuen Freiräume im Alltag zu verzichten (keiner der vier möchte etwa mit dem Partner zusammenziehen) oder die „eigenen" Beziehungen und Aktivitäten, die teilweise sehr bewußt als Ausdruck der eigenen Geschichte gesehen werden (Berg, Tamm), dem Partner zuliebe einzuschränken. Die lockeren Konzepte sind für sie durchweg neu und stehen für neue Maßstäbe, die aus ihrer Lebensgeschichte (und vielleicht auch aus der Absehbarkeit ihrer Lebensspanne[63]) resultieren. Daß sie wenig zu Kompromissen bereit scheinen und Grenzen leichter setzen können, liegt wohl auch mit daran, daß es für alle unerwartet war, überhaupt jemand neues gefunden zu haben. Alle sind über ihre neuen Partner sehr zufrieden, aber sie richten sich ihr Leben so ein, wie sie es wollen[64]. Angesichts ihres Alters und der Zeit, in der sie aufgewachsen sind, überrascht dabei die Innovationsfreudigkeit und Unkonventionalität, mit der sie ihre neuen Partnerschaften gestalten: für Marion Drake ist der Freund vor allem zum Kuscheln da; Esther Berg hat zwei Freunde, einen für Zärtlichkeiten und einen als intellektuelles „Gegenüber", mit dem sie auch viel brieflich korrespondiert; Jürgen Peters will zwar nicht zusammenziehen, aber heiraten. Gleichzeitig fehlen den Be-

---

63 Zumindest latent ist dies auch in den Ausführungen von Jürgen Peters enthalten. Wie er sagt, will er jetzt nur noch „genießen".

64 Von ihrer Umgebung fühlen sie sich dabei nicht unter Druck gesetzt, wenngleich fast alle mit ihren Kindern über die neue Beziehung sprachen.

fragten jegliche Begriffe für diese neuen Beziehungen: man spricht von „jemand", einem „Galan", einer „Bekannten", „wie sagt man heute, der Lebensgefährtin".

Insgesamt wurden vier verschiedene Kombinationen der drei Orientierungen (*Orientierungsmuster*) gefunden – und zwar mit einer Ausnahme jeweils sowohl bei Befragten mit als auch bei Befragten ohne neue Partnerschaften[65]. Alle Orientierungsmuster wurden sowohl bei Männern als auch bei Frauen gefunden sowie jeweils bei Personen mit als auch ohne Kindern. Bei den heute alleinstehenden Befragten sind diese Orientierungsmuster, wie gesagt, mit unterschiedlichen subjektiven „outcomes" verbunden. Daneben unterscheiden sich die Orientierungsmuster aber auch hinsichtlich der Wahrscheinlichkeit von neuen Partnerschaften (und damit vermutlich einem positiven „outcome") sowie m.E. auch der Frage, inwieweit ihre subjektive Zufriedenheit mit der sozialen Integration von äußeren, im weitesten Sinne von strukturellen Bedingungen abhängt. Diese strukturellen Bedingungen möchte ich im folgenden knapp skizzieren (vgl. im folgenden Tabelle 5[66]).

DIE UMFELDBEZOGENEN. Als besondere Risikogruppe, die, bezogen auf die Ressourcen, am schlechtesten dastehen und deren „outcomes" nach der Verwitwung am problematischsten sind, wurden die als Umfeldbezogenen bezeichneten Befragten, die keine neue Partnerschaft eingegangen sind, identifiziert. Für sie sind emotional nahestehende Menschen wichtige Bezugspersonen im Alltag, doch gerade bei ihnen sind die meisten ihrer „Lage-gebundenen Freundschaften" nach der Verwitwung auseinandergebrochen (vgl. dazu noch genauer 6.1.1). Sie haben sich auf die verbleibenden Beziehungen konzentriert. Ihr reduziertes und ausschließlich aus bereits vor der Verwitwung bestehenden Beziehungen zusammengesetztes Netzwerk stellt sie subjektiv jedoch nicht oder nur eingeschränkt zufrieden. Am Fall von Hanne Claas konnte gezeigt werden, daß dabei auch ein *großes verwandtschaftliches Netzwerksegment* (also ein großes und gleichzeitig dichtes Netzwerksegment) bzw. ein Netzwerk mit *vielen verschiedenen Bezügen* nicht notwendigerweise eine zufriedenstellende Integration gewährleisten müssen. Der Abbruch von außerfamilialen Beziehungen dürfte dabei, wie gesagt, mit spezifischen Defiziten (Geselligkeit, Intensivierungsschwierigkeiten der verbleibenden Beziehungen) verbunden sein. Für das insgesamt (eher) negative „outcome" dieser Befragten scheint jedoch vor allem verantwortlich zu sein, daß sie sich – im Unterschied zu den anderen Alleinstehenden – nicht von einer *spezifischen Vorstellung von Zugehörigkeit* gelöst haben: einer *(nach außen und innen) eindeutigen, selbstverständlichen Zuordnung* bzw. *Zugehö-*

---

65 Bezogen auf die Frage, ob eine neue Partnerschaft eingegangen wurde, ist der Fall von Esther Berg (zwei „Freunde") als Grenzfall zu betrachten. In dieser Übersicht sehe ich des weiteren von dem Übergangsfall Adelheid Biber ab (vgl. 5.1.3).

66 Auf die Darstellung des Übergangsfalls Biber wurde hier verzichtet (vgl. Abschnitt 5.1.3). Zur Zuordnung von Arndt Sonntag und Michael Tamm vgl. die Anm. in 5.3 und 5.2.2.

rigkeit zu ganz bestimmten Personen oder Personengruppen. Bei diesen Personen oder Gruppen handelt es sich in allen Fällen um eine Partnerschaft[67], bei manchen zusätzlich um die Zugehörigkeit zu einer Kern- oder Großfamilie bzw. bei dem Übergangsfall Adelheid Biber auch um die Zugehörigkeit zu einer spezifischen Form dörflicher Vergemeinschaftung, insgesamt also um – wenn man so sagen möchte – traditionelle Integrationsformen. Und damit ist bei ihnen tatsächlich mit dem Tod des Partners „eine Welt zusammengebrochen" (Falkenstein). Bei dieser Gruppe ist das größte Potential für Einsamkeit zu lokalisieren. Sie sind auch die Gruppe, deren „outcomes" vermutlich insgesamt am stärksten von äußeren Bedingungen abhängig sind. Zumindest ist vorstellbar, daß unter bestimmten Bedingungen die soziale Integration auch bei diesem Orientierungsmuster subjektiv positiv(er) bewertet wird:

a) Erstens ist festzuhalten, daß die äußere Integrationsform der Befragten mit diesem Orientierungsmuster (geringe Außenorientierung, starke Bezogenheit auf wenige, sehr enge, v.a. Familien-Beziehungen und negatives „outcome") die der typischen „Trauerphase" nach dem Tod des Lebenspartners ist – und damit einer zeitlich begrenzten Übergangsphase, die fast alle Befragten durchlaufen haben. Damit ist zumindest prinzipiell denkbar, daß sich Personen, die sich – oberflächlich betrachtet – diesem Muster zuordnen lassen, nach Verarbeitung des Partnerverlustes später z.b. auf bestimmte Interessen an Aktivitäten (zurück-)besinnen und entweder auf diese konzentrieren (Muster „Individualisten") oder über diese neue Beziehungen aufbauen (Muster „Individualisierung durch Verwitwung"). Um genau diesen *„Trauer-Effekt"* zu minimieren, wurden in dieser Untersuchung zu den längerfristigen sozialen Folgen jedoch Personen befragt, bei denen der Partnerverlust schon länger zurückliegt und es ist davon auszugehen, daß es sich bei den hier Befragten mit diesem Muster (Verwitwung vor vier bis 15 Jahren) um ein stabiles Orientierungsmuster handelt[68].

b) Als strukturelles Grundproblem dieser Gruppe wurde ihr Festhalten an traditionellen Typen und Vorstellungen von Zugehörigkeit ausgemacht. In dieser an sich sehr heterogenen Stichprobe und eben auch bei Fällen, bei denen die Familienbeziehungen entweder sehr vielfältig und umfangreich sind (Claas) oder, von außen besehen, ungewöhnlich eng erscheinen (Falkenstein) fand sich kein Fall, bei dem die Abgrenzungen seitens ihrer primären Bezugspersonen nicht als problematisch erfahren werden. Zumindest auf Basis dieser Stichprobe muß deshalb wohl von einem durch die Verwitwung aus gelösten

---

67 Dies ist nicht zu verwechseln mit der Person des verstorbenen Partners. Diesbezüglich scheint es keinen Zusammenhang zum heutigen subjektiven „outcome" zu geben. Vgl. hierzu den Abschnitt „Ab-Lösungen" (6.1.4).

68 Anzumerken ist, daß es insbesondere bei Männern noch eine ganz andere *negative* Variante gibt: die erhöhte Mortalität in der ersten Zeit nach dem Tod der Partnerin, die hier als *Selektivitätseffekt* berücksichtigt werden muß.

Tabelle 5: Das Typenfeld

Orientierungsmuster	Beziehungsbez. i. Alltag	Aktivitätsor.	Netzwerkgröße vor Verwitwung	Abhängigkeit neuer Partner u. outcomes v. äußeren Umständen	neue Partnerschaft	outcomes	alternative outcomes und deren Bedingungen	Fälle
„Umfeldbezogene"	ja	–	eher klein	++++	a) keine neue P. *(neue P. eher unwahrsch.)*	(eher) negativ *(Verlaufstyp I „Reduktion und Konzentration")*	*ggf. positiv(er) bei:* i) zufällig zufriedenstellende lage-geb. Fr. ii) ausnahmsweise sehr enge Familienbez. iii) zufällig neue Partnerschaft → „Umfeldbezogene mit neuen Partnern" iiii) falls Muster Trauerphase geschuldet: Rückbesinnung auf Sachinteressen → „Ind. durch Verw." „Individualisten"	Niestroy Claas Falkenstein
					b) neue P. *(„Glück gehabt")*	positiv	*ggf. negativ bei:* Verlust des neuen Partners → „Umfeldbezogene ohne neue Partner"	Merten Drake
„Individualisierung durch Verwitwung"	ja	ja	eher klein	+++	a) keine neue P. *(neue P. eher unwahrsch.)*	positiv *(Verlaufstyp III „Expansion")*	*ggf. negativ(er) bei:* zufälligerweise (noch) keine Freunde	Winter Anders Weber
					b) neue P. *(„Glück gehabt")*	positiv	–	Sonntag Tamm
„Individualisierte"	ja	ja	groß	++	neue P. *(„Zufall mit System")*	positiv	–	Peters Berg
„Individualisten"	–	ja	klein	+	keine neue P. *(neue P. sehr unwahrsch.)*	positiv *(Verlaufstyp II „Stabilität")*	–	Strom Goldmann

254

Druck zur Außenorientierung und Ausdifferenzierung von Zugehörigkeiten
gesprochen werden. Hypothetisch lassen sich durchaus Beziehungen vorstellen, die auch bei einem Festhalten am Partnerschafts- und Familienmodell eine zufriedenstellende(re) Integration ermöglichen. Dies würde aber – neben
ihrer „Existenz", ihrer räumlichen Erreichbarkeit und zeitlichen Verfügbarkeit (indirekt also auch der Familien- und Erwerbssituation) – voraussetzen,
daß die entsprechenden Bezugspersonen ähnliche Interessen haben und eben
gerade nicht die angesprochenen Grenzen ziehen. Zu denken wäre hier insbesondere an ebenfalls alleinstehende *Geschwister*[69] oder auch an alleinstehende *Kinder*, die – ebenso wie noch lebende Eltern – keiner der hier Befragten
hat. *Enkel* mögen sich aufgrund des großen Altersunterschieds demgegenüber wohl eher nur kurzfristig als primäre Bezugspersonen eignen, wie eben
bei Hanne Claas, die ihre zwei Enkel in ihrem Haushalt versorgte[70].

c) Vor dem Hintergrund der starken normativen Bezogenheit auf Partnerschaft und Familie mögen *außerfamiliale Beziehungen* bei den Umfeldbezogenen wohl nur bedingt eine zufriedenstellende Integration begründen
können. Doch ausgeschlossen werden kann es nicht; man denke etwa an
Adelheid Bibers Ideal einer dörflichen Gemeinschaft. Insbesondere mag es
außerfamiliale Beziehungen geben, bei denen die beschriebenen strukturell
bedingten „Intensivierungsschwierigkeiten" zufälligerweise nicht auftreten,
bei denen es – wie etwa bei Hanne Claas' Freundin aus dem Krankenhaus –
gewissermaßen besser „paßt" und die auf diese Weise zur subjektiven Zufriedenheit zumindest *stärker beitragen* als die außerfamilialen Beziehungen der
anderen Umfeldbezogenen. Aufgrund der in diesen Altersgruppen größeren
Zahl alleinstehender Frauen ist dies tendenziell eher für Frauen als für Männer zu erwarten.

d) Schließlich sind die „outcomes" bei den Verwitweten positiv, die heute wieder in neuen *Partnerschaften* leben. Bei den Umfeldbezogenen scheint
diese Option jedoch am stärksten von Zufällen abhängig zu sein. Prinzipiell
ist von ihnen niemand einer Partnerschaft abgeneigt (vgl. auch 6.1). Doch gerade ihr Pool potentieller Partner ist von allen Befragten am kleinsten. Allerdings kann – wie am Beispiel von Marion Drake zu sehen war, die ihren
„Galan" beim Spazierengehen kennengelernt hat – beim Anknüpfen von
Partnerschaften gegenseitige Anziehung als funktionales Äquivalent zur
Aktivitätsorientierung beim Knüpfen von Freundschaften dienen. Derartige

---

69 In dieser Stichprobe haben – verglichen mit der entsprechenden Altersgruppe (vgl. Küne-
    mund/Hollstein 2000) – unterdurchschnittlich wenige (insgesamt vier) Befragte noch leben-
    de Geschwister, die jedoch weit entfernt leben (Claas, Sonntag) bzw. mit denen man den
    Kontakt abgebrochen hat (Niestroy, Merten).
70 Wenn familiale Beziehungen eine subjektiv zufriedenstellende Integration gewährleisten,
    würde nebenbei bemerkt, auch das Instrument des emotionalen Netzwerks den Zusammen-
    hang zwischen Veränderungen der sozialen Integration und der subjektiven Zufriedenheit
    nicht mehr so deutlich abbilden, wie es hier – an sich überraschend – gefunden wurde: So
    stehen die kernfamilialen Beziehungen bei diesen Befragten grundsätzlich im ersten Kreis.

Zufälle sind aufgrund der in höheren Altersgruppen größeren Zahl alleinstehender Frauen (wegen deren höherer Lebenserwartung, normativer Vorstellungen über Altersunterschiede in Partnerschaften, Kriegsverlusten bei den Männern dieser Kohorten) aber eher für Männer als für Frauen zu erwarten. Da sich die Umfeldbezogenen mit und ohne Partner nicht grundsätzlich unterscheiden, ist bei einem möglichen Verlust dieser Partner vermutlich auch längerfristig eher mit einem negativen „outcome" zu rechnen.

INDIVIDUALISIERUNG DURCH VERWITWUNG. Während die heute alleinstehenden Umfeldbezogenen nach der Verwitwung eindeutig als Risikogruppe zu bezeichnen sind, hat die Verwitwung bei den Personen mit dem Orientierungsmuster Individualisierung durch Verwitwung, die keine neue Partnerschaft eingegangen sind, langfristig zur *Freisetzung von bisher wenig oder sogar gänzlich ungenutzter Potentiale* und zu verschiedenen Umorientierungen geführt (Anpassungsprozeß). Diese im Alltag ebenfalls stark auf andere Menschen bezogene Gruppe hat sich nach der Verwitwung ein „neues Leben" aufgebaut und sich – von allen Befragten individuell vermutlich am stärksten – von alten Vorstellungen von Zugehörigkeit gelöst. Sie gehören mit den Umfeldbezogenen zu den Befragten, die während der Partnerschaft fast alles gemeinsam mit dem Partner unternommen haben. Doch sie konnten sich offenbar zu eigen machen, daß ihre heutigen Beziehungen und Aktivitäten ein *wechselseitig aufeinander verweisendes Geflecht unterschiedlicher Zugehörigkeiten* darstellen. Wesentliche Ressource für diesen Lösungsprozeß war ihr Interesse an Aktivitäten, welches während der Partnerschaft teilweise oder sogar gänzlich brachlag. Darüber haben sie nach der Verwitwung die Bezüge aufgebaut, die heute den Kern ihres „neuen Lebens" ausmachen: die neuen Aktivitäten und die über die Aktivitäten neu geknüpften Beziehungen (Vehikel). Daneben scheint die Aktivitätsorientierung auch ein wichtiges Instrument zu sein, um sich – auf unterschiedliche Weise – von den verschiedenen einzelnen Bezugspersonen abzugrenzen. Die Befragten mit dem Orientierungsmuster „Individualisierung durch Verwitwung" stehen in besonderem Maße für die Möglichkeiten und Chancen, die – zumindest längerfristig – mit der Verwitwung verbunden sein können. In der ersten Zeit nach dem Tod des Partners haben sie durchaus mit dem Gedanken an eine neue Partnerschaft gespielt oder tatsächlich eine aufgenommen (Winter). Doch mittlerweile haben sie die positiven Seiten ihres neuen Lebens schätzen gelernt und möchten die neuen Freiräume nicht mehr missen. So heben sie heute auch die Vorteile des Alleinseins hervor und möchten auf die dadurch gewonnenen Handlungsspielräume und Selbständigkeit (z.B. die Tatsache, niemandem mehr Rechenschaft ablegen zu müssen) nicht mehr verzichten. Bei diesen Befragten ist wohl eher nicht damit zu rechnen, daß sie wieder eine Partnerschaft eingehen werden.

Allerdings sind bei diesem Orientierungsmuster auch *negative(re) „outcomes"* vorstellbar: wenn diese Befragten nämlich trotz ihrer Aktivitätsorientierung keine Freunde finden oder ihre Freunde wieder verlieren (wobei diese Gefahr aufgrund der genannten demographischen Bedingungen von der Tendenz her eher für Männer besteht). Bezogen auf die Abhängigkeit ihrer sozialen Integration von äußeren Umständen sind diese Befragten zwischen den Umfeldbezogenen und den Individualisten zu verorten.

Aufgrund der mit diesem Muster teilweise verbundenen Umorientierungen läßt sich kaum beurteilen, ob und welche der Befragten, die neue *Partnerschaften* eingegangen sind, derartige Ressourcen letztlich aktivieren könnten. Sowohl bei Arndt Sonntag als auch bei Michael Tamm (5.2.2) liegen jedoch Aktivitätsorientierungen vor und es gibt Anhaltspunkte, daß bei beiden auch ohne die neue Partnerin langfristig[71] ein positives „outcome" zu erwarten gewesen wäre. Aus diesem Grund habe ich beide in Tabelle 5 bei dem Orientierungsmuster „Individualisierung durch Verwitwung" eingetragen – auch wenn dieser Titel für sie aufgrund ihres heute gelebten „Umfeldbezugs" etwas unglücklich ist.

DIE INDIVIDUALISIERTEN. Bei den Individualisierten liegen prinzipiell die gleichen Orientierungen vor wie bei Personen mit dem Muster „Individualisierung durch Verwitwung". Sie unterscheiden sich jedoch im Zeitpunkt der „Individualisierung", also der Außenorientierung und Differenzierung der sozialen Bezüge. Dieser liegt bei den Individualisierten deutlich früher im Lebenslauf. Aus diesem Grund war das Netzwerk der Individualisierten vor der Verwitwung von allen Befragten mit Abstand am größten und vielfältigsten. Bezogen auf das durch die Verwitwung offenbar ausgelöste Handlungsproblem des Differenzierungsdrucks könnte man sagen, daß die Individualisierten frühzeitig 'vorgesorgt' haben. Während beim Muster Individualisierung durch Verwitwung neue Freiräume erst im Zuge der Umorientierung und Anpassung an die veränderten Umstände als solche erkannt wurden, entsprechen Selbständigkeit und Autonomie bei den Individualisten einem schon lange gepflegten Lebensstil. Aufgrund ihres große Pools an Bezugspersonen und ihrer früh geübten Offenheit gegenüber Fremden ist m.E. bei diesen Personen eine neue Partnerschaft *strukturell* wahrscheinlicher als bei allen anderen Befragten. So haben auch die beiden einzigen Befragten mit diesem Orientierungsmuster neue Partner. Allerdings stellt Esther Berg einen Grenzfall dar. Ihre beiden neuen Beziehungen sind so 'locker', daß man sie prinzipiell auch als Person „ohne neue Partnerschaft" hätte bezeichnen können. Bei den Individualisierten jedenfalls hat der Zufall einer neuen Partnerschaft „System".

Insgesamt scheinen strukturelle Merkmale des Gesamtnetzwerks also durchaus wichtig zu sein. Zum einen stellen *große* und v.a. sehr *gemischte* Netzwerke ein Reservoir für neue Partnerschaften dar. Zum anderen scheinen es diese Netzwerke – auch unabhängig von neuen Partnerschaften – zu er-

---

71 Natürlich nur, wenn man von Einschränkungen, die mit dem Alternsprozeß verbunden sein können, absieht. Vgl. dazu Abschnitt „Zukünftige Veränderungen der Integration" (6.3).

möglichen, im Alltag neben Aktivitäten auch auf Beziehungen zu bauen – ohne einzelne wichtige Beziehungen zu überstrapazieren. Die Ergebnisse legen allerdings nahe, daß die Voraussetzung dafür ist, daß man sich subjektiv von alten Vorstellungen von Zugehörigkeit verabschiedet hat. In diesem Sinne scheinen vor der Verwitwung geknüpfte große Netzwerke und v.a. sehr gemischte Netzwerke für das Leben nach dem Partnerverlust einen Schutzfaktor darzustellen bzw. ein Indikator für ein positives „outcome" zu sein. Wie bei den Befragten mit dem Muster „Individualisierung durch Verwitwung" ist bei den „Individualisierten" auch ohne neue Partnerschaft mit einem positiven „outcome" zu rechnen.

DIE INDIVIDUALISTEN. Wie man an den Individualisten sehen kann, müssen umgekehrt jedoch auch sehr kleine Netzwerke – vor und nach der Verwitwung – keineswegs mit einem negativen „outcome" verbunden sein. Die Individualisten sind diejenigen Befragten, von denen am wenigsten zu erwarten ist, daß sie nach der Verwitwung wieder eine Partnerschaft eingehen. Wie sie selbst konzedieren, stand für sie nach dem Tod des Partners „sofort fest", daß sie alleine bleiben (wollen). Von den Befragten ohne neue Partnerschaften stellt dieses Muster nach der Verwitwung den sichersten Pfad dar. Sie sind von allen Befragten am geringsten von sozialen Beziehungen und damit auch von äußeren Umständen abhängig. Sie haben ihren Alltag sehr schnell um ihre Aktivitäten organisiert. Bei ihnen ist am deutlichsten sichtbar, daß das Interesse an etwas „Drittem", welches losgelöst ist von konkreten Beziehungen, nicht nur ein Vehikel zum Knüpfen von Beziehungen darstellt, sondern auch etwas Eigenes, welches man auch den offenbar bestehenden strukturellen Grenzen von Beziehungen außerhalb von Partnerschaften entgegensetzen kann. Emotional enge (alte) Beziehungen sind für diese Befragten zwar grundsätzlich wichtig, doch stehen sie eher im Hintergrund des neuen Alltags. Neue enge Beziehungen haben sie nach der Verwitwung nicht geschlossen und eine neue Partnerschaft zogen sie nicht in Betracht. Die Befragten mit diesem Orientierungsmuster haben insgesamt das höchste Autonomie- und Kontrollbedürfnis. Man könnte vielleicht sagen, daß ihnen der verwitwungsbedingte Druck zur (Aus-) Differenzierung sozialer Beziehungen von allen Befragten im Grunde am 'gelegensten' gekommen ist.

Im nächsten Kapitel geht es um die biographischen Erfahrungen, die die Ausbildung der verschiedenen Veränderungsressourcen befördern oder behindern (6.2). Darüber hinaus wird gezeigt, daß diese Orientierungen nicht nur Ressourcen oder Restriktionen beim Aufbau eines „neuen Lebens" nach der Verwitwung darstellen können, sondern auch beim Umgang mit zukünftigen altersbedingten Veränderungen der Lebenssituation (6.3). Zunächst gehe ich aber darauf ein, warum bestimmte Merkmale der alten Partnerschaft nur indirekt Einfluß auf die Veränderungen der sozialen Beziehungen nach der Verwitwung haben (6.1).

6. Biographische Bezüge und zukünftige Entwicklungen

6.1 Das Erbe der Partnerschaft

In diesem Abschnitt soll der Frage nachgegangen werden, welche Bedeutung die frühere Partnerschaft für die Veränderungen der sozialen Beziehungen und für die heutige Integration hat. Eigentlich wäre zu erwarten, daß der Charakter und die *Gestaltung* der Partnerschaft oder die frühere und heute u.U. noch bestehende *Orientierung* auf den Partner sich stärker auswirken müßten als die Freundschaftsmuster und die Aktivitätsorientierung. Denkbar ist beispielsweise, daß jemand, für den der Partner immer allererster Bezugspunkt war, gar keine Übung darin hat, auf fremde Menschen zuzugehen bzw. gar keine Beziehungen hat, die er oder sie nun intensivieren könnte. Denkbar ist auch, daß jemand, der auch heute noch sehr stark an dem Verstorbenen hängt, überhaupt nichts Neues aufbauen *möchte*. Plausibel erscheint auch, daß bei einer schlechten *Ehequalität* oder einer als sehr einengend empfundenen Ehe die Verwitwung Freiräume eröffnet, die er oder sie nun nutzen kann (Verwitwung als Chance). Schließlich fällt in diesen Komplex auch die Frage, inwieweit sich strukturelle Positionen wie „gate-" oder „kinkeeper" nach der Verwitwung quasi auszahlen oder – für Männer – gerade nachteilig auswirken, weil möglicherweise alle Kontakte von der verstorbenen Frau gemanagt wurden. Scheinen nicht alle diese Faktoren viel „erklärungskräftiger" zu sein als die in dieser Untersuchung in den Vordergrund gerückten Einflußfaktoren „Freundschaftsmuster" und „Aktivitätsorientierung"?

Wie zu zeigen sein wird, läßt sich bei keinem dieser denkbaren Einflußfaktoren ein eindeutiger, direkter Zusammenhang zu den Veränderungen der Beziehungen oder zu der individuellen Bewertung der heutigen Integration nachweisen. Es spielen zwar alle diese Faktoren *indirekt* eine Rolle – letztlich aber ist sind das Freundschaftsmuster und die Aktivitätsorientierung wichtiger.

Keine Zusammenhänge ergaben sich hinsichtlich der Frage, ob die eigene Verrentung vor bzw. nach dem Tod des Partners erfolgte, und der Frage, wie der Partner starb: plötzlich und unerwartet oder nach längerer Krankheit. Inwieweit der Tod des Partners oder Partnerin länger antizipiert werden konnte, scheint nur für die Dauer der Trauerphase, nicht für die längerfristigen Folgen eine Rolle zu spielen. Folgenreich mag allerdings sein, wenn die Verrentung des (männlichen) Partners biographisch sehr früh erfolgte (vgl. dazu Abschnitt 6.2.2).

In den ersten drei Unterabschnitten dieses Kapitels geht es um die Frage, inwieweit die ehemalige Partnerschaft, und zwar deren Gestaltung (6.1.1; 6.1.2) und frühere Bedeutung (6.1.3), die Veränderungen der sozialen Beziehungen und den Charakter der heutigen Integration prägt. Mit „früherer Bedeutung" sind sowohl der ehemalige Stellenwert des Partners als auch die Zufriedenheit mit der Paarbeziehung gemeint. Abschließend wird danach gefragt, welche Bedeutung die Frage, ob man sich innerlich vom Partner gelöst hat bzw. wie stark man noch an ihm hängt, für die heutige Integration hat (6.1.4).

Zunächst aber geht es um den Einfluß, den die Gestaltung der früheren Partnerschaft für die Veränderungen nach der Verwitwung hat. Festzuhalten ist hier, daß – neben der Heterogenität der heutigen Integrationsmuster – auch bezogen auf die Gestaltung der früheren Paarbeziehung, eine große Bandbreite vertreten ist. Zum einen finden sich Partnerschaften, bei denen die Partner „alles gemeinsam" gemacht haben – zumindest wird es ostentativ hervorgehoben, daß es so gewesen sei –, d.h. daß sich beide Ehepartner sowohl ausschließlich gemeinsam mit anderen Menschen getroffen haben als auch immer zusammen etwas unternommen haben. Zum anderen finden sich Paare, die auch „getrennte Wege" gegangen sind: Ein oder beide Partner trafen sich mit bestimmten Freunden oder Bekannten auch allein (vorzugsweise Schulfreundinnen, Kriegskameraden und Kollegen) oder gingen bestimmten Aktivitäten alleine nach. Wieweit die gemeinsame Lebensgestaltung reichte, ist dabei sehr unterschiedlich. In manchen Fällen waren es nur einzelne Interessen oder Beziehungen, bei denen – ausnahmsweise – ein oder beide Partner einen eigenen Weg gingen. Webers z.B. fuhren getrennt in den Urlaub – angeblich, weil es wegen dem Hund „nicht anders geht". Annegret Weber traf ansonsten nur eine Kollegin allein, andere eigene Kontakte pflegte sie ausschließlich brieflich. In anderen Fällen war es die Ausnahme, wenn das Paar etwas gemeinsam unternahm: Stroms pflegten nur die geselligen Kontakte gemeinsam, mit seinen wichtigen Freunden hatte seine Frau gar nichts zu tun, und „für Schwimmen und Wandern (...). war sie nicht zu haben".

Die Frage ist, auf welche Weise unterschiedliche Gestaltungsformen Auswirkungen auf die Veränderungen der sozialen Beziehungen und die heutige Integration haben. Festzuhalten ist an dieser Stelle, daß sich bei den Befragten mit „Lage-gebundenen Freundschaften" ausnahmslos das erste Muster feststellen läßt. Sie haben „alles" mit dem Partner „gemeinsam" gemacht. Hingegen findet sich das zweite Muster, „getrennte Wege", bei allen Befragten mit individualisierten Freundschaften, die fast alle auch spezifische sachliche Interessen hatten.

6.1.1   Hypotheken: Die Macht der Zahl

Im folgenden wird am Beispiel des Abbruchs von Beziehungen zu Paaren nach der Verwitwung gezeigt, wie Strukturmerkmale von bestehenden Beziehungen – in diesem Fall die Gruppengröße – mit individuellen Interessen und Orientierungen zusammenwirken und diesen Abbruch von Beziehungen erklären. Herausgearbeitet werden die (individuellen) Bedingungen, unter denen Strukturmerkmale gewissermaßen eine Eigenmacht entfalten können, die sich gegen die Interessen der Akteure richten kann. Bezogen auf die Bedeutungen von Strukturmerkmalen stellt die folgende Darstellung eine Erweiterung der Simmelschen Überlegungen zur quantitativen Bestimmtheit der Gruppe dar. Es geht um die systematische Erörterung der Viererkonstellation – und zwar hinsichtlich der Frage, was passiert, wenn von zwei Paaren, also einer Vierergruppe, ein Partner ausfällt. Von welchen Bedingungen hängt eine „erfolgreiche" Transformation „von Vier zu Drei" ab? Aus welchen Gründen scheitert sie? Deutlich wird dies nur, wenn die individuellen Orientierungen mit berücksichtigt werden – eine Ebene, die bei Georg Simmel zwar angelegt, aber nicht systematisch verfolgt wurde (vgl. Hollstein 2001).

Daß Kontakte zu Paaren häufig nach der Verwitwung abbrachen, wird von fast allen Interviewpartnern – unabhängig von Freundschaftsmustern oder Aktivitätsorientierungen – berichtet. Diese Abbrüche sind kein Zufall. Die Umwandlung der Gemeinschaft von zwei Paaren zu einer Gesellungsform, in der dem übriggebliebenen Paar eine Einzelperson gegenübertritt, beinhaltet spezifische strukturell bedingte Veränderungen im Charakter des Zusammenseins, die unter bestimmten Bedingungen den Bestand der Beziehung gefährden können. Diese Bedingungen möchte ich kurz darstellen. Wenn zwei Paare zusammen kommen lassen sich empirisch drei verschiedene Konstellationen unterscheiden (vgl. im folgenden Abbildung 4):

Erstens kann es sich um eine Gesellungsform handeln, die strukturell aus vier Einzelpersonen besteht. Dabei handelt es sich um eine Kleingruppe, die durch ein gemeinsames SACHLICHES THEMA miteinander verbunden ist („Vier mal Eins"). Das Zusammen-Sein wird durch das sachliche Interesse dominiert (Esther Bergs Literaturkreis oder Falkensteins Hundefreunde), wobei aber auch Geselligkeit nicht zu kurz kommen braucht (z.B. private Kartenrunde). Hinter der Dominanz dieses Themas rückt die Tatsache in den Hintergrund, daß sich hier zwei Paare, d.h. je zwei und zwei auf einer anderen Ebene miteinander verbundene Personen treffen. Ist ein sachliches Thema Anlaß des Treffens, hat die Reduktion auf drei Personen keine Bedeutung. In erster Linie geht es um „die Sache". Die Struktur der Beziehungsform steht im Hintergrund. Das Personal ist austauschbar – wie bei einer rein geselligen Runde – und die Anzahl der Beteiligten spielt eine untergeordnete Rolle.

Zweitens kann es sich um ein Verhältnis handeln, das auf PERSÖNLICHEN „individualisierten" FREUNDSCHAFTEN aufbaut. Neben den beiden Partnerschaften bestehen enge persönliche Beziehungen, die Querverbindungen zwischen den Paaren herstellen (s.o. Adelheid Bibers Freundschaften aus dem Heimatdorf oder Monika Goldmanns Freunde aus dem Ruderclub; mindestens „Drei mal Zwei" enge Bindungen). Dies ist z.B. der Fall, wenn sich zwei

Abbildung 4: Typen von Gesellungsformen von zwei Paaren (außerfamiliale Beziehungen) und ihre Stabilität nach der Verwitwung

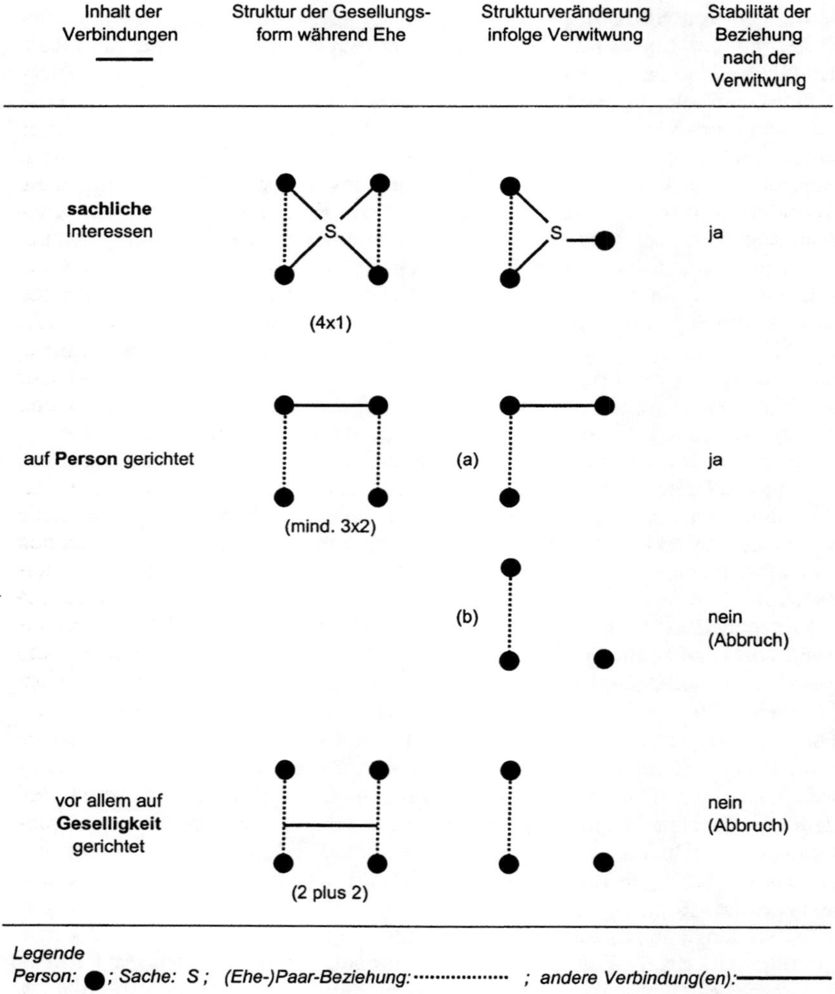

Inhalt der Verbindungen	Struktur der Gesellungsform während Ehe	Strukturveränderung infolge Verwitwung	Stabilität der Beziehung nach der Verwitwung
sachliche Interessen	(4x1)		ja
auf **Person** gerichtet	(mind. 3x2)	(a)	ja
		(b)	nein (Abbruch)
vor allem auf **Geselligkeit** gerichtet	(2 plus 2)		nein (Abbruch)

Legende
Person: ●; *Sache:* S; *(Ehe-)Paar-Beziehung:* ·············· ; *andere Verbindung(en):* ───

ehemalige Schulfreunde gemeinsam mit ihren Ehefrauen treffen. Diese *eine* Freundschaft stellt die Verbindung zwischen den Paaren her und bildet gewissermaßen den „Kern" des Vierer-Verhältnisses. Anlaß dieser Vierertreffen ist Geselligkeit, da hochpersönliche Gespräche bei mehr als zwei Personen auf Dauer gesehen schwer möglich sind. Nur zwischenzeitlich mögen die verschiedenen „engeren" Zweierbindungen – die Partnerschaften wie auch das Freundespaar – deutlicher hervortreten, in dem sie Themen oder Gespräche dominieren oder Situationen, in denen sie kurzzeitig alleine sind, zum intensiveren Austausch nutzen. Steht das Freundespaar gerade im Vordergrund, bleiben die jeweiligen Ehe-Partner zwar eher am Rande, diese strukturelle Gleichheit verbindet sie aber wiederum. Dadurch ist ein gewisses Gegengewicht zu dem Freundespaar gegeben. Bei dieser Konstellation trifft sich das Freundes-Paar gelegentlich auch alleine. Die Freundschaftspaare können durchaus wechseln. So war Annegret Weber zunächst mit einem ehemaligen Klassenkameraden befreundet. Später freundete sie sich stärker mit dessen Frau an. Heute trifft sie sie auch alleine. Beim Verlust eines Partners ist für den Bestand dieser Form ausschlaggebend, wer ausscheidet: einer der beiden Freunde oder eine(r) der beiden Partner(innen). Bei ersterem Fall bricht das ganze Verhältnis auseinander (b in Abb. 4), bei zweiterem treffen sich die beiden Freunde weiterhin – nun allerdings alleine (a in Abb. 4). Der störende Dritte ist der überzählige Ehepartner, was u.U. dazu führen kann, daß dieser auf die Freundschaft eifersüchtig wird und sie unterbindet.

Prinzipiell kann diese Art des Verhältnisses auch aus mehr als drei engen Bindungen bestehen (in Abb. 4 nicht abgebildet). Beispielsweise mag sich zwischen den beiden „randständigen" (Ehe-)Partnern eine enge persönliche Freundschaft entwickeln oder man lernt sich von vornherein als Paar kennen und baut neben den zwei Partnerschaften mehrere – bis zu vier – enge Querverbindungen auf. Ein Beispiel für diese – insgesamt mehr als drei enge Beziehungen umfassende Konstellation – sind die Freunde aus Monika Goldmanns studentischem Ruderclub. Der Tod ihres Mannes bedeutet in diesem Fall keine Gefährdung des Verhältnisses. Die Bindungen zu *beiden* Ehepartnern sind so stark, daß die enge (Ehe-)Partnerschaft das Beisammen-Sein nicht dominiert bzw. stört. In diesem Fall treffen sich die drei Verbliebenen weiterhin gemeinsam. Strukturell handelt es sich bei engen persönlichen Bindungen um ein funktionales Äquivalent zum sachlichen Interesse. Sowohl Sachinteresse wie persönliche Bindungen außerhalb der Partnerschaften brechen die vorgegebenen Ehe-Paar-Koalitionen auf.

Schließlich gibt es den Fall, daß Treffen von zwei Paaren nicht durch sachliche Interessen bestimmt sind, aber auch keine „individualisierten" Freundschaften außerhalb der Partnerschaften bestehen. Vorrangiger Anlaß des Treffens ist GESELLIGKEIT. Bei den Vierer-Treffen dominieren strukturell die beiden engen Partnerschaften das Beisammensein („Zwei plus Zwei"). Zwei festgefügte Ehe-Paare stehen im Vordergrund, zwei Wir's, die sich in diesen Wir's spiegeln und bestärken. Kommt es zwischenzeitlich zu anderen „Koalitionen", dann v.a. jeweils zwischen den Frauen bzw. Männern. Offenbar bieten sich die Geschlechtsrollen als gemeinsames Verbindendes an.

Wenn in dieser Konstellation ein Partner ausfällt, bricht das Verhältnis auseinander. Auf der einen Seite spiegelt der „Einspänner" (Goldmann) nun nicht mehr das Paar, sondern gerät strukturell in die Zuschauerrolle – unabhängig davon, ob er es möchte oder nicht. Doch dieser Zuschauer ist potentieller Eindringling. Die Gemeinsamkeit des Paares wird akzentuiert und ins Bewußtsein gehoben, dieses gerät als Paar unter Rechtfertigungsdruck. Auf der anderen Seite wird der „Einzelmensch" (Goldmann) in seiner Einsamkeit bestärkt. Wenn keine anderen Bindungskräfte sachlicher oder persönlicher Natur vorhanden sind, wird die Struktur zentral und machtvoll und wirkt unabhängig vom Willen und von den Wünschen der Beteiligten: Das Paar wird auf sich und der Einzelne auf sich zurückgeworfen. Unbelastete Geselligkeit ist praktisch nicht mehr möglich. Anders gesagt: Nicht nur Intimität (wie Simmel festgestellt hat), sondern auch Geselligkeit lassen sich zu Dritt nicht auf Dauer stellen, wobei die Konstellation „Zwei plus Eins" besondere Sprengkraft enthält. Auf der Paarseite provoziert diese Struktur Gefühle der Eifersucht, auf der Seite des Einzelnen das Gefühl, überflüssig zu sein („fünftes Rad"). So kommt es, daß insbesondere Beziehungen zu Ehepaaren nach der Verwitwung leicht „auseinanderbrechen" oder besser ausgedrückt: sich sang- und klanglos auflösen. Und dies betrifft nicht nur Bekanntschaften, sondern auch emotional bedeutsame Beziehungen, nämlich die hier als „Lage-gebundene Freundschaften" bezeichneten Beziehungen. Die durch die Verwitwung ausgelöste Veränderung der Gruppengröße konstituiert ein Strukturproblem, das hier zum Abbruch der Beziehungen führt: mit dem Partner ist auch eine wichtige Gemeinsamkeit der Lebensumstände und damit auch ein Themenbereich (Partnerschaft) weggebrochen, Geselligkeit ist nur beschränkt möglich und verbleibende Themen (wie gemeinsame äußere Kontexte, z.B. die Nachbarschaft) reichen offenbar nicht aus, das strukturelle Ungleichgewicht zwischen dem übriggebliebenen Paar und der ihm gegenüberstehenden Einzelperson zu überbrücken.

Das Merkmal Gruppengröße entfaltet also nur unter bestimmten Bedingungen eine Eigendynamik und führt zum Abbruch der Beziehungen – wenn nämlich weder eine sachliche Beziehung noch eine enge persönliche (individualisierte) Beziehung zu dem anderen Paar besteht[1]. Zugleich zeigt sich, daß die Frage der Stabilität außerfamilialer Beziehungen nach der Verwitwung offenbar wenig mit der emotionalen Verbundenheit bzw. der Frage, ob es sich um Freundschaften und Bekanntschaften handelt, zu tun hat. Beide Beziehungstypen können – in Abhängigkeit von ihren Inhalten – erhalten blei-

---

1 Dieser Zusammenhang stellt sich bei Familienbeziehungen im übrigen anders dar. Im Gegensatz zu den hier betrachteten außerfamilialen Beziehungen brechen Familienbeziehungen nicht unbedingt auseinander – auch wenn weder persönliche oder sachliche Verbindungen bestehen. In diesem Fall *kann* der Umstand, zu einer *gemeinsamen Familie* zu gehören als etwas verbindendes „drittes" betrachtet werden, somit als funktionales Äquivalent zu sachlichen oder persönlichen Verbindungen.

ben oder abbrechen. In diesem Sinne können sich bestimmte (inhaltliche) Orientierungen bzw. deren Nichtvorhandensein als Restriktionen (oder Ressourcen) für die Realisierung anderer Interessen, wie etwa Geselligkeit, erweisen.

Abbrüche von Beziehungen zu Paaren finden sich nun allerdings bei fast allen Befragten. Dabei handelt es sich, wie gesagt, entweder um Beziehungen, bei denen der verstorbene Partner eine persönliche (individualisierte) Beziehung zu dem anderen Paar bzw. einem Partner dieses Paares hatte oder um vorrangig gesellige Kontakte. Welche Bedeutung diese Abbrüche von außerfamilialen Paarbeziehungen bei den Verwitweten langfristig haben, ist individuell jedoch sehr unterschiedlich. Im Einzelfall können sie nahezu bedeutungslos sein (etwa wenn es sich um vereinzelte Bekannte handelt, denen man nicht weiter nachtrauert). Sie können sich aber auch als dramatisch für die soziale Integration erweisen, etwa in den Fällen, in denen nach dem Verlust des Lebenspartners (fast) das gesamte außerfamiliale Netzwerksegment wegbrach und zugleich keine neuen Beziehungen geschlossen wurden, die diese Verluste hätten ersetzen können. Dies trifft auf die Umfeldbezogenen zu. Noch bedauerlicher ist dies, wenn gerade Geselligkeit einen besonderen Stellenwert für die Befragten hat. Dies ist bei allen diesen Befragten mit „Lage-gebundenen Freundschaften" der Fall (vgl. 6.2.2).

Als dramatisch für die soziale Integration nach der Verwitwung ist bei den heute alleinstehenden Umfeldbezogenen eine weitere strukturelle Hypothek der Partnerschaft zu bewerten: Wie alle Befragten mit Lage-gebundenen Freundschaften haben sie „alles gemeinsam" mit dem Partner gemacht. Der Partner war nicht nur Hauptansprechpartner, sondern auch Begleiter – nicht nur bei Unternehmungen zu zweit und bei Kontakten mit anderen Paaren, sondern bei allen Schritten in die Öffentlichkeit und somit auch bei allen geselligen Anlässen wie z.B. Vereins- und Nachbarschaftsfeiern („Tanz und Musik"). Der gewohnte und meist selbstverständlich verfügbare Begleiter oder die Begleiterin aber ist tot. Damit steigen die Hürden, Veranstaltungen in der Öffentlichkeit zu besuchen, insbesondere solche, bei denen Geselligkeit und Unterhaltung das Motto sind. Brigitte Falkenstein etwa würde gerne Tanzen gehen, ist aber erfolglos bei der Suche nach einem Tanzpartner. Hanne Claas wünscht sich sehr, endlich einmal wieder ins Theater zu gehen. In beiden Fällen fehlt der Ehemann in der Rolle des männlichen Begleiters. Dadurch scheint ihnen der Zugang zu bestimmten Ereignissen versperrt. Natürlich könnte man fragen, warum die beiden Frauen nicht alleine gehen. Dies ist prinzipiell natürlich möglich. In der Praxis wirken aber verschiedene Aspekte zusammen, deren Effekt zwar eine individuelle Verzichtsentscheidung ist, letztlich aber den Charakter eines objektiven Ausschlusses trägt. Auf unterschiedliche Weise thematisierten alle Befragten einzelne oder alle Aspekte. Es handelt sich um habituelle, normative und infrastrukturelle

Komponenten. Erstens sind insbesondere diejenigen, die „alles gemeinsam" gemacht haben, es gar nicht *gewohnt*, etwas alleine zu unternehmen – wenn sie es tun, dann nur notgedrungen. Sie sind es gewohnt, immer jemanden dabei zu haben, mit dem man die Unternehmungen teilt und sich darüber austauscht, was daran schön und interessant ist. Ohne eine Begleitung, mit der man seine Empfindungen teilen kann, empfindet man keinen *Genuß* daran. Zweitens gibt es öffentliche oder halböffentliche Veranstaltungen – beispielsweise Tanzveranstaltungen – bei denen es üblich, obligatorisch oder notwendig ist, in Begleitung zu erscheinen. Dabei ist das Ausmaß, in dem ein Auftreten ohne Begleitung negativ sanktioniert wird, sehr unterschiedlich: es reicht von offenem Ausschluß bis zu einer Atmosphäre, in der man sich nur selbst unwohl fühlt – weil man der einzige „Einspänner" ist. Insofern vermischt sich dieser Aspekt empirisch auch leicht mit dem erstgenannten: man fühlt sich unwohl, weil der Partner nach außen hin Zugehörigkeit symbolisiert und einem Selbst-Sicherheit gibt. Daher kann man auch nicht genießen. Leider liegen zu wenig Daten über die Art dieser Veranstaltungen vor, so daß nicht beurteilt werden kann, inwieweit bei diesen Veranstaltungen ein Partner tatsächlich „erforderlich" ist oder ob diese Norm oder Konvention nur vorgeschoben ist. Aber unabhängig davon, welcher Aspekt im Einzelfall tatsächlich zutrifft und welches Gewicht er hat: die Befragten verzichten lieber darauf, als alleine zu solchen Veranstaltungen zu gehen. Dabei werden die ersten beiden Aspekte sowohl von Männern als auch von Frauen genannt. Der dritte Aspekt, eine schlechte infrastrukturelle Anbindung, wurde nur von Frauen als Hürde für den Besuch von Veranstaltungen angeführt. Manche Frauen, die kein Auto haben, gehen abends prinzipiell nicht alleine vor die Tür, insbesondere wenn sie sehr abgelegen wohnen. Fehlen dann noch, wie bei Brigitte Falkenstein und Hanne Claas, die *finanziellen* Ressourcen, sich ein Taxi zu leisten und sich damit den nächtlichen Gang durch die einsamen Straßen zu ersparen, bleibt man zu Hause. Werden, wie z.B. von Brigitte Falkenstein, alle diese Aspekte genannt, ist kaum zu entscheiden, welcher letztlich den Ausschlag für die Entscheidung, daheim zu bleiben, gibt und welcher u.U. nur nach- oder vorgeschoben wird. Konkret *kann* aber jeder einzelne Aspekt dazu führen, auf die Veranstaltung zu verzichten. Welchen Stellenwert, welche Bedeutung der versperrte Zugang zu Geselligkeit für die einzelnen Befragten dann hat, hängt von anderen Faktoren ab: erstens davon, wie wichtig für die Befragten Geselligkeit überhaupt ist und zweitens, in welchem Maße Alternativen – d.h. andere Beziehungen und Interessen – vorhanden sind. In beiderlei Hinsicht weisen die alleinstehenden Umfeldbezogenen die größten Defizite auf. Bei diesen Befragten hat Geselligkeit einen hohen Stellenwert, bei allen sind die geselligen Kontakte abgebrochen und keine neuen Beziehungen oder Aktivitäten da, die diesen Verlust ausgleichen könnten. Demgegenüber sagt Hendrik Strom zwar auch, daß bei ihm seit der Verwitwung „gesellschaftliches Leben nicht mehr möglich" ist, doch ihn stört es kaum, er verfügt über andere Aktivitäten und Freundschaften, die für ihn von größerer Bedeutung sind.

Insgesamt sollte gezeigt werden, welche Nachwirkungen oder „Hypotheken" die Gestaltung der früheren Paarbeziehung haben kann. Ob und in welchem Maße diese Hypotheken aber eine reale Belastung werden – in der Form, daß Beziehungen zu anderen Paaren tatsächlich abbrechen, daß man insgesamt nur wenig Möglichkeiten hat, unbeschwert gesellig zu sein und daß man darunter leidet –, hängt von den individuellen Orientierungen ab, d.h. davon, welchen Stellenwert Geselligkeit insgesamt hat, ob es zu anderen Menschen persönliche oder sachliche Verbindungen gibt, die die Beziehungen über die Verwitwung hinüber retten und ob man – über die Aktivitätsorientierung vermittelt – die Möglichkeit hat, neue Beziehungen zu knüpfen.

6.1.2 Vorteile des „gatekeeping", Nachteile unterdrückter Interessen?

Im vorherigen Unterabschnitt ging es darum, unter welchen Bedingungen die Gestaltung von sozialen Kontakten während der Partnerschaft die Veränderungen der Beziehungen und die heutige Integration prägen. Gewissermaßen auf umgekehrtem Wege soll im folgenden gezeigt werden, wie *wenig* letztlich die Gestaltung von Beziehungen und Aktivitäten während der Partnerschaft mit den Veränderungen der Beziehungen und der heutigen Integration in Zusammenhang stehen muß.

Zunächst soll dargestellt werden, auf welche Weise die Gestaltung von Beziehungen und Aktivitäten während der Ehe mit dem Vorhandensein und der Realisierung von eigenen Interessen zusammenhängen. Die Befragten, die manchmal oder vorwiegend „getrennte Wege" gingen (s.o.), verfügten alle sowohl über stark ausgeprägte sachliche Interessen als auch über persönliche Freundschaften, denen sie nachgingen und die sie pflegten – manchmal mit, aber eben manchmal auch ohne den Partner. Frau Strom war – wie ihr Mann sagt – für sportliche Aktivitäten „nicht zu haben". Dies hielt Hendrik Strom allerdings nicht davon ab, alleine Wandern und Schwimmen zu gehen. Bei Goldmanns lagen die Verhältnisse andersherum. Monika Goldmann ging diesen Interessen dann alleine nach. Herr Berg wiederum hatte aufgrund starker beruflicher Belastungen kaum Zeit, die gemeinsamen Freundschaften mit seiner Frau zu pflegen. Sie hinderte das nicht, sich mit den Freunden alleine zu treffen. Nach der Verwitwung erweisen sich sowohl diese persönlichen Freundschaften wie auch die Aktivitätsorientierungen als wichtige Ressource. Bei den Befragten mit „getrennten Wegen" besteht also durchaus ein Zusammenhang zwischen der Gestaltung während der Partnerschaft mit dem outcome nach der Verwitwung. Die „getrennten Wege" sind ein Indikator für eigenständige Interessen und Beziehungen, die nach dem Tod des Partners positiv zu Buche schlagen.

Beim Gestaltungsmuster „immer gemeinsam" läßt sich der Umkehrschluß allerdings nicht ziehen. Zu den Befragten, die während der Ehe außerhalb der Erwerbstätigkeit „alles gemeinsam" mit ihrem Partner gemacht haben, gehören sowohl Befragte, die heute ein „neues Leben" aufgebaut haben (Individualisierte) als auch diejenigen, die nach der Verwitwung am schlechtesten dastehen (Umfeldbezogene). Die Beziehungen zwischen der Gestaltung der Paarbeziehung, der jeweiligen Interessenlage und den „outcomes" nach der Verwitwung sind bei diesen Fällen eher „verschlungen" und sollen im folgenden etwas genauer nachgezeichnet werden.

Einerseits kann sich im „Gemeinsamkeits"-Muster, den gemeinsam betriebenen Aktivitäten und gemeinsam gepflegten Kontakten, die eigene Interessenlage abbilden („harmonische Gemeinschaft und Gemeinsamkeit", Falkenstein, Niestroy, Winter). Dabei gibt es Fälle, bei denen es sich im Nachhinein zeigt, daß hierbei tatsächlich eigenständige Interessen realisiert wurden, die sich später als Ressource erweisen. So gingen Winters gemeinsam den sportlichen Interessen von Klaus Winter nach, im Grunde begleitete Frau Winter ihren Mann bei seinen Interessen.

Aber auch wenn die Interessen mit der Lebensgestaltung übereinstimmen, muß sich dies später durchaus nicht positiv auswirken. Bei Brigitte Falkenstein bestand das eigentliche Interesse darin, etwas gemeinsam mit ihrem Partner zu tun. Letztlich war es unerheblich, worum es sich dabei handelte. Die Hauptsache und die eigene Qualität lagen in der Gemeinsamkeit. Sie hatte keine eigenständigen Interessen und Beziehungen unabhängig vom Partner. Ein Defizit, dessen Tragweite sich nach der Verwitwung zeigte. Am Fall von Brigitte Falkenstein wird deutlich, daß es sich also nicht positiv auswirken muß, wenn die eigenen Interessen in der Beziehung realisiert wurden.

Andererseits kann das stets gemeinsame Tun auch als defizitär empfunden werden: wenn der Wunsch nach Unternehmungen bestand, die der Partner nicht teilte und wenn dieser nicht zum Mitkommen zu bewegen war. Weil man sich schließlich für die Gemeinsamkeit entschied, entfielen sie ganz („defizitäre Gemeinsamkeit", Claas, Anders, Biber). Dieser Interessengegensatz entzündete sich sowohl beim Ehepaar Claas als auch beim Ehepaar Anders an der Frage „Sport oder Kultur". Luise Anders wäre gerne häufiger in die Oper gegangen, Hanne Claas ins Theater, aber ihre Männer waren nicht – oder nur in seltenen Ausnahmefällen – dazu zu bewegen, sondern blieben lieber zu Hause oder entschieden sich im Zweifelsfall für passiven Sport. Dieses Muster defizitärer Gemeinsamkeit findet sich im übrigen nur bei Frauen, was aufgrund der Stichprobengröße natürlich keine Rückschlüsse auf Häufigkeiten zuläßt, aber den Erwartungen – bezogen auf diese Kohorte – entspricht. Die Frauen stecken also ihre Interessen eher zurück. Die Frage ist, ob und inwieweit es wichtig ist und nach der Verwitwung Auswirkungen zeitigt, wenn man den eigenen Interessen nicht nachgegangen ist und sie gewissermaßen „unterdrückt" hat. Wie bereits beim Muster „harmonische Gemeinschaft" lassen sich auch beim Muster „defizitäre Gemeinschaft" *keine* Zusammenhänge zu den Veränderungen der sozialen Beziehungen und der heutigen Integration zeigen. Auf der einen Seite gibt es Fälle, die während der Partnerschaft Interessen „unterdrückt", zurück- oder ganz aufgesteckt haben, diese jedoch auch nach der Verwitwung nicht realisieren. Hanne Claas geht auch heute nicht ins Theater. Bestimmte Defizite während der Ehe bleiben also nach der Verwitwung bestehen. Heute aber können sie nicht mehr als „Liebesopfer" interpretiert werden. Sowohl bei Hanne Claas wie auch bei Adelheid Biber zeigt sich dabei eine gewisse Enttäuschung (Claas) bzw. sogar Verbitterung (Biber). Beide fühlen sich in gewisser Weise „vom Leben betrogen". Sie haben das Gefühl, Interessen um der Partnerschaft willen zurückgesteckt zu haben, etwas „verpaßt" zu haben, was ihnen aber nicht entlohnt wurde. Im Gegenteil, jetzt stehen sie ohne den Partner da: „früher war es schlecht, aber besser als heute" (Biber).

Im Gegensatz dazu bereut zwar Luise Anders, eigene Kontakte zugunsten der Familie und Partnerschaft („Familie hoch und runter") zurückgesteckt zu haben und nichts für ihr Bildungsinteresse getan zu haben, aber bei ihr gibt und gab es ein solches. Und darüber hat sie schließlich auch ihre „Busenfreundin" gefunden („ganz, ganz großes Glück").

An der „gemeinsamen" Gestaltung während der Ehe läßt sich also nicht ablesen, wie sich das Leben nach der Verwitwung entwickelt. Die Aktivitätsorientierung, die den Aufbau eines neues Lebens unterstützt, muß in der Gestaltung – d.h. der Frage, *was* man gemeinsam macht – nicht zum Ausdruck kommen. Am Fall von Luise Anders zeigt sich ein weiterer Aspekt, der wichtig für das Verständnis des Zusammenhangs zwischen Gestaltung der Paarbeziehung und Interessenlage ist. Luise Anders hat sich – wie sie sagt – bei Aktivitäten letztlich dafür entschieden, etwas gemeinsam mit ihrem Partner zu tun, weil sie wegen ihrer Erwerbstätigkeit nur wenig zeitliche Spielräume hatte. Sie und ihr Mann hatten nur wenig Zeit zur freien Verfügung. Im Zweifelsfall entschied sie sich für die Zeit mit ihrem Ehemann. Hieran zeigt sich deutlich, wie wenig die Gestaltung der Paarbeziehung tatsächlich vorhandene Interessen abbilden muß. In der konkreten Gestaltung der Partnerbeziehung drücken sich auch zeitliche Zwänge der Erwerbstätigkeit aus. Sie zwingt zu Prioritätensetzungen und Kompromissen. Aber auch „unterdrückte" und während der Partnerbeziehung nicht realisierte Interessen können nach der Verwitwung als Ressource wirksam werden und die Basis für ein „neues Leben" werden.

Abschließend soll eine weitere Frage behandelt werden, die sich auf den Zusammenhang zwischen der Gestaltung der Partnerbeziehung und den Veränderungen der sozialen Beziehungen und der heutigen Integration bezieht. Unabhängig von der Frage, ob man alles gemeinsam oder manches auch getrennt unternommen hat und auch unabhängig davon, ob einer der Partner „zurücksteckte", ist festzustellen, daß, wenn gemeinsam explizit die Interessen eines Partners verfolgt wurden, es in dieser Stichprobe ausschließlich die Ehemänner waren, die von ihren Frauen – mehr oder weniger erbaut – begleitet wurden. Frau Winter und Luise Anders begleiteten ihre Männer zum Fußball oder Kegeln, Annegret Weber kam immer mit, wenn ihr Mann zu seiner Selbsthilfegruppe ging, auch wenn es eben nicht ihre eigenen Interessen waren. Ging es bei dem gemeinsam Betriebenen hingegen um reine Geselligkeit, dann war es – in dem Falle, daß ein Partner die Initiative übernahm – immer die Ehefrau. Walter Niestroy, Fritz Merten, Klaus Winter und Hendrik Strom betonen, daß ihre Frauen zuständig waren für „Geselligkeit" bzw. die Außenkontakte („war die Frau früher, also die Ehefrau früher, derjenige Teil, der das Zugpferd in der Gesellschaft war"; Strom). Dies betrifft sowohl außerfamiliale Kontakte wie Familienbeziehungen, insofern bestätigen sich in dieser Stichprobe die Thesen der Frauen als „gate-" oder „kinkeeper".

„Gate-" oder „kinkeeping" wird in der Familienforschung üblicherweise als besonderes Potential von Frauen hervorgehoben (z.B. Rossi/Rossi 1990). Wie sieht es damit, bezogen auf die Veränderungen der sozialen Beziehungen, nach der Verwitwung aus? Entsprechend der gängigen Perspektive wäre zum einen zu erwarten, daß die Frauen aus dieser strukturellen Position nach dem Tod des Partners Vorteile ziehen können. Zum anderen kann erwartet werden, daß, umgekehrt, den Männern aufgrund dieses fehlenden Potentials Nachteile erwachsen, beispielsweise, indem sie Schwierigkeiten haben Beziehungen gewissermaßen zu übernehmen oder gänzlich neu zu knüpfen. Das vorliegende Material kann weder die eine noch die andere These bestätigen.

Die Frauen erhalten zwar vorhandene Kontakte zur Familie weiter aufrecht und können in diesem Sinne davon „profitieren". Aber wie gezeigt wurde kann die Familie alleine keine befriedigende soziale Integration garantieren. Der ausschließliche Bezug auf die Familie bleibt defizitär. Die Tatsache, gesellige Kontakte gemanagt zu haben, zahlt sich nach der Verwitwung nicht aus. Wie oben ausführlich dargestellt, brechen die vorrangig geselligen Kontakte nach der Verwitwung auseinander. Völlig unerheblich ist dabei, wer sie faktisch organisiert hatte. „Gatekeeping" kommt Frauen nicht zugute. Die Tatsache, das „Tor zu halten", wird bedeutungslos, wenn der Raum dahinter leer ist. Bestand haben die individualisierten Freundschaften, sachlich motivierte Beziehungen sowie Bekanntschaften, die zufälligerweise auch alleinstehend sind oder werden. Und bezogen auf alle diese Beziehungen stehen die Männer den Frauen nicht nach. Der einzige Aspekt, bei dem die Männer auf den ersten Blick Nachteile haben könnten, sind ebenfalls alleinstehende Bekannte. Gleichgeschlechtliche alleinstehende Bekannte finden sich aus demographischen Gründen bei den Frauen häufiger, was sich auch in dieser Stichprobe widerspiegelt. Allerdings finden sich bei den Männern dieser Stichprobe auch Bekanntschaften nichtsexueller Art mit alleinstehenden Frauen (Niestroy, Strom). Dieses Defizit scheinen Männer also wieder auszugleichen.

Das vorliegende Material läßt keine Schlüsse darauf zu, daß Männer nach der Verwitwung gewissermaßen „büßen" müßten, keine „kin-" oder „gatekeeper" gewesen zu sein. Hendrik Strom beispielsweise muß zwar – wie die meisten anderen – auf seine geselligen und gesellschaftlichen Kontakte verzichten, aber insgesamt bedeutet ihm dies nicht viel: Er verlegt sich nach dem Tod seiner Frau auf Aktivitäten. Zudem hat er enge, wichtige Freunde, die er bereits zu Lebzeiten seiner Frau alleine gepflegt hat. Beides fehlt Walter Niestroy, dessen heutige Integration defizitär ist. Bei ihm sind ebenfalls die geselligen Kontakte abgebrochen – was ihn allerdings in nichts von den Frauen unterscheidet, die für diese Art der Kontakte zuständig waren. Und auch bei den Familienkontakten gibt es keine Anhaltspunkte dafür, daß Männer nach der Verwitwung Nachteile haben könnten. Beim Ehepaar Winter war früher Frau Winter die Kontaktperson zu ihrer Tochter. Seit ihrem Tod ist Klaus Winter selbst für die Kontaktpflege verantwortlich. Das ist für ihn zwar ungewohnt, aber unproblematisch. Im Gegenteil, er findet es sehr nett. Die Umstellung fiel ihm leicht und wird als Bereicherung betrachtet.

6.1.3 Der ehemalige Stellenwerts des Partners. Muß man eine ausgeprägte Partnerorientierung nach der Verwitwung „büßen"?

Von der Gestaltung der Beziehungen und Aktivitäten während der Partnerschaft kann also nicht umstandslos auf die Veränderungen der Beziehungen und die heutige Integration geschlossen werden. Dies schließt allerdings nicht aus, daß die Partnerschaft auf einer anderen Ebene trotzdem folgenreich ist. Welche Bedeutung haben die frühere Orientierung auf den verstorbenen Partner, d.h. der Stellenwert, den der Partner im Lebenszusammenhang innehatte sowie die Qualität der Beziehung bzw. die Zufriedenheit mit der Partnerschaft? Und: Leiten sich möglicherweise die verschiedenen Freundschaftsmuster bzw. die Aktivitätsorientierung vom Stellenwert des Partner ab? Es wurde bereits darauf hingewiesen, daß bei den Umfeldbezogenen während der Ehe eine sehr starke Bezugnahme auf den Partner festzustellen war. Zu vermuten wäre, daß eine Aktivitätsorientierung oder individualisierte Freundschaften sich in einer eher losen oder defizitären Partnerbeziehung herausbilden können, in der die eigenen Wünsche und Vorstellungen nicht befriedigt werden, somit die Partnerbeziehung eine Bewegung nach außen gewissermaßen erzwingt. Diese Außenorientierung stellt sich nach der Verwitwung als Ressource heraus. Wenn dem so wäre, wäre der dargestellte Einfluß der Freundschaftsmuster und Aktivitätsorientierung auf die Veränderungen der Beziehungen und die heutige Integration ein bloß abgeleiteter, würde die Stärke der Bezogenheit auf den Partner (also der Stellenwert der Paarbeziehung oder die (Un-)Zufriedenheit mit dieser Beziehung) die „eigentliche" Erklärung darstellen. Wie hängen die frühere Orientierung auf den Partner (Stellenwert und Zufriedenheit) mit der heutigen Integration bzw. mit den Freundschaftsmustern und der Aktivitätsorientierung zusammen?

Zunächst einmal läßt sich festhalten, daß alle Befragten mit Lage-gebundenen Freundschaften früher insofern die ausgeprägteste Bezugnahme auf den Partner aufwiesen, als sie – dies wurde bereits mehrfach betont – durchgängig „alles gemeinsam" mit dem Partner gemacht haben. Dabei könnte man vermuten, daß sich dieses Freundschaftsmuster – nämlich die geringe Bedeutung außerfamilialer Beziehungen – zwangsläufig aus dieser ausgeprägten Orientierung auf den Partner „ergibt". Der Partner war eben der „einzige Freund". Er oder sie war sowohl der vorrangige Ansprechpartner als auch Begleiter auf allen Wegen. Daneben brauchte man niemanden – höchstens für Geselligkeit. Dies zahlte sich später bitter aus (s.o. Hypotheken). Man könnte auch sagen: es bestand keine Notwendigkeit, andere enge und wichtige Beziehungen zu pflegen, zu schließen und damit auch zu „üben".

Entsprechend läßt sich vermuten, daß auch eine nicht vorhandene Aktivitätsorientierung der hohen Partnerorientierung geschuldet sein könnte. Der Partner bot Bezugspunkte genug: daneben brauchte man weder jemanden anderen noch *etwas* anderes, was sich nach der Verwitwung als problematisch herausstellte. Dies ist eine Möglichkeit. Allerdings zählen zu den sehr stark auf den Partner bezogenen Befragten mit dem Muster „alles gemeinsam" auch Klaus Winter und Luise Anders, die sich ein neues Leben aufgebaut haben (Verein, Freundschaft). Bei ihnen findet sich beides: sowohl eine Aktivitätsorientierung als auch eine starke Bezogenheit auf den Partner. Dabei wird das Aktivitätsinteresse entweder in dieses „Gemeinsamkeitsmodell" integriert oder es „fällt unter den Tisch". Im Fall Winter ist das Paar, wie gesagt, gemeinsam seinen Sport- und geselligen Interessen gefolgt. Sie wurden zum gemeinsamen Ziel deklariert und in der Partnerschaft „realisiert". Luise Anders hingegen „steckte" ihre Bildungsinteressen „zurück", dessen ungeachtet wurden sie aber nach der Verwitwung reaktiviert und als Ressource wirksam. Befragte, die während der Partnerschaft „getrennte Wege" gingen, können ebenfalls eine sehr starke Bezogenheit auf den Partner aufweisen: Die Partner hatten zwar unterschiedliche Interessen, denen sie jeweils getrennt nachgingen, und z.T. separate persönlich wichtige Freundschaften. Dies bedeutete aber keineswegs eine Distanzierung vom Partner. In diesen Fällen werden die unterschiedlichen Interessen und Beziehungen als „sich ergänzend" beschrieben. Sie werden in die gemeinsame Beziehung eingebracht und bereichern sie (*„Ergänzung"*, hohe Zufriedenheit, Berg). Bei einer starken Aktivitätsorientierung kann der Partner also durchaus einen sehr hohen Stellenwert haben („unersetzlich" sein). „Getrennte Wege" müssen nicht das Ergebnis einer schlechten oder distanzierten Beziehung zum Partner sein. Allerdings gibt es bei den letztgenannten Fällen – und das unterscheidet sie von den Befragten, die „alles gemeinsam" machen – neben dem Partner noch etwas anderes. Die Bezogenheit auf den Partner ist keine „ausschließliche". Dies scheint sich in jedem Fall nach der Verwitwung positiv auszuwirken.

Daneben gab es, wie bereits angedeutet, auch bei den Befragten, die „alles gemeinsam" mit dem Partner taten und sehr stark auf den Partner bezogen waren, Personen, die die Partnerschaft – in unterschiedlichem Ausmaß – als *defizitär* beschreiben (Claas, Biber). Die Unzufriedenheit mit der Gestaltung und der Wunsch nach der Realisierung eigener Interessen waren jedoch nicht stark genug, sie tatsächlich umzusetzen – weder während der Ehe noch nach dem Tod des Partners. Eine schlechte bzw. unbefriedigende Partnerschaft führt also nicht umstandslos dazu, sich anderweitig zu orientieren. Bezogen auf den eingangs vermuteten Zusammenhang zwischen Aktivitätsbezug und Partnerorientierung werfen diese beiden Gruppen von Fällen ein anderes Licht. Es scheint eher so zu sein: *Fehlt* ein Aktivitätsbezug, fehlen auch Alternativen zur Partnerschaft und es liegt eine starke Orientierung auf den Partner nahe. Entsprechendes mag für den Zusammenhang zwischen Lage-gebundenen Freundschaften und hoher Partnerorientierung gelten. Man kann hier wohl von einer gegenseitigen Verfestigung und Bestärkung sprechen (vgl. 6.2).

Der Vollständigkeit halber sei an dieser Stelle angefügt, daß Defizite während der Partnerschaft nicht bedeuten müssen, nach der Verwitwung „mit leeren Händen" dazustehen. So gibt es bei den Befragten mit dem Muster „getrennte Wege" auch Fälle, bei denen die allein verfolgten Interessen die Partnerschaft belasteten (Peters, Strom). Es entstehen Reibungsverluste, sei es, daß ein Partner den anderen gerne bei seinen Interessen dabei hätte, oder der andere unzufrieden damit ist, daß man so wenig Zeit miteinander verbringt (Peters). In jedem Fall ergeben sich aus der Verfolgung dieser Interessen Belastungen, die mit einer geringeren Zufriedenheit einhergehen („*auseinander*" oder „*gegeneinander*", potentiell konfliktgeladen und belastend; Peters, Strom). Es überrascht kaum, daß bei diesen Fällen die subjektive Bewertung des Lebens nach der Verwitwung positiv ist. Entweder wurde eine neue Partnerschaft nach einem neuen Modell eingegangen (Peters) oder die vorher nur gegen Widerstände durchgesetzten eigenen Interessen können nach der Verwitwung „ungebremst" ausgelebt werden („ausgekostet", Strom). Aufgrund der niedrigen Ehezufriedenheit kann man bei diesen Fällen nicht nur davon sprechen, daß die Verwitwung eine „Befreiung zu etwas" bedeutet. Darüber hinaus bedeutet die Verwitwung auch eine „Befreiung von etwas", nämlich von einer nur wenig glücklichen Ehe.

Ein eindeutige Beziehung zwischen der Stärke der Orientierung auf den Partner und der heutigen Integration läßt sich nur bei den Befragten feststellen, die eher *schwach* auf den Partner bezogen waren. Bei ihnen hatten die allein betriebenen Interessen den Charakter von „Freiräumen", die man sich gegenseitig ließ. Die Ehe wird als „in Ordnung" beschrieben, es scheint wenig Reibungsverluste zu geben. Es ist eher ein „freundliches, aber letztlich *gleichgültiges Nebeneinander*" als ein Miteinander. Die eigenen Interessen „bereichern" die Beziehung also nicht, sondern stehen unverbunden nebeneinander („gleichgültiges Nebeneinander", Weber). Bei Annegret Weber hat die Verwitwung einen „befreienden" Charakter. Endlich hat sie Zeit, sich ganz ihren musikalischen Interessen zu widmen. Sie muß niemandem mehr Rechenschaft ablegen und auch keine Veranstaltungen mehr besuchen, die sie eigentlich nicht interessierten. Da in ihrem Fall die wichtigen Freundschaften und die Aktivitätsinteressen bereits vor der Heirat bestanden, läßt das Datenmaterial keinen Schluß darauf zu, daß eine weniger enge Partnerbeziehung eine Umorientierung – hin zu Aktivitäten oder anderen wichtigen Beziehungen – *veranlaßt*. Die eigenen Lebensbereiche scheinen es umgekehrt eher zu erleichtern sich vom Partner *abzugrenzen* – wenn er bzw. die Partnerschaft nicht den eigenen Wünschen und Vorstellungen entspricht.

Insgesamt kann nicht bestätigt werden, daß zwischen der Orientierung auf den Partner – also der Stärke und dem Grad der Zufriedenheit mit der Beziehung – und den Veränderungen der sozialen Beziehungen nach der Verwitwung und der heutigen Integration eine eindeutige Beziehung besteht.

Nur eine eher schwach ausgeprägte Orientierung auf den Partner korrespondiert mit eigenen Aktivitätsorientierungen und individualisierten Freundschaften, die sich in faktisch „getrennten Wegen" niederschlagen und nach der Verwitwung positiv zu Buche schlagen. Doch umgekehrt führt eine starke Orientierung auf den Partner nicht zwangsläufig nach der Verwitwung zu Defiziten der Integration. Neben den Umfeldbezogenen gibt es aber zum einen Fälle, die trotz starker Partnerorientierung bereits vor der Verwitwung „getrennte Wege" gegangen sind und diese eigenständigen Bereiche in die Partnerschaft eingebracht wurden (Ergänzung und Bereicherung). Nach der Verwitwung erweisen sich diese Interessen als wichtige Ressourcen. Zum anderen gibt es eben auch Fälle, bei denen eigene Interessen im „Gemeinsamkeitsmodell" integriert wurden (Winter) oder „unterdrückt" waren, trotzdem aber nach der Verwitwung wirksam werden konnten (Anders).

Zwischen der Zufriedenheit mit der Partnerschaft und den Veränderungen der Beziehungen nach der Verwitwung scheint hingegen kein Zusammenhang zu bestehen. Defizite in der Partnerschaft müssen keineswegs dazu führen, sich anderweitig zu orientieren und eigenen Interessen an Aktivitäten nachzugehen oder überhaupt erst auszubilden – weder während der Ehe noch nach der Verwitwung. Im Gegenteil *können* die Defizite gerade als Indiz für mangelnde Alternativen der Lebensgestaltung bereits während der Ehe betrachtet werden. Es scheint eher so zu sein, daß eine hohe Partnerorientierung naheliegt, wenn man weder über eigene starke Interessen noch über andere persönlich wichtige Beziehungen verfügt. Unter dieser Bedingung scheint sich ein primärer Bezug auf den Partner nach der Verwitwung als problematisch zu erweisen.

6.1.4 Ab-Lösungen

Welche Rolle spielt für den Aufbau eines neuen und zufriedenstellenden Lebens, ob und wieweit man sich innerlich von der spezifischen Person des verstorbenen Partners gelöst hat? Bei dieser Frage wird zugleich noch einmal deutlich, daß der ehemalige Stellenwert von und die Zufriedenheit mit der Paarbeziehung für die Frage nach einem „neuen Leben" nur eine untergeordnete Rolle spielen. Bei der Frage, inwieweit man sich von der Vergangenheit gelöst hat, müssen zwei Aspekte unterschieden werden: die Ablösung vom Partner und die Ablösung vom Partnerschafts*modell* (vgl. auch 5.1.3). Der erste Aspekt bezieht sich darauf, inwieweit man noch an diesem bestimmten Partner, an diesem bestimmten Menschen hängt. Inwieweit ist man bereit, den verstorbenen Ehepartner gewissermaßen aufzugeben und ggf. durch einen neuen zu „ersetzen" und eine neue Partnerschaft nach dem gleichen Modell einzugehen? Dies ist beispielsweise weder bei Monika Goldmann noch bei Esther Berg der Fall. Beide betonen, daß sie niemals mehr mit einem anderen Menschen so vertraut werden würden und es auch nicht wollen. Für sie ist der verstorbene Partner „unersetzlich". Dies hindert beide aber nicht daran, ein „neues Leben" aufzubauen. Dieses neue Leben können Alternativen zur Partnerschaft überhaupt sein – wie das Leben auf Reisen bei Monika Goldmann, die sich scheinbar grundsätzlich von der *Idee einer Partnerschaft* verabschiedet hat –, es können aber auch Partnerschaften sein, denen jedoch ein *neues Konzept* zugrunde liegt. So hat Esther Berg heute zwei Freunde, „einen für Zärtlichkeiten und einen als Gegenüber", aber keiner dieser beiden hat einen ihrem verstorbenen Ehemann vergleichbaren umfassenden Stellenwert (vgl. auch Tamm, vgl. Kapitel 5.2.2). Beide machen zwar bewußt einen „Schnitt", aber nur mit dem alten Partnerschaftsmodell. Dadurch bleibt die Einmaligkeit dieser spezifischen Partnerschaft unangetastet. Zumindest auf symbolischer Ebene kann man weiterhin mit dem Partner zusammenleben. Oder anders ausgedrückt: man kann einen neuen Lebensabschnitt beginnen, auch ohne sich innerlich vom Partner gelöst zu haben. Esther Berg spricht noch manchmal mit ihrem Mann – ungeachtet dessen, daß sie zwei neue Freunde hat. Monika Goldmann ist zwar umgezogen, „aber das Interieur ist das alte", und sie hat das Gefühl, daß ihr Mann mit ihr zusammen in der neuen Wohnung lebt. Obwohl der verstorbene Partner einen sehr hohen Stellenwert hatte („unersetzlich" war) und beide hoch zufrieden mit der Ehe waren, konnten sie nach der Verwitwung ein neues Leben aufbauen. Ihre subjektive Bewertung des neuen Lebens ist zwar nicht emphatisch wie bei den „durch die Verwitwung Individualisierten", aber sie sind zufrieden und offenbar ausgefüllt. Die Ablösung vom verstorbenen Partner ist nicht erforderlich für den Aufbau eines neuen Lebens.

Wie oben genauer ausgeführt wurde, trifft demgegenüber auf alle Befragten zu, denen es nicht gelungen ist, sich nach der Verwitwung ein zufriedenstellendes Leben aufzubauen, daß sie sich vom Partnerschaftsmodell nicht gelöst haben: nicht nur nicht von irgendeiner Idee einer Partnerschaft, sondern von ihrem alten Modell einer eindeutigen und klaren Zuordnung und Zugehörigkeit. In ihren Augen gehört zu einem zufriedenstellenden Leben wesentlich ein Lebenspartner (Falkenstein, Niestroy, Claas, Biber). Argumentativ schwanken dabei alle zwischen einer Idealisierung und der Verklärung des alten Partners und der Phantasierung eines neuen Partners bzw. einer neuen Partnerin hin und her. Hier stellt sich die Frage, inwieweit diese Befragten sich überhaupt vom alten Partner gelöst haben. Denkbar wäre, daß sie noch in der Trauerphase befangen sind, die die Hinwendung auf neue Bezüge behindert, sich mithin in einem Übergangsstadium befinden. Aus formalen Gründen ist die Trauerphase eher unwahrscheinlich, da in diesen Fällen seit der Verwitwung zwischen 4 und 15 Jahre verstrichen sind. Dieser formale Einwand muß allerdings nichts besagen, da eine verlängerte Trauerphase zwar wenig wahrscheinlich, aber durchaus möglich ist. Inhaltlich und von den konkreten Fällen her argumentiert, scheint allerdings dagegen zu sprechen, daß alle diese Befragte neuen Partnerschaften gegenüber gar nicht abgeneigt sind. Sie ziehen sie zumindest in Erwägung und denken darüber nach. Vor dem Hintergrund mangelnder Alternativen – sowohl bezogen auf eine neue Partnerschaft als auch bezogen auf ein neues Leben generell – kommen sie in der Argumentation allerdings bald wieder zu der Idealisierung des verstorbenen Partners zurück. Gegen eine Trauerphase und für die Argumentation „Mangel an Alternativen" spricht auch, daß der verstorbene Partner sogar in den Fällen verklärt wird, in denen die Ehe gar nicht sonderlich zufriedenstellend gewesen zu sein scheint[2].

Die sehr starke Version der hier vertretenen These würde besagen, daß diese vier Befragten – sogar unabhängig von einer etwaigen Trauer- und Umorientierungsphase – aufgrund einer fehlenden Aktivitätsorientierung nicht in der Lage sind, sich ein neues Leben alternativ zur Partnerschaft aufzubauen. In diesen Fällen kann, so die These, nur ein neuer Partner dem Leben wieder Sinn geben, vergleichbar der Entwicklung bei Fritz Merten und Arndt Sonntag, die beide betonen, wieviel „Glück" sie mit der neuen Partnerin „gehabt" haben. *Diese* „Weiterentwicklung" ist prinzipiell immer möglich – wenngleich für die Frauen aufgrund der höheren Lebenserwartung und normativer Vorstellungen über Altersabstände zwischen den Geschlechtern in Partnerschaften wenig wahrscheinlich. Letztlich läßt sich in den beschriebenen Fällen (defizitäre Integration, alleinstehende Umfeldbezogene) nicht mit Bestimmtheit sagen, wie die Kausalbeziehung aussieht. Liegt die mangelnde Ab-Lösung vom Partnerschaftsmodell – und der starke noch vorhandene Bezug auf den Partner – daran, daß man keine Alternativen entwickeln konnte? Oder ist die Orientierung am Partnerschaftsmodell so hoch, daß daneben denkbare Alternativen zu einem Leben zu zweit nur ein „Not-

---

2 Vgl. die Falldarstellung Biber in Abschnitt 5.1.3.

nagel" sein können? Die Daten sprechen jedenfalls dafür, daß die beiden Aspekte miteinander verschränkt sind und sich möglicherweise gegenseitig verstärken: Die Tatsache, kein zufriedenstellendes neues Leben aufgebaut zu haben, wirft die Befragten immer wieder auf ihre Einsamkeit und die Erinnerungen an die vergangene Partnerschaft zurück. Dies mag es gleichzeitig erschweren – wenn es überhaupt möglich ist –, Alternativen in den Blick zu nehmen und sich grundsätzlich neu und umzuorientieren. In jedem Fall muß die Tatsache, sich nach der Verwitwung ein neues Leben aufzubauen, nicht scheitern, weil man innerlich noch sehr an diesem Menschen hängt, ebensowenig, wie eine (retrospektiv) hohe Zufriedenheit mit der Paarbeziehung dem im Wege zu stehen scheint. Es ist durchaus möglich, sich neu „einzurichten", auch ohne sich vom Partner gelöst zu haben.

6.2 Biographische und sozialstrukturelle Bezüge der Veränderungsressourcen

In diesem Unterabschnitt gehe ich den *biographischen Bedingungen* nach, unter denen es zu einer Ausbildung derjenigen Orientierungen kommen (kann), welche im siebten Kapitel als wesentliche Einflußbedingungen für die Veränderungen der informellen sozialen Beziehungen nach der Verwitwung identifiziert wurden: den verschiedenen Freundschaftsmustern und der Frage, ob eine Orientierung auf Aktivitäten vorliegt, die zum einen als wichtiges Vehikel zum Knüpfen neuer enger Bindungen dienen und zum anderen einen wesentlichen Alltagsbezug darstellen können. Neben dem eigenständigen Stellenwert den die Frage der Genese hat, soll darüber auch versucht werden, den Stellenwert verschiedener *sozialstruktureller* Schichtungsmerkmale (insbesondere von (Aus-)Bildung und beruflichem Status)[3] genauer zu beleuchten. Auf entsprechende Korrelationen mit den Netzwerkveränderungen und Orientierungsmustern wurde bereits hingewiesen (5.1.1; 5.2.1). Inwieweit unterliegen den Korrelationen zwischen Orientierungen und sozialstrukturellen Merkmalen sinnhafte Regeln? Diese Diskussion dient nicht zuletzt[4] dazu, *Risikolagen* genauer zu bezeichnen sowie Anschlußstellen der qualitativen Befunde dieser Arbeit an vorliegende Befunde der *Verwitwungsforschung*

---

3 Auf die Merkmale Geschlecht, Alter und Kohortenzugehörigkeit gehe ich im Schlußkapitel ein.
4 Zwangsläufig wird auch thematisiert, inwieweit die Veränderungsressourcen systematisch zusammenhängen – womit (auf der Ebene der „Orientierungsmuster") ein weiterer Aspekt der *Reichweite* bzw. Selektivität der Ergebnisse des fünften Kapitels angesprochen wird (Für die entsprechende Diskussion, bezogen auf den Zusammenhang zwischen Orientierungsmustern und subjektiven „outcomes", vgl. 5.3.). Es geht also darum, inwiefern die auf Individualebene rekonstruierten Kombinationen der Veränderungsressourcen („Orientierungsmuster") erschöpfend sind, oder ob nicht auch andere Kombinationen denkbar sind.

genauer herausarbeiten zu können. Betonen möchte ich, daß dieser Abschnitt bereits sehr starken Diskussions- und thesenhaften Charakter hat. Weder kann es das Ziel sein, die Bedingungen, die zur Ausbildung bestimmter Orientierungen und Verhaltensmuster führen, *hinreichend* zu beschreiben, noch ist zu erwarten, daß die im folgenden beschriebenen Bedingungskonstellationen *notwendigerweise* zur Ausbildung der Veränderungsressourcen führen. Versucht wurde jedoch, die Hinweise im Datenmaterial auf spezifische Bedingungskonstellationen von Orientierungen – also Konstellationen, von denen begründet angenommen werden kann, daß sie die Ausbildung bestimmter Orientierungen und Verhaltensmuster *fördern* oder *behindern* – systematisch zu bündeln und ihren Ertrag für die genannten Fragen herauszuarbeiten.

Zum besseren Verständnis der Diskussion der Genese der verschiedenen Orientierungen gehe ich zunächst genauer auf den besonderen Charakter der Freundschaftsmuster ein. Charakteristische Unterschiede und Gemeinsamkeiten zur Gestaltung familialer Beziehungen sind dabei in den Fußnoten vermerkt.

6.2.1 Über die Stabilität außerfamilialer Beziehungen: Merkmale von individualisierten Freundschaften und von Lage-gebundenen Freundschaften

INDIVIDUALISIERTE FREUNDSCHAFTEN. Das für den Umgang mit der Verwitwung entscheidende Merkmal der individualisierten Freundschaften ist ihre – verglichen mit den Lage-gebundenen Freundschaften – deutlich größere *Stabilität* angesichts von Veränderungen äußerer Lebensumstände. Die individualisierten Freundschaften überdauern verschiedene Veränderungen der Lebenssituationen eines der Freunde bzw. genauer gesagt: sich daraus ergebende Ungleichheiten zwischen den Freunden. Dazu zählen insbesondere Veränderungen der *Familiensituation* (Familienstandsänderungen oder die Familienbildung) und der Wechsel des Wohnorts und dadurch bedingte große *räumliche Distanzen*[5] zwischen den Freunden (vgl. im folgenden Tabelle 6). Hier zeigt sich im übrigen, daß sich die Freundschaftsmuster hinsichtlich fast aller der im Theorieteil herausgearbeiteten basalen Strukturmerkmale

---

5   Dies zeigt sich – wie die Bedeutung des Familienstands – sehr deutlich an den strukturellen Merkmalen der Beziehungen im emotionalen Netzwerk. Bei den Befragten mit Lage-gebundenen Freundschaften findet sich bei keinem der sieben Befragten eine Freundschaftsbeziehung (also außerfamiliale Beziehung im ersten oder zweiten Kreis des emotionalen Netzwerks) außerhalb von Berlin. Demgegenüber haben von den acht Befragten mit individualisierten Freundschaften sechs Personen Freundschaften, die außerhalb Berlins leben. Ein guter Indikator für das Freundschaftsmuster ist dies allerdings nur, wenn tatsächlich einer der Freunde umgezogen ist – oder die Freunde von vornherein an einem anderen Ort leben (z.B. bei Urlaubsbekanntschaften). Aus diesem Grund ist auch die faktische zeitliche Dauer nur ein sehr schlechter Indikator für bestimmte Freundschaftsmuster. Auch Lage-gebundene Freundschaften können sehr stabil sein, wenn keine räumliche Mobilität oder Statuspassagen vorliegen (ein Aspekt, den Matthews (1986) m.E. nicht berücksichtigt hat; vgl. 2.1).

unterscheiden, was noch einmal deren praktische Bedeutung unterstreicht. Man kann die Freundschaftsmuster damit als spezifische Syndrome von Orientierungen auf und Umgangsweisen mit den basalen Strukturmerkmalen betrachten). Was die Freunde und Freundinnen miteinander teilen und was ihnen individuell an der Beziehung *wichtig* ist, ist somit erstens weniger abhängig von bestimmten äußeren Umständen. Zweitens kann dies offenbar auch nicht so einfach bei anderen Personen gefunden werden, denn man hält an ganz *bestimmten* Personen fest. Bei den *Inhalten*, die die Befragten an ihren Freundschaften hervorheben und anhand derer sie zwischen engen und weniger engen Beziehungen differenzieren (Kriterium für emotionale Nähe), lassen sich analytisch vor allem drei Aspekte unterscheiden, auf die diese Bedingungen zutreffen (können): gemeinsame, miteinander geteilte Erfahrungen, ähnliche Einstellungen und gemeinsame sachliche Interessen. Bei früher gemachten gemeinsamen Erfahrungen, die individuell wichtig und gleichzeitig nicht mehr wiederholbar sind, ist wohl am offensichtlichsten, daß diese an ganz bestimmte Personen gebunden und gleichzeitig unabhängig von der aktuellen Lebenssituation sind („also ich brauche einfach jemand, bei dem ich eben ‚weißt Du noch' sagen kann"; Berg). Beides kann aber auch für Einstellungen und Sach-Interessen gelten. Annegret Weber etwa spricht von „geistigem Kontakt" oder Monika Goldmann und Esther Berg reden davon, daß sie „kein Blabla" (Goldmann), kein „Partygequatsche" (Berg), also keine Oberflächlichkeiten austauschen möchten („die haben immer gesagt, (...), ‚mit Euch kann man nicht über Nachbars Katze reden'" Berg). Damit ziehen sie eine Unterscheidung zwischen einer konkreten Oberfläche und einer dahinter oder darunter liegenden Ebene ein („das Wesen schwingt mit"; Goldmann). Mit dieser Unterscheidung wird der Austausch von Ereignissen, der auf der reinen Phänomenebene verbleibt, ab- und die subjektive Erfahrung und Bewertung dieser Ereignisse sowie deren *Art und Weise* (im Sinne ihrer Qualität) aufgewertet[6]. Wenn es aber um besondere

---

6 Daß qualitative Merkmale wie Einstellungsunterschiede zur Differenzierung herangezogen werden, trifft bei einigen der Befragten mit individualisierten Freundschaften auch auf ihre engsten *Familienbeziehungen* zu – und ist bei diesen ein generelles Merkmal ihrer Beziehungen. Im Unterschied zu anderen Befragten, die alle Kinder quasi automatisch im ersten Kreis des emotionalen Netzwerks eintragen (s.u.), werden Kinder teilweise vergessen. Bei mehreren Kindern werden diese in jeweils unterschiedlichen Kreisen bzw. bestimmte Kinder gar nicht im emotionalen Netzwerk plaziert (z.B. Annegret Weber, Esther Berg), wobei auf qualitative Aspekte (wie unterschiedliche Ansichten oder ein gespanntes Verhältnis) verwiesen wird. Daß heißt nicht, daß die Kinder als Kinder nicht wichtig und hervorgehoben sind, doch die Tatsache, daß es sich um das eigene Kind handelt, ist nicht ausreichend für eine als emotional wichtig betrachtete Beziehung. An die Beziehungen zu Kindern werden also wie für die außerfamilialen Beziehungen inhaltliche Kriterien angelegt. Sehr deutlich unterschieden werden muß dabei zwischen dem (heutigen) Alltag und Krisensituationen, wie etwa die Verwitwung. Im Einklang mit der entsprechenden Literatur war bei allen Befragten – unabhängig von ihrem Verhältnis zu den Kindern im Alltag – die Beziehung zu den Kindern (wenn vorhanden) direkt nach der Verwitwung mit Abstand am wichtigsten.

Tabelle 6:   Strukturmerkmale der Freundschaftsmuster

Freundschaftsmuster	Individualisierte Freundschaften	Lage-gebundene Freundschaften
Strukturmerkmale		
Zeit: Dauer	= im einzelnen stabiler, weniger an äußere Umstände gebunden	= im einzelnen instabiler, an äußere Umstände gebunden (an strukt. Möglichkeiten zum häufigen Kontakt und inhaltlich-thematisch an gemeinsame Erfahrungsgrundlage)
Primäres Kriterium für emotionale Nähe	Qualität von Interaktion und Interaktionsinhalten (Einstellungen)	Quantität des Kontakts
Zentrale Inhalte (Art des Wissens)	ähnliche Einstellungen, sachliche Interessen, Erfahrungen	gemeinsame Erfahrungsgrundlage: - gleicher *Kontext* (Nachbarschaft, Verein); - ähnliche *Lebenssituation* (Familienstand, Kinder ja/nein)
	(tendentiell abstrakter und eher an *bestimmte* Personen gebunden)	(tendentiell konkreter und weniger an bestimmte Personen gebunden)
Räumliche Nähe (Gleichheit des Wohnorts)	auch räumlich sehr weit entfernt (Heterogenität: auch an anderen Orten)	räumliche Nähe (Homogenität: alle am gleichen Ort)
Gleichheit des Familienstands	Heterogenität: eher auch anderer Familienstand	Homogenität: meist gleicher Familienstand
Quantität der Gesellungsform	gemeinsame Treffen auch zu dritt	gemeinsame Treffen immer zu zweit oder zu viert
Alters-Gleichheit	Homogenität: immer auch Freunde des gleichen Alters	Heterogenität: Freunde prinzipiell jeden Alters
Zeit: Kontakthäufigkeit (bezogen auf einzelne Freunde)	seltener (durchschnittlich monatlich)	häufiger (durchschnittlich wöchentlich)
Umgang mit - Wahlaspekt und	- wird wenn, dann positiv hervorgehoben	- k.A.
- Institutionalisierungsgrad	- eher stärker: teilweise aktiv hergestellt (z.B. Patenschaften)	- eher geringer

Qualitäten geht, ist auch die spezifische Person des Gegenüber wichtiger. Etwas flapsig ausgedrückt kann (fast) jeder selbst erlebte Ereignisse erzählen, wie sie *erfahren* oder *bewertet* werden unterscheidet sich jedoch individuell. Gleichzeitig bedeutet der *abstraktere* Charakter der im Vordergrund stehenden Inhalte auch, daß für die empfundene emotionale Nähe die jeweilige konkrete, aktuelle Lebenssituation des Gegenüber ebenso wie der Familienstand *tendenziell* in den Hintergrund rücken. Über Abstraktion, Empathie und Generalisierungen kann man Erfahrungen verstehen und teilen, die auf Ereignissen beruhen, welche man selbst nicht unbedingt erlebt haben muß. Kennzeichnend für die individualisierten Freundschaften ist des weiteren, daß man die einzelnen Freunde weder häufig sieht, noch auf andere Weise häufig Kontakt hält bzw. halten muß.

Die Freundschaften transzendieren nicht nur räumliche und soziale Grenzen – wie einen anderen Familienstand – sondern auch *zeitliche* Grenzen. Zeitliche Einschränkungen werden nicht oder kaum als Beeinträchtigung der emotionalen Nähe erlebt. Je nach Größe des Netzwerks an wichtigen außerfamilialen Beziehungen resultieren dann insgesamt sehr unterschiedliche absolute Kontakthäufigkeiten mit Freunden. So haben die Individualisierten (Berg, Peters) sowie die eine Befragte mit dem Muster „Individualisierung durch Verwitwung" (Weber) relativ große Freundeskreise. Sie sehen Freunde *insgesamt* sehr häufig (mindestens einmal, meist mehrmals wöchentlich), und gehören auch alle zu den im Alltag auf wichtige Beziehungen Bezogenen. Die Individualisten (Goldmann, Strom) mit restriktiven individualisierten Freundschaften, die im Alltag vorrangig auf Aktivitäten bezogen sind, oder teilweise die Befragten mit neuen Partnerschaften (Sonntag, Tamm) haben demgegenüber nur sehr wenige Freunde, die sie insgesamt viel seltener sehen: manchmal sehen sie mehrere Monate lang keinen ihrer wichtigen Freunde.

Bezüglich der Toleranz von äußeren Ungleichheiten scheint es jedoch auch Grenzen zu geben[7]. Die individualisierten Freundschaften sind in stärkerem Maße als die Lage-gebundenen Freundschaften durch *Altershomogenität* charakterisiert. So finden sich – im Unterschied zu den Befragten mit Lage-gebundenen Freundschaften – in den einzelnen Netzwerken immer *auch* altershomogene Freundschaften[8]. Dies mag darauf zurückzuführen sein,

---

[7] Dies betrifft auch den *sozialen Status*, der wohl das Homogenitäts-Merkmal von Freundschaften ist, das empirisch am besten belegt ist (vgl. z.B. Fischer 1982a; Verbrugge 1990). Dies zeigt sich auch in dieser Stichprobe. Diesbezüglich scheint es auch keine Unterschiede zwischen individualisierten und Lage-gebundenen Freundschaften zu geben.

[8] Explizit als Grund genannt, warum bestimmte Personen nur eingeschränkt wichtige Gesprächspartner sein können, wird der Alters- bzw. Generationenunterschied bei den Kindern (z.B. Berg: „drei noch so entzückende Kinder sind ja keine Gesprächspartner"). Damit ist nicht gesagt, daß der Kontakt zu jüngeren Menschen z.T. nicht sehr wichtig ist (als Bereicherung: etwa für Geselligkeit oder gerade wegen der Kontrasterfahrung in den individuellen Ansichten). Ein Beispiel hierfür ist Monika Goldmanns „Adoptiv"-tochter, eine ehemalige Schülerin, die für Monika Goldmann saubermacht und der sie jedes Jahr eine Reise „spendiert". Bezeichnenderweise hat Monika Goldmann sie jedoch nicht im emotionalen Netzwerk eingetragen.

daß Bewertungen und Einstellungen zumindest teilweise kohorten- und altersspezifisch variieren bzw. sich bei gleichen Kohorten natürlich auch die Wahrscheinlichkeit für bestimmte gemeinsam gemachte historische oder relativ altersspezifische Erfahrungen erhöht. Man denke an Monika Goldmanns Karrierebegleiter oder Hendrik Stroms Freunde, mit denen er – i. S. der Mannheimschen Generationseinheiten – spezifische affirmative Vorstellungen gegenüber dem Nationalsozialismus teilt.

Die Stabilität der individualisierten Freundschaften zeigt sich nicht nur in der absoluten Dauer der Beziehungen und in der Stabilität über verschiedenen Änderungen der Lebenssituation, sondern wird auch *subjektiv* betont: Retrospektiv heben die Befragten bei länger bestehenden Freundschaften gerade die Tatsache ihrer Dauer positiv hervor. Man hat erfahren, daß die Beziehungen Veränderungen der Lebenssituation wie z.B. Änderung des Familienstandes, gewissermaßen überlebt haben. Dieser Beweis ihrer Stabilität hat für die Befragten einen eigenen Wert, der diese Bindungen als *bestimmte* Beziehungen zusätzlich von anderen abhebt. Prospektiv wird die besondere Bedeutung bestimmter Anderer jedoch ambivalent wahrgenommen: Die bereits erfahrene Stabilität vermittelt einerseits Sicherheit, „man weiß, das zerbricht nicht mehr". Andererseits wird der antizipierte oder bereits erfahrene Verlust alter Freunde als großes Problem betrachtet. Man hat Angst, diese besonders wertvollen Menschen, die man schon lange und gut kennt bzw. die auch umgekehrt einen selbst gut kennen, zu verlieren bzw. bezweifelt, vergleichbare zu finden. Dies wird nicht nur von den Befragten mit restriktiven individualisierten Freundschaften, sondern auch von anderen Befragten mit individualisierten Freundschaften problematisiert. Damit scheinen im übrigen auf der Ebene der Sicherung biographischer Kontinuität – zumindest in dieser Stichprobe – *Aktivitäten kein funktionales Äquivalent von Beziehungen* sein zu können – auch nicht für die in ihrem Alltag kaum auf signifikante Andere bezogenen Individualisten.

Insgesamt zeigt sich, daß Freundschaften, die in der Literatur häufig – aufgrund ihrer *Wahlfreiheit* und ihres oberflächlich betrachtet geringen *Institutionalisierungsgrades* – als sehr instabil dargestellt werden (vgl. Hollstein 2001), doch verschiedene und nicht unerhebliche Bindungskräfte erzeugen können. Und sie können individuell so wichtig sein, daß man sie bewußt und aktiv pflegt, auch wenn dies mit einem gewissen Aufwand verbunden ist. Hinzuweisen ist hier auf ein Handlungsmuster, das nur bei Befragten mit individualisierten Freundschaften gefunden wurde. Drei Befragte haben Patenschaften für Kinder ihrer Freunde übernommen bzw. die Freunde sind Patentanten bzw. -onkel der Kinder der Befragten. Dies ist m.E. ein Ausdruck der besonderen Nähe zueinander, der nicht nur auf der semantischen Ebene (Jürgen Peters etwa spricht von seiner „Vizetochter", Esther Berg nennt einen Freund „Bruder", eine andere Freundin „Schwester") den quasi-familialen Charakter der Bindungen betont, sondern die Beziehungen zusätzlich stabilisiert.

Die Befragten selbst betrachten den Aspekt der Wahl bei außerfamilialen Beziehungen nicht als negativ, etwa als Aufwand. Im Gegenteil heben sie ihn teilweise explizit positiv hervor („Verwandte muß man, Bekannte kann man sich aussuchen"; Goldmann). Demgegenüber scheinen nicht-wählbare Beziehungen bei diesen Befragten *tendenziell* dem Verdacht ausgesetzt, aus Motiven heraus gepflegt zu werden, die nicht durch die Qualität der Beziehung, sprich von dem authentischen Interesse an der Person des Gegenüber bestimmt sind, sondern möglicherweise (familialen) Normen und Verpflichtungen Anderen gegenüber geschuldet sein mögen[9]. Kritische Haltungen, bezogen auf nicht-wählbare Beziehungen, können sich nicht nur auf Familien–, sondern auch Nachbarschaftsbeziehungen richten. Hendrik Strom reagiert am entschiedensten und mit extremer Ablehnung auf jegliche direkte Nachbarschaftskontakte. Wenn er verreist, würde er niemals jemanden „Fremden" an seine Post oder in seine Wohnung lassen. Bei ihm ist die Tatsache, daß man selbst nicht mehr die Kontrolle darüber, was Andere von einem wissen, negativ besetzt und ist wohl als Flucht vor damit möglicherweise verbundener sozialer Kontrolle zu interpretieren. Anders als bei den Befragten mit Lagegebundenen Freundschaften wird bei Nachbarschaften im übrigen gerade die für moderne städtische Nachbarschaften typische Kombination aus Anonymität und Nicht-Anonymität positiv hervorgehoben. Monika Goldmann würde nie aus ihrer Wohngegend wegziehen, weil man sie hier – als ehemalige Direktorin der Grundschule – kennt. Über zufällige Treffen auf der Straße hinaus wünscht sie jedoch keine näheren Kontakte.

LAGE-GEBUNDENE FREUNDSCHAFTEN. Verglichen mit den individualisierten Freundschaften sind die Lage-gebundenen Freundschaften deutlich instabiler und insgesamt abhängiger von äußeren Umständen. Wenn man selbst wegzieht, oder die Freunde den *Wohnort* wechseln oder sich bei einer Partei die *Lebenssituation* (z.B. der Familienstand) verändert, gehen die Freundschaften fast immer auseinander, was bezogen auf die einzelnen Freundschaftsbeziehungen subjektiv nur bedingt ein Problem darzustellen scheint[10]. Als Problem für die soziale Integration ist es aber anzusehen, wenn

---

9 Damit ist natürlich nicht gemeint, daß es bei diesen Befragten nicht sehr enge und positive Beziehungen zu *Verwandten* gibt. Was sich jedoch nur bei diesen Befragten findet, ist ein sehr bewußter, reflexiver Bezug auf Familienbeziehungen. Man denke an Jürgen Peters Familienarchiv und seine Organisation der jährlichen Familientreffen. Die Familientreffen kann man m.E. als neue Formen von Ritualen verstehen, die (wenn vielleicht faktisch nicht neu), so doch individuell reflexiv gewendet und auf diese Art mit Leben gefüllt werden. Vgl. zu neuen Formen von Familienritualen Bria (1998). Über diesen reflexiven Zugang erhalten die Familienbeziehungen eine Qualität, die zwar auf der äußeren Zugehörigkeit basiert, doch den Charakter einer sehr bewußten (Wahl-)entscheidung hat.

10 So berichtete Fritz Merten von einer herben Enttäuschung, als nach einem Umzug innerhalb Berlins alle Freunde – ehemalige Nachbarn – für ihn unerwartet ausblieben. In anderen Fällen scheint dieser Abbruch (zumindest retrospektiv) als relativ natürlich wahrgenommen zu werden („Die ham jeheiratet, ich hab jeheiratet, jeder hatte dann andere Interessen" (Falkenstein)).

– wie nach der Verwitwung – praktisch der gesamte außerfamiliale Kreis wegbricht und dessen Leistungen nur partiell ersetzt werden. Verständlich wird diese Instabilität, wenn man sich die spezifischen *Inhalte* dieser Freundschaften genauer anschaut. So heben die Befragten mit Lage-gebundenen Freundschaften keinen der für die individualisierten Freundschaften genannten Aspekte besonders hervor. Wenn sie auf inhaltliche Aspekte eingehen, sind diese *weniger* an *bestimmte* Personen gebunden. Ihre Freunde sind austauschbar(er). Die Befragten berichten etwa, daß man gemeinsam etwas unternimmt (Urlaub), daß man gemeinsam Spaß hat (Geselligkeit, z.B. Kartenspielen; Merten), daß man sich erzählt, was man erlebt hat. Dabei wird häufig betont, daß sich der Andere in der gleichen oder einer ähnlichen Lebens- bzw. familiären Situation befindet[11]: insbesondere, daß ebenfalls ein bzw. kein Partner vorhanden ist (z.B. daß die Freunde „auch verwitwet" sind) oder bei Frauen, daß die Freundinnen ebenfalls Kinder bzw. keine Kinder haben[12]. Daneben scheint ein wichtiges verbindendes Thema der miteinander geteilte aktuelle Erfahrungskontext: z.B. die Nachbarschaft oder der Verein (wie bei Luise Anders' Nachbarin oder Hanne Claas' Kanuverein) und früher auch der Beruf (Klaus Winters oder Walter Niestroys Kollegen).

Verglichen mit den Befragten mit individualisierten Freundschaften stellen Unterschiede in Interessen und Einstellungen (also inhaltlich-qualitative Aspekte der Beziehungen) in deutlich geringerem Maße Kriterien dar, anhand derer zwischen engen und weniger eng verbundenen Beziehungen unterschieden wird – auch wenn derartige Unterschiede teilweise angesprochen und als Defizit empfunden werden[13]. Meines Erachtens zeigt sich dies auch darin, daß lage-gebundene Freunde eher als individualisierte Freundschaften auch (und teilweise ausschließlich) *anderen Altersgruppen* angehören und die Frage der Alters- bzw. Generationsunterschiede nicht problematisiert wird. Wird der Altersabstand thematisiert, geschieht dies beispielsweise derart, daß man gerade besonders gern mit Jüngeren zusammen ist (Winter) oder daß damit erklärt wird, warum man eben manches unterschiedlich sähe, jedoch ohne diese Personen deshalb als weniger nah einzustufen. Gerade darin wird m.E. aber deutlich, daß Einstellungsunterschiede hier offenbar wenn überhaupt, dann nur ein nachgeordnetes Kriterium für emotionale Nähe

---

11 Um Mißverständnisse zu vermeiden: der in Abschnitt 5.1.3 angesprochene thematische Fokus „Person" kann sich auf den Austausch sowohl von Inhalten richten, wie sie sich eher bei den individualisierten Freunden finden als auch auf die oben genannten Inhalte der Lage-gebundenen Freundschaften.

12 Bei den *Familienbeziehungen* der Personen mit lage-gebundenen Freundschaften scheinen derartige Unterschiede im übrigen keine Rolle für die Kontakthäufigkeit oder die emotionale Nähe zu spielen.

13 Dies trifft m.E. auch nicht auf die Freundschaften von Klaus Winter und Luise Anders zu. So stellen die Aktivitätsorientierungen von Luise Anders und Klaus Winter wichtige Anknüpfungspunkte und Themen für die Freundschaften dar, sind jedoch nicht ihr Kern. „Freundschaften" wurden die Beziehungen erst, als man anfing, sich über die gleiche Lebenssituation auszutauschen (zu möglichen Umorientierungen vgl. Anm. 19).

darstellen[14]. Auch die Frage der Qualität der Beziehung scheint für den Grad an Nähe bzw. Wichtigkeit ein deutlich geringeres Gewicht zu haben als bei den Befragten mit individualisierten Freundschaften – obgleich bei den als emotional sehr wichtig bezeichneten Personen durchaus Differenzen in der Qualität der Beziehung beschrieben werden, die subjektiv teilweise auch als Problem betrachtet werden.

Brigitte Falkenstein etwa trägt ihre Freundschaft zu einer ehemaligen Bäckereiverkäuferin, die jetzt ebenfalls verwitwet ist und die sie ein- bis zweimal in der Woche zum Kaffeetrinken besucht, im selben zweiten Kreis ein wie ihre beste Freundin LK. Verglichen mit der Beziehung zu LK gibt es jedoch größere innere Differenzen und einige Aspekte, die Brigitte Falkenstein stören. „Des is'n Mensch, der nie weggeht, der nur ans Haus gebunden ist, nicht gesundheitlich sondern, ebend kein Interesse hat". Verbindung schaffen die Tiere – die Freundin hat ebenfalls einen Hund – sowie die Gespräche über Kinder und Enkel. Allerdings hat ihre „Freundin" mit letzteren häufig Probleme und „ich versuche dann irgendwie 'nen Ausgleich zu finden, manchmal gelingt's und manchmal nicht (...). aber es ist nichts Aufbauendes (...) daß ich sagen könnte, da werde ich meine Probleme los, so ist es nicht". Brigitte Falkenstein hat in dieser Beziehung das Gefühl, daß sie mehr gibt als sie bekommt und bezeichnet das Verhältnis als unausgewogen und oberflächlicher als mit LK, das andere wäre mehr „gleichberechtigt". Andererseits – und deshalb gehe sie dann auch wieder gerne hin – sei die ehemalige Verkäuferin sehr „lustig" und „herzlich", eine „Urberliner Type (...) Ja. Ein Satz von ihr und Sie müssen schon lachen und daher, geht man dann auch gerne hin, ne". Die Gemeinsamkeiten der beiden erstrecken sich vor allem auf die gleichen Lebensumstände, wobei für Brigitte Falkenstein subjektiv im Vordergrund der Beziehung steht, daß sie Ablenkung und Abwechslung bietet – für die empfundene emotionale Nähe ist die Tatsache der geringen inneren Gemeinsamkeiten nachgeordnet.

Die inhaltlich-thematischen Unterschiede zu den individualisierten Freundschaften lassen sich insgesamt so beschreiben: bei individualisierten Freundschaften liegt die Betonung stärker darauf, *wie* etwas erlebt wird[15], wogegen bei den Lage-gebundenen Freundschaften im Vordergrund steht, *was* man erlebt. Die vorrangige Gemeinsamkeit dieser Art von engen (außerfamilialen) Bindungen liegt nicht wie bei individualisierten Freundschaften in ähnlichen sachlichen Interessen, Einstellungen und Erfahrungen, sondern eher in der Gemeinsamkeit der gleichen bzw. ähnlichen aktuellen Erfahrungs*grundlage*, also einem eher äußerlichen Merkmal. Diese besteht sowohl im glei-

---

14 Das trifft bei allen Befragten mit Lage-gebundenen Freundschaften auch auf die Familienbeziehungen zu. Kinder werden alle fast automatisch im ersten Kreis des emotionalen Netzwerks eingetragen, teilweise sogar ohne sie im Einzelnen zu differenzieren („Kinder"). Die Familienzugehörigkeit bildet dabei ein Kriterium besonderer Art (bzw. einen hervorgehobenen Kontext), wobei „Familie" im Einzelfall unterschiedlich weit gefaßt wird. Brigitte Falkenstein etwa antwortet auf die Frage danach, ob ihr ihre engste Freundin näher steht als ihre Schwiegertochter, gegenüber der sie sich an anderer Stelle im Interview eher distanziert äußert: „Ach Gott, (...) naja, sie gehört zur Familie, dann steht sie mir doch näher".

15 Als Ausnahme zu betrachten sind individualisierte Freundschaften, deren Bindungskraft fast ausschließlich in gemeinsamen Erfahrungen liegt. Dies trifft hier nur auf Adelheid Bibers Freundinnen aus dem schlesischen Heimatdorf zu. Ihre besondere Situation wurde in Abschnitt 5.1.3 gesondert dargestellt.

chen äußeren *Kontext* (Nachbarschaft, Verein) als auch in der gleichen *Lebenssituation* (Familienstand, Tatsache der Familiengründung). Darüber hinaus ist auffällig, daß die Befragten, im Unterschied zu denen mit individualisierten Freundschaften, zur Differenzierung zwischen eng, weniger eng verbundenen Freunden und Bekannten sehr oft auf die *Häufigkeit des direkten, persönlichen Kontakts,* also auf quantitative Aspekte verweisen[16]. Brigitte Falkenstein etwa trägt ihre Bekannten aus dem Dackelverein, mit denen sie sich sehr gut versteht, mit der Begründung in den dritten Kreis des emotionalen Netzwerks ein, „weil sie zu weit weg wohnen [in einem relativ weit westlich gelegenen Berliner Bezirk] und weil man sich zuwenig sieht". Gleichzeitig stehen LK und die Bäckereiverkäuferin, die sie beide etwa gleich häufig sieht, trotz unterschiedlicher Beziehungsqualität und teilweise schlechterer Beziehung als zu dem Vereinspaar, im zweiten Kreis. Wenn bestimmte Mindestvoraussetzungen gegeben sind – im Fall von Brigitte Falkenstein neben den ähnlichen Lebensumständen wie Familienstand und Kindern auch eine ähnliche Art von Humor –, scheint die emotionale Nähe und Wichtigkeit eine Funktion der Kontakthäufigkeit zu sein. Denkbar ist – wie es auch Homans Kontakthypothese nahelegt (Homans 1961) –, daß häufiger Kontakt die emotionale Nähe und Wichtigkeit erst erzeugt. Vielleicht ist für diese Befragten emotionale Nähe und Wichtigkeit überhaupt nur oder vor allem in der physischen Präsens erfahrbar. Dies legt zumindest das „konkretistische" Verständnis von Zusammengehörigkeit nahe, wie es exemplarisch am Fall von Brigitte Falkensteins Familienbeziehungen herausgearbeitet wurde. Familie, Zusammen- und Zugehörigkeit werden erst oder primär in der konkreten physischen Präsens, im Zusammen-Sein erfahren. Soziale Nähe muß sich in räumlicher Nähe ausdrücken. Wer nicht räumlich da ist, ist auch emotional nicht nah. Ein abstraktes Wissen über die Existenz der Beziehungen nützt nichts, wenn es nicht in sinnlich-physisch aktualisiert wird. Während also für die emotionale Nähe bei den einen qualitative Aspekte im Vordergrund stehen, sind es bei den anderen eher quantitative Merkmale. Damit scheint die Gleichheit der Lebenssituation und des gemeinsamen Kontexts bei Lage-gebundenen Freundschaften nicht nur von thematischer Relevanz zu sein: bestimmte, an den Wohnort gebundene Kontexte wie Nachbarschaft und Verein oder die Lebenssituation stellen auch *Gelegenheitsstrukturen* oder Barrieren *für häufigen Kontakt* dar – so haben z.B. andere Alleinstehende in der Regel mehr Zeit sich zu treffen[17] – ein weiterer

---

16 Dies bildet sich fast unmittelbar in den faktischen Kontakthäufigkeiten ab. Anders als die Befragten mit individualisierten Freundschaften treffen sich die Befragten mit Lage-gebundenen Freundschaften mit den als engsten bezeichneten Freunden jeweils häufiger als mit weniger eng verbundenen. Bei etwa gleichgroßen Freundeskreisen liegt im übrigen auch die absolute Kontakthäufigkeit der Treffen mit engen Freunden deutlich über der Häufigkeit des Kontakts der Befragten mit individualisierten Freundschaften – nämlich etwa bei derjenigen, die die Befragten mit den größten individualisierten Freundschaftskreisen angeben (s.o.).

17 Ein Beispiel, das diesem Aspekt zunächst zu widersprechen scheint, seine Bedeutung

Aspekt, der dafür verantwortlich sein könnte, warum die Beziehungen bei entsprechenden Veränderungen auseinandergehen bzw. zumindest aus dem emotionalen Netzwerk hinausfallen.

Ganz anders stellt sich die Situation wie gesagt bei den Befragten mit individualisierten Freundschaften dar. Ein besonders krasser Kontrastfall für die Toleranz und Überbrückung von zeitlichen Grenzen im direkten face-to-face-Kontakt und gleichzeitig von räumlichen Grenzen ist Annegret Weber. Sie hat ihre engste Freundin, die sie seit deren Umzug nach Westdeutschland vor 20 Jahren nicht mehr persönlich getroffen hat und mit der sie den Kontakt ausschließlich brieflich pflegt, in den ersten ausgefüllten Kreis des emotionalen Netzwerks eingetragen.

Die Lage-gebundenen Freundschaften sind also insgesamt instabiler als die individualisierten Freundschaften, weil sie stärker an äußere Umstände (Lebenssituation und äußeren Kontext) gebunden sind, offenbar sowohl an strukturelle Gelegenheiten zum häufigen Kontakt wie an thematisch-inhaltlich ähnliche oder gemeinsame Erfahrungsgrundlagen.

Abschließend möchte ich noch einem potentiellen Mißverständnis vorbeugen: Möglicherweise ist der Eindruck entstanden, daß es sich beim Muster der Lage-gebundenen Freundschaften eigentlich um „Bekanntschaften" handelt. Daß bestimmte Personen keine „richtigen" Freundschaften haben, könnte dann einfach daran liegen, daß die Betreffenden entweder keine Freundschaften gefunden haben oder ihnen die Partnerschaft so wichtig war, daß „richtige, enge" Freundschaften keine Rolle spielten. Damit würde man jedoch innerhalb eines spezifischen Bezugssystems argumentieren – welches, wie noch ausgeführt wird, wohl besonders in der Mittelschicht verbreitet ist. Das vorliegende Datenmaterial deutet m.E. in eine andere Richtung. Bei der beschriebenen Orientierung auf Lage-gebundene Freundschaften scheint es sich – und zwar unabhängig davon, ob man in einer Partnerschaft lebt oder nicht – um eine relativ spezifische und gut abgrenzbare Orientierung zu handeln, welche weder im Konzept der „Bekanntschaft" noch in dem der individualisierten Freundschaften aufgeht. Hinsichtlich ihrer Inhalte, der geringen Toleranz gegenüber äußeren Umständen und der prinzipiellen Austauschbarkeit der Personen ähnelt diese Art von außerfamilialen Beziehungen in der Tat jenen, die man selbst vielleicht – ebenso wie im übrigen die Befragten mit individualisierten Freundschaften – eher als „Bekanntschaften" bezeichnen würde. Doch was diese Beziehungen wesentlich von „Bekanntschaften" unterscheidet, ist, daß sie für die Befragten *emotional wichtig* sind (die emotionale Nähe oder Bedeutsamkeit war gerade das Kriterium, warum diese Beziehungen als Freundschaften gekennzeichnet wurden. Eine Kennzeichnung, die sich im übrigen zumeist mit der von den Befragten verwendeten

---

letztlich aber gerade bestätigt, ist die verheiratete Freundin von Marion Drake. Sie treffen sich häufig und immer allein, was – wie Marion Drake ausführt – deshalb möglich sei, weil die Ehe der Freundin so schlecht laufe.

Bezeichnung deckte). Dies trifft nicht nur auf die heute alleinstehenden Befragten zu, sondern auch für solche, die heute wieder eine (teilweise sehr enge) *Partnerschaft* eingegangen sind (Fritz Merten, Marion Drake)[18]. Zum einen sind diese Beziehungen – anders als bei Bekanntschaften – also *emotional wichtig*, insbesondere auch bei Personen in Partnerschaften; zum anderen finden sich die – von individualisierten Freundschaften unterscheidbaren – *spezifischen Inhalte* und die besondere Bedeutung der *Kontakthäufigkeit* auch bei Befragten, die heute alleinstehend sind, unabhängig davon, wie stark sie (heute) auf familiale oder auf außerfamiliale Beziehungen bezogen sind und unabhängig davon, ob sie mit ihrer heutigen sozialen Integration zufrieden sind oder nicht („Umfeldbezogene" vs. den „durch die Verwitwung Individualisierten" Winter und Anders). Beides rechtfertigt m.E. die Kennzeichnung der Lage-gebundenen Freundschaften als von Bekanntschaften oder individualisierten Freundschaften unterscheidbare Beziehungsorientierungen und Beziehungstypen[19].

---

18 Daß Lage-gebundene Freundschaften auch während der ehemaligen Partnerschaft emotional wichtig gewesen sind, stützen nicht nur die (am ehesten von retrospektiven Umdeutungen betroffenen) Selbstauskünfte der Befragten hinsichtlich der Bedeutsamkeit der einzelnen Beziehungen, sondern auch berichtete Enttäuschungen bei Abbrüchen dieser Bindungen im Lebenslauf sowie insbesondere die retrospektive Erzählung der spezifischen *Inhalte* oder Leistungen. Diese Leistungen werden von diesen Befragten – unabhängig von der Existenz einer neuen Partnerschaft – grundsätzlich als bedeutsamer eingeschätzt als von Befragten mit individualisierten Freundschaften. Gleichzeitig handelt es sich dabei um Aspekte, die in der Partnerschaft und Beziehungen zu Kindern nur bedingt zu realisieren sind. So etwa bei Freundschaften zwischen Paaren die Geselligkeit (die diese von der Partnerschaft unterscheidet) oder bei Freundschaften zwischen Alleinstehenden der Austausch über die gleiche Lebenssituation (die die Freundschaften von den Beziehungen zu Kindern unterscheidet).

19 Damit soll jedoch nicht gesagt werden, daß nicht grundsätzlich eine *Umorientierung* von Lage-gebundenen Freundschaften zu individualisierten Freundschaften vorstellbar ist – auch wenn sie hier nicht gefunden wurde. An diesem Punkt stößt das Datenmaterial an seine Grenzen: So finden sich bei den Lage-gebundenen Freundschaften der „durch die Verwitwung Individualisierten" Klaus Winter und Luise Anders (die sich tendenziell von familialen Beziehungen wegorientiert haben und für die Freundschaften insgesamt eine größere Bedeutung bekommen) zwar die für Lage-gebundene Freundschaften typischen Inhalte und der große Wert häufigen Kontakts (insgesamt und bei einzelnen Beziehungen). Es ist jedoch nicht auszuschließen, daß hier eine Transformations (Umorientierungs-)phase vorliegt. So kann die hohe Bedeutung der Kontakthäufigkeit bei diesen Freundschaften – wie auch ihre spezifischen Inhalte – der Bildungsphase von individualisierten Freundschaften geschuldet sein (s.u.). Denn diese Inhalte und die Bedeutung der Kontakthäufigkeit entsprechen etwa der Art von Beziehung, die in der Literatur als „Jugendfreundschaften" behandelt wird (vgl. Schütze 1988): Beziehungen, die sich erst nach einiger Zeit durch Aspekte auszeichnen (können), die hier als spezifisch für die individualisierten Freundschaften herausgearbeitet wurden (wie gemeinsame Erfahrungen und geteilte gemeinsame Lebensentwürfe). Nichtdestotrotz, in bestimmten Fällen scheint eine Umorientierung von Lage-gebundenen Freundschaften zu individualisierten Freundschaften keine realistische Option zu sein. Wie gleich genauer ausgeführt wird, gibt es in manchen Fällen offenbar bestimmte kognitive Grenzen. Daneben mag es jedoch auch sein, daß (selbst wenn individuell eine Umorientierung stattfindet) im Alter neu geschlossene Freundschaften sich grundsätzlich als nicht mehr so stabil erweisen wie die aus früheren Lebensphasen. So äußern manche Be-

6.2.2 Biographische und sozialstrukturelle Bezüge

Zunächst gehe ich auf die Bedingungskonstellationen sowohl für die Freundschaftsmuster als auch für die Aktivitätsorientierungen ein. Angesprochen werden dabei auch die Zusammenhänge der Orientierungsmuster mit den sozialstrukturellen Merkmalen der (Aus-)Bildung und des beruflichen Status. Vorwegzuschicken ist hierzu, daß sich die Ergebnisse der Verwitwungsforschung von der Tendenz her in dieser Arbeit bestätigen – wenngleich (wenig überraschend) die Zusammenhänge zwischen diesen sozialstrukturellen Merkmalen und „outcomes"[20] nach der Verwitwung im Einzelfall sehr unterschiedlich aussehen können und sich insgesamt sehr viel komplexer darstellen als es statistische Korrelationen nahelegen.

Bezogen auf INDIVIDUALISIERTE FREUNDSCHAFTEN deuten die biographischen Interviews im wesentlichen auf zwei unterschiedliche Bedingungskonstellationen hin (vgl. im folgenden Abbildung 5).

Marginalisierungserfahrungen. Für sechs Befragte ist charakteristisch, daß sie sehr früh im Lebenslauf – mit einer Ausnahme vor dem Eingehen einer Partnerschaft – Situationen erlebt haben, in denen sie sich subjektiv als *marginalisiert,* als außerhalb von Gemeinschaften stehend, erfahren haben. Man könnte diese Erfahrungen auch als *problematisch werden* von vorher selbstverständlichen *sozialen Bezügen* oder mit Tenbruck als existentielle Erfahrungen des „Auf-sich-selbst-Zurückgeworfen-seins", kurz: als Individualisierungserfahrungen in sehr breitem Sinne bezeichnen. Teilweise bringen die Befragten selbst diese Erfahrungen mit der besonderen Bedeutung von Freundschaften in Verbindung. Diese Marginalitätserfahrungen in sozialen Beziehungen scheinen in allen Fällen auf *biographischen Einschnitten und Brüchen* zu beruhen, die im Einzelnen sehr unterschiedlich aussehen können: Bei Monika Goldmann scheint ihre soziale Mobilität einen solchen Bruch bedeutet zu haben (ähnlich Weber). In anderen Fällen handelt es sich um familiär oder zeitgeschichtlich bedingte *räumliche Mobilität* in Kindheit, Jugend oder frühem Erwachsenenalter (Biber, Weber, Peters), die in diesen Fällen auch mit der Mobilität aus dem Dorf in die *Stadt* verbunden ist (Tod von Annegret Webers Mutter; Adelheid Bibers Flucht aus dem schlesischen Heimatdorf). Andere zeitgeschichtlich bedingte Einschnitte sind die in der

---

fragte selbst die Ansicht, daß man im Alter „echte Freundschaften" nicht mehr schließen könne: der „Charakter [sei] schon zu ausgeprägt", „die Toleranz fehlt". Man sei also nicht mehr so offen und flexibel („Freundschaften bilden sich in der Jugend"). Daß im Alter durchaus neue, sehr enge und wichtige Freundschaften geknüpft werden können, steht aber nicht in Abrede und ist wohl hinreichend deutlich geworden.

20 Zu beachten ist, daß es in diesem Abschnitt ausschließlich um die Zusammenhänge zwischen sozialstrukturellen Merkmalen und Orientierungsmustern geht. Wie in Abschnitt 5.3. ausgeführt wurde, kann nicht davon ausgegangen werden, daß bestimmte Orientierungsmuster zwangsläufig zu bestimmten „outcomes" führen – wenngleich es offenbar mehr oder minder enge Kopplungen gibt.

Kindheit erfahrene *Verfolgung* durch die Nationalsozialisten (Berg), ein verzögerter Berufseinstieg aufgrund langer *Kriegsgefangenschaft* (Peters) und der *Zusammenbruch des (nationalsozialistischen) Gesellschaftssystems* und damit verbundener spezifischer elementarer Gemeinschaftserfahrung in der Hitler-Jugend (Strom). Ähnliche Bedeutung kann offenbar auch der *Tod des (Ehe-)Partners* im höheren Lebensalter haben. Angedeutet ist dies bei Monika Goldmann. Auch andere Befragte berichten von einschneidenden Brüchen (man denke etwa an Klaus Winters „Genickschläge"[21]), doch nur die hier erwähnten Befragten sprechen mehr oder minder explizit von einem brüchig werden bis dahin als unproblematisch und selbstverständlich erlebter sozialer Bezüge und einer damit verbundenen Marginalisierungserfahrung. Es geht also nur bedingt um das Ereignis als solches, sondern vor allem um dessen Erfahrung bzw. den Modus der Erfahrungsverarbeitung. In dieser Situation der Erfahrung von Marginalität, des irritierten Bezugs auf soziale Beziehungen und gleichzeitig des eigenen Selbst bieten die Freunde offenbar *Zugehörigkeit* und *Identitätssicherung:* „hab mich da immer geborgen gefühlt" (Annegret Weber über die Gruppe aus der Kinderlandverschickung, mit der sie gemeinsam fliehen mußte); „ich hab endlich dazugehört" (die Jüdin Esther Berg über ihre kirchliche Jugendgruppe). In dieser Hinsicht befriedigen die Freunde gewissermaßen den – wie Luhmann es augedrückt hätte – gestiegenen Nahweltbedarf und scheinen damit ein funktionales Äquivalent für die (noch nicht vorhandene) Paarbeziehung darzustellen (Luhmann 1982). Das würde aber noch nicht erklären, warum *bestimmte* Personen so wichtig sind und die Beziehungen auch während der Partnerschaft weitergepflegt werden. Die besondere Bedeutung bestimmter Freunde scheint m.E. darin zu liegen, daß die Leistungen dieser Personen nur teilweise – wenn überhaupt – bei anderen bzw. in der Partnerschaft realisiert werden. Dieser Kern der Freundschaften, der quasi der Anker für das individuelle Empfinden von Zugehörigkeit ist, kann dabei alle oben oben angedeuteten Formen annehmen und steht vermutlich direkt mit der Verlust- oder Marginalitätserfahrung in Zusammenhang (vgl. a in Abb. 5[22]). Am offensichtlichsten ist dieser Bezug zur Marginalisierungserfahrung bei den Individualisten mit ihren restriktiven individualisierten Freundschaften. Im Unterschied zu den beziehungsbezogenen „Individualisierten" Esther Berg und Jürgen Peters, die sich zunächst als *außerhalb* von Gemeinschaften stehend erfahren haben, dominiert in der Wahrnehmung der Individualisten die Erfahrung des *Verlustes* von individuell wichtigen *Orten, Zeiten* oder *Men-*

---

21 Möglicherweise erfüllt bei ihm die sehr früh, mit 14 Jahren eingegangene Partnerschaft eine Art Schutzfunktion.

22 Die arabischen Kleinbuchstaben in Klammern beziehen sich im folgenden immer auf die entsprechenden Pfeile in Abbildung 5. Diese Pfeile sollen jeweils zum Ausdruck bringen, daß hier ein *fördernder* oder *begünstigender* Einfluß zu bestehen scheint. Anzumerken ist ferner, daß sich die Ausführungen zum Orientierungsmuster „Individualisierte" bzw. „Individualisierung durch Verwitwung" auch auf Arndt Sonntag und Michael Tamm beziehen.

schen bzw. jeweils damit verbundenen Gemeinschaften (wie bei Adelheid Biber die Dorfgemeinschaft in Schlesien oder bei Hendrik Strom die Gemeinschaft zu HJ- und Kriegskameraden). Und mit ihren wichtigen Freunden teilen sie genau diese individuell wichtige *Erfahrung* und *bewahren* diese über die spezifischen Freunde[23]. Bei Esther Berg und Jürgen Peters scheinen demgegenüber gerade viele und gleichzeitig vielfältige soziale Bezüge (Familie und Freundschaften) persönlichen Halt gegeben zu haben – und dazu gehören auch *mehrere und sich gegenseitig ergänzende enge Freunde.* Bei Esther Berg mag die Marginalisierungserfahrung auch einen gesteigerten *Reflexionsbedarf* ausgelöst oder zumindest befördert haben[24]; in ihrer sehr bewußten Auseinandersetzung mit sich und ihren Lebensentwürfen jedenfalls waren und sind gerade ihre unterschiedlichen Freundschaften wichtige Orte der Reflexion und Bestätigung. Annegret Weber betont dagegen in ihren Freundschaften vor allem gemeinsame sachliche *Interessen*, welche im Zusammenhang mit ihrer Marginalitätserfahrung einen für sie zentralen Stellenwert bekommen haben. Für sie, die allein bei ihrer Tante in Berlin aufwuchs und aufgrund ihrer häufigen Schulwechsel enge Beziehungen zunächst sehr vermißte, stellte in ihrer Jugend die Musik den ersten und wesentlichen Bezugs- und Haltepunkt dar. Und für die späteren Freundschaften waren und sind diese Interessen sowohl Anknüpfungspunkt als auch inhaltliche Basis.

(Aus-)bildungsgeförderte und -fördernde sachliche Interessen. Individualisierte Freundschaften, die ursprünglich in erster Linie auf sachlichen Interessen gegründet sind (b2 in Abb. 5), finden sich auch bei zwei Befragten, in deren biographischer Erzählung sich keine Hinweise auf vergleichbare Marginalisierungserfahrungen oder Erfahrungen des Auf-sich-selbst-Zu rückgeworfen-seins finden (Sonntag, Tamm). In beiden Fällen handelt es sich um Interessen, die im Zusammenhang mit ihren früheren Berufen stehen (b1 in Abb. 5). Was davon nun was gefördert haben mag, ist nicht zu entscheiden.

---

23 Vielleicht kann man die Marginalisierungserfahrung im Piagetschen Sinne auch als eine Krise begreifen, die (funktional äquivalent zur Bildungserfahrung, s.u.) die kognitive Weiterentwicklung (wie Abstraktions- und Reflexionssteigerung) über Akkomodations- und Adaptationsprozesse befördert – wobei (ebenfalls im Piagetschen Sinne) umgekehrt für diese spezifische *Erfahrung* eines Ereignisses möglicherweise bereits eine Disposition bzw. ein gewisses kognitives Niveau vorhanden sein muß. Ähnliche Irritationen, die teilweise von sozialem Rückzug gefolgt sind, beschreibt Przyborski (1998) für Jugendliche, deren Adoleszenzkrise mit einer anderen politischen Transformation, dem Ende der DDR, zusammengefallen ist. Auffällig ist, daß dieser Gemeinschaftsverlust Hendrik Strom und Adelheid Biber zeitlich relativ kurz nach der Pubertät traf (mit 17 bzw. 19 Jahren) – zu einem Zeitpunkt, zu dem die Identifikation mit dieser Gemeinschaft schon relativ bewußt gewesen sein könnte, gleichzeitig aber der Schritt ins Erwachsenenleben noch nicht vollzogen war. Denkbar ist, daß dies die Verlusterfahrung und retrospektive Verherrlichung dieser Gemeinschaften noch verstärkt haben könnte. Für diesen Hinweis danke ich Jürgen Wolf.

24 Ein sehr bewußter Bezug ist bei Esther Berg und Jürgen Peters auch für ihre Familienbeziehungen charakteristisch. Man denke etwa an Jürgen Peters' Organisation der jährlichen Familientreffen.

292

Abbildung 5: (Biographische) Bezüge der Orientierungsmuster (Veränderungsressourcen)

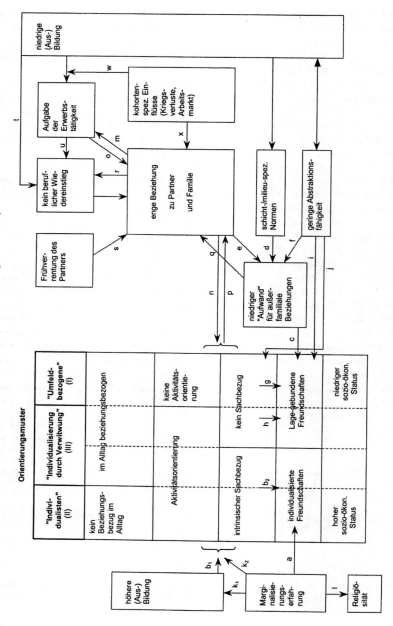

Denkbar sind jedenfalls beide Richtungen, insbesondere eine gegenseitige Verstärkung. Bei dem ehemaligen Ingenieur Arndt Sonntag war dann das Interesse an Technik ein Anknüpfungspunkt für die Beziehung mit seinem heute in Westdeutschland lebenden Freund, einer Urlaubsbekanntschaft, die Sonntags vor ca. 35 Jahren machten. Den ehemaligen Wasserschutzpolizisten Michael Tamm verbindet u.a. mit seinem im Ausland lebenden Freund (gleichfalls eine vor etwa 15 Jahren geschlossene Urlaubsbekanntschaft) das Interesse an Schiffahrt und Booten. Beide Freundschaften sind mit den Jahren sehr „innig" geworden und haben sich – trotz großer räumlicher Distanzen, seltenen persönlichen Treffen und teilweise unterschiedlicher Partnersituation (Michael Tamms Freund ist heute alleinstehend) – als stabil erwiesen. Für beide Befragte sind die Freundschaften eine wichtige Bereicherung. In ihrer Sicht liegt der Stellenwert der Freunde jedoch weit hinter demjenigen, den die Partnerschaft für sie hat – dies unterscheidet sie von den Fällen, die ihre (individualisierten) Freunde im Kontext existentieller Marginalisierungserfahrungen gefunden haben[25].

Bei den LAGE-GEBUNDENEN FREUNDSCHAFTEN sind Umstände, die sie befördern mögen, sehr viel schwerer zu bezeichnen und scheinen insgesamt sehr komplex. Das liegt insbesondere daran, daß sich bestimmte Merkmale, wie sie für die individualisierten Freundschaften typisch sind – etwa spezifische Inhalte –, *nicht* finden. In diesen Fällen kann über Ursachen nur spekuliert werden – wobei ich auf verschiedene, in der Forschungsliteratur dargestellte Aspekte verweise und sie mit den Hinweisen aus dem Datenmaterial unterfüttere. Dabei orientiere ich mich an den bereits dargestellten Merkmalen der Lage-gebundenen Freundschaften: den spezifischen Inhalten und den Gelegenheitsstrukturen für den offenbar wichtigen häufigen face-to-face-Kontakt.

Wenn man danach fragt, warum die *äußeren Gelegenheiten* zum Kontakt für diese Befragten so wichtig sind, ist ein zentraler Ansatzpunkt der mit der Pflege von Beziehungen verbundene *Aufwand* (c in Abb. 5). Die individualisierten Freundschaften sind dadurch charakterisiert, daß es sich um Verhältnisse zu *bestimmten* Anderen handelt. Dies aber setzt voraus, daß man sich zu dieser bestimmten anderen Person auch „bekennt", d.h. daß beide Partner sich gegenseitig zeigen, daß für sie diese Beziehung wichtig ist – und eben auch unter „erschwerten Bedingungen" „gepflegt" wird, z.B. auch nachdem einer der beiden umgezogen ist. In dieser Hinsicht setzen diese Bindungen ein bestimmtes Maß an Eigenleistung voraus, sie sind selbst hergestellt und insofern anspruchsvoll. Dagegen ist die Pflege sowohl von Nachbarschafts- oder Vereinsbeziehungen (als Lage-gebundenen Freundschaften) als auch – in noch stärkerem Maße – von Familienbeziehungen sehr viel „einfacher",

---

25 Es kann nur spekuliert werden, was passiert wäre, wenn Arndt Sonntag oder Michael Tamm keine neue Partnerin gefunden hätten. Zu vermuten ist, daß sowohl die Freundschaften als auch die sachlichen Interessen einen größeren Stellenwert bekommen hätten. Dies deutete sich bereits in den Phasen vor den neuen Partnerschaften an. Vgl. 5.2.2.

müheloser und im doppelten Wortsinn „naheliegend". Es handelt sich um vorgegebene Zusammenhänge mit gleichzeitig bereits vorgegebenen gemeinsamen Themen. Empirisch spricht dafür m.E., daß von diesen Befragten – im Unterschied zu denen mit individualisierten Freundschaften – weder besondere Vorteile des Wahlcharakters von Freundschaften angesprochen noch besondere Nachteile von nicht-wählbaren Beziehungen (wie etwa bei Nachbarschaft oder Familie die mögliche soziale Kontrolle, s.o.) thematisiert werden. Z. B. wird gegenüber Nachbarn *eher* die Anonymität problematisiert. Die Befragten wünschen sich mehr bzw. besseren face-to-face-Kontakt mit Nachbarn bzw. idealisieren alte Nachbarschaften (Claas, Merten).

Dieser Ansatzpunkt würde umgekehrt auch verständlich machen, warum Partnerschaft und – wenn vorhanden – Familie für alle diese Befragten einen so hervorgehobenen Stellenwert hatten und teilweise noch haben. Für diese Bindungen gilt in noch stärkerem Maße als für Freundschaften aus dem Kontext von Nachbarschaft oder Verein, daß viele gemeinsame Themen bereits *vorgegeben* sind bzw. naheliegen und daß gemeinsame Treffen kaum legitimiert werden müssen. Die bloße (äußere) Tatsache des Verwandtseins (und insbesondere natürlich bei Eltern-Kind-Beziehungen auch die gemeinsame Geschichte), stellt bereits eine Verbindung her. Dazu kommt, daß Familienbeziehungen offensichtlich unabhängiger von äußeren Gleichheiten – wie dem Familienstand – sind. Der familiale Kontext setzt die „Macht der Zahl" zumindest partiell außer Kraft (vgl. 6.1.1).

Warum dieser „Aufwand" für individualisierte Freundschaften möglicherweise gescheut bzw. überhaupt als Aufwand betrachtet wird, kann m.E. ganz unterschiedliche, auf verschiedenen Ebenen liegende Gründe haben, die sich empirisch nur bedingt trennen lassen:

(i) Erstens kann es sich hierbei um – wie Allan (1979; d in Abb. 5) ausführlich beschrieben hat – *schicht- bzw. milieuspezifische Konzepte (Normen) und Routinen* über eine solche Pflege von außerfamilialen Beziehungen handeln. Die außerfamilialen Beziehungsmuster, wie Allan sie Anfang der 70er Jahre für englische Arbeiter beschrieben hat, würden in etwa denen entsprechen, die sich bei Walter Niestroy finden. Der ehemalige Gerüstbauer ist der einzige Befragte, der die Bezeichnung Freundschaft gar nicht verwendet. Er spricht beispielsweise von seinen „Kumpels" vom Bau, die er früher vor allem auf dem Sportplatz, heute teilweise und nur „zufällig" in der Kneipe trifft und von denen er insgesamt eher abfällig spricht. Geselligkeit zu Hause wurde vorrangig von seiner verstorbenen Frau organisiert. Auf diese Möglichkeit deutet ansonsten der z.T. sehr niedrige bzw. insgesamt eher unterdurchschnittliche sozioökonomische Status der Befragten (s.u.).

Natürlich mögen derartige Normen umgekehrt auch bei der Pflege der individualisierten Freundschaften eine Rolle spielen. Darüber hinaus liegt es nahe, daß schicht- bzw. milieuspezifische Normen auch die Ausübung von (spezifischen) Aktivitäten beeinflussen (s.u.) (vgl. etwa Veblen 1958 oder

Rybczynski 1991). Angesichts der häufigen Diagnosen vom Zerfall traditioneller schicht- und klassenspezifischer Milieus zögere ich jedoch, zu schnell auf entsprechende Normen zu rekurrieren. Allerdings sollte doch hervorgehoben werden, wie überraschend es ist, daß sich bei dieser kleinen Stichprobe ein so deutlicher Zusammenhang zwischen der Ausübung der Aktivitäten und dem sozioökonomischen Status zeigt (vgl. auch Mayer/Wagner 1996; Kohli/Künemund 2000).

(ii) Bei allen Befragten mit Lage-gebundenen Freundschaften ist, wie gesagt, eine ausgeprägte Orientierung auf *Partnerschaft* bzw. *Familie* festzustellen. Diese ist heute nur bei Klaus Winter, Luise Anders und Marion Drake gebrochen. Auch ganz unabhängig von schicht- oder milieuspezifischen Normen zeigen die Interviews, daß – zweitens – Partnerschaft und Familie so eng sein können bzw. sollen, daß man daneben anderen Beziehungen nur bedingten Aufwand widmen möchte oder kann (e in Abb. 5)[26]. Diese mag (bei früher und bei den heute wieder in einer Partnerschaft lebenden Befragten) schlicht Bequemlichkeit oder auch Zeitmangel geschuldet sein, scheint aber von *normativen* Orientierungen über die Bedeutung von Partnerschaft und Familie mindestens abgestützt zu sein. Symptomatisch erscheint mir, daß alle Personen mit Lage-gebundenen Freundschaften ihre Kinder grundsätzlich im *ersten* ausgefüllten Kreis eingetragen haben (wie bereits gesagt auch ganz unabhängig von der faktischen Beziehungsqualität). Teilweise wurde gar nicht zwischen Personen differenziert, sondern diese wurden pauschal als „Familie" bezeichnet und einzelne Personen nur auf Nachfrage identifiziert. Im Austauschnetzwerk zeichnet sich m.E. ähnliches ab. So antwortete etwa Brigitte Falkenstein auf die Frage nach Unterschieden zwischen Familie und Freunden: „Naja, ich meine mit der Familie kann man alles besprechen, und mit den anderen muß man abwägen, was man bespricht". Hinter diesem Ideal verschwindet die Faktizität, daß sie manches wichtige Anliegen wie Trauer und Kritik auch in der Familie nicht bespricht und „abhaut", wenn es ihr „stinkt". Gerade diese Gebrochenheit markiert m.E. aber die normative Vorrangstellung der Familie.

(iii) Bei einzelnen Personen (z.B. Walter Niestroy) ist schließlich noch eine dritte Erklärung für den geringen Aufwand bei außerfamilialen Beziehungen denkbar. So mag zumindest für die Überbrückung räumlicher Distanzen ein gewisses *kognitives Abstraktionsvermögen* notwendig sein (f in Abb. 5), ein Aspekt, auf den Simmel (1908) eindringlich hingewiesen hat. Gratifikationen dieser Bindungen erfolgen vor allem medial vermittelt und sind somit abstrakter als beim direkten face-to-face-Kontakt. Wenn aber aufgrund

---

26 Diese hohe Partnerschafts- bzw. Familienorientierung findet bzw. fand sich jedoch auch bei Befragten mit individualisierten Freundschaften und ist für die Befragten mit Lage-gebundenen Freundschaften also zwar charakteristisch, aber nicht spezifisch. Eine enge Partnerschaft scheint keineswegs zwangsläufig mit Lage-gebundenen Freundschaften verbunden zu sein.

eines individuell nur gering entwickelten Abstraktionsvermögens seltene und medial vermittelte Kontakte individuell nicht als Gratifikation wahrgenommen werden können bzw. der Aufwand für die Pflege von Beziehungen zu weiter entfernt lebender Personen (verglichen mit dem Ertrag) individuell als zu hoch veranschlagt wird (Stichwort: „wer nicht da ist, ist auch emotional nicht nah", s.o.), mag auch der persönliche Kontakt zentralen Stellenwert bekommen. Bei den meisten hier Befragten ist mangelnde Abstraktionsfähigkeit aber offenbar keine Erklärung für ihre Lage-gebundenen Freundschaften: bestimmte (Familien-)beziehungen pflegen sie über sehr weite Distanzen (beispielsweise Hanne Claas' Schwester in den USA).

Eine weitere Erklärungsebene setzt noch tiefer an, bei der Frage, warum bei diesen Befragten der häufige Kontakt eigentlich so wichtig ist. Wie gesagt, kann dies ein weiterer Grund dafür sein, daß die außerfamilialen Beziehungen so stark an äußere Umstände und Gelegenheitsstrukturen gebunden sind. Denn diese ermöglichen – wie der gleiche Wohnort, ein äußerer gemeinsamer Kontext (Nachbarschaft, Verein) oder eine ähnliche Lebenssituation – genau diesen häufigen Kontakt. Nicht zufällig scheint mir, daß bei keinem der Befragten mit Lage-gebundenen Freundschaften – und dies unterscheidet sie von allen anderen – eine Art von Aktivitätsorientierung festzustellen war, die man als *intrinsische sachliche Interessen* bezeichnen könnte. Wie in dem Abschnitt „Das Potential der Aktivitätsorientierung" (5.1.3) herausgearbeitet, mag aber genau eine solche stark ausgeprägte sachliche Orientierung der Grund dafür sein, daß man im Alltag unabhängiger von (emotional nahen) sozialen Beziehungen ist: Mit diesem Interesse an etwas nicht-sozialem kann man sich letztlich auch gut alleine beschäftigen. Plausibel ist m.E. auch umgekehrt, daß *ohne* solche Interessen die Tatsache des bloßen Beisammenseins mit Anderen eine eigenständige Qualität bekommt, individuell wichtiger ist als bei Personen, die solche Art von Interessen verfolgen (können) und für die das subjektive Gefühl der Integration wichtiger ist als spezifische Qualitäten oder Inhalte von Beziehungen (g in Abb. 5). M.E. könnten diese nicht vorhandenen sachlichen Interessen wiederum auch ein Grund dafür sein, warum Partnerschaft und Familie für diese Befragten einen so ausgeprägten Stellenwert besaßen und – teilweise noch – besitzen (p in Abb. 5). Diese Beziehungen sind bzw. waren quasi prädestiniert für einen häufigen Kontakt (s.o.).

Wenn man an den *Inhalten* ansetzt, ist kaum zu beurteilen, warum die Interviewten die für individualisierte Freundschaften spezifischen Inhalte nicht ansprechen. Mit aller bei dieser Frage gebotenen Vorsicht scheinen die Interviews aber darauf hinzudeuten, daß die für die individualisierten Freundschaften spezifischen Beziehungsinhalte bei den Befragten mit Lage-gebundenen Freundschaften *insgesamt eher* unwichtiger sind[27]. So entfällt

---

27 Für diese Interpretation spricht auch, daß sich bei diesen Befragten auch keine Anzeichen auf die oben dargestellten Marginalisierungserfahrungen finden. Es finden sich zwar Brü-

die *sachliche* Orientierung auch als mögliche *inhaltliche* Basis von individualisierten Freundschaften – ein zusätzlicher Grund, warum man sich auf
Themen konzentriert, die der vorgegebene äußere Kontext bereitstellt (h in
Abb. 5). Daneben mag – zumindest auf einem niedrigem Niveau – auch die
kognitive *Abstraktionsfähigkeit* eine Rolle für die spezifischen Inhalte der
Lage-gebundenen Freundschaften spielen[28]. Wie gezeigt setzen die für individualisierte Freundschaften spezifischen Inhalte teilweise gewisse Refle-
xions- und somit auch Abstraktionsleistungen voraus (i und j in Abb. 5).
Vom Datenmaterial wird dies dadurch gestützt, daß bei manchen Befragten
die dargestellten Beziehungsinhalte insgesamt – also bezogen auf alle sozialen Beziehungen[29] – hinsichtlich ihres Abstraktionsgrades eher niedrig sind
bzw. die Erzählweise insgesamt eher konkret, spezifischen Situationen verhaftet und wenig argumentativ und reflexiv ist.

Bei der Frage nach den (biographischen) Konstellationen, die die Ausbildung von Aktivitätsorientierungen erleichtern bzw. befördern oder umgekehrt behindern können, fällt auf, daß sich bei allen Personen mit individualisierten Freundschaften nicht nur eine Aktivitätsorientierung (die nach der
Verwitwung als Vehikel zum Knüpfen neuer Beziehungen dienen kann),
sondern insbesondere ein INTRINSISCHES, SACHLICH BEGRÜNDETES INTERESSE
feststellen läßt (das offenbar im Alltag eine Unabhängigkeit von sozialen Beziehungen erlaubt) (vgl. Abb. 5). Dieser Zusammenhang scheint nicht zufällig zu sein. Die entsprechenden Fälle legen nahe, daß die Aktivitätsorientierung bzw. das sachliche Interesse entweder selbst individualisierte Freundschaften begründet oder die gleichen biographischen Wurzeln haben kann
wie diese Freundschaften.

Bei den auf *gemeinsamen Sachinteressen gegründeten individualisierten
Freundschaften* ist gerade die durch (berufliche) Bildung gestützte oder be-
förderte sachliche Orientierung ein wesentlicher Aspekt, der die Freunde miteinander verbindet (b2 in Abb. 5). Für die Ausbildung dieser Freundschaften
und (intrinsischer) sachlicher Interessen mag Bildung zwar weder eine *notwendige* noch eine *hinreichende* Bedingung sein, aber es kann wohl davon
ausgegangen werden, daß sie deren Wahrscheinlichkeit erhöht (b1 in Abb. 5).

---

che (vgl. z.B. Klaus Winter), aber erst nach dem Eingehen einer Partnerschaft und sie werden offenbar nicht als Erschütterung sozialer Beziehungen wahrgenommen. Möglicherweise wirkt die Partnerschaft hier als Schutzfaktor.

28 In diese Richtung auch Selman (1981) und Keller und Edelstein (1986) zu unterschiedlichen Freundschaftskonzepten.

29 Auch für die Partnerschaft bzw. als Defizit nach der Verwitwung werden keine derartigen
Inhalte beschrieben. Die von den Befragten zum Ausdruck gebrachten Defizite richten sich
vorrangig auf andere, relativ konkrete Inhalte. Vor allem fehlte die Person, die „immer da“
war (Falkenstein, Winter, Niestroy), womit primär auf die konkrete Anwesenheit und das
häufige Beisammensein rekurriert wird. Die Frauen heben daneben hervor, daß die Person
fehlte, mit der man über alles, was einem so im Kopf rumgeht, sprechen konnte (Falkenstein, Anders, Claas), d.h. der Ansprechpartner für alle möglichen Belange, jedoch keine für
individualisierten Freundschaften spezifischen Inhalte.

Bei den Personen mit *Marginalisierungserfahrungen* sieht es so aus, als ob genau diese Erfahrung nicht nur einen wesentlichen Impuls zur Bildung von individualisierten Freundschaften, sondern auch zur Ausbildung oder Förderung von (intrinsischen) sachlichen Interessen gegeben hat. Dabei lassen sich zwei Muster unterscheiden, die auf sehr unterschiedliche Weise mit Bildung bzw. beruflichem Status verknüpft sind.

- *Auflösung von Marginalitätserfahrung in Bildung bzw. hoher Berufsorientierung.* Bei fünf der sechs betreffenden Befragten scheint die Erfahrung von Marginalität nicht nur individualisierte Freundschaften, sondern auch Bildungsbedarf, -aspirationen, starke intrinsische Berufsorientierung bzw. Karriereambitionen ausgelöst oder zumindest befördert zu haben (k1, k2 in Abb. 5). Dazu gehört z.B. die Jüdin Esther Berg, die sich als Kind neben Freundinnen und einer eigenen großen Familie vor allem wünschte, später als Bibliothekarin zu arbeiten. Ihr starker Bildungsdrang ließ sie in späteren Jahren dann ein Psychologiestudium absolvieren. Bei ihr sind mit dem Bildungsbedarf verbundene sachliche Interessen und hohe Berufsorientierung gleichermaßen ausgeprägt. Demgegenüber liegt der persönliche Halt von Annegret Weber, die nach dem frühen Tod ihrer Mutter den Bauernhof des Vaters verließ und im bürgerlichen Haushalt ihrer Tante in Berlin aufwuchs, vor allem in ihrer privaten Beschäftigung mit der Musik – auch wenn sie die Bildungsangebote und -aspirationen der Tante aufgriff und wie diese Lehrerin wurde. Angesichts prekärer sozialer Beziehungen können Bildung bzw. der Beruf individuell einen wichtigen Haltepunkt darstellen, teilweise dient die Bildung dezidiert als Mittel der Reflexion, um sich bzw. die soziale Umgebung zu verstehen[30] (Esther Berg, Hendrik Strom). Beispielsweise kam Hendrik Strom in den ersten Jahren nach 1945 nicht nach Berlin zurück („mein Berliner Umfeld hat mich lieber von hinten als von vorne gesehen, also bin ich in der Fremde geblieben") und begann zunächst in Westdeutschland ein Psychologie- und Pädagogikstudium („'ne Marotte von mir"), bevor er sich Anfang der 50er Jahre in Berlin als Fahrschullehrer selbständig machte. Bildung kann selbst aber auch Marginalitätserfahrungen vermitteln. Für Monika Goldmanns Werdegang war die Spannung zwischen ihrem Herkunftsmilieu und dem Bildungssystem, in dem sie aufstieg, konstitutiv. Innerlich fühlte sie sich den Eltern, die ihre Bildung förderten, verbunden. Das Bildungssystem bestimmte zwar ihren Alltag, doch im Grunde blieb sie darin fremd. Sie verließ sich vor allem auf sich selbst und konzentrierte sich auf ihre Tätigkeit als Erzieherin, später als Rektorin ihrer eigenen Schule.

---

30 Vgl. hierzu auch die spezifischen Erfahrung der sogenannten Aufbaugeneration in der Soziologie (Bude/Neidhardt 1998), die im Prinzip derselben Kohorte entstammt wie die hier Befragten. Diese schildern durchgehend als zentralen Impuls für den Wechsel in die Soziologie das brennende Interesse, verstehen zu wollen, wie sich das System ändert, die Menschen jedoch die gleichen bleiben.

- *Auflösung von Verlusterfahrung in Religiosität und Pflege wichtiger Bezugspersonen.* Ein ganz anderes Muster findet sich bei der als Übergangsfall bezeichneten ehemaligen Religionslehrerin Adelheid Biber. Bei ihr löste die kriegsbedingte Flucht aus ihrem Heimatdorf in Schlesien keine Bildungsoder Karriereaspirationen aus. Aber auch bei ihr findet sich ein starker Bezug auf etwas „Drittes", nicht-soziales. Dieser ist allerdings nur bei Gefahr eines Mißverständnisses als „Sach"-bezug zu bezeichnen – auch wenn er nach der Verwitwung ansatzweise ähnliche Funktionen erfüllt (vgl. 5.1.3). Adelheid Biber hat diese Verlusterfahrung neben ihrem Festhalten an den Beziehungen zu ehemaligen Spielkameradinnen aus dem Dorf in ihrem Glauben an Gott, in Religiosität aufgelöst (1 in Abb. 5). Sie ist von einer Individualisierungserfahrung betroffen, im Ergebnis hat dies jedoch keine „Individualisierung" im üblichen Sinne, sondern letztlich eine „traditionelle" Auflösung dieser Erfahrung gezeigt. Im Grunde ist auch bei ihren Freundschaften zu ehemaligen Kameradinnen aus dem Heimatdorf die Bezeichnung „individualisiert" irreführend, da diese *ausschließlich* erfahrungsbewahrenden Charakter zu haben scheinen. Sieht man von der Religiosität ab, läßt das Interviewmaterial weder auf eine von anderen sachlichen Interessen geleitete noch auf eine ausgeprägte reflexive Komponente schließen. Mit den individualisierten Freundschaften der anderen Befragten haben Adelheid Bibers „quasi-individualisierte" Freundschaften nur die Stabilität, nach der Verwitwung damit aber auch ihre Funktion als positive Ressource, gemein[31].

Schließlich ist auf die Befragten einzugehen, bei denen sich keine intrinsischen, von sozialen Beziehungen losgelösten sachlichen Interessen (vgl. Tab. 7) finden. Sie haben, wie gesagt, alle Lage-gebundene Freundschaften. Gibt es Hinweise darauf, worin sich die Befragten bei denen eine zwar keine

---

31 Bezogen auf die *Selektivität* der in der Stichprobe vertretenen *Orientierungsmuster* bzw. des Typenfeldes und damit auch auf die Reichweite der dargestellten Ergebnisse, läßt sich an dieser Stelle festhalten, daß es sich bei den hier nicht gefundenen Kombinationen von Orientierungen (Veränderungsressourcen) wohl nicht um systematische Leerstellen handelt (vgl. Abb. 5; Tab. 4). Festzuhalten lassen sich jedoch relativ enge Kopplungen zwischen der Ausbildung von intrinsischen sachlichen Orientierungen und individualisierten Freundschaften: sei es, daß sachliche Interessen den Grundstein für solche Freundschaften darstellen können (b2 in Abb. 5), sei es, daß die Gründe zur Ausbildung von individualisierten Freundschaften (Marginalisierungserfahrungen), gleichzeitig auch Impulse setzen können für die Ausbildung bzw. Förderung nicht-sozialer Interessen (k2, 1 in Abb. 5). Vermutet wurde das weiteren, daß das Nichtvorhandensein intrinsischer sachlicher Interessen die Bedeutung der Kontakthäufigkeit und damit die Bezugnahme auf nahegelegene und häufig frequentierbare Lage-gebundene Freundschaften befördern mag (g, h in Abb. 5). Beide Aspekte zusammengenommen lassen eine Kombination aus nicht vorhandenen intrinsischen Interessen bei gleichzeitiger Pflege von individualisierten Freundschaften eher unwahrscheinlich erscheinen. Der Fall, daß trotz intrinsischem Sachinteresse keine individualisierten Freundschaften gepflegt werden, ist in dieser Stichprobe zwar auch nicht vertreten, er ist aber eher vorstellbar – nämlich bei einer starken Bezogenheit auf Partnerschaft und Familie, wie sie tendenziell bei Arndt Sonntag und Michael Tamm festzustellen sind, die beide nur einen engen Freund haben.

intrinsische sachliche, aber eben eine AKTIVITÄTSORIENTIERUNG vorliegt, von denjenigen unterscheiden, bei denen dies nicht der Fall ist? Bezogen auf die „outcomes" nach der Verwitwung unterscheiden sich diese Gruppen am stärksten. Erstere (Luise Anders und Klaus Winter) gehören zu den Befragten, die sich über die Aktivitätsorientierung ein „neues Leben" aufgebaut haben, bei letzteren handelt es sich um diejenigen, die subjektiv am schlechtesten mit dem Verlust des Partners zurecht kommen („Umfeldbezogene" ohne neue Partner; Veränderungstyp I; vgl. Tab. 7).

Die „Umfeldbezogenen" ohne neue Partner sind die Personen der Stichprobe mit der niedrigsten formalen Bildung, einem nur unterdurchschnittlichen beruflichen Status und einer vergleichsweise schlechten ökonomischen Ressourcenausstattung (vgl. Tab. 7). Die biographischen Interviews zeigen darüber hinaus, daß bei keinem der „Umfeldbezogenen" eine ausgeprägte berufliche Orientierung vorliegt. Des weiteren hatten sie auch nur ein instrumentelles Verhältnis zu ihrem Beruf, also kein intrinsisches oder sachlich begründetes Interesse daran. Primärer Bezugspunkt ihrer Alltagsorganisation und Selbstdefinition war die Paarbeziehung und, soweit vorhanden, die Familie. Doch weder dieses Verhältnis zum Beruf noch die Partner- und Familienorientierung sind für diese Gruppe spezifisch. Eine hohe Partner- bzw. Familienorientierung findet sich auch bei anderen Befragten und z.B. bei Luise Anders hatte auch die Erwerbstätigkeit nur einen nachgeordneten Stellenwert, d.h. sie hatte nur ein instrumentelles Verhältnis zum Beruf. Im Unterschied zu den „Umfeldbezogenen" verfügt sie jedoch über Interessen, die ihr nach dem Tode ihres Mannes als Vehikel zum Knüpfen neuer Bindungen und den Aufbau eines „neuen Lebens" dienen. Luise Anders griff nach der Verwitwung auf Interessen an Sprachen und Kunst aus ihrer Volksschulzeit zurück. Bei ihr erwies sich die *Schulbildung* als eine zentrale biographische Ressource für spät im Leben aufgenommene Aktivitäten.

Der Fall von Luise Anders macht erstens deutlich, daß bereits ein relativ geringes Bildungsniveau mit einer Aktivitätsorientierung verbunden sein kann. Zweitens zeigt er, daß diese Orientierung lange vor der Eheschließung oder der Erwerbstätigkeit ausgebildet werden und dann während der Ehe brachliegen kann. Weder eine starke Partnerorientierung noch ein nur geringer Stellenwert des Berufs lassen direkt auf das Nichtvorhandensein von Aktivitätsorientierungen – und darüber auf ein negatives „outcome" nach der Verwitwung – schließen.

Allerdings können sich – und dies zeigt sich bei den drei umfeldbezogenen Frauen m.E. sehr drastisch – unter bestimmten Bedingungen im Laufe des Lebens Handlungsspielräume und Gelegenheiten für die Ausbildung oder Förderung derartiger Aktivitätsorientierungen *sukzessive immer weiter verengen* und vielleicht sogar gänzlich verschließen. Bei diesen drei Frauen stehen ausgeprägte Partner- und Familienorientierung im Verbund mit *geringer* Bildung, *nicht abgeschlossener* beruflicher Ausbildung, vergleichsweise *kurzer* Erwerbstätigkeit (der außerdem vorwiegend zu Haus nachgegangen wurde) und zusätzlich einer biographisch *früh* erfolgten Verrentung des Ehepartners (bedingt durch einen hohen Altersabstand der Partner oder den schlechten Gesundheitszustand des Ehemannes). Bei Hanne Claas kommt darüber hinaus noch eine ungewöhnlich *große* Kinderschar hinzu (sieben Kinder). Diese Komponenten – so wurde am Fall von Brigitte Falkenstein exemplarisch gezeigt – können sich auf vielfältige Weise *selektiv gegenseitig verstärken*. Stellen die bestehenden sozialen Beziehungen subjektiv hinreichende Integrationsbezüge dar, ist die Ausbildung von Orientierungen auf Bezüge außerhalb von Partnerschaft und Familie quasi nicht (mehr) nötig bzw. wird vielleicht auch von den wichtigen Bezugspersonen be- oder verhindert. Es besteht gewissermaßen kein besonderer Anlaß, sich anderweitig zu orientieren. Dies betrifft nicht nur Kontakte außerhalb von Partnerschaft und Familie (e in Abb. 5), sondern insbesondere die Fortführung der Erwerbstätigkeit nach Heirat und eventueller Familiengründung (m in Abb. 5) sowie andere Aktivitäten bzw. sachliche Interessen (n in Abb. 5). Daß es kaum andere Bezüge gibt, wirft die Betreffenden wiederum stärker auf Partnerschaft und ggf. vorhandene Familie zurück (o, p, q in Abb. 5). Dadurch werden gleichzeitig aber auch – in früheren Lebensabschnitten noch bestehende – Gelegenheiten für eine Außenorientierung zunehmend abgeschnitten: dies gilt insbesondere für den – in allen drei Fällen nicht vollzogenen – beruflichen Wiedereinstieg (r in Abb. 5). Hier scheint ein kaum entwirrbares Gemisch zu bestehen aus enger Bindung an den Partner, die in allen drei Fällen verstärkt wurde durch dessen frühzeitige Verrentung (s in Abb. 5), gleichzeitig sehr schlechten Arbeitsplatzchancen aufgrund nicht abgeschlossener beruflicher Ausbildung (t in Abb. 5) und der – wiederum familien-"bedingten" – langen Absenz vom Arbeitsmarkt (u in Abb. 5).

Bestimmte kohortenspezifische Einflüsse mögen diese Prozesse zusätzlich verstärkt haben. Dazu zählen erstens die nach Kriegsende einsetzenden *Verdrängungsprozesse von Frauen auf dem Arbeitsmarkt*, die etwa 1950 – als die hier Befragten zwischen 21 und 30 Jahre alt waren – zu einem in diesem Jahrhundert einmaligen Tiefstand der Frauenerwerbsbeteiligung führten (wenngleich diese bei den entsprechenden Jahrgänge nie unter 40% sank). Hier kann man wohl durchaus sowohl von einem objektiv vom *Arbeitsmarkt* ausgehenden als auch einem *normativen* Druck der Umwelt auf Frauen sprechen, spätestens mit der Familiengründung Platz auf dem Arbeitsmarkt für die aus dem Krieg heimkehrenden Männer zu machen (w in Abb. 5). Wie der Fall von Brigitte Falkenstein besonders plastisch illustriert, dürften diese Prozesse – bei einer nur gering ausgeprägten beruflichen Orientierung – gleichzeitig aber auch als Legitimationsfolie für die im Grunde willkommene Aufgabe der Erwerbstätigkeit gedient haben. Brigitte Falkenstein, die mit einer nicht abgeschlossenen Lehre eher nur geringe Chancen auf dem damaligen Arbeitsmarkt gehabt haben dürfte, betont ostentativ, daß es zu dieser Zeit normal war als Frau nicht zu arbeiten, obgleich sie die Erwerbstätigkeit sofort mit der Heirat und lange vor der Geburt ihres Sohnes aufgab.

Nicht zu vernachlässigen sind zweitens die großen *Kriegsverluste* unter den Männern dieser Kohorten. So berichten fast alle befragten Männer und Frauen, daß (die) Schulfreunde und z.T. Kollegen der (Ehe-)männer im Krieg gefallen seien. Zu vermuten ist, daß dies die Enge der Beziehung zwischen den Partnern weiter verstärkt haben dürfte und eine Außenorientierung – sowohl von Männern als auch von Frauen – zusätzlich erschwert haben könnte. Brigitte Falkenstein diente dieser Umstand zumindest als *Argument* für die wenigen Außenkontakte während der Partnerschaft (x in Abb. 5).

Hinsichtlich des Zusammenhangs zwischen SOZIALSTRUKTURELLEN MERKMALEN und „outcomes" nach der Verwitwung läßt sich abschließend festhalten, daß bereits vorliegende Ergebnisse von der Tendenz her auch in dieser Arbeit bestätigt werden. Aus der Verwitwungsforschung ist bekannt, daß eine eher gute Ausbildung, ein höherer beruflicher Status und eine gute materielle Absicherung nach der Verwitwung eher mit einem positiven „outcome" verbunden sind. Die entsprechenden Studien zeigen umgekehrt, daß niedrige formale Bildung, ein nur unterdurchschnittlicher beruflicher Status und eine vergleichsweise schlechte ökonomische Ressourcenausstattung mit einer eher negativen Bewertung des Lebens nach dem Tod des Partners einhergehen. In diesem Abschnitt wurde versucht, diesen Zusammenhang anhand der biographischen Bezüge der Ressourcen Freundschaftsmuster und Aktivitätsorientierung zu Bildungs- und Status-Merkmalen genauer zu differenzieren[32].

So scheint höhere Bildung bzw. ein hoher beruflicher Status systematisch die Wahrscheinlichkeit sowohl für individualisierte Freundschaften als auch für sachliche Interessen zu erhöhen. Nur mit der Ausnahme des eher ungewöhnlichen Falls von Adelheid Biber (vgl. 5.1.3) steht die Ausbildung beider Ressourcen in einem inneren Zusammenhang mit eher besserer schulischer und beruflicher *Bildung* bzw. u.U. auch einer ausgeprägten Berufsorientierung und damit indirekt auch einem höheren bis hohen *beruflichen Status*. Erstens fördert höhere Bildung offenbar auf Sachinteressen basierende individualisierte Freundschaften. Zweitens scheinen Marginalisierungserfahrungen (vor dem Eingehen einer Partnerschaft) sowohl individualisierte Freundschaften als auch Bildungsaspirationen und Karriereambitionen und die gleichzeitige Ausbildung von (sachlichen) Aktivitätsorientierungen zu fördern. Auf der Ebene der Zusammenhänge zwischen Orientierungen und sozialstrukturellen Merkmalen zeigt sich dies darin, daß durchweg bei *allen* Personen mit höheren und hohen Bildungs- und Berufsabschlüssen (Abitur, FH, Universität) bzw. einem hohen sozioökonomischen Status individualisierte Freundschaften und (sachliche) Aktivitätsorientierungen festzustellen sind.

---

32 Auf die Merkmale Geschlecht, Alter und Kohortenzugehörigkeit gehe ich im Schlußkapitel ein.

Tabelle 7: Orientierungsmuster und sozialstrukturelle Merkmale

Orientierungsmuster	„Individualisten" (II)	Übergangsfall Biber	„Individualisierte"	„Individualisierung durch Verwitwung" (III)		„Umfeldbezogene" (I)
- Beziehungsbezug/Alltag	nein	(ja, und Religion)	ja	ja	ja	ja
- Aktivitätsorientierung	ja	ja	ja	ja	ja	nein
- Art Aktivitätsorientierung	sach	sach (Religion)	sach	sach	gesellig, person-bez.	–
- Freundschaftsmuster	restriktive individual. Fr.	restriktive individ. Fr.	individ. Fr.	individ. Fr.	Lagegebundene Fr.	Lagegebundene Fr.
Fälle	Goldmann Strom	Biber	Berg Peters	Weber Sonntag Tamm	Anders Winter	Falkenstein Claas, Drake, Merten Niestroy
Sozialstrukturelle Merkmale						
- Schulbildung[33]	hoch	mittel	mittel-hoch	niedrig-hoch	niedrig	niedrig[34]
- berufliche Bildung	Uni	keine	Uni, Verwaltungslaufbahn	Polizeischule, FH, Uni	Lehre, Meister	keine, Lehre
- beruflicher Status[35]	mittel-hoch	niedrig-mittel	hoch	mittel	mittel	niedrig
- Dauer der Erwerbstätigkeit	voll	voll	voll	voll	voll	alle Frauen nur phasenweise
- min.-max. des Eink./DM[36]	2.500-5.000	niedrig	2.500-5.000	3.000-5.000	2.000-3.000	625-2.250

[33] Niedrig = Volksschule; mittel = Mittlere Reife; hoch = Abitur.
[34] Nur Brigitte Falkenstein hat die Schule mit der mittleren Reife abgeschlossen.
[35] Grundlage ist der jeweils höchste Status der Partner. Vgl. im Einzelnen Tab. 3.
[36] Es handelt sich nur um ungefähre Werte. Von der im Fragebogen angegebenen Spannbreite des monatlichen Netto-Haushaltseinkommens wurde jeweils der untere bzw. obere Wert zugrunde gelegt (vgl. Tab. 3). Bei Adelheid Biber liegt kein Wert vor.

Umgekehrt sind offenbar sehr niedrige Bildung bzw. sehr niedriger sozialer Status von der Tendenz her eher mit negativen „outcomes" nach der Verwitwung verbunden. Doch diese Zusammenhänge scheinen insgesamt weniger hart. Das Datenmaterial deutet hier auf sehr spezifische Problemlagen hin. Bei der Risikogruppe der Umfeldbezogenen lassen sich grob gesagt vor allem zwei problematische Pfade identifizieren:

Zum einen Pfad, bei dem sich hohe Partner- und Familienorientierung, Anforderungen des Partners und der Familie (wie eine hohe Kinderzahl, die sehr frühe Verrentung des Partners und u.U. nur wenige Bezugspersonen des Partners) und nur geringe Bildungsorientierungen und -ressourcen im Laufe des Lebens selektiv so verstärken, daß Problemlagen kumulieren und sich Handlungsspielräume und -orientierungen sukzessive verengen: von der nicht abgeschlossenen beruflichen Ausbildung über einen frühen Austritt aus dem Arbeitsmarkt bis hin zum nicht vollzogenem beruflichen Wiedereinstieg.

Zum anderen scheinen auch geringe kognitive Kompetenzen (Abstraktions- und Reflexionsfähigkeit) – die wahrscheinlich stark mit dem sozioökonomischen Status korrelieren – für den ausschließlichen Bezug auf Lagegebundene Freundschaften und das Nichtvorhandensein von Aktivitätsorientierungen verantwortlich zu sein. Diese sind vermutlich aber nur auf einem sehr niedrigen Niveau wirksam.

Besonders hervorzuheben ist m.E. der Befund, daß bereits ein nur flüchtiger Bildungskontakt bzw. ein relativ niedriges Bildungsniveau ausreichen können, um – trotz einer sehr starken Bezogenheit auf Partner und Familie – nach der Verwitwung als Anknüpfungspunkt für Aktivitäten und damit als Vehikel zum Aufbau eines „neuen Lebens" dienen zu können.

6.3 Zukünftige, altersbedingte Veränderungen der sozialen Integration: Risiken und Ressourcen

Nachdem in den letzten beiden Unterabschnitten verschiedene biographische Bezüge der gegenwärtigen Integration beleuchtet wurden, möchte ich die Darstellung der empirischen Ergebnisse mit einigen knappen Bemerkungen zur möglichen *zukünftigen* Entwicklung der sozialen Integration der Verwitweten beschließen. Für die Lebenslagen im höheren und hohen Alter typische und somit für die „jungen Alten" erwartbare zukünftige Veränderungen der Lebenssituation sind insbesondere der Tod von weiteren emotional wichtigen Bezugspersonen wie Verwandten und Freunden und gesundheitliche Einschränkungen der Mobilität. Zu erwarten ist, daß diese Veränderungen auch Auswirkungen auf die Pflege und Aufrechterhaltung der sozialen Integration im weitesten Sinne haben und sie erschweren bzw. beeinträchtigen. Zu den alterstypischen Veränderungen ist heutzutage auch der Pflege- und

Unterstützungsbedarf zu zählen, der aufgrund der gestiegenen Lebenserwartung und zunehmender Überlebensraten ins höhere Alter hinsichtlich Prävalenz und Dauer stark zugenommen hat (Stuckelberger/ Höpflinger 1996)[37].
Zum Verständnis der Veränderungen der sozialen Integration nach der Verwitwung haben sich verschiedene individuelle Orientierungen als wesentlich herausgestellt (die Bezogenheit auf Beziehungen im Alltag, die Aktivitätsorientierung und die Freundschaftsmuster). Beim Aufbau eines „neuen Lebens" nach dem Tod des Partners können sie jeweils charakteristische Spielräume eröffnen oder sich als Restriktionen für die soziale Integration erweisen. In diesem Unterabschnitt möchte ich darauf eingehen, von welchen zukünftigen (alterstypischen) Veränderungen diese Orientierungsmuster auf welche Weise betroffen sein können. Insbesondere interessiert mich, ob Orientierungsmuster, die sich *nach der Verwitwung* als besonders problematisch bzw. als „erfolgreich" für eine zufriedenstellende Integration herausgestellt haben, bezogen auf *mögliche zukünftige (altersspezifische) Veränderungen* ebenfalls besonderen Problemlagen ausgesetzt sind. Diskutiert wird damit im übrigen ein weiterer Aspekt der Verallgemeinerung der Ergebnisse, ihre Altersspezifik. Bei dieser Frage unterscheide ich zwischen jeweils charakteristischen *Risiken* bezogen auf die zukünftige soziale und emotionale Integration einerseits und andererseits der Frage, welche *Ressourcen* die Orientierungsmuster für den Umgang mit diesen Risiken bereitstellen.
Notgedrungen können die folgenden Überlegungen nur tentativ sein. Erstens liegt ihnen – um Komplexität zu reduzieren – die Prämisse zugrunde, daß die Orientierungsmuster (Veränderungsressourcen) im wesentlichen *stabil* bleiben – was sicherlich nur bedingt erwartet werden kann. Zweitens ist mit der Identifikation von Risiken und Ressourcen noch nicht viel darüber gesagt, wie diese möglichen Veränderungen dann individuell bewertet werden, also welche subjektiven „*outcomes*" mit spezifischen Veränderungen verbunden sein können. Mit individuellen Umorientierungen, Umdeutungen und Umbewertungen muß vermutlich besonders dann gerechnet werden, wenn sich die Lebenssituation sehr stark verändert – wie dies insbesondere bei gesundheitlichen Einschränkungen, die mit Unterstützungs- oder gar Pflegebedürftigkeit verbunden sind, der Fall ist.
Im folgenden unterscheide ich analytisch zwischen der Frage der Gefahr sozialer Isolation, der Frage nach den Konsequenzen von gesundheitlich bedingten Mobilitätseinbußen für die Lebensgestaltung sowie den voraussichtlichen Unterstützungspotentialen für instrumentelle Hilfeleistungen. Dabei beschränke ich mich auf alleinstehende Verwitwete. Erstens nimmt die Wahrscheinlichkeit in einer Partnerschaft zu leben, mit steigendem Alter dra-

---

37 Da nur Periodendaten verfügbar sind, ist schwer zu sagen, ob die „gewonnenen Jahre" vor allem in guter oder schlechter Gesundheit verbracht werden. Unstrittig scheint aber, daß die durchschnittliche Zeit, die eine Kohorte in schlechterer Gesundheit verbringt, zunimmt – wenn auch nicht im gleichen Maße wie die Zeit der gewonnenen Jahre insgesamt (Dinkel 1992).

stisch ab. Zweitens dürfte bei alleinstehenden Verwitweten die Frage nach Risiken und Ressourcen im höheren und hohen Alter besonders wichtig sein. Die Partnerschaft erwies sich für die soziale Integration nach der Verwitwung bereits bei den „jungen Alten" als Schutzfaktor, und bekanntermaßen ist sie es auch hinsichtlich von Pflege- und Unterstützungsbedarf (z.b. Schneekloth/ Potthoff 1993).

Für die Frage nach der möglichen zukünftigen Betroffenheit von sozialer Isolation bzw. umgekehrt nach der zukünftigen EXISTENZ EMOTIONAL WICHTIGER MENSCHEN ist ein wichtiger Aspekt die absolute *Größe* der heutigen Netzwerke. So hat bei sehr kleinen Netzwerken der (weitere) Tod emotional wichtiger Menschen allein rein anteilsmäßig ein großes Gewicht. Die kleinsten Netzwerke finden sich zum einen bei den Individualisten (4 bzw. 6 Personen), die aufgrund ihres Freundschaftsmusters nur wenige (restriktive individualisierte) Freundschaften haben und gleichzeitig auch keinen besonderen Wert auf Kontakte zu Familienmitgliedern außerhalb der Kernfamilie legen (vgl. 6.2.2). Die andere Gruppe mit sehr kleinen Netzwerken sind diejenigen der Umfeldbezogenen, die nur wenige Familienbeziehungen haben (5 bzw. 7 Personen).

Hinsichtlich der Beziehungen zu Familienmitgliedern außerhalb der Kernfamilie ist an dieser Stelle anzumerken, daß sich die häufig in der Literatur erwähnten Geschlechtsunterschiede (z.B. Rossi/Rossi 1990) auch in dieser kleinen Stichprobe zeigen: Von den Befragten, die Familienangehörige außerhalb der Kernfamilie haben, trugen bei den Befragten mit Lage-gebundenen Freundschaften alle Frauen entferntere Verwandte in einen der ersten beiden Kreise ein (Claas, Drake, Anders), hingegen keiner der Männer (Niestroy, Merten, Winter) – obgleich es durchaus andere Familienangehörige (teilweise auch in der Nähe) gibt. Bei den weniger gut (Aus-)Gebildeten bestätigt sich also das Bild der weiblichen „kinkeeper", was sich im übrigen in teilweise erheblichen Größenunterschieden in den Netzwerken niederschlägt (Luise Anders hat insgesamt 15 Verwandte angegeben, Hanne Claas sogar 26). Anders sieht es aus bei den besser gebildeten Befragten mit individualisierten Freundschaften. Sieht man von den Individualisten ab, die nicht nur gegenüber neuen Freunden, sondern auch gegenüber Familienbeziehungen außerhalb der Kernfamilie reserviert sind (s.o.), haben alle Männer (Peters, Sonntag, Tamm) auch entferntere Verwandte in den ersten beiden Kreisen eingetragen. Man könnte dies vielleicht als reflexive Form der Bindung an Familienbeziehungen bezeichnen[38].

Am größten sind die Netzwerke insgesamt bei den Individualisierten (zwischen 29 und 44 Personen) und den Umfeldbezogenen (Frauen) mit vielen Familienangehörigen (36 Personen) (s.o.). Die größten Schwankungen in

---

38 Vgl. dazu die Anmerkungen in 6.2.1 sowie die Anmerkungen zu Jürgen Peters' Familienbeziehungen (5.2.2).

der absoluten Größe finden sich also insgesamt bei den Umfeldbezogenen (zwischen 5 und 36 Personen)[39].

Des weiteren dürfte die zukünftige Größe dieser Netzwerke wesentlich von ihrer *Alters*zusammensetzung abhängen[40]. Die Wahrscheinlichkeit für den Tod von nahen Bezugspersonen nimmt mit deren Alter zu: das Risiko des Verlusts ist am geringsten bei Personen jüngerer Generationen. Zu berücksichtigen ist vor allem die Größe des *familiären* Segments. Die Lage-gebundenen Freundschaften sind zwar auch altersheterogen, doch ihre Spannbreite und Streuung in der Alterszusammensetzung ist deutlich geringer als bei den familialen Beziehungen[41] – was insbesondere auf die Kinder, aber auch auf Nichten und Neffen (also indirekt auch auf das Vorhandensein von Geschwistern) zurückzuführen ist. Sieht man von der Bedeutung einzelner Segmente ab, dürften bezüglich der zukünftigen Existenz von emotional wichtigen Personen also – wenig überraschend – die Personen mit Kindern am besten dastehen. Zwischen dem Vorhandensein von Kindern und den Orientierungsmustern scheint jedoch kein feststellbarer systematischer Zusammenhang zu bestehen. Bei allen Orientierungsmustern finden sich sowohl Personen mit als auch ohne Kinder.

Für alle Befragten sind aber auch *außerfamiliale* Beziehungen wichtig – wenngleich auf unterschiedliche Art: bei den Individualisierten sind sie wesentlicher Bestandteil der Alltagsgestaltung, teilweise auch bei Umfeldbezogenen bzw. stellen bei ihnen zumindest eine wichtige „Ergänzung" familialer Beziehungen dar. Und für die Individualisten sind sie, auch wenn sie kaum die Alltagsgestaltung berühren, sehr wichtig „im Hintergrund". Die Lage-gebundenen Freundschaften erwiesen sich dabei über den Lebenslauf und insbesondere nach der Verwitwung als deutlich instabiler als die individualisierten Freundschaften. In der Zukunft könnte sich dies jedoch ändern: Da mit höherem Alter die Wahrscheinlichkeit des Eingehens einer Partnerschaft auf-

---

39 Bei den Personen mit neuen Partnern scheint die Größe von deren Partnerschaftskonzept mitbeeinflußt zu sein (bzw. diese ein Indikator für Offenheit gegenüber anderen zu sein; vgl. 5.2.2): Bei den Umfeldbezogenen haben die Personen mit lockerem Partnerschaftskonzept die kleinsten Netzwerke (Drake 6 gegenüber Merten mit 24 Personen, bei ihm sind viele Paare dabei und eben auch Beziehungen über die neue Partnerin); bei den Individualisierten scheint es genau umgekehrt zu sein: die beiden sehr auf die neue Partnerin bezogenen Arndt Sonntag und Michael Tamm haben 6 bzw. 21, die beiden (bereits früh) Individualisierten Jürgen Peters und Esther Berg, die auch lockere Partnerschaften haben, haben 74 bzw. 50 Personen eingetragen.

40 Vgl. für die Existenz verschiedener Familienbeziehungen im Einzelnen z.B. die Ergebnisse des Alterssurvey (Kohli/Künemund 2000; insbesondere Künemund/Hollstein 2000).

41 Bei familialen Beziehungen (max. 87 Jahre) finden sich nicht nur ältere Personen als bei außerfamilialen Beziehungen (max. 87 Jahre bei außerfamilialen Beziehungen insgesamt bzw. 82 Jahre bei „Freunden"), obgleich keiner der Befragten mehr lebende Eltern hat. Familiale Beziehungen sind auch deutlich jünger als außerfamiliale Beziehungen. Sieht man von Enkeln ab, beträgt das Mindestalter der familialen Beziehungen 25 Jahre. Demgegenüber beträgt das Mindestalter bei „Freunden" bzw. bei außerfamilialen Beziehungen 46 Jahre.

grund der geringen Zahl an Männern ohne eine Partnerin strukturell drastisch abnimmt, ist zu erwarten, daß die Lage-gebundenen Freundschaften im höheren Alter zumindest von Frauen in dieser Hinsicht stabiler sind als in jüngeren Jahren. Hinsichtlich ihrer Stabilität dürften sich die beiden Freundschaftsmuster im höheren Alter eher angleichen. Bedenkt man zusätzlich, daß sich bei den Lage-gebundenen Freundschaften eher auch jüngere Personen finden, könnten sich diese vielleicht sogar als stabiler als individualisierte Freundschaften erweisen.

Die Existenz emotional wichtiger Bezugspersonen hängt jedoch nicht nur von den Risiken für den Verlust bestehender Bindungen ab, sondern auch davon, ob die Individuen bereit bzw. in der Lage sind, neue emotional enge Bindungen einzugehen. Und auch hinsichtlich dieses Aspekts – das ergaben die Befunde zur Veränderung der Netzwerke nach der Verwitwung – unterscheiden sich die verschiedenen Orientierungsmuster.

Über die besten Ressourcen Verluste auszugleichen, verfügten die „durch Verwitwung Individualisierten", die sich ein „neues Leben" aufgebaut hatten: Im Unterschied zu den „Individualisten" waren die Befragten mit diesem Orientierungsmuster *offen* für neue Beziehungen. Und im Unterschied zu den „Umfeldbezogenen" verfügten sie auch über die Ressource *Aktivitätsorientierung* – und damit über ein Vehikel (systematische Gelegenheiten und Anknüpfungspunkte) zum Knüpfen neuer Bindungen. Vorausgesetzt, sie erleiden keine gravierenden Mobilitätseinbußen ist bei ihnen m.E. zu erwarten, daß sie auch in Zukunft gute Voraussetzungen haben, den eventuellen Verlust emotional bedeutsamer Personen durch Aufnehmen neuer Beziehungen abzufedern.

Die *Umfeldbezogenen* standen demgegenüber nach der Verwitwung insgesamt am schlechtesten da. Bei ihnen waren fast alle außerfamilialen Beziehungen abgebrochen und sie konnten, obgleich sie es wollten, keine neuen Beziehungen schließen. Bei ihnen hing die Veränderung ihrer Netzwerke insgesamt am stärksten von äußeren strukturellen Bedingungen ab. Bezogen auf die Existenz wichtiger Personen dürften sich genau diese aber in späteren Lebensjahren *nicht nur* verschlechtern. Aus den gleichen Gründen, aus denen ihre bestehenden Lage-gebundenen Freundschaften in Zukunft stabiler sein könnten, ist zu erwarten, daß sie vermehrt frühere Freundschaften und Bekanntschaften bei zufälligen Wieder-Begegnungen im gemeinsamen Umfeld reaktivieren können. Teilweise war dies bereits nach der Verwitwung der Fall. Da ein zunehmend größerer Anteil an Personen der entsprechenden Altersgruppen ihre Partner durch Verwitwung verliert, erhöht sich auch im Einzelfall die Chance, daß ehemalige Bekannte oder Freunde ebenfalls ihre Partner verlieren – und diese Änderungen des Familienstandes bzw. des Vorhandenseins eines Partners laufen im höheren Alter (insbesondere bei Frauen, s.o.) eher auf eine Homogenisierung hinaus.

Bei den *Individualisten* ist am wenigsten damit zu rechnen, daß sie in Zukunft neue wichtige Beziehungen knüpfen. Da ihre „*restriktiven* individualisierten Freundschaften" an verlorene „Heimaten", also vergangene Lebensphasen, Orte oder Menschen gebunden sind, kann angenommen werden, daß auch in Zukunft keine wichtigen neuen Beziehungen in das emotionale Netzwerk aufgenommen werden. Sie hatten sich nach der Verwitwung vor allem auf Aktivitäten verlegt und ihre „individualisierten Freundschaften" stellten für sie vor allem einen identitätssichernden wichtigen Hintergrund dar. Doch genau dieser ist bei ihnen bedroht.

Mit Blick auf die *Existenz* emotional wichtiger Bezugspersonen sind die *Individualisten*, die den Tod ihres Partners initiativ und gut bewältigt haben, die Gruppe, die – unabhängig von etwaigen Mobilitätseinbußen – in späteren Lebensjahren insgesamt vermutlich am schlechtesten dasteht: Erstens sind ihre Netzwerke mit am kleinsten, und zwar sowohl hinsichtlich der Familienbeziehungen (nur kernfamiliale Beziehungen) als auch hinsichtlich der (restriktiven individualisierten) Freundschaften. Zweitens ist bei ihnen der Tod ihrer Freundschaften aufgrund der starken Altershomogenität besonders wahrscheinlich. Und drittens verfügen sie nicht über die Ressourcen, diese wahrscheinlichen und allein anteilsmäßig gravierenden Verluste ihrer signifikanten Anderen auszugleichen. So verstarb die beste Freundin von Monika Goldmann ein paar Tage vor dem zweiten Interviewtermin, was für sie „sehr schockierend" war.

Demgegenüber sind die Chancen der *Umfeldbezogenen* hinsichtlich der Existenz von emotional wichtigen Personen im höheren und hohen Alter weniger klar zu benennen, da bei ihnen die Größe des familiären Segments – und damit auch die Größe insgesamt – sehr schwankt. Bei den Befragten mit großem familiären Netzwerk ist die Gefahr drohender sozialer Isolation sicherlich sehr gering – wobei noch mal daran erinnert werden sollte, daß damit keine Aussagen über den Grad der Zufriedenheit mit diesen Beziehungen gemacht werden können. Aber auch bei den Umfeldbezogenen ohne bzw. mit kleiner Familie stehen die Chancen für die zukünftigen Existenz wichtiger Beziehungen im Alter nicht so schlecht, wie man vor dem Hintergrund der Ergebnisse zu den Veränderungen der Beziehungen nach der Verwitwung erwarten könnte. Ihre Lage-gebundenen Freundschaften sind vom Tod, aber weniger von Veränderungen der Lebenssituation bedroht, gleichzeitig verfügen sie über bessere strukturelle Chancen ehemalige Bekanntschaften und Freundschaften zu reaktivieren. Bezüglich beider Aspekte sieht es für die Frauen jedoch besser aus als für die Männer: sie pflegen eher Kontakte zu Familienangehörigen außerhalb der Kernfamilie (s.o.) und verfügen gleichzeitig über strukturell bessere Chancen ehemalige Freunde und Bekannte zu reaktivieren.

Unter der Bedingung, daß man nicht von Mobilitätseinschränkungen betroffen ist, scheint die Gefahr sozialer Isolation für die *Individualisierten* (insbesondere bei denjenigen mit vielen Familienbeziehungen, s.o.) ebenfalls eher gering. Ihre Netzwerke sind heute insgesamt am größten, gleichzeitig verfügen sie über die besten Ressourcen im Umgang mit dem Verlust weiterer wichtiger Personen.

Die Auswirkungen von GESUNDHEITLICH BEDINGTEN EINSCHRÄNKUNGEN DER MOBILITÄT auf die soziale Integration sind insgesamt schwer einzuschätzen – auch wenn man von dem möglichen Verlust weiterer wichtiger Bezugspersonen oder eventuellen Unterstützungsbedarf absieht. Bezogen auf die Aufrechterhaltung und Pflege der emotional wichtigen sozialen *Beziehungen* ist zu erwarten, daß telefonische oder Briefkontakte eine größere Rolle spielen werden bzw. man sich mit nahestehenden Personen häufiger bei sich zu Hause trifft. Letzteres mag individuell aber als ein Element von Abhängigkeit oder Ungleichheit im Verhältnis zueinander empfunden werden. Über entsprechende Konsequenzen für den Inhalt, die Nähe oder auch den Abbruch von wichtigen Beziehungen kann hier nur spekuliert werden. In jedem Fall scheinen familiäre Bindungen in dieser Situation eine wichtige Ressource darzustellen. Darüber hinaus ist denkbar, daß derartige Ungleichheiten möglicherweise bei *größeren*, zumindest *im ersten und zweiten Kreis* stark besetzten Netzwerken eher ausgeglichen werden könnten – da sich Ungleichgewichte gewissermaßen stärker auf mehrere enge Bindungen verteilen.

Die Konsequenzen von Mobilitätseinbußen für die Aufrechterhaltung von *Aktivitäten* hängen sicherlich zentral von ihrer *Art* ab. Beispielsweise findet Annegret Webers Bachkreis, der ein wichtiger Teil ihres „neuen Lebens" ist, bei ihr zu Hause statt. Gesundheitliche Beeinträchtigungen der Mobilität werden sie vermutlich nur bedingt in ihren Interessen einschränken. Ganz anders ist dies bei Klaus Winter, dessen Vergemeinschaftung vor allem an den Verein gebunden ist. Wie er sagt, muß er „nur rausgehen" um nicht allein zu sein, aber eben dieses „Rausgehen" mag in späteren Jahren ein Problem darstellen.

Insgesamt hängen die Einschränkungen, die man aufgrund von möglicherweise eintretenden Mobilitätseinbußen hinnehmen muß, vermutlich also vor allem von der Bedeutung und Größe des familiären Segments, der Bedeutung und Art der Aktivitäten sowie ggf. von der Größe des ersten und zweiten Kreises ab. Wie gesagt sind diese Aspekte sowohl bei den *Individualisierten* als auch bei den *Umfeldbezogenen* im Einzelnen sehr unterschiedlich. Insgesamt scheinen auch bei gesundheitlich bedingten Mobilitätseinschränkungen die negativen Konsequenzen für die beiden *Individualisten* eindeutig am gravierendsten zu sein. Nur bei ihnen ist die Alltagsgestaltung vor allem um ihre *Aktivitäten* herum organisiert, bei denen beide das Haus verlassen[42]. Darüber hinaus sind in ihrem Netzwerk nur wenige Familienbe-

---

42 Daß es sich bei den Aktivitäten der beiden Individualisten, für die im Alltag emotional wichtige Beziehungen nicht sehr wichtig sind, in beiden Fällen – Monika Goldmanns Reisen, Hendrik Stroms Engagement im Schwimmverein – um außerhäusliche Aktivitäten

ziehungen, die möglicherweise am ehesten Ungleichheiten im Austausch „ertragen", und das Netzwerk ist insgesamt am kleinsten, so daß sich Ungleichgewichte im Austausch auch weniger verteilen könnten. Alles deutet darauf hin, daß ihr nach der Verwitwung aufgebautes „neues Leben" durch gesundheitliche Einschränkungen fundamental in Frage gestellt würde. Dies spiegelt sich auch in den subjektiven Einschätzungen der beiden, für die ihre Autonomie und Selbständigkeit besonders wichtig ist. Wie Monika Goldmann sagt, ist „das einzige, wovor ich mich fürchte – ist das ich schwer krank werde, wissen Sie, weg – wenn – also, wenn die Beweglichkeit bei mir wegfällt. (...) das verdränge ich echt (...) würde wahrscheinlich sehr schlimm für mich werden". Zu erwarten ist, daß derartige Veränderungen ein hohes Maß an Anpassungsleistungen und ggf. Umorientierungen erfordern, über die bzw. deren Erfolg hier keine Vermutungen angestellt werden können.

Bezogen auf die Potentiale bei gegebenenfalls eintretendem UNTERSTÜTZUNGS- ODER GAR PFLEGEBEDARF ist die große Bedeutung der *Familie* unstrittig. Neben dem Partner sind dabei die *Kinder* die wichtigste Hilfeinstanz: insbesondere bei Pflegebedürftigkeit (Schneekloth/ Potthoff 1993)[43], aber auch bei anderen instrumentellen Hilfeleistungen wie etwa Hilfen im Haushalt, Besorgungen oder kleineren Reparaturen. Doch auch Freunde und Nachbarn erbringen in erheblichen Ausmaß instrumentelle Hilfeleistungen (vgl. z.B. Diewald 1991; Künemund/Hollstein 2000). Der besondere Vorteil letzterer ist ihre große räumliche Nähe, welche – auch bei derartiger Unterstützung etwa durch Verwandte – im übrigen grundsätzlich die Wahrscheinlichkeit für instrumentelle Hilfeleistungen erhöht (ebd.).

Hinsichtlich der räumlichen Distanz zu emotional wichtigen Bezugspersonen ist zu konstatieren, daß die Netzwerke der *Umfeldbezogenen* insgesamt deutlich am konzentriertesten sind. Dies ist zum einen auf ihre Orientierung auf Lage-gebundene Freundschaften zurückzuführen[44]. Zum anderen haben sie – wenn sie Familie haben – anteilsmäßig auch mehr Familienangehörige in der Nähe. Dies ist insofern wenig überraschend, als sie die Personen mit dem niedrigsten sozioökonomischen Status sind, von denen bekannt ist, daß bei ihnen die räumliche Mobilität durchschnittlich geringer ist als bei besser

---

handelt, die ein gewisses Maß an Mobilität voraussetzen, scheint m.E. kein Zufall zu sein. Diese führen sie zwar nicht unbedingt zu emotional wichtigen Menschen, aber eben doch unter Menschen, was beide positiv hervorheben.

43 In Deutschland sind 7,6% der Älteren, die in Privathaushalten leben, pflegebedürftig, weitere 12,5% benötigen allgemeinere Unterstützungsleistungen wie Haushaltshilfen (Schneekloth/Potthoff 1993). Nur 4% der Älteren leben in Institutionen (Bäcker 1991), wobei die Berliner Altersstudie zeigt, daß 55,4% der Älteren über 70jährigen in Heimen keine lebenden Kinder haben. Und von denjenigen die mindestens ein Kind haben, sind 45,5% 95 Jahre und älter (Schütze 1995), was bedeutet, daß die Kinder dieser Eltern möglicherweise bereits selbst schon Unterstützung benötigen. Vgl. zu den Reziprozitätsmechanismen, die im Fall von Pflegebedürftigkeit wirksam werden können, Hollstein und Bria (1998).

44 Bei den Befragten mit individualisierten Freundschaften hängt die räumliche Distanz sehr davon ab, ob und wohin man selbst oder die Freunde irgendwann umgezogen sind.

(aus-)gebildeten Personen, sowohl bei ihnen selbst und ihren Geschwistern als auch bei ihren Kindern (z.B. Rossi/Rossi 1990, Wagner 1989). Beides deutet darauf, daß die Umfeldbezogenen mit Familie, und insbesondere die umfeldbezogenen Frauen mit Familie (s.o.), vielleicht sogar über die besten Potentiale für instrumentelle Unterstützungsleistungen im weitesten Sinne verfügen könnten. Sie sind im übrigen die Personen, die sich den „Einkauf" derartiger Leistungen auch finanziell am wenigsten leisten können. In dieser Hinsicht könnte sich ihr „Umfeldbezug" auszahlen, d.h., daß sie in ihren Beziehungen weniger auf qualitative Aspekte als auf räumliche Nähe und vorgegebene, äußere Zusammenhänge gesetzt haben. Auch unabhängig von Freundschaften sind sie grundsätzlich weniger reserviert gegenüber Nachbarn als Personen mit individualisierten Freundschaften. Doch an diesen Not-Fall möchte keiner der Befragten denken. Teilweise haben Andere – Verwandte, in einem Fall sogar eine befreundete Nachbarin – schon deutlich gemacht, daß sie sie unterstützen und u.U. auch pflegen würden, doch die damit verbundene eigene Abhängigkeit sowie auch die Zumutungen für die anderen, werden von allen Befragten mit Sorge betrachtet.

Insgesamt dürften die Risikolagen im jungen und höheren Alter also jeweils sehr unterschiedliche Gruppen betreffen. Die Umfeldbezogenen, die hinsichtlich der sozialen Integration nach der Verwitwung als besondere Risikogruppe eingestuft wurden, könnten im höheren und hohen Alter vielleicht über die besten Ressourcen, zumindest für *instrumentelle* Unterstützungsleistungen, verfügen. Nach der Verwitwung schien ihre geringe Außenorientierung ein Problem darzustellen, hinsichtlich instrumenteller Unterstützung könnte ihnen dies im Alter jedoch gerade zugute kommen (Gleiches läßt sich vom „kinkeeping" der Frauen sagen, welches ihnen für die soziale Integration nach der Verwitwung keinen Vorteil eingebracht hat; 6.1.2).

Betrachtet man – unabhängig von instrumentellen Unterstützungsleistungen – die Risiko- und Problemlagen für die *emotionale und soziale Integration*, scheinen diese hinsichtlich von möglichen zukünftigen Veränderungen ebenfalls ungleich verteilt – insbesondere aber anders gelagert als beim Umgang mit dem Tod des Partners im „jungen Alter". Die Befunde deuten darauf hin, daß insgesamt eine sehr einseitige Ausrichtung im Alltag – entweder auf Beziehungen oder auf Aktivitäten – ihre spezifischen Risiken und Probleme birgt. Die besonders stark auf andere Menschen orientierten Umfeldbezogenen standen nach der Verwitwung im jungen Alter ausgesprochen schlecht da. Im höheren und hohen Alter scheinen aber vor allem die Individualisten, die – zumindest im Alltag vorrangig auf Aktivitäten setzen – eine besondere Risikogruppe zu sein: sowohl was die Existenz ihrer wichtigen Beziehungen und damit das Risiko sozialer Isolation angeht, als auch mit Blick auf die Einschränkungen ihrer sozialen Integration, die sie aufgrund von möglicherweise auftretenden Mobilitätseinbußen hinnehmen müssen.

7. Schluß

In dieser Arbeit habe ich versucht, die Spielräume und Grenzen der Gestaltung und Leistungsfähigkeit von informellen sozialen Beziehungen auszuloten. Untersucht wurden die strukturellen und individuellen Voraussetzungen sozialer Integration, von trag- und leistungsfähigen sozialen Bindungen. Diesen Fragen bin ich am Fall der längerfristigen Veränderungen informeller Beziehungen nach der Verwitwung bei sogenannten „jungen Alten" nachgegangen. An der durch den Verlust des Partners verursachten Krise und ihren sozialen Folgen sollte den Bedingungen der Leistungsfähigkeit, der Konstitution und Veränderung sozialer Beziehungen genauer auf die Spur gekommen werden.

Insgesamt wurden drei Fragenbereiche untersucht, die sich auf die Deskription und die Erklärung der Veränderungen der informellen Beziehungen und der heutigen Integration richteten. Erstens sollten die Veränderungen der sozialen Beziehungen nach der Verwitwung, die heutige Integration und die jeweilige individuelle Bewertung beschrieben werden. Außerdem sollte gezeigt werden, an welchen sozialen Orten im Alter ein zufriedenstellendes „neues" Leben aufgebaut werden kann. Der zentrale zweite Fragenbereich bezog sich auf die Erklärung der Veränderungen der sozialen Beziehungen nach der Verwitwung und auf die Bedingungen einer erfolgreichen Integration. Im Mittelpunkt standen hierbei einerseits die *individuellen* Ressourcen und Restriktionen bei der (Um-)Gestaltung und ggf. Neuorganisation der sozialen Beziehungen bzw. beim Aufbau eines neuen Lebens und andererseits die *strukturellen* Möglichkeiten und Grenzen für die Veränderung der sozialen Integration nach der Verwitwung. Um *Risikogruppen* genauer identifizieren zu können, sollte ferner versucht werden, die biographische Genese der individuellen Orientierungen und entsprechende Zusammenhänge zu sozialstrukturellen Merkmalen genauer herauszuarbeiten. Schließlich sollten drittens auf Grundlage der Ergebnisse Rückschlüsse hinsichtlich der Tragfähigkeit der sozialen Beziehungen angesichts von zukünftigen, altersbedingten Veränderungen der Lebenssituation gezogen werden.

Konzeptionell habe ich mich dabei auf einen analytischen Rahmen gestützt (Hollstein 2001), der es ermöglichte – neben den in der Literatur zu Beziehungsveränderungen im höheren Lebensalter genannten Einflußfaktoren – sowohl akteursbezogene als auch strukturelle Bedingungen, die der Eigendynamik sozialer Beziehungen geschuldet sind, gezielt in der Analyse berücksichtigen zu können.

Methodisch handelte es sich bei der vorliegenden Studie um eine *qualitativ-biographische* Untersuchung von *Veränderungen* von informellen sozialen *Netzwerken*. Berücksichtigt wurden hier auch die Gestaltung von und die Orientierung auf *Aktivitäten*, womit soziale Integration sehr weit gefaßt wurde. In verschiedener Hinsicht betrat diese Untersuchung wenig erforschtes Gebiet: Insgesamt werden nur selten Veränderungen von sozialen Beziehungen oder Netzwerken auf Individualebene untersucht, selten bei der Analyse von Netzwerken explizit auch Aktivitäten einbezogen und es liegen kaum qualitative Netzwerkstudien vor – insbesondere nicht mit Blick auf die Bedeutung von individuellen Handlungsorientierungen und Relevanzsetzungen der Akteure für die Veränderungen von sozialen Beziehungen.

Als insgesamt ertragreich erwies es sich, die Stichprobe nach theoretischen Gesichtspunkten zusammensetzen zu können. Dadurch wurde auch bei wenigen Fällen, bezogen auf Netzwerkentwicklungen und subjektive „outcomes", eine große Differenzierung des Feldes verwitweter Männer und Frauen erreicht. Um die Befunde stärker an vorliegende standardisierte Forschungsergebnisse anbinden zu können, wurden die qualitativen Erhebungsverfahren systematisch mit standardisierten Instrumenten trianguliert. Als ein ausgesprochen hilfreiches Instrument zur Beschreibung der Integrationsveränderungen erwies sich das Instrument des *emotionalen Netzwerks* (Kahn/Antonucci 1980), welches bislang kaum zur Untersuchung von Längsschnitten eingesetzt wurde.

Auf der Ebene der *Veränderungen der Netzwerkstruktur* nach der Verwitwung konnten insgesamt vier unterschiedliche Typen von längerfristigen Veränderungen in der Zusammensetzung des emotionalen Netzwerks identifiziert werden (5.1.1; 5.1.2). Drei wurden bei heute Alleinstehenden gefunden („Reduktion und Konzentration", „Stabilität", „Expansion") und einer bei den Befragten, die zum Zeitpunkt des Interviews wieder eine Partnerschaft aufgenommen hatten. Bei allen Veränderungstypen waren jeweils Männer und Frauen sowie Personen mit und ohne Kindern vertreten. Die Typen unterscheiden sich in charakteristischer Weise nicht nur hinsichtlich der Veränderungen in der Zusammensetzung der Netzwerke, sondern auch hinsichtlich der *Hauptbezugspunkte* der Befragten im heutigen Alltag (Freundschaften und ggf. Familie; Aktivitäten; Aktivitäten und Freundschaften sowie neue Partnerschaft) und der individuellen *Zufriedenheit* mit ihrem heutigen Leben.

Bereits auf dieser Ebene konnte festgestellt werden, daß der Verlust des Partners oder der Partnerin in jedem Fall mit längerfristigen Veränderungen der Lebenssituation und Alltagsorganisation verbunden war. Deutlich wird dies allerdings nur, wenn man, wie hier vermutet wurde, auch die *Aktivitäten* und ihre Veränderungen berücksichtigt. Wie der Veränderungstyp „Stabilität" illustriert, muß sich auf der Ebene der *sozialen* Beziehungen (Indikator: Strukturveränderung des emotionalen Netzwerks) *nicht* unbedingt etwas verändern. Dieser Typ verdeutlicht, daß man sich über die Verlagerung auf Aktivitäten sogar ein zufriedenstellendes Leben als Single aufbauen bzw. den Partnerverlust ausgleichen kann. Dafür ist es also nicht erforderlich, emotional wichtige *neue* soziale Beziehungen zu knüpfen. Wie dieser Typ schließlich auch zeigt, kann man ein zufriedenstellendes neues Leben nach der Verwitwung mit sehr *wenigen*, emotional eng verbundenen Bezugspersonen bestreiten: Mit vier bzw. sechs Personen gehören die Netzwerke dieser Befragten zu den kleinsten Netzwerken der Stichprobe.

In Einklang mit der These zu „strukturellen Grenzen von Nutzungsspielräumen" ist ferner festzuhalten, daß hinsichtlich der sozialen Integration die *Substitution* oder *Kompensation* einer Partnerschaft an recht vielen und sehr unterschiedlich strukturierten „Orten" möglich ist. Darunter fallen nicht nur, wie man es im Anschluß an die Forschungsliteratur erwarten könnte, Familie und Freundschaften (Luise Anders). Basis eines zufriedenstellenden neuen Lebens nach der Verwitwung können auch ganz andere soziale Orte sein: der Verein (Hendrik Strom, Klaus Winter), Reisen (Monika Goldmann) oder Musikkreise (Annegret Weber) (5.1.3).

Die Interviews zeigen allerdings, daß Verwitwete, die keine neue Partnerschaft eingegangen sind, ein zufriedenstellendes neues Leben nur über (neue bzw. intensivierte) Aktivitäten und teilweise über neu geknüpfte außerfamiliale Beziehungen gefunden haben (Typ „Stabilität" und „Expansion"). In keinem Fall wurde die *ausschließliche* Integration in und die Konzentration auf bereits bestehende Beziehungen – also die *Familie, Freundschaften und ehemalige Bekanntschaften*, welche nach der Verwitwung zu Freundschaften wurden – individuell als zufriedenstellend erlebt (Typ „Reduktion und Konzentration"). Ein „Auffüllen" des ersten Kreises des emotionalen Netzwerks bedeutet also keineswegs, daß damit ein emotionaler „Ersatz" für den verstorbenen Partner gefunden wurde. Wenn es keinen Ausgleich in anderen Lebensbereichen gibt, scheint das alte Netzwerk den Partnerverlust nicht ersetzen zu können. Wie man am Fall von Hanne Claas sehen konnte, kann diese Problematik übrigens auch bestehen, wenn es sich bei dem alten Netzwerk um relativ *vielfältige* soziale Bezüge und ein sehr großes *familiäres* Netzwerksegment handelt (5.1.3).

Demgegenüber bewerten die Befragten mit neuen Partnerschaften ihre soziale Integration heute durchweg positiv. Alle betrachten die Tatsache, wieder einen neuen Partner bzw. eine neue Partnerin gefunden zu haben, als „Glücksfall".

Bei den heute alleinstehenden Befragten liegen den verschiedenen Typen der Veränderung der sozialen Beziehungen und der Art der heutigen Einbindung jeweils charakteristische Konstellationen von individuellen Orientierungen („Orientierungsmuster") zugrunde (5.1.2, 5.2.2 und 5.3). Diese Orientierungen „steuern" gewissermaßen die Veränderungen der sozialen Beziehungen und können sich nach der Verwitwung entweder als Ressourcen oder Restriktion für eine zufriedenstellende soziale Integration erweisen. Dabei handelt es sich

- erstens um die *Orientierung auf Sozialität*, d.h. um die Frage, wie wichtig emotional nahestehende Personen für die Alltagsgestaltung sind („Beziehungsbezogenheit im Alltag"). Sie ist gewissermaßen für die Richtung der Integration verantwortlich und stellt gleichzeitig einen wesentlichen subjektiven Bewertungsmaßstab der sozialen Integration dar;
- zweitens die Frage, ob eine *Aktivitätsorientierung*, also ein handlungsleitendes Interesse an (außerhäuslichen) Aktivitäten vorliegt, das nach der Verwitwung einerseits den zentralen Bezugspunkt der Alltagsorganisation darstellen kann (Veränderungstyp „Stabilität"; Orientierungsmuster „Individualisten") oder andererseits – quasi als unbeabsichtigte Nebenfolge (Merton) – als zentrales *Vehikel* zum Knüpfen von emotional wichtigen neuen Beziehungen dienen kann (Veränderungstyp „Expansion"; Orientierungsmuster „Individualisierung durch Verwitwung") und
- drittens die Art der Orientierung auf außerfamiliale Beziehungen und die sich daraus ergebende Gestaltung von Freundschaften (*Freundschaftsmuster*). Von diesen Freundschaftsmustern hängt ab, wie stabil die außerfamilialen Beziehungen über den Tod des Partners oder der Partnerin hinaus sind. Gefunden wurden sehr stabile *„individualisierte Freundschaften"* sowie *„Lage-gebundene Freundschaften"*, welche bei Statuspassagen, wie eben Veränderungen des Familienstandes, aber z.B. auch bei Umzügen leichter auseinanderbrechen. Die Freundschaftsmuster unterscheiden sich u.a. hinsichtlich ihrer Inhalte (abstraktere Erfahrungen, Einstellungen und Interessen , die stärker auf die spezifische Person des Gegenüber gerichtet sind vs. konkretere, an die gemeinsame Erfahrungsgrundlage gebundene Themen, i.e. der äußere Kontext wie Nachbarschaft, Verein oder eine ähnliche Lebenssituation) und der Kriterien für die emotionale Nähe (Qualität von Interaktion und Einstellungen vs. Kontakthäufigkeit) (5.1.2; 6.2).

Insgesamt wurden vier verschiedene Orientierungsmuster identifiziert, wobei die Muster „Umfeldbezogene" und „Individualisierung durch Verwitwung" sowohl bei Befragten mit als auch ohne neue Partnerschaft gefunden wurden. Das Muster der „Individualisten", die sich auf Aktivitäten verlegt haben (Veränderungstyp „Stabilität"), fand sich nur bei den heute alleinstehenden Verwitweten, das Muster „Individualisierte" nur bei Befragten, die heute wieder neue Partnerschaften haben[1]. Diese Orientierungsmuster sind jeweils mit charakteristischen Veränderungen der sozialen Beziehungen nach der Verwitwung verbunden, bei den heute alleinstehenden Befragten auch mit jeweils unterschiedlicher subjektiver Bewertung des heutigen Lebens. Auf

---

1   Wie auch bei den Veränderungstypen waren bei allen Orientierungsmustern jeweils Männer und Frauen sowie Personen mit und ohne Kindern vertreten. Die Frage der Verallgemeinerbarkeit der Orientierungsmuster hinsichtlich möglicher Übergangsformen und anderer denkbarer Kombinationen von Orientierungen wurde in den Abschnitten 5.1.3, 5.3 und 6.2 angesprochen.

unterschiedliche Weise können diese Orientierungsmuster Ressourcen für den Aufbau eines neuen Lebens darstellen oder auch unterschiedliche *strukturelle* Probleme selbst (mit-) erzeugen.

Die „Individualisten" (Veränderungstyp „Stabilität") beispielsweise haben ihren heutigen Alltag fast ganz auf Aktivitäten abgestellt und wollen daneben gar keine neuen, emotional eng verbundenen Beziehungen – weder Freundschaften noch eine neue Partnerschaft – knüpfen. Ihre bestehenden engen Beziehungen (stabile „restriktive individualisierte" Freundschaften und ggf. auch Familienbeziehungen), welche in ihrem heutigen Alltag eher im Hintergrund stehen, reichen ihnen aus. Sie sind insgesamt am unabhängigsten von strukturellen Problemen und Chancen, die mit der Veränderung von sozialen Beziehungen verbunden sein können. Ihre wichtigen sozialen Beziehungen erwiesen sich als stabil und die Befragten strebten diesbezüglich keine Veränderungen an, weder eine Intensivierung bestehender noch neue Beziehungen.

Das andere Extrem repräsentieren die „Umfeldbezogenen" (Veränderungstyp „Reduktion und Konzentration"). Ihre subjektives „outcome" ist nach der Verwitwung insgesamt am schlechtesten und sie sind, bezogen auf den Aspekt der sozialen Integration nach der Verwitwung, als *Risikogruppe* zu betrachten. Sie orientieren sich im Alltag auf emotional wichtige Personen. Doch gerade bei ihnen brachen nach der Verwitwung sehr viele, in einem Fall sogar alle außerfamilialen Beziehungen (Lage-gebundene Freundschaften und Bekanntschaften) ab. Gezeigt wurde, daß und wie durch die Verwitwung ausgelöste Strukturveränderungen (*Gruppengröße*) – bei bestimmten individuellen Orientierungen – eine eigene Dynamik entfalten können: Die Transformation von einer Gesellungsform, die aus zwei Paaren besteht, zu einer Gesellungsform aus einem Paar und einer „Einzelperson" gelingt nur unter spezifischen Bedingungen und bei bestimmten Fällen (6.1.1). Dazu gehören die Umfeldbezogenen nicht. Sie verloren subjektiv wichtige Orte der Entspannung und *Geselligkeit*. Gleichzeitig ist die *Intensivierung* ihrer wenigen erhalten gebliebenen außerfamilialen Beziehungen mit strukturellen Problemen behaftet (5.1.2). Diese Beziehungen werden den (bei diesen Befragten) mit der Verwitwung veränderten thematischen Ansprüchen nur ansatzweise gerecht. Derartige „Intensivierungsschwierigkeiten" scheinen um so wahrscheinlicher, als der Abbruch der außerfamilialen Beziehungen auch den Pool an verfügbaren Bezugspersonen *reduziert* hat. Gleichzeitig verfügen die Umfeldbezogenen nicht über eine Aktivitätsorientierung, die – wie bei den Befragten mit dem Muster „Individualisierung durch Verwitwung" (Veränderungstyp „Expansion") – als *Vehikel* zum Knüpfen neuer Beziehungen hätte dienen können (5.1.2). Ihr Netzwerk, welches bei zwei Befragten ohnehin schon sehr klein war, wurde nach der Verwitwung (noch) kleiner. Dadurch hat sich aber auch ihr *Gelegenheitsraum* für eventuelle neue Partnerschaften verengt. Wie man an den heute wieder in einer Partnerschaft

317

lebenden Umfeldbezogenen sehen kann, scheint dieser Veränderungspfad bei Befragten mit dem Orientierungsmuster „Umfeldbezogenheit" offenbar noch am ehesten ein positives „outcome" zu sichern (5.2.2; 5.3).

Bei den Umfeldbezogenen zeigt sich des weiteren, wie wenig die *Häufigkeit des Kontakts mit emotional wichtigen Personen* die Zufriedenheit mit dem heutigen Leben beeinflußt. Dies bestätigt einmal mehr, daß die Kontakthäufigkeit ein relativ schlechter Indikator für die Zufriedenheit mit der sozialen Integration ist. Trotz ihres teilweise sehr kleinen Netzwerks gehören die Umfeldbezogenen von den heute alleinstehenden Befragten sogar zu denjenigen, die am häufigsten Kontakte mit wichtigen Bezugspersonen unterhalten. Im Gegenteil scheint gerade diese „Beziehungsbezogenheit", die auf möglichst häufigen Kontakt zielt, für die soziale Integration nach der Verwitwung besonders sensibel und riskant.

Die genannten strukturellen Probleme (Abbruch geselliger Kontakte; Intensivierungsschwierigkeiten und Kritik an Freundschaften) tragen sicherlich zur Unzufriedenheit mit dem heutigen Leben bei. Doch es ist fraglich, ob diese spezifischen Defizite für die grundsätzlich eher geringe subjektive Zufriedenheit der alleinstehenden Umfeldbezogenen verantwortlich sind. Mit derartigen Zuschreibungen kann man nicht vorsichtig genug sein. Nichtsdestotrotz läßt sich bei diesen Befragten ein gemeinsames Grundproblem feststellen, das sie von den anderen Alleinstehenden, deren subjektive Zufriedenheit heute insgesamt hoch ist, unterscheidet: Alle hängen an sehr spezifischen Vorstellungen von etwas „Eigenem" – oder anders ausgedrückt: von „Zugehörigkeit". Diese läßt sich charakterisieren als *Idee einer (nach außen und innen) eindeutigen, selbstverständlichen Zuordnung bzw. Zugehörigkeit zu ganz bestimmten Personen oder Personengruppen.* Im Einzelfall können diese Zugehörigkeiten sehr unterschiedlich sein: eine Kernfamilie (Brigitte Falkenstein), eine Großfamilie (Hanne Claas), eine spezifische Form dörflicher Vergemeinschaftung (Adelheid Biber), immer aber *auch* ein Partner (außer den genannten auch Walter Niestroy), wobei dieser mit einem sehr engen Partnerschaftsmodell affiziert ist (5.1.3). Insgesamt handelt es sich dabei also um eher „traditionale" Vergemeinschaftungsformen. Zu den inhaltlichen Aspekten, die dabei im Einzelnen hoch besetzt sind, gehören ein gemeinsamer Haushalt und häufige Anwesenheit („alles gemeinsam"; Falkenstein), jemand, der quasi immer da ist, an den man sich immer wenden kann (auch in diesem Sinne „Exklusivität"; Falkenstein, Claas) und das mit der aktiven Mutterrolle verbundene „Gebrauchtwerden" (Claas). Doch weder diese spezifischen Inhalte noch die Idee der Zugehörigkeit lassen sich in ihren bestehenden Beziehungen realisieren, obgleich diese im Einzelfall sehr eng sind (Falkenstein) bzw. die Familie sehr groß ist (Claas).

Auch die anderen Befragten thematisieren Distanzierungen und Grenzen ihrer Beziehungen. Doch im Unterschied zu den Umfeldbezogenen haben sich insbesondere die anderen heute Alleinstehenden („Individualisierung durch Verwitwung"; Individualisten") von eindeutigen Zugehörigkeiten verabschiedet und akzeptiert, daß ihre Beziehungen und Aktivitäten ein *wechselseitig aufeinander verweisendes Geflecht verschiedener Zugehörigkeiten* darstellen. Damit haben sie sich sowohl von traditionellen Typen von Zugehörigkeit (Familie, Partnerschaft, Dorfgemeinschaft) als auch von traditionellen Vorstellungen von Zugehörigkeit (wenige und klar zuzuordnende Zugehörigkeiten) gelöst. Wie gezeigt wurde, kann ihre Aktivitätsorientierung, mit der sie sich ebenfalls grundsätzlich von den Umfeldbezogenen unterscheiden, die Ablösung auf unterschiedliche Weise befördern. Das wurde hier als *„Potential der Aktivitätsorientierung"* bezeichnet (5.1.3). Dieses Potential liegt zum einen darin, daß die Befragten durch oder über die Aktivitäten *emotional wichtige Bezugspunkte* gefunden haben. Diese sind mehr oder weniger an soziale Beziehungen gebunden (intrinsische sachliche Interessen, Interessen an persönlichem Austausch in weitestem Sinne und Geselligkeit), und man kann sie als unterschiedliche Formen der Kompensation oder Substitution von Partnerschaft verstehen. Zum anderen helfen die Aktivitäten auf verschiedene Weise, sich von einzelnen Bezugspersonen *abzugrenzen*. Bei den Befragten mit dem Muster „Individualisierung durch Verwitwung" erfüllen diese Funktion auch die Beziehungen, die *über* die Aktivitäten neu geknüpft wurden.

Insgesamt erwiesen sich AKTIVITÄTEN damit auf unterschiedliche Weise als sehr wichtig für das Verständnis der Veränderung sozialer Beziehungen nach der Verwitwung und der Bewertung des heutigen Lebens. Sie machen verständlich, warum sich auf der Ebene sozialer Beziehungen nicht unbedingt etwas ändern muß – weil die Aktivitäten nämlich selbst einen wichtigen und tragfähigen zentralen Integrationsbezug darstellen und somit dazu dienen können, emotional wichtige Beziehungen zu „kompensieren". Daneben erwiesen sich Aktivitäten (genauer gesagt: die Orientierung an außerhäuslichen Aktivitäten, die den Impuls dazu gibt, sich mit einem „Zweck" unter zunächst fremde Menschen zu begeben) auch als ein wesentlicher Mechanismus der Veränderungen *der sozialen Beziehungen* selbst: Über dieses Vehikel (Interessen an ganz unterschiedlichen Bereichen wie Sport, Musik, Kunst, fremde Länder) konnten die entsprechenden Befragten neue Freundschaften knüpfen, die wichtiger Bezugspunkt ihres neuen Lebens sind. Diese Befunde müssen besonders betont werden, denn selten genug werden Aktivitäten ins Verhältnis zu sozialen Beziehungen gesetzt. Hier aber erwiesen sie sich als wesentliches *erklärendes* Moment für die *Veränderungen bzw. die Stabilität sozialer* Beziehungen und – vermittelt über ihre abgrenzenden Funktionen – schließlich auch als Instrument, das die Ablösung von alten Zugehörigkeiten erleichtert. Und dies wiederum illustriert noch einmal besonders plastisch die Bedeutung der wechselseitigen Verschränktheit von sozialen Beziehungen und anderen Bezügen im Lebenszusammenhang einer Person.

Um nicht mißverstanden zu werden: Es soll nicht behauptet werden, daß eine derartige Aktivitätsorientierung bei den Umfeldbezogenen zu höherer Zufriedenheit mit der sozialen Integration führen würde. Aber man kann sie gewissermaßen als eine *Methode* verstehen, die diese Ablösung von alten Zugehörigkeiten *erleichtern oder befördern kann*[2]. Ebensowenig soll gesagt werden, daß sich nach der Verwitwung *nur* durch und mit Hilfe von Aktivitäten ein zufriedenstellendes Leben aufbauen läßt. Es ist durchaus vorstellbar, daß bereits bestehende Beziehungen eine subjektiv zufriedenstellende Einbindung ermöglichen, auch bei einem Festhalten am Partnerschafts- bzw. Familienmodell. Zu denken wäre insbesondere an Beziehungen zu vermutlich ebenfalls alleinstehenden Geschwistern oder auch zu alleinstehenden Kindern. Es muß jedoch späteren Studien überlassen bleiben, diese potentielle Risikogruppe genauer zu betrachten und entsprechende Vergemeinschaftungsorte auszuleuchten. Denkbar ist darüber hinaus auch, daß subjektiv eine starke Religiosität einen tragfähiger Umweltbezug darstellen kann. In dieser Stichprobe ist dies bei einer Befragten (Adelheid Biber) ansatzweise der Fall (5.1.3).

Auf der Basis dieser Stichprobe muß jedenfalls konstatiert werden, daß die Verwitwung ein spezifisches *Handlungsproblem* konstituiert: die Anforderung, nicht nur ein „neues", sondern eben vor allem ein „eigenes" Leben aufzubauen. Dies bedeutet hier konkret: in einzelnen Beziehungen zeitliche und soziale Grenzen zu ziehen. Möglich ist das, indem entweder vielfältige, aufeinander verweisende soziale Beziehungen aufgebaut werden oder der Alltag auf Aktivitäten gegründet wird (womit wichtige soziale Beziehungen in den Hintergrund treten). Insgesamt besteht also die Anforderung einer stärkeren *Außenorientierung und Ausdifferenzierung sozialer Bezüge und Zugehörigkeiten* und in diesem Sinne ein „Individualisierungsdruck". Diesem Druck sind die Umfeldbezogenen, die vor allem auf bestimmte und insbesondere Familien-Beziehungen gesetzt haben und weiterhin setzen, von ihrer Ressourcenlage her offenbar nicht gewachsen.

Insgesamt stellen die bei den heute Alleinstehenden herausgearbeiteten Orientierungen (Aktivitätsorientierung, Freundschaftsmuster) auch bei den Befragten mit NEUEN PARTNERSCHAFTEN wichtige Faktoren zum Verständnis der Veränderungen der sozialen Beziehungen dar. Gebrochen bzw. u.U. sogar gänzlich suspendiert werden die Wirkungen von Aktivitätsorientierung und Freundschaftsmustern auf die Veränderungen der informellen sozialen Beziehungen jedoch durch die Art des Partnerschaftskonzepts. Wenn die neue Partnerschaft sehr eng ist (Stichwort: „alles gemeinsam"), kann dafür die Partnerschaft als *Vehikel* zum Knüpfen neuer Bindungen bzw. zur Aufnahme neuer Aktivitäten dienen und gleichzeitig als wichtiges *Gegengewicht*

---

2   Deshalb sollte man m.E. die geringe Zufriedenheit der alleinstehenden Umfeldbezogenen mit der Integration auch nicht zu voreilig durch ein normatives Verhaftetsein an bestimmte Beziehungsformen erklären.

zum Ausbalancieren der verschiedenen Beziehungen dienen. Insgesamt waren bei den Befragten mit neuen Partnern nach der Verwitwung ausschließlich große subjektive Zufriedenheit mit ihrer Integration festzustellen (Partnerschaft als Schutzfaktor).

Ein insgesamt überraschendes Ergebnis dieser Studie war, daß sich die Orientierung auf die EHEMALIGE PARTNERSCHAFT und deren Gestaltung – wie Aktivitätsmuster während der Ehe, die Qualität der Ehe oder der ehemalige und heutige Stellenwert des Partners – für die Veränderungen der sozialen Integration als weniger erklärungskräftig erwiesen wie Beziehungsbezogenheit im Alltag, Aktivitätsorientierung und Freundschaftsmuster[3]. Es ließen sich durchaus bestimmte Zusammenhänge zwischen Partnerschaftsmerkmalen[4] und den Veränderungen der sozialen Beziehungen oder der Bewertung der heutigen Integration nachzeichnen, aber diese sind weniger klar konturiert und direkt als die anderen dargestellten Faktoren (6.1; 6.2).

Ein bedenklich stimmender Befund, der noch dazu gängigen Ansichten zuwiderläuft, ist, daß das oft als besonderes Potential von Frauen hervorgehobene „gate-" und „kinkeeping" – also die Organisation von familiären und außerfamiliären Kontakten –, sich für diese nach der Verwitwung keineswegs auszahlte. Umgekehrt erwachsen den Männern nach der Verwitwung keine Nachteile daraus, daß sie diese Aufgabe während der Ehe ihren Frauen überlassen hatten.

Des weiteren schließt auch die nach der Verwitwung *nicht* vollzogene innere Ablösung vom Partner nicht aus, sich ein zufriedenstellendes neues Leben – allein oder mit neuem Partner – aufzubauen. Demgegenüber legen die Ergebnisse nahe, daß für eine zufriedenstellende Einbindung nach dem Tod des Partners vielmehr entscheidend ist, ob man sich vom alten Partnerschafts*modell* gelöst hat. Dies aber scheint wiederum stark an lebbare Alternativen und damit an entsprechende Ressourcen gebunden zu sein.

Einflüsse der Partnerschaft auf die Integration nach der Verwitwung können jedoch offenbar insoweit bestehen, als eine sehr enge Partnerschaft unter bestimmten Bedingungen die Ausbildung von Aktivitätsorientierungen und auch von Freundschaftsmustern quasi „behindert". In Abschnitt 6.2 wurde versucht, die (biographischen) Umstände genauer zu beleuchten, die die Herausbildung der verschiedenen Orientierungen (Sachbezug und Freundschaftsmuster) befördern oder behindern und deren Zusammenhänge mit sozialstrukturellen Schichtungsmerkmalen herauszuarbeiten. Damit sollten einerseits RISIKOGRUPPEN nach der Verwitwung genauer identifiziert,

---

3 Bezüglich der Aktivitätsmuster während der Ehe decken sich die Befunde damit mit denen von Lamme u.a. (1996). Sie stellen ebenfalls fest, daß „getrennte Wege" bezogen auf Kontakte und Aktivitäten kein Prädiktor für das Neuknüpfen von Beziehungen nach der Verwitwung sind.

4 Ähnliches gilt für die Möglichkeit der Antizipation des Todes des Partners und den Zeitpunkt der eigenen Verrentung (vgl. 6.1).

andererseits Anschlußstellen der qualitativen Ergebnisse dieser Arbeit an vorliegende Befunde der Verwitwungsforschung genauer benannt werden. Bereits vorliegende Befunde bezüglich der Zusammenhänge zwischen SCHICHTUNGSMERKMALEN und „outcomes" nach der Verwitwung bestätigten sich auch in dieser Arbeit, wenngleich sie sich im Einzelfall sehr viel komplexer darstellen, als es statistische Korrelationen nahelegen.

So scheint die Ausbildung sowohl von individualisierten Freundschaften als auch von Aktivitätsorientierungen (insbesondere sachlichen Interessen) in einem inneren Zusammenhang mit eher besserer schulischer und beruflicher *Bildung* bzw. u.U. auch einer ausgeprägten Berufsorientierung und damit indirekt auch einem höheren bis hohen *beruflichen Status* zu stehen. Auch in diesem Punkt stimmen die Befunde mit vorliegenden Forschungsergebnissen überein, die wiederholt den starken Zusammenhang zwischen der Ausübung von unterschiedlichen Aktivitäten und dem sozioökonomischem Status nachgewiesen haben (z.B. Mayer/Wagner 1996). Dies gilt ebenfalls für die Zusammenhänge zwischen Freundschaftsmustern und Schichtzugehörigkeit (s.u.). Bezüglich der Genese der Freundschaftsmuster und der Aktivitätsorientierung legt das Datenmaterial nahe, daß zum einen Marginalisierungserfahrungen *vor* dem Eingehen einer Partnerschaft sowohl individualisierte Freundschaften als auch gleichzeitig Bildungsaspirationen, Karriereambitionen und die Ausbildung (intrinsischer) sachlicher Bezüge befördern. Derartige Marginalisierungserfahrungen („Heimatverlust") gründen sich bei den Befragten in räumlicher oder sozialer Mobilität, kohortenspezifischen Erfahrungen wie die Verfolgung während des Nationalsozialismus, lange Kriegsgefangenschaft oder der Zusammenbruch des nationalsozialistischen Gesellschaftssystems. Zum anderen scheint höhere Bildung offenbar spezifische, an sachlichen Interessen anknüpfende individualisierte Freundschaften zu begründen.

Umgekehrt sind auch bei den hier Befragten niedrige Bildung bzw. niedriger sozioökonomischer Status tendenziell mit einem negativen „outcome" nach der Verwitwung verbunden. Diese Zusammenhänge scheinen jedoch weniger hart zu sein. Das Datenmaterial deutet hier im wesentlichen auf zwei problematische Pfade hin. Zum einen legen die Interviews nahe, daß hohe Partner- und Familienorientierung, Anforderungen des Partners und der Familie – wie eine hohe Kinderzahl, die sehr frühe Verrentung des Partners und u.U. nur wenige Bezugspersonen des Partners z.B. aufgrund von Kriegsverlusten – und nur geringe Bildungsorientierungen und -ressourcen sich im Laufe des Lebens selektiv so verstärken, daß Problemlagen kumulieren und sich Handlungsspielräume und -orientierungen sukzessive verengen: von der nicht abgeschlossenen beruflichen Ausbildung über einen frühen Austritt aus dem Arbeitsmarkt bis hin zum nicht vollzogenen beruflichen Wiedereinstieg. Zum anderen ist nicht auszuschließen, daß auch *sehr* geringe kognitive Kompetenzen (Abstraktions- und Reflexionsfähigkeit) – die vermutlich stark mit dem sozioökonomischen Status korrelieren – für den ausschließlichen Bezug auf Lage-gebundene Freundschaften und das Nichtvorhandensein von Aktivitätsorientierungen verantwortlich sind. Besonders hervorzuheben ist m.E. aber der Befund, daß selbst ein nur kurzer Bildungskontakt bzw. ein niedriges Bildungsniveau ausreichen kann, um – trotz einer sehr starken Bezogenheit auf Partner und Familie – nach der Verwitwung als Ressource für den Aufbau eines neuen Lebens zu dienen.

Bezüglich des Zusammenhangs der Orientierungen und Schichtungsmerkmale ist auf einen interessanten Nebenbefund aufmerksam zu machen. So steht, wie gesagt, auch die Existenz der Freundschaftsmuster in offenbar systematischem Zusammenhang mit sozialstrukturellen Schichtungsmerkmalen: Die besser und sehr gut (aus-)gebildeten Befragten haben durchweg individualisierte Freundschaften, die Befragten mit niedriger Bildung Lage-gebundene Freundschaften. Damit kann ein Bezug zu der Studie von Graham Allan (1979) hergestellt werden, die eine der wenigen Arbeiten ist, in der schichtspezifische Freundschaftskonzepte systematisch untersucht wurden. In Einklang mit seinen Befunden gibt es offenbar – und zwar auch heute noch – deutlich unterscheidbare SCHICHTSPEZIFISCHE FREUNDSCHAFTS-KONZEPTE (6.2). Die vorliegende Arbeit bestätigt Allans Befund von der Anbindung der Arbeiterfreundschaften an spezifische soziale Kontexte. Sie unterscheidet sich jedoch in wesentlicher Hinsicht. Die hier Befragten verlassen die damit verbundenen Räume. Sie verabreden sich explizit und sie treffen sich vor allem auch in privaten Räumen, wenngleich die räumliche *Nähe* weiterhin wichtig ist. Neben diesem – in dieser Hinsicht aufgeweichteren – Kontext verbindet die Freunde außerdem die gleiche Lebenssituation. Beides wurde hier zusammengefaßt unter dem Stichwort der *„Erfahrungsgrundlage"*. Interessant wäre zu wissen, ob es sich bei diesen Abweichungen von Allans Befunden um einen Alterseffekt handelt – nach der Verrentung bleibt gewissermaßen nichts anderes übrig, als Kontakte stärker zu privatisieren – oder (auch) um einen Kohorteneffekt i. d. Sinne, daß eine Verbreiterung des Mittelschichtskonzepts „Freundschaft" auf untere Bildungsschichten stattgefunden hat. Für letztere Interpretation sprechen sowohl die im Kontext der Diskussion um die Aufweichung schicht- und klassenspezifischer Milieus angeführten Argumente (z.B. Beck 1983; Hradil 1992) als auch die (spärliche) Datenlage zu Kohorteneffekten bezogen auf Anzahl und Inhalte von Freundschaften. In jedem Fall zeigt die vorliegende Arbeit, daß es offenbar deutlich unterscheidbare schichtspezifische Freundschaftskonzepte gibt, und sie bietet dafür – über die Bedeutung der Kontakthäufigkeit und die Rekonstruktion der biographischen Genese der Freundschaftsmuster – verschiedene *Erklärungen* an (s.o.). Darüber hinaus hat diese Arbeit gezeigt, daß diese beiden Freundschaftskonzepte mit jeweils ganz unterschiedlicher *Stabilität einzelner*, konkreter Freundschaftsbeziehungen verbunden sind. Damit sind Freundschaften offenbar auch in Abhängigkeit von der Schichtzugehörigkeit in jeweils unterschiedlichem Maße von Statuspassagen betroffen, von denen die Verwitwung, wie gezeigt wurde, nur eine ist. Ferner bietet diese Arbeit eine über Allan (1979) hinausgehende Erklärung für die immer wieder und trotz Unterschieden zwischen Kohorten auch heute noch festgestellte größere *Anzahl* von Freundschaftsbeziehungen bei besser gebildeten Schichten (z.B. Willmott 1987, Diewald 1991). Allan führte dies darauf zurück, daß Arbeiter zögerten, das auch von ihnen mit spezifischen Personen und Kontextgelöstheit assoziierte Mittelschichtkonzept „Freundschaft" auf ihre eigenen kontextgebundenen außerfamilialen Beziehungen anzuwenden. Bezüglich der Ungezwungenheit der Verwendung des Freundschaftsbegriffs fanden sich in der vorliegenden Arbeit nur geringe Unterschiede zwischen Personen mit individualisierten und mit Lage-gebundenen Freundschaften. Aufschlußreicher zur Aufklärung von Größenunterschieden scheint mir die Gruppe von Befragten, die stabile individualisierte Freundschaften haben, aber im Neuknüpfen von Freundschaften anders als die „Individualisten" nicht „restriktiv" sind: die sogenannten „Individualisierten". Da ihre individualisierten Freundschaftsbeziehungen über Statuspassagen hinweg relativ stabil sind und diese Gruppe gleichzeitig im Laufe des Lebens immer wieder neue Freundschaften geknüpft hat, verfügen sie – sowohl kurz vor als auch nach der Verwitwung – mit Abstand über die größten Freundschaftsnetzwerke (5.2.2; 5.3)[5].

Hinsichtlich der in der Verwitwungsforschung strittigen Frage, inwieweit sich das GESCHLECHT als Merkmal sozialer Differenzierung in den verwitwungsbedingten Veränderungen der sozialen Beziehungen durchsetzt, sind verschiedene Aspekte zu unterscheiden. Zunächst ist zu vermerken, daß sich, bezogen auf die Tatsache der Existenz der Orientierungsmuster (und somit auch der Risikogruppe), kein Unterschied zwischen Männern und Frauen zeigte. Wie zu erwarten war, wurden alle vier Orientierungsmuster sowohl bei Männern wie bei Frauen gefunden. Aufgrund der oben dargestellten Überlegungen ist allerdings zu vermuten, daß die Verbreitung des Musters der „Umfeldbezogenen" bei verwitweten Frauen der untersuchten Kohorten häufiger ist. Bei der Altersgruppe der in den zwanziger Jahren Geborenen verfügen deutlich mehr Frauen als Männer über eine nur sehr niedrige schulische und häufig über nicht abgeschlossene berufliche (Aus-)Bildung (Müller/Haun 1994; Maas/Borchelt/Mayer 1996)[6]. Zusätzlich ist diese Gruppe von indirekten Kriegsfolgen betroffen: Ihre Familienbildung erfolgte in den 40er und 50er Jahren, in denen die Frauen zumindest teilweise für die Männer Platz auf dem Arbeitsmarkt machten, wo Zuhause die Familienideologie

---

5   Dieser Typus deckt sich von der Beschreibung her mit dem der sogenannten „acquisitives" (Matthews 1986a; vgl. Abschnitt 2.1), wobei Matthews leider weder systematische Bezüge zu Schichtunterschieden noch zum Familienstand (Statuspassagen) herstellt.

6   Bei den Kohorten der zwischen 1920 und 1934 Geborenen liegt der Anteil der Männer, die *nicht* über mindestens einen Hauptschulabschluß und eine abgeschlossene Lehre verfügen bei etwa 20%, bei den Frauen bei ca. 50 bis 55% (Müller/Haun 1994). Vgl. zu der Kohorte der 1911 bis 1920 Geborenen ausführlich Maas, Borchelt und Mayer (1996).

hochgehalten wurde, und die Frauen häufig nur kurzzeitig erwerbstätig waren (Born/ Krüger/Lorenz-Meyer 1996, Maas/Borchelt/Mayer 1996; vgl. 6.2.2).

Aus dem möglicherweise vorliegenden Orientierungsmuster der „Umfeldbezogenen" läßt sich jedoch nicht umstandslos auf ein negatives „outcome" schließen (5.1.3; 5.3). Aber auch hierbei stehen die Männer, welche ohnehin sehr viel seltener von der Verwitwung betroffen sind, besser da als die Frauen. Aufgrund normativer Vorstellungen über Altersunterschiede in intimen Beziehungen, verbunden mit der höheren Lebenserwartung von Frauen und kriegsbedingten Verlusten in den Kohorten der heute älteren Männer, sind die strukturellen Chancen der Männer für eine neue Partnerschaft deutlich höher als für Frauen. In diesem Zusammenhang wäre interessant zu erfahren, wie verbreitet das hier bei drei (!) Männern gefundene Muster der Partnerschaft mit Frauen, die sie lange Zeit, sogar länger als ihre verstorbene Ehefrau kannten („Glücksfall"), ist. Gehen die Umfeldbezogenen hingegen keine neue Partnerschaft ein, könnten – aufgrund der gleichen Umstände, die bei Männern die Wahrscheinlichkeit einer neuen Partnerschaft erhöhen – zumindest aber die Chancen der umfeldbezogenen Frauen für zufällig „passende" Lage-gebundene Freundschaften mit ebenfalls alleinstehenden Frauen besser sein als für Männer[7].

Insgesamt kann sich die individuelle LEBENSGESCHICHTE also auf sehr unterschiedlichen Ebenen auf die Veränderungen der sozialen Beziehungen nach der Verwitwung auswirken: zum einen – als Ressourcen oder Restriktionen – auf der Ebene von individuellen, biographisch erworbenen *Handlungsorientierungen*. Diese scheinen selbst gefördert oder behindert zu werden durch das *Timing* von Ereignissen im Lebenslauf (Abfolge von Marginalisierungserfahrungen und Paarbildung) sowie – damit zusammenhängend – der zeitlichen *Dauer* von bestimmten (Familien- oder Erwerbs-)Phasen. Zum anderen wirkt die Lebensgeschichte auf der Ebene der sedimentierten Geschichte der sozialen Beziehungen nach. Diese wurde hier über die *Strukturmerkmale* von Beziehungen und des Gesamtnetzwerks erfaßt. Dazu zählen insbesondere die *zeitliche* Dauer (neue Beziehungen, die Abgrenzungen und Ablösungen unterstützen; alte Beziehungen, die sich schlecht intensivieren lassen), *quantitative* Aspekte (Transformation nur unter bestimmten individuellen Orientierungen möglich, ansonsten Abbruch) und die *Größe* des Netzwerks (als Gelegenheitsstruktur für neue Partnerschaften, zufälligerweise besser passende Lage-gebundene Freundschaften). Diese Strukturmerkmale einzelner Gesellungsformen und des gesamten Netzwerks können sich nach der Verwitwung quasi als unbeabsichtigte Nebenfolgen vergangenen Handelns in Ressourcen oder Restriktionen für die Leistungsfähigkeit der sozialen Beziehungen und für die erfolgreiche Integration nach der Verwitwung übersetzen.

---

7   Daß Männer häufiger auch Frauen in ihrem Freundeskreis haben, scheint v.a. auf besser (Aus-) Gebildete zuzutreffen (Schütze/Lang 1993) – also nicht auf die Umfeldbezogenen.

Bezogen auf die am Anfang dieser Arbeit angeschnittenen Fragen nach der Gestaltbarkeit und Leistungsfähigkeit von Beziehungen im privaten Bereich und der Frage nach deren Reichweite – „welche Gruppen sind tatsächlich „entgrenzt" und welche Gruppen sind „Opfer von Modernisierungsprozessen"? – ist meine Antwort ein „einerseits, andererseits". Gerichtet an den Diskurs, der ältere Menschen vorwiegend als Opfer von Modernisierungsprozessen thematisiert, ist festzustellen: Unter bestimmten Bedingungen sind auch in sogenannten „atomisierten" und durch Individualisierungsprozesse gekennzeichneten Gesellschaften durchaus Gestaltungsspielräume und Solidaritätspotentiale für ältere verwitwete Menschen vorhanden. Ältere sind nicht hilflos, sondern aktive Agenten: Auch nach dem Tod des langjährigen Lebenspartners ist es ihnen durchaus möglich, sich ein zufriedenstellendes neues Leben ohne Partner, und zwar in sehr unterschiedlichen „Nischen", aufzubauen – wenn sie über die entsprechenden biographischen Ressourcen bzw. Kompetenzen verfügen. Auch einige derjenigen, die nach der Verwitwung wieder neue Partnerschaften eingegangen sind, sind nicht mehr bereit, auf die neuen Freiräume und die Eigenständigkeit im Alltag zu verzichten. Sie leben ihre Beziehungen sehr bewußt, sind unkonventionell und innovativ.

Bezogen auf den Diskurs, der vor allem die Entgrenzung von Individuen und die Multioptionalität von Lebensweisen thematisiert, ist zu sagen: Selbst im privaten Bereich ist die Ausgestaltung sozialer Beziehungen weniger flexibel, als es die „Rede vom Experiment" oder von „Bastelbiographien" zuweilen suggeriert. Es gibt durchaus Grenzen der Gestaltbarkeit der sozialen Integration (oder, wenn man will, für Solidarität): Diese wurden zum einen in Normen der Umgebung verortet. Zum anderen wurde gezeigt, daß diese Grenzen der Gestaltbarkeit der sozialen Beziehungen auch in den biographisch erworbenen Handlungsorientierungen der Akteure selbst liegen können – als quasi unbeabsichtigte Folgen (latente Funktionen): z.B. wenn das Vehikel fehlt, über das neue Beziehungen geknüpft werden könnten, wenn große Netzwerke die Chancen auf neue Partner oder intensivierbare Beziehungen erhöhen oder wenn durch Statuspassagen ausgelöste kleine Zahlveränderungen in Gesellungsformen wichtige Beziehungen auseinanderbrechen lassen.

Auf welche Weise sich die Verwitwung im Alter bei JÜNGEREN GEBURTS-KOHORTEN auswirken wird, ist schwer zu beurteilen. Wie bereits gesagt, können sozialstrukturelle Merkmale hinsichtlich der möglichen subjektiven Bewertung des Lebens nach der Verwitwung nur relativ grobe Anhaltspunkte liefern[8]. Unter dieser Einschränkung deuten die vorliegenden Befunde jedoch

---

8 Die Veränderungen von Gelegenheitsstrukturen lassen sich kaum abschätzen. Hierzu ist zu sagen, daß, bezogen auf die Existenz von nahen Familienmitgliedern, v.a. Kindern und Geschwistern, zumindest mittelfristig kaum dramatische Veränderungen zu erwarten sind (vgl. Kohli/Künemund 2000). Ganz unklar ist jedoch, wie sich die in jüngeren Kohorten deutlich höhere Prävalenz von Scheidungen (Wagner 1997) auf die „Enge" von Familienbeziehungen und Freundschaften auswirken. Denkbar ist, daß diese Ereignisse sowohl Beziehungen zu (geschiedenen) Kindern und (geschiedenen) Geschwistern als auch zu Freunden stärken könnte.

darauf hin, daß zukünftige Kohorten im „jungen Alter" *insgesamt* über bessere individuelle Ressourcen verfügen, sich nach der Verwitwung ein befriedigendes „neues Leben" aufzubauen. Bei späteren Geburtskohorten entfallen zwar bestimmte, für die hier untersuchten Kohorten spezifische, *Marginalisierungserfahrungen*, die die Wahrscheinlichkeit für die Ausbildung von individualisierten Freundschaften zu erhöhen scheinen (Kriegsgefangenschaft, Flucht). Allerdings sind nachfolgende Geburtskohorten häufiger von Ereignissen betroffen, die ähnliche Wirkungen haben bzw. selbst schon ein Indiz für eine stärkere Aktivitätsorientierung und individualisierte Freundschaften sein können: dazu zählen die im Aggregat stark gestiegene intergenerationale soziale und bei den besser ausgebildeten Schichten insgesamt höhere räumliche Mobilität (Rossi/Rossi 1990, Wagner 1989), insbesondere aber die teilweise verzögerte Paarbildung (Huinink 1993) und die größere Instabilität von Partnerschaften (Wagner 1997). Denn auch der Partnerverlust selbst kann, wie gezeigt wurde, individuelle Umorientierungen auslösen. Vor allem aber verfügen – insbesondere die Frauen – jüngere(r) Kohorten über eine bessere schulische und berufliche *Ausbildung* (Müller/Haun 1994). Dies könnte die Chancen sowohl für die Ausbildung von Aktivitätsorientierungen (Vehikel) als auch für (sachlich begründete) individualisierte Freundschaften erhöhen. Dabei ist einerseits auf die sehr starke Verringerung des Anteils von Frauen ohne einen Hauptschulabschluß bzw. eine abgeschlossene berufliche Ausbildung hinzuweisen, andererseits auf die Zunahme von Frauen und Männern sowohl mit mittleren als auch mit höheren Bildungsabschlüssen[9]. Schließlich kann die gestiegene *Erwerbsbeteiligung* von Frauen – sowohl hinsichtlich ihrer Prävalenz als auch bezogen auf ihre zeitliche Dauer im individuellen Lebenslauf – und zunehmenden die Bestrebungen von Frauen, Kinder und Karriere zu verbinden, als Indiz für eine stärkere Sach- und Außenorientierung gesehen werden, die ihnen nach der Verwitwung als Ressourcen zugute kommen mögen. Insofern ist zu erwarten, daß insbesondere zukünftige Witwen quasi „kompetenter" sein werden, also über günstigere Voraussetzungen verfügen, nach dem Tod des Lebenspartners ein befriedigendes neues Leben aufzubauen. Frauen sind auf diese Ressourcen auch stärker angewiesen als Männer; denn, auch wenn sie es wollten, sie haben strukturell weitaus weniger Gelegenheiten, im Alter eine neue Partnerschaft einzugehen.

Allerdings ist einschränkend zu sagen, daß der „Erfolg" dieser Orientierungen, die sich für die soziale Integration nach der Verwitwung im „jungen

---

9 Bei den Kohorten der zwischen 1920 und 1934 Geborenen liegt der Anteil der Männer, die nicht über mindestens einen Hauptschulabschluß und eine abgeschlossene Lehre verfügen bei etwa 20%, bei den Frauen bei ca. 50 bis 55% (Müller/Haun 1994). Dabei ist insbesondere der Anteil der Frauen, die wenigstens über einen Hauptschulabschluß und eine abgeschlossene Lehre verfügen verglichen mit früheren Kohorten bei den Kohorten der nach 1935 Geborenen sprunghaft angestiegen: von ca. 45% bei den zwischen 1930 und 1935 Geborenen auf knapp 60% bei den zwischen 1935 und 1939 Geborenen. Bei den zwischen 1940 und 1944 Geborenen liegt er bei gut 70% und bei den zwischen 1950 und 1954 Geborenen bei über 80% (ebd.).

Alter" als Ressourcen erwiesen haben, ALTERSSPEZIFISCH zu sein scheint. Im letzten Kapitel wurde diskutiert, welche Rückschlüsse sich aus den gefundenen Ergebnissen hinsichtlich der zukünftigen sozialen Einbindung ableiten lassen und mit welchen Risiken bei weiteren, mit dem Alternsprozeß verbundenen Veränderungen der Lebenssituation (v.a. Einschränkungen der körperlichen Leistungsfähigkeit, Tod von emotional wichtigen Bezugspersonen) Verwitweten ohne neue Partnerschaften rechnen müssen. Sieht man von möglichen Umorientierungen ab, scheint sich die Verteilung der Risikolagen – bezogen auf eine zufriedenstellende soziale Einbindung – deutlich anders darzustellen als nach der Verwitwung im „jungen Alter". Die *Individualisten*, die die Verwitwung besonders initiativ bewältigt haben, dürften bezüglich ihrer Alltagsgestaltung am stärksten von Mobilitätseinbußen betroffen sein. Gleichzeitig stehen sie dem bei ihnen sehr wahrscheinlichen Verlust ihrer wenigen, emotional wichtigen Bezugspersonen – aufgrund ihrer Orientierung auf restriktive individualisierte Freundschaften – am hilflosesten gegenüber. Bei ihnen scheint damit einerseits die Gefahr drohender sozialer *Isolation* am größten. Andererseits ist auch ihre zentrale Ressource für die Alltagsgestaltung gefährdet. Demgegenüber könnten sich die Chancen der *umfeldbezogenen Frauen*, die nach der Verwitwung als besondere Risikogruppe ausgemacht wurden, für eine zufriedenstellende soziale Einbindung mit höherem Lebensalter aufgrund der höheren Zahl ebenfalls alleinstehender Frauen *strukturell* sogar verbessern (Reaktivierung ehemaliger Lage-gebundener Freundschaften)[10]. Berücksichtigt man sowohl das „junge" wie das „höhere" Alter, scheinen damit insgesamt „eindimensionale" Ausrichtungen – primär auf soziale Beziehungen wie bei den Umfeldbezogenen oder primär auf Aktivitäten wie bei den Individualisten – besonders riskante Pfade für eine zufriedenstellende Integration darzustellen.

Hinsichtlich der (instrumentellen) Unterstützung im Fall von Unterstützungs- und Pflegebedürftigkeit stehen die Umfeldbezogenen vielleicht sogar am besten da. Zum einen ist bei ihnen aufgrund des niedrigen Bildungsstandes die räumliche Mobilität ihrer Kinder geringer als bei anderen Gruppen (z.B. Rossi/Rossi 1990); und Kinder sind neben dem Partner immer noch mit Abstand die wichtigste Hilfeinstanz im Fall von Pflegebedürftigkeit (z.B. Schneekloth/Potthoff 1993; Kohli/Künemund 2000). Bezogen auf instrumentelle Hilfeleistungen könnten sich zum anderen ihre guten Nachbarschaftsbeziehungen auszahlen: ihre außerfamilialen Beziehungen bestehen vorrangig zu Personen im räumlich nahen Umfeld, welches, wie man weiß, die Bereitstellung instrumenteller Hilfeleistungen wesentlich befördert (z.B. Diewald 1991). Insofern könnte diese Gruppe im hohen und sehr hohen Alter davon profitieren, daß sie in ihren Beziehungen weniger auf qualitative Aspekte als

---

10 Wobei zu berücksichtigen ist, daß mehr Männer als Frauen auch gegengeschlechtliche Freundschaften haben. Dies betrifft aber offenbar vor allem besser Gebildete (z.B. Schütze/Lang 1993), also nicht unbedingt die Umfeldbezogenen.

auf deren zeitliche Verfügbarkeit gesetzt hat (vgl. 6.2.1). Auch hier dürften im übrigen die umfeldbezogenen Frauen besser dastehen als die Männer: Nach der Verwitwung hat den Frauen das „kinkeeping" offenbar keinen Vorteil gegenüber den Männern gebracht, hinsichtlich der Bereitstellung von instrumentellen Hilfeleistungen könnten jedoch ihre zahlreicheren Verwandtschaftskontakte eine zusätzliche Ressource darstellen.

Die inhaltlichen Erträge dieser Arbeit haben deutlich gemacht, daß es sich lohnt, Beziehungs- und insbesondere *Netzwerk-Veränderungen* auf Individualebene genauer zu untersuchen. Die Beschäftigung mit den konstitutiven Bedingungen dieser Veränderungen erfordert jedoch die Berücksichtigung sowohl der *individuellen Orientierungen* der Akteure (individuelle Interessen und Relevanzsetzungen im Lebenszusammenhang) als auch der *strukturellen* Bedingungen im weitesten Sinne (nicht nur „äußere" strukturelle Merkmale wie demographisch bedingte Gelegenheitsstrukturen, sondern auch und insbesondere Parameter der bestehenden Beziehungen). Hierbei können strukturelle Merkmale von Beziehungen und Netzwerken wichtige Einflußgrößen für die Veränderungen von Beziehungen wie für die individuelle Zufriedenheit darstellen. Doch ihre Bedeutung und teilweise ihre Eigen-Dynamik zeigt sich nur, wenn man auch die individuellen Orientierungen berücksichtigt und die wechselseitige Verschränktheit und Gebrochenheit individueller Orientierungen und struktureller Merkmale rekonstruiert.

Bezogen auf zukünftige Forschungen legen die Befunde dieser Arbeit nahe, im Zusammenhang mit der subjektiven Bedeutung und der Veränderung von sozialer Integration insbesondere *Aktivitäten* zu berücksichtigen und sie genauer zu differenzieren. So gibt es unterschiedliche Grade der Kopplung von sozialen Beziehungen und Aktivitäten, zum einen hinsichtlich der Frage, wieviele und welche Art der Sozialkontakte und -beziehungen Aktivitäten ermöglichen, zum anderen hinsichtlich der Frage, wie informelle soziale Beziehungen überhaupt geknüpft und aufrechterhalten werden (Stichwort: Vehikel). Erforderlich bei der Untersuchung von Netzwerk- und Beziehungsveränderungen sind daneben echte *Längsschnittstudien* auf Individualebene, mit denen Umorientierungen klar(er) erfaßt werden können. Hier wurde zwar versucht, die mit der Retrospektivität verbundenen Probleme möglichst weitgehend zu reduzieren. Echte Längsschnittuntersuchungen können durch diese Verfahren aber nicht ersetzt werden. Forschungsbedarf besteht schließlich hinsichtlich der Verallgemeinerbarkeit der Ergebnisse: zum einen bezogen auf die *Verbreitung* der Risikolagen bei Verwitweten. Zum anderen ist genauer zu klären, inwieweit sich die Ergebnisse zu den Veränderungsbedingungen von sozialen Beziehungen auf andere *Statuspassagen* (wie Familiengründung oder Scheidung) übertragen lassen, nicht zuletzt auf die Veränderungen und ggf. Umorientierungen (wie die Reduktion von Ansprüchen) im Fall gesundheitlicher Einschränkungen bzw. dem weiteren Verlust wichtiger Bezugspersonen.

Literaturverzeichnis

Adams, B. (1968): The middle class adult and his widowed or still-married mother. In: Social Problems 16, 50-60.

Adams, R.G. (1989): Conceptual and methodological issues in studying friendships of older adults. In: R.G. Adams & R. Blieszner (Eds.): Older adult friendship: Structure and process. Newbury Park, CA: Sage, 17-45.

Akademie der Wissenschaften zu Berlin. Arbeitsgruppe „Altern und gesellschaftliche Entwicklung" (AGE) (1990): Berliner Altersstudie. Zwischenbericht über die erste Antragsphase an das Bundesministerium für Forschung und Technologie. Anhang C. Materialien der Forschungseinheit „Psychologie". Berlin: Max-Planck-Institut für Bildungsforschung.

Allan, G. A. (1979): A sociology of friendship and kinship. London: Allan & Unwin.

Anderson, T. B. (1984): Widowhood as a life transition: Its impact on kinship ties. In: Journal of Marriage and the Family 46, 105-114.

Antonucci, T. C. (1985): Personal characteristics, social networks and social behavior. In: R. H. Binstock & E. Shanas (Eds.): Handbook of aging and the social sciences. Vol.2. New York: Van Nostrand Reinhold, 233-254.

Antonucci, T. C. & B. Israel (1986): Veridicality of social support: A comparison of principal and network members' responses. In: Journal of Consulting and Clinical Psychology 54, 432-437.

Antonucci, T. C. & J. S. Jackson (1986): Successful aging and life course reciprocity. Paper presented at the Second European Conference on Developmental Psychology. Rome, Italy, Sept. 1986.

Antonucci, T. C. & J. S. Jackson (1990): The role of reciprocity in social support. In: B. R. Sarason; I. G. Sarason & G. P. Pierce (Eds.): Social support: An interactional view. New York: John Wiley & Sons, 173-198.

Argyle, M. & M. Henderson (1984): The rules of friendship. In: Journal of Social and Personal Relationships 1, 211-237.

Arling, G. (1976): The elderly widow and her family, neighbors and friends. In: Journal of Marriage and the Family 38, 757-768.

Atchley, R. C. (1975): Dimensions of widowhood in later life. In: The Gerontologist 15, 176-178.

Bäcker, G. (1991): Pflegebedürftigkeit und Pflegenotstand. In: WSI-Mitteilungen 2, 88-103.

Baltes, M. M., M. Kohli & K. Sames (1989) (Hg.): Erfolgreiches Altern. Bedingungen und Variationen. Bern: Huber.

Baltes, P. B. & M. M. Baltes (1989): Optimierung durch Selektion und Kompensation. In: Zeitschrift für Pädagogik 35, 85-105.

Baltes, P. B. & M. M. Baltes (1990): Psychological perspectives on successful aging: The model of selective optimization with compensation. In: P. B. Baltes & M.

M. Baltes (Eds.): Successful aging: Perspectives from the behavioral sciences. Cambridge: Cambridge University Press, 1-34.

Baltes, P. B. & M. M. Baltes (1992): Grontologie: Begriff, Herausforderung und Brennpunkte. In: P. B. Baltes & J. Mittelstraß (Hg.). Berlin; New York: De Gruyter, 1-35.

Barnes, J. A. (1954): Class and committees in a Norwegian island parish. In: Human Relations 7, 39-58.

Barnes, J. A. (1969): Graph theory and social networks. In: Sociology 3, 215-232.

Beck, U. (1983): Jenseits von Stand und Klasse? In: R. Kreckel (Hg.): Soziale Ungleichheiten. Sonderband 2 der Sozialen Welt. Göttingen: Schwartz, 35-74.

Becker-Schmidt, R.; U. Brandes-Erlhoff, M. Rumpf & B. Schmidt (1983): Arbeitsleben – Lebensarbeit. Konflikte und Erfahrungen von Fabrikarbeiterinnen. Forschungsinstitut der Friedrich-Ebert-Stiftung, Reihe Arbeit, Bd. 10. Bonn: Verlag Neue Gesellschaft.

Befu, H. (1980): Structural and motivational approaches to social exchange. In: K. J. Gergen, M. S. Greenheim & R.H. Willis (Eds.): Social exchange. Advances in theory and research. New York: Plenum Press, 208-234.

Bengtson, V. L. & J. J. Dowd (1980/81): Sociological functionalism, exchange theory and life-cycle analysis: A call for more explicit theoretical bridges. In: International Journal of Aging and Human Development 12, 55-73.

Bengtson, V. L.; E. B. Olander & A. A. Haddad (1976): The „generation gap" and aging familiy members: Toward a conceptual model. In: J. F. Gubrium (Ed.): Time, roles and self in old age. New York, NY, 237-263.

Bengtson, V. L.; J. F. Rosenthal & L. Burton (1990): Families and aging: Diversity and heterogenity. In: R. Binstock & L. George (Eds.): Handbook of aging and the social sciences. Vol.3. San Diego: Academic Press, 263-287.

Berardo, F. (1968): Widowhood status in the United States: Perspectives on a neglected aspect of the family life-cycle. In: The Family Coordinator 17, 191-203.

Berardo, F. (1970): Survivorship and social isolation: The case of the aged widower. In: The Family Coordinator 19, 11-25.

Berger, P. L. & H. Kellner (1965): Die Ehe und die Konstrukturion der Wirklichkeit. Eine Abhandlung zur Mikrosoziologie des Wissens. In: Soziale Welt 19, 220-235.

Berger, P. L. & T. Luckmann (1980): Die gesellschaftliche Konstruktion der Wirklichkeit. Eine Theorie der Wissenssoziologie. Frankfurt/M.: Fischer.

Bertram, H., J. Marbach & A. Tölke (1989): Soziale Netze, Zeit und Raum als Methodenprobleme in der Familienforschung. In: R. Nave-Herz & M. Marefka (Hg.): Handbuch der Familien- und Jugendforschung. Band 1: Familienforschung. Neuwied; Frankfurt/M.: Luchterhand, 131-151.

Bien, W. & J. Marbach (1991): Haushalt – Verwandtschaft – Beziehungen: Familienleben als Netzwerk. In: H. Bertram (Hg.): Die Familie in Westdeutschland. Stabilität und Wandel familiärer Lebensformen. DJI: Familien-Survey 1. Opladen: Leske & Budrich, 3-44.

Blau, P. M. (1964): Exchange and power in social life. New York, NY; London: Wiley.

Blau, Z. (1961): Structural constraints of friendship in old age. In: American Sociological Review 26, 429-439.

Blaumeiser, H. & R. Sieder (1988): „Langsam werden meine Wanderungen zu Beerdigungen". Antizipation und Rückgriffe im Umgang mit Ehepartnern und Freunden im Alter. In: G. Göckenjan & H.-J. v. Kondratowitz (Hg.): Alter und Alltag. Frankfurt/M.: Suhrkamp, 219-238.

Blenkner, M. (1965): Social work and family relationships in later life with some thoughts on filial maturity. In: E. Shanas & G. Streib (Eds.): Social structure and the family: Generational relations. Englewood Cliffs, NJ: Prentice Hall.

Blieszner, R. & R. G. Adams (1991): Adult friendship. Newbury Park, CA: Sage.

Bock, E. W. & I. L. Webber (1972): Suicide among the elderly: Isolating widowhood and mitigating alternatives. In: Journal of Marriage and the Family 34, 24-31.

Bohnsack, R. (1989): Generation, Milieu und Geschlecht. Opladen: Leske & Budrich.

Bohnsack, R. (1991): Rekonstruktive Sozialforschung. Einführung in Methodologie und Praxis qualitativer Forschung. Opladen: Leske & Budrich.

Born, C., H. Krüger & D. Lorenz-Meyer (1996): Der unentdeckte Wandel. Annäherung an das Verhältnis von Struktur und Norm im weiblichen Lebenslauf. Berlin: Sigma.

Bott, E. (1957): Family and social network. London: Tavistock.

Bowlby, J. (1969): Attachment and loss. Vol. 1: Attachment. New York, NY: Basic Books.

Bowlby, J. (1973): Attachment and loss. Vol. 2: Separation – anxiety and anger. New York, NY: Basic Books.

Bria, G. (1998): The art of family. Rituals, imagination and everyday spirituality. New York, NY: Bantam Doubleday.

Bude, H. & F. Neidhardt (1998): Die Professionalisierung der deutschen Nachkriegs-soziologie. In: K. M. Bolte (Hg.): Soziologie als Beruf – Erinnerungen westdeut-scher Hochschulprofessoren der Nachkriegsgeneration. Sonderband 11 der Sozialen Welt. Baden-Baden: Nomos, 405-419.

Bude, H. (1984): Rekonstruktion von Lebenskonstruktionen – eine Antwort auf die Frage, was die Biographieforschung bringt. In: M. Kohli & G. Robert (Hg.): Biographie und soziale Wirklichkeit. Neue Beiträge und Forschungsperspekti-ven. Stuttgart: J.B. Metzler, 7-29.

Bude, H. (1985): Der Sozialforscher als Narrationsanimateur. Kritische Anmerkungen zu einer erzähltheoretischen Fundierung der interpretativen Sozialforschung. In: Kölner Zeitschrift für Soziologie und Sozialpsychologie 37, 327-336.

Bude, H. (1987): Deutsche Karrieren. Lebenskonstruktionen sozialer Aufsteiger aus der Flakhelfer-Generation. Frankfurt/M.: Suhrkamp.

Bude, H. (1988): Der Fall und die Theorie. Zum erkenntnislogischen Charakter von Fallstudien. In: Gruppendynamik 19, 421-427.

Burckhauser, R. V., J. S. Butler & K. C. Holden (1991): How the death of a spouse affects economic well-being after retirement: A hazard model approach. In: Social Science Quarterly 72, 504-519.

Burkart, G. (1994a): Die Entscheidung zur Elternschaft. Eine empirische Kritik von Individualisierungs- und Rationalchoice-Theorien. Stuttgart: Enke.

Burkart, G. (1994b): Individuelle Mobilität und soziale Integration. Zur Soziologie des Automobilismus. In: Soziale Welt 45, 216-241.

Burkart, G., B. Fietze & M. Kohli (1989): Liebe, Ehe, Elternschaft. Eine qualitative Untersuchung über den Bedeutungswandel von Paarbeziehungen und seine de-mographischen Konsequenzen. Materialien zur Bevölkerungswissenschaft. Heft 60. Wiesbaden: Bundesinstitut für Bevölkerungsforschung.

Campbell, L. D., I. A. Connidis & L. Davies (1999): Sibling ties in later life: A social network analysis. In: Journal of Family Issues 20, 114-148.

Carstensen, L. L. (1987): Age-related changes in social activity. In: L.L. Carstensen & B.A. Edelstein (Eds.): Handbook of clinical gerontology. New York, NY: Pergamon Press, 222-237.

Carstensen, L. L. (1991): Selectivity theory: Social activity in life-span context. In: Annual Review of Gerontology and Geriatrics, 195-217.

Carstensen, L. L. (1993): Motivation for social contact across the life span: A theory of socioemotional selectivity. In: Nebraska symposium on motivation. Lincoln, NE: University of Nebraska Press.

Chevan, A. (1995): Holding on and letting go: Residential mobility during widowhood. In: Research on Aging 17, 278-302.

Clark, M. & B. G. Anderson (1967): Culture and aging. Springfield, Il: Charles Thomas.

Clark, M. S., J. Mills & M. C. Powell (1986): Keeping track of needs in communal and exchange relationships. In: Journal of Personality and Social Psychology 51, 333-338.

Clayton, P. J., J. A. Halikas, W. L. Maurice & E. Robins (193): Anticipatory grief and widowhood. In: British Journal of Psychiatry 122, 47-51.

Connor, K. A., E. A. Powers & G.L. Bultena (1979): Social interaction and life satisfaction: An empirical assessment of late-life patterns. In: Journal of Gerontology 34, 116-121.

Conrad, C. & H.-J. v. Kondratowitz (1993) (Hg.): Zur Kulturgeschichte des Alterns. Berlin: DZA.

Corsten, M. (1993): Das Ich und die Liebe. Subjektivität, Intimität, Vergesellschaftung. Opladen: Leske & Budrich.

Cumming, C. & W. Henry (1961): Growing old – the process of disengagement. New York, NY: Basic Books.

Dahme, H. J. (1981): Soziologie als exakte Wissenschaft. Georg Simmels Ansatz und seine Bedeutung in der gegenwärtigen Soziologie. 2 Bände. Stuttgart: Enke.

Damianopoulos, E. (1961): A formal statement of disengagement theory. In: Cumming, C. & W. Henry: Growing old – the process of disengagement. New York, NY: Basic Books, 210-218.

Denzin, N.K. (1970): The research act. Chicago, Il: Aldine.

Dießenbacher, H., R. Gosau & E. Überschär (1984): Einsamkeit – Trauer – Armut. Witwenschaft und Unterschicht. ifg (Informationsdienst des Forschungsinstituts Frau und Gesellschaft). Info 1 und 2. Bielefeld. Kleine

Diewald, M. (1990): Pluralisierung oder Polarisierung. Empirische Ergebnisse zur gesellschaftspolitischen Bedeutung von Familien- und Netzwerkbeziehungen in der Bundesrepublik. In: Zeitschrift für Sozialreform 36, 746-763.

Diewald, M. (1991): Soziale Beziehungen: Verlust oder Liberalisierung? Soziale Unterstützung in informellen Netzwerken. Berlin: Ed. Sigma.

Diewald, M. (1993): Hilfebeziehungen und soziale Differenzierung im Alter. In: Kölner Zeitschrift für Soziologie und Sozialpsychologie 45, 731-754.

Dinkel, R. H. (1992): Demographische Alterung: Ein Überblick unter besonderer Berücksichtigung der Mortalitätsentwicklungen. In: P. B. Baltes & J. Mittelstraß (Hg.): Alter und Altern: Ein interdisziplinärer Studientext zur Gerontologie. Berlin; New York: De Gruyter, 62-95.

Dowd, J. J. (1984): Beneficiance and aged. In: Journal of Gerontology 39, 102-108.

Ehmer, J. (1990): Sozialgeschichte des Alters. Frankfurt/M.: Suhrkamp.

Ekeh, P. P. (1974): Social exchange theory. London: Heinemann.

Emerson, R. M. (1976): Social exchange theory. In: Annual Review of Sociology 2, 335-362.

Esser, H. (1990): „Habits", „Frames" und „Rational Choice". Die Reichweite von Theorien der rationalen Wahl (am Beispiel der Erklärung des Befragtenverhaltens). In: Zeitschrift für Soziologie 19, 231-247.

Ferraro, K. F. (1984): Widowhood and social participation in later life: Isolation or compensation? In: Research on Aging 6, 451-468.

Ferraro, K. F. (1985): Psychosocial variables affecting the grief of variably aged widows. In: Dissertation Abstracts International 45, 26-84.

Ferraro, K. F. (1989): Widowhood and health. In: K. S. Markides & C. L. Cooper (Eds.): Aging, stress and health. Chichester, NY: John Wiley & Sons, 69-89.

Ferraro, K. F. & C. M. Barresi (1982): The impact of widowhood on the social relations of older persons. In: Research on Aging 4, 227-247.

Ferraro, K. F., E. Mutran & C. M. Barresi (1984): Widowhood, health and friendship support in later life. In: Journal of Health and Social Behavior 25, 246-259.

Field, D. & M. Minkler (1988): Continuity and change in social support between young-old, old-old, and very-old adults. In: Journals of Gerontology 43, P100-P106.

Fine, G. A. & S. Kleinman (1983): Network and meaning: An interactionist approach to structure. In: Symbolic Interaction 6, 97-110.

Fischer, C. S. (1982): To dwell among friends. Personal networks in town and city. Chicago, Il: The University of Chicago Press.

Fischer, W. & M. Kohli (1987): Biographieforschung. In: W. Voges (Hg.): Methoden der Biographie- und Lebenslaufforschung. Opladen: Leske & Budrich, 25-49.

Foa, E. B. & U. G. Foa (1980): Resource theory. Interpersonal behavior as exchange. In: K. J. Gergen, M. S. Greenberg & R. H. Wills (Eds.): Social exchange. Advances in theory and research. New York, NY: Plenum Press, 77-94.

Fooken, I. (1980): Frauen im Alter. Eine Analyse intra- und interindividueller Differenzen. Frankfurt/M.; Bern; Cirencester, UK: Peter D. Lang.

Fooken, I. (1990): Partnerverlust im Alter. In: P. Mayring & W. Saup (Hg.): Entwicklungsprozesse im Alter. Stuttgart: Kohlhammer, 57-73.

Francis, D. (1990): The significance of work friends in later life. In: Journal of Aging Studies 4, 405-427.

Fredrickson, B. L. & L. L. Carstensen (1990): Choosing social partners: How old age and anticipated endings make people more selective. In: Psychology and Aging 5, 163-171.

Freter, H.-J., B. Hollstein & M. Werle (1991): Integration qualitativer und quantitativer Verfahrensweisen – Methodologie und Forschungspraxis. In: ZUMA-Nachrichten 29, 98-115.

Fuchs, W. (1984): Biographische Forschung. Eine Einführung in Praxis und Methoden. Opladen: Westdeutscher Verlag.

Gather, C. (1996): Konstruktionen von Geschlechterverhältnissen. Machtstrukturen und Arbeitsteilung bei Paaren im Übergang in den Ruhestand. Berlin: Ed. Sigma.

Gather, C. & M. Schürkmann (1987): Frauen im Übergang in den Ruhestand. Ein problemloser Rückschritt in die Hausfrauenrolle? In: G. Backes & W. Clemens (Hg.): Ausrangiert!? Lebens- und Arbeitsperspektiven bei beruflicher Frühausgliederung. Bielefeld: AJZ, 124-150.

Giegel, H.-J., G. Frank & U. Billerbeck (1988): Industriearbeit und Selbstbehauptung. Biographische Orientierung und Gesundheitsverhalten in gefährdeten Lebensverhältnissen. Opladen: Leske & Budrich.

Glaser, B. G. & A. L. Strauss (1967): The discovery of grounded theory. Strategies for qualitative research. Chicago, Il: Aldine.

Gouldner, A. W. (1960): The norm of reciprocity. A preliminary statement. In: American Sociological Review 25, 161-179.

Gräbe, S. (1991): Reziprozität und Stress in „Support"-Netzwerken. Neue Perspektiven in der familiensoziologischen Netzwerkforschung. In: Kölner Zeitschrift für Soziologie und Sozialpsychologie 43, 344-356.

Granovetter, M. (1973): The strength of weak ties. In: American Journal of Sociology 78, 105-130.

Greenberg, M.S. (1980): A theory of indeptedness. In: K. Gergen, M. S. Greenberg & R. Willis (Eds.): Social exchange: Advances in theory and research. New York: Plenum.

Hagestad, G. O. (1989): Familien in einer alternden Gesellschaft. Veränderte Strukturen und Beziehungen. In: M. M. Baltes, M. Kohli & K. Sames (Hg.): Erfolgreiches Altern. Bedingungen und Variationen. Bern; Stuttgart; Toronto: Huber, 42-47.

Hansson, R. O. & J. H. Remondet (1988): Old age and widowhood. Issues of personal control and independence. In: Journal of Social Issues 44, 159-174.

Hareven, T. K. & K. Adams (1995): The generation in the middle: Cohort comparisons in assistance to aging parents in an American coummunity. In: T. K. Hareven (Ed.): Aging and generational relations over the life course: A historical and crosscultural perspective. Berlin; New York, NY: De Gruyter, 272-294.

Hareven, T. K. & P. Uhlenberg (1995): Transition to widowhood and family support systems in the twentieth century, Northeastern United States. In: D. I. Kertzer & P. Laslett (Eds.): Aging in the past: Demography, society, and old age. Berkeley, CA, Los Angeles, London: University of California Press, 273-303.

Harvey, C. D. & H. M. Bahr (1974): Widowhood, morale and affiliation. In: Journal of Marriage and the Family 39, 97-106.

Havighurst, R. & R. Albrecht (1953): Older people. New York, NY: Longmans, Green.

Helsing, K., M. Szklo & G. Comstock (1981): Factors associated with mortality after widowhood. In: American Journal of Public Health 71, 802-809.

Henretta, J.C., M.S. Hill, L. Wei, J. Saldo & D.A. Wolf (1997): Selection of children to provide care. The effect early parental transfer. In: Journal of Gerontology. Sociological and Social Sciences 52, Special Issue, 105-120.

Hermanns, H., C. Tkocz & H. Winkler (1984): Berufsverlauf von Ingenieuren. Biografie-analytische Auswertung narrativer Interviews. Frankfurt/M.; New York, NY: Campus.

Hershberger, P. J. & W. B. Walsh (1990): Multiple role involvements and the adjustment to conjugal bereavement: An exploratory study. In: Omega – The Journal of Death and Dying 21, 91-102.

Hess, B.B. (1972): Friendship. In: M. W. Riley, M. Johnson & A. Foner (Eds.): Aging and Society. New York, NY: Russell Sage, 357-393.

Hess, B.B. (1979): Sex roles, friendships, and the life course. In: Research on Aging 1, 494-515.

Heyman, D.K. & D.T. Gianturco (1973): Longterm adaptation by the elderly to bereavement. In: Journal of Gerontology 28, 359-362.

Hohmeier, J. & H.-J. Pohl (1978) (Hg.): Alter als Stigma oder Wie man alt gemacht wird. Frankfurt/M.: Suhrkamp.

Hollstein, B. (1992): Pflegende Männer und Frauen. In: M. Kohli, H.-J. Freter, B. Hollstein, S. Roth & M. Werle: Tätigkeitsformen im Ruhestand – Verbreitung und Bedeutung. Berlin: Institut für Soziologie, 211-284.

Hollstein, B. (1998): Qualitative research on personal networks. Problems and perspectives. In: J. S. Markantonis & V. D. Rigas (Eds.): Qualitative analysis in human sciences. New perspectives in methodology. Athen: Mavrommatis, 173-187.

Hollstein, B. (2001): Grenzen sozialer Integration. Zur Konzeption informeller Beziehungen und Netzwerke. Opladen: Leske & Budrich.

Hollstein, B. & G. Bria (1998): Reziprozität in Eltern-Kind-Beziehungen? Theoretische Überlegungen und empirische Evidenz. In: Berliner Journal für Soziologie 8, 7-22.

Homans, G. C. (1961): Social behavior: Its elementary forms. New York, NY: Harcourt, Brace & World.

van den Hoonaard, D. K. (1994): Paradise lost: Widowhood in a Florida retirement community. In: Journal of Aging Studies 8, 121-132.

Hopf, C. (1979): Soziologie und qualitative Sozialforschung. In: C. Hopf & E. Weingarten (Hg.): Qualitative Sozialforschung. Stuttgart: Klett-Cotta, 11-41.

Höpflinger, F. (1987): Wandel der Familienbildung in Westeuropa. Frankfurt/M.: Campus.

Hradil, S. (1992) (Hg.): Zwischen Bewußtsein und Sein. Die Vermittling „objektiver" Lebensbedingungen und „subjektiver" Lebensweisen. Opladen: Leske & Budrich.

Huinink, J. (1995) Warum noch Familie? Zur Attraktivität von Partnerschaft und Elternschaft in unserer Gesellschaft. Frankfurt/M.: Campus.

Hyman, H. H. (1983): Of time and widowhood: Nationwide studies of enduring effects. Durham, NC: Duke University Press.

Jansen, D. (1999): Einführung in die Netzwerkanalyse. Grundlagen, Methoden, Anwendungen. Opladen: Leske & Budrich.

Kahn, R. L. & T. C. Antonucci (1980): Convoys over the life course: Attachment, roles, and social support. In: P. B. Baltes & O. G. Brim (Eds.): Life-span development and behavior. New York, NY: Academic Press, 383-405.

Kallmeyer, W. & F. Schütze (1977): Zur Konstitution von Kommunikationsschemata der Sachverhaltsdarstellung. In: D. Wegner (Hg.): Gesprächsanalysen. Hamburg: Büske, 159-274.

v. Kardoff, E. (1989): Soziale Netzwerke. Sozialpolitik und Krise der Vergesellschaftung. In: E. von Kardoff; W. Stark; R. Rohner & P. Wiedemann (Hg.): Zwischen Netzwerk und Lebenswelt – Soziale Unterstützung im Wandel. Wissenschaftliche Analysen und praktische Strategien. München: Profil, 27-61.

v. Kardoff, E. (1995): Soziale Netzwerke, In: U. Flick, E. v. Kardoff, H. Keupp, L. v. Rosenstiel & Stephan Wolff (Hg.): Handbuch Qualitative Sozialforschung. Grundlagen, Konzepte, Methoden und Anwendungen. Weinheim: Beltz, PVU, 402-405.

Kaufmann, F.-X., A. Engelbert, A. Herlth, B. Meier & K. P. Strohmeier (1989): Netzwerkbeziehungen von Familien. Wiesbaden: Bundesinstitut für Bevölkerungsforschung. Materialien zur Bevölkerungswissenschaft. Sonderheft 17.

Keller, M. & W. Edelstein (1986): Beziehungsverständnis und moralische Reflexion. Eine entwicklungspsychologische Untersuchung. In: W. Edelstein & G. Nunner-Winkler (Hg.): Zur Bestimmung der Moral. Philosophische und sozialwissenschaftliche Beiträge. Frankfurt/M.: Suhrkamp, 321-347.

Keupp, H. (1987): Soziale Netzwerke – Eine Metapher des gesellschaftlichen Umbruchs? In: H. Keupp & B. Röhrle (Hg.): Soziale Netzwerke. Frankfurt/M.: Campus, 11-54.

Keupp, H., T. Ahbe, W. Gmür, R. Höfer, B. Mitzscherlich, W. Kraus & F. Straus (1999): Identitätskonstruktionen. Das Patchwork der Identitäten in der Spätmoderne. Reinbek: Rowohlt.

Kieserling, A. (1999): Kommunikation unter Anwesenden: Studien über Interaktionssysteme. Frankfurt /M.: Suhrkamp (im Erscheinen).

Kohen, J.A. (1983): Old but not alone: Informal social supports among the elderly by marital status and sex. In: The Gerontologist 23, 57-63.

Kohli, M. (1978): „Offenes" und „geschlossenes" Interview: Neue Argumente zu einer alten Kontroverse. In: Soziale Welt 29, 1-25.

Kohli, M. (1981): Wie es zur „biographischen Methode" kam und was daraus geworden ist. Ein Kapitel aus der Geschichte der Sozialforschung. In: Zeitschrift für Soziologie 10, 273-293.

Kohli, M. (1984): Erwachsenensozialisation. In: E. Schmitz & H. Tietgens (Hg.): Enzyklopädie Erziehungswissenschaft. Bd. 11. Erwachsenenbildung. Stuttgart: Klett, 124-142.

Kohli, M. (1985): Die Institutionalisierung des Lebenslaufs. Historische Befunde und theoretische Argumente. In: Kölner Zeitschrift für Soziologie und Sozialpsychologie 37, 1-29.

Kohli, M. (1992): Altern in soziologischer Perspektive. In: P. B. Baltes & J. Mittelstraß (Hg.). Berlin; New York, NY: De Gruyter, 231-260.

Kohli, M., C. Gather, H. Künemund, B. Mücke, M. Schürkmann, W. Voges & J. Wolf (1989): Je früher – desto besser? Die Verkürzung des Erwerbslebens am Beispiel des Vorruhestands in der chemischen Industrie. Berlin: Sigma.

Kohli, M. & H.-J. Freter (1988): Tätigkeitsformen im Ruhestand – Verbreitung und Bedeutung. Fortsetzungsantrag an die Deutsche Forschungsgemeinschaft. Berlin: Institut für Soziologie.

Kohli, M., H.-J. Freter, B. Hollstein, S. Roth & M. Werle (1992): Tätigkeitsformen im Ruhestand. Verbreitung und Bedeutung. Schlußbericht an die Deutsche Forschungsgemeinschaft. Berlin: Institut für Soziologie.

Kohli, M., H.-J. Freter, M. Langehennig, S. Roth, G. Simoneit & S. Tregel (1993): Engagement im Ruhestand. Rentner zwischen Erwerb, Ehrenamt und Hobby. Opladen: Leske & Budrich.

Kohli, M. & H. Künemund (2000) (Hg.): Die zweite Lebenshälfte – Gesellschaftliche Lage und Partizipation im Spiegel des Alters-Survey. Opladen: Leske & Budrich.

Kohli, M., H. Künemund, A. Motel & M. Szydlik (2000): Generationenbeziehungen. In: M. Kohli & H. Künemund (Hg.): Die zweite Lebenshälfte – Gesellschaftliche Lage und Partizipation im Spiegel des Alters-Survey. Opladen: Leske & Budrich, 176-212.

Kohli, M., M. Rein, A.-M. Guillemard & H.v. Gunsteren (1991) (Eds.): Time for retirement: Comparative studies of early exit from the labor force. Cambridge, MA; New York, NY: Cambridge University Press.

Kracauer, S. (1990): Über die Freundschaft. Frankfurt/M.: Suhrkamp.

Krohn, M. (1978): Theorien des Alterns. In: J. Hohmeier & H.-J. Pohl (Hg.): Alter als Stigma oder Wie man alt gemacht wird. Frankfurt/M.: Suhrkamp, 54-76.

Künemund, H. (1990): „Wie war das doch gleich..." Zur Problematik retrospektiver Befragungen. Berlin: unv. Diplomarbeit.

Künemund, H. & B. Hollstein (1995): Soziale Netzwerke und Unterstützungsleistungen. Überlegungen zur Erhebung im Alters-Survey. Forschungsgruppe Altern und Lebenslauf. Forschungsbericht 48. Berlin: Freie Universität.

Künemund, H. & B. Hollstein (2000): Soziale Beziehungen und Unterstützungsnetzwerke in der zweiten Lebenshälfte – gegenwärtige Strukturen und zukünftige Entwicklungen. In: M. Kohli & H. Künemund (Hg.): Die zweite Lebenshälfte –

Gesellschaftliche Lage und Partizipation im Spiegel des Alters-Survey. Opladen: Leske & Budrich. 212-277.

Kuypers, J. A. & V. L. Bengtson (1973): Social breakdown and competence. In: Human Development 16, 181-201.

Labov, W. & J. Waletzky (1967): Narrative analysis: Oral versions of personal experience. In: J. Helm (Ed.): Essays on the verbal and visual arts. San Francisco, CA: American Ethnological Society, 12-44.

Lamme, S., P. A. Dykstra & M. I. Broese van Groenou (1996): Rebuilding the network: New relationships in widowhood. In: Personal Relationships 3, 337-349.

Lang, F. R. (1994): Die Gestaltung informeller Hilfebeziehungen im hohen Alter – die Rolle von Elternschaft und Kinderlosigkeit. Eine empirische Studie zur sozialen Unterstützung und deren Effekt auf die erlebte soziale Einbindung. Berlin: Max-Planck-Institut für Bildungsforschung.

Lang, F. R. & L. L. Carstensen (1994): Close emotional relationships in late life: Further support for proactive aging in the social domain. In: Psychology and Aging 9, 315-324.

Lauterbach, W. (1995): Die gemeinsame Lebenszeit von Familiengenerationen. In: Zeitschrift für Soziologie 24, 22-41.

Lawton, M. P., M. H. Kleban, D. Rajagopal & J. Dean (1992): Dimensions of affective experience in three age groups. In: Psychology and Aging 7, 171-184.

Lazarus, R. S. (1982): Stress and coping as factors in health and illness. In: J. Cohen; J. W. Cullen & L. R. Martin (Eds.): Psychosocial aspects of cancer. New York, NY: Raven, 163-190.

Lee, D. J. & K. S. Markides (1990): Activity and mortality among aged persons over an eight-year period. In: Journals of Gerontology: Social Sciences 45, S39-S42.

Litwak, E. (1985): Helping the elderly. New York, NY: Guilford Press.

Litwak, E., P. Messeri & M. Silverstein (1991): Choice of optimal social support among the elderly: a meta-analysis of competing theoretical perspectives. Paper presented at the 19991 American Sociological Associations Meeting, Chincinnati.

Litwak, E. & I. Szelenyi (1969): Primary group structures and their functions: Kin, neighbors and friends. In: American Sociological Review 34, 465-480.

Lopata, H. Z. (1973a): Self-identity in marriage and widowhood. In: Sociological Quarterly 14, 407-418.

Lopata, H. Z. (1973b): Widowhood in an American City. Cambridge, MA: Schenkman.

Lopata, H. Z. (1973c): Self-identity in marriage and widowhood. In: Sociological Quarterly 14, 407-414.

Lopata, H. Z. (1996) (Ed.): Current Widowhood. Myths and Realities. Thousand Oaks, CA; London; New Delhi: Sage.

Lowenthal, M. F. & C. Haven (1968): Interaction and adaption: Intimacy as a critical variable. In: American Sociological Review 33, 20-30.

Luhmann, N. (1962): Funktion und Kausalität. In: Kölner Zeitschrift für Soziologie und Sozialpsychologie 14, 617-644.

Luhmann, N. (1982): Liebe als Passion. Zur Codierung von Intimität. Frankfurt/M.: Suhrkamp.

Maas, I. (1995): Demography and aging: Long term effects of divorce, early widowhood and migration on resources and integration in old age. In: Korea Journal of Population and Development 24, 275-299.

Maas, I., M. Borchelt & K. U. Mayer (1996): Kohortenschicksale der Berliner Alten. In: K. U. Mayer & P. B. Baltes (Hg.): Die Berliner Altersstudie. Berlin: Akademie Verlag, 109-135.

Maddison, D. & W. Walker (1967): Factors affecting the outcome of conjugal bereavement. In: British Journal of Psychiatry 113, 1057-1067.

Maddox, G. L. (1963): Activity and morale: A longitudinal study of selected elderly subjects. In: Social Forces 42, 195-204.

Mädje, E. & C. Neusüß (1996): Frauen im Sozialstaat. Zur Lebenssituation alleinerziehender Sozialhilfeempfängerinnen. Frankfurt/M.; New York, NY: Campus.

Maindok, H. (1996): Professionelle Interviewführung in der Sozialforschung. Pfaffenweiler: Centaurus.

Marris, P. (1986): Loss and change. London: Routledge & Kegan Paul (zuerst: 1974).

Matthews, S. H. (1983): Definitions of friendship and their consequences in old age. In: Ageing and Society 3, 144-155.

Matthews, S. H. (1986a): Friendships through the life course. Oral biographies in old age. Beverly Hills, CA: Sage.

Matthews, S. H. (1986b): Friendship in old age: Biography and circumstances. In: V. W. Marshall (Ed.): Later life. The social psychology of aging. Beverly Hills, CA: Sage, 233-269.

Mayer, K. U. & P. B. Baltes (1996) (Hg.): Die Berliner Altersstudie. Berlin: Akademie Verlag.

Mayer, K. U. & M. Wagner (1996): Lebenslagen und soziale Ungleichheit im hohen Alter. In: K. U. Mayer & P. B. Baltes (Hg.): Die Berliner Altersstudie. Berlin: Akademie Verlag, 251-277.

Mayr-Kleffel, V. (1991): Frauen und ihre sozialen Netzwerke. Auf der Suche nach einer verlorenen Ressource. Opladen: Leske & Budrich.

Mc Farlane, A. H., G. R. Norman, D.L. Streiner & R.G. Roy (1984): Characteristics and correlates of effective and ineffective social supports. In: Journal of Psychosomatic Research 28, 501-510.

Merton, R. K. (1949/1995): Social Theory and Social Structure. New York, NY: Free Press.

Merton, R. K. & P. L. Kendall (1979): Das fokussierte Interview. In: C. Hopf & E. Weingarten (Hg.): Qualitative Sozialforschung. Stuttgart: Klett-Cotta, 171-204.

Mitchell, J. C. (1969): The concept and use of social networks. In: J. C. Mitchell (Ed.): Social networks in urban situations. Analyses of personal relationships in central African towns. Manchester: Manchester University Press, 1-50.

Morgan, D. L., P. Carder & M. Neal (1997): Are some relationships more useful than others? The value of similar others in the networks of recent widows. In: Journal of Social and Personal Relationships 14, 745-759.

Motel, A. & M. Wagner (1993). Armut im Alter? Ergebnisse der Berliner Altersstudie zur Einkommenslage alter und sehr alter Menschen. In: Zeitschrift für Soziologie 22, 433-448.

Müller, W. & D. Haun (1994): Bildungsungleichheit im sozialen Wandel. In: Kölner Zeitschrift für Soziologie und Sozialpsychologie 46, 1-42.

Neugarten, B. L., R. J. Havighurst & S. S. Tobin (1968): Personality and patterns of aging. In: B. L. Neugarten (Ed.): Middle age and aging: A reader in social psychology. Chicago, Ill: University of Chacago Press, 173-177.

Niederfranke, A. (1992): Ältere Frauen in der Auseinandersetzung mit Berufsaufgabe und Partnerverlust. Schriftenreihe des Bundesministers für Frauen und Jugend, Bd. 4. Stuttgart: Kohlhammer.

Oevermann, U. (1988): Eine exemplarische Fallrekonstruktion zum Typus versozialwissenschaftlichter Identitätsformation. In: H.-G. Brose & B. Hildenbrand (Hg.): Vom Ende des Individuums zur Individualität ohne Ende. Opladen: Leske & Budrich, 243-286.

Oevermann, U., T. Allert, E. Konau & J. Krambeck (1979): Die Methodologie einer „objektiven Hermeneutik" und ihre allgemeine forschungslogische Bedeutung in den Sozialwissenschaften. In: H. G. Soeffner (Hg.): Interpretative Verfahren in den Sozial- und Textwissenschaften. Stuttgart: Enke, 352-434.

Oevermann, U., T. Allert & E. Konau (1980): Zur Logik der Interpretation von Interviewtexten. Fallanalyse anhand eines Interviews mit einer Fernstudentin. In: T. Heinze, H.-W. Klusemann & H.-G. Soeffner (Hg.): Interpretationen einer Bildungsgeschichte. Bensheim, 15-69.

Oevermann, U. & T. Roethe (o.J.): Konstanz und Veränderung in der Struktur sozialer Deutungsmuster – eine exemplarische Fallanalyse anhand von zwei in zehnjährigem Abstand durchgeführten Interviews mit einer Familie (MS).

Palmore, E. (1981): Social patterns in normal aging: Findings from the Duke Logitudinal Study. Durham, NC: Duke University Press.

Passuth, P. M. & V. L. Bengtson (1988): Sociological theories of aging: Current perspectives and future directions. In: J. E. Birren & V. L. Bengtson (Eds.): Emergent theories of aging. New York, NY: Springer, 333-355.

Pellman, J. (1992): Widowhood in elderly women: Exploring its relationship to community integration, hassles, stress, social support, and social support seeking. In: International Journal of Aging and Human Development 35,253-264.

Perleth, B. (1988): Das erste Kind. Erst-Elternschaft: Wie verändern sich soziale Beziehungen und welche Bedeutung haben sie? In: Blätter der Wohlfahrtspflege 11, 265-278.

Petrowsky, M. (1976): Marital status, sex and the social networks of the elderly. In: Journal of Marriage and the Family 38, 749-756.

Pihlblad, C. T. & D. L. Adams (1972): Widowhood, social participation and life satisfaction. In: International Journal of Aging and Human Development 3, 323-330.

Przyborski, A. (1998): Es ist nicht mehr so wie es früher war. In: K. Behnke & J. Wolf (Hg.): Stasi auf dem Schulhof. Der Mißbrauch von Kindern und Jugendlichen durch das Ministerium für Staatssicherheit. Berlin: Ullstein, 124-144.

Rawlins, W. K. (1992): Friendship matters. Communication, dialectics, and the life course. New York, NY: Aldine de Gruyter.

Rook, K. S. (1984): The negative side of social interaction: Impact on psychological well-being. In: Journal of Personality and Social Psychology 46, 1097-1108.

Rosenmayr, L. & E. Köckeis (1965): Umwelt und Familie alter Menschen. Neuwied: Luchterhand.

Rosenmayr, L. (1978): Die menschlichen Lebensalter. München: Piper.

Rosenmayr, L. (1992): Sexualität, Partnerschaft und Familie älterer Menschen. In: P.B. Baltes & J. Mittelstraß (Hg.). Berlin; New York: De Gruyter, 461-492.

Rosenmayr, L. & Rosenmayr, H. (1978): Der alte Mensch in der Gesellschaft. Reinbek: Rowohlt

Rosow, I. (1967): Social integration of the aged. New York: Free Press.

Rossi, A. S. & Rossi, P. H. (1990): Of human bonding. Parent-child relations across the life course. New York, NY: De Gruyter.

Roth, S. (1989): Vergesellschaftung im Verein. Eine Befragung aktiver Samariter in einem Berliner ASB Ortsverein. Berlin: Unv. Diplomarbeit.

Rybczynski, W. (1991): Waiting for the weekend. New York, NY: Penguin.

Schenk, M. (1984): Soziale Netzwerke und Kommunikation. Tübingen: J. C. B. Mohr.

Schneekloth, U. & P. Potthoff (1993): Hilfe- und Pflegebedürftige in privaten Haushalten. Bericht zur Repräsentativerhebung im Forschungsprojekt „Möglichkeiten und Grenzen selbständiger Lebensführung" im Auftrag des Bundesministeriums für Familie und Senioren. Stuttgart: Kohlhammer.

Schütz, A. (1971a): Wissenschaftliche Interpretation und Alltagsverständnis menschlichen Handelns. In: Ders.: Gesammelte Aufsätze I. Das Problem der sozialen Wirklichkeit. Den Haag: Nijhoff, 3-53.

Schütz, A. (1971b): Das Wählen zwischen Handlungsentwürfen. In: Ders.: Gesammelte Aufsätze I. Das Problem der sozialen Wirklichkeit. Den Haag: Nijhoff, 77-110.

Schütze, F. (1976): Zur Hervorlockung und Analyse von Erzählungen thematisch relevanter Geschichten im Rahmen soziologischer Feldforschung – dargestellt an einem Projekt zur Erforschung kommunaler Machtstrukturen. In: Arbeitsgruppe Bielefelder Soziologen (Hg.): Kommunikative Sozialforschung, München: Fink, 159-261.

Schütze, F. (1983): Biographieforschung und narratives Interview. In: Neue Praxis 13, 283-293.

Schütze, Y. (1995): Ethische Aspekte von Familien- und Generationsbeziehungen. In: Zeitschrift für Gerontopsychologie und -geriatrie 8, 31-38.

Schütze, Y. (1997): „Warum Deutschland und nicht Israel?" Begründungen russischer Juden für die Migration nach Deutschland. In: BIOS. Zeitschrift für Biographieforschung und Oral History 10, 187-208.

Schütze, Y. (1988): Verschwindet die Freundschaft? – Zur Kritik soziologischer Aussagen über die Freundschaft. Vortrag auf dem Symposium „Persönliche Beziehungen" der Sektion Familie und Jugend der Deutschen Gesellschaft für Soziologie, Trier.

Schütze, Y. & F. R. Lang (1992): Verantwortung für alte Eltern – eine neue Phase im Lebensverlauf. In: Familie und Recht 6, 336-342.

Schütze, Y. & F. R. Lang (1993): Freundschaft, Alter und Geschlecht. In: Zeitschrift für Soziologie 22, 209-220.

Schütze, Y. & M. Wagner (1991): Sozialstrukturelle, normative und emotionale Determinanten der Beziehungen zwischen erwachsenen Kindern und ihren alten Eltern. In: Zeitschrift für Sozialisationsforschung und Erziehungssoziologie 11, 295-314.

Schulz, R. & M.T. Rau (1985): Social support through the life course. In: S. Cohen & L.S. Syme (Eds.): Social support and health. Orlando, FL: Academic Press, 129-149.

Schweizer, T. (1996): Muster sozialer Ordnung. Netzwerkanalyse als Fundament der Sozialethnologie. Berlin: Reimer.

Selman, R.L. (1981): The child as a friendship philosopher. In: S.R. Asher & J.M. Gottmann (Eds.): The development of children's friendships. Cambridge: Cambridge University Press, 242-272.

Shamgar-Handelman, L. (1989): Verwitwung und Witwenschaft in modernen Gesellschaften. In: R. Nave-Herz & M. Markefka (Hg.): Handbuch der Familien- und Jugendforschung. Band 1: Familienforschung, 423-433.

Silverstein, M. & V. L. Bengtson (1994): Does intergenerational social support influence the psychological well-being of older parents? The contingencies of declining health and widowhood. In: Social Science and Medicine 38, 943-957.

Simmel, G. (1908): Soziologie. Untersuchungen über die Formen der Vergesellschaftung. Berlin: Duncker & Humblot.

Simmel, G. (1911): Soziologie der Geselligkeit. In: Deutsche Gesellschaft für Soziologie (Hg.): Verhandlungen des Ersten Deutschen Soziologentages vom 19.-22. Oktober 1910 in Frankfurt a.M. Tübingen: Mohr, 1-16.

Smith, K. R. & C. D. Zick (1996): Risk of mortality following widowhood: Age and sex differences by mode of death. In: Social Biology 43, 59-71.

Stappen, B. (1988): Formen der Auseinandersetzung mit Verwitwung im höheren Alter. Regensburg: Roderer.

Statistisches Bundesamt (1997) (Hg.): Datenreport 1997. Zahlen und Fakten über die Bundesrepublik Deutschland. Bonn: Bundeszentrale für politische Bildung.

Statistisches Bundesamt (2001) (Hg.): Statistisches Jahrbuch für die Bundesrepublik Deutschland 2001. Stuttgart: Metzler-Poeschel.

Stevens, N. L. (1989): Well-being in widowhood: A question of balance. Nijmegen: University of Nijmegen (Diss.).

Stevens, N. L. (1995): Gender and adaptation to widowhood in later life. In: Ageing and Society.

Stiller, M. (1995): Partner-/Partnerin-Verlust – Risiken, Chancen, Zwänge und Freiheiten im Rahmen einer 'Non-Wahl-Biographie'. Bremen: Diss.

Straus, F. (2001): Netzwerkanalysen. Gemeindepsychologische Perspektiven und Methoden für Forschung und Praxis (im Erscheinen).

Stroebe, M. S., W. Stroebe & R. O. Hansson (1993) (Eds.): Handbook of bereavement. Theory, research and intervention. Cambridge, MA: Cambridge University Press.

Stroebe, W. & M. S. Stroebe (1987): Bereavement and health: The psychological and physical consequences of partner loss. Cambridge: Cambridge University Press.

Stroebe, W., M. S. Stroebe & G. Domittner (1988): Individual and situational differences in recovery from bereavement: A risk group identified. In: Journal of Social Issues 44, 143-158.

Stuckelberger, A. & F. Höpflinger (1996): Women ageing: Health and coping in a life course perspective. Paper presented at the 8th International Conference on Socio-Economics, Geneva, July 12-14, 1996.

Szydlik, M. (2000): Lebenslange Solidarität? Generationenbeziehungen zwischen erwachsenen Kindern und Eltern. Opladen: Leske & Budrich.

Tartler, R. (1961): Das Alter in der modernen Gesellschaft. Stuttgart: Enke.

Tenbruck, F. H. (1958): Georg Simmel (1858-1918). In: Kölner Zeitschrift für Soziologie und Sozialpsychologie 10, 587-614.

Tenbruck, F. H. (1964): Freundschaft. Ein Beitrag zu einer Soziologie der persönlichen Beziehungen. In: Kölner Zeitschrift für Soziologie und Sozialpsychologie 16, 431-457.

Tews, H. P. (1974): Soziologie des Alterns. Heidelberg: Quelle & Meyer.

Tews, H. P. (1993): Neue und alte Aspekte des Strukturwandel des Alters. In: G. Naegele & H. P. Tews (Hg.): Lebenslagen im Strukturwandel des Alters. Alternde Gesellschaft – Folgen für die Politik. Opladen: Westdeutscher Verlag, 15-43.

Tobin, S. & B. L. Neugarten (1968): Zufriedenheit und soziale Interaktion im Alter. In: H. Thomae & U. Lehr (Hg.): Altern – Probleme und Tatsachen. Frankfurt: Akademische Verlagsgesellschaft, 572-578.

Townsend, P. (1957): The family life of old people: An inquiry in East London. New York, NY: Free Press.

Vaskovics, L. A. & H. P. Buba (1988): Soziale Lage von Verwitweten. Vergleichende Datenanalyse zur demographischen, sozialen und wirtschaftlichen Lage von Verwitweten in der Bundesrepublik Deutschland. Bonn: Kohlhammer.

Veblen, T. (1958): Theorie der feinen Leute. Eine ökonomische Untersuchung der Institutionen. Berlin, Köln: Kiepenheuer & Witsch.

Verbrugge, L. M. (1990): Pathways of health and death. In: R.D. Apple (Ed.): Women, health and medicine in America. A historical handbook. New York, NY: Garland Publ., 41-79.

Voges, W. (Hg.) (1987): Methoden der Biographie- und Lebenslaufforschung. Opladen: Leske & Budrich.

Wagner, M. (1989): Räumliche Mobilität im Lebensverlauf. Stuttgart: Enke.

Wagner, M. (1997): Scheidung in Ost- und Westdeutschland. Zum Verhältnis von Ehestabilität und Sozialstruktur seit den 30er Jahren. Frankfurt/M.: Campus.

Wagner, M. (1997a): Über die Bedeutung von Partnerschaft und Elternschaft im Alter. In: J. Mansel, G. Rosenthal & A. Tölke (Hg.): Generationen – Beziehungen, Austausch und Tradierung. Opladen: Westdeutscher, 121-299.

Wagner, M., Y. Schütze & F. R. Lang (1996): Soziale Beziehungen alter Menschen. In: K. U. Mayer & P. B. Baltes (Hg.): Die Berliner Altersstudie. Berlin: Akademie Verlag, 301-321.

Wagner, M. & Y. Schütze (1998) (Hg.): Verwandtschaft. Sozialwissenschaftliche Beiträge zu einem vernachlässigten Thema. Stuttgart: Enke.

Wan, T. T. & B. G. Odell (1983): Major role losses and social participation of older males. In: Research on Aging 5, 173-196.

Wegener, B. (1987): Vom Nutzen entfernter Bekannter. In: Kölner Zeitschrift für Soziologie und Sozialpsychologie 39, 278-301.

Wentowski, G. J. (1981): Reciprocity and the coping strategies of older people: Cultural dimensions of network building. In: The Gerontologist 21, 600-609.

Willmott, P. (1987): Friendship Networks and Social Support. London: Policy Studies Institute.

Winn, R. L. (1981): Retrospective evaluations of marital interaction and post bereavement adjustment in widowed individuals. Dissertation Abstracts International 42, 2105-2106.

Wohlrab-Sahr, M. (1993): Biographische Unsicherheit. Opladen: Leske & Budrich.

Wohlrab-Sahr, M. (1994): Vom Fall zum Typus. Die Sehnsucht nach dem „Ganzen" und dem „Eigentlichen" – „Idealisierung" als biographische Konstruktion. In: A. Diezinger u.a. (Hg.): Erfahrung mit Methode: Wege sozialwissenschaftlicher Frauenforschung. Freiburg/Br.: Kore, 269-301.

Wohlrab-Sahr, M. (1996): Vorlesung: Objektive Hermeneutik. Berlin: MS.

Wolf, J. (1988a): Die Moral des Ruhestandes. Eine Fallstudie zur Ruhestandsregelung in der deutschen Zigarettenindustrie. Berlin: Dissertation.

Wolf, J. (1988b): Langeweile und immer Termine. Zeitperspektiven beim Übergang in den Ruhestand. In: G. Göckenjan & H. J. v. Kondratowitz (Hg.): Alter und Alltag. Frankfurt/M. Suhrkamp, 200-219.

Wortman, C. B. & R. C. Silver (1990): Successful mastery of bereavement and widowhood: A life-course perspective. In: P. B. Baltes & M. M. Baltes (Eds.): Successful aging: perspectives from the behavioral sciences. Cambridge, MA: Cambridge University Press, 225-264.

Wright, P. H. (1989): Gender differences in adult's same- and cross-gender friend-ships. In: R. G. Adams & R. Blieszner (Eds.): Older adult friendship: Structure and process. Newbury Park, CA: Sage, 197-222.

Youniss, J. (1980): Parents and peers in social development. Chicago, IL: Chicago University Press.

Youniss, J. (1982): Die Entwicklung und Funktion von Freundschaftsbeziehungen. In: W. Edelstein & M. Keller (Hg.): Perspektivität und Interpretation. Beiträge zur Entwicklung des sozialen Verstehens. Frankfurt/M.: Suhrkamp, 78-110.

Zapf, W., S. Breuer, J. Hampel, P. Krause, H.-M. Mohr & E. Wiegand (1987): Indi-vidualisierung und Sicherheit. Untersuchungen zur Lebensqualität in der Bundes-republik Deutschland. München: Beck.

Zick, C. S. & K. R. Smith (1991): Patterns of economic change surrounding the death of a spouse. In: Journal of Gerontology 46, 310-320.

Anhang A: Verzeichnis der Tabellen und Abbildungen

Anhang B: Fragebogen des Projekts „Tätigkeitsformen im Ruhestand" (Auszug)

Fragen, anhand derer die Stichprobe für die Verwitwungsstudie zusammengestellt wurde.

Frage 30.
Wie würden Sie Ihren gegenwärtigen Gesundheitszustand beschreiben?
sehr gut – gut – mittelmäßig – schlecht – sehr schlecht

Frage 31.
Behindert Sie Ihr Gesundheitszustand bei der Erfüllung alltäglicher Aufgaben, z.B. im Haushalt?
überhaupt nicht – ein wenig – erheblich

Frage 34.
Welchen Beruf haben Sie im Jahre 1976 ausgeübt? Bitte beschreiben Sie genau, was Sie damals gearbeitet haben?
_____

Frage 41.
Welchen Familienstand haben Sie?
ledig – verheiratet, seit ___ – geschieden, seit ___ – verwitwet, seit ___

Frage 43.
Leben Sie jetzt oder haben Sie früher mit einer (Ehe-) Partnerin oder einem (Ehe-)Partner zusammengelebt?
- Ich habe nie mit einer (Ehe-) Partnerin/ einem (Ehe-)Partner zusammengelebt
- Ich habe früher mit einer (Ehe-) Partnerin/ einem (Ehe-)Partner zusammengelebt
- Ich lebe jetzt mit einer (Ehe-) Partnerin/ einem (Ehe-)Partner zusammen

Frage 47.
Haben Sie Kinder?
   Nein
   Ja, – Wieviele Kinder haben Sie? _____
        – Wieviele Kinder davon leben in Berlin (West)?
        – Leben noch Kinder bzw. eines Ihrer Kinder in Ihrem Haushalt?
             ja –nein

Frage 48.
Welchen höchsten allgemeinbildenden Schulabschluß haben Sie?
   – kein Abschluß
   – Volks- oder Hauptschulabschluß
   – Mittlere Reife
   – Abitur/Fachhochschulreife

Frage 49.
Welche höchste berufliche Ausbildung haben Sie abgeschlossen?
   – keine berufliche Ausbildung
   – Lehre
   – Meisterprüfung
   – Fachschule
   – Fachhochschule/Ingenieurschule
   – Universitätsstudium
   – Sonstige, und zwar _____

Frage 51.
Wieviele Jahre waren Sie seitdem [seit Antritt der ersten Stelle] erwerbstätig?

Frage 52.
Welchen Beruf haben Sie zuletzt ausgeübt bzw. üben Sie noch aus? Bitte beschreiben Sie genau, was Sie damals gearbeitet haben bzw. was Sie arbeiten.
_____

Frage 53.
Wie hoch ist das monatliche Netto-Einkommen Ihres gesamten Haushalts,
d.h. die Summe der Einkommen aller Haushaltsmitglieder, die nach Abzug
der Steuern und der Sozialversicherungsbeiträge übrigbleibt?

Anhang C: Der Interviewleitfaden[1]

0. Informations- und Aufwärmphase

Informationen zum Projekt und zur Anonymität der Befragung.
Überblick über den Interviewablauf.

1. Biographisch-narratives Interview

1.1 Erzählaufforderung für die biographische Erzählung

Uns interessiert, was Menschen, die jetzt im Ruhestand alleine leben, konkret
machen, was sie für Beziehungen haben (Familie, Freundschaften, Kontakte
zu Nachbarn oder ehemaligen Arbeitskollegen) und wie sich diese im Laufe
des Lebens verändert haben. Deshalb möchte ich Sie bitten, zuerst einmal
Ihre Lebensgeschichte zu erzählen, mit allem, was Ihnen dabei wichtig ist.
Bitte erzählen Sie das ganz aus Ihrer eigenen Sicht. Lassen Sie sich nur Zeit.
Ich werde Sie nicht unterbrechen, sondern nur ein paar Notizen machen,
wenn etwas unklar ist und dann später nachfragen. Fangen Sie am besten an
– wo sind Sie aufgewachsen?

1.2 Immanente und exmanente Nachfragen

*Die Nachfragen wurden nur gestellt, wenn die entsprechenden Punkte nicht
oder nur unbefriedigend in der Ersterzählung abgehandelt wurden. Im Mittelpunkt der Nachfragen steht die Bedeutung verschiedenster Beziehungen in
unterschiedlichen Lebensphasen (Kindheit und Jugend, Zeit der Familiengründung, „empty nest", Ruhestand): Wer war besonders wichtig, woher
und wie lange kennt man sich, Bedeutungen und Veränderungen der Bezie-*

---

1   Kommentare sind kursiv gedruckt.

hungen. Mit doppelten Spiegelstrichen sind jeweils die Bereiche gekenn-
zeichnet, die auf jeden Fall behandelt werden sollten. Die in Klammern ste-
henden Erläuterungen wurden den Befragten nicht vorgelesen.

a) Familie

= Herkunftsmilieu und Berufstätigkeit der Eltern
= Position in der Herkunftsfamilie, Geschwister
= Verhältnis zu den eigenen Eltern, Geschwistern und eigenen Kindern
  und wie es sich im Laufe des Lebens verändert hat (z.B. Fragen nach
  Krisen oder wann besonders enge Bindung da war)?
− Manchmal vermeiden Eltern und Kinder über bestimmte Dinge zu spre-
  chen. Gibt es Dinge, die Sie mit Ihren Eltern oder Kindern nicht bespre-
  chen können oder wollen?
= Empty nest: Wie war das damals? Hat sich dann die Beziehung zu den
  Kindern und auch dem Ehepartner verändert?
= Wie würden Sie Ihre gegenwärtige Beziehung zu den Kindern beschreiben?

b) Partnerschaft

= Wo und wie haben Sie Ihren Partner kennengelernt? Hatten Sie vorher
  schon andere Beziehungen?
= Hochzeitsdatum
= Ausbildung und Beruf des (letzten) Ehemannes/der Ehefrau
= Übergänge beider Partner in den Ruhestand: Verlauf, Veränderungen der
  Beziehung, Überlegung, gemeinsam in den Ruhestand zu gehen
= Wie würden Sie Ihre Ehe beschreiben? Haben Sie damals viel gemein-
  sam unternommen, hatten Sie viele gemeinsame Freunde und Bekannte
  oder hatten Sie beide eher jeder seinen eigenen Bereich?

c) Verwitwung

= Lebenssituation als Partner verstarb: Wohnort, Wohnsituation
= Umstände des Todes des Partners: Ort, Art und Weise, Pflege des Partners
= Wie hat sich Ihr Leben nach der Verwitwung entwickelt?
= Was waren direkt nach der Verwitwung die einschneidensten Veränderungen in Ihrem Leben?
= Was waren für sie die größten Probleme direkt nach dem Tod Ihres Ehe-
  mannes/Ehefrau (finanziell, bürokratisch, Einsamkeit, andere gefühlsmäßige Probleme außer Einsamkeit, Gesundheit etc.)
= Wer oder was hat Ihnen direkt nach der Verwitwung am meisten geholfen (wie)? Wer war damals am wichtigsten für Sie und wofür? Sind
  diese Personen so wichtig geblieben?

= Was hat sich seitdem verändert: Veränderungen und Kontinuität in den Beziehungen; warum sind Kontakte abgebrochen worden, wurden direkt danach neue geknüpft oder wurden langjährige Kontakte wieder aktiviert?

– Hatten Sie nach der Verwitwung mehr Kontakt oder weniger zu Familienmitgliedern oder Freunden (um wen handelt es sich im einzelnen?) – und hat sich das wieder verändert?

= Gibt es Dinge, die Sie sich damals von anderen gewünscht hätten (die Sie aber nicht bekommen haben) (Rat, bestimmte Art des Verhaltens, Besuche, gefühlsmäßige Unterstützung, finanzielle oder praktische Hilfeleistungen)?

– Warum bekamen Sie diese Hilfe nicht?

– In welchen Situationen denken Sie an Ihre/n verstorbene/n PartnerIn?

– Bei ungewohnten, schwierigen Situationen: versuchen Sie sich vorzustellen, was Ihr Ehemann/Ihre Ehefrau dazu gesagt hätte?

– Gehen Sie regelmäßig auf den Friedhof (wie oft?)?

– Umgang mit und Bedeutung des Todestages.

= Haben Sie das Gefühl ein ganz neues, eigenes Leben aufgebaut zu haben (Alleinsein als Übergang, Selbständigkeit, Zufriedenheit)? Wie haben Sie es geschafft, ein neues Leben aufzubauen? Wie würden Sie dieses neue Leben beschreiben?

– Gab es in der Zeit, als sie ein neues Leben aufgebaut haben, Dinge, die Sie selbst verändern wollten? Was? Wie meinen Sie, haben Sie das geschafft?

– Gab es damals Veränderungen, die andere von Ihnen erwartet haben?

= Haben Sie das Gefühl, daß Sie manchmal von anderen anders behandelt werden, weil Sie alleinstehend sind?

d) Neue Partnerschaft(en)

= Hatten Sie nach dem Tod Ihres Mannes/Ihrer Frau die Möglichkeit, wieder zu heiraten oder eine neue Partnerschaft einzugehen?

In den Fällen, in denen keine neue Partnerschaft eingegangen wurde:

– Warum nicht? Hatten Sie die Gelegenheit/haben Sie es versucht und es klappte nicht oder wollten Sie es nicht?

– Könnten Sie sich grundsätzlich vorstellen, noch einmal zu heiraten oder eine neue Partnerschaft einzugehen? Unter welchen Bedingungen?

In den Fällen, in denen eine neue Partnerschaft eingegangen wurde:

– Wo und wann haben Sie sich kennengelernt, was unternehmen Sie zusammen? Ist die Beziehung beendet, warum?

– Denken Sie, daß diese Beziehung anders ist als zu Ihrem verstorbenen Mann/Frau? Wie würden Sie den Unterschied beschreiben (Bedeutung von Liebe)?

- Würden Sie generell denken, daß es besser für eine Witwe/einen Witwer ist, wieder zu heiraten? Warum? (wenn verheiratet: welchen Rat würden Sie Ihnen dafür geben?)
- Haben Sie sich vor dem Tod des Partners schon vorgestellt, wie Ihr Leben danach verlaufen würde (könnte) (z.B. schon damals Kontakte/Beziehungen zu anderen alleinstehenden (verwitweten) Frauen/Männern)?

e) Freundschaften

Der Schwerpunkt lag in diesem Teil auf den noch bestehenden Freundschaften.
= Wie sind die Beziehungen zu Ihren Freunden verlaufen? Bei langen Freundschaften: gab es Zeiten, in denen man sich nicht so nah war oder die Kontakte abgebrochen waren (welche Konsequenzen haben Umzüge)?
= Haben Sie Freunde noch seit Ihrer Kindheit?
- Hatten Sie wichtige Freundschaften in Kindheit und Jugend?
= Wie würden Sie Ihr Verhältnis zu ihren Freunden beschreiben?
= Was tun Sie (am liebsten) mit Ihren Freunden/Bekannten?
- Was schätzen Sie besonders an Ihren Freunden?
= Was bedeutet für Sie Freundschaft, was gehört für Sie zu einer freundschaftlichen Beziehung (Definition)? Was erwarten Sie von Ihren Freunden? Was sollte zu einer Freundschaft gehören, was gehört nicht dazu?
- Denken Sie, daß man mit Freunden über alles sprechen können sollte, oder erwarten Sie das gar bzw. möchten das auch nicht?
- Entsprechen Ihre Freundschaften/Bekanntschaften diesen Vorstellungen oder was hätten Sie gerne anders?
- Kennen sich Ihre Freunde/Bekannte untereinander? Unternehmen Sie manchmal etwas in der Gruppe oder möchten Sie das gar nicht? Laden Sie lieber Freunde ein oder besuchen Sie sie lieber?
= Wo liegen für Unterschiede zwischen Freundschaften und Bekanntschaften?
- Was würden Sie sagen, sind die Vorteile einer Partnerschaft gegenüber Freundschaften – und umgekehrt?
- Sind Sie lieber mit Freunden oder mit Familienangehörigen zusammen? (Wie würden Sie den Unterschied beschreiben?)
- Ist es für Sie ein Unterschied, ob Sie mit Männern oder mit Frauen Freundschaften/Bekanntschaften haben?
- Haben Sie das Gefühl, daß Sie viel für Ihre Freundschaften, Bekanntschaften tun (Reziprozität)?
= Könnten Sie sagen, daß sich Ihre Freundschaften nach der Verwitwung verändert haben? Wie haben sie sich verändert?
- Wer von den Freunden/Bekannten hat Ihnen bei der Verwitwung am meisten geholfen, was war Ihnen daran am wichtigsten (oder hat man die Trauer vor allem mit der Familie geteilt – wenn vorhanden)?
= Haben sich Freunde/Bekannte nach der Verwitwung anders verhalten

(zurückgezogen)? Geht man jetzt selbst anders mit Freundschaften/Bekanntschaften um (andere Erwartungen)?

= Hatten Sie nach der Verwitwung mehr Kontakt oder weniger zu Freunden oder Bekannten (um wen handelt es sich im einzelnen)? Hat sich das später wieder verändert?

= Haben Sie alte Freundschaften wieder aktiviert/intensiviert? Haben Sie neue Freundschaften geschlossen?

– Haben Sie Freundschaften verloren? Wie ist es dazu gekommen (Umstände, Enttäuschungen)?

– Denken Sie, daß man im Alter noch richtige Freundschaften schließen kann (warum, unter welchen Umständen)?

f) Arbeitskollegen

= Berufsbiographie und Beschäftigungsverhältnisse

– Haben Sie jetzt noch Bekannte/Freunde von der Arbeit? (Wenn nein, warum nicht?)

– Haben Sie mit Arbeitskollegen während der Berufstätigkeit auch privat etwas unternommen? Was?

g) Wohnsituation(en) und Nachbarschaft

= Seit wann leben Sie in dieser Wohnung bzw. diesem Haus und diesem Ort? Daten und Gründe der Umzüge. Wohnsituationen.

= Haben Sie schon einmal alleine gelebt?

= Haben Sie schon einmal überlegt, umzuziehen? Aus welchen Gründen würden Sie das tun/nicht tun (wegen Erinnerungen an den Partner, Infrastruktur, gesundheitliche Gründe)?

– Was sind für Sie die Vorteile ihrer Wohnsituation, was sind die Nachteile (Zufriedenheit)?

– Haben Sie schon einmal überlegt, später in ein Heim zu ziehen? Könnten Sie sich das vorstellen?

= Wie würden Sie das Verhältnis zu Ihren Nachbarn beschreiben?

– Mit welchen Nachbarn haben Sie am meisten Kontakt und wie sieht der Kontakt aus? Gibt es Nachbarn, die Sie als Freunde bezeichnen würden?

– Hatten Sie früher andere (bessere/(schlechtere) Beziehungen zu Nachbarn? Wann war das?

– Hätten Sie gern mehr Kontakt zu Nachbarn?

– Wie denken Sie, sollten Nachbarschaftsbeziehungen aussehen?

– Sind Beziehungen zu Nachbarn jetzt wichtiger/unwichtiger als früher?

h) Tätigkeiten und Zeitverwendung

= Welchen Hobbies und Freizeitaktivitäten gehen Sie nach (Theater, Konzerte, Vereine, kirchliche Aktivitäten, Urlaub, Haustiere etc.)? Jeweils Beginn und Ende der Tätigkeiten, Häufigkeit.

– Mit wem geht man diesen Aktivitäten nach (eher zu zweit oder in der Gruppe, sind dabei Personen, die man als Freunde bezeichnen würde)?

– Was gefällt Ihnen dabei besonders?

= Können Sie sagen, daß Sie nach dem Verlust Ihres Partners Ihr Leben anders gestaltet haben, haben Sie z.B. mit neuen Aktivitäten angefangen?

= Gibt es etwas, was Sie früher gemacht haben und jetzt nicht mehr tun, warum? (z.B. Essen gehen, Ausflüge, Spazierengehen, Reisen...)

= Haben Sie Hobbies, Sportarten, Vereine aufgegeben, seitdem Sie im Ruhestand/ verwitwet sind? Aus welchen Gründen?

= Haben Sie Erfahrungen mit Freizeitangeboten für Leute im Ruhestand (Kirchen, Bezirksamt)? Könnten Sie sich vorstellen, solche Angebote wahrzunehmen? Aus welchen Gründen?

= Haben Sie regelmäßige Termine? Um welche handelt es sich dabei (Tages- und Wochenrhythmus, Zeiten der Entspannung, Langeweile, Einsamkeit)?

– Kann es passieren, daß Sie manchmal tagelang praktisch niemand sehen?

2. Systematische Erhebung der Netzwerke

In diesem Teil ging es darum zu erfahren, welche Personen jetzt bzw. vor der Verwitwung wichtig sind bzw. waren. Bedeutungen, Leistungen, Gestaltung, Veränderungen und strukturelle Daten der Beziehung wurden systematisch und stärker standardisiert abgefragt als im ersten Teil. Dabei wurden auch Personen mit einbezogen, die nicht mehr leben (symbolische Beziehungen).

2.1 Das emotionale Netzwerk (nach Kahn/Antonucci)

Den Befragten wurde eine Zeichnung mit drei konzentrischen Kreisen vorgelegt (s. Anhang D). Im Zentrum steht das Wort „Ich". In die drei Kreise sollten die Befragten die Initialen von den betreffenden Personen eintragen. Zu allen erhobenen Netzwerkmitgliedern wurden anschließend weitere Daten erhoben (b und c).

a) Erzählstimulus für die Besetzung der drei Kreise[2]:

- „In den ersten Kreis, der Ihnen am nächsten liegt, sollen alle die Leute aufgenommen werden, denen Sie sich so eng verbunden fühlen, daß Sie sich ein Leben ohne sie nur schwer vorstellen können.
- Personen, denen Sie sich nicht so eng verbunden fühlen, die aber dennoch sehr wichtig für Sie sind, sollten in den zweiten Kreis aufgenommen werden.
- Personen, denen Sie sich weniger verbunden fühlen, die aber auch wichtig sind, kommen dann in den dritten Kreis."

Später wurde noch einmal nachgefragt:
- „Gibt es außerdem Personen, mit denen Sie sich nicht so eng verbunden fühlen, mit denen Sie aber Kontakt haben?"

Außerdem wurde noch einmal explizit nach den Personen gefragt, die im ersten Teil erwähnt, aber nicht im emotionalen Netzwerk genannt wurden.

b) Aktuelles emotionales Netzwerk

Strukturdaten der einzelnen Beziehungen

- Geschlecht,
- Alter,
- Familienstand und Kinderzahl,
- Beruf,
- Dauer der Bekanntschaft,
- Über wen bzw. in welchem Kontext hat man sich kennengelernt, von wem ging dabei die Initiative aus?
- Art der Beziehung (Schulfreundschaft, Nachbar, ehemaliger Arbeitskollege etc.),
- Wohnort und Entfernung,
- Häufigkeit des Kontakts (Besuch, telefonisch und schriftlich).

Leistungen, Gestaltung, Bedeutung und Veränderungen der einzelnen Beziehungen

- Was machen Sie zusammen, wenn Sie sich sehen? War das schon immer so, wie es jetzt ist? Wann und wie hat es sich verändert? (Bewertung)
- Hat sich die Beziehung in den letzten Jahren/nach der Verwitwung verändert oder ist sie gleichgeblieben? Wie hat sie sich verändert?
- Denken Sie, daß Sie selbst bei diesen Personen genau den selben Platz in

---

[2] Formulierungen im Original aus Kahn/Antonucci (1980), in deutsch aus Akademie der Wissenschaften (1990).

diesen Kreisen einnehmen würden? Denken Sie, daß Sie für diese genauso wichtig sind?

Zum Netzwerk insgesamt

- Mit wem haben Sie insgesamt am häufigsten Kontakt?
- Welche Kontakte sind Ihnen insgesamt am wichtigsten?
- Gibt es jemanden davon, den Sie als FreundIn bezeichnen würden, wen?

c) Emotionales Netzwerk vor der Verwitwung

- Wenn Sie an die Zeit vor dem Verlust des Partners denken, hätte diese Zeichnung damals genauso ausgesehen?
- Oder gehörten zu ihrem engsten Kreis noch andere?
- Oder waren andere, die jetzt wichtig sind, nicht da bzw. an einer anderer Position (für die drei Kreise)?
- Um wen handelt es sich dabei jeweils?
- Aus welchen Gründen haben Sie diese Personen jetzt nicht eingetragen? (Umzug, Tod etc.)

d) Veränderungen nach der Verwitwung des Netzwerkes insgesamt und von Einzelsegmenten

- Hat sich insgesamt die Anzahl der Beziehungen vermehrt, verringert oder ist gleich geblieben?
- Sind die Beziehungen zu ihrer Familie/zu Freunden und Bekannten heute wichtiger, weniger wichtig oder genauso wichtig wie damals? (Unterschiede beachten zwischen der Zeit vor dem Verlust des Partners, direkt danach und heute)

2.2 Austauschnetzwerk

Ausgehend von verschiedenen Formen sozialer Unterstützung wurde danach gefragt, welche Person dafür jeweils zuständig ist bzw. mit welchen Personen zusammen bestimmte Aktivitäten unternommen werden. Dabei wurde zwischen praktischen, materiellen Hilfen, Informationen, emotionalem Rückhalt (Identität) und sozialen Aktivitäten unterschieden sowie nach Unterstützung in Alltagssituationen und Krisen[3]:

---

[3]   Werden bei diesem Austauschnetzwerk Personen genannt, die in 1 (emotionales Netzwerk) noch nicht genannt wurden, wurden für diese die strukturellen Daten (s. 1) nachgetragen.

Praktische Hilfen/Ratschläge

Wir möchten gerne wissen, welche Arten von Unterstützung (alleinstehenden) älteren Menschen zur Verfügung stehen. Können Sie mir bitte sagen, an wen Sie sich in den folgenden Situationen wenden?

- wenn Sie krank sind und das Haus nicht verlassen können,
- wenn Sie einen Rat in finanziellen oder bürokratischen Angelegenheiten brauchen,
- wenn Sie eine Transportmöglichkeit brauchen,
- wenn Sie sich eine Kleinigkeit ausborgen müssen (z.B. Werkzeug oder Nahrungsmittel etc.).
- Wer sorgt für Ihren Haushalt, Pflanzen oder Tiere, wenn Sie gelegentlich abwesend sind?
- Von wem würden Sie sich Geld ausleihen?
- Wer würde Sie pflegen, wenn Sie einmal dauerhaft bettlägerig würden?
- Finden Sie, daß man das von der Familie erwarten sollte?

Erhalten Sie Hilfe bei irgendeiner der folgenden Aufgaben? Um wen handelt es sich dabei (nie/gelegentlich/regelmäßig, handelt es sich um bezahlte Hilfen, bräuchte man Hilfe und bekommt sie nicht oder tut man es selbst)?

- Einkaufen/Besorgungen
- Kochen
- Wäsche/Bügeln
- Saubermachen
- Reparaturen im Haushalt

- Haben Sie schon einmal Unterstützung von professionellen Diensten in Anspruch genommen, z.B. für Hausarbeit, Pflegehilfe, Transportdienste, Essen auf Rädern?
- Können Sie sich das überhaupt vorstellen? Eher als von der Familie oder Freunden und Bekannten?

Wer hat die folgenden Tätigkeiten während Ihrer Partnerschaft übernommen?

- Einkaufen/Besorgungen
- Kochen
- Wäsche/Bügeln
- Saubermachen
- Reparaturen im Haushalt

Emotionale Unterstützung

An wen wenden Sie sich,

- wenn Sie sich über etwas besonders gefreut haben,
- wenn Sie sich niedergeschlagen fühlen und einfach mit jemandem reden möchten?
- Mit wem sprechen Sie über Ihre alltäglichen Begebenheiten?
- Wem können Sie Ihre innersten Gefühle anvertrauen.
- Wer half Ihnen, als Sie trauerten?
- Wen fragen Sie um Rat, wenn Sie wichtige Entscheidungen treffen? Oder auf wessen Rat legen Sie bei persönlichen Entscheidungen Wert?

Jetzt lese ich Ihnen ein paar Gefühle vor, die für viele Menschen wichtig sind. Welche Personen gaben Ihnen diese Gefühle:
- respektiert/akzeptiert zu werden,
- gebraucht zu werden,
- verstanden zu werden,
- geborgen zu sein (Wärme/Nähe zu geben).

Soziale Aktivitäten

- Wer kam in den letzten Monaten zu Besuch (z.B. für eine Tasse Kaffee)?
- Mit wem unternehmen Sie etwas gemeinsam – z.B. Essen gehen, ins Theater/Kino gehen, Ausflüge machen, Spazieren gehen, fernsehen, Karten spielen?
- Bzw. wen würden Sie anrufen, wenn Sie etwas unternehmen möchten?
- Wer besuchte Sie an Ihrem letzten Geburtstag oder rief Sie an?
- Mit wem und wie verbrachten Sie das letzte Weihnachtsfest?
- Gibt es Personen, mit denen Sie sich regelmäßig schreiben, um wen handelt es sich dabei?

Reziprozität

- Wenn man einmal daran denkt, was andere für Sie tun und was Sie für andere tun... Haben Sie insgesamt das Gefühl, sehr viel für andere Menschen getan zu haben oder zu tun?
- Denken Sie, daß Sie manchmal zuviel geben?
- Haben Sie manchmal das Gefühl, daß das was Sie geben, nicht richtig gewürdigt wird oder daß Ihre Hilfe eigentlich nicht erwünscht ist?
- Haben Sie das Gefühl, daß zu viele oder zu wenige Anforderungen an Sie gestellt werden?
- Könnten Sie insgesamt sagen, daß Sie auch viel Hilfe oder Unterstützung von anderen bekommen oder versuchen Sie, zunächst alles alleine/selbst zu tun?

2.3 Familie (Gelegenheitsstruktur)

Können Sie mir sagen, wer außer den Personen, die Sie bereits erwähnt haben, noch zu Ihrer Familie oder der Familie Ihres/Ihrer verstorbenen Partners/Partnerin gehört? (von den Befragten: Eltern, Onkel und Tanten, Geschwister, Nichten und Neffen, Kinder, Enkelkinder; Verwandte des Ehepartners: Eltern, Geschwister, Kinder aus ersten Ehen)
Dabei werden jeweils erfragt:
– Alter,
– Geschlecht,
– Familienstand,
– Kinderzahl,
– Wohnort und Entfernung,
– Häufigkeit und Art des Kontakts. Wenn kein Kontakt besteht: aus welchen Gründen gibt es keinen Kontakt bzw. wurde der Kontakt abgebrochen?

3. Allgemeines

3.1 Gesundheit

– Wie beurteilen Sie Ihren Gesundheitszustand? Gab es in der letzten Zeit Veränderungen?
– Wie bewegen Sie sich gewöhnlich fort?
– Haben Sie dabei irgendwelche Schwierigkeiten, was würden Sie sich wünschen? (z.B. bessere Anschlüsse, mehr Sicherheit, mehr Selbständigkeit)

3.2 Alter

– Zu welcher Altersgruppe zählen Sie sich?
– Wenn Sie sich aussuchen könnten, in welchem Alter Sie sein könnten – in welchem Alter wären Sie jetzt am liebsten?

3.3 Bilanzierung

a) Berufsleben

- Was stand mehr im Mittelpunkt Ihres Lebens: Beruf, Familie oder etwas anderes?
- Haben sich Ihre beruflichen Erwartungen erfüllt?

b) Beziehungen

- Haben Sie den Eindruck. daß Ihr Leben ganz anders verlaufen ist, als das Ihrer Eltern? Waren Ihnen Ihre Eltern ein Vorbild, in welcher Beziehung, was lehnen Sie ab? Gab es überhaupt Vorbilder, welche?
- Denken Sie einmal an alle Menschen, die in Ihrem Leben eine große Rolle gespielt haben. Wer waren die Menschen, die in Ihrem Leben am wichtigsten waren?
- Wenn Sie über Leute nachdenken, auf die Sie in Ihrem Leben am meisten zählen konnten, waren das eher Freunde oder eher Verwandte?
- Jeder erlebt auch Enttäuschungen mit den Menschen, mit denen er zu tun hat. Können Sie mir erzählen, wer Sie in Ihrem Leben schwer enttäuscht hat?
- Gibt es Leute, über die Sie sich manchmal ärgern?
- Über wen und in welcher Situation haben Sie sich zuletzt geärgert?
- Gab es Zeiten in Ihrem Leben, in denen Sie sich sehr alleine gefühlt haben?
- Gibt es Menschen, an die Sie besonders gerne denken?

c) Insgesamt

- Würden Sie sagen, daß es in Ihrem Leben insgesamt wichtige Einschnitte gegeben hat, oder ist Ihr Leben ohne Brüche verlaufen?
- Wenn Sie Ihr Leben insgesamt betrachten: Welches war die angenehmste und welches die unangenehmste Zeit?
- Wenn Sie Ihr Leben noch eimal von vorne beginnen könnten: was würden Sie dann anders machen? Haben Sie etwas verpaßt?

3.4 Orientierung

Ich lese Ihnen nun noch ein paar Aussagen vor, dabei können Sie jeweils eine von vier Antwortmöglichkeiten auswählen: „stimmt genau", „stimmt fast", „kaum" und „nicht":

- Ich bin mit meinem Leben wie es ist voll und ganz zufrieden.
- Ältere Menschen sollten eher zurückgezogen leben.
- Selbständigkeit ist auch für ältere Menschen eine wichtige Eigenschaft
- Ich mache mir manchmal Sorgen, anderen Leuten zur Last zu fallen.
- Ich fühle mich oft traurig und niedergeschlagen.
- Es gibt Menschen, die mich brauchen.

3.5 Zukunft

- Wenn Sie an Ihre Zukunft denken: was würden Sie sich wünschen?

4. Checkliste soziostruktureller Daten

Die Daten wurden nur erhoben, wenn sie nicht bereits im Fragebogen des Projekts „Tätigkeitsformen im Ruhestand – Verbreitung und Bedeutung" (vgl. Anhang B) oder im Interview genannt wurden.

- Alter
- Geschlecht
- Position in der Ursprungsfamilie
- Haushaltsgröße
- jetziger Familienstand
- Anzahl und Dauer der Ehe(n) bzw. längerfristiger Partnerschaften
- Zahl, Alter und Wohnort der Kinder und Enkel, Zeitpunkt Empty nest
- Verwitwungszeitpunkt (Dauer, in welchem Alter, vor oder nach Verrentung)
- Ausbildung (Schulbildung, Berufsausbildung)
- Art der Berufstätigkeit
- Berufsbiographie
- Alter beim Übergang in den Ruhestand
- Lebensstandard vor und nach Verwitwung (monatliches Netto–Haushaltseinkommen, Nebenkosten, Hausbesitz)
- Umzüge (Ort und Zeitpunkt)
- Schon einmal alleine gelebt? (Zeitpunkt)

Anhang D: Das „emotionale Netzwerk"
(Kahn/Antonucci 1980)

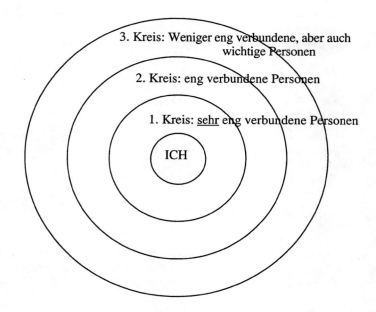

3. Kreis: Weniger eng verbundene, aber auch
wichtige Personen

2. Kreis: eng verbundene Personen

1. Kreis: <u>sehr</u> eng verbundene Personen

ICH

Anhang E: Beispielgraphik der „Beziehungslinien"

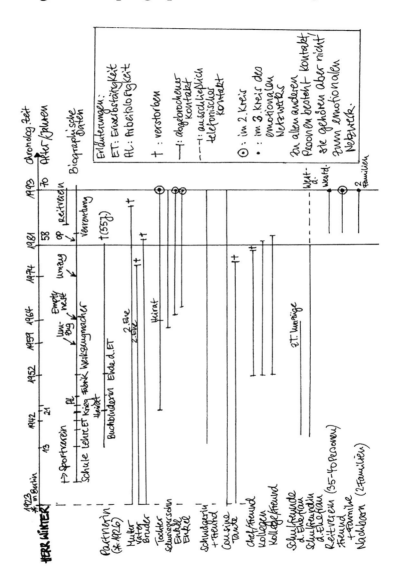

Anhang F: Zur Schreibweise der Interviewauszüge

Die Zitate sind Auszüge aus den wörtlichen Abschriften (Transkriptionen) der aufgezeichneten Interviews. Die Transkriptionen wurden nach einer Transkriptionsanleitung einheitlich erstellt (vgl. Kohli u.a. 1989). Für die Schreibweise gilt:

-   Kennzeichnung der Sprecher: I = Interviewerin; X = Anfangsbuchstabe des anonymisierten Nachnamens des Interviewees.
-   Sprechüberlappungen (gleichzeitig gesprochene Passagen) sind jeweils mit einem Doppelkreuz (#) am Anfang und am Ende gekennzeichnet.
-   Pausen sind entsprechend ihrer Länge gekennzeichnet: ein Bindestrich steht für eine kurze Unterbrechung des Redeflusses, dauert die Sprechunterbrechung etwas länger, stehen mehrere Bindestriche hintereinander. Dauert die Pause deutlich länger, ist die Dauer in Klammern angegeben. Z.B. (5 sek.).
-   Betonungen von Wörtern oder Silben werden durch Unterstreichungen dargestellt.
-   Werden in der Darstellung Passagen aus der Transkription ausgelassen, stehen dafür Pünktchen in Klammen: (...).
-   In den Transkriptionen wurden auch kurze interaktive Äußerungen der Interviewerin (wie „hmhm" oder „ja") verzeichnet, ebenso kurze Äußerungen (Füllpartikel) der Befragten (z.B. „äh", „nich"). Diese Darstellung erschwert jedoch die Lesbarkeit der Interviewzitate. In dieser Arbeit wurde deshalb folgende Darstellung gewählt: Interviewzitate, die einen rein illustrativen Zweck für das im Text Gesagte haben, wurden ohne die entsprechenden kurzen Äußerungen wiedergegeben; außerdem wurden Versprecher, Wiederholungen, unvollständige Satzanfänge, Dialektformen u.ä. teilweise geglättet. Ausführlich interpretierte Zitate sind in der Originalschreibweise wiedergegeben.